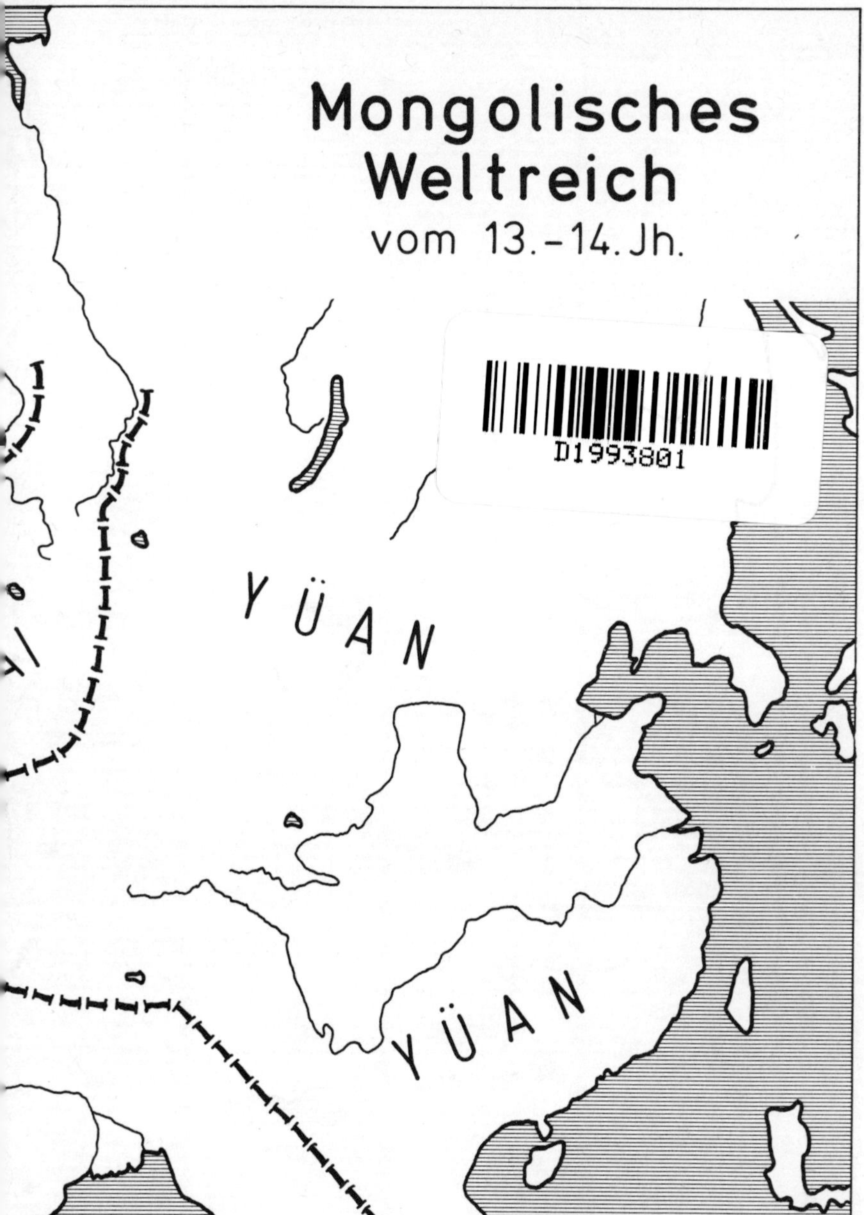
Mongolisches
Weltreich
vom 13.-14. Jh.
YÜAN
YÜAN

Die Mongolen

Die Mongolen

Beiträge zu ihrer Geschichte und Kultur

Herausgegeben von
MICHAEL WEIERS
unter Mitwirkung von
Veronika Veit und Walther Heissig

1986
Wissenschaftliche Buchgesellschaft
Darmstadt

Einbandbild: P. S. Pallas, Sammlungen historischer Nachrichten über die Mongolischen Völkerschaften, 1. Teil, St. Petersburg 1776, Tab. 1, Ausschnitt.

CIP-Kurztitelaufnahme der Deutschen Bibliothek

Die **Mongolen**: Beitr. zu ihrer Geschichte u. Kultur / hrsg. von Michael Weiers unter Mitw. von Veronika Veit u. Walther Heissig. – Darmstadt: Wissenschaftliche Buchgesellschaft, 1986.
ISBN 3-534-03579-8
NE: Weiers, Michael [Hrsg.]

1 2 3 4 5

Bestellnummer 3579-8

Satz: Maschinensetzerei Janß, Pfungstadt
Druck und Einband: Wissenschaftliche Buchgesellschaft, Darmstadt
Printed in Germany
Schrift: Linotype Garamond, 10/11

ISBN 3-534-03579-8

INHALT

Vorwort. Von Michael Weiers IX

I. Systematischer Teil

1. Die Quellen

Die mongolischen Quellen. Von Veronika Veit . . 3

Die chinesischen Quellen. Von Rolf Trauzettel . . 11

Tibetische Quellen. Von Dieter Schuh 14

Nahöstliche und europäische Quellen. Von Michael Weiers 18

2. Sprache und Literatur

Zur Herausbildung und Entwicklung mongolischer Sprachen. Ein Überblick. Von Michael Weiers . . 29

Mongolische Literatur. Von Walther Heissig . . . 70

3. Religion

Die Religion der Mongolen. Von Rudolf Kaschewsky 87

4. Kunst

Kunst und Kunstgewerbe bei den Mongolen. Von Veronika Ronge 125

5. Entwicklungsgeschichte

Zur anthropogeographischen Betrachtung der mongolischen Geschichte. Gedanken über eine zukünftige Forschungsrichtung. Von Michael Weiers 149

Die Mongolen: Von der Clanföderation zur Volksrepublik. Versuch der Analyse wirtschaftlicher und gesellschaftlicher Gegebenheiten eines Hirtennomadenvolkes. Von Veronika Veit 155

II. Die Perioden mongolischer Geschichte

1. Geschichte der Mongolen vom 12. bis 14. Jahrhundert

Činggis Khan. Von Hans-Rainer Kämpfe 183

Von Ögödei bis Möngke – Das mongolische Großreich. Von Michael Weiers 192

Die Yüan-Dynastie. Von Rolf Trauzettel 217

Tibet unter der Mongolenherrschaft. Von Dieter Schuh 283

Das Khanat Tschaghatai. Von Michael Weiers . . . 290

Die Mongolen in Iran. Von Michael Weiers . . . 300

Die Goldene Horde oder *Das Khanat Qyptschaq.* Von Michael Weiers 345

2. Geschichte der Mongolen vom 15. bis 17. Jahrhundert

Die mongolischen Völkerschaften vom 15. Jahrhundert bis 1691. Von Veronika Veit 379

3. Mongolische Geschichte vom 17. bis 20. Jahrhundert

Die Innere Mongolei von 1691 bis 1911. Von Hans-Rainer Kämpfe 413

Qalqa 1691 bis 1911. Von Veronika Veit 435

Die Innere Mongolei 1911 bis 1939. Von Walther Heissig 467

Von der Autonomie zur Revolution und Volksrepublik: Qalqa 1911 bis 1924. Von Veronika Veit . . . 481

Zeittafel 505

Literaturverzeichnis 513

Register 563

Zu den Autoren 625

Abbildungsverzeichnis 627

Abbildungen 633

Karten (auf Innenseiten Vorder- und Hinterdeckel)
Karte 1: Mongolisches Weltreich vom 13.–14. Jh.
Karte 2: Territorien mongolischer Stämme und Völkerschaften vom 15. Jh. bis Anfang 20. Jh.

VORWORT

Von Michael Weiers

Kommt man während einer Unterhaltung einmal auf die Mongolen bzw. ihre Geschichte zu sprechen – solch ein Interesse wird einem Mongolisten zuweilen tatsächlich entgegengebracht! –, so stellt man fest, daß sich mit den Mongolen fast stereotyp die Namen Tschinggis Khan oder Khubilai Khan verbinden, womit es dann aber meist auch schon sein Bewenden hat. Wann und wo die Mongolen genau lebten oder gar noch leben – Mongolen, sind das nicht so etwas wie Chinesen? –, sogar dies ist oftmals unbekannt. Es existieren bestenfalls Klischeevorstellungen, die nur wenig abweichen von dem, was in den *Gesta Treverorum*, die die gängigen abendländisch-westlichen Ansichten über die Mongolen um die Mitte des 13. Jh. bezeugen, niedergelegt ist: „Alles verwüsten sie, niemanden schonen sie, Greise und Junge, Reiche und Arme, und Frauen mit ihren Kleinkindern töten sie, die Sittsamkeit von alten Frauen und Jungfrauen schänden sie auf unglaubliche Weise, Freßgelagen, Ausschweifungen und Unflätigkeiten in gottgeweihten Heiligtümern sind sie ergeben, und gleichermaßen zerstören sie Häuser und Kirchen, befestigte Städte und Klöster."

Das Gegenstück, nämlich die kaum bekannte Ansicht eines maßgeblichen Mongolen über die christlichen Abendländer der damaligen Zeit, hat uns Wilhelm von Rubruk, der sich von Ende 1253 bis Mitte 1254 am Hofe der mongolischen Großkhane in der mongolischen Hauptstadt Qara-Qorum aufhielt, mit den Worten des Möngke Khagan (1251–1259), des letzten Herrschers des mongolischen Großreichs, übermittelt: „Wir Mongolen ... glauben, daß es nur einen Gott gibt, durch den wir leben und durch den wir sterben ... Aber wie Gott der Hand verschiedene Finger gegeben hat, so hat er den Menschen verschiedene Wege gegeben . . . Euch nun hat Gott Schriften gegeben, ihr aber befolgt sie nicht; uns aber hat er Seher gegeben, und wir tun, was sie uns sagen, und leben in Frieden."

Die sicherlich geschehenen Grausamkeiten der Mongolen im 13. Jh. sind schon lange Geschichte geworden. Sie standen damals übrigens nicht als unerhörte Besonderheiten und Abnormitäten alleine da. Lesen wir nur den Bericht des byzantinischen Historikers Niketas Choniates, der die Einnahme Konstantinopels durch die lateinischen Kreuzfahrer im Jahre 1204 schildert und als Augenzeuge sagt, daß im Vergleich zu denen, die das Kreuz Christi auf den Schultern trügen, selbst die Sarazenen barmherzig und gütig seien, so dürfen wir mit Fug und Recht annehmen, daß den christlichen Abendländern des 13. Jh. unerhörte Grausamkeiten gar nicht so fremd gewesen sind. Es kommt eben immer darauf an, ob man zu den Betroffenen oder zu den Austeilenden gehört. Auch mögen uns die Worte des Mongolenherrschers Möngke Khagan, daß die Abendländer die ihnen von Gott gegebenen Schriften nicht beachten, angesichts der im Namen einer christlich-abendländischen Lehre auch nach dem Mongolensturm weiter durch die Jahrhunderte hin sowohl im Abendland selbst als auch in den zu missionierenden Ländern so intensiv betriebenen Verfolgungen angeblich oder wirklich Andersdenkender sowie die im Zeichen des Kreuzes systematisch durchgeführte Ausrottung ganzer Völker bis hin zum Gesinnungsterror unserer Tage gegenüber eigenen christlichen Glaubensverkündern, die in den von Gott gegebenen Schriften eben das Wort Gottes und nicht die Lehrmeinung einer festgelegten Amtshierarchie aufzuzeigen bemüht sind, einiges zu denken geben.

Wofür also ein Sammelband über die Geschichte der Mongolen? Um durch die Schilderung der Grausamkeiten, die von den Mongolen zweifellos begangen worden sind, unser eigenes christlich-abendländisches Gewissen zu beruhigen? Nein, der Band beabsichtigt keine Fronten aufzubauen. Ebenso nämlich wie das christliche Engagement in den letzten Jahrhunderten durchaus nicht grundsätzlich und überall als destruktiv bezeichnet werden kann, kann man den Mongolen ausschließlich Grausamkeit und Zerstörung anlasten. Das zu verdeutlichen ist eines der Anliegen der vorliegenden Beiträge.

Eng damit verbunden ist die Intention, ein Fachgebiet vorzustellen, das nicht nur in Deutschland noch kaum an einer Universität vollwertig vertreten ist, und das, obwohl seit dem 13. Jh. schlechterdings keine Geschichtsdarstellung, die den eurasischen Kontinent betrifft, ohne irgendeinen Rückgriff auf die Mongolen auskommen kann. Im Rahmen dieses Anliegens wollen die Beiträge zur Geschichte und Kultur der Mongolen auch aufzeigen, daß die Mongolen nach ihrer großen Geschichte im 13./14. Jh. nicht einfach von der Bildfläche verschwanden, sondern in Zentralasien Träger einer nicht zu vernachlässigenden Regionalgeschichte, die bis heute lebendig und wirksam ist, geblieben sind.

Hinsichtlich der vorzustellenden Fachdisziplin Mongolistik bietet der Sammelband vor der eigentlichen Darstellung der verschiedenen Epochen der mongolischen Geschichte dem Leser zunächst einen systematischen Teil, der sowohl die Voraussetzungen und Bedingungen als auch die bisher erarbeiteten Grundlagen für eine Darstellung dieser Geschichte wenigstens in Umrissen aufzeigt. Der systematische Teil ist seinerseits wieder in mehrere Abschnitte untergliedert.

Der erste Abschnitt befaßt sich mit den Quellen zur mongolischen Geschichte. Eine Übersicht über die nicht nur mongolischsprachigen Quellen macht deutlich, daß ein Historiker, der die gesamte Geschichte der Mongolen von den Anfängen bis heute aus eigenem Quellenstudium darstellen wollte, idealerweise neben der uiguro-mongolischen Schriftsprache und dem in verschiedenen Schriftsystemen niedergelegten Mittelmongolischen auch mehrere moderne mongolische Schriftsprachen wie etwa Khalkha, Buryatisch und Kalmückisch sowie Chinesisch, Persisch, Armenisch, Arabisch, Syrisch, Griechisch, Lateinisch, Mittelfranzösisch, Russisch und Tibetisch, für die spätere Zeit dann auch noch Mandschurisch kennen müßte. Es dürfte nur wenige philologisch derart anspruchsvolle Fächer geben, aber es gibt ja auch kaum ein Volk, das über so riesige Gebiete und über so viele Völker herrschte wie die Mongolen, deren Untertanen und Anrainern bzw. deren späteren Oberherren wir diese Vielsprachigkeit der Quellen verdanken.

Der nächste Abschnitt über Sprache und Literatur spricht im Überblick über die mongolischen Sprachen u. a. ein innermongolistisches Problem an, das sich bezieht auf die Herausbildung und Entwicklung alles dessen, was gemeinhin viel zu undifferenziert mit dem Einheitsetikett „Mongolisch" versehen wird. Ein in sich geschlossenes Mongolisch per se als lebende Einzelsprache existiert nämlich ebensowenig wie ein Germanisch oder Indogermanisch, es sei denn als hypothetisches Rekonstrukt. Das Etikett Mongolisch ist heute vielmehr zu verstehen als Oberbegriff für eine Vielzahl von voneinander z. T. erheblich abweichenden Sprachen nebst deren Dialekten und Mundarten.

Der Beitrag über die mongolische Literatur stellt literarische Zeugnisse der Mongolen vom 13. bis zum Beginn des 20. Jh. vor, u. a. im Hinblick auf die schon altüberlieferte äußere Form der Versifizierung, die nicht nur in den mongolischen Epen, sondern auch in den späteren mongolischen Chroniken seit dem 17. Jh. immer wieder hervortritt. Parallel dazu wird die mongolische Literatur behandelt im Hinblick auf ihre inhaltliche Zugehörigkeit zur Übersetzungsliteratur, volksreligiösen Literatur, Lyrik, Epik, Romanliteratur usw. jeweils mit kurzem Exkurs auch auf den historischen und sozialen Hintergrund. Das Schwergewicht der Darstellung beruht dabei auf der von der uiguro-mongolischen Schriftsprache getragenen literarischen Überlieferung.

Die gleiche Vielschichtigkeit, die bei den Quellen zur Geschichte der Mongolen hervorsticht, zeigt sich auch bei der Religion der Mongolen, die der folgende Abschnitt des systematischen Teils behandelt. Die uns faßbaren, historisch bedeutsamen Persönlichkeiten bekannten sich z. B. im 13./14. Jh. zu mehreren Religionen, so daß man, um dem Phänomen der Religion bei den Mongolen zumindest zu dieser Zeit einigermaßen gerecht zu werden, wenigstens in Grundzügen vertraut sein müßte mit dem Schamanismus und Lamaismus, dem nestorianischen, armenischen, griechisch-byzantinischen und lateinischen Christentum und vor allem auch mit dem Islam sowie allgemein mit den Strukturen des religiösen Synkretismus. Dazu kommt noch eine Besonderheit, die bei der Betrachtung jedweder Religion, zu der die Mongolen sich im Verlauf ihrer Geschichte bekannt haben, unausgesprochen im Hintergrund steht, nämlich das grundsätzliche Verhältnis der Mongolen zu dem, was man landläufig als Religion bzw. religiöses Bekenntnis bezeichnet. Religion in diesem Sinne wird und wurde besonders von den Mongolen des 13./14. Jh. keineswegs verstanden als Zugehörigkeit zu einer Glaubensgemeinschaft, die zu normierten Verhaltensweisen und allgemein verbindlicher Weltanschauung verpflichtet. Vielmehr galten ihnen religiöser Verehrung würdige Wesenheiten wie der eine Gott der Juden, Christen und Muslime, oder wie Buddha, oder wie Himmel und Erde, als mögliche Manifestationen des Numinosen. Die Rückbindung – „Religio" – an das Numinose mittels dieser verschiedenen Manifestationen, zu denen man sich je nach Opportunität in schnellem Wechsel bekennen konnte und deren Jüngern gegenüber man auch immer weitestgehende Toleranz übte, erfuhr dabei keine Wertung nach den Gesichtspunkten etwa eines christlichen oder muslimischen Moralkodexes, sondern sie wurde rein pragmatisch gehandhabt. Religion bzw. Religionsbekenntnis war so für die Mongolen des 13./14. Jh. ganz offensichtlich, und für die Mongolen der folgenden Jahrhunderte bis heute, zumindest in ihrer psychologischen Grundhaltung, etwas ganz anderes als für die Christen, Buddhisten oder Muslime. Diese stets im Auge zu behaltende, der *unio magica* noch vielfach verbundene „Tiefenstruktur" mongolischen Religionsverständnisses, die sich vor allem im Schamanismus der Mongolen manifestiert, stand und steht nun in einem dauernden dialektischen Verhältnis zu der Religion, zu der sich die Mongolen gerade bekannten bzw. bekennen. Die sich aus diesem Verhältnis ergebende Synthese war bzw. ist abhängig von der jeweiligen Religion und den jeweiligen Zeitumständen. Da sich seit dem späten 16. Jh. bei den Mongolen als Pendant zu dem mit der *unio magica* verbundenen Schamanismus fast ausschließlich der Lamaismus behauptet hat, geht der Abschnitt über die Religion der Mongolen auch auf ihn besonders ein. Auch das dialektische Verhältnis von Schamanismus und Lamaismus wird sowohl in der Darstellung des mongolischen Lamaismus als auch in der Beschreibung von Schamanismus und Volksreligion der Mongolen verschiedentlich angesprochen. Einige kurze Bemerkungen über das Christentum und den Islam bei den Mongolen beschließen den Abschnitt.

Im Abschnitt Kunst erweisen sich vor allem die Parameter, an denen genuin mongolische Kunst meßbar wird, als nur sehr schwer eruierbar. Idealerweise müßte die Kunst Chinas, Tibets, des muslimischen Mittelasien und des Iran sorgsam herangezogen werden, um mittels Kontrastierung zu Ergebnissen zu kommen. Da derartige Untersuchungen noch nicht in extenso durchgeführt worden sind, versteht sich der Beitrag unter diesem Abschnitt als eine Bestandsaufnahme dessen, was in Kunst und Kunstgewerbe unter Umständen genuin mongolisch sein könnte.

Der Abschnitt Entwicklungsgeschichte schließlich stellt anthropogeographische und sozioökonomische Gegebenheiten als separate Gesichtspunkte der Beschreibung mongolischer Geschichte zur Diskussion. Der mögliche Grundlagencharakter dieser Aspekte für die politische Geschichte der Mongolen soll damit aufgezeigt werden.

Die kurze Zusammenfassung des systematischen Teils dürfte verdeutlicht haben, daß es angesichts der weiten Fächerung der meisten Bereiche dieser Fachdisziplin nur sehr schwer möglich ist, den Belangen der Mongolistik überall gleichmäßig, geschweige denn erschöpfend gerecht zu werden. Vieles hängt hier letztlich davon ab, welche Kombinationen von Philologien und systematischen Bereichen jeweils im Vordergrund stehen.

In der gleichen weitläufigen Fächerung, die sich in den systematischen Bereichen der Mongolistik manifestiert, verlief auch die Geschichte der Mongolen, einschließlich ihrer frühen Geschichte. Für letztere sind wir leider aufgrund höchst widersprüchlicher Nachrichten nur imstande, ein weitgehend auf Hypothesen basierendes Bild zu zeichnen. Aus diesem Grunde wurde die frühe Geschichte der Mongolen auch nicht eigens im

Hauptteil des Buches behandelt, sondern sie soll hier nur kurz skizziert werden, um u. a. wenigstens eine mögliche mongolische Herrscherabfolge bis Tschinggis Khan aufzuzeigen.

Nahrung erhält die Hypothesenbildung über die Anfänge der Mongolen zunächst nur durch die Erwähnung von Stammesnamen wie *Meng-wa* oder *Meng-wu* in den Annalen der chinesischen T'ang-Dynastie (618–907). Verschiedentlich werden diese Namen zumindest für die Vorfahren der Mongolen beansprucht. Ähnliches gilt auch für chinesische Aufzeichnungen aus der Zeit der Fremddynastie der Kitan (chin. Liao, 907–1125) in Nordchina. Hier berichten Annaleneinträge für die Monate März und April 1084: „Das entfernte Land der Meng-ku hat Gesandte geschickt, um einen Freundschaftsbesuch abzustatten." Tatsächlich werden dann die Mongolen zur Zeit des Tschinggis Khan in chinesischer Sprache auch als *Meng-ku* bezeichnet, was alleine allerdings kein zwingendes Indiz für eine Identität der Mongolen mit den Meng-ku der Kitan-Zeit darstellt. Darüber hinaus lassen parallele Kulturformen und die Entsprechung einiger Wörter des Grundwortschatzes ebenfalls kitan-mongolische Verbindungen annehmen, die sowohl auf Kulturaustausch als aber auch auf einem gemeinsamen zentralasiatischen Erbgut beruhen können.

Viel ausführlichere Nachrichten, wenn auch ohne Jahresangaben, liegen dann aus der sog. ›Geheimen Geschichte der Mongolen‹ vor. Dieses aus mehreren Überlieferungskomplexen zusammengestellte Werk, das uns in einer Fassung vom Ende des 14. Jh. erhalten geblieben ist, behandelt die Geschichte der Mongolen von ihren mythischen Anfängen bis zu den 60er Jahren des 13. Jh. Stellt man die Genealogien aus der ›Geheimen Geschichte‹ mit dem Stammbaum, den der persische Enzyklopädist Rašīd ad-Dīn (1247–1318) fixiert hat, zusammen, so könnte der Mongolenkhan, der seine Gesandten im Jahre 1084 zu den Kitan geschickt hat, vielleicht Khaidu gewesen sein. Mit ihm träte dann Ende des 11. Jh. eine greifbare historische Persönlichkeit hervor, die auch in der ›Geheimen Geschichte‹ als ein Glied der Klanlinie, aus der dann später Tschinggis Khan stammen sollte, erscheint. Über das nächste Glied der Vorfahrenkette des Tschinggis Khan unterrichtet uns dann wieder die ›Geheime Geschichte‹: „Die gesamten Mongolen nahm Khabul Khan unter das Kommando." Möglicherweise sind unter diesem Khabul Khan Stammesangehörige der auch später zu den Mongolen gezählten Merkit, Dschadschirat und Onggirat dem Herrscher Yeh-lü Ta-shih von den Khara Khitai für einen Westfeldzug überstellt worden, wie die Liao-Annalen unter dem Jahr 1129 berichten. Zur Nachfolge des Khabul Khan heißt es darauf in der nämlichen mongolischen Quelle: „. . . entsprechend dem Willen des Khabul Khan nahm, obwohl es da noch seine sieben Söhne gab, der Sohn des Senggüm-bilge, Ambakhai Khan, die gesamten Mongolen unter das Kommando." Ambakhai Khan war ein Urenkel des Khaidu. Als er nach kurzer Herrschaft in Gefangenschaft geriet, bestimmte er laut ›Geheimer Geschichte‹ noch aus der Gefangenschaft den Khutula, den mittleren der sieben Söhne des Khabul Khan, und den Khada'an-taischi, einen seiner zehn Söhne, als zu wählende Nachfolger. Die Wahl fiel auf Khutula, und nach dessen Erhebung zum Khan im Khorkhonakh-Tal, in einem Uferwald am Onon-Fluß, tanzten die Mongolen „um die dichtbelaubten Bäume des Khorkhonakh, bis daß an die Rippen der ausgetretene Pfad, bis zu den Knien der Staub ging". Das ereignete sich um 1165. Wohl noch unter der Regierung des Khutula wurde um 1167 Temüdschin, der spätere Tschinggis Khan, geboren. Die ›Geheime Geschichte‹ berichtet dazu bereits in Hinblick auf den späteren Welteroberer: „Bei seiner Geburt hielt er in seiner rechten Hand einen Blutklumpen, so groß wie ein Beckenknochen." Etwa dreißig Jahre sollten noch vergehen, bis es Temüdschin gelungen war, als Tschinggis Khan die unter seinem Großvater Khabul Khan schon einmal zu einer Stammesgruppe mit dem Namen *Mongqol*, „Mongolen", vereinten Klane endgültig zusammenzubringen und durch Zugewinn auch anderer, nicht mongolischsprachiger Ethnien Zentralasiens eine Konföderation zu schaffen, die als „Mongolen" weltgeschichtliche Bedeutung erlangen sollte.

Das Werden dieser mongolischen Konföderation sowie den Beginn der mongolischen Expansion nach Ost- und Mittelasien bis zum Tod des Tschinggis Khan stellt nun das erste Kapitel des ereignisgeschichtlichen Teils unter dem Titel ›Činggis Khan‹ dar.

Die Ausweitung des mongolischen Imperiums nach dem Tod des Tschinggis Khan vom Pazifik bis fast zur Ostsee, die Außenbeziehungen dieses Riesenreichs, die wichtigsten Geschehnisse in seinem Innern und schließlich das Auseinanderbrechen dieses mongolischen Großreichs in Teilreiche beschreibt dann das Kapitel über die Zeit der Mongolenherrscher von Ögödei bis Möngke (1229–1259).

Die Zeit der mongolischen Teilreiche eröffnet das Kapitel über die Yüan-Dynastie, d. h. die Zeit der Mongolenherrschaft in China. Neben faktengeschichtlichen finden hier auch breiten Raum kulturgeschichtliche Gegebenheiten, die den Kontrast zwischen mongolischem Herrschaftsanspruch und Kulturhoheit der politisch zunächst noch gänzlich beherrschten Chinesen anschaulich vor Augen führen. Das Yüan-Khanat in China war übrigens das einzige mongolische Teilreich, in dem sich die Mongolen von Einflüssen seitens des Volkes, das sie beherrschten, nahezu völlig frei halten konnten.

Eng verbunden mit ihrer Chinapolitik waren die Unternehmungen der Mongolen in Tibet, worüber das sich anschließende Kapitel kurz zusammengefaßt berichtet.

Mit der Geschichte des große Teile Zentral- und Mittelasiens umfassenden mongolischen Teilreichs Tschaghatai, über das uns die Quellen leider nur bruchstückhaft informieren, gelangt der Leser dann in Territorien, die an den Mittleren und Nahen Osten sowie an Südrußland grenzen. Dort existierten zwei weitere bedeutende mongolische Teilreiche.

Das erste dieser Teilreiche war das Il-Khanat, das, auf die heutigen Grenzverläufe bezogen, neben dem Iran und dem Iraq große Teile Afghanistans und Pakistans im Osten sowie im Westen bedeutende Gebiete in der Türkei beherrschte. Bei der Darstellung dieses Mongolenreiches finden die ausgeprägten und lang andauernden Verbindungen zum lateinischen Abendland besondere Berücksichtigung.

Das zweite dieser mongolischen Teilreiche war das Khanat Qyptschaq, auch „Goldene Horde“ genannt. Von seinem Zentrum in Südrußland gingen für die Geschichte der russischen Fürstentümer und Osteuropas wesentliche Impulse aus, die bis heute noch nachwirken.

Mit dem Niedergang der mongolischen Teilreiche in der zweiten Hälfte des 14. Jh. fand auch die weltgeschichtliche Bedeutung der Mongolen ihr Ende. Ihre spätere Geschichte ist jedenfalls im Vergleich zu derjenigen des 13./14. Jh. eher als Regionalgeschichte zu bezeichnen, obwohl damit die Bedeutung dieser Geschichte für den zentralasiatischen Raum keineswegs für gering erachtet werden darf.

Wie bedeutsam diese Regionalgeschichte wirklich war, verdeutlicht der Beitrag über die Geschichte der „mongolischen Völkerschaften vom 15. Jahrhundert bis 1691". Hier gelangt nicht nur der vielfach prägende mongolische Einfluß innerhalb Zentralasiens zur Darstellung, sondern auch die gewichtige Rolle, die die Mongolen vor allem im 17. Jh. im Kalkül der fernöstlichen Großmacht China vorübergehend spielten. In diesen Zeitraum fällt auch eine erneute mongolische Landnahme im Westen, in unmittelbarer Nachbarschaft zum Zentrum des mongolischen Teilreichs Goldene Horde, das im 13./14. Jh. blühte. Heute bildet dieses im 17. Jh. erneut von Mongolen in Besitz genommene Territorium als Kalmückische ASSR zwischen Kaspi-See und Schwarzem Meer das am weitesten nach Westen vorgeschobene mongolische Staatswesen.

Der letzte Abschnitt der mongolischen Geschichte behandelt die Ereignisse in denjenigen Mongolengebieten, die im Verlauf des 17. Jh. unter mandschu-chinesische Oberherrschaft gerieten und die von Mongolen bewohnt wurden bzw. noch bewohnt werden, welche die Mongolistik nach linguistischer Terminologie mit Südost- und Zentralostmongolen benennen würde. Die chinesische Ch'ing-Verwaltung bezeichnete diese ihr unterstellten Mongolengebiete im 18. Jh. als „Innere Mongolei" (heute das zur VR China gehörige „Autonome Gebiet Innere Mongolei") und als „Äußere Mongolei" (seit 1924 „Mongolische Volksrepublik" und seit 1962 als einziger Staat Asiens Mitglied des COMECON, dies bis 1978, dem Beitrittsjahr Vietnams). Letzteres Gebiet wurde entsprechend seiner aus West-, Südost- und

Zentralostmongolen zusammengesetzten mongolischen Bevölkerung, die seit Mitte des 16. Jh. „Khalkha“ genannt wird, bis 1924 auch einfach als „Khalkha“ bezeichnet. Daß im vorliegenden Sammelband nur die Geschichte der soeben genannten Mongolen in zusammen vier Beiträgen, von denen zwei die „Innere Mongolei“ (1691–1911 bzw. 1911–1939) und zwei „Khalkha“ (1691–1911 bzw. 1911–1924) behandeln, zur Darstellung kommt, beruht auf der Überlegung, daß gerade diese Gebiete nicht nur sprachlich, kulturell und geographisch eine relative Einheit bildeten und bilden, sondern daß auch die in diesen Gebieten beheimateten 4,4 Millionen Mongolen, die seit dem späten 17. Jh. eine gemeinsam durchlebte Geschichte unter mandschu-chinesischer Oberhoheit verbindet, das Gros der Mongolen überhaupt ausmachen. Die diesen Mongolen gegenüberstehenden, zusammen 1,1 Millionen Seelen umfassenden anderen Mongolenvölker, z. B. die Buryaten, Kalmücken, Mogholen oder Dongxiang, haben zwar neben ihren eigenen mongolischen Sprachen auch eine jeweils eigene, spezifische Geschichte, doch verlief diese meist unter Bedingungen, die weitestgehend von einer nichtmongolischen Umgebung abhängig waren bzw. sind, so daß die Geschichte dieser Mongolenvölker besser im Rahmen der Geschichte der Staaten, innerhalb deren sie sich jeweils vollzog, geschrieben werden sollte.

Der Verzicht vorliegenden Bandes schließlich auf eine Darstellung der Geschichte der am 26. November 1924 auf dem Territorium der früheren „Äußeren Mongolei“ gegründeten und bis heute bestehenden Mongolischen Volksrepublik beruht nicht so sehr auf einem Mangel an Quellen oder an bereits geschriebenen Darstellungen, auf die man sich berufen könnte, sondern letztlich auf der Schwierigkeit, beim Studium des Materials die ideologischen Faktoren so weit auszugliedern, daß eine von ideologischen Tendenzen unbefrachtete Schilderung der Ereignisse möglich wird. Wenn darüber hinaus Geschichte erst dann beginnt, wenn man sozusagen die Nasenspitze des Cicero nicht mehr erkennt, ist unser Abstand zu den in der Mongolischen Volksrepublik stattgehabten Ereignissen zweifellos so gering, daß wir uns, um mit Johann Gustav Droysen zu sprechen, bescheiden müssen zu lernen, „nur soweit und in solchen Bereichen als Historiker arbeiten zu wollen, mit denen wir uns sachlich völlig vertraut gemacht haben".

Abschließend sei es dem für die Herausgabe dieses Bandes Verantwortlichen gestattet, hervorzuheben, daß die mongolische Geschichte sozusagen als Grundriß, der eben nur das Wichtigste auszuführen beabsichtigt, zur Darstellung gelangt. Angelegt ist dieser Grundriß als Sammelband, der im interdisziplinären Rahmen des an der Universität Bonn eingerichteten „Sonderforschungsbereichs 12, Orientalistik mit besonderer Berücksichtigung Zentralasiens" zustande kam. Da die einzelnen Beiträge aus der Feder von Forschern stammen, die mehrheitlich einer Fachdisziplin angehören, deren Fächerung besonders vielschichtig und komplex ist, sind einerseits Überschneidungen, andererseits aber auch voneinander abweichende Einordnungen oder Gewichtungen historischer Fakten kaum zu umgehen.

Endlich sei für den Leser noch ein praktischer Hinweis angefügt. Soweit in den einzelnen Beiträgen spezifische Begriffe sowie weniger geläufige Personen- oder Ortsnamen unerklärt bzw. zeitlich oder geographisch nicht eingeordnet bleiben, finden sich hierzu Erläuterungen im Register, wie das Register überhaupt über ein bloßes Nachweisverzeichnis hinausgehend zusätzliche Kurzinformationen bereitstellt.

I.

SYSTEMATISCHER TEIL

1. Die Quellen

DIE MONGOLISCHEN QUELLEN

Von Veronika Veit

Der Historiker, der sich mit geschichtlichen Fragen im zentralasiatischen Raum beschäftigt, befindet sich im Gegensatz zu den Geschichtsforschern, die sich mit europäischen Gegebenheiten auseinandersetzen, sowohl für die frühere wie auch die spätere Vergangenheit vergleichsweise in einer schwierigen Lage. Es gibt nur verhältnismäßig wenige autochthone Quellen, weshalb jede Nachricht wertvoll ist. Für die ältere Zeit überwiegen hierbei die Überreste im allgemeinen die Tradition; später beginnt das Verhältnis sich auszugleichen.

Mongolische autochthone Quellen liegen überhaupt erst aus der Zeit nach dem Jahre 1204 vor, in welchem Činggis Qaγan dem gefangenen Uiguren Tatatunga den Auftrag gab, die uigurische Schrift für das Mongolische zu verwenden[1]. Das älteste Zeugnis in dieser Schrift ist der sogenannte „Stein des Činggis", eine Steininschrift zu Ehren des Yisüngge, eines Neffen Činggis Qaγans, zu datieren etwa in das Jahr 1227[2] und den Überresten zuzurechnen. Die uiguro-mongolische Schrift erfuhr dann in den folgenden Jahren zweimal einen entscheidenden Anstoß zu ihrer Weiterentwicklung, und zwar durch den Saskya Paṇḍita (1182–1251)[3] und den gelehrten Lama Č'os-kyi 'od-zer (am Hofe der Qane Öljeitü und Külüg, 1294–1311)[4], welchem letzteren auch das Verdienst zukommt, die uiguro-mongolische Schrift für Übersetzungen aus anderen Sprachen in das Mongolische benutzbar gemacht zu haben. Obwohl diese Schrift bereits

[1] Weiers (1969) 1.
[2] Weiers (1969) S. 213, Nr. 1.
[3] Pelliot (1925) 284–289.
[4] Pelliot (1925) 286–87.

im 13. Jh. als Informationsmedium für staatliche Belange im gesamten mongolischen Großreich fungierte und sich in den folgenden Jahrhunderten endgültig durchsetzen sollte, müssen für das 13. und 14. Jh. noch zwei weitere, im Hinblick auf die Quellen bedeutende, Schriftarten für das Mongolische erwähnt werden: die Quadrat- oder ḥP'ags-pa-Schrift und die Umschreibung mit chinesischen Silbenzeichen. Nach seiner Thronbesteigung hatte der Yüan-Kaiser Qubilai im Jahre 1260 den Neffen des Saskya Paṇḍita, bLo-gros rgyal-mts'an ḥP'ags-pa Lama (1239–1280)[5], beauftragt, ein neues Alphabet zu schaffen, welches nicht nur für das Mongolische, sondern auch für die anderen Sprachen des Reiches in gleicher Weise verwendbar sein sollte. Die daraufhin entstandene Quadratschrift wurde 1269 durch ein kaiserliches Dekret für verbindlich erklärt. Sie verbreitete sich aber nur sehr langsam und konnte die uiguro-mongolische Schrift nicht verdrängen. So fand die Quadratschrift zwar in vielen offiziellen Schreiben sowie auf allen uns überlieferten Kurierbestätigungen Verwendung, und zwar nicht nur in mongolischer, sondern auch in chinesischer, tibetischer und türkischer Sprache. Die ḥP'ags-pa-Schrift überlebte als Gebrauchsschrift jedoch nicht das Ende der Yüan-Zeit (1368)[6].

Die Versuche, der Aussprache des Mongolischen durch Setzung chinesischer Silbenzeichen entgegenzukommen, sind ebenfalls schon früh anzusetzen. So heißt es im Erlaß für den Gebrauch der Quadratschrift aus dem Jahre 1269: „Bisher haben Wir immer, wenn Wir etwas zu schreiben hatten, die chinesischen Schriftzeichen sowie auch die uigurische Schrift verwendet, und damit die Worte Unseres Hofes verständlich gemacht."[7]

Im folgenden ist nun nicht beabsichtigt, eine vollständige Titelliste der mongolischen Quellen vorzulegen. Ein Überblick soll vielmehr in chronologischer Folge die Quellenarten vorstellen, wobei besonders wichtige, zum Teil auch bereits erschlossene Zeugnisse als Beispiele genannt werden.

[5] Weiers (1967) 472.
[6] Weiers (1967) 472.
[7] Weiers (1967) 473.

Erste Periode: 13.–14. Jahrhundert

Aus dieser Zeit überwiegen als historische Quellen Überreste im engeren Sinne, wobei das, was noch auf uns gekommen ist, leider sehr wenig zahlreich ist. Als wichtigste Zeugnisse sind hier zu nennen:

1. Münzen[8];
2. Inschriften[9];
3. Siegel[10];
4. Edikte[11];
5. Briefe, wie beispielsweise die des Ilqan Arγun an Philipp den Schönen von Frankreich 1289 und den Papst Nikolaus IV., 1290, oder der des Öljeitü an Philipp den Schönen, 1305[12];
6. Reisebegleitschreiben[13];
7. Steuergerechtsame[14];
8. Kurierbestätigungen[15].

Von der uns aus Fremdquellen für diese frühe Zeit, vor allem Rašīd ad-Dīn (1247–1318), bekannten Bedeutung und großer Anzahl mongolischer Genealogien[16] sind heute jedoch keine mehr erhalten. Die einzige Ausnahme bildet die ›Geheime Geschichte der Mongolen‹, verfaßt wohl 1241. Dem Wesen nach handelt es sich allerdings um ein mehr episches denn annalistisches Werk, mit langen Passagen genealogischer Angaben, und wird von der mongolischen Literaturwissenschaft auch eher als literarisches denn als historisches Zeugnis angesehen[17]. Ursprünglich in uiguro-mongolischer Schrift abgefaßt, ist es uns

[8] Weiers (1978a) mit der dort aufgeführten Literatur.

[9] Weiers (1969) S. 213–224, Nr. 3, 6, 19, 24, 25, 27, 28, 29a/b, 36 und 58.

[10] Weiers (1969) Nr. 5.

[11] Weiers (1969) Nr. 10, 11, 18, 21, 33–35, 41.

[12] Mostaert/Cleaves (1962) allgemein hierzu.

[13] Weiers (1967a).

[14] Weiers (1969) Nr. 30–32.

[15] Poppe/Krueger (1957) Texte VII–X.

[16] Vladimircov (1948) 56–57.

[17] Heissig (1959) 12.

aber nur in einer mit chinesischen Silbenzeichen umschriebenen Version bekannt[18]. Von Bedeutung für den Historiker sind ferner Kolophone – in den meisten Fällen wohl eher Fragmente davon – buddhistischer Übersetzungsliteratur jener Zeit[19].

Zweite Periode: 15.–17. Jahrhundert

Die Zeit vom 14. bis 16. Jh. ist von zahlreichen Kriegen zwischen West- und Ostmongolen gegeneinander sowie auch untereinander gekennzeichnet. So haben wir wohl immer wieder Hinweise auf eine fortbestehende genealogisch-historische Tradition, doch sind keine Zeugnisse mehr erhalten, eine Tatsache, welche die mongolischen Historiographen des frühen 18. Jh. schon beklagen. Die älteste uns heute als solche nachweisbare historiographische Arbeit dieser Periode ist eine Neufassung der Regeln fehlerfreier Regierung durch Harmonie zwischen Kirche und Staat, wie sie sich aus der Zeit des Yüan-Kaisers Qubilai erhalten hatten, durch den Ordos-Fürsten Qutuqtai sečen qung tayiǰi (1540–1586), die ›Weiße Geschichte‹[20].

Für das 16. und 17. Jh. überwiegen nun die Traditionsquellen. Es handelt sich dabei im wesentlichen um Chroniken. In der heute allgemein akzeptierten Periodisierung der mongolischen Geschichtsschreibung, wie sie in W. Heissig, Die Familien- und Kirchengeschichtsschreibung der Mongolen, I (16.–18. Jh.)[21] dargelegt wird, werden folgende Werke als die wichtigsten Chroniken diesem Zeitabschnitt eingeordnet:

1. Altan tobči des Blo bzaṅ bstan 'jin (1655)[22];
2. Altan tobči anonymus (nach 1655)[23];
3. Sir-a tuγuǰi (1651–1662)[24];

[18] Haenisch (1937) und Haenisch (1948).
[19] Heissig (1962); Heissig (1976) 1–3.
[20] Sagaster (1976).
[21] Heissig (1959) 50–111.
[22] Šastina (1973).
[23] Bawden (1955).
[24] Šastina (1957).

4. Erdeni-yin tobči des Sanang Sečen (1662)[25];
5. Asaraγči neretü-yin teüke des Šamba der Qalqa (1667)[26].

Alle diese Chroniken sind durch Übersetzungen erschlossen. Es handelt sich um Familiengeschichtsschreibung, deren Hauptanliegen nach mongolischer Tradition zunächst ein genealogisches ist, die gleichzeitig aber auch literarische Werke mit unverkennbar epischem Charakter sind.

Dritte Periode: 18.–19. Jahrhundert

Im 18. Jh. formte sich der Typ der genealogisch orientierten Chronik, die auf Wunsch eines bestimmten Fürsten oder Adligen als Familiengeschichte und unter besonderer Berücksichtigung seiner Vorfahren entstand, immer stärker aus. Die Verfasser rekrutierten sich aus Adligen, Mönchen fürstlicher Abkunft und lamaistischen Gelehrten. Die herangezogenen Quellen wurden immer zahlreicher. Schon zeigten sich Ansätze zu einer kritischen Auswahl der behandelten Nachrichten und ihrer Quellen. Neben den tibetischen wurden nun vorwiegend über das Medium der mandschurischen Übersetzungen der großen chinesischen Geschichtswerke auch deren Nachrichten bekannt und berücksichtigt[27]. Hinzu kam, daß das 18. Jh. den Abschluß der Eingliederung der mongolischen Völkerschaften in das Chinesische Reich der mandschurischen Ch'ing-Dynastie brachte, ein Prozeß, der für einige der mongolischen Völkerschaften bereits 1636 bzw. 1691 in Gang gekommen war. Der Historiker findet hier nun auch ein relativ weites Feld an Aktenmaterial vor, wie allgemeinen Schriftverkehr zwischen den autochthonen Verwaltungsstellen in den mongolischen Gebieten und dem für sie zentral zuständigen „Amt für die Verwaltung der Außenmarken" (Li fan yüan) in Peking sowie Erlasse, Verfügungen, Patente, Petitionen, um nur einiges zu nennen. Leider ist bei weitem nicht

[25] Schmidt (1829).
[26] Kämpfe (1983).
[27] Heissig (1959) 112.

alles erhalten noch zugänglich und befindet sich im letzteren Falle in Archiven in Peking, Ulan Bator oder anderen ehemaligen Verwaltungszentren, nicht zuletzt in zahlreichen europäischen Bibliotheken. Die Zugehörigkeit der mongolischen Gebiete zum Ch'ing-Reich brachte auch eine eigene Art von Traditionsquelle hervor, die man als sino-mongolisch bezeichnen kann. Konkret will das heißen Quellen, die ihrerseits auf mongolischem wie auf chinesischem Material beruhen und Gegebenheiten bezüglich der mongolischen Geschichte zum Gegenstand haben und in Peking unter der Ägide des bereits genannten Li fan yüan und des Reichsgeschichtsamtes erstellt wurden. Hierzu gehört in erster Linie das in mongolischer, mandschurischer und chinesischer Sprache in je 120 Heften verfaßte Handbuch ›Kaiserlich bestätigte Genealogien und Biographien der Herzöge und Fürsten der mongolischen und türkischen Außenprovinzen‹ aus dem Jahre 1795, dem im 19. Jh. mindestens zwei Ergänzungen folgten, 1814 und 1839[28]. Die erste Ausgabe des Jahres 1795 hat im übrigen ihrerseits die mongolische Geschichtsschreibung des 19. Jh. beeinflußt und ihr als Quelle gedient. Allgemein gesprochen läßt sich für die mongolische Geschichtsschreibung des 19. Jh. immer mehr die Entwicklung zur reinen Kirchengeschichtsschreibung einerseits sowie andererseits zur mongolischen Gesamtgeschichtsschreibung feststellen[29]. Beispiele zum genannten Zeitabschnitt:

1. Subud erike (1729)[30];
2. Mongγol borǰigid oboγ-un teüke des Lomi (1732–35)[31];
3. Altan kürdün mingγan kegesütü bičig des Guosi Dharma (1739)[32];
4. Bilig-ün ǰula (1757)[33];

[28] Pelliot (1960) S. 65, Anm. 69.
[29] Heissig (1965) S. XV, XVI.
[30] Sagaster (1967).
[31] Heissig (1959) 121–200; Heissig/Bawden (1957) zu den folgenden Chroniken Nr. 2–6.
[32] Heissig (1958).
[33] Heissig (1959) 162–170.

5. Altan tobčiya des Mergen Gegen der Urad (1765)[34];
6. Bolur erike des Rasipungsuɣ (1774/75)[35];
7. Familienlisten und historisch-genealogische Lokalschriften (19. Jh.)[36];
8. Altan erike (1817), Kirchenchronik[37];
9. Erdeni-yin erike des Isibaldan, Kirchenchronik (1835)[38];
10. Bolur toli (1834–37) des J̌imbadorǰi[39], Gesamtgeschichte;
11. Erdeni-yin erike des Tayiǰi Galdan (1859), großangelegter Versuch einer mongolischen Geschichte[40];
12. Čindamani-yin erikes (um 1850), unter starker Beziehung zu tibetischen Quellen auch ein historischer Abriß innerhalb der Biographie des 3. Pekinger lČaṅ-skya Qutuqtu und seiner Prä-Existenzen[41];
13. Qalq-a mongɣol-un oron-dur burqan-u šasin eke oluɣsan-u učir (um 1850), welches die Geschichte der J̌ebcundamba Qutuqtus in Qalqa mit der Darstellung der Ausbreitung des Lamaismus in der Mongolei verknüpft[42];
14. Petitionen der Bevölkerung 1739–1919[43];
15. Archivmaterial über Landbesitzverhältnisse 1769–1917[44];
16. Aktenmaterial zum Činggüncab-Aufstand 1756[45];
17. Aktensammlungen 1665–1911 und 1851–1908[46].

[34] Heissig (1959) 171–190.
[35] Heissig (1946).
[36] Heissig (1965) S. XIII–XV, Nr. 1–31.
[37] Heissig (1965) S. XVI.
[38] Heissig (1961).
[39] Heissig (1962); Veit (1976).
[40] Pozdneev (1883).
[41] Heissig (1965) S. XVI; Kämpfe (1976a).
[42] Bawden (1961).
[43] Rasidondug/Veit (1975).
[44] Šarchüü/Natsagdorž (1975).
[45] Bawden (1968).
[46] a) Materialsammlung zur Geschichte des Bayantala-Bundes, hrsg. 1942 von der Mongolischen Föderativen Regierung, mit einem japanischen Vorwort. Teil I: Akten des Li fan yüan (1665–1911); Teil II: Schriftstücke des Innenministeriums (1767–1893).

Nicht vergessen werden dürfen auch für diesen Zeitraum die mongolischen Quellen rein literarischen, religiösen oder philosophischen Inhalts, die gegebenenfalls durch ihre Kolophone als Überreste wertvolle Zeugnisse für den Historiker darstellen[47].

Vierte Periode: das 20. Jahrhundert

Die mongolische Geschichtsschreibung des 20. Jh., seit der Gründung der Volksrepublik 1921 im ehemaligen Qalqa-Gebiet, folgt den Richtlinien der marxistisch-leninistischen Ideologie. Als wichtigste Darstellung ist hier die große dreibändige ›Geschichte der Mongolischen Volksrepublik‹ (von der frühesten Geschichte der Mongolen bis 1965) zu nennen[48]. Beispiele hinsichtlich veröffentlichten Quellenmaterials:

1. Materialien zur Geschichte der Revolution 1919–1921 und der damit verbundenen Ereignisse[49];
2. Zwei Bände von aus Tonbandaufzeichnungen übertragenen Berichten mongolischer Partisanen 1912 bis 1921[50].

Quellen bezüglich der Mongolen der Autonomen Region Innere Mongolei in der Volksrepublik China beginnen erst in jüngster Zeit zugänglich zu werden.

b) Sammlung von Akten aus Qalqa der 2. Hälfte des 19. Jh., Tügemel elbegtü (Hsien-feng, 1851–61), Bürintü ǰasaγči (T'ung-chih, 1862–74), Badaraγultu törü (Kuang-hsü, 1875–1908), 108 vollständige Schriftstücke, Universitätsbibliothek Tübingen.

[47] Heissig (1954), (1972).

[48] Sirendev/Nacagdorž (1966), (1968), (1969); Brown/Onon (1976).

[49] D. Süchbaataryn üjl am'draltaj cholbogdoch barimtat materialyn ėmchtgėl (Dokumentenfolge zum Leben und Wirken D. Süchbaatars [gest. 1923]), Ulan Bator 1964. Mongol ardyn chuv'sgalt namyn tüüchend cholbogdoch barimt bičgüüd 1920–1970, 3 Bde., Ulan Bator 1966, 1967, 1970 (Schriftstücke zur Geschichte der Mongolischen Revolutionären Volkspartei).

[50] Cėrėndorž/Dügėrsürėn/Gongor (1961/69); Veit (1971), (1963).

DIE CHINESISCHEN QUELLEN

Von Rolf Trauzettel

Die überlieferten zeitgenössischen Quellen in chinesischer Sprache – und nur diese primären Dokumente können hier berücksichtigt werden – sind aufgrund der Verluste mongolischer Primärquellen (vgl. oben) von erstrangiger Bedeutung für die Geschichte des mongolischen Weltreiches in Ostasien. Sie lassen sich im wesentlichen zu drei Kategorien zuordnen.

Die erste und wichtigste bildet die ›Geschichte der Yüan‹ (Yüan-shih), die nach dem Muster der Sung-Geschichte von einer Historikerkommission kompilierte offizielle Dynastiegeschichte, welche unmittelbar nach der Vertreibung der Mongolen aus China in den Jahren 1369/70 besorgt wurde. Auf den schon zu Lebzeiten der einzelnen Herrscher jeweils verfaßten Regesten und der Auswertung des verlorenen Altan debter basierend, umfaßt ihre Darstellung einen Berichtszeitraum von 1206 bis 1368. Entsprechend den traditionellen Vorbildern besteht sie aus folgenden Teilen: den Annalen, Traktaten über Wirtschaft, Geographie, Astronomie, Recht, den Kultus u. a. m., Tabellen über die Verleihung hoher Ränge und Ämter sowie Biographien. Zu nennen ist hier auch die 1343/44 im Geschichtsamt unter mongolischer Aufsicht geschriebene ›Geschichte der Chin‹ (Chin-shih), die offizielle Darstellung der Jurchen-Dynastie, die 1115–1234 über Nordchina herrschte, bis sie von den Mongolen 1234 niedergeworfen wurde.

Die zweite Gattung bilden Rechtsquellen, als deren ergiebigste und wichtigste die Aktensammlung ›Staatskodex der heiligen Regierung des großen Yüan-Reichs‹ (Ta-Yüan sheng-cheng kuo-ch'ao tien-chang, meist verkürzt als Yüan tien-chang, ›Kodex der Yüan‹, zitiert) zu gelten hat. Sie umfaßt vor allem Rechtsfälle in Musterentscheidungen aus den Jahren 1277–1322 in rund 2200 Akten. Eine kleinere Sammlung für die Zeit zwischen 1270 und 1332 unter dem Titel ›Regeln in systematischer Anordnung aus dem Staatsbuch des großen Yüan-Reichs‹ (Ta-Yüan t'ung-chih t'iao-ko) enthält auch Akten aus der Verwaltungspraxis.

Zu einer dritten Gruppe schließlich lassen sich alle privat, also nicht im Regierungsauftrag herausgegebenen Werke zusammenfassen. Hierunter finden sich außerordentlich interessante Reiseberichte wie beispielsweise der ›Zusammenfassende Bericht über die Schwarzen Tataren‹ (Hei-Ta shih-lüeh) von P'eng Ta-ya und Hsü T'ing, der 1236 entstanden ist. Eine regelrechte ›Inoffizielle Geschichte des im Keng-shen-Jahre geborenen Herrschers‹ (Keng-shen wai-shih) lieferte Ch'üan Heng mit seinem 1369 fertiggestellten Buch, in dem – kaum von Vorurteilen belastet – die Regierungszeit des letzten Mongolenkaisers Toγon Temür aus der Sicht eines Zeitgenossen geschildert wird.

Von nicht geringem Umfang sind die unter der Mongolenherrschaft entstandenen ›Pinselaufzeichnungen‹ (pi-chi), für die die chinesischen Bibliographen keine eigene Gattungsbezeichnung schufen, sondern sie entweder unter die nichtkanonische oder unter die Unterhaltungsliteratur rubrizierten. Ihr wesentliches Merkmal ist, „daß sie keine systematische Darstellung oder Abhandlung bestimmter Themen bieten, sondern in bunter Folge Abschnitte über alle möglichen Gegenstände enthalten: Geschichte, zeitgenössische Ereignisse, Literatur, Kunst, Anekdoten mehr privater Art, Naturwunder". Das Unorthodoxe an diesen Texten ist – aus heutiger Sicht – aber gerade ein unschätzbarer Vorteil. Von diesen pi-chi seien zwei an Umfang und Gehalt bedeutsame Beispiele genannt: T'ao Tsung-is ›Aufzeichnungen während der Einstellung des Ackerbaus‹ (Cho-keng lu), ein Buch in 30 Kapiteln, das kurz vor dem Sturz der Yüan-Dynastie um 1366 beendet worden ist, und Yang Yüs ›Neue Worte aus der Bergwohnung‹ (Shan-chü hsin-hua), die ihr Verfasser um 1357, im Ruhestand lebend, abgefaßt hat (und wovon H. Franke eine deutsche Übersetzung vorgelegt hat).[1] Insgesamt muß ge-

[1] Franke (1956) 1.

sagt werden, daß diese Literaturgruppe noch viel zuwenig ausgewertet worden ist, namentlich weil sich nicht unerhebliche Teile davon verstreut bei allen möglichen zeitgenössischen Autoren finden, die noch der Bearbeitung harren.

TIBETISCHE QUELLEN

Von Dieter Schuh

An tibetischsprachigen Quellen zur Geschichte der Mongolen des 13.–14. Jh. liegen sowohl Urkunden und Sendschreiben als auch historiographische Quellen verschiedener Art vor.

Zur ersten Quellengattung ist zu bemerken, daß die Mongolenkhane spätestens seit der 2. Hälfte des 13. Jh. in ihren Kanzleien auch eine Abteilung zur tibetischsprachigen Ausfertigung von Urkunden, Erlassen und Sendschreiben etc. unterhielten. Daneben wurden die Erlasse der kaiserlichen Lehrer (ti-shih), sofern die Destinatäre in Tibet residierten, generell in tibetischer Sprache ausgefertigt. Urkunden, Erlasse und Sendschreiben mongolischer Kaiser und Angehöriger der kaiserlichen Familie liegen uns nur in der Form vor, wie sie durch die tibetische Geschichtsschreibung überliefert worden sind. Die Originale waren teilweise mit Sicherheit noch im 18. Jh. in tibetischen Klosterarchiven archiviert. Ob sie von den chinesischen Vernichtungsaktionen tibetischer Literatur und Quellen der 60er Jahre dieses Jahrhunderts verschont worden sind, ist unbekannt. Die Authentizität der Überlieferung dieser Dokumente durch die tibetische Geschichtsschreibung hat als gesichert zu gelten.[1] Die ältesten dieser Urkunden stammen aus den Jahren 1254 und 1264. In beiden Fällen ist der Urheber Qubilai und der Destinatär 'Phags-pa. Das jüngste dieser Dokumente ist ein Berufungsschreiben des Kaisers Toγan Temür aus dem Jahre 1356. An tibetischsprachigen Erlassen und Urkunden hoher tibetischer Amtsträger der Yüan-Zeit wurden mehrere Dokumente von G. Tucci in Žva-lu photographiert und später veröffentlicht.[2] Das älteste

[1] Schuh (1977).
[2] Tucci (1949) 670–673, 747–755.

dieser Art von Dokumenten ist ein Rechtsbrief des 'Phags-pa aus dem Jahre 1267.[3] Schließlich sind als letzte Gruppe Sendschreiben zu erwähnen, die tibetische Geistliche, vornehmlich 'Phags-pa, an mongolische Prinzen etc. richteten[4] oder die sie aus der Residenz mongolischer Potentaten an tibetische Adressaten sandten. Die hier angesprochenen Schreiben sind uns zumeist durch die gesammelten Werke jener Geistlichen überliefert. Das wichtigste ist das kurz vor 1250 aus der Residenz Gödens an die Fürsten und Geistlichen Tibets gesandte Schreiben des Sa-skya paṇḍita.[5]

Die historiographischen Quellen zerfallen in drei Hauptgruppen:

a) genealogische Darstellungen des mongolischen Herrscherhauses,
b) Berichte über Reisen von tibetischen Geistlichen an den mongolischen Kaiserhof und
c) sehr späte tibetischsprachige Darstellungen der Geschichte der Mongolei mongolischer Autoren.

a) Die älteste genealogische Darstellung mongolischer Herrscher findet sich in dem 1278 von 'Phags-pa auf Bitten eines der Söhne Qubilais verfaßten Šes-bya rab-gsal. Diese Schrift ist als enzyklopädisches Werk einzuordnen und gibt eine Zusammenstellung dessen, was der gebildete Buddhist jener Zeit wissen sollte.[6] Die Genealogie der mongolischen Herrscher beginnt mit Činggis Khan und endet mit den Söhnen Qubilais. Sie wird im Rahmen der Schilderung der Königsgeschlechter gegeben, die mit der Förderung des Buddhismus verbunden waren. Die Darstellungen dieser mongolischen Herrschergenealogie waren sicherlich prägend für ähnliche Darstellungen in späteren tibeti-

[3] Schuh (1981) Anhang 6.

[4] Vgl. Anm. 5, Vol. 7; Szerb (1980), (1980a).

[5] Textausgabe: *The Complete Works of the Great Masters of the Sa skya Sect of Tibetan Buddhism,* Vol. 5. Tokyo 1968, S. 401 f. Übersetzung: Tucci (1949) S. 10ff.

[6] Text des Werkes vgl. Textausgabe Anm. 5, Vol. 6, S. 1–18. Die hier relevante Passage findet sich ediert und übersetzt in Schuh (1977) S. 58–61.

schen Geschichtswerken, wie z. B. in den 1346 verfaßten ›Roten Annalen‹ des Chal-pa Kun-dga' rdo-rǰe.[7] In diesem Werk beginnt die Königsgenealogie mit den Vorfahren Činggis Khans. Sie wird bis zur Lebenszeit des Autors fortgeführt. In der vorliegenden Textausgabe mitenthaltene ergänzende Anmerkungen eines tibetischen Herausgebers ergänzen diese Genealogie bis zum Ende der Yüan-Zeit. Es bleibt festzuhalten, daß verschiedene tibetische Geschichtswerke des 15. und 16. Jh., wie z. B. das rGyal-rabs gsal-ba'i me-loṅ,[8] die ›Blauen Annalen‹,[9] das Deb-ther dmar-po gsar-ma[10] und das mKhas-paḥi dgaḥ-ston des dPa'-bo gCugs-lag phreṅ-ba,[11] Kapitel mit solchen genealogischen Listen der Mongolen-Herrscher enthalten. Allerdings schlichen sich in diese Listen kompilationsbedingt schwerwiegende Fehler ein, so daß ihr Quellenwert nicht immer als hoch einzuschätzen ist. Hervorzuheben ist, daß solche Fehler gelegentlich von der späteren mongolischen Geschichtsschreibung völlig unkritisch übernommen worden sind.

b) Die Zugehörigkeit Tibets zum mongolischen Großreich sowie die Hinneigung der Mongolenkaiser zum Buddhismus führte zu zahlreichen Reisen hoher tibetischer Geistlicher an den Kaiserhof. Über diese Reisen wird in den Biographien dieser Geistlichen teilweise sehr ausführlich berichtet. Exemplarisch sei hier verwiesen auf die entsprechenden Passagen in den Biographien des 3. Karma-pa-Hierarchen Raṅ-byuṅ rdo-rǰe, der sich von 1332 bis 1334 am Kaiserhof aufhielt,[12] und des 4. Karma-pa-Hierarchen Rol-pa'i rdo-rǰe,[13] der gegen Ende des Jahres

[7] *Deb-ther dmar-po.* The Red Annals, Part One (Tibetan Text). Gangtok 1961.

[8] Kuznetsov (1966) 21 f.

[9] Roerich (1949) 56–60.

[10] Tucci (1971) 178–180.

[11] mKhas-paḥi-dgaḥ-ston of Dpaḥ-bo-gtsug-lag, Part 3, New Delhi 1961, S. 791 f.

[12] History of the Karma bKa'-brgyud-pa Sect by Si-tu paṇ-chen Chos-kyi-'byuṅ-gnas and Be-lo Tshe-dbaṅ-kun-khyab, Vol. 1. New Delhi 1972, S. 184–233.

[13] Op. cit. Anm. 12, S. 321–395.

1360 am Hof von Toγan Temür eintraf. Solche Reiseberichte sind wegen ihrer völligen Unabhängigkeit von der traditionellen chinesischen Geschichtsschreibung von besonderem Interesse. Ergänzend sei hier angemerkt, daß die spätere, sehr umfangreiche tibetische biographische Literatur des 17.–19. Jh. umfangreiches Quellenmaterial zur „neueren" Geschichte der Mongolen in jener Zeit enthält. Sieht man einmal von den Biographien der lČaṅ-skya qutuqtu's ab,[14] so wurden diese Quellen bisher nur sehr wenig ausgewertet.

c) Als späte tibetischsprachige Gesamtdarstellungen der mongolischen Geschichte sind hier das 1819 verfaßte Hor čhos-'byuṅ des 'J̌igs-med rig-pa'i rdo-rǰe[15] und die 1931 fertiggestellten ›Goldenen Annalen‹[16] zu erwähnen. Beide Werke behandeln unter der Themenstellung „Ausbreitung des Buddhismus in der Mongolei" sowohl die ältere Geschichte des mongolischen Großreichs als auch die neuere mongolische Geschichte seit dem 16. Jh. Im Hinblick auf die ältere Geschichte knüpfen beide Werke an die mit dem Altan tobči gegebene mongolische historiographische Tradition an und behandeln auch in der Form einer Genealogie die Abfolge des mongolischen Herrscherhauses nach dem Ende der Yüan-Dynastie bis zum 16. Jh. Weiterhin finden sich Kurzbiographien verschiedener tibetischer Geistlicher, die am Hof der Mongolenkaiser als Priester tätig waren. Im Zusammenhang mit der sogenannten zweiten Ausbreitung des Buddhismus in der Mongolei, die mit der Einladung des 3. Dalai Lama durch Altan Khan einsetzte, wird in einem weiteren Hauptteil die neuere Geschichte der Mongolei primär aus religionsgeschichtlicher Sicht behandelt. Da dieser Teil in beiden Werken primär aus Kurzbiographien von Geistlichen besteht, die zur Verbreitung und Festigung des Buddhismus in der Mongolei tätig waren, unterscheidet er sich prinzipiell wenig von der Masse tibetischsprachiger Biographienliteratur, die als Quelle zur neueren Geschichte schon erwähnt wurde.

[14] Sagaster (1967); Kämpfe (1976).
[15] Huth (1892–96).
[16] Lokesh Chandra (1964).

NAHÖSTLICHE UND EUROPÄISCHE QUELLEN

Von Michael Weiers

A. *Quellen zur mongolischen Geschichte im 13. und 14. Jahrhundert*

Im 13. und 14. Jh. unterstanden weite Territorien des Mittleren Ostens sowie Osteuropas, z. B. Iran, der Kaukasus und beträchtliche Teile Rußlands, direkt den Mongolen, und auch die damals unabhängigen Mächte Westeuropas stellten zu ihnen immer wieder Kontakte her. Auseinandersetzungen hatten mit den Mongolen auch ihre damaligen Nachbarn in Byzanz oder in Ägypten. Alle diese Beziehungen zu den Mongolen zeitigten schriftliche Zeugnisse, die neben Überresten, meist Briefen, besonders auch Quellen der Tradition umfassen, die jedoch nicht in mongolischer Sprache abgefaßt sind. Dabei ist hervorzuheben, daß letztere Quellen oft von Zeitgenossen, die mit dem Geschehen persönlich aufs engste verbunden waren, geschrieben wurden, wie etwa das persischsprachige Werk des ᶜAlā ad-Dīn Ǧuwainī, der zwischen 1252 und 1260 in Qara-Qorum, der Hauptstadt des mongolischen Großreichs, gelebt hat. Obwohl nicht in mongolischer Sprache abgefaßt, müssen solche zeitgenössischen Werke unbedingt als unmittelbare Quellen zur mongolischen Geschichte gewertet werden, und zwar um so mehr, als uns gerade für das 13./14. Jh. in mongolischer Sprache insgesamt nur relativ wenig zeitgenössisches Schrifttum überliefert worden ist.

Im folgenden sollen nun die allerwichtigsten zeitgenössischen nahöstlichen und europäischen Quellen der Tradition, die die Mongolen des 13./14. Jh. betreffen, jedoch nicht in mongolischer Sprache abgefaßt wurden, aufgelistet werden. Die Auswahl berücksichtigt hierbei besonders aus dem nahöstlichen Bereich nur solche Quellen, für die bereits Übersetzungen oder Inhaltsangaben vorliegen. Die angeführten Quellen sind also auch für Nichtorientalisten nutzbar.

I. Nahöstliche Quellen

a) Persische Quellen

ǦUWAINĪ = ᶜAlā ad-Dīn ᶜAṭā Malik al-Ǧuwainī, *Ta'rīḫ-i ǧahān-gušāi* (›Geschichte des Welteroberers‹), zum größten Teil geschrieben zwischen 1252 und 1260 in Qara-Qorum, danach ab 1260 in Bagdad, behandelt das mongolische Weltreich bis zu den Eroberungen des Hülegü.[1]

RAŠĪD AD-DĪN = Rašīd ad-Dīn Faḍl Allāh, *Ǧāmiᶜ at-tawārīḫ* (›Sammler der Geschichten‹), verfaßt zu Beginn des 14. Jh. in Persien, behandelt die Frühzeit und Tschinggis Khan sowie die Zeit von Ögödei einschließlich der Khane in China bis zur Zeit des Verfassers, d. h. bis zum Jahr 1304.[2]

DERS., *Ta'rīḫ-i mubārak-i Ġāzānī* (›Geschichte des gesegneten Ghazan‹), ist ein Abschnitt aus dem *Ǧāmiᶜ at-tawārīḫ*.[3]

WAṢṢĀF = ᶜAbd Allāh Ibn Faḍl Allāh aš-Šīrāzī, *Tağziyatu 'l-amṣār wa tazğiyatu 'l-aᶜṣār* (›Die Verteilung der Länder und der Verlauf der Zeitalter‹). Ausgabe Bombay in 5 Bänden unter dem Titel *Kitāb-i mustaṭāb-i Waṣṣāf* (›Das elegante Buch des Waṣṣāf‹).[4] Geschrieben zwischen 1300 und 1328 in Persien. Der Verfasser erhielt angesichts seines historiographischen Unternehmens vom Il-Khan Öldscheitü (1304–1316) den Titel *Waṣṣāfu 'l-Ḥadrat* ›Lobredner des Hofes‹, weswegen sein Werk, das

[1] Ausgabe: QAZWINI (1912–37). Übersetzungen: BOYLE (1958); SCARCIA (1962).

[2] Ausgaben: Sehr selten: BEREZIN (1858–88); BLOCHET (1911); ALI-ZADE (1957); ROMASKEVIČ/HETAGUROV/ALI-ZADE (1968). Übersetzungen: QUATREMÈRE (1836); HETAGUROV (1952); SMIRNOVA (1951); VERHOVSKIJ (1960); ARENDS (1957) = ALI-ZADE (1957); BOYLE (1971); JAHN (1971).

[3] Ausgaben mit Inhaltsangaben: JAHN (1940), (1957).

[4] Ausgabe: WAṢṢĀF (1852/53).

zahlreiche Nachrichten enthält, die etwa bei Rašīd ad-Dīn fehlen, auch *Ta'rīḫ-i Waṣṣāf* (›Geschichte des Waṣṣāf‹) genannt wird.[5]

Ǧuzǧānī = Abū ᶜUmar Minhāǧ ad-Dīn ᶜU̱tmān Ibn Sirāǧ ad-Dīn al-Ǧuzǧānī, *Ṭabaqāt-i Nāṣirī* (›Klassen [von Menschen] unter Nāṣir‹), abgeschlossen 1260, gibt u. a. den Bericht des Gesandten Bahā ad-Dīn Rāzī, den der Kalif an-Nāṣir li-Dīn Allāh (1180–1225) anläßlich der Eroberung Pekings durch die Mongolen im Jahre 1215 zu Tschinggis Khan nach China geschickt hat, wieder und schildert dessen Zusammentreffen mit Tschinggis Khan dortselbst sowie die späteren Zerstörungen durch die Mongolen.[6]

Abrū = Ḥāfiẓ-i Abrū (Šahāb ad-Dīn ᶜAbd Allāh ibn-i Luṭf Allāh ibn-i ᶜAbd ar-Rašīd), *D̠ail-i Ǧāmiᶜ at-tawārīḫ-i Rašīdī* (›Fortsetzung des Sammlers der Geschichten des Rašīd [ad-Dīn]‹), setzt das Werk des Rašīd ad-Dīn fort von 1304 bis 1357.[7]

Mustaufī = Ḥamd Allāh Mustaufī al-Qazwīnī, *Ta'rīḫ-i guzīdah* (›Ausgewählte Geschichte‹), verfaßt 1330, mit zahlreichen sonst nicht belegten Angaben.[8]

b) Syrische Quellen[9]

Bar Hebraeus = Yuhanna Gregorius Abū 'l-Farāǧ Bar ᶜIbraya, *Kt̠ābā d̠-makt̠b̠ānūt zab̠nē* (›Buch der Beschreibung der Zeiten‹). Das Werk besteht aus zwei Teilen. Der erste Hauptteil umfaßt das sog. *Chronicon Syriacum,* beinhaltend eine Profangeschichte in 11 Kapiteln. Die Mongolen betreffen die Kapitel 10 und 11. Kapitel 10 macht fast zwei Drittel des ersten Hauptteils aus und berichtet gegen Ende über den Mongoleneinbruch, über Tschinggis Khan und seine Söhne sowie über die Eroberung

[5] Ausgabe und Übersetzung: Hammer-Purgstall (1856).

[6] Ausgabe: Lees/Hosain/Al-Hai (1864) 330ff. Übersetzung: Raverty (1881) 935ff.

[7] Ausgabe und Übersetzung: Bayani (1317/1936).

[8] Ausgabe: Browne (1911). Übersetzung: Browne/Nicholson (1914).

[9] Zur Wertung dieser Quellen vgl. Spuler (1968) 11–13.

Bagdads und das Ende des abbasidischen Kalifats. Kapitel 11 behandelt die Geschichte der „Hunnen“, wie die Mongolen hier genannt werden, und erzählt von Khubilai Khan, vom Il-Khan Abaqa, der Eroberung Antiochiens und vom Il-Khan Arghun. Da Bar Hebraeus 1286 gestorben ist, sind Teile der Geschichte Arghuns sowie die Regierungszeit des Il-Khan Gaikhatu (1291–95) wohl von Bar Ṣāumā, dem Bruder des Verfassers, nachgetragen worden.[10] Der zweite Hauptteil, das sog. *Chronicon ecclesiasticum,* enthält eine in zwei Teile untergliederte Kirchengeschichte. Einige Nachrichten, die die Mongolenzeit betreffen, sind enthalten in Teil zwei, der u. a. die nestorianischen Katholikos-Patriarchen und die Geschichte der nestorianischen Kirche behandelt.[11]

Tašᶜīṯa ḏ-Mār Yaḇallāhā wḏ-Rabban Ṣāumā (›Geschichte des Mār Yaḇallāhā und des Rabban Ṣāumā‹) von einem Anonymus. Das Werk behandelt die Geschichte von zwei aus China gekommenen nestorianischen Mönchen, von denen einer Katholikos wurde und der andere als Gesandter des Il-Khan Arghun nach Westeuropa geschickt worden war.[12]

c) Armenische Quellen

KIRAKOS = Kirakos Gandzakecᶜi, *Patmutᶜyun Hayocᶜ* (›Geschichte Armeniens‹ des Kirakos von Gandzak), berichtet vom 9. Kapitel an über die Tataren = Mongolen bis zum Tod des Hülegü 1265. Verfaßt wurden die Mongolenkapitel um 1270.[13]

VARDAN = Vardanay Vardapeti, *Hawakᶜumn patmutᶜean*

[10] Ausgabe: BEDJAN (1890). Ausgabe und Übersetzung: BUDGE (1932).

[11] Syrische Ausgabe und lateinische Übersetzung: ABBELOOS/LAMY (1872/77).

[12] Ausgabe: BEDJAN (1895). Übersetzungen: CHABOT (1895); BUDGE (1928); MONTGOMERY (1966).

[13] Ausgabe: MELIKᶜ – OHANǰANYAN (1961). Übersetzungen: DULAURIER (1858) 192–255, 426–473, 481–508; PATKANOV (1874) Band II; BRETSCHNEIDER (1967) I, 164–172; BROSSET (1870) I, 1–205; BOYLE (1963); (1964). Zur mongolischen Wortliste in Kirakos vgl. LIGETI (1965) 241–297.

(›Universalgeschichte‹ des Vardan Vardapet), berichtet gegen Ende des Werkes über die Reise des Verfassers zu Hülegü im Jahre 1265 sowie über das lange Gespräch, das er mit ihm führte. Das Buch endet mit dem Tod des Hülegü. Der Verfasser starb im Jahre 1271.[14]

Orbelian = Stephanos Orbelian, *Patmut^c^yun Siunik* (›Geschichte des Hauses Sissak‹), eigentlich eine Lokalchronik, deren umfangreichstes 65. Kapitel u. a. auch über die Beziehungen des Orbelianhauses zu den Fürsten und Khanen der Mongolen berichtet. Das Werk wurde 1299 verfaßt.[15]

Grigor = Grigor Akanec^c^ioy, *Patmut^c^yun azgin netoγac^c^* (›Geschichte des Volkes der Bogenschützen‹ des Grigor von Akner), ist eine nur kurze, doch besonders kulturgeschichtlich aufschlußreiche Geschichte der Mongolen, die bis 1275 einen Zeitraum von 44 Jahren umfaßt. Geschrieben wurde das Werk während der letzten Jahrzehnte des 13. Jh.[16]

d) Georgische Quelle

K^c^art^c^lis c̱hovreba dasabamit^c^gan meac̱hramete saukunemdis (›Das Leben Georgiens vom Altertum bis in das 19. Jahrhundert‹). Band 1 des anonymen Werkes behandelt die Zeit bis 1469. Die Nachrichten über die Mongolen finden sich in diesem ersten Band, dessen Quelle über die Mongolen überwiegend Ǧuwainī war.[17]

e) Arabische Quellen[18]

Al-Aṯīr = Ibn al-Aṯīr, *Kitāb al-kāmil fī 't-ta'rīḫ* (›Buch, die Vollständigkeit in der Geschichte‹), behandelt am Ende des

[14] Ausgabe: Vardan Vardapet (1862). Übersetzungen: Dulaurier (1860) 273–322; Ėmin (1864); Patkanov (1874) I, 1–29.

[15] Ausgabe: Saint-Martin (1819) 56–300. Übersetzung: Brosset (1864).

[16] Ausgabe und Übersetzung: Blake/Frye (1949). Zu den mongolischen Namen und Termini vgl. Cleaves (1949); Boyle (1975).

[17] Ausgabe: Brosset (1849). Übersetzung: Brosset (1849–58).

[18] Bei den arabischen Quellen sei nochmals daran erinnert, daß hier nur übersetzte bzw. mit Inhaltsangaben versehene Quellen aufgeführt

Werkes die Anfänge der Mongolen bis 1231. Der Verfasser lebte 1160–1233.[19]

Nasawī = Muḥammad an-Nasawī, *Sīrat as-sulṭān Ǧalāl ad-Dīn Mankubirtī* (›Das Leben des Sultan Ǧalāl ad-Dīn Mankubirtī‹), eine Biographie des letzten Sultans von Ḫwārizm, geschrieben 1241/42; berücksichtigt werden auch die mongolischen Unternehmungen im Südosten des Nahen Ostens bis 1240.[20]

Abū 'l-Fidā = Ismāᶜīl Abū 'l-Fidā, *Kitāb taqwīm al-buldān* (›Buch der Geographie der Länder‹), behandelt alle damals bekannten Örtlichkeiten u. a. nach Längen- und Breitengraden und berichtet ausführlich über die Mongolen. Der Verfasser lebte 1273–1331.[21]

Ibn Baṭṭūṭa = Abū ᶜAbd Allāh Muḥammad Ibn Baṭṭūṭa, *Tuḥfat an-nuẓẓār fī ġarā'ib al-amṣār wa ᶜaǧā'ib al-asfār* (›Das Geschenk genauer Beobachter, behandelnd Außergewöhnlichkeiten der Länder und Wunder der Reisen‹), Reisebericht des aus Tanger stammenden Nordafrikaners, niedergeschrieben nach seinem Diktat von Muḥammad Ibn Ǧuzayy al-Kalbī nach der letzten Reise des Jahres 1354. Das Werk vermittelt viele kulturgeschichtlich relevante Nachrichten über die Mongolen.[22]

Al-ᶜUmarī = Ibn Faḍl Allāh al-ᶜUmarī, *Masālik al-abṣār fī 'l-mamālik al-amṣār* (›Wege von Einblicken in die Reiche der

werden. Wichtige Werke, wie z. B. das des Ibn al-Fuwaṭī, bleiben deswegen unerwähnt.

[19] Ausgaben: Tornberg (1867–74); Naǧǧār (1348). Übersetzungen: Als Hintergrundinformation: Reinaud/Defrémery (1872–87); Tiesenhausen (1884). Übersetzung (vom Jahre 1098 bis 1231): RHC Hist. Or. (1872–1906) I, 189–744; II/1, 1–180.

[20] Ausgabe: Houdas (1891). Übersetzung: Houdas (1895).

[21] Ausgabe: Reinaud/de Slane (1840). Übersetzung: Reinaud (1848); Guyard (1883).

[22] Ausgabe und Übersetzung: Defrémery/Sanguinetti (1853–58). Übersetzung: Gibb (1958/71); Gabrieli (1961). Auszüge und Bearbeitung: Mžik (1911). Auszüge in Übersetzung basierend auf Mžik (1911) und Gibb (1958/71): Ibn Battuta (1974).

Länder‹). Das zweite Kapitel dieses Werkes behandelt das mongolische Weltreich: *fī mamālik bait Ǧinkiz Ḫān* ›Über die Reiche des Hauses Tschinggis Khan‹. Das Kapitel wurde niedergeschrieben zwischen 1338 und 1341.[23]

II. Europäische Quellen

a) Byzantinisch-griechische Quellen

Vgl. die Beschreibung der umfassenden historischen Hauptquellen für das 13. und 14. Jh. in Karayannopulos/Weiss (1982), Nr. 442, 497 und 498 jeweils mit erschöpfenden Literaturangaben. Als Darstellung vgl. Graf (1941).

b) Slavisch-russische Quellen

Moskovskij letopisnyj svod konca XV veka (›Codex vom Ende des 15. Jahrhunderts‹), geht von den Anfängen der Kiewer Ruś bis zum Anfang des 16. Jh. mit einschlägigen Nachrichten über die Mongolenherrschaft in Rußland.[24]

Istorija o kazanskom carstve (›Historie vom Zartum Kasan‹), schildert den Untergang des mongolischen und den Aufstieg des russischen Kasan.[25]

c) Lateinische Quellen

Monumenta Germaniae historica, Scriptores; Monumenta Poloniae historica; Acta Poloniae historica; Scriptores rerum Hungaricarum . . .; Scriptores rerum Silesiacarum . . .; Vetera monumenta historica . . .; Vetera monumenta Poloniae et Lithuaniae . . .[26]

[23] Ausgabe und Paraphrase: Lech (1968).

[24] Ausgabe: PSRL (1949). Übersetzung: Nitsche (1966), (1967).

[25] Ausgaben: PSRL (1903); Mojseeva (1954). Übersetzung: Kämpfer (1969).

[26] Vgl. Bezzola (1974) unter den Sigla APH, MGH SS, MPH, SRH, SRS, VMH und VMPL auf S. 221/22 sowie genaue Angaben unter diesen Sigla auf S. 223–230. Vgl. ibid. auch weitere lateinische Quellen, die

Johannes de Plano Carpini, *Ystoria Mongalorum*, anläßlich der Reise 1245–1247.[27]

Reisebericht des Benedikt von Polen, Begleiter des Plano Carpini.[27a]

C. de Bridia, *Hystoria Tartarorum*, aufgrund der Reise 1245–47.[28]

Wilhelm Rubruk, *Itinerarium*, nach der Reise 1253–55.[29]

Odorico de Pordenone, *Multe et diverse hystorie beati Odorici fratris Minoris* . . . über seine Reise 1316–30.[30]

Johannes de Marignola, ›Reiseerinnerungen‹ 1338–53.[31]

d) Mittelfranzösische Quellen

Marco Polo, *Le devisement du Monde*, niedergeschrieben nach dem Diktat im Jahre 1298 von Ser Rustichello im Gefängnis zu Genua. Zahlreiche Mss. und Übersetzungen.[32]

Haytonus, *La flor des Estoires della terre d'Orient*, nach dem Diktat des Armeniers Hethum 1307 in Avignon vom Mönch Nikolaus Falcon in Mittelfranzösisch niedergeschrieben und dann

die europäische Sicht widerspiegeln. Zur lateinischen Briefkorrespondenz zwischen den Mongolenkhanen und den Päpsten vgl. LUPPRIAN (1981).

27 Ausgabe: WYNGAERT (1929) 3–130. Teile davon neben der *Historia Tartarorum* des Simon de Saint-Quentin [RICHARD (1965)] enthalten in VINCENTIUS BELLOVACENSIS (1473 ~ 1624) 1286–1299. Übersetzung: RISCH (1930).

27a Ausgabe: WYNGAERT (1929) 131–143. Übersetzung: RISCH (1930) 265–277.

28 Ausgabe: ÖNNERFORS (1967).

29 Ausgabe: WYNGAERT (1929) 147–332. Übersetzung: RISCH (1934).

30 Ausgabe: WYNGAERT (1929) 381–495; Ausgabe und mittelhochdeutsche Übersetzung: STRASMANN (1968). Biographie, Bibliographie und engl. Übersetzung: YULE (1966) Vol. II.

31 Ausgabe: WYNGAERT (1929) 515–559. Biographie und engl. Übersetzung: YULE (1966) III, 177–269.

32 Ausgabe: FOSCOLO BENEDETTO (1928). Übersetzungen: YULE/CORDIER (1975); HAMBIS (1955); KNUST (1982).

ins Lateinische übersetzt. Mehrere spätere Übersetzungen und Ausgaben, Armenisch erst 1842.[33/33a]

B. Quellen zur späteren Geschichte der Mongolen

Nach dem Niedergang der mongolischen Teilreiche im 14. Jh. setzte sich die Geschichte der Mongolen als solche abgesehen von der im Khanat Qyptschaq zunächst nur in ihrem Ursprungsland fort. Dieses Mongolengebiet, die sog. Mongolei, entsprach damals etwa den heutigen Territorien des Autonomen Gebiets Innere Mongolei in der VR China und der Mongolischen Volksrepublik. Gegenüber dem mongolischen Großreich und den Teilreichen war die Mongolei in Zentralasien nur noch sehr klein, und die dort ablaufende Geschichte hatte nur noch regionale Bedeutung. Im Westen besaßen die Mongolen nicht einmal mehr eine gemeinsame Grenze mit den Ländern, die sie bis zur Mitte des 14. Jh. noch beherrscht hatten. Die Geschehnisse in der Mongolei waren so dem Blickfeld des Nahen und Mittleren Ostens sowie Europas völlig entschwunden. Aus diesem Grunde gab es auch für diese auf Zentralasien beschränkte und etwa mit den 70er Jahren des 14. Jh. beginnende Geschichte der Mongolen der Mongolei keine nahöstlichen oder europäischen Quellen mehr. Zwar liegen vom 15. Jh. an aufwärts besonders aus dem Mittleren Osten Geschichtswerke vor, die immer wieder als Quellen für die Geschichte der Mongolen angeführt werden,[34] doch behandeln diese nur bis ins 14. Jh. hinein die Mongolen, während sie sich für die Zeit nach dem 14. Jh. ausschließlich auf die Geschichte der mittelasiatischen Türken beziehen. Daß diese Türken mitunter als Mongolen erscheinen, geht zu-

[33] Ausgabe des mittelfranzösischen Textes: HAYTONUS (1906a). Lateinische Übersetzung: HAYTONUS (1906b). Deutsche Bearbeitung: KRAUSE (1920).

[33a] Als Textlektüre zu Abschnitt A. sei verwiesen auf SPULER (1968a).

[34] Zum Beispiel ḪUWĀNDAMĪR (1333) übersetzt: DEFRÉMERY (1852) oder DESMAISONS (1970); ELIAS/ROSS (1972); URUNBAYEV (1972).

rück auf Timur, der entgegen weitverbreiteter Meinung kein Mongole, sondern ein Türke war, und sich und seinen Nachkommen lediglich aus Prestigegründen einen mongolischen Stammbaum zugelegt hatte. Soweit also spätere persisch- und türkischsprachige Quellen des Nahen und Mittleren Ostens über das 14. Jh. hinausgehend von Mongolen berichten, sind damit nicht die eigentlichen Mongolen in der Mongolei angesprochen, sondern Türken, die aufgrund eines angenommenen mongolischen Stammbaums in Mittelasien „mongolische" Geschichte machten. Angaben über die eigentliche Geschichte der Mongolen im 13. und 14. Jh., die in solchen Werken enthalten sind, dürfen aufgrund der späten Abfassungsdaten dieser Quellen nur mit der nötigen Vorsicht berücksichtigt werden.

Europäische Quellen für die Geschichte der Mongolen Zentralasiens nach dem 14. Jh. liegen erst wieder vor für die Zeit vom frühen 17. Jh. an. In erster Linie handelt es sich hierbei um reiche russischsprachige Archivmaterialien, die aus der Zeit der russischen Expansion nach Osten stammen. Aufbewahrt werden diese Quellen im *Central'nyj Gosudarstvennyj Arhiv Drevnih Aktov* („Staatliches Zentralarchiv für alte Akten") in Moskau und in der *Leningradskoe otdelenie Arhiva Akademii Nauk SSSR* („Leningrader Abteilung des Archivs der Akademie der Wissenschaften der UdSSR").[35]

Eine wertvolle Ergänzung für das Archivmaterial stellen die zahlreichen, in verschiedenen europäischen Sprachen (Deutsch, Russisch, Lateinisch, Niederländisch sowie in englischen Übersetzungen) verfaßten Reise- und Forschungsberichte dar. Unter ihnen nehmen viele besonders Bezug auf diejenigen westmongolischen Oiratenstämme, die im 17. Jh. nach Westen an die Wolga zogen, sich dort – dann „Kalmücken" benannt – niederließen und seitdem zu den am weitesten westlich siedelnden Mongolen gehören.[36]

[35] Über diese Archive vgl. kurz zusammengefaßt Stary (1974) 381–383. Ausgabe von Archivdokumenten, die die Geschichte der russisch-mongolischen Beziehungen betreffen, vgl. Gol'man (1959/74).

[36] Auswahlliteratur für diese Berichte bzw. ihre Bearbeitung:

Schließlich überliefern uns Nachrichten auch über die Mongolen russische Wissenschaftler und Staatsbedienstete, die im Laufe der letzten Jahrhunderte in China weilten und deren Aufzeichnungen an verschiedenen Stellen archiviert sind.[37]

Bemerkungen zur Geschichte einzelner moderner mongolischer Völkerschaften und Stämme finden sich meist auch in den europäischen sprachwissenschaftlichen Abhandlungen zur Sprache dieser Mongolen, vgl. das Kapitel ›Zur Herausbildung und Entwicklung mongolischer Sprachen‹.

Witsen (1692); Strahlenberg (1730); Gmelin (1752); Pallas (1776/1801), (1771–1776); Georgi (1776–1780); Pozdneyev (1896); Bergmann (1804/05); Pokrovskij (1913); Heissig (1971); Pozdneyev (1978). Reise- und Forschungsberichte aus dem 20. Jh.: Consten (1919/20); Ligeti (1977); Ramstedt (1978); Halén (1982).

[37] Hierüber jeweils mit Angaben des Standortes der Archive vgl. Skačkov (1977).

ZUR HERAUSBILDUNG UND ENTWICKLUNG MONGOLISCHER SPRACHEN

Ein Überblick

Von MICHAEL WEIERS

Obwohl schon in der zweiten Hälfte des 11. Jh. mit Khaidu Khan, dem ersten Fürsten der Mongolen, eine mongolische Herrscherabfolge begonnen hatte, die sich mit Khabul Khan (ca. 1130–1150), Ambakhai Khan (gest. 1161) und dem vierten Mongolenfürsten Khutula Khan (1161 ?–?) fortsetzte, hatten die Mongolen nach den Angaben im *Yüan-shih,* der offiziellen chinesischen Dynastiegeschichte über die Mongolenherrschaft in China,[1] erst durch Vermittlung eines gewissen Tatatunga, eines gebildeten Uiguren im Dienste des Stammes der Naiman, im Jahr 1204 mit der Übernahme der uigurischen Schrift erstmals ein Medium für die schriftliche Fixierung ihrer Sprache erhalten. Dieses Schriftsystem, das sich von einer nicht genauer bestimmbaren Variante der aramäischen Schrift herleitet und bereits seit der zweiten Hälfte des zweiten nachchristlichen Jahrhunderts von den Soghdiern, einem iranischen Volk Mittelasiens, bis ins 9. Jh. hinein gebraucht und dann um die Mitte des 9. Jh. auch von den türkischen Uiguren für deren Sprache entlehnt wurde, sollte als sog. uiguro-mongolische Schrift bis in unser Jahrhundert hinein die mongolische Schrift par excellence bleiben. Die mit ihr geschriebene mongolische Sprache, die sog. uiguro-mongolische Schriftsprache, wurde so über acht Jahrhunderte hin zu der von den Mongolen am längsten ununterbrochen verwendeten Schriftsprache.

Im 13. Jh., während dessen erster Hälfte das großmongolische

[1] *Yüan-shih,* Po-na Ausgabe 1931, 124:3r/v.

Weltreich unter dem ersten Mongolenkaiser Tschinggis Khan (1167?–1227) und seinen Nachfolgern entstand, sowie im 14. Jh. kamen aber noch andere Schriftsysteme zur Wiedergabe des Mongolischen in Gebrauch. So im Jahr 1269 die sog. Quadrat- (nach ihrer viereckigen Form) oder 'Phags-pa-Schrift (nach ihrem Schöpfer 'Phags-pa Lama),[2] die neben den Sprachen Mongolisch, Tibetisch, Sanskrit und Türkisch vor allem auch das Chinesische wiedergab, dann im Westen des Mongolenimperiums die arabische[3] sowie für die Wiedergabe einzelner Wörter die armenische Schrift[4] und schließlich die chinesische Schrift, mit deren als Lautwerte verwendeten Silbenzeichen man mongolischsprachige Texte schrieb bzw. unmittelbar nach dem Niedergang der Mongolenherrschaft in China (1368) transkribierte, um sie den Chinesen dann als praktische Lehrmittel zur Erlernung des Mongolischen zur Verfügung zu stellen[5].

Basierend auf der Vielzahl der im 13./14. Jh. für das Mongolische verwendeten Schriftsysteme, hat die Mongolistik Kriterien herausgearbeitet, mit deren Hilfe sie die mongolische Sprache zunächst in Alt- und Mittelmongolisch einteilt. Als Einteilungskriterium gilt u. a. besonders die verschieden realisierte Wiedergabe der uiguro-mongolischen Graphemkombinationen *aγa, aγu, oγa, oγo, uγa, uγu, ege, egü, öge, üge, ügü, iγa, ige, igi, iγu, igü* in den übrigen für das Mongolische im 13./14. Jh. verwendeten Schriftsystemen.[6] Die unterschiedlichen Realisationen bestehen nun darin, daß den in der uiguro-mongolischen Schriftsprache (= UM) belegten Graphemkombinationen *aγa, aγu* usw. Schreibweisen im PP (= Mongolisch in 'Phags-pa-Schrift), AM (= Mongolisch in arabischer Schrift) und SM (= Sinomongolisch = Mongolisch in chinesischer Schrift) entsprechen, in denen die intervokalischen Gutturale γ und g der uiguro-mongolischen Graphemkombinationen *aγa, ege* usw.

[2] Poppe (1957) 1ff.

[3] Eine Zusammenfassung mongolischsprachiger Quellen in arabischer Schrift Ligeti (1962) 3ff. Vgl. auch Weiers (1972b).

[4] Cleaves (1949); Ligeti (1965); Boyle (1975).

[5] Weiers (1967) 473a/b.

[6] Poppe (1950a), (1951) 4, (1959).

1. sich verändern,
2. wegfallen oder
3. die nach dem Wegfall (Elison) von γ und g verbliebenen Vokale sich durch regressive Assimilation einander angleichen können.

Das Ergebnis von 3. besteht in einem als lang anzusetzenden Vokal, den die Schrift aber überwiegend defektiv nur durch einen Vokal realisiert. Folgende Beispiele verdeutlichen das bisher Gesagte:

UM *aγula* „Berg", SM, AM *a'ula,* PP *ūla.* UM *čilaγun* „Stein", SM *čilawun* ~ *čila'un,* PP *čila'un.* UM *egüri* „lange, lange während", PP *ė'uri,* SM *e'üri.* UM *egüden* „Tür", AM *e'üden* ~ *ǖden.*

Die Graphemkombinationen *aγa, aγu, egü* usw. des UM können also im PP, SM und AM als *awa* ~ *aya* ~ *a'a* ~ *ā, awu* ~ *a'u* ~ *ū, ewu* ~ *e'ü* ~ *ǖ* usw. auftreten, wobei PP, SM und AM sich ihrerseits wieder hinsichtlich der Häufigkeit des Gebrauchs der möglichen Varianten unterscheiden.

Diese unbestreitbare Tatsache einer unterschiedlichen Realisation der hier behandelten Graphemkombinationen im UM auf der einen und im PP, SM und AM auf der anderen Seite hat nun wesentlich dazu beigetragen, daß die Mongolistik die uiguromongolische Schriftsprache hinsichtlich besagter Graphemkombinationen als eine noch altmongolische Züge bewahrende Sprache betrachtet, während sie die mit den übrigen Schriftsystemen geschriebenen Texte in mongolischer Sprache aus dem 13./14. Jh. als Mittelmongolisch einstuft. Die Charakterisierung der uns aus dem 13./14. Jh. überlieferten uiguro-mongolischen Schriftsprache als eine noch altmongolische Züge bewahrende Sprache darf jedoch nicht dahin gehend interpretiert werden, daß die uiguro-mongolische Schriftsprache dem Altmongolischen gleichzusetzen sei. Gegen eine solche Gleichsetzung spricht die Tatsache, daß die aus dem 13./14. Jh. überlieferten Texte der uiguro-mongolischen Schriftsprache (= UM) u. a. hinsichtlich der hier zur Diskussion stehenden Graphemkombinationen eine nicht unbeträchtliche Anzahl von Belegen aufweisen, die den Verhältnissen im PP, SM und AM, also dem Mittelmongolischen, genau entsprechen. Obwohl im UM der Anteil der altmongolischen Graphemkombinationen *aγa, aγu, egü* usw. den der entsprechenden mittelmongolischen Graphemrealisationen *awa* ~ *aya* ~ *a'a* ~ *ā*, *awu* ~ *a'u* ~ *ū*, *ewu* ~ *e'ü* ~ *ǖ* usw. noch weit übertrifft, unterscheidet die Mongolistik Altmongolisch von Mittelmongolisch dennoch dahin gehend, daß sie mit Altmongolisch eine Sprache anspricht, die die Kombinationen *aγa, aγu, egü* usw. ausschließlich verwendete. Eine solche Sprache ist uns aber in Texten nicht überliefert. Die Mongolistik nimmt an, daß diese Sprache aber Ende des 11. Jh., etwa zur Zeit des ersten Mongolenfürsten Khaidu Khan, und während des 12. Jh. existiert hat.[7] Das Altmongolische (11.–12. Jh.) ist uns also vermittels der uiguro-mongolischen Schriftsprache, die einige altmongolische Züge bewahrt hat, zwar nicht völlig unbekannt, doch unmittelbar selber wurde es uns durch geschriebene mongolische Quellen nicht überliefert. Vom Standpunkt der historisch-vergleichenden Sprachwissenschaft aus gesehen handelt es sich beim Altmongolischen um ein vorhistorisches Sprachmodell, dessen Nachweis durch Rekonstruktion aus bekanntem Sprachmaterial zu erbringen ist (man vergleiche z. B. das rekonstruierte anlautende **p* des Altmongolischen).

Anders als beim Altmongolischen betreten wir mit dem Mittelmongolischen bereits historischen Boden. Unter Mittelmongolisch versteht die Mongolistik die Sprache aller mongolischsprachigen Texte, die uns aus dem 13./14. Jh. überliefert sind, d. h. die Sprache der gesamten frühen mongolischen Textüberlieferung. Die uiguro-mongolische Schriftsprache, die ja über das 13./14. Jh. hinaus bis heute in Gebrauch geblieben ist, wird für den Zeitraum des 13./14. Jh. als Mittelmongolisch in uigurischer Schrift bezeichnet.[8] Hinsichtlich des die mongolische Sprache dieser Jahrhunderte wiedergebenden Mediums zeichnet sich das Mittelmongolische, wie oben schon erwähnt, dadurch aus, daß die Sprache gleichzeitig mittels mehrerer Schriftsysteme

[7] Poppe (1970) 14.
[8] Weiers (1970).

verschiedenster Herkunft verschriftet wurde. Angesprochen wurden auch schon die Häufigkeitsunterschiede im Gebrauch der Graphemkombinationen *aγa, aγu, egü* usw. und deren möglicher Varianten im Mittelmongolischen. Hinsichtlich der Häufigkeitsverteilung dieses Komplexes haben Untersuchungen gezeigt, daß einmal SM und PP dem UM gegenüberstehen, ein andermal UM und PP dem SM, dann wieder UM und SM dem PP und sich schließlich PP und AM sowohl von SM als auch von UM abgrenzen, die ihrerseits wieder voneinander abweichende Verhältnisse aufzeigen.[9] Derartige Überschneidungen weisen hin auf eine sehr komplexe sprachliche Durchmischtheit, die einerseits die Existenz mundartlicher bzw. dialektaler Unterschiede nicht ausschließt, andererseits aber das Bestehen einer diese Unterschiede noch sehr eng miteinander verbindenden gemeinsamen Sprachnorm signalisiert. Unter diesen Gegebenheiten treten Unterschiede über das ganze Sprachgebiet hin verstreut auf, und nur wenige von ihnen beschränken sich auf ein bestimmtes Gebiet, wie z. B. im Westen der Auslaut *-q*, dem im Osten -χ gegenübersteht, im Westen nach *o* in der folgenden Silbe nie *o* wie im Osten, sondern stets *a*, oder intervokalisches *-h-* im Westen, das im Osten nicht belegt ist. Abgesehen von diesen wenigen Trennschärfen sind es nur noch Ausschnitte des Lexikons, die allenfalls eine Einteilung in Westmittelmongolisch und Ostmittelmongolisch rechtfertigen, während auf Grundlage der übrigen, über das gesamte Sprachgebiet hin verstreuten Unterschiede eine eindeutige und durchgängig gültige Unterscheidung von Dialekten oder Sprachgebieten kaum vorgenommen werden kann. So differenziert z. B. das Mittelmongolische im AM und SM, also in Quellen recht unterschiedlicher Provenienz, die einzelnen Personen bei finiten Verbalsuffixen oder bei Verbalnomina, die als finite Verben fungieren, durch Hinzusetzen von Personalpronomina im Nominativ. Das gleichzeitige PP und UM, ersteres seiner Herkunft nach in unmittelbare Nachbarschaft zum SM zu stellen, letzteres im gesamten mittelmongolischen Sprachraum gebraucht, kennt jedoch dieses Unter-

[9] Weiers (1970) 589.

scheidungsverfahren offensichtlich nicht.[10] Derartige Befunde, für die sich noch viele Belege anführen ließen, lassen den Schluß zu, daß das Mittelmongolische in einer Entwicklungsphase stand, in der es zwar schon zahlreiche sprachliche Varianten gab, die aber noch mongolisches Gemeingut waren und als solches bald hier, bald dort gebraucht, d. h. den jeweils vorherrschenden sprachlichen Tendenzen folgend in die eine oder andere Quelle aufgenommen wurden. Das Mittelmongolische besaß also schon sprachliche Varianten, die aber wie Meereswellen, die in einer Meeresbucht richtungslos bald hierhin, bald dorthin ziehen, noch keine Strömungen erkennen ließen, die die Sprache in eine bestimmte Richtung bewegt hätten. Die mittelmongolische Sprache befand sich wie die ihr zeitlich parallellaufende Geschichte der auf das gesamtmongolische Weltreich folgenden mongolischen Teilreiche in China (Yüan-Dynastie), Mittelasien (Tschaghatai), Iran (Il-Khanat) oder Rußland (Goldene Horde) zwar in mitunter wohl heftiger Bewegung, doch waren die zentrifugalen Kräfte, die gleichermaßen in der Geschichte wie in der Sprachentwicklung wirksam werden können, noch nicht stark genug, um die enge Verbindung von Zentrum und Peripherie zu unterbrechen. Die Varianten im Mittelmongolischen waren erst noch Varianten von *Tendenzen* und nicht schon Varianten von *richtungweisenden Strömungen.* Letztere können wir, um bei unserem obigen Bild zu bleiben, mit Wellenbewegungen vergleichen, die in einer Meeresbucht unter den richtungslos jetzt hierhin, dann dorthin ziehenden Meereswellen das Kommen und Gehen der Gezeiten anzeigen.[11]

Varianten solch richtungweisender Strömungen zeigten sich nun schon bald nach dem 13./14. Jh., also nach dem Zeitraum, den die Mongolistik für das Mittelmongolische anberaumt. So verwendete z. B. ein in seinen mongolischsprachigen Abschnitten noch weitestgehend dem Mittelmongolischen zuzurechnendes mongolisch-tschaghataitürkisches Werk, die sog. Muqaddimat al-Adab aus dem 15. Jh.,[12] anstelle des bis dahin auch im

[10] Weiers (1977).
[11] Sapir (1972) 144.
[12] Poppe (1971).

mittelmongolischen AM[13] gebrauchten Ablativsuffixes *-ačal-eče*, *-čal-če* die morphophonematische Variante *-asal-ese*, *-sal-se*. Die Strömung dieser Variante erwies sich als so stark, daß heute mit Ausnahme des Monguor alle gesprochenen mongolischen Sprachen im Ablativ anstelle des mittelmongolischen *č* ein *s* haben. Selbst ältere Schriftsprachen, wie z. B. das UM im 16./17. Jh. oder das Schriftoiratische (vgl. unten), vermochte diese Strömung derart zu beeinflussen, daß neben dem Ablativsuffix *-ačal-eče, -čalče* auch *-asal-ese* und *-sal-se* Verwendung fand. Vorstehendes Beispiel zeigt uns, daß das Mittelmongolische, charakterisiert durch das Vorherrschen von Varianten sprachlicher Tendenzen, die eine noch relative Einheit des Mongolischen aufrechterhielten, wohl schon Ende des 14. und vor allem im 15. Jh. langsam von einer Sprache abgelöst wurde, in der Varianten von Strömungen auftraten. Diesem in der Geschichte einer jeden Sprache belegbaren Phänomen, das zu erheblichen Sprachveränderungen führen kann, versucht die Sprache u. a. zu begegnen, indem sie Ausgleiche schafft und so das System im Gleichgewicht hält, soweit die äußeren Verhältnisse, in denen die Sprache zu leben gezwungen ist, dies zulassen. Kommen aber auch die äußeren, meist historisch-politischen Verhältnisse dem Versuch der Varianten von Strömungen, sich vom gemeinsamen Sprachgut abzuheben, entgegen, führt dies unweigerlich zu Abweichungen von der noch relativ einheitlich gewesenen Gesamtsprache. Die krassesten Folgen solch einer Entwicklung bestehen in der Herausbildung von Idiomen, deren Sprecher die ursprünglich gemeinsame Sprache trotz z. T. enger sprachlicher Verwandtschaft kaum noch verstehen. Am vorläufigen Endpunkt einer solchen Entwicklung steht also eine eigene, neue Sprache.

Genau die zuletzt geschilderte Entwicklung nahm das Mongolische seit dem Ende des 14. Jh., d. h. ausgehend vom Mittelmongolischen, und zwar nicht nur einmal, sondern bis heute gleich mehrmals. Begünstigt durch den Zerfall auch der Teilreiche des riesigen Mongolenimperiums in der zweiten Hälfte des

[13] POPPE (1972).

14. und im 15. Jh., verschwand, wo dies nicht vorher sowieso schon geschehen war, die mongolische Sprache entweder völlig oder sie erhielt sich isoliert in kleinen mongolischen Enklaven, deren Sprache, wie z. B. das Mogholi in Afghanistan, die Mongolistik mitunter als Garnisonsprache bezeichnet. Als geschlossenes Sprachgebiet blieb nur das mongolische Kernland erhalten, d. h. mit einigen Abstrichen das Staatsgebiet der heutigen Mongolischen Volksrepublik, sodann Gebiete östlich des Baikalsees, heute zum Staatenbund der UdSSR zählend, sowie die Gebiete des heute zur VR China gehörenden Autonomen Gebietes Innere Mongolei.

Zu den durch den endgültigen Niedergang des mongolischen Weltreiches entstandenen, mehr oder weniger geschlossenen mongolischen Sprachgebieten kamen nach dem 15. Jh. u. a. auf Grund von Wanderungen bzw. Umsiedlungen mongolischer Stämme noch einige zusätzliche mongolische Sprachinseln hinzu, z. B. eine dagurische und oiratische in dem heutigen Autonomen Gebiet Sinkiang der Uiguren (VR China) oder das mongolische Sprachgebiet der Wolgakalmücken in der UdSSR (vgl. *Klassifikation* am Ende des Beitrags unter I a) und b) und III. 6).

Obwohl wir mangels schriftlicher mongolischer Quellen aus dem 15. und der ersten Hälfte des 16. Jh. nicht imstande sind, uns ein klares Bild über die sprachlichen Verhältnisse in diesem Zeitabschnitt zu machen, nehmen wir an, daß in allen den Gebieten, in denen das Mongolische das ausgehende 14. und beginnende 15. Jh. überstanden hatte, ein zunehmendes Auftreten der Varianten von Strömungen, ähnlich den oben behandelten Verhältnissen beim Ablativsuffix, die bisherige mittelmongolische Sprachlandschaft mitunter erheblich zu verändern begann. Andererseits ist es nicht unwahrscheinlich, daß gleichzeitig viele der Varianten von Tendenzen, die ja bald hierhin, bald dorthin wirkten, in diesem Zeitabschnitt den auseinanderstrebenden Entwicklungen dahin gehend entgegenwirkten, daß sich jetzt ansetzende Entwicklungen in Zukunft vielerorts überschnitten und es so in geographisch voneinander weit entfernten Gebieten zu gleichen Ergebnissen kam. Dies war dann möglich, wenn in solch weit voneinander entfernten mongolischsprachigen Gebieten gleiche Varianten von Tendenzen, nunmehr immer weniger von einer einheitlichen mittelmongolischen Sprachnorm kontrolliert, unabhängig voneinander zu richtungweisenden Strömungen wurden und sich als solche durchsetzten. Ein Beispiel hierfür sind die schon oben erwähnten nachgestellten Personalpronomina, die im mittelmongolischen AM und SM an finite Verbalsuffixe bzw. finit verbal fungierende Verbalnomina antreten, um die Personen zu differenzieren. Im Mittelmongolischen gehörte diese Erscheinung noch zu den Varianten von Tendenzen, die bald hier, bald dort auftraten, während sie in nachmittelmongolischer Zeit zu einer richtungweisenden Strömung geworden war, die vorübergehend sogar die uiguro-mongolische Schriftsprache des 16./17. Jh. stark beeinflußte, um dann ihre Spuren in mongolischen Sprachen zu hinterlassen, die lange Zeiträume und z. T. Tausende von Kilometern voneinander trennen.[14]

Die soeben beschriebene Entwicklung, für die der Zeitraum des ausgehenden 14. Jh. bis etwa zur Mitte des 16. Jh. anzuberaumen ist, dürfte der Ausgangspunkt für die Herausbildung eines Großteils dessen sein, was wir heute mit dem Etikett „Mongolisch" versehen. Hinter diesem Etikett verbergen sich, abgesehen von der uiguro-mongolischen Schriftsprache (UM) und den Dialekten, die ihr zugrunde liegen, immerhin zehn mongolische Sprachen, die sich wiederum in Dialekte und Mundarten untergliedern. Es hat sich also von einer zwar variantenreichen, doch in der Norm[15] einheitlichen mongolischen Sprache, dem Mittelmongolischen, seit dem Ende des 14. Jh. innerhalb von nur 600 Jahren eine ganze mongolische Sprachengruppe herausentwickelt, deren Angehörige teilweise voneinander weiter entfernt sind als etwa das Gros der Angehörigen der romanischen oder slavischen Sprachengruppe untereinander. Die stärksten Abweichungen sind bei den an der Peripherie bzw. auf Sprachinseln oder in Enklaven lebenden mongolischen Sprachen anzu-

[14] Vgl. Anm. 10.

[15] Zur hier gültigen Definition von „Norm" vgl. Coseriu (1974) 46ff.

treffen. Obwohl hier mitunter auch noch altes Sprachgut überlebt hat, überwiegen verfremdende Eigenentwicklung und auch Fremdeinflüsse aufgrund sprachlicher Kontakte mit nichtmongolischen Sprachen doch bei weitem. Nehmen wir das Mittelmongolische als Parameter, an dem wir die Abweichungen messen, so bilden die an der Peripherie, auf Sprachinseln oder in Enklaven lebenden mongolischen Sprachen einen äußeren Kreis mit den meisten und einschneidendsten Abweichungen. Diese mongolischen Sprachen bezeichnen wir als Randsprachen. Diesem Kreis steht ein innerer gegenüber, innerhalb dessen nichtmongolische Fremdkontakte seltener sowie mongolische Eigenentwicklungen weniger weitreichend sind, und zwar sowohl hinsichtlich der mittelmongolischen Vergleichssprache als auch untereinander.

Die einschließlich des UM insgesamt elf mongolischen Sprachen, von denen heute sieben Sprachen Schriftsprachen sind, wollen wir nun kurz vorzustellen versuchen. Bevor wir aber damit beginnen, wollen wir noch präzisieren, an welchem Punkt der Entwicklung unsere Beschreibung jeweils einsetzt. Hierfür müssen wir zusammenfassen und rekapitulieren: Das Mittelmongolische war u. a. dadurch gekennzeichnet, daß seine Norm, d. i. sein Gleichgewicht zwischen den verschiedenen vom System zugelassenen und dadurch verbindlichen Realisierungen,[16] abgesehen von wenigen Ausnahmen (vgl. oben), über das gesamte Sprachgebiet hin wirksam war. Verschiedene Realisierungen konnten also im ganzen mittelmongolischen Sprachgebiet bald hier, bald dort frei auftreten, ohne das Gleichgewicht des Mittelmongolischen zu stören. So bestand z. B. wohl Gleichgewicht zwischen den geschlossenen, halboffenen und offenen Realisierungen [e], [ə], [ɛ], [æ] des Phonems /e/ oder zwischen verschiedenen systematischen isofunktionellen Modi, z. B. den Pluralsuffixen *-n, -d, -s* und *-nuγud*. Diese verschiedenen, frei auftretenden und dabei im Gleichgewicht sich befindenden Realisierungen entsprechen unseren oben eingeführten *Varianten von Tendenzen*.

[16] Vgl. Anm. 15.

Schon gegen Ende der mittelmongolischen Sprachperiode (Wende 14./15. Jh.) scheint die mittelmongolische Norm begonnen zu haben, sich abzuschwächen. Diesen Vorgang können wir uns so vorstellen, daß zunächst einige Realisationen, die vorher, d. h. im Mittelmongolischen, noch im Gleichgewicht mit anderen standen, bevorzugt wurden. Diese Bevorzugung störte das Gleichgewicht insofern, als z. B. da, wo vorher zwei Realisationen verbindlich waren, nunmehr eine der beiden Realisationen die Oberhand gewann und die andere verdrängte. Solche bevorzugten, das Gleichgewicht störenden Realisationen haben wir oben eingeführt als *Varianten von Strömungen.* Als Beispiel für diesen Störungsvorgang vergleiche man die oben behandelten morphophonematischen Varianten des Ablativsuffixes oder aus der gleichen Quelle des 15. Jh. (vgl. Anm. 12) die Pluralsuffixe *-t* und *-s,* die allem Anschein nach als Varianten von Strömungen die vorher ebenfalls verbindlichen Pluralsuffixe *-n* und *-nuγud* verdrängt haben.[17]

Die anzunehmenden, gegen diese Vorgänge gerichteten Reaktionen seitens der mittelmongolischen Norm hatten nun aufgrund äußerer Umstände, z. B. durch Verlust oder Zersplitterung sprachlichen Terrains, nicht mehr genügend Kraft zur Erhaltung des Gleichgewichts. Während damit auf der einen Seite die mittelmongolische Norm immer schwächer wurde und zu schwinden begann, erstarkten auf der anderen Seite die Varianten von Strömungen und veränderten die bisher verbindliche Sprache. Genau an diesem Punkt nun sollte die Beschreibung der Herausbildung und Entwicklung der einzelnen mongolischen Sprachen idealerweise einsetzen.

Ein solcher idealer Ausgangspunkt für eine Beschreibung kann indes den Entwicklungsbeginn kaum gesichert darstellen, weil uns für eine von diesem Punkt ausgehende sprachgeschichtliche Beschreibung der mongolischen Sprachen meist die Materialgrundlage fehlt.[18] Es gibt nämlich nur wenige mongolische

[17] Poppe (1955) 176.

[18] Die sprachgeschichtliche Beschreibung darf hier nicht verwechselt werden mit einer Beschreibung nach den Gesichtspunkten der histo-

Sprachen, die sich, basierend auf tatsächlich belegtem Sprachmaterial, bis zu diesem Punkt chronologisch zurückverfolgen lassen. Bei den meisten mongolischen Sprachen können wir lediglich konstatieren, inwieweit sie heute von derjenigen Sprache abweichen, für die wir die Existenz einer mehr oder weniger noch allgemeingültigen Sprachnorm ansetzen, d. h. inwieweit sie sich vom Mittelmongolischen abheben.

Auf den ersten Blick gesehen scheint diejenige mongolische Sprache, die die längste ununterbrochene Tradition vorweisen kann, nämlich die uiguro-mongolische Schriftsprache, am ehesten geeignet zu sein für eine sprachgeschichtliche Beschreibung ihrer Entwicklung von dem genannten Punkt aus bis heute. Bei genauerem Studium aber erweist sich gerade diese mongolische Sprache als nicht so einfach in ihrer Entwicklung darzustellen, weil sie den meisten Mongolen, die für ihre jeweilig inzwischen herausgebildeten Sprachen bzw. Dialekte keine eigene Schriftsprache besaßen, z. T. bis ins 20. Jh. hinein als Schriftsprache par excellence diente. Hierdurch wurde die uiguro-mongolische Schriftsprache oft zum uigurisch-mongolisch geschriebenen Vertreter einer jeweils zu einer bestimmten Zeit und/oder an einem bestimmten Ort gebrauchten mongolischen Sprache, Dialekt oder Mundart. Damit erscheint die uiguro-mongolische Schriftsprache im Verlauf ihrer Entwicklung vielfach eher als „Belegsprache“ für verschiedene Vorstufen mehrerer moderner mongolischer Sprachen oder Dialekte denn als eine in allen ihren Formen in sich abgegrenzte, eigenständige mongolische Sprache mit einem durchgängig einheitlichen und eigenständigen, für sie typischen Entwicklungskontinuum. Besonders gut läßt sich das Gesagte natürlich nachvollziehen für die jüngere Vergangenheit, aus der wir die je gesprochene mongolische

risch-vergleichenden Sprachwissenschaft. Ebenso ist hier historische Grammatik nicht gleichzusetzen mit historisch-vergleichender Grammatik. Die historisch-vergleichende Sprachwissenschaft zählt das Mongolische genetisch zu den altaischen Sprachen (neben den tungusischen und den Turk-Sprachen). Typologisch lassen sich viele der mongolischen Sprachen als agglutinierend und parataktisch definieren.

Sprache und ihre schriftliche Fixierung mittels der uiguro-mongolischen Schriftsprache unmittelbar vor uns haben.[19]

Gesteigert wird die Komplexität und damit Schwierigkeit für eine Beschreibung der Entwicklung der uiguro-mongolischen Schriftsprache zusätzlich noch durch ihren speziellen Sprachgebrauch bei bestimmten Textsorten. So hat die Mongolistik z. B. für die uiguro-mongolische Schriftsprache der buddhistischen Übersetzungsliteratur aus dem Tibetischen eigens den Terminus „klassisches Schriftmongolisch" reserviert, um damit anzuzeigen, daß es sich hier um einen Sondertyp der uiguro-mongolischen Schriftsprache handelt.[20] Die Bandbreite dieses klassischen Schriftmongolisch ist beträchtlich: Sie reicht von wortwörtlicher Übertragung, quasi als Lehnsprache des Tibetischen, bis zu freien Paraphrasen von tibetischen Vorlagen.

Aus Elementen sowohl des klassischen Schriftmongolisch als auch der uiguro-mongolischen „Belegsprache" (vgl. oben) besteht schließlich die uiguro-mongolische Schriftsprache der mongolischen Chroniken. Die Beschreibung dieser Sprache kann nur dann adäquat ausfallen, wenn man stets deren Mehrschichtigkeit im Auge behält. Ähnliches gilt zweifellos auch für die zahlreichen Belege des sog. volksreligiösen Schrifttums der Mongolen in uiguro-mongolischer Schriftsprache.

Die Mongolistik hat für die uiguro-mongolische Schriftsprache zwar die Standardformen sowie vereinzelt auch die volkssprachlichen = dialektalen bzw. mundartlichen Formen übersichtlich in Grammatiken zusammengestellt,[21] sie hat auch die uiguro-mongolische Schriftsprache mit anderen mongolischen Sprachen bzw. Dialekten verglichen,[22] doch fehlen bis auf recht

[19] Damdinsürüng (1957), wo wir Khalkha-Mongolisch in uiguro-mongolischer Schrift vor uns haben.

[20] Poppe (1950).

[21] Als Standardgrammatik gilt Poppe (1954). Als Einführung in das klassische Schriftmongolisch Grønbech/Krueger (1955). Bibliographische Angaben zu früheren Grammatiken sowie zu Wörterbüchern usw. Poppe (1951) 129/130. Standard-Wörterbuch zur modernen uiguro-mongolischen Schriftsprache: Lessing (1960).

[22] Ramstedt (1903a, 1903b); Poppe (1955) mit weiterer Literatur

bescheidene Ansätze bisher noch solche Studien, die die Schriftzeugnisse der uiguro-mongolischen Schriftsprache streng nach zeitlichen (diachronisch) und örtlichen (diatopisch) Gesichtspunkten geordnet sowie unterschieden nach Textsorten (Übersetzungsliteratur, Chroniken, volksreligiöse Texte usw.) untersuchen[23] und die sich daraus ergebende, unerwartet große Vielfalt an Formen und Funktionen dann zu den heutigen mongolischen Sprachen bzw. Dialekten in Beziehung setzen.

Das bisher von der Mongolistik vermittelte gängige Bild von der uiguro-mongolischen Schriftsprache ist zweifellos noch sehr oberflächlich und wird sowohl der Komplexität als auch der großen Bedeutung dieser Schriftsprache für die Erforschung der Entwicklungsgeschichte der heutigen mongolischen Sprachen und Dialekte erst in Ansätzen gerecht.

Eng mit dem klassischen Schriftmongolisch verbunden ist die oiratische Schriftsprache, kurz auch Schriftoiratisch genannt. Diese Schriftsprache wurde vom Oberlama der Dsungarei Dschaya Pandita im Jahre 1648 durch Modifikation des uiguromongolischen Schriftsystems (zusätzliche diakritische Zeichen und abgeänderte Buchstabenformen) für die Westmongolen (Oiraten, später auch Ölöten oder Dsungaren genannt) geschaffen. Das neue Schriftsystem (mo. *todu üsüg* „klare Schrift") trug vor allem den lautlichen Gegebenheiten der damaligen oiratischen Dialekte Rechnung.[24] Geschaffen besonders zum Zweck der Übersetzung buddhistischer Schriften, lehnte sich das Schriftoiratische in grammatischer Hinsicht jedoch engstens an das klassische Schriftmongolisch an, weswegen die schriftoiratische Grammatik mit derjenigen des klassischen Schriftmongolisch in den genuin mongolischen, vom Tibetischen nicht substantiell beeinflußten Teilen auch vielfach identisch ist. Es ist

sowie POPPE (1951) 130/131 mit Angaben zur älteren sprachvergleichenden und sprachgeschichtlichen Literatur.

[23] WEIERS (1969).

[24] ŽAM'JAN (1970) kommt zu dem Schluß, daß dieser durch die oiratische Schrift repräsentierte Lautstand noch Eigenheiten des Mittelmongolischen aufweist.

anzunehmen, daß sich aus diesem Grunde das Schriftoiratische, abgesehen von der lautlichen Seite, schon bereits zur Zeit seiner Schaffung von den gleichzeitig gesprochenen westmongolischen Dialekten unterschied.

Die oiratische Schriftsprache hatte für die Westmongolen von der Mitte des 17. Jh. an bis ins 20. Jh. hinein die gleiche Bedeutung wie für die Ostmongolen die uiguro-mongolische Schriftsprache. So bedienen sich die in der Dsungarei und im Westen der Mongolischen Volksrepublik lebenden westmongolischen Stämme (Oirat-)Dörböt, Torgot, Bayit, Uriyangkha, Zakhtschin, Dambi-Ölöt und Minggat[25] dieser Schriftsprache bis heute noch, ebenso auch die Torgot des Ili-Tales im Autonomen Gebiet Sinkiang der Uiguren (VR China), obwohl deren gesprochene oiratische Dialekte alle erheblich vom Schriftoiratischen abweichen.

Auch diejenigen Verbände der oiratischen Stämme Dörböt und Torgot, die sich nach ihrer 1616 begonnenen Westwanderung 1632 an der unteren Wolga niedergelassen hatten, übernahmen nach 1648, immer noch mit ihren Stammesangehörigen im Osten Kontakt haltend, das Schriftoiratische als Schriftsprache. Die Sprache dieses am weitesten nach Westen hin seßhaft gewordenen mongolischen Stammesverbandes, dessen Angehörige sich Khalimag ~ Khalmag = Kalmücken nennen, hat während der letzten Jahrhunderte bedeutende Eigenentwicklungen durchlaufen, so daß wir bei einer Klassifizierung mongolischer Sprachen neben einer oiratischen Gruppe auch von einer eigenen kalmückischen Gruppe des westmongolischen Sprachzweigs sprechen. Trotz der sprachlichen Eigenständigkeit, zu der sich das Kalmückische hinentwickelt hat, bedienten sich die Kalmücken bis ins 20. Jh. hinein der oiratischen Schriftsprache. Aus

[25] Nach einem Zensus von 1960 leben in der Mong. Volksrepublik 15900 Bajad (= Bayit), 25700 Dörvöd (= Dörböt), 4900 Ööld ~ Ölėd (= Dambi-Ölöt), 4700 Torguud (= Torgot) und zahlenmäßig nicht erfaßt Zahčin ~ Zahačin (= Zakhtschin) sowie Mjangad (= Minggat), vgl. *Bnmau-yn uls ardyn až ahuj 40 žild statistikijn ėmhtgėl,* Ulaanbaatar 1961, a. a. O.

diesem Grunde wurde und wird in der Mongolistik das Schriftoiratische auch als Kalmückisch bezeichnet. Eine eigene kalmückische Schriftsprache, geschrieben mit einem modifizierten kyrillischen Alphabet, gibt es aber erst seit den 30er Jahren des 20. Jh.

Gesprochen werden von den Kalmücken folgende Dialekte, die nach Stammesbezeichnungen und geographischen Parametern untergliedert sind: Dörböt, Busawa, Sart-Kalmückisch, Torgot vom Ural und Torgot von Orenburg.

Obwohl an schriftoiratischen Grammatiken,[26] Wörterbüchern[27] und Texten[28] kein Mangel herrscht, liegen für diese westmongolische Schriftsprache noch keine sprachgeschichtlichen (diachronisch-diatopische) Untersuchungen vor, aufgrund deren z. B. die möglicherweise zwischen dem Schriftoiratischen der Oiraten und dem der Kalmücken bestehenden Unterschiede und Varianten hätten herausgestellt werden und für die Erforschung der Entwicklungsgeschichte der heutigen oiratischen und kalmückischen Dialekte ausgewertet werden können.

Gesprochene kalmückische Dialekte sind in Sprachaufzeichnungen[29] zwar besser belegt als oiratische,[30] doch fehlen auch hier noch einschlägige dialektvergleichende Studien bzw. Gegenüberstellungen zur modernen kalmückischen Schriftsprache[31].

[26] Popov (1847); Bobrovnikov (1849); Zwick (1851).

[27] Zwick (1853); Pozdneev (1911).

[28] Man vgl. in den verschiedenen Katalogen zu mongolischen Handschriften die zahlreichen Einzeltexte und Sammelhandschriften in Schriftoiratisch.

[29] Kotwicz (1915); Whymant (1926); Ramstedt (1909/1919); Ramstedt (1935); Krueger (1975). Zu weiteren westeuropäischen Sprachaufzeichnungen des Kalmückischen vgl. Doerfer (1965a).

[30] Vladimircov (1926); Kara (1959); Todaeva (1960) (behandelt das Torgot des Ili-Tales); vgl. dazu weitere Literatur Weiers (1968) sub 9., 327. Vanduj (1962), (1965); Coloo (1964) bringt Vergleiche mit dem Dörböt. Coloo (1965); Luvsancėrėn-Tümėn (1959).

[31] Očirov (1964); Badmaev (1966); Iliškina (1964); Munieva (1977).

Ebenso wie das Schriftoiratische, untersucht nach diachronischen und diatopischen Gesichtspunkten, möglicherweise wertvolle Hinweise für die Entwicklungsgeschichte der modernen oiratischen und kalmückischen Dialekte liefert,[32] konnten wir schon oben hinsichtlich der uiguro-mongolischen Schriftsprache feststellen, daß diachronische und diatopische Untersuchungen dieser Schriftsprache zweifelsohne aufschlußreich sind für Erkenntnisse der Entwicklungsgeschichte derjenigen modernen mongolischen Sprachen und Dialekte, die keine eigene Schriftsprache entwickelt haben, sondern sich für schriftliche Zwecke eben der uiguro-mongolischen Schriftsprache bedienen bzw. bedienten und sie dadurch mannigfach beeinflußten. Die modernen mongolischen Sprachen und Dialekte, auf die das soeben Gesagte zutrifft, subsumiert die Mongolistik unter dem Sammelbegriff Ostmongolisch bzw. in einem Klassifikationsschema der mongolischen Sprachen im Gegensatz zum westmongolischen Zweig unter dem ostmongolischen Zweig.[33] Der ostmongolische Zweig unterteilt sich wieder in drei Gruppen:
a) südmongolische Gruppe,
b) zentralmongolische Gruppe und
c) nordmongolische oder buryatische Gruppe.

Zur südmongolischen Gruppe gehören ausschließlich mongolische Dialekte und Mundarten, die keine eigene Schriftsprache entwickelt haben, sondern sich zu schriftlichen Zwecken der uiguro-mongolischen Schriftsprache bedienen. (Diese südostmongolischen Dialekte und Mundarten vgl. *Klassifikation* am

[32] So weist z. B. die stark differierende Orthographie des Schriftoiratischen bei den Ili-Torgot diatopisch gesehen vielleicht auf mundartliche Unterschiede in diesem Dialekt hin, vgl. BADMA (1957).

[33] Zu den einschlägigsten Klassifikationen vgl. kurz zusammenfassend KARA (1970) 268–278. Eine ohne Einwand akzeptierte Klassifikation mongolischer Sprachen gibt es bis heute noch nicht. Die Klassifikation, nach der der Verfasser sich richtet, ist nicht als ein Beitrag zu diesem Problem zu verstehen, sondern sie trägt mehr dem beschreibungstechnischen Bedürfnis Rechnung, die Sprachen und Dialekte wenigstens geographisch in etwa zu gliedern. Vgl. auch DOERFER (1964).

Schluß des Beitrags unter II. a.) Während wir mehrere dieser südostmongolischen Dialekte bzw. Mundarten, die nach geographischen und/oder ethnographischen Kriterien eingeteilt und benannt sind, in ihrer modernen Form kennen aufgrund von Sprachaufzeichnungen, die im Rahmen linguistischer Feldforschung gewonnen wurden,[34] schließen wir bei anderen hingegen quasi per Analogie, die basiert auf der bloßen Existenz eines Stammes, zurück auf die Existenz auch von Dialekten bzw. Mundarten dieser Stämme, obwohl wir dafür keine bzw. keine ausreichend belegenden Sprachaufzeichnungen besitzen.[35]

Die Mongolistik hat bisher auch die wichtige Frage des kontrastierenden Parameters, an dem die gegenseitigen Unterschiede dieser Dialekte aufgezeigt werden, noch nicht einheitlich geregelt. So werden südostmongolische Dialekte promiscue kontrastiert einmal gegenüber dem zentralostmongolischen Khalkha, das auch die Südostmongolen verstehen und das zu einer Art internationaler mongolischer Sprache geworden ist, dann sowohl gegeneinander als auch gegenüber der uiguromongolischen Schriftsprache.[36] Herrscht hinsichtlich einer durchgängig verwendeten Parametersprache auch noch keine Einheitlichkeit, so zieht die Mongolistik wenigstens ein Parameterkriterium meist durchgängig zur Dialektunterscheidung für den gesamten ostmongolischen Zweig heran: die mittelmongolischen Affrikate */č/* und */ǰ/* und deren phonetische Realisationen

[34] U. a. auch über südostmongolische Dialekte vgl. Weiers (1968) mit weiterer Literatur. Zum Dscharut vgl. op. cit. Anm. 33 und Weiers (1972) 586–588. Weitere bibliographische Angaben zu südostmongolischen Dialekten Poppe (1970) 24/25, und zwar zum Tsakhar, Khartschin-Tümet, Khortschin, Üdsümütsin und Ordos. Zum Tsakhar vgl. Kara (1967). Einige kürzere Texte nebst Übersetzung und Vokabular für die südostmongolischen Dialekte Abagha, Aru Khortschin, Barin, Keschigten, Khortschin, Khutschid, Sünid und Tsakhar hat Todaeva (1981) veröffentlicht.

[35] Hierzu gehören Dialekte wie Moomingɣan, Urat, Naiman, Ongniyut oder Gorlos. Lediglich für letzteren das Südgorlos, vgl. Rudnev (1911) 24–39.

[36] Zu diesem Problem vgl. Weiers (1978) 129f.

u. a. auch in den heutigen südostmongolischen Dialekten.[37] Angesichts des recht begrenzten Sprachmaterials, über das die Mongolistik hinsichtlich der südostmongolischen Dialekte verfügt, erweist sich dieses Korrelat [tʃ] / [dʒ] als durchaus brauchbare Trennschärfe, doch muß dazu bemerkt werden, daß dieser Komplex weder durch graphematische Untersuchungen uiguromongolischer Texte südostmongolischer Provenienz noch durch wortgeographische Beispiele abgesichert bzw. ergänzt wird.

Lautsprachliche Data südostmongolischer Dialekte wurden vereinzelt auch unter sprachgeographischen Gesichtspunkten ausgewertet, wobei die einschlägige Karte aber leider kein klares und vor allem kein sprachgeographisch adäquates Bild zu vermitteln vermag.[38]

Ältere uiguro-mongolische Texte, die südostmongolischer Provenienz sind, sind bereits in großer Anzahl veröffentlicht und auch bearbeitet worden, doch steht ihre systematische Auswertung für die Entwicklungsgeschichte der heutigen südost-mongolischen Dialekte, abgesehen von wenigen Ansätzen, noch aus.[39]

Neben diesem Mangel sind es – auszunehmen ist hiervon das Ordos – die quantitativ unzureichenden Sprachmaterialien sowie die feldlinguistisch oft mangelhafte Qualität des aufgezeichneten Sprachmaterials, die die südostmongolische Dialektforschung über die ersten bescheidenen Anfänge nicht hinauskommen ließen, obwohl 1955/56 eine großangelegte Exploration in der VR China u. a. im Autonomen Gebiet Innere Mongolei durchgeführt wurde. Diese Exploration sollte auch dazu genutzt werden, Grundlagen für eine nach dem Muster des Khalkha-Mongolischen kyrillisch geschriebene Schriftsprache zu schaffen (vgl. folgenden Abschnitt).[40]

Im Gegensatz zu den südostmongolischen Dialekten sind die

[37] Vgl. op. cit. Anm. 33, 276.

[38] Vgl. op. cit. Anm. 33, 277.

[39] Besonders Poppe (1926). Angesprochen auch Doerfer (1964) 37 mit Anm. und vereinzelt Weiers (1975) 460, 463–465; (1976); (1979) 159/160.

[40] Über chinesische Arbeiten zu südostmongolischen Dialekten informieren Kaschewsky (1967) 153–156, 161; Liao (1972); Nomura

mongolischen Randsprachen Chinas (vgl. unten), deren Materialien z. T. der gleichen Exploration entstammen, weit besser untersucht worden.

Anders liegen die Verhältnisse in der zentralmongolischen Gruppe des ostmongolischen Zweigs (vgl. *Klassifikation* am Ende des Beitrags, unter II.b). Hier existiert seit 1927 eine eigene Khalkha-Mongolische Schriftsprache, durch die die bis dahin ausschließlich gebrauchte uiguro-mongolische Schriftsprache im Laufe der Zeit immer mehr ersetzt wurde. Anfänglich, d. i. von 1927–1941, mit Lateinbuchstaben geschrieben, bedient sich diese Sprache seit 1941 eines modifizierten kyrillischen Alphabets und fungiert als offizielle Staatssprache der Mongolischen Volksrepublik. Sie beruht weitgehend auf der Umgangssprache der in und um Ulaanbaatar lebenden Khalkha-Mongolen.

Die Khalkha-Mongolen sind ursprünglich aus der Vermischung verschiedener west-, zentralost- und südostmongolischer Stämme hervorgegangen und erhielten ihre Benennung *Khalkha* im Jahre 1543, nachdem das von ihnen bewohnte Territorium als eigenständiges Khalkha-Gebiet ein Lehen des Geresenǰe J̌alayir Qungtayiǰi, eines Sohnes des damaligen Großkhan Dayan Khan, geworden war. Das Khalkha-Mongolische ist wohl auch aufgrund dieser weitläufigen Zusammensetzung seiner Sprecher aus West-, Zentralost- und Südostmongolen zu einer Art internationaler mongolischer Sprache geworden, die, wie oben schon erwähnt, auch von vielen Südostmongolen verstanden wird. In den 50er Jahren unseres Jahrhunderts gab es aus diesem Grunde im heutigen Autonomen Gebiet Innere Mongolei starke Bestrebungen, nach dem Vorbild des Khalkha-Mongolischen auch eine den südostmongolischen Dialekten entsprechende Schriftsprache zu schaffen, die mit kyrillischen Buchstaben geschrieben werden und die uiguro-mongolische Schriftsprache ersetzen sollte.[41] Politische Entwicklungen haben offenbar diesen Plan vereitelt.

(1955). Berichte zu der 1955/56er Exploration vgl. TODAEVA (1959) 274/275 und NASUNBAYAR (1961) 53ff.

[41] Vgl. hierzu Literatur: WEIERS (1968) Nr. 7.–11., 18., 23., 24., 37.

Der rasch zunehmende und immer ausschließlichere Gebrauch einer Schriftsprache, die auf einer gleichzeitig gesprochenen Umgangssprache beruhte und so den einzelnen Dialekten und Mundarten der Khalkha weit näher stand als die historische uiguro-mongolische Schriftsprache, führte in der Mongolischen Volksrepublik zu einem steigenden Interesse an der gesprochenen Sprache selbst. Seinen Niederschlag fand dieses Interesse Mitte der 50er Jahre in zahlreichen feldlinguistischen Erhebungen, über die Berichte vorliegen.[42] Obwohl die Protokolle dieser Aufnahmetätigkeit nie zugänglich gemacht worden sind, kamen verschiedene Teiluntersuchungen zur Veröffentlichung, die uns wertvolle Einblicke in die in der Mongolischen Volksrepublik gesprochenen Dialekte gewähren.[43] Basierend auf diesen feldlinguistischen Erhebungen, wurde auch das Erscheinen eines Sprachatlasses der Mongolischen Volksrepublik in Aussicht gestellt, der unsere heutige, auch hier vorgelegte Einteilung der zentralmongolischen Gruppe des ostmongolischen Zweigs erheblich modifizieren dürfte. (Der Atlas ist mittlerweile erschienen: Atlas (1979), konnte aber für vorliegenden Beitrag nicht mehr berücksichtigt werden.)

Die gesprochene Umgangssprache des Khalkha-Mongolischen[44] hat sich während der letzten Jahrzehnte verschiedentlich gewandelt und wohl auch auf die khalkha-mongolische Schriftsprache Einfluß genommen[45]. So wird z. B. heute das finite Verbalsuffix der Vergangenheit *-av (-ėv, -öv, -ov, -iv)* weitestgehend durch das perfektische Verbalnomen *-sn* (~ *-san, -sėn,*

[42] Vgl. Weiers (1968) Nr. 13.

[43] Weiers (1968) Nr. 26., 31.–33., 36., 46., 48., 49., 51.–54., 57., 60. Westliche Studien zu zentralostmongolischen Dialekten: Róna-Tas (1960; 1961); Bese (1961).

[44] Eine ausführliche, überwiegend auf den Arbeiten von G. Ramstedt beruhende Darstellung der gesprochenen Khalkha-Umgangssprache enthält Poppe (1951); dort auch weiterführende ältere Literatur. Auf dem Khalkha-Mongolischen beruht auch von demselben op. cit. Anm. 7.

[45] Als Lehrbuch für die Khalkha-Mongolische Schriftsprache liegt vor Vietze (1969).

-sön, -son) in der Funktion eines finiten Verbums ersetzt. Gegenüber der älteren uiguro-mongolischen Schriftsprache nicht zentralostmongolischer Provenienz sowie gegenüber dem Mittelmongolischen sind die Abweichungen zum Teil erheblich. Besonders fällt hier beim Khalkha-Mongolischen die starke Tendenz zur Nominalisierung ins Auge. So wird die verbale Negation nicht mit Negationspartikeln gebildet, die vor dem Verbum stehen (z. B. *ülü iremü; ese irebe* „kommt nicht; kam nicht"), sondern überwiegend mit einem nach Verbalnomina gebrauchten verkürzten Negationsnomen, dem kein verbales Prädikat folgt (z. B. *irėhgüj; irsėngüj* id., wörtl.: „ohne Kommen; ohne Gekommen-Sein"). Konstatierende oder deiktische Sätze haben im Präsens keine verbalen Prädikate, sondern setzen Pronomina bzw. Nomina, die ähnliche Funktionen übernehmen wie unsere Prädikatsnomina (z. B. anstelle der verbalen Kopula *bajna* „ist" der Gebrauch des Nomens *jum* „Sache" bzw. bei starker Deixis *mön* „eben dies, genau dies" ohne ein weiteres verbales Prädikat). Morphologische Varianten der uiguro-mongolischen Schriftsprache (z. B. der instabile Auslaut *-n* von Nomina, der in einigen Kasus ohne Bedeutungsunterschied auftreten oder wegfallen kann) nutzt das Khalkha-Mongolische verschiedentlich für Bedeutungsdifferenzierungen (z. B. Instrumental *-aar* ohne *n: naraar* „durch, mit der Sonne"; mit *n: naranaar* „bei Sonne, während Sonnenschein").

Basierend auf der relativ umfangreichen Literatur der khalkha-mongolischen Schriftsprache, wurden mehrere Untersuchungen durchgeführt, die über eine bloße Sprachdarstellung hinausgehen und diese mongolische Sprache auch unter mehr allgemein sprachwissenschaftlichen Gesichtspunkten behandeln.[46] Zusammenfassend darf man festhalten, daß die khalkha-mongolische Schrift- und Umgangssprache zu den am besten belegten und erforschten modernen mongolischen Sprachen gehört.[47]

[46] Vgl. Street (1963); Bertagaev (1971). Zur kontrastiven Sprachwissenschaft: Lubsangjab (1971). Zur Phraseologie und Idiomatik: Luvsanžav (1970); Pjurbeev (1972). Zur Transformationsgrammatik: Binnick (1979).

[47] Neben zahlreichen Sprachlehrbüchern besonders für Schulen

Eine in ihrem äußeren Ablauf ganz ähnliche Entwicklung wie für die zentralostmongolische Gruppe läßt sich auch für die nordmongolische oder buryatische Gruppe des ostmongolischen Zweigs (vgl. *Klassifikation* am Ende des Beitrags, unter II.c) aufzeigen. Hier befand sich die uiguro-mongolische Schriftsprache bei den Ostburyaten – die Westburyaten waren illiterat – bis 1931 in Gebrauch. Von 1931 bis 1937 bediente man sich einer mit Lateinbuchstaben geschriebenen Schriftsprache, die auf dem Tsongol-Dialekt des Süd- oder Selengaburyatischen, einer Übergangssprache vom Khalkha zum Buryatischen, beruhte. Diese Schriftsprache wurde dann 1937 abgelöst von der bis heute verwendeten und mit modifizierten kyrillischen Buchstaben geschriebenen offiziellen buryatischen Schriftsprache, die auf dem ostburyatischen Khori-Dialekt basiert.[48] Diese buryatische Schriftsprache sowie die modernen buryatischen Dialekte weichen nicht nur erheblich vom Mittelmongolischen und von der uiguro-mongolischen Schriftsprache, sondern mit Ausnahme des Süd- oder Selengaburyatischen auch verschiedentlich von den Dialekten der zentralost- und südostmongolischen Gruppe ab. Begünstigt wurden diese Abweichungen sicherlich auch durch die Randlage des buryatischen Sprachgebiets. In dieser Randlage konnten sich einmal Varianten von Tendenzen eher zu Varianten richtungweisender Strömungen entwickeln und zum andern Fremdeinflüsse leichter einwirken. Letztere lassen sich öfter, beschränkt auf innermongolische Fremdbeeinflussung, hinsichtlich der isolierten mongolischen Randsprache Dagurisch feststellen (z. B. die Palatalisierung des anlautenden Konsonanten vor einem *i*). Das Werk von Varianten richtungweisender Strömungen, deren allgemeine Auswirkungen wir oben beschrieben haben, können wir u. a. in der verbalen Perso-

seien als einschlägige Grammatik und Wörterbuch aus mongolischer Feder erwähnt: LUVSANVANDAN (1967); CĖVĖL (1966). Eine ausführliche Bibliographie für ältere Arbeiten zum Khalkha vgl. POPPE (1951) 127/128. Als Deutsch-Khalkha-Wörterbuch vgl. VIETZE (1981).

[48] Über die Entwicklung der buryatischen Schriftsprache unterrichtet zusammenfassend ŠAGDAROV (1967).

nendifferenzierung erkennen, die das Buryatische mit dem Kalmückischen, Moghol und Dagurischen zusammenstellt (vgl. op. cit. Anm. 10). Sowohl die buryatische Schriftsprache als auch mehrere buryatische Dialekte sind sehr gut erforscht,[49] und an einheimischen, z. T. russisch geschriebenen wissenschaftlichen Abhandlungen, an Sprachlehrbüchern sowie an buryatischer Literatur liegt so viel Material vor, daß schon eine begrenzte Auswahl eine beachtliche Bibliographie ergäbe.[50]

Wir verlassen nun das relativ geschlossene Sprachgebiet des ostmongolischen Zweigs und wenden uns den mongolischen Randsprachen zu. Für den allgemein an Vorgängen der Sprachentwicklung Interessierten sind gerade diese mongolischen Sprachen eine wahre Fundgrube, denn sie legen gleichsam in situ die verschiedensten Entwicklungsstadien, die eine Sprache durchlaufen kann, offen. Nicht unbedeutende Erkenntnisse dürfte das Studium dieser Sprachen auch für das Problem der Sprachmischung generell abwerfen.

Als Prototyp einer durch Sprachmischung entstandenen mongolischen Randsprache kann die mit arabischer Schrift geschrie-

[49] Zur älteren Literatur über die buryatische Sprache vgl. die ausführlichen bibliographischen Angaben bei Poppe (1951) 132/133. Der gleiche Verfasser beschreibt die buryatische Standardsprache Poppe (1960). Wörterbuch: Čeremisov (1951). Neuere Dialektstudien: Radmaev (1960). Im Sammelband *Issledovanie burjatskih govorov* 2, Ulan-Udė 1968, die Arbeiten von B. V. Matheev über das Ekhirit-Bulgat (S. 3ff.) und A. G. Mitroškina über den kačug-buryatischen Dialekt (S. 47ff.). Im Sammelband *Kratkie soobščenija burjatskogo kompleksnogo naučno-issledovatel'skogo instituta, Serija istoriko-filologičeskaja,* Ulan-Udė 1969, von C. B. Budaev zwei Arbeiten über den Tsongol-Dialekt (S. 117ff. und S. 122f.). Ebenfalls über den Tsongol-Dialekt Poppe (1971a).

[50] Erwähnt seien hier nur zwei Werke, die in etwa den derzeitigen Stand der buryatischen Sprach- und Literaturforschung widerspiegeln. Im Sammelband *K izučeniju burjatskogo jazyka = Trudy burjatskogo instituta obščestvennyh nauk,* 6, Ulan-Udė 1969, eine Zusammenfassung zum Studium des Buryatischen unter verschiedenen sprachlichen Aspekten mit ausgewählter Literatur zu jedem Aspekt sowie eine sehr aufschlußreiche stilkundliche Studie: Šagdarov (1974).

bene und heute bereits historische Schriftsprache der afghanischen Mongolen, die sich selber Moġol und ihre Sprache Moġolī nennen, gelten (vgl. *Klassifikation* am Ende des Beitrags, unter III. 1).[51] In dieser Schriftsprache können z. B. an genuin mongolische Wortstämme arabische, persische oder türkische Endungen antreten bzw. mongolische Suffixe als Endungen oder Präpositionen bei arabischen, persischen oder türkischen Wörtern stehen. Die Satzstruktur kann sich sowohl nach mongolischen und/oder türkischen als auch nach iranischen oder arabischen Satzbaumustern richten. Das Lexikon ist stark iranisiert.[51a]

Die heute im Aussterben begriffene gesprochene Sprache der Mongolen von Afghanistan und deren nach Stammesbezeichnungen benannten Subdialekte besitzen zwar noch mehrere alte mongolische Sprachelemente (z. B. die 3. Pers. Sg. der Personalpronomina, das finite Verbalsuffix *-m* des Präsens-Futur oder den Voluntativ *-su*), haben sich aber u. a. in ihrer Prosodie gänzlich dem in ihrer Umgebung gesprochenen Tadschikischen angeglichen, so daß das gesprochene Moġolī allein schon aus diesem Grunde für alle übrigen Mongolen völlig unverständlich ist.[52]

Die Abweichungen des geschriebenen wie auch gesprochenen Moġolī vom Mittelmongolischen und der uiguro-mongolischen Schriftsprache sind sehr groß. Eine eingehende linguistische Analyse dieser Sprache steht bisher noch aus.[53]

Die nach der Selbstbezeichnung ihrer Sprecher Monguor oder Monguol genannte Sprache ist eine der schriftlosen mongolischen Randsprachen (vgl. *Klassifikation* am Ende des Beitrags, unter III.2). Ihre zwei nur wenig voneinander abweichenden Hauptdialekte sowie die nach Flußnamen benannten Subdia-

[51] Umfangreichere Materialien für diese Schriftsprache sind erst im letzten Jahrzehnt entdeckt und zugänglich gemacht worden: Heissig (1974a); Weiers (1975a); (1977a); (1983).

[51a] Weiers (1974a); (1976b); (1978a).

[52] Das jüngste erhobene Material für diese Sprache: Weiers (1972a). Zur Prosodie dieser Sprache vgl. Weiers (1974).

[53] Die gesamte bis 1977 erschienene Literatur zu dieser Sprache vgl. Weiers (1977b).

lekte weisen einerseits zwar noch alte mongolische Sprachelemente auf (z. B. Anlaut *h-* ~ *f-*, das finite Verbalsuffix *-m* des Präsens oder die vielen Wörter, die wir nur aus Quellen des 13./14. Jh. kennen), andererseits ist aber besonders in das Lexikon im Laufe der Zeit umfangreiches tibetisches Lehngut eingeflossen, da den Monguor als Nachbarn Tibets und als treuen Anhängern des tibetischen Lamaismus Tibetisch als höherstehende Prestigesprache galt. In jüngerer Zeit nahm das Chinesische, das als Zweitsprache in Gebrauch kam, wachsend Einfluß auf das Monguor. Die uns aus Sprachaufzeichnungen relativ gut bekannte und auch gut erforschte Monguor-Sprache hebt sich, ungeachtet ihrer noch bewahrten alten Elemente, durch die erwähnten Fremdeinflüsse recht deutlich vom Mittelmongolischen, der uiguro-mongolischen Schriftsprache und den übrigen modernen mongolischen Sprachen und Dialekten ab. Sprachlich weniger überfremdet sind Teile der Volksdichtung.[54]

Eine weitere schriftlose mongolische Randsprache ist das Bao'an (vgl. *Klassifikation* am Ende des Beitrages, unter III.3), benannt nach dem gleichnamigen kleinen Ort, gelegen westlich des Kreises Linxia (Provinz Gansu) und nördlich des Kreises Tongren (Provinz Qinghai). Soweit wir aus dem spärlichen Sprachmaterial und der Beschreibung dieser Sprache ersehen,[55] hat die Bao'an-Sprache verschiedentlich alte mongolische Sprachelemente bewahrt (z. B. das finite Verbalsuffix *-m* des Futurs oder die dem Verbum vorangestellten Negationspartikel), diese Elemente aber derart verändert (z. B. die Negationspartikel der uiguro-mongolischen Schriftsprache *ülü/ese* > *le/se* oder das finite Verbalsuffix der Vergangenheit *-ba/-be* > *-o*), daß selbst die den Bao'an-Mongolen benachbarten Monguor deren Sprache nicht verstehen, obwohl die beiden Sprachen mehrere Gemeinsamkeiten haben (z. B. die Unterscheidung der 1. und 2./3.

[54] Standardgrammatiken mit der gesamten neueren Literatur: SMEDT/MOSTAERT (1964); TODAEVA (1973). Wörterbuch: SMEDT/MOSTAERT (1933). Über das Verhältnis des Monguor zum Tibetischen: RÓNA-TAS (1966).

[55] TODAEVA (1964).

Personen in der Konjugation durch besondere Vokale). Viele andere Besonderheiten (z. B. das finite Verbalsuffix des Präsens *-dž* oder die zahlreichen gegenüber anderen modernen mongolischen Sprachen lautlichen Abweichungen, die z. B. noch Spuren des alten **p* in den Anlauten *f-*, *h-*, *χ-* erkennen lassen, Anlaute, die in den meisten übrigen modernen mongolischen Sprachen nicht mehr existieren) heben das Bao'an von den restlichen mongolischen Sprachen und Dialekten deutlich ab. Die Phonetik und Grammatik der beiden Hauptdialekte des Bao'an sind einander recht ähnlich, während das Lexikon aufgrund von Fremdeinflüssen erheblich voneinander abweicht. Der Dahejia-Dialekt ist stark vom Chinesischen, der Tongren-Dialekt vom Tibetischen beeinflußt.[56]

Das Dongxiang oder Santa (vgl. *Klassifikation* am Ende des Beitrags, unter III.4) – letzterer Name ist die alte, heute nicht mehr gebräuchliche Selbstbezeichnung der Bevölkerung von Dongxiang (= chin. *dongxiang* „östlich [von Linxia] gelegenes Dorf") – gehörte bis 1980 zu den schriftlosen mongolischen Randsprachen. Die seit 1980 versuchsweise eingeführte Schriftsprache wird mit Lateinbuchstaben geschrieben.[56a] Die mongolische Sprache der Dongxiang-Bevölkerung ist verschiedentlich beschrieben worden, erhobene Sprachmaterialien liegen veröffentlicht, jedoch trotzdem nur in beschränktem Umfang vor.[57] Neben starkem chinesischem Einfluß seitens der chinesischsprachigen Umgebung (25–30% des Wortschatzes sind chinesisch) haben aufgrund des muslimischen Bekenntnisses der Dongxiang-Minderheit auch einige arabische religiöse Begriffe in diese mongolische Sprache Einlaß gefunden. Andererseits hat das Dongxiang-Mongolisch aber noch Elemente bewahrt, die mit dem Mittelmongolischen zusammenzustellen sind und von

[56] Weitere Angaben zum Bao'an vgl. ČINGGELTEI bei WEIERS (1968) 325 unter 9. TODAEVA (1960a) behandelt auf S. 108–122 den Dahejia-Dialekt, und TODAEVA (1963) ist auf Grundlage des Dahejia-Dialekts verfaßt.

[56a] SCHWARZ (1982).

[57] TODAEVA (1959); (1961); ČINGGELTEI und NASUNBAYAR bei WEIERS (1968) 324/325 unter 9. und 346/347 unter 41.

den anderen modernen mongolischen Sprachen und Dialekten sowohl des west- als auch ostmongolischen Zweigs nicht mehr gebraucht werden (z. B. Erhalt des Vokals *i* der ersten Silbe, noch keine Assimilation der nach Ausfall des intervokalischen Gutturals nebeneinanderstehenden Vokale, keine Reduktion der Vokale der nichtersten Silbe). Die vielen von den übrigen mongolischen Sprachen abweichenden Eigenentwicklungen (z. B. der besondere Kasus des Translativs mit dem Suffix *-gun,* die Sonderbildung in der doppelten Deklination, das Pluralsuffix *-la,* das Fehlen der Vokalharmonie) erweisen das Dongxiang als eine eigenständige mongolische Sprache.

Auch das Schara-Uigurische zählt zu den schriftlosen mongolischen Randsprachen. Man nimmt an, daß Teile der türksprachigen Sarig-Uiguren (tü. *saryγ* „gelb") unter langjährigem Einfluß mongolischer Stämme zu den heute mongolischsprachigen Schara-Uiguren (mo. *sir-a* ~ *šara* „gelb") geworden sind (vgl. *Klassifikation* am Ende des Beitrags, unter III.5).[58] Im Verlauf ihrer sprachlichen Mongolisierung haben die Schara-Uiguren u. a. solche alten mongolischen Sprachelemente übernommen, wie sie sich im Monguor, Dongxiang- und Bao'an-Mongolischen finden. Viele Eigenentwicklungen rückten es darüber hinaus besonders in die Nähe zum Khalkha-Mongolischen. Das Schara-Uigurische ist von speziellem Interesse für das Studium der Mechanismen des Sprachwandels.[59]

Als letzte der mongolischen Randsprachen blieb auch das Dagurische ohne eine eigene Schriftsprache (vgl. *Klassifikation* am Ende des Beitrags, unter III.6). Bis 1930 wurde es vielfach für eine tungusische Sprache gehalten, bis die Arbeiten von N. Poppe es endgültig als mongolische Sprache erwiesen.[60] Wie die übrigen mongolischen Randsprachen besitzt auch das Dagu-

[58] Tenišev (1976); Todaeva (1959) 274.

[59] Kotwicz (1953); Činggeltei bei Weiers (1968) 325 unter 9. Tenišev/Todaeva (1955).

[60] Die wichtigste bisherige Literatur zum Dagurischen Weiers (1978) Anm. 1–18 sowie neueren Datums die Abhandlung Hakanchulu/Högjintai.

rische, dessen Subdialekte nach geographischen Bezeichnungen und Ortsnamen benannt sind, noch alte mongolische Sprachelemente (z. B. in einigen dagurischen Dialekten anlautendes χ-, oft keine Assimilation der nach Ausfall des intervokalischen Gutturals nebeneinanderstehenden Vokale, das Fehlen der Labialattraktion, das inklusive und exklusive Personalpronomen der 1. Ps. Plural sowie oft altertümliche Wörter). Andererseits weist es aber sowohl Eigenentwicklungen (z. B. das finite Verbalsuffix *-bei* für das Präsens-Futur oder das reflexiv-possessive Suffix *-bul* ~ *-mul*) als auch Fremdeinflüsse seitens tungusischer Sprachen (meist Solonisch) und seitens des Chinesischen auf, aufgrund all deren es vom Mittelmongolischen, der uiguromongolischen Schriftsprache und den übrigen modernen mongolischen Sprachen beträchtlich abweicht.

Am Ende unseres kurzen Überblicks sei besonders noch im Hinblick auf die mongolischen Randsprachen hervorgehoben, daß gerade das vergleichende Studium dieser mongolischen Sprachen am besten geeignet sein dürfte, die vielschichtigen sprachgeschichtlichen Vorgänge bei der Herausbildung und Entwicklung der mongolischen Sprachen zu erhellen. Das Sammeln weiterer Sprachdata sowie deren Bearbeitung und vergleichende Analyse stellt hierbei eine der wichtigsten weiterführenden Aufgaben für die Erforschung besonders der jüngeren Geschichte der mongolischen Sprachen dar.

Nach dem Versuch, die Herausbildung und innersprachliche Entwicklung der mongolischen Sprachen im Überblick vorzustellen, bleibt noch für diese Sprachen die Frage nach ihrer Stellung nach außen hin, d. h. nach dem Umfang ihrer Verwendung und ihrer Bedeutung im Rahmen der Geschichte der Mongolen zu beantworten. Wir wollen uns dabei beschränken auf das 13. und 14. Jh., eine Zeit, in der den Mongolen im Gegensatz zu ihrer späteren Geschichte wirklich weltgeschichtliche Bedeutung zukam. Dementsprechend ist die Beantwortung der gestellten Frage für diesen Zeitraum auch durchaus von umfassendem, überregionalem kulturpolitischem Interesse (zur Anzahl der Sprecher moderner mongolischer Sprachen vgl. man die Angaben in der *Klassifikation* am Ende des Beitrags, ebenso die dort gegebenen geographischen Angaben zum Umfang des jeweiligen Sprachgebiets).

Die Mongolen bzw. Tataren oder Tartaren, wie man sie damals im 13. und 14. Jh. im Abendland nannte, waren ein nicht etwa schon bekanntes Volk, als sie an den Grenzen der Hochkulturen Europas sowie des Nahen und Fernen Ostens auftauchten. Vielmehr war ihr Erscheinen plötzlich wie ein Blitzschlag, und ihr militärisch kompromißlos und dynamisch vorgetragener Anspruch auf die Weltherrschaft ließ sowohl den unmittelbar als auch nur mittelbar Betroffenen kaum Zeit, sich mit dem Phänomen der militärischen Bedrohung auseinanderzusetzen, geschweige denn mit der damals noch relativ einheitlichen mongolischen Sprache. Abgesehen davon lag zumindest dem abendländischen Westen damals eine Beschäftigung mit fremden Sprachen aber auch ziemlich fern. Dies galt schon hinsichtlich des Griechischen, um ganz zu schweigen vom Arabischen, Syrischen oder gar Mongolischen. Nachdem z. B. die päpstliche Kurie dank der durch die Mongolen ermöglichten Reisen bis nach Fernost ihre Missionstätigkeit im außereuropäischen Osten aufgenommen hatte, bestand die offizielle Sprachenpolitik der Päpste nicht etwa darin, den Missionaren nahezulegen, die jeweils fremde Landessprache ihres Missionsgebiets zu erlernen, sondern vielmehr den jeweils zu Missionierenden Lateinisch beizubringen. Wie sahen nun unter solchen Gegebenheiten die Verständigungsmöglichkeiten zwischen den Mongolen, die in den eroberten Gebieten fast überall sprachlich eine verschwindende Minderheit bildeten, und ihren Nachbarn, vor allem den abendländischen, die nur in den seltensten Fällen orientalische Sprachen verstanden, im 13. und 14. Jh. überhaupt aus? Wie konnten sie miteinander kommunizieren? Die folgenden Zeilen werden hierüber zunächst etwas ausführlicher aus der Zeit des mongolischen Großreichs bis 1260 und dann anschließend zusammenfassend aus dem Il-Khanat, demjenigen mongolischen Teilreich, das bis Anfang des 14. Jh. die intensivsten Beziehungen zu Westeuropa unterhielt, berichten. Die Frage nach der Verwendung der noch weitgehend einheitlichen mongolischen Sprache im Verkehr mit den russischen Untertanen der Mongolen im

Khanat Goldene Horde, mit den Chinesen im Yüan-Khanat China sowie mit ihren Nachbarn in Byzanz und in Ägypten wird sich daran anschließen.

Daß die Mongolen schon früh an einem gut funktionierenden Dolmetscherapparat interessiert waren, erfahren wir bereits von dem ungarischen Dominikaner Fr. Julianus anläßlich seiner Reise ins Uralgebiet in den Jahren 1234/5.[61] Er schreibt in seinem Bericht über einen tatarischen, d. i. mongolischen Gesandten, der „ungarisch, deutsch, russisch, kumanisch, sarazenisch und tatarisch" sprach. Sicherlich war das aber nicht die Regel, und die erste westeuropäische Gesandtschaft, die Papst Innozenz IV. 1245 unter dem Gesandten Plano Carpini, einem italienischen Franziskaner, in die mongolische Hauptstadt Qara-Qorum schickte, läßt das Sprachenproblem schon realistischer erscheinen.[62] Zunächst erwies sich Carpinis Dolmetscher für das Mongolische als zwar für die Alltagsbelange brauchbar, jedoch als untauglich für die von ihm als Legitimation benötigte Übersetzung des päpstlichen Schreibens. Erst am Hofe des Batu Khan, des mongolischen Teilherrschers in der Goldenen Horde, konnte der Breslauer Frater Benedikt, der Carpini als Begleiter und Dolmetscher für Polnisch und Russisch gedient hatte, in Zusammenarbeit mit einem gerade bei Batu weilenden Russen aus Susdal sowie mit Hofdolmetschern den lateinischen Papstbrief zuerst ins Russische, dann ins Persische und schließlich ins Mongolische übersetzen. Auf das etwas umständliche Verfahren, einen ausgangssprachlichen Text nur mit Hilfe mehrerer Mittlersprachen in sein zielsprachliches Produkt umzusetzen, konnte man allerdings am Hofe des mongolischen Großkhans in Qara-Qorum verzichten. Hier hielten sich mitunter schon seit Jahren Ungarn und Russen auf, die neben ihrer Muttersprache auch Mongolisch, Lateinisch und Französisch konnten. Das Antwortschreiben des Großkhan Güyük an den Papst konnte deswegen von einem mongolischen Reinkonzept direkt ins Lateinische übersetzt werden. Die Übersetzung wurde immer

[61] Sinor (1952); Dörrie (1956).
[62] Altaner (1936) 112–115; Risch (1930).

wieder sorgsam überprüft, und schließlich noch zusätzlich eine persische Übersetzung angefertigt, falls sich in Europa jemand fände, der auch die persische Fassung dem Papst vorlesen könnte. Das mongolischsprachige Konzept verblieb in Qara-Qorum.

Die nächste für sprachliche Belange aufschlußreiche Gesandtschaft schickte Papst Innozenz IV. unter Leitung des Dominikaners Fra Ascelinus 1247 zu Baidschu, dem mongolischen Statthalter im Kaukasus.[63] Nachdem die Gesandtschaft am 24. Mai bei den Mongolen eingetroffen war, wurden die lateinischen Papstbriefe zunächst ins Persische übersetzt. An dieser Übersetzung wirkten Ascelinus und seine drei ihn begleitenden Ordensbrüder sowie mehrere als Dolmetscher in mongolischen Diensten stehende Griechen und nestorianische Uiguren mit. Wahrscheinlich konnten von den griechischen Dolmetschern einige Lateinisch und Persisch, so daß eine persische Übersetzung zustande kam. Die nestorianischen Uiguren verstanden wiederum Persisch und Mongolisch. Sie stellten dann die mongolischsprachige Endfassung der Papstbriefe her.

Parallel zu der am 25. Juli 1247 zurückreisenden Gesandtschaft des Papstes sollen, so allerdings als einziger Gewährsmann der englische Chronist Matthaeus Parisiensis,[64] zwei Gesandte der Mongolen, und zwar ein Uigure und ein christlicher (nestorianischer) Syrer, von Baidschu zum Papst gereist sein. Zu den für den Papst bestimmten Schreiben dieser zwei Gesandten heißt es, daß sie „. . . dreimal von einer unbekannten Sprache in eine bekanntere übersetzt wurden, jeweils wie die Gesandten sich den westlichen Regionen näherten . . .“, d. h., das mongolische Original wurde unterwegs bei einer für eine Übersetzung günstigen Gelegenheit wohl zuerst ins Persische, darauf fußend dann ins Griechische und schließlich ins Lateinische übertragen.

Am 20. Dezember 1248 überreichten zwei nestorianische Christen, Marcus und David, in Zypern ein für König Ludwig IX. von Frankreich bestimmtes Schreiben von Eldschigidei, dem neuen

[63] Vincentius Bellovacensis (1473) XXXI, 2; XXXII, 26–29. 34. 40–52.

[64] Matthaeus Parisiensis (1872–83) Bd. 5, 37; Saunders (1969).

mongolischen Statthalter im Kaukasus. Der Brief war abgefaßt in Persisch und wurde auf Zypern ins Lateinische übersetzt.

Die letzte bedeutende abendländische Mongolenreise nach Innerasien während der Zeit des mongolischen Großreichs war die Missionsreise des flämischen Franziskaners Wilhelm Rubruk, die er überwiegend auf eigene Initiative hin zunächst zu Sartaq, dem Sohn des Batu Khan, in die Goldene Horde zu unternehmen geplant hatte.[65] Im Gepäck hatte Rubruk zwei Empfehlungsschreiben, ein griechisch geschriebenes vom damaligen lateinischen Kaiser von Byzanz, adressiert an Batu Khan, und ein lateinisches von König Ludwig IX. von Frankreich an Sartaq. Letzteres Schreiben ließ Rubruk noch vor Antritt seiner Reise in Akkon ins Arabische und Syrische übersetzen. Ähnlich wie Carpini mußte Rubruk auf seiner langen Reise von 1253–55 die bittere Erfahrung machen, daß sein Dolmetscher für das Mongolische nur die banalsten Dinge des alltäglichen Lebens zu übersetzen in der Lage war. So wurde auch das lediglich als Empfehlungsschreiben gedachte Schriftstück Ludwigs IX. von Sartaq und seinem Vater Batu Khan trotz einer von syrischen Nestorianern und von Armeniern angefertigten mongolischen Übersetzung überinterpretiert und Wilhelm, ohne daß sein Dolmetscher das Mißverständnis hätte aufklären können, fälschlich als Abgesandter des französischen Königs nach dem fernen Qara-Qorum zu Großkhan Möngke weitergeleitet. Die Antwort – möglicherweise handelte es sich um zwei Antwortschreiben – des Großkhans an Ludwig IX. war in uigurischer Schrift und mongolischer Sprache abgefaßt und wurde noch in Qara-Qorum mit Hilfe eines dortigen Dolmetschers ins Lateinische übersetzt. Der paraphrasierte Wortlaut dieser Übersetzung ist in Rubruks Reisebericht erhalten geblieben.[66]

Der im Großreich begonnene Modus, auf abendländisch westliche Briefe neben Mongolisch in Persisch und vor allem in Lateinisch zu antworten, wurde auch vom Il-Khanat beibehalten. Die meisten der zahlreichen Schreiben (vgl. unten das Kapi-

[65] Risch (1934).
[66] Wyngaert (1929) 307–309 = Kap. 36, 6–12 [387/88].

tel ›Die Mongolen in Iran‹) fügten eine offizielle lateinische, später vereinzelt auch italienische Übersetzung bei, während die Originale mongolisch- bzw. persischsprachig waren. Fehlten Übersetzungen, war der Brief von den Mongolen praktisch umsonst geschrieben worden. Das war z. B. der Fall bei dem 1267 vom Il-Khan Abaqa an Papst Clemens IV. gerichteten Brief. Der Papst schrieb daraufhin dem Il-Khan, der sich allerdings ein Jahr später für diesen nur mongolisch abgefaßten Brief damit entschuldigte, daß sein lateinischer Sekretär gerade nicht verfügbar gewesen sei, daß „diesen Brief . . . niemand von denen, die in Unserer Kurie waren, Uns vorzulesen wußte, noch Du, wie Du es sonst gehalten hast, Uns in lateinischer Sprache geschrieben hast . . .“ [67]. In ihrem Bemühen, den sprachunkundigen Lateinern verständlich zu werden bzw. zu bleiben, mußten die Il-Khane es mitunter aber auch in Kauf nehmen, Briefe geschickt zu haben, die wegen des mangelhaften Lateins ihrer Übersetzer oft unklar blieben, wie z. B. der Brief des Il-Khan Arghun an europäische Machthaber vom 18. Mai 1285. Trotz derartiger Unzulänglichkeiten war es aber ausschließlich den auch mit abendländischen Sekretären besetzten mongolischen Kanzleien und deren Übersetzungswesen zu verdanken, daß der abendländische Westen damals mit dem Nahen Osten, mit Innerasien sowie auch dem Fernen Osten überhaupt in schriftliche Verbindung treten konnte.

Im Il-Khanat selbst stand eine mongolischsprachige Minderheit einer überwiegend persischsprachigen Bevölkerung gegenüber. Seit dem zweiten Jahrzehnt des 14. Jh. dürfte aber auch in der mongolischen Herrscherschicht das Mongolische immer mehr zugunsten des Persischen geschwunden sein.

Ebenso wie schon in den sprachlichen Beziehungen der Mongolen zum abendländischen Westen spielte das Persische auch im mongolischen Teilreich China, dem Yüan-Khanat, eine hervorragende Rolle. Um diese Tatsache angemessen zu gewichten, muß man freilich unser heutiges Verständnis von China als einem Land, in dem eben die Chinesen politisch dominieren, stark

[67] Mansi (1780) col. 70.

modifizieren. Unter Khubilai, dem ersten Mongolenherrscher in China (1260–1294), bildeten nämlich die Chinesen rein zahlenmäßig zwar die größte Volksgruppe, doch zu vermelden hatten sie nicht gerade viel. Die führende Herrscherelite stellten vielmehr die Mongolen. Von diesen hatten aber nur verschwindend wenige Chinesisch gelernt, und gar chinesisch schreiben konnte sicherlich kaum jemand unter ihnen. Andererseits lehnten die chinesischen Beamten, auf die es in China immer sehr ankam, es strikt ab, Mongolisch zu lernen. Für sie waren und blieben die Mongolen nur Barbaren. Für die Mongolen wiederum waren ihre chinesischen Untertanen nur Menschen dritter und vierter Klasse, kurz, man hatte sich wirklich nicht viel zu sagen und lebte, von wenigen Ausnahmen abgesehen, nebeneinander her, ohne allzuviel Notiz voneinander zu nehmen. Die zwischen den herrschenden Mongolen und den beherrschten Chinesen unbedingt nötigen Verbindungen, die Handels- und Finanzgeschäfte des Reichs sowie die Abwicklung der Außenbeziehungen auf den höheren Ebenen nahmen damals die *Se-mu-jen,* wörtlich übersetzt: „Kategorien-Leute", wahr. Es war dies diejenige hochgestellte Schicht, deren soziale Stellung sich unterhalb der der Mongolen, aber weit über der der Chinesen befand. Im Gegensatz zu den Mongolen war sie in Kategorien einzuteilen und rekrutierte sich aus nichtmongolischen Innerasiaten sowie vor allem muslimischen Westasiaten, deren gemeinsame *lingua franca* das Persische war. Solange nun die *Se-mu-jen* im mongolischen Yüan-Khanat in Handels-, Finanz- und Außenangelegenheiten eine führende Rolle spielten, behielt auch das Persische seine Bedeutung bei. Erst die allmähliche Resinisierung des Verwaltungsapparats im Verlauf des 14. Jh. verdrängte auch das Persische aus seiner führenden Position.

Vor diesem Hintergrund erscheint es nun nicht verwunderlich, daß die einzige orientalische Sprache, die Marco Polo am Hofe Khubilai Khans wirklich kannte und gebrauchte, das Persische war.[68] Auch daß er die von ihm erwähnten chinesischen Ortsnamen in einer persifizierten Form wiedergab, wird ver-

[68] Pelliot (1949) 164.

ständlich, ebenso daß er, der in mongolischen Diensten stand, nichts über die chinesische Schrift berichtete, ihn aber auch die chinesischen Quellen nirgends erwähnen: Für die Chinesen stand er als Barbare in barbarischen Diensten.

Daß es sich bei der auch im damaligen China so wichtigen persischen *lingua franca* nicht um ein anspruchsvolles literarisches Persisch handelte, sondern um eine sehr einfache Sprache mit vielen mongolischen Einsprengseln im Vokabular, zeigt ein Vergleich der beiden persischsprachigen Einleitungen zu den berühmten *Zīǧ-i īlḫānī* ›Ilkhanische astronomische Tafeln‹, die der iranische Philosoph Nāṣir ad-Dīn Ṭūsī für Hülegü und Abaqa verfaßt hat und von denen wahrscheinlich 1267 eine Fassung an den Hof des Mongolenherrschers Khubilai nach China gelangte.[69]

Im mongolischen Khanat Goldene Horde lag die Sprachsituation anfangs insofern etwas anders als etwa in China oder im Il-Khanat, als hier zunächst zwei mehr oder weniger gleichberechtigte Sprachen nebeneinander lebten: das Türkisch-Qyptschaqische und das Mongolische. Das Verhältnis einer „Besatzersprache" Mongolisch, die nur von wenigen gesprochen wurde, zu einer von vielen Untertanen gesprochenen Sprache gab es hier eigentlich nur in Hinsicht auf die den Mongolen tributpflichtigen Russen, die in den Territorien der russischen Fürstentümer im Nordwesten, außerhalb der eigentlichen Mongolenhorde, lebten. Schon aber im Verlauf der zweiten Hälfte des 13. Jh. verschob sich das zunächst eher ausgeglichene Verhältnis merklich zugunsten der türkischen Seite. So wurden in den Kanzleien der Goldenen Horde die Urkunden für die russischen Untertanen, denen man verschiedentlich auch russische „Wort-für-Wort"-Übersetzungen beifügte, immer häufiger türkisch abgefaßt. Schon 1262 ließ selbst Berke Khan, der Herrscher der Goldenen Horde, arabische Urkunden und Briefe aus dem befreundeten Ägypten ins Türkische und nicht ins Mongolische übersetzen. Andererseits trafen aber bis in die 80er Jahre des 13. Jh. hinein zahlreiche mongolischsprachige Schreiben aus Sarai, der Hauptstadt der Goldenen Horde, im verbündeten Kairo ein.

[69] Boyle (1963a).

Mit zunehmender Islamisierung dürfte auch das Arabische zu einiger Bedeutung in der Goldenen Horde gelangt sein, denn in Sarai gab es bald einen eigenen Dolmetscher für den Verkehr mit arabischsprechenden Gesandten.

Das Persische als *lingua franca* hatte natürlich in der Goldenen Horde ebenfalls Heimatrecht. So schrieb der Khan Möngke Temür 1271/72 seine Briefe nach Kairo in arabischer und persischer Sprache, und im 14. Jh. sollen die Originale zweier nur in Übersetzung überlieferter Urkunden für die Venezianer in Persisch abgefaßt worden sein. Das Persische fand neben dem Arabischen und Türkischen auch Verwendung bei Gottesdiensten, und die Franziskanermissionare versahen gegen Ende des 13. Jh. ihren ›Codex Cumanicus‹ mit einem lateinischen, türkischen und persischen Glossar.

Im Verlauf des 14. Jh. begann das Mongolische in der Goldenen Horde zugunsten des Türkischen unwiederbringlich zu schwinden, und gegen Ende des 14. Jh. dürfte es bereits erloschen gewesen sein.

Hinsichtlich des ägyptischen Dolmetscherwesens mit den Mongolen wissen wir, daß es in Kairo eine eigene mongolische Kanzlei gab, die mit mongolischen Überläufern aus dem Il-Khanat sowie mit türkischen Qyptschaqern und Mongolen aus der mit Ägypten befreundeten Goldenen Horde besetzt war. Für die Abwicklung des mongolisch- und türkischsprachigen Schriftverkehrs mit den Mongolenkhanaten Il-Khanat und Goldene Horde war Ägypten damit bestens gerüstet.

Da Byzanz mit den Mongolen eine stetige und rege Heiratspolitik verband, ist anzunehmen, daß Gesandtschaften beider Seiten kaum auf sprachliche Schwierigkeiten stießen. Das Griechische fand ja wiederholt sogar auch als Mittlersprache bei Mehrfachübersetzungen vom Lateinischen ins Mongolische oder umgekehrt Verwendung.

Die kurze Skizze über Stellung und Verwendung der mongolischen Sprache im 13. und 14. Jh., einer Zeit, in der den Mongolen überregionale, weltgeschichtliche Bedeutung zukam, läßt die Träger dieser noch relativ einheitlichen Sprache ganz anders als die damaligen Westeuropäer oder Chinesen in sprachlicher Hinsicht kaum auf ein kulturpolitisches Vorrecht für die Verwendung der eigenen Sprache fixiert erscheinen. Diese im Endeffekt gegenüber den Nichtmongolen geübte sprachliche Toleranz der Mongolen beruhte aber ebensowenig wie ihre vielgerühmte religiöse Toleranz auf einer mehr oder weniger durchdachten Toleranzideologie oder -philosophie und wohl auch nicht in erster Linie auf der Erkenntnis, daß man als mongolischsprechende Schicht überall nur eine verschwindende Minderheit stellte, sondern eher auf einem rein utilitaristisch gehandhabten Streben nach Macht. Diesem hatte sich letztlich alles unterzuordnen, sogar die eigene Religion und Sprache.

Klassifikation der neueren mongolischen Sprachen

Zur Intention dieser Übersicht
vgl. das unter Anm. 33 Ausgeführte.

I. Westmongolischer Zweig

a) *Kalmückische* Gruppe
Kalmückische ASSR, ca. 150000 Kalmücken.

1. Dörböt. 2. Busawa. 3. Torgot: a) vom Ural; b) von Orenburg. 4. Sart-Kalmückisch. 5. Kalmückische Schriftsprache in kyrillischer Schrift seit 20. Jh., davor oiratische Schriftsprache.

b) *Oiratische* Gruppe
Norden und Südwesten des Autonomen Gebiets Sinkiang der Uiguren,[70] VR China, und Westen der Mongolischen Volksrepublik (= MVR), ca. 172000 Oiraten (ca. 55000 in der MVR).

1. Dörböt-Oirat. 2. Bayit. 3. Torgot. 4. Uriyangkha. 5. Zakhtschin. 6. Dambi-Ölöt. 7. Minggat. 8. Dsungar-Torgot. 9. Oiratische Schriftsprache.[71]

[70] Chin. *Xinjiang weiwu'er zizhiqu* „Autonomes Gebiet Sinkiang der Uiguren".

[71] Die Namen sind nach deutscher Schreibweise transkribiert.

II. Ostmongolischer Zweig

a) *Südmongolische* Gruppe

Autonomes Gebiet Innere Mongolei,[72] VR China, Anzahl der Sprecher der hier aufgeführten Subdialekte 3294197 Mongolen, als Schriftsprache dient die uiguro-mongolische Schriftsprache.

1. Ulan-Tsab-Dialekte: Dörbön Khükhet, Moominggan, Urat. 2. Ordos. 3. Tsakhar mit den ihm nahestehenden Mundarten Üdsümütsin, Khutschin, Sunit, Abagha, Abaghanar. 4. Khartschin-Tümet. 5. Dschu-Uda-Dialekte: a) Naiman, Aru-Khortschin, Dscharut, Keschigten, Barin, Aokhan, Tschokhor-Khalkha, Ongniyut; b) Dschirim: Khortschit, Dschalayit, Dörböt, Gorlos. 6. Tschibtschin oder Khutschin-Bargu.

b) *Zentralmongolische* Gruppe

Mongolische Volksrepublik, 1,1 Mill. Mongolen. Offizielle Staats- und Verkehrssprache Khalkha-Mongolisch, geschrieben mit kyrillischen Buchstaben, privat vereinzelt auch noch Verwendung der uiguro-mongolischen Schriftsprache.

1. Khalkha: Zentralkhalkha (Ulaanbaatar), Nordkhalkha, Süd- oder Gobikhalkha (Dariganga), Khalkha Schriftsprache. 2. Khotogoitu (in den Flußtälern des Delger-mören, Beltschir und Tes). 3. Darkhat (ein Übergangsdialekt von der zentralmongolischen zur nordmongolischen Gruppe des ostmongolischen Zweigs).

c) *Nordmongolische* oder *Buryatische* Gruppe

Buryat-Mongolische ASSR, Nordosten der Mongolischen Volksrepublik sowie Bargu-Gebiet im Autonomen Gebiet Innere Mongolei, westlich des Großen Chingan (frühere nordwestliche Mandschurei) in der VR China, ca. 260000 Buryaten. In der Buryat-MongolischenASSR offizielle buryatmongolische Schriftsprache, geschrieben mit einem modifizierten kyrillischen Alphabet.

1. Westburyatisch: Alar, Tunka, Oka, Nischneudinsk, Unga, Bokhan, Ekhirit, Bulgat. 2. Ostburyatisch: Khori (Grundlage der heutigen

[72] Chin. *Neimenggu zizhiqu* „Autonomes Gebiet Innere Mongolei".

Schriftsprache), Aga. 3. Bargusinburyatisch: Bargusin, Kaban. 4. Barguburyatisch. 5. Süd- oder Selengaburyatisch: Tsongol (1931–1937 lateinisch geschriebene Schriftsprache), Sartul (Übergangssprache vom Khalkha zum Buryatischen).

III. Randsprachen oder: isolierter Zweig

1. *Moghol* oder *Moġolī*
Sprecher nur noch in Nordwestafghanistan, Provinz Herat, ca. 3000 Moġol, sunnitische Muslime.

1. Marda. 2. Mangut. 3. Zei-moġol. 4. Schriftsprache (in arabischer Schrift).

2. *Monguor*
Provinz Qinghai, VR China, 159426 Monguor oder Monguol.

1. Hutschu: Khaltschi gol, Fulan nara, Narin gol. 2. Minho.

3. *Bao'an*
In zwei Provinzen der VR China 9027 Personen der Minderheit der *Bao'an zu.*

1. Dahejia in der Autonomen Gemeinde Bao'an im Kreis Linxia des Autonomen Gebiets Ningxia der Hui,[73] Provinz Gansu. Die Bao'an dieses Gebiets sind Muslime. 2. Tongren in der Stadt Bao'an und den nahen Gemeinden des Kreises Tongren, Provinz Qinghai. Die Bao'an dieses Gebiets sind Buddhisten. Als Subdialekt des Tongren-Bao'an der Dialekt der Monguor des Kreises Tongren.

4. *Dongxiang* oder *Santa*
Autonomes Gebiet Ningxia der Hui, Provinz Gansu, VR China, 279397 Personen der Minderheit der *Dongxian zu,* die Muslime sind. Seit 1980 mit Lateinbuchstaben geschriebene Schriftsprache.

[73] Chin. *Ningxia huizu zizhiqu.*

5. *Schara-Uigurisch*

In der Umgebung von Ganzhou, Provinz Gansu, VR China, ca. 1500 mongolischsprachige Schara Uiguren = Gelbuiguren.

6. *Dagurisch*

Norden des Autonomen Gebiets Innere Mongolei sowie Südwesten des Autonomen Gebiets Sinkiang der Uiguren, VR China, 94014 Personen der Minderheit der *Dawo'er zu.* Als Schriftsprache bedienen sich die Daguren bis heute entweder der mandschurischen Schriftsprache oder des Chinesischen, nur sehr vereinzelt auch der uiguro-mongolischen Schriftsprache.

1. Hailar. 2. Tsitsikhar. 3. Butha. 4. Aigun (1.–4. Autonomes Gebiet Innere Mongolei). 5. Ili-Dagurisch. 6. Tarbaghatai (5. und 6. Autonomes Gebiet Sinkiang der Uiguren).

MONGOLISCHE LITERATUR

Von Walther Heissig

Der Beginn der mongolischen Dichtung ist schwer zu datieren. Obwohl als erstes schriftliches literarisches Denkmal die ihrem Schlußwort nach im Jahre 1240 entstandene ›Geheime Geschichte der Mongolen‹[1] vorliegt, so beinhaltet dieses Werk eine große Zahl von Stellen älterer lyrischer und epischer Dichtung, die mündlich bereits unter den Mongolen tradiert worden sein müssen, denn bis in den Anfang des 13. Jh. ist keine offizielle mongolische Schrift bekannt gewesen. Da die Einigung verschiedener kleinerer Stämme zum Volk der Mongolen auch erst in den Anfang des 13. Jh. anzusetzen ist, bleibt es eine offene Frage, was von diesen Überresten älterer Dichtung als „mongolisch" anzusprechen ist. Fest steht aber dieses Vorkommen von Teilen älterer Dichtung, die in die Prosa dieses ersten mongolischen Werkes eingeschoben sind. Die Darstellung der historischen Ereignisse, über die die ›Geheime Geschichte‹[2] berichtet, erfolgt in epischer Weise und unter Verwendung von Sujetklischees, die zum Grundbestand aller zentralasiatischen Heldenepen und Heldenmärchen gehören. Um nur ein Beispiel zu nennen, sei hier auf die Darstellung des jungen Temüǰin, des späteren Činggis Khan, als armer, gejagter Waisenknabe hingewiesen, wo es doch eine historische Tatsache ist, daß sein Vater Yesügei ein mächtiger General der benachbarten Großmacht der Kin gewesen ist. Im zentralasiatischen Epos aber ist der Held in den meisten Fällen ein armer Waisenknabe.

Außer den in die ›Geheime Geschichte‹ eingestreuten Proben älterer Stabreimdichtung aus dem Verbreitungsgebiet der späte-

[1] Haenisch (1941); Heissig (1981a).
[2] Ligeti (1971); Ligeti (1974).

ren Mongolen darf man mit Sicherheit in allen gereimten Anrufungen von Feuergottheiten, Berg- und Reitergöttern, Rauchopfern, Anrufungen des Čінggis-Khan-Kultes und Schamanengesängen Überreste der früheren volksreligiösen Dichtung[3] sehen, die sich zu einem großen Teil aus gleich überlieferten Formeln zusammensetzen. Bis in das 13. Jh. zurückreichend ist auch die Überlieferung der „Bilig" genannten Lehrsprüche. Diese Činggis Khan, seinen Söhnen und Mitgliedern seiner engsten Umgebung in den Mund gelegten Aussprüche geben Lebens- und Verhaltensregeln wieder und nehmen in der mongolischen Literatur jenen Rang ein, den in China, bei den Türken Zentralasiens und im Nahen Osten die Fürstenspiegel-Literatur einnimmt. Aus dieser lassen sich ebenfalls Einflüsse nachweisen. Einige dieser „Bilig" finden sich – gemäß übereinstimmender Überlieferung laut Hörensagen – von dem persischen Historiker Rashid ad Din (1247–1318) als Aussprüche Činggis Khans aufgezeichnet.[4] Dieser Autor berichtet auch, daß es zur Zeit der Činggis-Khan-Söhne Čaγadai und Ögödei Brauch war, Tag für Tag die Worte niederzuschreiben, die der Herrscher sprach, als auch aus diesen Aussprüchen (Bilig) zu rezitieren.[5] Diese Reste historisch verpflichtender Dichtung zählen demnach auch zu den ältesten Teilen der mongolischen Literatur. Sie sind oftmals von hoher dichterischer Qualität. In ihren bildhaften Vergleichen geben sie Beispiele für die Auseinandersetzung der Mongolen des 13. Jh. mit den Problemen, die sich ihnen beim Aufbau und der Organisation ihres Herrschaftsgebietes zu stellen begannen, wie die Stellung des Herrschers und seine Pflichten, die Wechselbeziehungen zwischen Herrscher und dem weisen Berater, die Pflichten des Untertanen, Verhalten gegen Fremdvölker und Feinde, die Pflege der Armen und Waisen usw.

Wie ein in einem Kriegergrab aus dem mongolischen Westfeldzug an der Wolga aufgefundenes Gedicht der Sehnsucht nach Mutter und Heimat[6] als auch das Bruchstück einer mongo-

[3] Damdinsüren (1959), 73–127; Heissig (1966).

[4] Heissig (1976), 277–290; Heissig (1979a), 181–189.

[5] Boyle (1971), 13, 155.

[6] Poppe (1941), 81.

lischen Version des Alexanderliedes, das gemeinsam mit türkischen Texten in einer Handschrift in den Höhlen von Turfan aufgefunden wurde,[7] zeigen, setzte unmittelbar nach der Einführung der uiguro-mongolischen Schrift auch schon die individuelle Fixierung von literarischen Werken ein. Leider ist außer diesen wenigen Zeugnissen dieser Entwicklung nichts Nennenswertes davon aus dieser Zeit erhalten. Nach der Einführung der Quadratschrift durch 'P'ags pa-Lama (1269) wurden vor allem Übersetzungen buddhistischer Texte, die seit der Regierungszeit der Kaiser Kubilai bis Khaišan Külüg (1260–1294; 1307–1311) meist aus dem Uigurischen hergestellt wurden, auch im Druck verbreitet. Aber auch von dieser Drucktätigkeit sind nur wenige Proben erhalten. Wie zumindest die in Turfan aufgefundenen Fragmente solcher Drucke zeigen, bildeten der Begriff der Sünde und deren Vermeidung eines der vordringlichsten Themen dieser in Drucken verbreiteten Werke. 1312 wurde auch die buddhistische Anweisung zur bodhisattvaähnlichen Nachfolge, das Bodistva čariavatara-yin tayilbur in mongolischer Schrift gedruckt.[8] Ebenfalls im 14. Jh. übersetzte ein gewisser Sonomgara die Sanskrit-Spruchsammlung Subhāṣitaratnanidhi.[9]

Auch von dieser Übersetzung erschien eine Druckausgabe in Quadratschrift, wie einige davon erhaltenen Papierfragmente ausweisen.[10] Von solchen Sammlungen von belehrenden Sprüchen und von Jātaka-Erzählungen wie dem Goldglanz-Sūtra[11] oder dem fünfteiligen Pañcaraksā[12] wurden schon im 14. Jh. Erzählmotive indo-tibetischer Herkunft bei den Mongolen verbreitet. Auch Bannsprüche, magische Formeln und Anrufungen wie die der 21 Tārā-Mütter wurden in mehrsprachigen Ausgaben gedruckt und auch noch nach dem Zusammenbruch des Yüan-Reiches im Jahre 1431 erneut herausgegeben.[13] Oft sind die

[7] Poppe (1957a), 105–129.
[8] Haenisch (1954), 9–16; Haenisch (1954).
[9] Ligeti (1948); Bosson (1969); Ligeti (1973).
[10] Aalto (1954a).
[11] Haenisch (1929); Aalto (1950).
[12] Aalto (1954b).
[13] Heissig (1976), 7–115.

Einflüsse fremder Literaturen auf die Mongolen des 13. und 14. Jh. auf unerwartete Weise zustande gekommen. So sind die Motive der indischen Sammlung Pañcatantra, in deren fünf Teilen Beispielerzählungen gegeben werden, durch eine mongolische Bearbeitung ihrer unter dem Namen Kalilah und Dimnah bekannten persischen Übersetzung bei den Mongolen bekannt geworden,[14] während sie als Barlaam-und-Josaphat-Legende[15] in Europa verbreitet wurde. Was durch das Medium vor allem von tibetischen Übersetzungen an indischen Werken bei den Mongolen dieser Zeit bekannt geworden ist, ist fast unmeßbar. Fest steht, daß die mongolische Dichtung durch die Poetik des indischen Gelehrten Dandin beeinflußt worden ist, die bereits im 14. Jh. den Mongolen durch tibetische Übersetzungen bekannt geworden war.[16]

Schon bald nach dem Tod des Einigers der Mongolen, Čìnggis Khan, hat sich um ihn eine Reihe von gereimten epischen Erzählungen zu bilden begonnen, von denen angenommen wird, daß sie zu einem Epenzyklus gehörten. Davon haben sich fünf Teile verschiedenen Alters und Inhalts erhalten, die in historische Werke des 17. bis 19. Jh. eingebaut vorliegen. In ihnen ist Čìnggis Khan der Hauptheld und finden Ereignisse aus seinem Leben dichterische Gestaltung. Zweifellos wurde diese Überlieferung im Laufe ihrer schriftlichen Fixierung gewissen zeitgenössischen Veränderungen und Angleichungen unterzogen, aber in ihrem Kern reichen diese fünf Epenteile in das 13. bis 14. Jh. zurück. Als ältester, noch im 13. Jh. entstandener Teil wird die ›Geschichte von den zwei Grauschimmeln Čìnggis Khans‹ (Qoyar ǰaγal-un tuγuǰi) angesehen, in der in Stabreimen ein Loyalitätskonflikt zweier Gefolgsleute des Čìnggis, die als entlaufende Lieblingspferde Čìnggis Khans dargestellt sind, mit ihrem Herrscher dichterisch gestaltet worden ist.[17]

Eine in der ›Geheimen Geschichte‹ nur knapp erwähnte Epi-

14 Vladimircov (1921).
15 Lackner (1977); Kindler Literatur Lexikon I, 1336–1338.
16 Bira (1979), 9.
17 Übers. Heissig (1962a), 27–61.

sode aus dem kriegerischen Aufstieg Činggis Khans zur Macht hat in der ›Erzählung vom Kampf mit den 300 Taidschigut‹ (γurban ǰaγun tayičiγud-i daruγsan domoγ) noch im 13. Jh. seine epische Gestaltung gefunden,[18] wie ein darinnen enthaltener Bezug auf eine Stelle in der 1240 entstandenen ›Geheimen Geschichte‹ verrät.

›Die Lieder des Barden Arghasun churtschi‹, die ›Belehrung Činggis Khans für seine Söhne‹ und das ›Streitgespräch zwischen den neun Recken und einem Waisenknaben über den Wein‹ (Čiggis Boγda-yin yisün örlügüdtei önöčin köbegün ceceglegsen šastir)[19] haben sich auch in einzelnen Abschriften erhalten, wobei das letzte Werk in seiner jetzt vorliegenden Form wohl erst im 15. oder 16. Jh. entstanden ist, da die Institution der neun Örlüg in der erwähnten Form keine historische Bestätigung findet, sein Inhalt aber leicht mit der nostalgischen Erinnerung der Mongolen an das 1368 zusammengebrochene Yüan-Reich in Verbindung gebracht werden kann wie auch mit dem in dieser Zeit bei den Mongolen stark verbreiteten Mißbrauch des Traubenweins.[20]

Auch in der Zeit der Hegemonie-Streitigkeiten zwischen den aus China vertriebenen und daher räumlich auf ihre alten Gebiete beschränkten östlichen Mongolen und den westlichen Mongolen entstanden einige Heldenepen. Ihre Motive allerdings dürften aufgrund der Übereinstimmung von Motiven und Sujets mit anderen zentralasiatischen Epen schon früher bei den Mongolen verbreitet gewesen sein und daher Widerspiegelungen von Geschehnissen der Zeit der Skythen und zentralasiatischen Türken sein. Um einen Vorfall aus den Kämpfen zwischen den westmongolischen Oiraten und den Khalkha im Jahre 1587 entstand das westmongolische Epos ›Geschichte, wie die vier Stämme der Oiraten die Mongolen besiegten‹ (Dörben oiirid mongγoli daruqsan tūži),[21] das das heldenhafte Verhalten eines

[18] Übers. in Heissig (1981a), 181–190.
[19] Übers. Heissig (1962a), 55–77.
[20] Gaadamba (1976), 49–77; Küčün (1980).
[21] Übers. Bawden (1967).

kleinen oiratischen Knaben schildert, der jede Aussage verweigert, die Khalkha verspottet und schließlich von diesen der Fahne geopfert wird, wobei er selbst die Opferworte spricht. Von ihren Verbündeten dann verlassen, werden die Khalkha schließlich besiegt.

Die kriegerischen Auseinandersetzungen der Westmongolen mit ihren Nachbarn im 15. bis 17. Jh. fanden ihre epische Gestaltung im Epenzyklus ›Dzanggar‹,[22] der bis heute in 15teiligen Versionen sowohl bei den Wolgakalmücken als auch bei den in der chinesischen Provinz Sinkiang wohnenden Westmongolen und bei Teilen der Bevölkerung der Mongolischen Volksrepublik tradiert wird. Der Hauptheld J̌angγar versammelt seine Recken zu fröhlichem Gelage und sendet in jedem Gesang des Zyklus einen oder mehrere Recken seines Gefolges zur Bewältigung kriegerischer Aufgaben und Abwendung von Gefahren aus.

Ebenfalls im 16. Jh. entstand um die aus der tibetischen Literatur entlehnte mythische Heldengestalt Ge-sar ein epischer Erzählzyklus ›Geser Khan‹, der in zahlreichen Handschriften über die ganze Mongolei verbreitet ist und bis in die jüngste Gegenwart mit Motiven aus anderen mongolischen Heldendichtungen angereichert und verändert tradiert wird. Sein Hauptheld ist Geser Khan, der auf Wunsch Buddha Sakyamunis durch seinen Vater Hormusta, den Oberherrn aller Himmlischen, als Wiedergeburt nach der irdischen Welt entsandt wird, um dort die Übel der zehn Weltgegenden zu bekämpfen. Der Stoff der tibetischen Ge-sar-Überlieferung wurde im Laufe der Jahrhunderte in immer stärkerem Maße der Struktur der mongolischen Heldendichtung angepaßt,[23] wobei im Zuge der Zyklenbildung Taten der 33 Gefährten Gesers mehr Raum geboten wurde, Geser aber trotzdem der Hauptheld blieb. Die Gestalt dieses Epenhelden erlangte bei den Mongolen bereits um die Wende zum 17. Jh. so große Bedeutung, daß sie deifiziert und in volksreligiösen Gebeten angerufen wurde. Sieben Gesänge des Zyklus erhielten in ei-

[22] Übers. POPPE (1976); LIPKIN (1958).
[23] Übers. HEISSIG (1962), 81–167; HEISSIG (1981a), 255–278.

ner stark buddhistisch überarbeiteten Fassung weite Verbreitung durch einen 1716 in Peking gedruckten Blockdruck, ›Geschichte des Geser Khan, des Herrschers der zehn Weltgegenden‹ (Arban ǰüg-ün eǰen geser qaγan-u tuγuǰi).[24] Es sind im mongolischen Geser-Khan-Zyklus in besonderem Maße Parallelen zu Sujets und Motiven festzustellen, die auch in antiken griechischen Sagen und frühen europäischen Heldenepen auftreten. Die Erzählstoffe des Geser-Khan-Epos verbreiteten sich seit dem 18. Jh. auch bei den rund um den Baikalsee ansässigen burjat-mongolischen Stämmen. Bei diesen entstanden, mit alten burjatischen und jakutischen Mythen vermischt, die großen burjatischen Epenzyklen ›Väterchen Geser‹ (Abaj Geser) und ›Der Sohn des Abaj Geser‹ (Abaj Geser chubun),[25] die noch im 19. Jh. tradiert wurden.

Stehen für den Dzanggar-Zyklus und den Geser-Zyklus die historischen Hintergründe westmongolischer und tibetischer Kriege fest, so sind in den anderen mongolischen Heldenepen, gleich, ob es sich dabei um umfangreiche Epen wie ›König Finster‹ (Qan qarangγui),[26] ›Bum erdeni‹, ›Dayin kürel‹,[27] ›Alamči mergen‹, ›Irensej‹[28] handelt, deren Umfang bis zu 10000 Stabreimzeilen umfaßt und die zu thematischer Wiederholung und Zyklenbildung neigen, oder um kürzere Epen von nur 500 bis 700 Strophen, die historischen Bezüge doch so verallgemeinert, daß man nur die dichterische Gestaltung der Taten der Helden erkennen kann, die in dem vorgegebenen Rahmen der Brautwerbung oder der Wiedergewinnung und Befreiung entführter Opfer nach der Tötung des entführenden Monsters gepreßt sind. Alle diese Epen spielen in einer feudalen Gesellschaft und schildern deren Verhalten und Lebensformen so genau und zutreffend, daß die Kontinuität einer weit in die heroischen Zeiten der zentralasiatischen Völkerschaften zurückreichenden oralen

[24] Schmidt (1839).
[25] Ulanov (1960); Chomonov (1961–1964).
[26] Übers. Poppe (1975); Nachdruck Heissig (1981a), 193–251.
[27] Vladimircov (1923), 55–190.
[28] Übers. Poppe (1980), 21–142, 186–405.

Überlieferung mittels der dabei verwendeten unveränderten Formen der Schilderung bewiesen scheint. Die feudale Gesellschaft der von Stammeskriegen und Auseinandersetzungen mit der Ming-Dynastie bewegten Zeit des 15./16. Jh. war wohl der Bewahrung oraler Dichtung förderlich, nicht aber der Aufzeichnung und Weitergabe schriftlicher Überlieferungen. Der Sänger und Erzähler heldischer Dichtung (Quγurči; üligerči, tuulči) nahm an den verschiedenen Hofhaltungen der mongolischen Fürsten eine besondere Stellung ein. Noch bis in die 40er Jahre unseres Jahrhunderts haben sich kleine innermongolische Fürsten ihre eigenen Hofsänger gehalten, die ihnen Erzählungen und alte Epen in gereimter Rede mit Musikbegleitung vortragen mußten.[29] Die meisten dieser Epen sind von den Rhapsoden durch Jahrhunderte mündlich überliefert worden, aus den Biographien der Sänger lassen sich kontinuierliche Übernahmen durch mehrere Generationen feststellen.[30]

Die Form des dichterischen Ausdrucks war zu dieser Zeit der Stabreim, der auch in ältester Zeit schon bei Befehlen und wichtigen Aussprüchen als Erinnerungshilfe diente. Auch die ältesten erhaltenen historischen Aufzeichnungen, die in Niederschriften des 16. und frühen 17. Jh. vorliegen, enthalten lange Passagen im Stabreim.

Das Thema dieser historischen Aufzeichnungen ist die Herrschaft Činggis Khans und seiner Nachkommen, der Familie Borǰigid. Die vermutlich nach 1607 entstandene ›Geschichte des Altan Khan‹ (Altan qaγan-u tuγuǰi),[31] die auf den Erinnerungen von Zeitgenossen des Altan Khan der Tümed (1507–1583) beruht, ist ebenfalls eine Stabreimchronik. Die ›Goldene Zusammenfassung‹ (Altan tobči) des Lubsandanǰin,[32] die mit 1655 datiert wird, gibt 234 der 282 Abschnitte der stabgereimten mongolischen Fassung der ›Geheimen Geschichte‹ wieder. Das zu Beginn des 17. Jh. niedergeschriebene ›Altan tobči‹ (anony-

[29] Riftin (1982); Mani u. a. (1980).

[30] Heissig (1972), 348–354.

[31] Liu Chin Shuo (1979).

[32] Mostaert (1952); Ligeti (1974).

mus)[33] sowie die in der Mitte des 17. Jh. niedergeschriebene ›Gelbe Chronik‹ (Sira tuǰi)[34] und die berühmte Chronik des Sagang Sečen, ›Erdeni-yin tobči‹[35], die 1662 entstand, geben ebenfalls längere Stellen aus der ›Geheimen Geschichte‹ in Stabreim wieder und behandeln vor allem die Lebensgeschichte Činggis Khans mittels aus der Ependichtung entlehnter Sujets und lokaler Legenden. Es verdichtet sich der Eindruck, daß alle diese historischen Werke Teile einer langen, seit dem 13. Jh. um Angaben über die einzelnen Herrscher vermehrten, mündlich tradierten Überlieferung darstellen, deren Kern die schon in der ›Geheimen Geschichte‹ dichterisch erzählten Geschehnisse bildeten.

Wenn sich auch die Zeit nach 1368, nach dem Zusammenbruch der Mongolenherrschaft über China, auf keinen Fall als völlig illiterate Periode der mongolischen Geschichte darstellt,[36] so brachte die beginnende Einigung unter Batumöngke dayan Khan bereits als wichtiges geistiges Element die Rückbesinnung auf die Zeiten unter Činggis Khan und seinen Nachfolgern und auch die ersten Gedanken an eine Nationalmonarchie. Die unter Altan Khan der Tümed und Abadai Khan der Khalkha im 16. Jh. erfolgte erneute Hinwendung nicht nur der mongolischen Oberschicht, sondern auch der gesamten nach dem Prinzip des „cuius regio, eius religio" bekehrten Völkerschaften zum Buddhismus brachte in den Jahrzehnten nach 1577 für die literarische Entwicklung bedeutsame Impulse durch intensiv betriebene Übersetzung buddhistischer Literatur.

In dem kurzen Zeitraum von knapp 50 Jahren, an dessen Ende 1628 bis 1629 die Übersetzung und redaktionelle Bearbeitung von frühen Übersetzungen des buddhistischen Kanons unter der Ägide des Ligdan Khan der Tsakhar (1604–1634) stand, wurden der ganze Kandjur und auch eine größere Zahl nichtkanonischer buddhistischer Texte in die mongolische Sprache auf Geheiß der

[33] Bawden (1955).
[34] Šastina (1957).
[35] Schmidt (1829).
[36] Heissig (1974).

sich aus den Reihen des mongolischen Adels rekrutierenden Mäzene übersetzt. Von Köke Khota, der von Altan Khan 1560 im Tümed-Gebiet begründeten Residenz und Tempelstadt der Tümed ausgehend, entstanden bei den Tümed und den Ordos im Süden, später auch bei den Khalkha im Norden der Mongolei überaus rege Übersetzerschulen. Damit verbundene berühmte Übersetzer sind der seit 1574 bei den Mongolen tätige Ayusi guosi und der Siregetü guosi čorǰi von Köke Khota, von welch letzterem mehr als 20 Übersetzungen grundlegender Werke bekannt sind, ferner Daigüng dayun güsi, der Kun dga'odzer manjusiri bandida und der Toyin guosi.[37] Die in dieser Zeit festzustellende Übersetzungsleistung dieser ersten Phase, in der das Lehrgebäude des nördlichen Buddhismus aufs neue propagiert wurde, ist überwältigend groß. Allein der nun völlig übersetzte Kandjur umfaßte 1055 Werke. Daneben entstanden auch schon einzelne Übersetzungen von Werken des enzyklopädischen Kanonkommentares Tandjur sowie auch vieler nichtkanonischer Werke. Für den Nordwesten und Norden der Mongolei übernahm in der ersten Hälfte des 17. Jh. der oiratische Jaya pandita Oγtorγuiyin dalai (1599–1662), der 1648 aus der bislang auch von den westmongolischen Stämmen gebrauchten uiguro-mongolischen Schrift die für die westmongolischen Dialekte besser geeignete „Klare Schrift" (todo üsüg) entwickelt hatte, die Hauptarbeit der Erschließung des buddhistischen Gedankenguts. Von ihm und seinen Schülern wurden weit über 200 Übersetzungen bis 1662 angefertigt.[38] Hatte diese intensive Konfrontation mit der lamaistischen Geisteswelt vor allem ihre Bedeutung für die religions- und geistesgeschichtliche Entwicklung der Mongolen, so war doch ihr Einfluß auch auf die mongolische Literatur und deren Erzählstoffe von nicht geringer Bedeutung. Durch die Übersetzung von Jātaka- und Avadāna-Erzählungen und die Lehrbeispiele in den ebenfalls nun übersetzten Kommentaren zu buddhistischen Spruchsammlungen begannen viele Sujets und Motive der indo-tibetischen Literatur in die mongo-

[37] Heissig (1962b).
[38] Damdinsüren (1959), 327–334.

lische Literatur einzudringen. Allein von der Erzählsammlung ›Der Weise und der Tor‹ (mJaṅs blun/Damamuka)[39] entstanden um die Wende des 16./17. Jh. in verschiedenen Gebieten der Mongolei drei voneinander unabhängige Übersetzungen, durch Siregetü guosi čorǰi, durch Toyin guosi alias čoγtu güisi[40] und durch Cultim lodoi. Die Übersetzung der Biographie des tibetischen Tantrikers Milaraspa fand ebenso wie die der Legenden um Padmasambhava und Badma γatang sudur weite Verbreitung. Durch eine ebenfalls um die Wende des 16./17. Jh. von Dayigüng dayun sikü guosi für einen Ururenkel des Altan Khan der Tümed angefertigte mongolische Übersetzung des tibetischen Kommentares des Saskya-Mönchs Rin č'en dpal zur Spruchsammlung Subhāṣitaratnanidhi[41] wurde unter den Mongolen dieser Zeit erstmalig eine Zusammenfassung der Handlung des großen indischen Epos Rāmāyana bekannt.[42] Auch das Vessantarajātaka wurde als ›Geschichte des Ušandari Khan‹ ebenso wie die Höllenfahrtsgeschichte des Molon toyin (Mudgalyāyana) erstmals in Übersetzungen des fruchtbarsten Übersetzers dieser Zeit, Siregetü guosi čorǰi, den Mongolen zugänglich.[43] Viele von dorther stammenden Motive beeinflußten die mündlich erzählte Märchenüberlieferung und verwandelten sich in neue, die Epenthemen variierende Erzählungen. Die Verbreitung dieser Übersetzungswerke erfolgte bis in die Mitte des 17. Jh. in der Form von Abschriften, wobei den zahlreichen neugegründeten buddhistischen Klöstern der Mongolei die gleiche Bedeutung für die Verbreitung von Erzählstoffen zukam wie den klösterlichen Schreibwerkstätten im frühmittelalterlichen Europa. Das Abschreiben und Abschreibenlassen buddhistischer und damit als religiös eingestufter Werke galt als fromme und für spätere Wiedergeburten verdienstvolle Handlung und förderte so die Verbreitung der Werke in der sich meist nur aus

[39] Heissig (1981), 963–968.
[40] Heissig (1975).
[41] Heissig (1961a), 31–34.
[42] Damdinsüren (1979).
[43] Poppe (1964).

Angehörigen des Adels und der lamaistischen Geistlichkeit bildenden Leserschicht.

Die Eingliederung der mongolischen Gebiete in das Verwaltungssystem des neugebildeten Mandju-Reiches seit der ersten Hälfte des 17. Jh. brachte für die Mongolen mit wachsenden Verwaltungsaufgaben auch die Herausbildung einer größeren Beamtenschicht, die des Schreibens und Lesens kundig war und sich selbst nun neben den Insassen der lamaistischen Klöster und einem Teil des Adels der Literatur zuwandte.

Gefördert durch das Mäzenatentum mongolischer Fürsten, begann in der zweiten Hälfte des 17. Jh. erneut eine intensive Übersetzungs- und Publikationstätigkeit zugunsten buddhistischer Übersetzungsliteratur. Die meisten dieser im Blockdruck hergestellten Werke wurden in verschiedenen Pekinger Lamaklöstern und bei dortigen Verlegern in Platten geschnitten und gedruckt. Auch in weiteren 22 Klöstern der Inneren, Äußeren und Burjat-Mongolei wurden ebenfalls bis in das 20. Jh. mongolische Blockdrucke hergestellt.[44] In Peking selbst entstanden in der Zeit zwischen 1650 bis 1911 über 230 solcher Blockdruckausgaben, die neben Gebetssammlungen, ritualistischen Texten, Sutren, Dharanis auch Heiligenbiographien und erzählende Werke indo-tibetischer Herkunft umfaßten. Auf Veranlassung des Mandjukaisers Kanghsi wurde 1718–20 der mongolische Kandjur, Übersetzung der Ligdan-Khan-Zeit (1628–29), revidiert und in 108 Bänden gedruckt, die an die bedeutendsten Klöster verteilt wurden. 20 Jahre später erfolgte auf Veranlassung des Mandjukaisers Kienlung von 1741–1749 die Übersetzung des Tandjur, des Kommentarwerkes zum Kandjur, durch ein aus Gelehrten aus der ganzen Mongolei zusammengerufenes Übersetzerkomitee. Diese Ausgabe umfaßt 226 Bände.[45]

Durch diese Drucktätigkeit wurde eine große Zahl von Erzählmotiven indo-tibetischer Herkunft aus der Sanskrit- und tibetischen geistlichen Dichtung einem breiteren Kreis der mongolischen Bevölkerung zugänglich, sie drangen in die mündliche

[44] Šügdėr (1976), 40–41.
[45] Heissig (1954).

Volksdichtung ein, wo sie oft zu kaum mehr erkennbaren Formen umgebildet wurden.

Die Bedeutung dieser Xylographen für die Übertragung von Sujets und Motiven kann nicht hoch genug eingeschätzt werden. Noch in den 30er Jahren hat der Epensänger Paǐai (1902–1960), dessen Version[46] des ›Geser-Khan-Epos‹ berühmt wurde, seinen Stoff durch die Lektüre des 1716 in Peking entstandenen Geser-Khan-Blockdrucks kennengelernt, was ihm erst möglich war, nachdem er erst als 33jähriger Lesen gelernt hatte.[47]

Didaktische Spruchsammlungen bereicherten den Motivschatz der Literatur ebenso wie die durch indische Pandita im frühen 18. Jh. in der nördlichen Mongolei erzählten Geschichten vom Gasna Khan und vom König Vikramaditya (Arǰiborǰi),[48] die in zahlreichen Versionen weitererzählt wurden. Ebenfalls auf indischen Vorbildern (Vetalapañcavimçati) beruhend, entstand der mongolische Erzählzyklus vom Zaubertoten (Siditü kegür-un üliger),[49] der sich zu einem wahren Volksbuch entwickelte und die mongolischen Märchen beeinflußte.[50] Zwei ebenfalls aus indo-tibetischen Originalen abgeleitete Erzählungen gaben den Stoff für die ersten mongolischen Theateraufführungen. Die im Kandjur enthaltene Legende von Manibadra entwickelte sich zu der mongolischen ›Geschichte der Fee Manuhari‹ (Manuhari okin tenggeriǰn tūzi),[51] die wiederum nach dem Vermerk einer alten Handschrift des 18. Jh. bei den Kalmücken als Theaterstück aufgeführt wurde. Die 1770 nach einem tibetischen Original in das Mongolische übersetzte ›Geschichte vom Mondkuckuck‹ fand ihre Dramatisierung und Aufführung 1832 durch den berühmten mongolischen Lyriker Danǰinrabǰai (1803–1856).[52] Als fiktive Weiterentwicklung der Tiersprache entstand im 19. Jh. eine üge-Worte genannte Form der kriti-

[46] Heissig (1979b), 202–373.
[47] Heissig (1972), II, 841.
[48] Bawden (1960).
[49] Vladimircov (1958).
[50] Damdinsüren (1977), 262–522.
[51] Heissig (1961a), 94–95.
[52] Damdinsüren (1962), 1–28; Heissig (1978).

schen Lehrdichtung, in der zeitkritische und satirische Aussagen meist zoomorphen Wesen im Gespräch mit ihresgleichen oder mit Menschen in den Mund gelegt wurden.[53] Ihre typischen Vertreter sind Quliči Sandaγ (1825–1860), Isisambuu (1847–1907), Gendün (1820–1882) und Dorǰi meyiren (1878–1943).[54]

Einen besonderen Platz nahmen seit dem 17. Jh. in zunehmendem Maße Höllenfahrtserzählungen ein, in denen die Wanderungen einer zu früh aus dem Leben abgerufenen Seele durch die verschiedenen Höllen geschildert werden und ihre Teilnahme an den Höllengerichten, von denen sie – in ihr irdisches Leben zurückgeschickt – den Menschen auf Erden berichten muß.[55] Das 19. Jh. brachte eine größere Zahl von mongolischen Dichtern hervor, etwa Kesigbatu (1848–1916) aus dem Ordosgebiet[56] oder sein Zeitgenosse, der Beamte Gamala (1871–1932),[57] oder aber der Lyriker S. Noyan Khutukhtu Danǰinrabǰai (1803–1856)[58] und Isidangǰinwangǰil (1854–1907)[59], der Verfasser harter zeitgenössischer Kritik an Adel und Mönchen, beide dem Klerikerstand angehörend.

Die durch Landverkauf, Einwanderung von Tausenden chinesischer Landarbeiter und Bauern sich im 19. Jh. immer mehr verschlechternde wirtschaftliche Situation vor allem der östlichen und südlichen Mongolenstämme, die politische Unruhe und Unsicherheit vor und nach dem Zusammenbruch des chinesischen Kaisertums, die danach einsetzenden Machenschaften der Warlords, dies alles brachte Räuberunwesen, gegen die Fürsten und den chinesischen Großgrundbesitz gerichtete örtliche Aufstände und Unruhe bei den vielen um Land und Vieh gebrachten verarmten Mongolen hervor. Balladen entstanden in großer Zahl, die die Räuber und Aufständischen zu ihren Helden machten oder die Leiden der Bevölkerung und besonders die Tren-

[53] Heissig (1972) I, 201 f.
[54] Heissig (1972) II, 615–638.
[55] Heissig (1972) I, 87–132; Sazykin (1980).
[56] Heissig (1972) II, 511–614.
[57] Heissig (1972) II, 817–834.
[58] Heissig (1972) I, 185–240.
[59] Heissig (1972) II, 575–590.

nung von Liebenden durch die Soldateska der Kriegsherren, die Trauer der verlassenen Mädchen, aber auch die Unsitten der liebestollen Mönche zum Thema hatten.[60] Als Wechsellieder mit verschiedenen Rollen gesungen, wurden sie die Vorläufer der modernen mongolischen Oper.[61] Mit der immer engeren Verbundenheit der mongolischen Fürsten mit der stark von der chinesischen Kultur angezogenen Mandjuoberschicht stiegen in der mongolischen Oberschicht das Interesse und die Vorliebe für chinesische Romane, die in Übersetzungen bekannt wurden, die die mongolischen Fürsten und hohe Kleriker für ihren Gebrauch anfertigen ließen. In der zweiten Hälfte des 19. Jh. entstanden durch Inǰanasi (1837–1892) nach dem Vorbild berühmter chinesischer Romane wie des Hung lou meng die ersten mongolischen Romane[62], von denen Nigen dabqur asar (Ein Stockwerk hoch) und seine Fortsetzung Ulaγan-a ukilaqu tingkim[63] zwei Gesellschaftsromane sind, die im Milieu der seßhaften mongolischen Gentry des 19. Jh. spielen, während die ›Blaue Chronik‹ (Köke sudur) der erste historische Roman der Mongolen ist[64].

Aber auch wandernde Erzähler trugen die Motive der chinesischen historischen Romane und der Ritterromane zu den Mongolen, wo die Rhapsodendichtung unter dem Einfluß dieser Stoffe ihre Inhalte änderte und eine neue Form von Spielmannsdichtung (Bensny üliger) schuf, die die chinesischen Ritterromane in die Gestalt der mongolischen Heldendichtung umbildete. Noch in den 40er Jahren unseres Jahrhunderts waren solche „Hefterzählungen“ das Repertoire der noch in fürstlichen Hofhaltungen der östlichen Mongolei agierenden Sänger und Erzähler.[65] Teile dieser historisierenden, meist im Milieu der frühen chinesischen Dynastien Han, T'ang, Sung und Yüan spielenden Erzählungen sind als die ›Fünf Geschichten‹ (Tabun ǰuwan) um die Jahrhundertwende von anonymen mongolischen Autoren

[60] Heissig (1972) II, 639–722.
[61] Bawden (1963).
[62] Heissig (1972) II, 265–346.
[63] Bawden (1979); Clunas (1981).
[64] Hangin (1973).
[65] Heissig (1972) II, 835–895; Riftin (1982).

aufgeschrieben worden[66] und sind erst jüngst im Druck veröffentlicht worden.

Alle diese Komponenten wirken auf die Entwicklung der mongolischen Literatur auf ihrem Weg von der anonymen Dichtung zur individuellen Aussage der modernen Literatur hin ein, die in den ersten Jahrzehnten des 20. Jh. begonnen hat.

[66] Heissig (1972) II, 793–816.

3. Religion

DIE RELIGION DER MONGOLEN

Von Rudolf Kaschewsky

Vorbemerkungen

Die Geschichte der Mongolen wurde nicht nur von politischen und sozialen Faktoren geprägt, sondern auch in hohem Maße von ihrer Religion her bestimmt, und zwar in zweifacher Hinsicht. Zunächst ist an Macht und Einfluß der lamaistischen Kirche zu denken, an ihre politische Rolle (Lamas als Staatsführer, Klöster als Wirtschaftsmächte), aber auch an ihr kulturschaffendes Wirken (Literatursprache, Klosterbau). Sodann muß auf die Volksreligiosität verwiesen werden, die in ihrer lokalen Bindung an Stämme, Klane, Familien, ja sogar an einzelne Felsen, Seen, Jagdgebiete die Eigenständigkeit der einzelnen Stämme begünstigt hat.

Von daher ergibt sich auch die Einteilung des folgenden Überblicks: Es werden zunächst die Grundlagen und die Organisation des Lamaismus behandelt; es folgt dann die Darstellung der Volksreligion und des Schamanismus. (Den Abschluß bilden kurze Abschnitte über die Anfänge des Christentums und über den Islam bei den Mongolen sowie einige Bemerkungen zur Gegenwartslage.)

Lamaismus und Volksreligion sind jedoch keine leicht voneinander zu trennenden Bereiche, sondern durchdringen sich gegenseitig, wie noch zu zeigen sein wird.

Da unserer Darstellung nicht – wie bei Heissig, Die Religionen der Mongolei – ein Abschnitt über den tibetischen Buddhismus vorausgeht, ist im folgenden der Lamaismus als Ganzes, aber eben in seinem „mongolischen Gewande“, zu behandeln, während wir jedoch die indischen Wurzeln des Buddhismus nur in Ausnahmefällen anführen können, wie wir andererseits auch nicht näher auf die tungusischen und türkischen Parallelen zum mongolischen Schamanismus eingehen können.

Die Anmerkungen können und sollen keine Bibliographie zu unserem Thema enthalten, sie sollen vielmehr einem größeren Leserkreis weiterführende Literatur in deutscher Sprache vorstellen.

Die geschichtliche Entwicklung des mongolischen Lamaismus

Unsere Quellen zur Geschichte des mongolischen Buddhismus sind in erster Linie die von den gelehrten Lamas verfaßten Chroniken und Viten sowohl in tibetischer als auch in mongolischer Sprache. Unter den ersteren ragt die ›Lampe, die das Juwel der siegreichen Lehre leuchten läßt‹, eine im Jahre 1819 fertiggestellte Chronik, hervor, die lückenlos über Einführung und Entwicklung des Buddhismus in der Mongolei berichtet[1], unter den mongolischsprachigen seien nur die beiden auch in deutscher Übersetzung vorliegenden Werke *Erdeni-yin tobči* (›Juwelenknopf‹, 1662)[2] und das *Čaγan teüke* (›Weiße Geschichte‹, 1272–1280)[3] genannt; wenngleich beide nicht eigentlich „Chroniken" sind, geben sie einen guten Einblick in dieses Genre mongolischer Literatur[4].

Der Buddhismus (in seiner tibetischen Form als Lamaismus), der in der Mongolei schließlich die Staatskirche darstellte, erreichte erst spät, über anderthalb Jahrtausende nach dem Wirken des historischen Buddha (560–480 v. Chr.), die Mongolen. Als um die Mitte des 13. Jh. die (schon von Tschinggis Khan 1207 selbst geplanten) Einfälle der Mongolen in Tibet eine rasche Reaktion von tibetischer Seite erforderlich machten, war es der Abt des zu der Zeit mächtigen Sa-skya-pa-Klosters, Kun-dga' rgyal-mchan (Sa-skya Paṇḍita), der 1247 in einem Vergleich

[1] Huth (1892–96), Teil 2.
[2] Schmidt (1829).
[3] Sagaster (1976).
[4] Im übrigen sei verwiesen auf Heissig (1959).

mit Tschinggis Khans Enkel Godan die Oberherrschaft der Mongolen über Tibet anerkannte, – und damit waren die Kontakte geknüpft. Denn mit der politischen Einflußnahme der Mongolei in Tibet ging umgekehrt eine kulturell-religiöse Einflußnahme seitens Tibets und des Lamaismus auf die Mongolei Hand in Hand.

Die mongolischen Großkhane, die ja als Yüan-Dynastie auch ganz China beherrschten, holten nun immer mehr tibetische Lamas als Berater an ihren Hof[5], und zwar nicht nur Sa-skya-pas und Karma-pas[6], sondern auch Angehörige der (alten) rÑiṅ-ma-pa-Schule[7]. Insbesondere die Freundschaft des Khans Khubilai mit dem Neffen und Nachfolger des Sa-skya Paṇḍita, dem 'Phags-pa-Lama, legte schon den Grundstein für die „staatskirchliche" Entwicklung: „Sie schufen den Begriff der Beiden Ordnungen *(qoyar yosun)* und entwickelten aus ihm nicht nur eine Theorie des harmonischen Verhältnisses zwischen organisierter Religion und Staat, sondern zugleich auch eine Lehre vom harmonischen Verhältnis zwischen den Bereichen der geistlichen und weltlichen Dinge überhaupt."[8]

Es scheint also, daß das Verhältnis von Staat und Kirche bereits systematisiert und festgelegt war, lange bevor der Buddhismus als Religion bei den Mongolen Fuß fassen konnte; lediglich die Umgebung des Kaiserhofes von Karakorum sowie städtische Anwesen waren zunächst von der neuen Religion geprägt[9]. Nur hier kam es zu Klostergründungen, und es wurden erste Übersetzungen der kanonischen Schriften aus dem Tibetischen erarbeitet, so daß zu Beginn des 14. Jh. schon einige wichtige Texte (darunter der berühmte Bodhicāryāvatāra) in mongolischer Sprache vorlagen[10]. Das religiöse Leben der Bevölkerung wurde dadurch aber nicht nachhaltig beeinflußt, wenn man von

[5] Heissig (1970), 325f.; Petech (1966), 329f.

[6] Vgl. die bei Kaschewsky (1971), 8 angegebene Literatur.

[7] Tsering (1978).

[8] Sagaster (1976), 31. Dort (bis S. 49) auch eine umfassende Interpretation der *qoyar yosun*.

[9] Moses (1977), 82.

[10] Heissig (1964), 269f.

der Übernahme nur halb verstandener tantrischer Praktiken in die Volksreligion[11] absieht.

So nimmt es nicht wunder, daß mit dem Ende der Yüan-Dynastie (1368) und dem damit verbundenen Zerfall der ethnischen Einheit der Mongolen auch der Buddhismus kaum Überlebenschancen hatte. Lediglich bei den Westmongolen, unter Togan und insbesondere unter Esen, blieb der Buddhismus eine Art Garant der politischen Herrschaft. Freilich war hier nicht mehr die Sa-skya-pa-Schule maßgebend, sondern die der Karma-pas; vielleicht geschah dies auch nur, um sich der Gunst der frühen Ming-Kaiser (Hung-wu, Yung-lo) zu vergewissern, die dem tibetischen Buddhismus positiv gegenüberstanden[12].

Erst Mitte des 16. Jh. erfahren wir wieder mehr über den mongolischen Buddhismus, und man nennt diese Periode die „Zweite Bekehrung" der Mongolen. Diese ist aufs engste mit dem Wirken des Tümed-Fürsten Altan Khan (geb. 1506) verknüpft, der den tibetischen Kirchenfürsten bSod-nams rgyamcho (1543–88) in die Mongolei einlud und ihm (1578) den Titel „Dalai Lama" verlieh; im nachhinein wurde dieser Titel auch seinen beiden Vorgängern auf dem obersten Throne Tibets verliehen. Damit aber hatte eine „neue Kraft" des tibetischen Buddhismus in der Mongolei Einzug halten können: die dGelugs-pa-Schule („Gelbmützensekte"), gegründet 1409 durch Tsongkhapa[13], der den auf Ordenszucht und Philosophie beruhenden Zweig des Buddhismus und seinen tantrisch-rituellen Zweig harmonisch zu vereinigen gesucht und so eine neue Schule (oder gar „Kirche") geschaffen hatte, die von dem berühmten Kloster dGa'-ldan ihren Ausgang nahm. Es ist offensichtlich, daß das nunmehr geschlossene „Konkordat" zwischen Altan Khan und dem 3. Dalai Lama die glorreichen Zeiten eines Khubilai Khan und 'Phags-pa Lama zurückrufen sollte[14]. Als der

[11] Heissig (1970), 326.

[12] Moses (1977), 84f.

[13] Über seine Lebensgeschichte (nach mong. Quellen) s. Kaschewsky (1971).

[14] Über die mannigfachen Parallelen beider Ereignisse und die politisch-ideologischen Hintergründe s. Sagaster (1976), 41ff.

Dalai Lama 1588 in der Mongolei starb, sorgte man dafür, daß seine Wiederverkörperung innerhalb der Familie des Altan Khan erfolgte – „es war ein politisches Meisterstück“[15].

Diesmal war der Einfluß des Buddhismus ungleich stärker und nachhaltiger als bei der ersten Missionierung. Konsequent wurden Recht und Verwaltung nach buddhistischen Prinzipien ausgerichtet und Praktiken, die nichtbuddhistischen Kulten angehörten, kurzerhand verboten. Dies war auch die Zeit der ersten eigentlichen Klosterniederlassungen (in und bei Köke qota) und systematischer Übersetzungstätigkeit an den buddhistischen Texten (z.B. *Suvarṇaprabhāsasūtra*, ›Goldglanzsūtra‹, übers. 1578)[16]. In diese Zeit fällt auch das Wirken des „Apostels des Lamaismus“, Neyiči Toyin (1557–1653), der die schamanistische Volksreligion dem Buddhismus dienstbar machen wollte[17]. Und ebenso suchte der Norden Anschluß an die neue Lehre: 1586 ließ Abadai Khan, Fürst der Khalkha, das Kloster Erdeni ǰuu bauen.

Geistiges Zentrum des Lamaismus aber war und blieb Köke qota. Hier wurden besonders die großen Übersetzungen erstellt, nicht nur von kanonischen, also letztlich indischen Texten, sondern auch von Perlen der eigenständigen tibetischen Literatur. Und es ist wohl nicht zuletzt dieser regen religionsliterarischen Arbeit zu danken, daß nun sowohl die Südmongolei als auch der Norden und Westen ganz zum Buddhismus übergegangen waren. Aus der gleichen Epoche stammen wohl auch die buddhistischen Handschriftenfragmente von Olon süme (1594), die zeigen, daß nicht nur Gebete und Rituale zur Besänftigung der Dämonen, sondern auch Werke der Literaturgattung „Vollkommenheit der Erkenntnis“ bereits zum Korpus der bei den Mongolen bekannten Texte gehörten[18].

Wenngleich handfeste politische Tendenzen das neuerliche Aufkommen des Buddhismus gefördert haben und die Mission

[15] So Petech (1966), 334.
[16] Heissig (1970), 328.
[17] Heissig (1953–54).
[18] Heissig (1966a).

zunächst ausschließlich von den Fürstenhäusern ausging, so ist es dennoch abwegig, hier eine bewußte Aktion von außen, im Sinne einer Beschwichtigung und Schwächung der kriegslüsternen Mongolen, zu sehen. Vieleicht ist der Buddhismus in ein religiös-kulturelles Vakuum vorgestoßen[19] und hat von daher den großen Erfolg gehabt.

Die Festigung der lamaistischen „Kirche" in der Mongolei hängt auch mit dem neuerlichen Gedanken einer „panmongolischen Einigung" zusammen, den der Tsakhar-Fürst Ligdan Khan (1604–34) zu verwirklichen suchte. Auf sein Geheiß wurde 1628/29 der tibetische Kanon (Kandschur) ins Mongolische übersetzt, „eine der größten geistigen Leistungen des Mongolentums"[20]. Zwar waren nicht nur unter Altan Khan, sondern auch schon vorher buddhistische Texte übersetzt worden (die sprachlich dem „vorklassischen Mongolisch" angehören), doch kam es erst jetzt zu einer systematischen und vollständigen Kandschur-Übertragung – eine Sammlung von über 1000 Einzeltexten in über hundert Bänden! Es arbeiteten sowohl Tibeter als auch Mongolen daran; ihre schwierigste Aufgabe bestand wohl darin, für die vielen tibetischen (philosophischen u. a.) Termini – die ihrerseits wieder auf Sanskritwörter zurückgehen – mongolische Äquivalente zu finden, indem sie teils neue Wörter schufen (etwa durch phonetische Umschreibung der Originaltermini oder durch Zusammensetzungen), teils bestehenden Ausdrücken neue Bedeutungen zulegten.

So wurde die Residenz des Ligdan Khan, der „Weiße Stupa" *(čaγan suburγan)* im Baγarin-Gebiet, kulturell-religiöses Zentrum; doch auch andere mongolische Fürsten suchten durch Veranlassung (Finanzierung) von Übersetzungen und dergleichen ihren Ruf als „Spendeherr" *(öglige-yin eǰen)* zu stärken. Dieses Verwobensein von Staat und Kirche, grundgelegt – wie wir sahen- schon in der Yüan-Zeit, ist mit Recht eine „Semi-Theokratie" genannt worden[21].

[19] Moses (1977), 110ff. (in Auseinandersetzung mit auch mongolisch-marxistischen Theorien).

[20] Heissig (1970), 331 und Heissig (1962b).

[21] Bawden (1968), 37.

Eben dies kann auch von der Nordmongolei gesagt werden: Der aufsehenerregende Schritt eines der Khane der Khalkha, seinen (1635 geborenen) Sohn zum geistlichen Oberhaupt der Mongolei zu erklären, fand Unterstützung bei allen sieben Bannern und Bestätigung beim Dalai Lama von Tibet, der ihn zum „heiligen ehrwürdigen Herrn“ (tib. *rJe-bcun dam-pa*) ernannte: Dies war der erste „Lebende Buddha von Urga“ (Abb. 2). Spätestens hier waren die Weichen gestellt für die weitere religiöse Entwicklung der Mongolei: Sowohl in der Inneren wie auch in der Äußeren Mongolei sollte der tibetische Buddhismus Staatsreligion werden. Der *rJe-bcun dam-pa* wurde bald als Heiliger verehrt, und wunderbare Begebenheiten aus seinem Leben wurden verbreitet. Später wurde auch eine Sukzessionslinie seiner früheren Verkörperungen aufgestellt: sie nimmt ihren Anfang mit einem Schüler des Buddha Śākyamuni, und unmittelbarer „Vorgänger“ war der große tibetische Lama und Historiker Tārānātha (geb. 1575)[22].

Als die Mandschus in China an die Macht kamen (1644) und auch die Mongolei als ihr Herrschaftsgebiet ansahen, bedeutete dies für die „Gelbe Kirche“ keine Beeinträchtigung; denn die Ch'ing-Kaiser erwiesen sich als große Mäzene der Religion. So hat Kaiser K'ang-hsi (1662–1722) die große Klosteranlage von Dolonor (1700–06) sowie eine Vielzahl von Klöstern bis weit in das westmongolische Alashan-Gebiet bauen lassen und (1718–20) eine neue Prachtausgabe des mongolischen Kandschur drucken lassen. Insgesamt sind mehr als 230 mongolische Übersetzungen tibetischer buddhistischer Werke aus der Mandschu-Zeit bekannt[23]. So hat sich auch Kaiser Ch'ien-lung, der Enkel K'ang-hsis, als Mäzen erwiesen: 1742–49 wurde unter ihm der Tandschur (Kommentarsammlung, die zweite Abteilung des lamaistischen Kanons) von 225 Bänden übersetzt – erst jetzt also lag der Kanon komplett in mongolischer Sprache vor! Des weiteren verdienen die vielen Klostergründungen dieses Kaisers Erwähnung; in die neuen Klöster berief er mit Vorliebe

22 Bawden (1968), 53–57, 68–80.
23 Heissig (1970), 334 und Heissig (1954).

auch dann mongolische Lamas, wenn es sich um Klöster handelte, die im chinesischen Kernland lagen[24]. Auch die späteren Ch'ing-Herrscher begünstigten den Lamaismus in hohem Maße, waren jedoch bestrebt, die Leitung der „Gelben Kirche" nicht völlig von Tibet aus erfolgen zu lassen, sondern vielmehr von Hierarchen, die in Peking residierten. (Abb. eines geistlichen Würdenträgers, des Maidari Qutuγtu Boγdo gegen: Abb. 14b.)

Indessen ließ das Erscheinungsbild des Lamaismus, insbesondere im Laufe des 19. Jh., mehr und mehr zu wünschen übrig: Die *rǰe-bcun dam-pas* waren durchwegs keine „Heiligen", sondern sowohl ihr Lebenswandel als auch ihre Amtsauffassung waren kaum mehr von den Prinzipien des Buddhismus geleitet. Und auch in den Klöstern war ein deutlicher Niedergang in Bildung und Moral festzustellen; es sind uns resignierende Klagelieder von Lamas erhalten, die mit bitteren Worten die Zustände innerhalb ihrer „Kirche" geißelten. Diese Entwicklung wurde noch schlimmer, als mit dem Fall der Mandschus dem *rǰe-bcun dam-pa* auch noch die weltliche Macht zufiel, die klassischen „Beiden Ordnungen" also in einer Hand vereinigt waren[25].

Das Lehrgebäude des Lamaismus

Sowohl der älteste buddhistische Kanon (das Tipitaka in der Pāli-Sprache) als auch die großen tibetischen und mongolischen Sammlungen kennen eine Abteilung „Vinaya" (mong. *binai* oder – nach dem Tibetischen – *dulv-a*), d. h. „Ordnungszucht" bzw. „Mönchsdisziplin", und in der klassischen Dreiteilung des lamaistischen Lehrsystems ist dies der erste Teil, ebenso in der Klosterausbildung. Durch zuchtvolles Leben und Einüben in die äußeren Rechtsvorschriften soll der „Hörer" *(sibaraγ)* der Lehre die rechte Disposition erlangen, um auf den Weg zum (vorläufigen) Nirvāṇa des „Zur-Ruhe-Kommens" *(amurlin aqui)* zu

[24] Schulemann (1958), 315ff.: Kaiser K'ien-lung und der Lamaismus.

[25] Bawden (1968), 157–173.

gelangen. Hier ist zunächst genau geregelt, wie die Gewänder, die sonstigen Utensilien, die Klosterzelle, die Nahrung des Mönchs beschaffen sein müssen. Hauptlehrinhalt sind in diesem Zusammenhang die Sünden und ihre Vermeidung. Die Sünden als Vergehen sind geordnet nach den (acht) „Ständen" der Mönche und Nonnen, deren Gelübde *(sanvar)* es zu bewahren gilt, doch gibt es auch „Grundverfehlungen", die allen streng verboten sind: Aufgeben des Brahmawandels (Unkeuschheit), Nehmen von Nicht-Gegebenem, Töten, Lügen. Die Reinerhaltung der Lehre und das Vermeiden von Spaltungen gehören ebenfalls zu den wichtigsten Geboten. Schließlich wird hier auch gelehrt, auf welche Weise etwaige Vergehen wiedergutgemacht werden können.

Da der Eintritt in den Mönchsorden in der „Zufluchtnahme" zum Buddha, zur Gemeinde und zur Lehre besteht, erörtert der Vinaya auch, welche Hindernisse dem entgegenstehen könnten, sowie welche Voraussetzungen der Novize, der die zugehörige Gelübdeweihe empfangen soll, sowie der Spender der Weihe erfüllen muß usw.

Dieser Lehrbereich wird als zum Hīnayāna *(baγ-a kölgen-)* Buddhismus gehörig charakterisiert[26] oder als nur zum individuellen Nirvāṇa *(öber-iyen nirvan)* führend hingestellt; dies zeigt jedoch nur, daß der Lamaismus nicht die Abschaffung der früheren Stufen des Buddhismus propagiert, sondern sie als legitime, ja notwendige Abteilungen seines eigenen Systems betrachtet[27].

Über diesen grundlegenden Bereich der „Ordenszucht" erhebt sich der Lehrbereich der „Sūtras" *(sudur)*, hier nicht mehr nur im Sinne der direkten Lehrreden des Buddha, sondern mit diesem Begriff wird die Gesamtheit der philosophisch-metaphysischen (nichttantrischen) Lehren umschrieben, wie sie sich außer in den eigentlichen Sūtras auch in den Śāstras, den kommentierenden oder selbständigen Traktaten, finden; es ist somit der Lehrinhalt des Mahāyāna-*(yeke kölgen-)*Buddhismus. Basis die-

[26] Dalai Lama (1962), 337; Dalai Lama (1968), 105–112.
[27] Tucci (1970), 127ff.

ser Lehren wurden für den gesamten Lamaismus die Werke des Nāgārjuna, das sog. Mādhyamika-System *(dumdadu uqaγan)*, in dem mit den Mitteln der Logik der Beweis erarbeitet wurde, daß die gesamte Erscheinungswelt unwirklich, ja letztlich nur Leerheit *(qoγusun)* sei, insbesondere dadurch, daß auf die Abhängigkeit, Bedingheit allen Werdens und somit allen Seins hingewiesen wurde: Da alles (scheinbare) Sein nur aufgrund eines Kreislaufes von (zwölf) einander jeweils bewirkenden Ursachen zustande kommt, hat nichts wirklich Bestand. Dieser „zwölfgliedrige Kausalnexus" *(sitün baridulγ-a)* wird vielfach am Außenrand von ikonographischen Darstellungen des leidvollen Daseinskreislaufes abgebildet, und zwar in Form von Stationen des menschlichen Lebens (Tod, Geburt, Alter usw.). Die ontologische Unwirklichkeit der Erscheinungswelt führt aber zur Annahme einer „doppelten Wahrheit", der vorläufigen, vordergründigen Alltagswahrheit *(inaγungi)* und der vollkommenen eigentlichen Wahrheit *(ünemleküi-yin ünen)* [28]. Da beide in ihrer jeweiligen Ebene „richtig" sind, wird eine Parteinahme für eine einseitige Aussage vermieden: dies ist die Bedeutung des „Mittleren Weges", der nicht in das eine oder andere Extrem fällt. Hinsichtlich der Methode des logischen Vorgehens gab es zwei Richtungen, die eine, deren Aussage meist in Widerlegungen der gegnerischen (realistischen) Behauptungen bestand *(ketüregülügči)*, und die andere, die eine positive eigene Lehrmeinung vertrat *(öber-ün ündüsütü)*. Im Gefolge des großen tibetischen Reformators Ts̄ongkhapa (1357–1419) hingen die dGelugs-pa-Mönche der Mongolei der ersteren Richtung an – es ist die konsequentere Richtung, die bei dem Nāgārjunaschüler Buddhapālita begann und im Lamaismus in der Lam-rim-Tradition weiterlebt. Näherhin ist es die „höhere Schau" *(ülemǰi üǰeküi)*, die alle Gegebenheiten so erkennt, wie sie wirklich sind – also als leer; und damit wesenhaft verknüpft ist die daraus folgende „Ruhe und Abgeklärtheit" *(amurlin aqui)*: Dies sind die beiden Zentralbe-

[28] Zur philosophischen Grundlage des Mahāyāna vgl. Frauwallner (1956), 142 ff., bes. 170–177. – Die mongolischen Termini sind aus den mongolischen Übersetzungen der einschlägigen Texte erschlossen.

griffe, die auch Hauptthema von Tsongkhapas Buch ›Lam-rim čhen-mo‹ *(yeke bodhi mör-ün ǰerge)* [29] sind und die Grundstruktur lamaistischer Weltanschauung enthalten, in der allein das Ideal des Bodhisattva zu verwirklichen ist.

Und so ist neben der Einsicht in die Leerheit das zweite Charakteristikum des Mahāyāna die Bodhisattvagestalt *(bodisadu-a)*: der Vollkommene, der aus liebendem Mitleid zu den Lebewesen seine eigene Erlösung hintanstellt und sich wieder in den leidvollen Daseinskreislauf *(sansar)* hineinbegibt; im Zusammenhang damit sind es die Sechs Grundtugenden, die sog. „Vollkommenheiten" *(baramid)*, die ein Bodhisattva verwirklicht: 1. Hingeben (vom Almosengeben bis zur Selbsthingabe), 2. Zucht, 3. Geduld, 4. Durchhaltekraft, 5. Meditation und 6. Weisheit *(bilig)*.

Diese „Vollkommenheit der Weisheit" hat einem ganzen System den Namen gegeben, das innerhalb des Lamaismus nicht nur Teilbereich des Mahāyāna, sondern auch Überleitung zum Tantrismus ist. Wenn auch Gegenstand dieser „höchsten Weisheit" nur die Leerheit sein kann, so wird diese aber dadurch (scheinbar paradox) zum einzig Seienden, zur „Grundlage aller Gegebenheiten" *(nom-un aγar, nom-un činar, tegünčilen činar)*, und es werden ihr Epitheta zugelegt, die dem Begriff eines unausdenkbaren Absoluten nahekommen, demgegenüber alles andere nur Trug und Täuschung *(ridi qubilγan)* ist. Was aber nur Trug und nichtig ist, kann nicht Objekt des Begehrens und des „Anhangens" sein – und hier schließt sich der Kreis, der bei der Predigt des Buddha über den „Durst", die Gier nach Besitz, als die Wurzel allen Leidens begann.

So haben sich zwei Begriffe herausgeschält, die für die ganze Entwicklung des Lamaismus von größter Bedeutung sind: der eine, mehr ontologischer Natur, ist das Wissen (oder die Weisheit), der andere, der der Erlösungslehre angehört, ist das tätige liebende Mitleid des Bodhisattva. In einer vordergründigen Logik müßten diese beiden Idealbegriffe sich eigentlich gegenseitig

[29] Diese Partien des (auch ins Mongolische übersetzten) wichtigen Lehrtraktates sind von Wayman (1978) übersetzt worden.

ausschließen, aber es gibt eine „Formel", in der beide vereint sind, nämlich der sog. „Erleuchtungsgedanke" *(bodhi sedkil)*: Die Erleuchtung, d.h. die höchste Erkenntnis des Bodhisattva ist identisch mit seinem Schwur, nur noch zum Heile aller Lebewesen zu wirken[30].

In gewisser Weise eine Weiterführung der „Vollkommenheit der Weisheit" ist der Tantrismus, in dem die Überwindung der Extreme, der Gegensätze, und auch der beiden genannten Pole des Bodhisattvaseins in mystisch-ritueller Symbolik dargestellt wird. So wird die Einheit des Wissens *(bilig)* und der Methodik des mitleidvollen Tätigseins *(arγ-a)* durch die Vereinigung der männlichen und der weiblichen Gottheit symbolisiert – sowohl auf Thangkas und in Bronzefiguren als auch bei den Klosterritualen, in denen die entsprechenden Texte rezitiert werden. In seinem für die Mongolei maßgebend gewordenen Werk ›Stufenweg des Tantras‹ *(tarni-yin mör-ün ǰerge)* hat Tsongkhapa die „Vollkommenheit der Weisheit" und den eigentlichen Tantrismus als die beiden Säulen des Mahāyāna aufgewiesen, und zwar im Sinne von Ursache und Wirkung oder Vorbereitung und Verwirklichung[31]. Die tantrischen Texte, die nicht nur in großer Zahl ins Mongolische übersetzt wurden, sondern auch direkt in der Mongolei verfaßt wurden, beruhen alle auf der Überzeugung, daß es zwischen Mikro- und Makrokosmos, zwischen Materie und Geist, ja auch zwischen leidvollem Daseinskreislauf und erlösendem Nirvāṇa Entsprechungen, Verbindungslinien, gibt, aufgrund deren es z.B. möglich ist, durch die Vollziehung eines bestimmten Rituals die Gottheit, die darin beschrieben ist, herbeizuzitieren und sich mit ihr zu identifizieren.

Und so wird die gesamte „Wirklichkeit", Materielles und Geistiges, Innerweltliches und Transzendenz, als nahtlos alles durchdringender Organismus angesehen, der näherhin in „Fünf Klassen" *(tabun iǰaγur)* systematisch geordnet ist und in einer (notwendigerweise stark kürzenden) Tabelle folgendermaßen dargestellt werden kann:

[30] Dayal (1975).
[31] Vgl. dazu Wayman (1973), 4ff.

Buddha Sanskrit	Buddha Mongolisch	Symbol	Bereich	Element
Akṣobhya	Ködülesi ügei	Diamant	Töne	Wasser
Ratnasambhava	Erdeni γarqu-yin orun	Juwel	Geruch	Erde
Amitābha	Čaγlasi-ügei gerel-tü	Lotos	Geschmack	Feuer
Amoghasiddhi	Bükü tusa-yi bütügegči	Schwert	Tastsinn	Wind
Vairocana	Masi geigülügči	Rad	Form	Raum

In gleicher Weise werden fünf Farben, fünf psychische Zustände, fünf Aspekte der Weisheit, aber auch im negativen Bereich fünf Gifte, fünf Hauptsünden usw. unterschieden[32]. Aus der Grundanlage des Tantrismus folgt, daß sich über dieser Fünfzahl auch eine Einzelgestalt erhebt, die des sog. Urbuddha *(angqan-u burqan)*, personifiziert in Vajradhara *(Očirdar-a)*, von dem alle anderen Buddhas ihren Ursprung haben. Der Urbuddha wird auch in Vereinigung mit seiner „Gemahlin" dargestellt und verehrt – Symbol der Vereinigung der Gegensätze und der Aufhebung der Dualität (*qoyar ügei*, wörtlich: „nicht zwei"). Die Annahme eines Urbuddha hängt zusammen mit dem Kālacakra-System *(čaγ-un kürdün)*, in welchem die beiden Pole, die „Zeit" (entspricht der Weisheit) und das „Rad" (entspricht der Methodik des mitleidvollen Tätigseins), sind.

Kālacakra ist auch eine der sog. Yidam, der persönlichen Schutzgottheiten, die sich dem Eingeweihten als Inbegriff aller Buddhas und Gottheiten darbieten, so daß er durch sie der Buddhaschaft teilhaftig wird; weitere dieser hohen Yidam-

[32] Über diese Pentaden unterrichten alle Werke, die über tantrischen Buddhismus handeln, z.B. LESSING/WAYMAN (1978), 28–35.

Gottheiten, die besonders in der Mongolei verehrt werden, sind Guhyasamāja *(Niγuča quriyangγui)* und Cakrasaṃvara (mong. meist nicht übersetzt, sondern umschrieben).

Daneben existiert eine große Zahl von weiteren Göttern und Göttinnen verschiedener Ebenen, bis hin zu den „einfachen" Schutzgottheiten, die um ganz vordergründiger Anliegen willen angerufen werden, so daß wir es mit einem ausgeprägten hierarchisch gegliederten Pantheon zu tun haben, welches insbesondere in der Ikonographie beredten Ausdruck gefunden hat.

Dieses Pantheon[33] ist letztlich Ausfluß der dreifachen Stufung des Buddhaprinzips: seine eigentliche Natur ist der „Leib der Lehre selbst" *(nom-un bey-e)*, ewig und unausdrückbar; dieser manifestiert sich in vielfacher göttlicher Gestalt und wird somit (meditativ) erfahrbar, „genießbar" – und dies ist der „Leib des Genießens" *(ǰirγalang-tu bey-e)*; ein weiterer Schritt, vollends in die Erfahrbarkeit durch alle Lebewesen, ist der „Leib des trügerischen Scheines" *(qubilγan-u bey-e)*, die (scheinbare) Verkörperung als Lebewesen. Als solche „Verkörperungen" des Buddha werden die hohen Lamas, die „Khubilgane", angesehen – und hieraus wird die alles übersteigende Stellung des echten Lama verständlich, die auch das ganze politisch-soziale Gefüge der Mongolei durchdrungen hat und ohne Zweifel die Bezeichnung „Lamaismus" für diesen Zweig des Buddhismus verursacht hat.

Doch nicht nur der „Lama" in diesem mehr mystischen Sinne, sondern auch andere Geistliche genießen innerhalb des mongolischen Buddhismus ein hohes Ansehen, insbesondere sind hier der Diyanči-Lama und der Gurtum zu nennen. Ersterer erwarb sich in jahrelanger Einsamkeit durch Fasten, Meditation und rituelle Praktiken übernatürliche Kräfte, die er als Exorzist und Zauberer anwenden konnte. Der Gurtum besaß darüber hinaus die Gabe der Prophezeiung, so daß er, nachdem er sich in Trance versetzt hatte, Ratschläge nicht nur für einzelne bei ihren

[33] Zum Pantheon vgl. die zahlreichen Werke über tibetische Ikonographie, über die Einbindung im tantrischen System bes. BHATTACHARYYA (1980), 109–146.

Lebensproblemen, sondern auch auf politischer Ebene geben konnte[34].

Hinsichtlich des Grades der Vollendung und der jeweils im Vordergrund stehenden Praxis schließlich gliedert sich das gesamte tantrische System in vier große Klassen:

1. Tantra des Werkes *(üile-yin ündüsün)*, in dem die Vorstellung der Gottheiten und Texte im Vordergrund steht;
2. Tantra des Verhaltens *(yabudal-un ündüsün)*, in dem das Wesen der jeweiligen Gottheiten meditiert wird;
3. Tantra des Yoga (mong. meist auch *yoga* genannt);
4. das Allerhöchste Tantra *(deger-e ügei, tengsel ügei)* – dieses ist das höchste Ziel des tantrischen Bemühens, die rituell-mystische Vollendung des Yoga im Aufbau des Maṇḍala, in dem die Bipolarität sowohl von „Weisheit" und „Methodik" als auch von Makro- und Mikrokosmos, sowie die von Erlösung und Weltenkreislauf überwunden wird[35].

Die Literatur

Grundlage des lamaistischen Schrifttums ist der Kanon, näherhin der Kandschur, die „Lehrreden des Buddha", und der Tandschur, die Kommentarwerke der indischen „Kirchenväter". Beide Sammlungen – die geläufigste Zählung nennt über 5000 Einzeltitel – waren vom 7. Jh. an ins Tibetische und vom 13. Jh. an ins Mongolische übersetzt worden. Wir kennen schon die großen Druck-Unternehmungen für den mongolischen Kandschur (1634/35) und Tandschur (1728/29). Ersterer umfaßt in 107 Bänden sechs Abteilungen:

1. Tantras *(dandr-a)*;
2. die „Vollkommenheit der Weisheit", kurz „Mutter", *yum*, genannt;

[34] HEISSIG (1970), 343–345.

[35] Eine eingehende Analyse der Vier Tantra-Klassen findet sich in der auch in der Mongolei maßgebenden Tantra-Darstellung des Tsongkhapa-Schülers mKhas-grub-rǰe, die in LESSING/WAYMAN (1978) übersetzt wurde.

3. die „Juwelenanhäufung" *(erdeni dabqurliγ)* und
4. die sog. „Allgemeine Abteilung" *(olangki)* sowie
5. „Verschiedenes" *(eldeb)* – diese drei enthalten die großen Lehrreden des Mahāyāna;
6. Mönchsregeln *(dulv-a)*.

Der Tandschur umfaßt 225 Bände und ist zweigeteilt: Tantrakommentare und Sūtrakommentare nebst den großen Lehrtraktaten.

Welche aus dieser gewaltigen Menge von Texten sich in der Mongolei besonderer Beliebtheit erfreuten, kann man erkennen, wenn man die separat gedruckten Kanontexte analysiert. In großer Zahl finden sich Einzeldrucke von Texten der ›Vollkommenheit der Weisheit‹, vor allem das ›Herzstück des Gelangens an das jenseitige Ufer‹ – so die wörtliche Übersetzung des Titels *(činadu kiǰaγar-a kürügsen γool irüken)* – und ›Die mit dem diamantenen Donnerkeil zerspaltende Weisheit‹ *(včir-iyar oγtaluγči bilig)*[36]. Auch wurde manchmal die ganze Sammlung *Yum* separat gedruckt. Zu den besonders oft gedruckten Kanontexten gehören ferner das ›Goldglanzsūtra‹ *(altan gerel)*, das sowohl Aussagen über die Leerheit als auch Wunderlegenden und Dhāraṇīs (den Gottheiten geweihte Silben) enthält, sowie die ›Große Erlösung‹ *(yekede tonilγaγči)*, eines der wenigen nicht aus dem Indischen (sondern aus dem Chinesischen ins Tibetische) übersetzten Werke, es führt – wie der Untertitel sagt – über die Reue zur Befreiung von Sündenschuld und somit zur Vollendung in der Buddhaschaft. Sehr verbreitet sind auch die Anrufung der Fünf Schutz- oder Wissensgöttinnen (meist nach dem Sanskrit *pancaraksa* genannt), zum „mütterlichen" Aspekt der Tathāgata-Familie innerhalb des (1.) „Tantra des Werkes" gehörig.

Des weiteren sind hier die Übersetzungen nichtkanonischer originaltibetischer Texte ins Mongolische zu nennen; auch hier ist es von Bedeutung, welche Werke Aufnahme in die mongolische geistliche Literatur gefunden haben. Die Gesammelten Werke des Tsongkhapa sind sogar als Supplementbände zum

[36] Übersetzung bei Conze (1957), Textstücke 138 sowie 130, 135, 142, 148f., 155.

mongolischen Tandschur 1724 gedruckt worden, analog zum tibetischen Pekinger Tandschur, so daß ihnen schon dadurch ein quasikanonisches Ansehen verschafft wurde. Nur die wichtigsten Einzelwerke seien genannt. Der ›Stufenweg zur Erleuchtung‹ *(bodhi mör-ün ǰerge)*, tibetisch fertiggestellt 1402, stellt eine Gesamtschau des Mahāyānaweges dar, unter Berücksichtigung dreier verschiedener Gruppen von Menschen (solcher mit niederer, mittlerer und höherer Reifung). Der ›Stufenweg der Tantras‹ *(dandr-a-yin[bodi] mör-ün ǰerge)* bietet das Standardwerk für den Tantrabereich (tib. 1405 geschrieben) und fußt auf dem Guhyasamājatantra; es ist eine überaus minuziöse Darlegung des tantrischen Systems und war wohl auch dazu bestimmt, den Tantrismus von dem Vorwurf der „Zügellosigkeit“ und des Ungeordnetseins zu befreien. Weitere dem Guhyasamāja-Zyklus gewidmete große Werke sind die ›Leuchte, die die Fünf Stufen überaus hell macht‹ *(tabun ǰerge-yi masi geigülügči ǰula)*, in dem

1. über die Stufe des Mantramurmelns,
2. die Stufe der Geistesreinigung,
3. die Stufe der Selbstsegnung,
4. die Stufe der höheren Erleuchtung und
5. die Stufe der zweiheitlosen Vereinigung gehandelt wird,

und ein großer Kommentar sowie der berühmte ›Juwelensproß‹ *(erdeni-yin uγ)*, der einige schwierige Punkte desselben klären soll. Den Titel ›Klärung des Sinnes aller Geheimnisse‹ *(niγuγsan odq-a bükün-i todudqaγsan)* trägt ein Cakrasaṃvara-Kommentar. Zwei große Texte kommentieren ausführlich die „Mittlere Lehre“, das Madhyamaka-System Nāgārjunas, nämlich der ›Ozean der Weisheit‹ *(uqaγan-u dalai)* und die ›Völlige Erhellung des Denkens‹ *(taγalal-i masida geigülügči)*, während die ›Goldene Kette der guten Botschaft‹ *(sayin nomlal altan erike)* das Standardwerk über die „Vollkommenheit der Weisheit“ geworden ist.

Des weiteren wurden insbesondere Werke der Dalai Lamas und Paṇchen Lamas übersetzt, darunter Opferrituale des Großen 5. Dalai Lama, übersetzt in Peking um 1730, und eine 1765 übersetzte Vita, in der derselbe 5. Dalai Lama das Leben seines Lehrers schildert: ›Wunschedelstein, welcher die Hoffnungen und Wünsche erfüllt‹ *(egerel küsel-i qangγaγči čindamani)*[37]. Vom ersten Paṇchen wurde u. a. sein ›Rosenkranz aus Wunschedelsteinen‹ *(čintamani-yin erike)* über das Wirken des Medizinbuddha übersetzt. Daß daneben eine Fülle von Mantra-Anrufungen und Gebetshymnen für den rituellen Gebrauch übersetzt wurde, versteht sich von selbst; hier sind besonders Lobpreisungen *(maγtaγal)* und Wunschgebete *(irügel)* zu nennen.

Während einerseits Werke tibetischer Autoren ins Mongolische übersetzt wurden, gab es auch mongolische Autoren, die selbst tibetisch schrieben, so der Historiker Sum-pa mkhan-po (1704–88), der die Geschichte des Buddhismus in Indien, Tibet, der Mongolei und China verfaßt hat, und Blo-bzań chul-khrims von Čaqar (1740–1810), dessen zehnbändige Gesammelte Werke die berühmte Tsongkhapa-Vita[38] sowie eine Fülle von Werken aus den verschiedensten Gebieten des Lamaismus umfassen.

Das genuin mongolische buddhistische Schrifttum ist hinsichtlich der Terminologie eine geradlinige Fortsetzung der Übersetzungsliteratur und in gewisser Weise ein Spiegelbild der tibetischen Literatur. Auffällig ist der große Anteil an Ritualtexten, so etwa zur Vergegenwärtigung der Großen Schutzgötter Yamāntaka, Mahākāla, Yama und der Śrīdevī, oder das umfangreiche Handbuch für die Rezitation (wörtl. „Frömmigkeitsausübung", *nom-un yabudal)* im Kloster *Öljei badaraγsan*[39].

Fast ganz aus Ritualtexten bestehen die 1780–83 in Peking gedruckten Gesammelten Werke des Mergen Diyanči Lama in vier Bänden, der um die Mitte des 13. Jh. die Schaffung einer nationalen mongolischen Liturgie anstrebte[40]. Die Gestalt des Lama sowie die Yidam und Schutzgötter sind Gegenstand seiner Verehrungs- und Opfertexte; ferner finden sich hier „Mystische Vergegenwärtigungen" (wörtl. „Methode zur Verwirklung oder

[37] Heissig (1954), Nr. 134.

[38] Kaschewsky (1971).

[39] Diese und die folgenden Angaben nach Heissig (1954).

[40] Heissig (1954), 128ff. u. ö.; dort auch die mong. Titel seiner insgesamt 130 Werke.

Schaffung", *bütügel-ün arγ-a)* der furchterregenden Gottheiten, Segensgebete und Feueropfer sowie spezielle Rituale zur Austreibung alles Bösen (in der sog. *linga*-Figur) und Anweisungen über den Tscham-Tanz.

Auf hagiographisch-historischem Gebiet seien hier vor allem die Viten großer Lamas genannt: die Vita des Missionars der Ostmongolen, Neyiči toyin (1557–1653), gedruckt 1739, die nicht nur für die Kenntnis dieser großen Persönlichkeit wertvoll ist, sondern auch für die Missionsmethodik des Lamaismus insgesamt[41], oder etwa die schon erwähnte große Tsongkhapa-Vita des Mönches von Čaqar, die dieser zuerst mongolisch (1791) geschrieben hatte[42]. Ein großes Werk dieses Genres ist erst Mitte des 19. Jh. entstanden: die Vita des 3. lČaṅ-skya-Qutuγtu (Großlama von Peking, gest. 1846) in zwei Bänden, verfaßt vom Darqan mKhan-po. Dieses „bedeutendste Werk dieses (des 19.) Jahrhunderts"[43] behandelt auch ausführlich die achtzehn früheren Verkörperungen des lČaṅ-skya, angefangen von dem (indischen) Buddhaschüler Cuṇḍa; auch der Tsongkhapa-Schüler Byams-čhen čhos-rǰe, der anstelle Tsongkhapas zum Mingkaiser Yung-lo reiste, gehört zu den „Vorgeburten".

Daneben gibt es eine Fülle von auch eigenständigen mongolischen Lehrtraktaten, deren frühester wohl der Kommentar zum ›Eintritt in den Bodhisattva-Wandel‹ (Bodhicāryāvatāra) von Čhos-kyi 'od-zer (1312) ist, bis hin zu den Kommentaren und „Anleitungen" *(kötölbüri)* zum „Stufenweg der Erleuchtung" des Tsongkhapa.

Klöster und Klosterleben

Rückgrat des mongolischen Lamaismus sind die Klöster (Abb. 4); es gibt große, eine regelrechte Stadtsiedlung bildende Klöster *(küriy-e),* sowie kleinere, nicht ständig bewohnte

41 Inhaltsangabe HEISSIG (1954), 81. Ferner: HEISSIG (1953–54).

42 HEISSIG (1954) sowie HEISSIG (1972), Band I, Kapitel 1.

43 HEISSIG (1954), 166; dort (167f.) eine ausführliche Inhaltsübersicht.

(süm-e) und Einsiedeleien *(keyid)*. Die berühmtesten Klöster waren meist die, die als Wohnstatt eines „wiedergeborenen" Hierarchen *(gegen, qutuγ-tu)* errichtet worden waren, doch gab es auch kaiserliche Klöster sowie solche, die bestimmten Provinzen oder Bezirken gehörten – eine Aufstellung vom Jahre 1936 zählt allein für das Gebiet der Mongolischen Volksrepublik 747 Klöster, darunter Urga (Ulanbator), das Residenzkloster des rǰe-bcun dam-pa, das eine regelrechte Stadt darstellte. Anlaß zum Bau eines Klosters war vielfach die Notwendigkeit, einer oder mehreren als heilig verehrten Figuren eine würdige Wohnstatt zu schaffen, so bei dem 1586 gebauten Kloster Erdeni ǰuu oder dem 50 Jahre später erfolgten Bau des Gelben Tempels von Mukden (der eine Mahākāla-Statue beherbergen sollte).

Wir hatten schon gesehen, wie sehr die chinesischen Kaiser den Druck kanonischer Texte begünstigten – ähnliches gilt für den Bau von Klöstern. Die Kaiser K'ang-hsi, Yung-cheng und auch Ch'ien-lung bauten nicht nur „kaiserliche" Klöster in der Mongolei, sie sorgten auch für den Unterhalt der Lamas, doch mußten sich auch oft die umliegenden Bannerbezirke verpflichten, regelmäßige Abgaben für diesen Unterhalt zu leisten; ein solches „kaiserliches" Kloster war z. B. das „Gelbe Kloster" *(šara süm-e)* in Dolonor. Die „bannereigenen" Klöster, die auch nur Mönche des betreffenden Banners beherbergten, wurden von der Bevölkerung des Banners unterhalten. Die Tempel der kleineren Verwaltungseinheiten, Kreise oder Dörfer *(sumun)*, wurden meist von den dort wohnenden Familien anläßlich einer guten Ernte oder dergleichen erbaut. Vielfach gingen auch privat erbaute Tempel in den Besitz des Kreises oder Dorfes über, wenn etwa die betreffende Familie nicht mehr existierte oder zum Unterhalt nicht mehr in der Lage war.

Naturgemäß beinhalten die großen Klöster nicht nur einen oder mehrere Tempel, darunter meist einen für die lokalen Schutzgeister *(nom-un sakiγulsun)*, sondern auch Versammlungshallen vielfältiger Art, so z. B. auch für den Studienbetrieb und die großen philosophischen Disputationen, ferner für besondere tantrische Riten usw. Die Rituale, die die Errichtung der Klöster begleiten, sind recht einheitlich; bereits die Wahl des

Ortes sowie die Beschaffung von Baumaterial sind mit Zeremonien verbunden (so zur Besänftigung der Baumgeister, aus deren „Wohnsitz“ das Bauholz genommen wird).

Die Anlage ist meist von einer Mauer umgeben, in die Gebetsmühlen eingelassen sind, und in der Mitte des so entstandenen Hofes stehen zwei weithin sichtbare „Opfermasten“ *(takil-un modun),* an denen Weihrauchgefäß und Lampe befestigt werden[44]. Das Tempelgebäude ist entweder im tibetischen Stil (mit Flachdach, einstöckig) oder im chinesischen Stil (mehrstökkig, mit kunstvollem Dach) errichtet. Der Eingang ist gewöhnlich im Süden, die Nordseite bildet die Altarwand, in der sich die Hauptfiguren (*sitügen,* wörtl. „Stützen“, nämlich der Frömmigkeit) befinden. Davor – im rechten Winkel zur Altarwand – sind die Sitze der Mönche streng hierarchisch angeordnet, während die höchsten Würdenträger vor der Altarwand, dem Eingang zugewandt, ihre erhöhten Sitze („Löwenthron“, *arslang-tu tabčang*) haben (Abb. 3).

Zu erwähnen sind ferner die Wand- und Deckengemälde, die bestimmte Gottheiten oder auch Szenen (so aus dem Leben des Buddha oder großer Lamas) zum Gegenstand haben, sowie kleine Stūpas *(suburγan),* jene aus Sockel, bauchigem Zylinder und Spitze bestehenden Reliquienbehälter, wie sie auch – als größere Monumente – in der Landschaft errichtet sind. Zur Verehrung des Kaisers befinden sich in den „kaiserlichen“ Klöstern kleine Brettchen mit der kunstvollen chinesischen Aufschrift „Lang lebe der Kaiser!“ (man nennt sie *eǰen-ü sülde*). Auffällig ist das Vorhandensein von Kultbildern auch solcher Gottheiten, die nicht spezifisch buddhistisch sind, wie insbesondere des „Weißen Alten“ *(čaγan ebügen),* der als „Gottheit des Schamanismus“ *(qara šasin-u burqan)* gilt. Vor den Hauptgottheiten steht der Altar mit den mannigfachen Opfergaben *(takil).* Zur Ausstattung gehören des weiteren noch die kanonischen Bücher (in tibetischer Sprache), selten der gesamte Kandschur, meist nur die Abteilung *Yum* desselben und/oder einige der vorher ge-

[44] Ausführliche Beschreibung (mit Skizzen) des Inneren der Klöster bei Pozdneyev (1978), 63ff.

nannten Texte, in der Regel in Regalen oder Schränken an den Wänden des Tempels, ebenso wie die für das Ritual benötigten Musikinstrumente.

Typisch für die Mongolei waren die überall im Lande zu findenden Nomadentempel – in Jurten und Zelten. Die Einrichtung ist im Prinzip die gleiche wie im Steintempel, doch ist naturgemäß alles einfacher und auf das Notwendigste beschränkt.

Das Klosterleben gliedert sich in gottesdienstliche Verrichtungen, Studium und sonstige Arbeiten, je nach Rang und Alter der Mönche. Größter Wert wird auf das Auswendiglernen der tibetischen Ritualtexte gelegt – etwa vom 15. Lebensjahr nehmen die Novizen an den großen Versammlungen *(qural)* teil. Die weiteren Ränge sind *gecül* (nach Abschluß des Grundstudiums) und – der höchste – *gelong* (Vollmönch), jeweils verbunden mit Gelübden und feierlichen Weihen (Abb. 1). Das höchste Amt im Kloster ist das des Abtes *(gambu, kambo)*. Er wird aufgrund seines Alters und seiner Fähigkeiten gewählt und hat die höchste Entscheidungsgewalt inne. Daneben gibt es den Leiter des Klosterbetriebes *(čorǰi)*, dem die Regelung des Gottesdienstes sowie der alltäglichen Dinge obliegt. Den Vorsitz bei den rituellen Begehungen führt der „Thronlama“ *(siregetü blam-a)*, sofern nicht der Abt selbst diese Funktion ausübt. Für Ruhe und Ordnung und die Einhaltung der Vorschriften hat der Oberaufseher *(gebkoi)* zu sorgen, dem mitunter geradezu polizeiliche Vollmachten zukommen. Spezielle Funktionen beim Gottesdienst haben der Vorsänger oder Hauptrezitator *(umzad)* und der Opferpriester *(takilči)*. Daneben gibt es noch zahlreiche Sonderfunktionen, wie z. B. jene Mönche, die für das Malen von Thangkas, astronomische Berechnungen, den Druck von Büchern, das Reinigen der Tempel und dergleichen zuständig sind.

Der Tag[45] beginnt für alle Mönche in der Regel sehr früh. Die Vollmönche rezitieren zuerst den Wasser-Opfer-Ritus *(usun balin)*, eine Art Wunschgebet zum Heile aller Lebewesen bis hin zu

[45] Es besteht keinerlei Möglichkeit mehr, mongolisches Klosterleben in seiner ursprünglichen Form zu beobachten. Wir sind daher auf die Angaben in der Literatur, besonders Pozdneyev (1978), angewiesen.

den Höllengeistern; die übrigen Klosterbewohner vollziehen währenddessen in der Haupthalle den ersten Gemeindegottesdienst. Danach ist eine Teepause, und dann wenden sich alle ihren jeweiligen Pflichten zu, wozu auch religiöse Handlungen außerhalb des Klosters, etwa im Hause von (meist reichen) Auftraggebern gehören. Laut Pozdneyev (*op. cit.*, S. 241 ff.) haben die Mönche der niederen Ränge außer den gewöhnlich dreimal täglich zu vollziehenden Gottesdiensten kaum ein festes Tagesprogramm, so daß sie zu den Jurten oder anderen Klöstern umherwandern usw., doch wendet sich der gleiche Autor aufgrund jahrelanger eigener Anschauung gegen die landläufige und vielfach propagandistisch genutzte Behauptung, die Mönche seien als Schmarotzer des Volkes und üble Nichtstuer anzusehen. Daß die Klöster und auch einzelne geistliche Würdenträger ähnlich wie die Zivilbehörden über beträchtlichen Besitz und auch als Feudalherren über Untertanen (*šabinar*, „Schüler" genannt) verfügten, steht indessen außer Frage[46].

Kult und Ikonographie

Mittelpunkt des Klosterlebens ist der Kult, der Vollzug der festgelegten öffentlichen oder privaten Rituale. Kult im lamaistischen Sinne ist die sinnenfällig dargestellte Symbolik des Tantrismus, und daher sind die dabei rezitierten Texte fast alle tantrischer Herkunft. Zu den einleitenden Hymnen gehören die schon erwähnten Loblieder *(maγtaγal)*, Bittgebete *(ǰalbaril)* und Wunschgebete *(irügel)*, und auch die Sündenbekenntnisse (*ayaγ-a tegimlig-ün surtal*, „Mönchsregeln"), bei denen die 253 Vorschriften des Vinaya rezitiert werden, dienen noch der Vorbereitung.

Wichtigster Bestandteil des Kultes sind die Opferrituale, wobei zu unterscheiden ist zwischen den mit der Leerheitsspekulation verbundenen großen symbolischen Opfern, bei denen – wie die Texte betonen – letztlich Opfergabe, Opferempfänger und

[46] Vgl. Lattimore (1964), 120–123 u. ö.

Opferpriester identisch gedacht werden, und den an die vielen hierarchisch abgestuften Gottheiten gerichteten konkreten Opfergaben. Bei letzteren ist wiederum zu unterscheiden zwischen solchen, die für die friedlichen *(amurlingγui)* Gottheiten bestimmt sind, und solchen für die zornvollen *(doγsid)*, wobei natürlich ganz im Sinne der tantrischen Grundüberzeugung und der Mittleren (Extreme vermeidenden) Lehre es sich im tiefsten nicht um Gegensätze handeln kann, sondern um „Aspekte" jeweils ein und desselben göttlichen Prinzips; mitunter werden auch die „zornvollen" Gottheiten als Sondermanifestationen der „eigentlichen" (friedvollen) Gottheiten bezeichnet.

Die Fünf „Sieger" (Buddhas), die die fünffache Gliederung des ganzen Universums präsentieren, haben wir schon erwähnt. Des weiteren sind Gegenstand der Verehrung die Gottheiten Kālacakra *(Čaγ-un kürdün)*, Saṃvara *(Degedü ǰirγalang-tu)*, Hevajra *(Kyi včir)* und Guhyasamāja *(Niγuča quriyangγui)* sowie die Göttinnen Tārā *(Dara eke)* und Sārasvatī *(Sirasvati ükin tngri)*. Besonders verehrt wird die Dreiheit Avalokiteśvara *(Nidüber üǰegči* – Verkörperung des liebenden Mitleids), Mañjuśrī *(Manǰusiri* oder übersetzt *J̌ögelen čoγtu* – Verkörperung der Allwissenheit) und Vajrapāṇi (meist *Včirbani* umschrieben – Verkörperung des kraftvollen Vermögens[47]).

Letzterer ist eine der bedeutendsten Gestalten unter den zornvollen Gottheiten; ferner gehören dazu Yamāntaka, der Besieger des Todesgottes *(Erlig nom-un qaγan)*, und Mahākāla (*Gombo* oder *Yeke qara*). Es sind die großen „Schützer der Lehre" *(nom-un sakiγulsun)*, die die zum Heile der Lebewesen verkündete Buddhalehre gegen Behinderungen und Angriffe zu schützen haben, und dies ist der Grund, warum sie ein solch wildes und abschreckendes Äußeres zeigen, müssen sie doch den angreifenden bösen Mächten mit ihnen angemessenen Mitteln begegnen. Auch wird so die Relativität innerweltlicher Kriterien und Ideale demonstriert. Daß diese Gottheiten vielfach in eksta-

[47] Hinsichtlich der ikonographischen Darstellung dieser Gottheiten muß hier auf die einschlägige Literatur verwiesen werden, bes. Lauf (1972); Pott (1979), 143–218; Hoffmann (1967).

tischer Vereinigung mit ihrem weiblichen Pendant erscheinen, symbolisiert zum einen die vollkommene Wunscherfüllung, die mit der endgültigen Erlösung gegeben ist, und zum anderen wiederum die Überwindung jeglicher Zweiheit – die Vereinigung aller Gegensätze. Über die ikonographische Ausgestaltung all dieser Götterfiguren finden sich in den kanonischen Texten sehr detaillierte Beschreibungen, die so verbindlich sind, daß der „künstlerischen Freiheit“ nur wenig Spielraum gelassen wird. Auch die Symbolbedeutung ist festgelegt; selbst die furchterregenden Attribute der zornvollen Gottheiten haben ihre tiefere Bedeutung: dienen sie vordergründig der Abschreckung und Unterwerfung der Widersacher, so deuten etwa Fangschlinge und Eisenhaken auf das die Lebewesen aus dem Sumpf des Leidens ziehende Mitleid des Bodhisattva bzw. auf die Zucht, die die hinderliche Leidenschaft bezwingt.

All diese Gottheiten – sowohl die höchsten als auch die einfachen, d. h. hierarchisch niederen – sind Gegenstand der Verehrung und Empfänger der (ihnen jeweils entsprechenden) Opfergaben *(takil-un orun)*. Opfer, die gegenständlich auf dem Altar stehen, sind z. B. die Acht Glückszeichen *(naiman öljeitü temdeg)*: Weißer Schirm, Goldfische, Weiße Meeresschnecke, Lotus, Nektarvase, Glücksknoten, Siegesbanner und Rad. Ferner gibt es Opfergaben, die den jeweiligen Sinnesorganen Genuß bereiten: Blumen (zum Schauen), Inzens und Duftwasser, Speiseopfer sowie Wasser zur Erfrischung der eingeladenen Gottheiten. Universales Opfer ist das Maṇḍala-Opfer, ein quadratisches Diagramm (manchmal auf einer runden Scheibe eingraviert), welches das Weltall, angelegt um den zentralen Berg Sumeru herum, symbolisiert. Eigens zubereitet werden die Teigopfer *(baling)*, die in Form und Farbe der jeweiligen Gottheit, die sie annehmen soll, entsprechen müssen.

Der zeitliche und systematische Aufbau eines solchen Rituals variiert naturgemäß entsprechend dem jeweiligen Fest, den jeweiligen Gottheiten und auch nach der Schulrichtung des betreffenden Klosters, doch lassen sich folgende Kernpunkte ziemlich allgemein feststellen:

1. Vorbereitung – darin enthalten: Erneuerung des Aktes der Zufluchtname und des Bodhisattvagelübdes sowie die Vertreibung feindlicher Mächte.
2. Hauptteil – d.i. die Einladung und Verehrung der Gottheiten, Darbringung der (äußeren, inneren und geheimen, d.h. tantrischen) Opfer, Lobpreisung.
3. Befriedung der Schutzgottheiten und Erteilung der Weihen, insbesondere der „geheimen“ oder „Weisheitsweihe“, in der die tiefgründigen mahāyānistisch-tantrischen Spekulationen rituell veranschaulicht oder – wie die Texte selbst sagen – realisiert werden.

Zum Kult gehören aber nicht nur die großen verbindlich festgelegten Klosterrituale, sondern auch jene kleineren rituellen Begehungen, die, sei es in Privathäusern oder auch in den Klöstern, aus bestimmten persönlichen Anlässen abgehalten werden, so z.B. in Geburts- und Todesfällen, bei Geburtstagen oder Heiraten. Pozdneyev (*op. cit.*) beschreibt ausführlich solche Rituale, die z.T. bereits an der Grenze zwischen lamaistischen und schamanistischen Kulten liegen; insbesondere gilt dies auch von den sog. „Obo-Opfern“ *(obuγan-u takilγa)*, ursprünglich volksreligiösen Opferriten zur Befriedung der Lokalgottheiten, bei denen Steinsetzungen („Stein-Thron“) vorgenommen wurden[48].

Die für den Betrachter eindrucksvollste Form des Kultes ist zweifellos der Tscham-Tanz[49], die Versinnbildlichung der wichtigsten lamaistischen Glaubensinhalte durch Tanz und Maskerade. Die Wurzeln liegen, wie auch die mongolischen Quellen betonen, in Indien, und es scheint, daß der Brauch in Tibet erst im 16. Jh. und in der Mongolei noch wesentlich später aufgekommen ist; textliche Grundlage sind die „Tscham-Anweisungen“ des 5. Dalai Lama (Mitte des 17. Jh.). Ausgesuchte Mönche spielen hierbei, mit überlebensgroßen schweren Gesichtsmasken und bedeutungsreicher Symboltracht, die Rolle einzelner Gottheiten, so des Vajrapāṇi oder des Todesgottes

[48] Heissig (1970), 413ff.

[49] Forman/Rintschen (1967) mit zahlreichen farbigen Maskenabbildungen.

(Erlig qaγan) oder des „Großen Schwarzen", des Mahākāla, aber auch der anderen (teilweise tierköpfigen) Schutzgottheiten. Durch den Tanz, die Masken, die begleitende „Orchestermusik" (Knochentrompeten, Schlagzeug, Trommeln) sowie spezielle Handhaltungen und Fußschritte, mitunter auch dabei rezitierte mystische Silben, werden die Gottheiten vergegenwärtigt und veranlaßt, ihre jeweiligen (Schutz-)Funktionen auszuüben. Höhepunkt ist der Tanz mit dem „Linga", einer kleinen Stoff-Figur als Verkörperung des Bösen, und dessen schließliche Vernichtung. Aber auch heilsgeschichtliche Ereignisse wie etwa die Bekehrung der sechs Häretiker durch den Buddha oder die Einführung des Buddhismus in Tibet oder auch Episoden aus dem Leben des berühmten Eremiten und Sängers Milarepa werden durch die Tänze dargestellt.

Derartige Tschamtänze vermochten stets riesige Pilgerscharen anzuziehen, und sie wurden oft von regelrechten Volksfesten begleitet. Vielfach mischten sich unter die esoterischen Tänze auch lustige Einlagen oder auch sozialkritische Anspielungen, was durchaus dem Geschmack der Bevölkerung entsprach. Dennoch müssen wir die Tscham-Tänze geradezu als liturgische Veranstaltungen werten, weil die Symbolik des Dargestellten genau der Symbolik der Ikonographie bzw. der eigentlichen Tempelrituale entspricht.

Volksreligion und Schamanismus

Die erste Berührung der Mongolen mit dem Buddhismus im 12. Jh. darf nicht darüber hinwegtäuschen, daß der bodenständige Schamanismus weiterhin die beherrschende Religionsform blieb. Unsere Quellen über die ursprüngliche mongolische Volksreligion sind vor allem die ›Geheime Geschichte‹ und frühe Reiseberichte (z. B. des christlichen Missionars Giovanni Pian del Carpini), indirekt auch Nachrichten in den späteren mongolischen Chroniken sowie ethnographische Berichte über religiöse Bräuche, die sich – sozusagen am Rande des Lamaismus – halten konnten.

Der Schamane[50] hatte eine auch sozial führende Stellung, vielfach war er sogar Häuptling des Stammes oder Klans, vor allem aber war er es, über den das Volk Verbindung mit den übernatürlichen Mächten aufnehmen konnte. Das mongolische Wort für „Schamane", *böge, bögeči,* wird von den einheimischen Wörterbüchern stets mit den Onggod, den Geistern, in Verbindung gebracht: so ist der Schamane der, der die Onggod einlädt, sie zufriedenstellt usw., und vielfach waren unter seinen eigenen Vorfahren solche, die nach ihrem Tode zu Onggod-Geistern geworden waren; in der Regel erhält der Schamane auch seine Berufung von den Onggod. Diese Onggod-Geister sind – meist lokal gedachte – Ahnengeister, Schutzgeister, die auch abgebildet wurden: Holzfiguren oder Filzpuppen, die aufgehängt oder auf Stoff aufgenäht wurden. Meist sind es die Seelen der Verstorbenen, besonders verstorbener Schamanen, die nun als Onggod vornehmlich nahe ihrem früheren Wirkungskreis umherziehen, um zu schaden oder um zu helfen.

Alles kommt nun darauf an, daß es dem Schamanen gelingt, sich der Hilfe mächtiger und ihm günstiger Onggod-Geister zu versichern, und so hat er zunächst einmal mit ihnen Kontakt aufzunehmen, und zwar durch die „Einladung" *(onggod uriyaqu)* in Form von Gebeten. Sodann muß er mit ihrer Hilfe gegen die Dämonen angehen, die entweder wegen ihrer „angeborenen" Bösartigkeit oder, weil sie durch (auch unwillentliche) Übertretungen erzürnt und gereizt wurden, alle möglichen Schäden, besonders Krankheiten, hervorrufen[51].

Der Schamane braucht für sein Vorhaben eine bestimmte Tracht und Ausstattung (Abb. 5). Seine Kleidung ist gekennzeichnet durch viele Stoffstreifen, die Flügel oder aber Schlangen symbolisieren sollen, und durch eine (vielleicht ein umgehängtes Tigerfell ersetzende) besondere Schürze sowie einen Gürtel, an dem mehrere Spiegel hängen, welche einerseits als Schutzschild

[50] HEISSIG (1970), 305ff.: ›Der Schamanismus der Mongolen‹.

[51] Die Übereinstimmungen zwischen dem Schamanismus der Mongolen und dem der übrigen altaischen Völker ist hier besonders deutlich. Zum ganzen vgl. HARVA (1938).

zur Bannung der Geister, andererseits als „Fenster" in das Reich dieser Geister gedeutet werden. Charakteristisch ist ferner die Schamanentrommel[52], meist mit Griff sowie Rasselringen versehen; auch das Trommeln hat wesentlich die Funktion, die Geister zu bannen, die bösen zu vertreiben. Auffällig ist der Zusammenhang zwischen der Trommel und der Fähigkeit des Schamanen zum Fliegen: sie gilt geradezu als fliegendes Reittier des Schamanen. In anderen Fällen haben die Schlagstöcke (mit Tierköpfen) diese Funktion. Jedenfalls ist diese (in Trance vollzogene) „Himmelsreise" des Schamanen wichtiger Bestandteil seines Amtes, ebenso wie die „Reise" in die umgekehrte Richtung, in die Unterwelt, die bei der Bekämpfung bestimmter Krankheiten oder beim Totenritual notwendig werden kann.

Bis ins 20. Jh. spielten die Ahnen- und Schutzgeister wie die Onggod eine bedeutende Rolle im mongolischen Volksbrauchtum[53]. Zu erwähnen sind zunächst die Sülde-Genien, die auch vergegenständlicht gedacht werden in den als heilig verehrten Stammes-Standarten (und als solche schon in der ›Geheimen Geschichte‹ vorkommen). Die Sülde werden um Schutz im Kampf (gegen die Feinde „ihres" Stammes), dann aber auch ganz allgemein um jegliche Hilfe angerufen, so daß sie von daher ohne weiteres ihren Platz als Schutzgötter im Pantheon finden konnten, nun als *sülde tngri*, „Sülde-Götter", bezeichnet, denen dann auch Opfer dargebracht wurden, und zwar in stark lamaistisch beeinflußter Weise. In vielem den Sülde gleichartig sind die *Dayičin tngri*, wörtlich „Feind-Götter", die – obwohl zweifellos dem Namen nach die tibetischen sGra-lha repräsentierend – älteste Bestandteile des volksreligiösen Pantheons der Mongolen sind. Bezeichnend für das Zusammenwirken nationaler Heldenverehrung, ältester religiöser Vorstellungen und lamaistischer Ausformung ist der Kult des (möglicherweise) historischen osttibetischen Helden Gesar, der sowohl in seiner ikonographischen Darstellung als auch in den an ihn gerichteten Anrufungen deut-

[52] Zur Typologie vgl. Findeisen (1957), Kap. XIV (S. 148ff.).

[53] Übersetzung von Anrufungen, Liedern usw. bei Heissig (1966), sowie Proben in Heissig (1970), 352ff.

lich Züge der zuvor genannten Götter aufweist: er ist universaler Schutzherr, zunächst im Krieg, dann aber auch im Kampf gegen Dämonen jeglicher Art. Ebenso aber steht Gesar auch in einer Reihe mit den buddhistischen Gottheiten Kubera und Vaiśravaṇa des indischen Pantheons! Schon in den eigentlichen Gesar-Epen tritt er oft als übermenschlicher Held und Sieger auf, der die Gedanken und Listen der Gegner durchschaut und ihre noch so mächtigen Waffen mühelos zerschlägt, ja letztlich sogar – ohne selbst sichtbar einzugreifen – durch magische Kraft den Sieg herbeiführt. Damit war aber seine Deifizierung geradezu vorprogrammiert.

Es nimmt nicht wunder, daß in ähnlicher Weise auch Tschinggis Khan selbst göttliche Verehrung genoß, und zwar in erster Linie als Urahn des Volkes und Initiator zahlreicher religiöser Bräuche. Er ist „Sülde" der von ihm abstammenden Familie geworden, sodann aber auch des ganzen Volkes – und wird entsprechend verehrt und angerufen. Ihm wird die Einführung, d.h. Begründung vieler volksreligiöser Sitten und Kulte zugeschrieben.

Das volksreligiöse Pantheon der Mongolen kennt daneben eine Fülle von Gottheiten, die mit dem Alltagsleben der Menschen eine Beziehung hatten, so z.B. mit Herd und Feuer. Die „Feuer-Mutter" *(γal-un eke)* oder „Herd-Mutter" *(γolumta eke)* entstammt sicherlich einem uralten Feuerkult; in den Anrufungen heißt es, das Feuer sei von Tschinggis Khan oder auch „vom mächtigen Buddha" angeschlagen worden, und es gewährleiste nun den Zusammenhalt und das Aufblühen des Klans. Die Feuergottheit fand ebenfalls Aufnahme in das lamaistische Pantheon, wo ihr Gebete und Hymnen gewidmet wurden, von denen einige im Stil der buddhistischen Rituale abgefaßt sind.

Sowohl im lamaistischen Tscham-Tanz dargestellt als auch in der Volksreligiosität hochangesehen ist der „Weiße Alte" *(čaγan ebügen);* er ist der Garant eines langen Lebens, tritt aber auch ganz allgemein als freundlicher Wohltäter und Krankenheiler auf. Jedenfalls drängen sich beim Tscham-Tanz die Gläubigen gerade um seine Gestalt, sei es, um etwas von seinen Geschenken zu erhaschen oder um durch einen Schlag mit seinem Stock langes Leben garantiert zu bekommen. Doch es gibt auch Texte, die den „Weißen Alten" geradezu als Schöpfer und Allherren anrufen, und andere, in denen er als oberster Richter und Strafvollstrecker der Hölle erscheint. Seine Wohnstatt liegt in den hohen Bergen.

Daneben aber gab es auch lokal gebundene Berggötter, die in konkret genannten Bergen, etwa dem Kentei-Gebirge oder den nordmongolischen Bergen, hausen. Man rief sie an, um Erlösung von Krankheiten und Schutz vor Unwettern sowie eine reiche Ernte zu erbitten. Dabei wird das Gebirge selbst als Manifestation der Gottheit oder als ihr Thron angesehen. Ähnlich verhält es sich mit den „Erdherren" *(γaǰar-un eǰen)*, die alle ein bestimmtes Stück Land zu eigen haben und dort gegenwärtig gedacht werden. Mit diesen hängt auch der typisch mongolische „Obo"-Kult zusammen *(obuγ-a)*; es handelt sich um kleine Steinhaufen, mit denen man, vornehmlich im Gebirge, diese Erdgötter zu befrieden suchte. Diese Steine sind somit zur Manifestation der Tatsache geworden, daß jedes Fleckchen Erde, aber auch alle Flüsse, Seen, ja Bäume und einzelne Felsen von Gottheiten bewohnt sind. Die Palette der an sie gerichteten Wünsche ist umfassend: man bittet um Befreiung von Krankheiten, Schutz vor Räubern, Sicherheit vor Hagel, Dürre und Sturm usw. Für das Wasser gibt es eine eigene Götterklasse, die *luu* (was über das Tibetische auf indisch *nāga*, wörtlich „Schlange", zurückgeht); auch sie können teils friedlich (und nützlich), teils zornig (und behindernd) sein. Deutlich sind in den Anrufungen an all diese Gottheiten Strukturelemente des lamaistischen Rituals zu erkennen: Lobpreis, Schilderung des bisherigen Wirkens (der Götter) und Bitte um weiteres Wirken, Einladung, Opfergaben usw.

Abgesondert von diesen bisher genannten Lokalgottheiten stehen die eigentlichen Götter im engeren Sinne *(tngri)*. Ihr oberster König ist entweder *Qormusta tngri*, manchmal mit dem indischen Indra identifiziert, oder aber – wohl ursprünglicher – der „Ewige blaue Himmel" *(Köke möngke tngri)*, der in den einschlägigen Texten eindeutig als „Schöpfergott" und „Himmelsvater" tituliert wird. Die Vielzahl der Götter erscheint wohlgeordnet, indem jeweils eine bestimmte Zahl von Göttern den einzelnen Himmelsrichtungen usw. zugeordnet ist, aber auch den Elementen, Naturerscheinungen usw. So kommt eine Gesamtzahl von über 100 *tngri* zustande, von denen viele sowohl ihrem Namen als auch ihrer „Zuständigkeit" und ihrem Aussehen nach bekannt sind[54]. Es lag nahe, auch die buddhistischen Götter in diesem Kreis der *tngri* anzusiedeln; so finden wir die (letztlich hinduistischen) Götter Brahma und Viṣṇu als *Esru-a tngri* bzw. *Bisnu tngri* im mongolischen Volkspantheon wieder. Es scheint, daß je nach dem Zuständigkeitsbereich oder auch je nach dem Volksstamm und Gebiet andere *tngri* als höchster Himmelsgott verehrt wurden, so z. B. *Ataγa tngri*, *Erketü tngri* („mächtiger Gott"), *Baγatur tngri* („Held-Gott") usw., die man andererseits auch als Aspekte oder „Namen" des einen ewigen Himmelsgottes deuten kann.

Wenn auch der Übergang zwischen den Göttern und Geistern der Volksreligion einerseits und denen des Lamaismus andererseits vielfach fließend ist, so war die Haltung der „Gelben Kirche" und ihrer Missionare gegenüber dem Schamanismus recht eindeutig: mit allen Mitteln wurde die Bevölkerung veranlaßt, ihren heidnischen Idolen abzuschwören und statt dessen die buddhistischen Gottheiten und Bodhisattvas anzurufen und die kanonischen Gebete auswendig zu lernen. Mongolische Geistliche verstanden es auch, nicht nur die alten Praktiken, sondern auch die Idole und Gottheiten dem lamaistischen Pantheon einzuverleiben, und schufen so eine „mongolische Nationalliturgie", die den Menschen die Annahme des Buddhismus leicht machte, und tantrische Rituale, besonders aber Trance und magische Fertigkeiten, boten Ersatz für schamanistisches Brauchtum[55]. Aus der Sicht des Lamaismus ist an solchen Methoden nichts Verwerfliches: der Bodhisattva, dessen höchstes Ziel es ist, die Lebewesen dadurch, daß er sie auf den vom Buddha gezeigten Weg führt, von allen Leiden zu erlösen, hat geradezu die Pflicht, sich der jeweils geeigneten Methoden zu bedienen, um

[54] Vgl. die Aufstellung bei Heissig (1970), 352ff.
[55] Darüber ausführlich *op. cit.*, 338–348.

die Lebewesen anzulocken und zu bekehren – diese „Erfahrenheit in den Mitteln“ *(arγ-a-dur mergeǰigsen)* gehört zu den unverzichtbaren Fähigkeiten eines Bodhisattva.

Christentum und Islam

Spätestens seit dem 10. Jh. war es auch dem nestorianischen Christentum möglich, unter den Mongolen zu missionieren. So soll um das Jahr 1000 ein Prinz der Keraiten, eines turko-mongolischen Volkes der Nordmongolei, die Taufe erbeten und empfangen haben, und wenig später waren sowohl sein Volk als auch seine westlichen Nachbarn, die Naiman, nestorianisch, wie u. a. aus den christlichen Namen einiger ihrer Häuptlinge ersichtlich ist. Aber auch im Bereich der (heutigen) Inneren Mongolei, nördlich des großen Bogens des Gelben Flusses, gab es Nestorianer – die Önggüt. Tschinggis Khans Sohn heiratete eine Christin aus dem Volk der Keraiten; sie wurde die Mutter des großen Khubilai und des Hulagu, letzterer hatte ebenfalls eine Christin zur Frau. Auch am Hofe Güyük Khans (reg. 1246–48) hatten Christen hohe Stellungen inne. Die Hauptstadt Karakorum war sogar Sitz eines nestorianischen Bischofs. Im Jahre 1280 wurde der christliche Önggüt-Missionar Mar Jabalaha durch den nestorianischen Patriarchen zum Metropoliten des Önggüt-Gebietes ernannt (wurde aber schon im November 1281 selbst zum Patriarchen gewählt). Zweifellos hatte die gewaltige Ausdehnung des Mongolenreiches nach Nord- und Südwesten, also die Reiche der Goldenen Horde und der Ilchane, zu einem recht intensiven Vertrautsein mit dem Christentum geführt[56].

Seit dem 13. Jh. hatten die Mongolen auch Berührung mit dem lateinischen Christentum; es ging sogar das Gerücht, Khubilai Khan selbst sei 1278 getauft worden. Im Jahre 1246 zog der päpstliche Gesandte Giovanni Pian del Carpini zusammen mit Benedikt von Polen an den Hof Batu Khans der Goldenen Horde und von dort weiter in das eigentliche Mongolenreich,

[56] Spuler (1938), 156ff.

wo der neugewählte Großkhan Güyük ihn empfing. Sieben Jahre später wurde der Franziskaner Wilhelm von Rubruk (Franz. Flandern) nach Karakorum gesandt; er verfaßte einen detaillierten Bericht über diese Reise[57]. Im Jahre 1294 kam der italienische Franziskaner Johann von Montecorvino am mongolischen Kaiserhof an, um ebenfalls eine Botschaft des Papstes zu überbringen. Die Toleranz der Mongolen war groß genug, ihm die Errichtung zweier Kirchen und eine rege Missionstätigkeit zu ermöglichen; auch konnte er, wie es heißt, das Neue Testament und den Psalter „in Sprache und Schrift der Tataren" übertragen. Auch weiterhin, so z. B. im Jahre 1342, sprachen päpstliche Gesandte am Yüan-Hofe vor. Anlaß für diese wiederholten Versuche einer Kontaktaufnahme waren freilich nicht nur Missionierungswünsche, sondern auch die Hoffnung des Abendlandes, in den Mongolen möglicherweise Verbündete im Kampf gegen die Mohammedaner zu finden.

Die weitere christliche Missionsgeschichte in der Mongolei kann hier nicht mehr behandelt werden; es sei auf die sechsbändige detaillierte Dokumentation von J. L. Hecken[58] verwiesen.

Auch mit dem Islam sind die Mongolen in mannigfache Berührung gekommen, insbesondere natürlich durch ihre Eroberung des Iran (*Ilchane*). Es ist bekannt, daß der Großneffe Khubilai Khans, Ghazan, öffentlich am 16. Juni 1295 zum Islam übergetreten ist, ebenso Khubilais Enkel Ananda sowie Öleitü, Ghazans Bruder und Nachfolger. In der Folge war praktisch der gesamte mongolische Adel im Iran islamisiert[59]. Auch waren große Heeresteile der Oiraten (Westmongolen) zum Islam übergegangen, ja, sogar auch Teile der innermongolischen Völkerschaften Bao'an und Dongxiang[60]. Erwähnt seien noch die *Khoton* im äußersten Westen der heutigen Mongolischen Volksrepublik, die eine moslemische Minderheit darstellen. „Sie haben Mullas statt

[57] Risch (1934).

[58] Hecken, J. L. v.: *Dokumentatie betreffende de Missiegeschiedenis van Oost-Mongolie.* Deel I–VI, Leuven (Private uitgave) 1971–72.

[59] Spuler (1968), 185f.

[60] Schubert (1971), 220.

Lamas"[61], verehren Mohammeds Worte in Amulettkästchen und praktizieren im übrigen einen Erd-, Wasser- und Feuerkult sowie Schafopfer, nicht unähnlich den volksreligiösen Bräuchen der übrigen Mongolen.

Zur Gegenwartslage

Die gegenwärtige Lage der Religion bei den Mongolen muß im größeren Zusammenhang der religiösen Situation in allen sozialistischen Ländern gesehen werden. Über die Religiosität im eigentlichen Sinne gibt es kaum verläßliche Informationen. Daß letztlich Religion und Kommunismus unvereinbar sind und somit auf das Verschwinden der Religionen hingearbeitet werden muß, darin sind sich die offiziellen Verlautbarungen der betreffenden Staaten einig. Dennoch garantieren die Verfassungen ihrem Text nach Religionsfreiheit, und so sind denn die Aktivitäten der regimehörigen religiösen Organisationen und Führer geduldet oder gar gefördert.

Als Oberhaupt der Buddhisten der Mongolischen Volksrepublik gilt der Abt des Gangdan-thekchenling-Klosters, Khambo Lama Kh. Gaadan (geb. 1923), der auch Leiter einer „Buddhistischen Hochschule" in diesem Kloster ist. Lama Gaadan ist Fachgelehrter für tibetische Studien (graduiert 1962 an der Staatsuniversität) und wurde am 9. Juni 1981 zum Abt ernannt. Er tritt in der Öffentlichkeit insbesondere mit Friedensappellen sowie bei Empfängen für ausländische buddhistische Delegationen in Erscheinung. Sein Stellvertreter, Khambo Lama Ch. Dambajav, ist Präsident des Mongolischen Nationalen Zentrums der Asiatischen Buddhistischen Friedenskonferenz (ABCP), die ihre Zentrale ebenfalls im Kloster Gangdan bei Ulanbator hat. (Dieses Kloster ist das einzige im ganzen Land, das noch seinem eigentlichen Zweck dient.) Besonders intensiv werden Kontakte mit

[61] Zhamtsarano, Ts., "Khotons: Muslims of Mongolia." Transl. by L. W. Moses, in: *Mongolia Society Bulletin* VI, 1 (Spring 1967), 11–14.

dem buddhistischen Ausland, darunter auch mit dem Dalai Lama im indischen Exil, der auch die Mongolei besuchen konnte, gepflegt.

Auch unter den mongolischen Völkerschaften der UdSSR, Kalmücken und Burjäten, sowie bei den Tuwinern existiert der Lamaismus noch. Das Oberhaupt der Buddhisten der UdSSR ist – nach dem Tode von Lama Zhampal Dorzhi Gomboyew, der am 14. 9. 1983 im Alter von 86 Jahren verstarb – der burjätische Khambo Lama Erdyneev, der im Kloster Ivolga (erbaut 1945–47) residiert. Ein weiteres noch existierendes Kloster ist das 1810 erbaute Aginsk bei Chita, das eine große tibetisch-mongolische Bibliothek besitzt; Kloster-Oberer ist hier Golsan Zhimba Gonchilev (geb. 1898). Auch hier spielen Friedenskundgebungen und internationale Kontakte eine hervorstechende Rolle. Zu Beginn dieses Jahrhunderts gab es etwa 35 große burjätische Klöster *(datsang)*; auch die burjätische Filiale der Akademie der Wissenschaften betreibt anhand ihrer reichen Schätze lamaistischen Schrifttums buddhologische Forschungen. Die Angaben über die heutige Zahl der Lamas schwankt zwischen einem Dutzend und über hundert. Auch wird von privaten Kultzeremonien (Obo-Kult) vereinzelt berichtet. Andererseits sind auch Fälle von Verfolgungen einzelner burjätischer Buddhisten bekannt geworden; so wurde der Tibetologe B. Dandaron (geb. 1914), der einige Jahre zuvor von der sowjetischen Presseagentur Novosti noch als Verfasser eines buddhistischen Wörterbuches vorgestellt worden war, im Dezember 1972 wegen buddhistischer Aktivität zu einer mehrjährigen Freiheitsstrafe verurteilt.

Wenig ist über den Lamaismus bei den Kalmücken (an der unteren Wolga) bekannt; vor der Revolution zählte man über 60 Klostergemeinden *(qural)* mit fast 3000 Mönchen; ein kleiner Tempel bei Astrachan soll noch heute bestehen. – Die Tuwiner (im Gebiet von Tannu-Tuwa) hatten etwa 20 Klöster.

Einige Klöster sind auch in der Inneren Mongolei wieder für religiöse Zwecke geöffnet worden, so etwa der Gandschur-Tempel bei Hailar (Hulunbuir-Liga), der Beitzu-Tempel in Schilinhot sowie der Yanfu-Tempel von Bayanhot, ebenso Teile der großen Klosteranlage Wudanchao (Ulančab-Liga). Auch aus dem Yeke-J̌oo-Tempel der Hauptstadt Köke Qota werden wieder religiöse Begehungen berichtet.

Oberhaupt der Allchinesischen Buddhistischen Gesellschaft, die auch für den mongolischen Lamaismus „zuständig" ist und im Dezember 1983 ihr 30jähriges Bestehen feierte, ist Zhao Puchu; Vizepräsident ist der Paṇchen Lama (geb. 1938). Die Gesellschaft gibt eine Zeitschrift ›Stimme der Lehre‹ *(fayin)* heraus, in der besonders häufig vom Buddhismus Tibets und der Mongolei die Rede ist.

Über die Gegenwartslage des Christentums in den mongolischen Gebieten der UdSSR und der Mongolischen Volksrepublik ist so gut wie nichts bekannt. In der Inneren Mongolei besteht ein Erzbistum Köke Qota, dessen Oberhirte Francis Wang Xueming (geb. 1910) noch von Pius XII. am 7. 10. 1951 geweiht worden ist und – wie aus neuesten Presseberichten ersichtlich ist – weiterhin seines Amtes waltet (Visitationen usw.).

4. Kunst

KUNST UND KUNSTGEWERBE BEI DEN MONGOLEN

Von VERONIKA RONGE

Bislang wurde der mongolischen Kunst keine Eigenständigkeit zugebilligt; man verstand sie allein als Derivat der chinesischen und tibetischen Kunst, ja stempelte sie als „Kolonialkunst" ab. Trotzdem möchte ich versuchen, hier das Typische in Stil und Inhalt der mongolischen Kunst vorzuführen.

Sämtliche Veröffentlichungen zur Kunst der Mongolei beruhen auf einigen wenigen Standardwerken, die sich noch dazu auf den nördlichen Teil des Landes beschränken und deren Bildmaterial bereits ungezählte Male reproduziert wurde. Untersuchungen an Ort und Stelle waren und sind nur in sehr geringem Maße möglich. Dementsprechend befindet sich die mongolische Kunstgeschichte noch ganz am Anfang.

Es sollen in dieser kurzen Übersicht die angewandte und dekorative Kunst und das Kunstgewerbe der materiellen Kultur, die religiöse, d. h. buddhistische Kunst und die moderne Kunst des 20. Jh. behandelt werden (Literatur zur burjatischen Kunst wird nur anhangsweise erwähnt).

Vorauszuschicken ist, daß wir es zu Beginn des mongolischen Großreiches in der Gebrauchskunst und im Kunsthandwerk vorwiegend mit Nomadenkunst zu tun haben; es wird dabei von der Annahme ausgegangen, daß Viehzüchter, die oralen Kunsttraditionen ausgenommen (Epengesänge, Erzählkunst), wenig kunstschöpferisch tätig seien. Sie sind durch ihre spezialisierte Wirtschaftsform gezwungen, den Hausrat gering zu halten und ihre materielle Kultur den Bedürfnissen einer weitgehend mobilen Lebensweise funktionell und rationell anzupassen. Auch die Kunstmotive verraten einen gewissen „Milieueinfluß", sind von der nomadischen Umwelt geprägt. Damit einher geht meist eine Geringschätzung aller „Handarbeiter"; folglich waren die

Handwerker der Mongolen überwiegend fremdethnischen Ursprungs.

Den eingeschränkten Möglichkeiten entsprechend, manifestierten sich Kunstsinn und Prestigebedürfnis vor allem im Reit- und Zaumzeug, an den Waffen und im Frauenschmuck. Bis zur Verbreitung des Buddhismus beschränkten sich die Mongolen also weitgehend auf Zierkunst, d. h. auf die dekorative Ornamentierung von Gebrauchsgegenständen; die beschreibenden Quellen dazu sind allerdings spärlich. Die spätere, vornehmlich religiöse Kunst beruht jedoch auf direkten Einflüssen aus Tibet, dem Ursprungsland der buddhistischen „Missionare", und aus den agrikulturellen südlichen Randgebieten der Mongolei sowie aus der chinesischen Hochkultur. Symbole, Motive und Gestaltungsweisen wurden übernommen und existierten sozusagen als „gesunkenes Kulturgut" in der religiösen und angewandten Kunst der Mongolei weiter. Selbst die Künstler und Handwerker sind entweder Chinesen, Tibeter und Europäer oder aber Mongolen, die sich weitestgehend an deren Kunststilen orientierten und von ihnen anregen ließen. Dieses Schema wurde unverändert bei der Einführung und Weiterentwicklung der modernen Kunst des 20. Jh. beibehalten. Wir können also durchaus von „provinzieller" Kunst in der Mongolei sprechen, auch wenn sich im Laufe der Zeit typisch mongolische Stilelemente in der Themenwahl wie in der Ausführung herauskristallisierten.

Zu den frühesten Kunstwerken auf mongolischem Gebiet gehören monumentale Steinskulpturen, die mit Grabmälern in Verbindung stehen. Es handelt sich um anthropomorph gestaltete Stelen (Babas) und um Steinpfeiler, die mit einfachen Punkt-, Kreis- und Linearornamenten oder der Darstellung von Wildtieren versehen sind, wie z. B. die eleganten Hirschstelen. Die Frage, ob wir es bei den Verfertigern der Skulpturen bereits mit Mongolen zu tun haben oder vielmehr mit turkstämmigen Völkern, muß allerdings offenbleiben.[1]

Für die Zeit, in der uns die Mongolen dann als geeinte Ethnie

[1] Granö (1910); Jisl (1960) Abb. 4–6; Nowgorodowa (1980).

entgegentreten, also von der Regierungszeit Dschingis Khans an, können künstlerische Aktivitäten auf zweierlei Ebenen angenommen werden. Es gab eine einheimische Alltags- und Gebrauchskunst, deren Materialien, Ornamentik und Funktion dem nomadischen Milieu angepaßt waren. Diese Volkskunst bzw. das angewandte Kunsthandwerk wurde und wird bis zum heutigen Tag unter Verwendung des vorhandenen Rohmaterials in Heimarbeit ausgeübt.

Man darf sicher annehmen, daß in jeder Nomadenfamilie talentierte Mitglieder lebten, die es im Laufe der Jahre zu meisterhafter Geschicklichkeit brachten, ohne jedoch ihre gesamte Arbeitszeit dem Handwerk zu widmen; sie blieben stets der nomadischen Wirtschafts- und Lebensweise treu, d.h. sie betätigten sich als Teilzeit- oder Nebenerwerbshandwerker, und das auch nur in den wenig arbeitsintensiven Wintermonaten.[2]

So stellten die Mongolen alle nötigen Gerätschaften für den täglichen Gebrauch aus Wolle, Leder, Horn, Filz, Holz, Rinde und dergleichen her. Sie fertigten die Sättel, Bogen und Pfeile, einfaches Mobiliar, Vorratsgefäße, Jurtengitter etc. aus Holz an. Sie walkten nicht nur die großen Filzmatten für die Jurtenbespannung, sondern auch Filzteppiche mit raffiniertem Dekor, Tieren, Bäumen usf. in verschiedenen Farben sowie Sitzmatten und Türvorhänge, die zusätzlich gesteppt, bestickt oder appliziert wurden.[3]

Sie waren gute Gerber und verstanden sich auf das dekorative Prägen und Applizieren von Leder, die Schuhmacherei und die Anfertigung von Sattelzubehör, Zaumzeug und Köcher.

Sie nähten und bestickten ihre Kleider und sonstigen Accessoires aus Textilien wie Taschen für die Trinkschale, Tabaksbeutel, Geldbörsen etc.[4]

Fast alle handwerklichen Produkte, die für den Alltagsge-

[2] König (1967), 55.

[3] In der Literatur finden sich keine Hinweise auf mongolische Weber und Teppichknüpfer. Teppiche wurden wohl aus den Knüpfereien von Ning-Hsia z.B. eingeführt.

[4] Heissig (1978), Abb. S. 13; Waln (1936), Abb. S. 104.

brauch bestimmt waren, weisen unter Beibehaltung der traditionellen Ornamentik eine einfache kurvolineare oder geometrische Verzierungstechnik auf. So zeigt die noch heute als Jurte Dschingis Khans vorgeführte Jurte (sicher nicht mehr das Original!) eine applizierte Dachkranzverzierung, die seit der Han-Zeit als kosmisches Symbol, nämlich zur Kennzeichnung des Mittelpunktes des Universums im mikrokosmischen Bereich, bekannt war.[5] Dieser sog. „Wolkenkragen" gehörte bis vor kurzem auch zum Dekor der Kostüme der buddhistischen Maskentänzer (tib. čham) und läßt sich in unterschiedlichen Varianten, z.T. als fortlaufendes Musterband auf Gebrauchsgegenständen und als Architekturmalerei wiederfinden.[6] Es wurde bereits der Versuch unternommen, die Ornamente in unterschiedliche Kategorien aufzuteilen wie geometrische, zoomorphe, pflanzliche und solche, die die Naturgewalten repräsentieren.[7] Dabei übersah man aber, daß ein Großteil der Dekorvarianten aus buddhistischen und taoistischen Symbolen hervorgingen. Allein unter den zoomorphen Ornamenten lassen sich typisch mongolische, wie z.B. das Hornmotiv, entdecken (Abb. 6a).

Einer der ersten Gesandten aus dem Westen, der Franziskaner Wilhelm von Rubruk, hatte während seiner Reise zum Hofe Möngke Khans in Karakorum bereits die besondere Dachkranzverzierung der Jurten bemerkt und die aus Filz gefertigten Jurtentüren bzw. Türvorhänge beschrieben, die mit Darstellungen von Weinstöcken, Bäumen, Vögeln und wilden Tieren appliziert waren.[8]

Man sollte allerdings nicht übersehen, daß schon sehr früh mannigfaltigste Einflüsse auf die mongolische Kunst einwirkten. Einmal durch die auf den Eroberungszügen erbeuteten fremdartigen und deshalb besonders faszinierenden Kunstgegenstände und die ebenfalls wie Kriegsbeute mitgeführten Kunsthandwer-

[5] Cammann (1963), 21.
[6] Majdar (1970), 105, Abb.
[7] Kočeškov (1973), Abb. S. 1, 3–5, 7. Vgl. auch Vjatkina (1969), Abb. S. 180–183; Rinčen.
[8] Rockhill (1967), 54/55; Risch (1934), 37.

ker, zum anderen durch die Anhänger der verschiedensten Religionen – man denke besonders an auswärtige Händler –, die sich unter der toleranten Schirmherrschaft der Khane an deren Residenzen aufhielten und dort ihrem eigenen Glauben unter Beibehaltung der Zeremonien folgen konnten.[9]

Aus diesem Grunde enthalten die frühen Reiseberichte des 13. Jh. (P. de Carpini, W. v. Rubruk, Marco Polo) nur wenige, meist ungenaue Angaben zur Alltagskunst der Mongolen. Ihre Informationen beschränken sich auf die Erwähnung allein der auffälligsten architektonischen Bauten und Kunstdenkmäler, die wiederum auf das Schaffen fremdethnischer Handwerker zurückgingen (Chinesen, Franzosen, Ungarn, Russen, Perser) und die exklusiv für den Gebrauch am Hofe und zu repräsentativen Zwecken des Adels, besonders in der Stadtbaukunst, gedacht waren. So erweiterten Ögödei und Möngke die auf eine Gründung Dschingis Khans zurückgehende Stadt Karakorum (Abb. 7a). Sie bedienten sich dazu der gefangenen Handwerker, die im Gegensatz zu den anderen Gefangenen bevorzugt behandelt wurden, wie aus den Berichten Rubruks zu entnehmen ist.[10] Japanische Archäologen fanden in Olon Süme sogar die Überreste einer Kirche, die im gotischen Stil erbaut worden war (14. Jh.).[11]

Gefangene aus deutschsprachigen Gebieten mußten Gold schürfen und für die Mongolen Waffen herstellen,[12] da letztere sowohl für die Beschaffung von Erzen wie auch der fertigen Metallprodukte neben Tributlieferungen auf Zwangsarbeit angewiesen waren. Carpini erwähnt einen russischen Goldschmied, der am Hofe Güyük Khans arbeitete;[13] Möngke beschäftigte einen Meister Wilhelm Boucher aus Paris.[14] Dieser vielseitige

[9] Olschki (1946), 21, 23.

[10] Feddersen (1941), 9; Olschki (1946), 6: man schonte unter den Handwerkern vor allem die Goldschmiede. Boyer (1952), 164: vermutet, daß es zu dieser Zeit Schmiedegilden in den mongolischen Städten gab.

[11] Heissig (1978), 292–296.

[12] Rockhill (1967), 137 und ibid. Anm. 2.

[13] Feddersen (1941), 29.

[14] Rockhill (1967), 177/78.

Kunsthandwerker mußte für die Residenz des Khans einen Brunnen anfertigen, dessen Basis von vier liegenden Löwen, die um einen Baum aus Silber lagerten und Getränke spien, gebildet wurde. Um den Baum wanden sich vier Schlangen oder Drachen, die ebenfalls Getränke spien. Das Kunstwerk wurde gekrönt von einem trompetenden Engel: sooft dieser blies, floß Alkoholisches nach.[15] Die Illustration des Brunnens aus dem Jahre 1735 (Abb. 7b) weicht beträchtlich von der Beschreibung Rubruks ab: Die speienden Löwen wurden weggelassen und der Brunnen vor den Palast plaziert. Eigenartigerweise hat man diese Bebilderung bis auf den heutigen Tag unverändert übernommen und immer wieder reproduziert! Dieses mechanische Wunderwerk stand in der Audienzhalle des Khans in Karakorum, die an sich bereits nach chinesischem Vorbild gebaut worden war.[16] Da das rituelle Trinken eine große Rolle im Hofzeremoniell spielte, kam dem Brunnen eine wichtige Funktion zu.[17]

Meister Boucher hatte von Möngke Khan fünfzig Hilfskräfte für diesen großen Auftrag zur Seite gestellt bekommen; z. T. waren das Leute aus Tibet, China und Turkestan, aber sicher auch viele Mongolen, die sich auf diese Weise eigene Fertigkeiten aneignen sollten. Von den Besuchern aus dem Westen wurden freilich vor allem die europäischen Handwerker, Mönche und Händler erwähnt; es gab aber in Karakorum auch ein nur von Chinesen bewohntes Stadtviertel, dessen Bewohner sämtlich Handwerker waren. Leider beschrieb Rubruk nicht, welche Spezialberufe sie im einzelnen ausübten.[18]

Bemerkenswert sind auch die für Karakorum erwähnten Baustile; so soll Möngkes Palast, der außerhalb der Stadtmauern stand, in rein chinesischem Stil errichtet worden sein, und ein weiterer in der Nähe der Stadt sogar nach persischem Vorbild.[19] Nur die muslimischen und chinesischen Einwohner der Stadt

[15] Olschki (1946), 63/64, 110 und Abb. 3.
[16] A. a. O., Abb. 2.
[17] A. a. O., 58.
[18] Rockhill (1967), 156, 221.
[19] A. a. O., 210, Anm. 1.

lebten in festen Steinhäusern, die Mongolen blieben dagegen dem ihnen gemäßeren Leben in Jurten treu. Es werden weiterhin zwei Moscheen, eine nestorianische Kirche und etwa zehn buddhistische Tempel in der Stadt erwähnt. Die großen Statuen der Tempel, u. a. solche des Shakyamuni Buddha und des Maitreya, bestanden offenbar aus Ton. Weitere Beschreibungen zu anderen Bereichen künstlerischen Schaffens, über Malerei etwa, fehlen aus dieser Zeit.[20] Auch von den Erzeugnissen der Grobschmiede hören wir, mit Ausnahme einer kurzen Notiz Marco Polos über einen Ort südlich von Kalgan, wo Harnische angefertigt wurden, nichts.[21] Zusammenfassend läßt sich sagen, daß wir weder durch die Reiseberichte der Europäer noch aufgrund archäologischer Befunde in der Lage sind, viel ausführlichere Aussagen zur Kunst und zum Handwerk der frühen Mongolenzeit zu machen.

Die Situation ändert sich in dem Augenblick, in dem der Kontakt, besonders mit dem tibetischen Buddhismus, hergestellt war. Bereits Dschingis Khan schrieb man erste Fühlungnahme mit dem Gelehrten Sa-skya Paṇḍita, dem Abt des Sa-skya-Klosters im südlichen Tibet, zu; dessen Neffe 'Phags-pa (1239–1280) intensivierte die Beziehungen zu den Mongolen, insbesondere zu Khubilai Khan.[22] Da aber die Tibeter zu dieser Zeit selbst noch vielfach auf fremdethnische Kunsthandwerker aus Indien und Nepal angewiesen waren, um die Nachfrage nach religiösen Paraphernalia zu befriedigen, konnte selbst 'Phags-pa z. B. auf ein Ansuchen Khubilai Khans, ihm doch einen guten Metallhandwerker nach Peking zu schicken, nur den Nepalesen Aniko samt achtzig seiner Schüler vermitteln. Er soll Leiter einer großen Bronzegießerei geworden sein und in der Nähe Pekings begraben liegen.[23] Die Schule der nepalesischen (genauer der Newar-) Handwerkskunst wurde weitergeführt und soll im 18. Jh. eine Erneuerung erfahren haben.[24] Noch heute leben in der mongo-

[20] A. a. O., 14.
[21] A. a. O., 221; Feddersen (1941), 15, 21.
[22] Hambly (1966), 254/55.
[23] Hummel (1964 a), 131; Weidner (1982), 43–47.
[24] Olson (1950–1971) Vol. III, 14; Heissig (1980), 24.

lischen Tradition die bal-pu darchan weiter (bal-pu = tib. bal po = Nepalesen; darchan = mong. Schmied), die auf das Verfertigen von Schwertern und Herdringen spezialisiert waren.

Auf solcherlei Kontakte dürfte die Übernahme rein buddhistischer Symbole aus Tibet in die Ornamentik der Mongolen zurückzuführen sein: so z. B. der vajra (Donnerkeil), der Löwe, das Mantra Om, die acht Glückszeichen (Rad, Muschel, Schirm, Banner, Lotos, Vase, Fische, Knoten) und das Emblem von Sonne und Mond (Abb. 8).[25] Andererseits hinterließ aber die Fremdherrschaft der Yüan-Dynastie fast keine mongolischen Spuren im künstlerischen Schaffen Chinas. Die chinesischen Künstler produzierten weiterhin ihre eigenen, spezifisch chinesischen Versionen, wenn auch politisch unter „barbarischer" Administration stehend. Wenn überhaupt, dann hinterließen die Mongolen einen gewissen indirekten Einfluß allein in den tibetisch-buddhistischen Kunstwerken, die von Khubilai Khan offiziell eingeführt worden waren, und in der während der Yüan-Dynastie staatlich geförderten Filzzubereitung. Weder vor noch nach dieser Zeit spielte Filz eine vergleichbar wichtige Rolle im chinesischen Wirtschaftsleben. Khubilai Khan sorgte bereits 1262 für die Einrichtung einer staatlichen Filzmanufaktur, die bis zu 29000 Arbeiter beschäftigt haben soll; sie mußte ausschließlich den Hof mit Filzteppichen beliefern.

Diese Filzmanufaktur war in verschiedene Unterabteilungen gegliedert, deren Handwerker sich auf besondere Techniken der Musterung, Applikation, Färbung usf. spezialisiert hatten. Vom kleinen, handlichen Nomadenfilz bis zum knapp 200 qm großen Teppich für Ahnenhallen wurde hier alles hergestellt. Auch erfuhren Qualität und Oberflächengestaltung der Filzteppiche während dieser Zeit eine beachtliche Entwicklung: man unterschied die Teppiche nach Verwendungszweck, Größe, Farbe und auch danach, ob ihre Oberfläche glatt, samtig, geschnitten, flauschig, nadelgearbeitet oder gerändert war.[26]

Aber auch die raffinierte chinesische Kunst und Symbolik

[25] Boyer (1952), 181–188; Sagaster (1978).

[26] Lee/Ho (1968), 1–3; Bidder (1980), 84–90.

muß einen großen Eindruck auf das handwerkliche Schaffen der Mongolen ausgeübt haben. Es ist anzunehmen, daß besonders die mongolische Aristokratie nach dem Zusammenbruch der Yüan-Dynastie nicht mehr auf die liebgewonnenen Luxusgüter chinesischer Herkunft verzichten wollte und konnte, zumindest aber versuchte, durch die Übernahme von Symbolen und Ornamenten den einheimischen Kunstprodukten den Erinnerungsglanz des Vergangenen zu verleihen.

So finden sich, vor allem im äußerst vielgestaltigen mongolischen Frauenschmuck (Kopfputz, Anhänger, Accessoires), aber auch auf Alltagsgegenständen, Möbeln, Teppichen, Filzapplikationen und Stickereien (abgesehen von importierten chinesischen Brokaten), noch heute eine Vielzahl taoistischer Symbole, wie etwa die „Embleme der acht Unsterblichen" – das sind acht taoistische Heilige, darunter zwei Frauen –: Fächer, Schwert, Pilgerflasche, Kastagnette, Blumenkorb, Bambus, Flöte, Lotos.

Wesentlich ältere Ornamente aus der chinesischen Tradition stellen das in hunderterlei Variationen abgebildete Zeichen „Shou", das langes Leben verleihen soll, und das Mäanderband – in diversen Abwandlungen –, die gelochte Münze, die Fledermaus, der Drache (Naga) (Abb. 6b–d), auch Schmetterling und Phönix dar. Aus der Pflanzenwelt erscheinen häufig die Lotosblüte und das „Pilz" genannte „Jui-Ornament", ebenfalls ein taoistisches Symbol für langes Leben (Abb. 6e). Man verwendet in der mongolischen Kunst solche Ornamente gerne als Begrenzung und Hintergrunddekoration, ja überzieht auch einen Gegenstand oder eine Fläche in sozusagen „Horror-vacui"-Manie gegebenenfalls gänzlich mit Rankenwerk.[27]

Mit dem Zusammenbruch der Yüan-Dynastie wurde der Buddhismus in der Mongolei zeitweilig zurückgedrängt. Erst mit der zweiten Welle der Buddhisierung im 16. Jh. durch die Vertreter der Gelugpa-Sekte aus Tibet (der 3. Dalai Lama hatte Altan Khan „bekehrt") begann eine Zeit großer Aktivität, besonders im Kloster- und Tempelbau und in diesem Zusammenhang auch in der Anfertigung von Kleinkunst, Skulpturen aus

[27] Boyer (1952), 181–188.

Metall und Ton, Masken aus Papiermaché, in der Thankamalerei und Freskenkunst, der Stein- und Holzschnitzkunst etc.

Von nun an werden mongolische kunstsinnige Mäzene und mongolische Künstlerpersönlichkeiten z. T. auch namentlich überliefert. Daß aber die Künstler, Baumeister und Handwerker auch dann noch teilweise fremdethnischer Herkunft gewesen sein müßten, spiegelt sich vor allem im Stil der monumentalen Kunst und der Architektur wider.

Da es bislang die gründlichsten Untersuchungen zur mongolischen Kunstgeschichte allein auf den Sektoren der Architektur und modernen nachrevolutionären Kunst gibt, soll im folgenden zunächst kurz die Entwicklung der buddhistischen Kloster- und Tempelformen dargelegt werden.[28] Anfänglich begnügten sich die Mongolen noch mit Zelttempeln und Jurtenklöstern, die ihrer nomadischen Lebensweise am angemessensten schienen. Mit der wachsenden Zahl der Mönche mußten auch die Jurten vergrößert werden, bis man schließlich dazu überging, die Seitenwände aus Holzbrettern zu errichten (Abb. 9a).[29] Von der Tempeljurte blieb nur das kuppelig gewölbte Dach der späteren, typisch mongolischen Bauweise übrig.

Im 17. und 18. Jh. erreichten auf diesem Sektor sinotibetische Einflüsse auch die nördliche Mongolei. Je nach geographischer Nähe bzw. je nach unterschiedlicher Beeinflussung durch bedeutende tibetische Klöster oder durch den chinesischen Kaiserhof finden wir eine Tempelarchitektur vor, die mehr oder weniger genau den tibetischen und/oder chinesischen Vorbildern entspricht. Auch mußten während des 18. Jh. manche Klöster ebenfalls wegen der stetig zunehmenden Insassenzahl letztlich stationär werden[30] – ein architekturgeschichtlich naturgemäß wesentliches Faktum (Abb. 9c).

Zu dieser Zeit übernahm die mongolische Aristokratie unter dem Einfluß der Mandschu-Dynastie immer mehr chinesische

[28] ŠČEPETIL'NIKOV (1960); DARS (1972) referiert das Werk Ščepetil'nikovs; MAJDAR (1970).

[29] DARS (1972), Abb. 10 zeigt den Cogcin-Tempel in Urga; LARSON (o. J.), 112 Abb. eines Jurtenklosters.

[30] DARS (1972), 171; BOSSHARD (1938), 214 Abb. einer Klosterstadt.

Elemente in die Baukunst; besonders gut sichtbar wird dies in der Dachkonstruktion der Tempel und Paläste.

Die in der Grundstruktur überwiegend in mongolischem Stil gehaltenen Tempel weisen meist zwei Gebäude auf, eines mit kreisförmigem, das andere mit rechteckigem Grundriß, die durch einen Gang miteinander verbunden sind. Der Dachraum ist konisch-kuppelig und vom Jurtendach herzuleiten. Er ist mit vergoldeten Zieraten geschmückt (Siegesbanner, Rad der Lehre von zwei Gazellen flankiert etc.). Die Säulen im Tempelinneren sind aus Holz, reich beschnitzt und bemalt, die Wandmalereien in leuchtenden Farben gehalten und gelackt. Die frühesten dieser Tempel stammen aus dem 17. Jh. und stehen z. T. noch.[31]

Die Paläste, Audienzhallen und Residenzen des Adels, der hohen Geistlichkeit und auch die Häuser der chinesischen Handwerker und Händler wurden im chinesischen Stil errichtet, d. h. die Wände aus Ziegelstein oder Holz, die Dächer mit glasierten Ziegeln gedeckt.

Klöster in chinesischem Stil haben oft zwei Stockwerke und mehrgeschossige Dächer mit zipfelig aufgebogenen Enden. Besonders die auf Befehl des chinesischen Kaisers errichteten Klöster weisen reichsten chinesischen Baudekor auf (eines der ältesten Klöster in Erdeni Dzuu wurde bereits im 16. Jh. in chinesischem Stil erbaut, ebenso die Residenz des 8. Bogdo Gegen in Ulan Bator).[32]

Erst im 17. Jh. wächst auch der tibetische Einfluß in der Architektur. Der Grundriß der zwei- bis dreistöckigen Gebäude ist meist quadratisch, die Mauern und Fensterumrandungen ver-

[31] Ščepetil'nikov (1972), 173–176, Abb. 19. Consten (1919/20) Bd. 2, Tafel 8: Der alte Maidari-Tempel (Urga). Zur Tempelinnenansicht ibid. Tafel 9. Bosshard (1938), 200, 209. König (1967), Abb. 58. Inner Mongolia (1957), Abb. S. 127, 129. Zur Inventarliste eines Klosters: Rinchen (1959).

[32] Larson 144: Abb. des Haupttempels des Fürsten der Sunit. Bosshard (1938), 49. Consten (1919/20), Bd. 2, Tafel 12: Palast des Staatsorakels in Urga in chinesischem Stil, die Empfangsjurte (Tafel 13) jedoch ganz mongolisch. Ebenfalls Tempel in chinesischem Stil ibid. Tafel 29: Tempel in Uljasutai.

jüngen sich nach oben zu, das Mauerwerk ist immer geweißt und schließt zum flachen Dach mit einem dunkelroten Ornamentband ab[33] (z. B. der Labrang in Erdeni Dzuu). Daneben existieren dreierlei Mischstile, ein sino-mongolischer, ein sino-tibetischer und ein tibeto-mongolischer (Abb. 9a).[34]

Charakteristisch sind die um die mongolischen Klöster und Tempel herum aufgeführten Stupas (mong. Suburgan), deren Form aus Tibet übernommen, aber erst gegen Ende des 16. Jh. in der Mongolei heimisch wurde. Besonders bekannt sind die 108 Stupas der Umfriedungsmauer des Klosters Erdeni Dzuu (Abb. 9b).[35]

Eine weitere typisch mongolische Erscheinung sind die hölzernen Türme, die wir ebenfalls am Eingang zu jedem Tempel- und Klosterkomplex vorfinden (Abb. 9d). Oft von einem überdachten Pavillon gekrönt und nur über eine Leiter zu erklimmen, dienten sie den Mönchen zur Gebetsankündigung, indem diese von der Höhe mit Muscheltrompeten zur Versammlung bliesen.[36]

Nachdem die Wanderklöster im 18. Jh. aus den oben erwähnten Gründen seßhaft wurden, entwickelten sie sich auch zu Verwaltungszentren des Adels, wie es etwa in Urga der Fall war, und im 19. Jh. dann ganz besonders zu Handelsstätten für Chinesen und Russen (Kiachta, Urga, Uliasutai, Kobdo).

Zu den Bauherren und Meistern, den Künstlern und Handwerkern, die an der Fertigstellung der zahlreichen Klöster mitwirkten, lassen sich nun auch personengebundenere Informationen erhalten. Eine besonders gründliche Untersuchung hierzu liegt erst seit kurzem über Erdeni Dzuu vor (Abb. 9b).[37]

[33] Bosshard (1938), Abb. S. 208; Field (1978), 43.

[34] Dars (1972), Abb. 11–13; 180/81 Mischstil-Bauwerke. Lessing (1935), Abb. S. 42/43. Larson 112: Kloster im sino-tibetischen Stil. Vgl. dazu Consten (1919/20), Bd. 2, Tafel 14: Neuer Maidari-Tempel in Urga, ebenso König (1967), Abb. 59: Haupttempel des Ganden-Klosters.

[35] Jisl (1960), Abb. 18.

[36] Dars (1972), Abb. 55.

[37] Alexandre (1979).

Drei der zahlreichen Tempel dieses Klosters gehören zu den ältesten der Mongolei überhaupt. Das Kloster liegt am Orchon-Fluß, ca. sechs Kilometer von den Ruinen bzw. dem ehemaligen Standort Karakorums entfernt. Es wurde 1586 von Abadai Khan, der sich dem Buddhismus zugewandt hatte, gegründet.

Er verehrte besonders die Bodhisattvas, das sind idealtypische Erlöserfiguren des Mahayana-Buddhismus; sie stellen ihr ganzes Wirken auf die Erlösung sämtlicher Lebewesen ein und verzichten dabei zunächst auf ihre eigene Erlösung – wie z. B. Vajradhara, aber auch Buddha Shakyamuni und der große Heilige Padmasambhava. Dies ist deshalb erwähnenswert, da die ältesten Tempel diesen Gottheiten geweiht sind und deren Statuen enthalten. Die ersten Tempel erbaute man aus den Resten der Ruine Karakorum. Weitere Tempel und Stupas stifteten die Frauen und der Sohn Abadai Khans.

1635 wurde letzterer als erster mongolischer Khutukhtu anerkannt, die erste einer Reihe von acht Inkarnationen; später nannte man ihn auch den Öndür Gegen; er entwickelte einen besonders ausgeprägten Sinn für verschiedene Künste, der sich in hervorragenden Fertigkeiten als Goldschmied, Bronzegießer u. a. mehr äußerte. Er arbeitete unter dem Künstlernamen Zanabazar und starb 1723. Einige der Kunstwerke, die seinen eigenen Händen entstammen, sind in Erdeni Dzuu zu sehen, das inzwischen zu einem Museum umfunktioniert wurde.

Die ältesten Tempel der Klosteranlage enthalten Fresken in sino-tibetischem Stil mit deutlich mongolischen Eigenheiten in Ausführung und Thematik. Der zentrale Tempel weist interessante ikonographische Details auf; so ist die Kassettendecke mit Berg- und Waldlandschaften ausgemalt, in deren Grotten und Höhlen Gottheiten sitzen. Meterhohe Tonstatuen des Buddha, des heilenden oder Medizin-Buddha und Amitabha stehen in demselben Tempel sowie vier goldene Taras, die von Öndür Gegen persönlich angefertigt worden sein sollen.[38] Die Angaben über die ersten, in Erdeni Dzuu tätigen Handwerker sind spärlich. Der maßgebende Architekt war ein Mongole namens

[38] A. a. O., 26.

Manžushir, die meisten Künstler und Handwerker waren ebenfalls Mongolen.[39]

In der Biographie des Öndür Gegen ist erwähnt, daß ihm der Dalai Lama, nachdem er von seinem Wunsch, in der Mongolei Klöster zu gründen, erfahren hatte, einen Maler aus Lhasa mitgab. Hier haben wir einen der wenigen direkten Hinweise auf tibetische Einflüsse.[40]

Diesem Bogdo Gegen wurden auch große Fähigkeiten als Architekt nachgesagt; so entwarf er persönlich den Plan des Cogcin-Tempels in Urga.[41] Außerdem war er nicht nur ein guter Goldschmied und Bronzegießer, sondern zusätzlich auch Maler, Kalligraph, Schnitzer und Sachkundiger für Mandalas, d.h. kosmische Diagramme, die als Meditationsvorlage und Meditationshilfe dienen.[42]

Öndür Gegen, der 1. J̌ebcundamba Khutukhtu, soll verheiratet und seine Frau ebenfalls Bildhauerin gewesen sein. Der J̌ebcundamba Khutukhtu fertigte nach dem Tod seiner Gattin 21 Statuen der Göttin Tara und zur Erinnerung an sie darunter eine als Porträt an (Abb. 10a).[43]

Öndür Gegen war nicht nur ein begabter Künstler, sondern auch ein historisch orientierter Mann. Er muß sich intensiv mit verschiedenen indischen Kunststilen auseinandergesetzt und besonderen Gefallen am Pala-Stil des 10./11. Jh. gefunden haben, wie die Stücke zeigen, die seiner Hand zugeschrieben werden. Er orientierte sich aber auch an tibetischer und chinesischer Kunst (Abb. 10a u. 10b).[44] Deshalb fällt es schwer, diese Meisterstücke als typisch mongolische Kunstwerke zu bezeichnen.

[39] Dorzhuren (1978), 42.

[40] Kämpfe (1979), 98; Pozdneyev (1971), 323.

[41] Alexandre (1979), 15; Bawden (1961), 60.

[42] Kämpfe (1979), 100; Bawden (1961), 57; Dorzhuren (1978), 45, 47: er gründete die große Bibliothek des Bogdo Gegen. Pozdneyev (1971), 328/29, 333, 337.

[43] Bawden (1961), 45, Anm. 8; Jisl (1960), Abb. 74.

[44] Jisl (1960), Abb. 71–74; Lomakina (1977), Abb. 45, 71, 93; Alexandre (1979), Abb. 20. Die Statuen befinden sich z.T. im Cogcen-Tempel in Ulan Bator und in Erdeni Dzuu.

Sie bleiben, zumindest im Rahmen des bisher zugänglich gemachten, leider sehr spärlichen Anschauungsmaterials, ausgesprochene Ausnahmen. Da sich in seinen Arbeiten auch zentral- und osttibetische Einflüsse nachweisen lassen, stellt sich die Frage, ob dieser Mann wirklich selbst der begnadete Künstler war, als der er heute gilt – in seiner Biographie nimmt die Beschreibung seiner künstlerischen Aktivitäten nicht gerade viel Platz ein –, oder ob die ihm zugeschriebenen Werke vielmehr eingeführt bzw. wiederum von chinesischen und tibetischen Meistern angefertigt wurden. Dafür spricht eine kurze Notiz in der Biographie des 2. Bogdo Gegen. Der Kaiser Ch'ien-lung gab diesem 2. Jebcundamba Khutukhtu anläßlich eines Zusammentreffens folgende Geschenke mit in die Mongolei: 25 Wohnungseinrichtungen, 2 Hoftore, 120 Säulen, 2 Türen samt Rahmen, 400 Eisennägel für Zeltbespannungen, 30 Hämmer etc.[45] Diese Gaben deuten darauf hin, daß die Mongolen im 18. Jh. noch oder wieder in hohem Maße von der Einfuhr handwerklicher Produkte bzw. den Arbeiten fremdethnischer Handwerker im eigenen Lande abhingen.

In der Bildhauerei wie in der Thankamalerei, d. h. der Malerei von Rollbildern mit religiösen Inhalten, bevorzugten die Mongolen thematisch besondere buddhistische Gottheiten, die z. T. auch spezifische Schutzgottheiten und Heilige der Gelugpa-Sekte, also der reformierten Schule des tibetischen Buddhismus, sind; so z. B. die Schutzgottheit Mahakala, den Totengott Yama, den Medizin-Buddha, Buddha Shakyamuni, Maitreya (mong. Maidari, der zukünftigte Bodhisattva), Kubera (Reichtumsgott), die acht Bodhisattvas, Chenresi, die grüne Tara und die Schrekken einflößende Lhamo (Abb. 14e, 13a, 10b, 11, 10a). Tsongkhapa als Begründer der Gelugpa-Schule spielte ebenfalls eine große Rolle in der mongolischen Ikonographie (Abb. 13b).[46]

Erwähnenswert sind die häufigen und sehr beliebten Abbildungen von Kriegs- (tib. gra lha) und Berggottheiten, auch die

[45] Bawden (1961), 72/73.

[46] Alexandre (1979), Abb. 19–24; Lessing (1935), Abb. S. 49 u. S. 125. Haslund-Christensen (1939), Abb. 67, 70.

Wiedergabe von Gottheiten, die in der tibetischen buddhistischen Malerei sonst unbekannt sind, beispielsweise eines weiblichen Chenresi mit Kind und Mungo auf dem Schoß.[47] Der Bodhisattva Chenresi (Avalokiteśvara) wird in China (Kuan-yin) und in Japan (Kwannon) vor allem in seiner weiblichen Form dargestellt, so daß die mongolischen Vorbilder bei ihren südöstlichen Nachbarn zu suchen sind (vgl. Abb. 11).

Es fällt in den meisten mongolischen Malereien eine gewisse Flachheit und der Mangel an Perspektive auf (vgl. Abb. 11 u. 12). Dies ist sicher darauf zurückzuführen, daß Pilger und Mönche aus der Mongolei, die sich länger in Tibet aufhielten, sowohl preiswerte Holzblockdrucke auf Papier und Leinwand wie auch Schablonen von Thankas mit in die Heimat zurückbrachten, die dann immer und immer wieder den neuen Arbeiten zugrunde gelegt wurden.[48]

In der Farbgebung begnügte man sich ebenfalls mit einfachen Nuancierungen, es herrscht eine gewisse Monotonie: Grün, Blau, Weiß werden als kräftige Kontrastfarben verwendet. Details, Schattierungen und feinste Miniaturzeichnungen läßt man zugunsten einer – oft allerdings virtuosen – „impressionistischen" Malweise unberücksichtigt, wie z. B. besonders gut auf den kleinen Kultbildern (tib. cak li) und auf Illustrationen zu Druckwerken zu sehen ist (Abb. 12).[49]

In der Druckblockschnitzerei entwickelten die Mongolen ebenfalls einen eigenständigen Stil;[50] hier fand die individualisie-

[47] Hummel (1955), 79, 81: hier wird eine ungewöhnliche Ikonographie manchmal als einziges Merkmal, mongolische Kunst zu definieren, angeführt. Sárkőzi (1978), Abb. S. 394, 398. Alexandre (1979) 28/29. Pal (1969), Abb. 81. Zu Innovationen in der Thankamalerei vgl. Lessing (1935), Abb. S. 187. Beispiele zu den beliebtesten Gottheiten der Mongolen auch in Skul'ptura (1971).

[48] Lomakina (1977), Abb. S. 141; Forman/Rintschen (1967), 45; Abb. von Schablonen in Hartwig (1966) und in Boyer (1952), 114/15.

[49] Hummel (1959); Sárkőzi (1976); Heissig (1978), Abb. S. 138/39, 255.

[50] Bethlenfalvy/Sárkőzi (1976); Šügėr (1976).

rende Porträtdarstellung schon recht früh ihren Platz.[51] Auch in der Schnitzkunst, sei es mit religiöser Thematik, sei es für den Alltagsgebrauch, gingen die Mongolen ihre eigenen Wege. Die Holzskulpturen weisen oft übergroße Kopfproportionen auf, der Rumpf ist ausladend, Hände und Füße zu groß geraten (Abb. 13a, b). Vor allem die Wiedergabe des Lotos mit breiten, eckigen Blättern ist typisch mongolisch.[52] Ähnliches läßt sich auch für die auf Felswände und Steine gravierten Reliefdarstellungen buddhistischer Gottheiten feststellen.[53]

Die Kunsthandwerker, die bis Ende des 19. Jh. meist anonym blieben, müssen wir einmal unter den abhängigen Untertanen (mong. šabinar, arat) der Klöster und Aristokraten, zum anderen – und vor allem, was das gehobene Kunsthandwerk angeht – unter den Mönchen selbst suchen. Zum spezialisierten Handwerken gehören Muße und Seßhaftigkeit. Diese Voraussetzungen bot eigentlich nur das Leben im Kloster. Deshalb gab es unter den begabten und interessierten Mönchen gute Maler, Maskenmacher, Tonmodelleure, Kopisten, Druckstock- und Kunstschnitzer, Drucker, Applikateure, Sticker, Schneider, Färber, aber auch Gießer, Silber- und Goldschmiede, Schreiner etc. In den Klosterwerkstätten herrschte eine gewisse Arbeitsteilung, so daß nur die erfahrensten Meister z. B. die Gesichter der Gottheiten malten, und unter den Schneidern sich einige auf bestimmte Applikationsformen spezialisierten, die sie dann besonders sorgfältig ausführten.[54]

Da es bis heute nicht erlaubt ist, in den Tempeln und Klöstern oder Museen frei zu fotografieren, viele Kunstdenkmäler noch immer der Inventarisierung harren und die Museumsbestände

[51] Bawden (1970); vgl. Porträts in Lomakina (1974).

[52] Jisl (1960), Abb. 48, 75, 88; Pal (1969), Abb. 82; Haslund-Christensen (1939), Abb. S. 60/61; Waln (1936), Abb. S. 128.

[53] Vgl. Skul'ptura (1971); Pozdneyev (1971), 85, 180: im Gegensatz zur relativen „Unfähigkeit“ der Mongolen als Handwerker waren sie offenbar um die Jahrhundertwende immerhin gute Schreiner und Kunstschnitzer.

[54] Forman/Rintschen (1967), 39/40; Consten (1919/20), Bd. 1, Tafel 37; Cheney (1966), 123.

z. T. noch nicht systematisch publiziert und katalogisiert wurden, sind wir auf die wenigen, immer und immer wieder reproduzierten Abbildungen, die uns in der Literatur zur Verfügung stehen, angewiesen, aber auch auf die veröffentlichten Studiensammlungen westlicher Museen. Letztere enthalten einerseits rein ethnographisches Material, andererseits vor allem religiöse und profane Kleinkunst; darunter fallen die bereits erwähnten Miniaturmalereien religiösen Inhaltes, die wegen ihrer leichten Transportabilität in großen Mengen in westliche Museen gelangten, sowie kleine Tontäfelchen (tib. tsa tsa), die gebrannt und ungebrannt in ungezählten Variationen aus dem oben genannten Grund unsere Sammlungen bereichern. Beide Kunstgattungen bilden wiederum die erwähnten, in der Mongolei besonders beliebten Schutz- und andere Gottheiten ab.[55]

Besondere Aufmerksamkeit schenkten die mongolischen Künstler der Anfertigung von Čham-Masken, die anläßlich der religiösen Tänze von Mönchen getragen wurden. Hier entwikkelten sie z. T. einen ganz eigenen Stil, vor allem in der von Tibet nicht bekannten Gestaltung von Masken, die feurig lodernde Augenbrauen und furchterregend verzogene Mundwinkel erhielten. Außerdem gingen sie ihre ganz eigenen Wege in der Herstellung von über und über mit Korallen besetzten Masken (Abb. 14 a). Ob letztere wirklich beim Tanz getragen wurden, sie wogen bis zu 15 kg, muß fraglich bleiben, zumal keine Darstellungen von Tänzern in Aktion überliefert sind. Wahrscheinlich hingen sie als Masken mit schützender Funktion im Tempel und wurden dort als Schmuckelement verwendet.[56] Die eigentlichen Tanz- oder Gesichtsmasken stellte man aus Stoff her. Dazu modellierte der Künstler in Leim getränkte, kleine Stoffstücke über einen Tonkern, der später zerschlagen wurde; nachdem der Stoffüberzug getrocknet war, bemalte er diese leichten Masken, die sich dann vorzüglich beim stundenlangen Tanzen tragen ließen.[57]

[55] Hummel (1959), (1962).

[56] Forman/Rintschen (1967), 55, 62, 67, 84 und Abb. S. 98–103; Lucas (1962); Lessing (1935), Abb. von Masken und Tänzern.

[57] Jisl (1960) Abb. 91, 93.

Eine weitere Eigenart der mongolischen religiösen Kleinkunst stellen die aus Papiermaché gefertigten Miniaturgottheiten und Lamastatuen dar (Abb. 14b). Diese kleinen Gebilde hatten den Vorteil, nicht nur billig, sondern auch leicht transportabel zu sein. Da man die Figuren wie auch die erwähnten Cak li und Tsa tsa meist in Amulettbehältern aus Metall verwahrte, waren sie gegen Beschädigung geschützt und stellten so eine dem nomadischen Lebensstil angepaßte ideale Kunstform dar. Von den Čham-Tänzern gibt es, und dies wiederum nur in der Mongolei, geschnitzte Darstellungen aus Holz (ca. 20–30 cm hoch). Ob diese einen rituellen Zweck erfüllten oder nur für die westlichen Sammler und Reisenden angefertigt wurden, sozusagen als Souvenir oder Modelle für Museen, ist noch nicht geklärt (Abb. 14e).[58]

Im profanen Kunstbereich repräsentieren die hölzernen, geschnitzten Schachfiguren eine typisch mongolische Schöpfung (Abb. 14c). Die Gestaltungselemente der Figuren wurden ebenfalls dem nomadischen Milieu entnommen.[59]

Einen hohen Grad kunsthandwerklicher Qualität erreichten die Arbeiten der mongolischen Silberschmiede, auch wenn sie überwiegend gar nicht Mongolen, sondern Chinesen waren! Der je nach Stamm und Provinz ganz unterschiedliche Kopfputz der Frauen aus Silber, Korallen und Türkisen, die Châtelaines und Ringe für Frauen, Flint- und Zundertaschen sowie Eßbestecke für Männer, wertvolle, silberverzierte Trinkschalen, Sättel, Amulettkästchen und andere Paraphernalia wurden in einem für die Mongolei ganz charakteristischen Stil gearbeitet, auch wenn die Ornamente und Motive oft aus Tibet oder China übernommen worden waren (s. o.). Die mongolische Eigenheit besteht dabei im Überziehen des Unter- und/oder Hintergrundes mit schwerem, „barock" anmutendem Rankenwerk (Abb. 6).[60] Mit

58 Hummel (1962).

59 Montell (1939); Bosshard (1938), Abb. S. 192; Inner Mongolia (1957), 32.

60 Vgl. Boyer (1952), 180: der Dekor soll möglichst symmetrisch angeordnet sein. Jisl (1960), Abb. 96/97, 104; Halén (1982) 79, Abb. 155–158, 165/66.

Ausnahme des Frauenkopfputzes (Abb. 14d) ist es oft nicht leicht, die Provenienz eines Stückes genau zu lokalisieren. Eine gewisse Nivellierung des Stiles ergab sich aus dem Leben der Silberschmiede und anderer Handwerker als Wanderhandwerker, die im Laufe ihres Lebens weit im Lande herumkamen, und aus der Situation, daß mongolisches Handwerk immer Auftragshandwerk war. Als Auftraggeber fungierten vor allem die Kirche und der reiche Adel, die auch das benötigte Rohmaterial zur Verfügung stellen mußten. Ein Grund für die Nichtausübung des Berufes des Silberschmiedes durch Mongolen mag darin begründet sein, daß hier, wie auch in Tibet, das Metallschürfen und konsequenterweise das Arbeiten mit Metall als „unrein" galten, da man annahm, daß dadurch die Erdgeister gestört und ihr Zorn provoziert werde. Wahrscheinlicher ist, daß die Kunstschmiede das ihnen von den Kunden anvertraute Metall amalgamierten und deshalb einen schlechten Ruf genossen.[61] Wie bereits erwähnt, ist es schwer, für die Vergangenheit Handwerkerzentren zu lokalisieren. Eine Ausnahme bildet der Ort Dolon-noor, in dem sich manufakturartige Metallwerkstätten befanden, die überwiegend Kupfer- und Bronzearbeiten für das mongolische Umland anfertigten. Hier arbeiteten jedoch wiederum vornehmlich chinesische Spezialisten. Die Art und Organisation der Werkstätten ist mit der der großen Manufaktur Jungho in Peking vergleichbar. Die Statuen aus Dolon-noor wurden sogar bis nach Tibet verhandelt, denn sie waren bekannt für ihre exakten Proportionen und dauerhafte Vergoldung. Anfang dieses Jahrhunderts gehörte die Betriebsamkeit der Stadt allerdings auch schon der Vergangenheit an.[62]

[61] Larson 94: die Silberschmiede verarbeiteten ein Metall, das nur 40% Silber enthielt. Boyer (1952), 169: während der Regierung des Khubilai Khan war es unter Androhung der Todesstrafe verboten, in der Erde zu graben. König (1967), Abb. 38 zeigt eine chinesische Schmiede in Urga.

[62] Huc (1966), 24; Lessing (1935), 58; Montell (1954); Consten (1919/20), Bd. 2, 62: chinesische Handwerker aus Dolon-noor erstellten die Statue der Hauptgottheit im neuen Maidari-Tempel (Urga). Sie war vom 8. Bogdo Gegen in Auftrag gegeben worden und

Zusammenfassend läßt sich über die mongolische Kunst bis zur Jahrhundertwende sagen, daß sich die ältere buddhistische Kunst durch ein hohes Qualitätsniveau auszeichnet und z. T. mit bekannten Künstlern namentlich in Verbindung gebracht werden kann. Die meist von anonym gebliebenen Kunsthandwerkern verfertigten Gegenstände und Paraphernalia wie Cak li, Tsa tsa, Thankas etc. muten dagegen eher „naiv" und „provinziell" an, ein Resultat der unpersönlichen Arbeit mit Schablonen und Vorlagen sowie der Massenproduktion. Silberschmiede, Bronzegießer, Metalltreiber, Schreiner, Gerber, Weber, Filzwalker und vermutlich auch Schuster waren zu der Zeit fast ausschließlich chinesische Wanderhandwerker; außerdem hatten sich die Mongolen weitgehend von Importen aus dem Westen, aus Rußland und China abhängig gemacht.[63]

Die „Moderne" begann in der nördlichen Mongolei 1921 mit der Revolution. Man unterscheidet seither zwischen moderner angewandter und moderner bildender Kunst.

Das angewandte dekorative Kunsthandwerk hat seine Wurzeln in der Jahrhunderte alten, traditionellen mongolischen Volkskunst. Heute wie vormals werden Eisen, Edelmetalle, Holz, Leder und Wolle zur Herstellung von stark ornamentierten Gebrauchsgegenständen, Jurtenausstattungen, Pferdegeschirren und persönlichem Schmuck verwandt.[64] Es ist aber zu

soll über 35 m hoch gewesen sein. Die vorgearbeiteten Einzelteile wurden antransportiert und erst am Ort zusammengesetzt. Hummel (1964a), 47; Kočeškov (1973) gibt per Karte auf den Vorsatzblättern der vorderen Einbanddecke eine Übersicht über die schwerpunktmäßige Verteilung der einzelnen Handwerkssparten im Lande. Kassette (1971) weist in der Einleitung hin auf provinz- und stammesspezifische Handwerke und Kunstformen; unter den Dariganga-Mongolen soll es gute Silberschmiede gegeben haben, im westlichen Teil des Landes sei man auf Lederverarbeitung spezialisiert.

63 Lessing (1935), 94–97; Lattimore (1941), 189/190; Cheney (1966), 122. Pozdneyev (1971), 69: Liste der chinesischen Handwerker, die um die Jahrhundertwende in Urga arbeiteten.

64 Vgl. Kassette (1971), hier werden alle Künstler namentlich genannt. Vgl. auch Kassette Volkskunst.

bezweifeln, ob diese immerhin kostbaren Erzeugnisse auch von Einheimischen erstanden werden können oder ob sie vor allem für den Verkauf an Touristen bzw. für den Export und für Ausstellungen gedacht sind (Abb. 15).

Die Wiederbelebung des Kunsthandwerkes, das in den revolutionären Wirren dem Untergang geweiht schien, verdankt die Mongolei einem ihrer tätigen Politiker, dem Architekten und Gelehrten Majdar. Er arbeitet seit Anfang der sechziger Jahre an der Rettung, Sicherstellung und Erhaltung von Kulturgütern und Kenntnissen, die gänzlich verlorenzugehen drohten.

Nicht zuletzt halfen die neuerlich in Künstlergenossenschaften unter Anleitung erfahrener Meister ausgebildeten Kunsthandwerker und ihre Werke den Mongolen bei ihrer Identitätswahrung.[65] Es fand eine Rückbesinnung (Revivalismus) auf die traditionellen nationalen Kunstformen und Ornamente statt. Hinzu kommen jedoch auch moderne Weiterentwicklungen und Innovationen in der Verwendung des Materials wie in der Gestaltung. Es sei hier auf die sehr naturalistischen Schnitzereien, meist Tierdarstellungen, oder auf die Trinkschalen verwiesen, die samt ihrem Dekor gänzlich aus Holz geschnitzt statt mit dem früher üblichen getriebenen Silberbeschlag (Abb. 16) versehen sind. Man appliziert auf Seidenbilder heute lieber den Freiheitskämpfer Suche Bator statt buddhistischer Heiliger. Man be- und verarbeitet nun zunehmend Materialien wie Elfenbein und Ton, und dies auf eine Art und Weise, wie sie früher in der Mongolei keine Verwendung fanden (Abb. 17). Im allgemeinen zeigt sich jedoch in der modernen dekorativen Kunst eine bevorzugte Behandlung überlieferter Materialien und Formen, auch wenn die künstlerische Qualität nachgelassen hat. Erfreulicherweise findet nur selten eine „Übernaturalisierung" statt, wie z.B. in der Ausgestaltung der gegenwärtig angefertigten sog. Pferdekopfgeigen, die als solche in einer langen Tradition stehen. Der nunmehr allzu realistische Pferdekopf scheint die alten stilisier-

[65] Obrabotka (1964); Soktoeva/Habarova (1976); Kassette Volkskunst; Schubert (1963), Abb. S. 80/I Werkstatt für Stiefelproduktion; David (1962), Abb. Silberschmied, Kunstmaler.

ten, ja eher abstrakten Darstellungen des Pferdekopfes verdrängt zu haben (Abb. 18).[66]

Auf die moderne bildende Kunst der nördlichen Mongolei übte die Kunst des sozialistischen Realismus der Sowjetunion einen besonders nachhaltigen Eindruck aus; es werden dabei Malerei und Bildhauerei als Ausdrucksmittel bevorzugt. Themen dieser neuen „engagierten" Kunstauffassung bildeten zunächst die Helden der Revolution (Abb. 19). Bis 1930 wurden vor allem Zeichnungen, Karikaturen und Poster, also billig zu reproduzierende Propagandamaterialien, geschaffen; die Tendenz blieb bis in die vierziger Jahre erhalten. 1935 hatte man die erste Kunstschule eröffnet, in der die Ausbildung zum Künstler analog jeder anderen Handwerksausbildung erfolgte. 1955 fand der erste Kongreß mongolischer Künstler statt.[67]

Auch in der bildenden Kunst gab es den Themenwechsel vom anfänglich revolutionären Enthusiasmus und dem Drang nach Darstellung von Helden und Kämpfern, von den Mühen des Alltagslebens der armen Hirten, von der Verherrlichung des Arbeiterdaseins hin zu traditionellen Sujets (Abb. 20); großer Beliebtheit erfreuten sich auch hier die Wiedergabe von Wild- und Herdentieren, von Festen und Hochzeiten, von Szenen des Lagerlebens der Nomaden, ja sogar religiöse Themen wie die Abbildung der „Vier Einmütigen" (Abb. 21, 22). In der Architektur orientierte man sich an neoklassizistischen und zeitgenössischen europäischen Vorbildern.[68]

Das Werk eines Künstlers muß an dieser Stelle besonders gewürdigt werden: das Werk des Marzan Šarav (Abb. 23). Er wurde 1869 geboren und durchlief eine Ausbildung zum tra-

[66] Vgl. Kassette (1971), Abb. 2; Jisl (1960), Abb. 108/109.

[67] Cheney (1966), 212–217; König (1967), 63. Zur modernen Kunst: Schulze (1979).

[68] Kassette Moderne (1971); Lomakina (1970); Soktoeva/Habarova (1976). Eine Rückkehr zu traditionellen und sogar religiösen Themen wird übrigens auch auf Briefmarken erkennbar, vgl. Katalog der mongolischen Briefmarken, Budapest 1973. Im 1966 eröffneten Museum der schönen Künste (Ulan Bator) werden Werke namhafter zeitgenössischer Künstler ausgestellt.

ditionellen Maler, den ikonographischen Vorschriften aufs genaueste folgend.[69] Ab 1921 arbeitete er an Plakaten mit revolutionärer Thematik. Er ließ diese Phase jedoch bald hinter sich, um sich der Darstellung des mongolischen Nomadenlebens anzunehmen. Der Reiz dieser Malerei liegt in der gelungenen Verbindung traditioneller Maltechnik mit neuen Motiven, die nicht mehr ausschließlich religiösen Inhaltes sind. Seine Bilder zeigen Handelskarawanen, die Begrüßung von Gästen, bäuerliche Aktivitäten (Feldbestellung, Ernte), Szenen aus dem Hirtenleben (Abbau und Verladen der Jurte, Filzwalken [Abb. 24], Melken und Scheren der Schafe, Schnapsbrennen), religiöse Zeremonien (Opfer am Obo, schamanistische Séance, betende, aber auch betrunkene Mönche), Musizierende, Kämpfer, Ansichten von Städten und Marktplätzen.[70]

Rückblickend zeigt sich, daß das mongolische Kunsthandwerk wie auch die bildende Kunst, die oft nicht voneinander zu trennen sind, es im Laufe der Geschichte immer wieder fertigbrachten, nach zunächst massiver Beeinflussung von außen her – seien es mittelalterlich-europäische, tibetische, chinesische und schließlich moderne russische Einflüsse – diese zunächst als solche zu rezipieren und die sicher auch als begehrte modische Novitäten zu verstehenden Kunststile zu absorbieren, um sie später dem eigenen, spezifisch mongolischen Kunstempfinden entsprechend abzuändern und anzugleichen.[71]

[69] Kassette Moderne (1971), Abb. 11. Das Porträt zeigt M. Šarav als traditionellen Thankamaler. Es wurde auch als Briefmarke gedruckt. Cheney (1966), 212: die frühe moderne Kunst der Mongolei basiert weitgehend auf der traditionellen Ausbildung und Vorbildung der Künstler! Schubert (1971), 182/183; Nowgorodowa (1980), Kapitel 8.

[70] Lomakina (1974).

[71] Das Manuskript war bereits lange fertiggestellt, bevor das Buch von E. und M. Taube, *Schamanen und Rhapsoden – die geistige Kultur der alten Mongolei,* Wien 1983, erschien; deshalb konnte aus diesem Buch der Abschnitt über bildende Kunst und Kunsthandwerk (S. 241–255) nicht mehr berücksichtigt werden.

5. Entwicklungsgeschichte

ZUR ANTHROPOGEOGRAPHISCHEN BETRACHTUNG DER MONGOLISCHEN GESCHICHTE

Gedanken über eine zukünftige Forschungsrichtung

Von Michael Weiers

Die Große Chinesische Mauer, eines der imposantesten Bauwerke der Menschheit, wurde seit dem 3. vorchristlichen Jh. über Jahrhunderte hin zu einem Schutzwall chinesischen Kulturlandes gegen die Reiter- und Steppennomaden Zentral- und Nordasiens ausgebaut. Sie sollte nach Art des römischen Limes die „nördlichen Barbaren" in den Wüsten und Hochsteppen zurück- und unter Kontrolle halten. Lockerte sich die Kontrolle, konnte zwischen Kulturland und Steppe ein auf beiderseitigen Interessen beruhender Tauschhandel entstehen.

Mitunter machte auch die Gestellung von Karawanen, deren Führung neben den Handelsherren der Kulturländer erfahrene und ortskundige Klane der Steppennomaden übernahmen, Teile der Reiter- und Steppenvölker zu Mittlern zwischen oft recht weit voneinander entfernten Kulturländern und deren seßhafter Bevölkerung. Daß die an solcher Mittlerrolle nicht unmittelbar beteiligten Steppenbewohner während solcher Epochen verschiedentlich in die Kulturländer einfielen, um kurze Beutezüge zu machen, wird in Berichten zwar immer wieder hervorgehoben, doch kam solchen Razzien meist nur marginale Bedeutung zu.

Anders hingegen verhielt es sich mit den gewaltigen Invasionen, die immer wieder über die Kulturländer und ihre seßhafte Bevölkerung hereinbrachen und die Schutzwälle zur Farce werden ließen. Solche Invasionen, während deren die Welt der Reiter- und Steppennomaden sich explosionsartig ausbreitete, kennt die Geschichte Eurasiens mehrere: in China gegen Ende des 3. vorchristlichen Jh. die Hsiungnu unter Maodun, die Hunnen unter Attila in Europa und im 14./15. Jh. n. Chr. Timur in Mittelasien. Als letzte Invasion im 17. Jh. n. Chr. dann die der Mandschuren in China und davor noch im 13. Jh. n. Chr. die gewaltige mongolische Invasion unter Tschinggis Khan und seinen Nachfolgern, deren Reich zeitweilig vom Pazifik bis fast zur Ostsee reichte, und das damit in seiner räumlichen Ausdehnung das größte uns bekannte Imperium bildete, das bis dahin auf der Erde existiert hatte.

Bevor man die spezielle Faktengeschichte der durch diese Invasionen entstandenen Imperien von Reiter- und Steppennomaden darstellt, drängt sich einem die grundsätzliche Frage auf, wie es überhaupt zu solchen teilweise immensen räumlichen Ausdehnungen kommen konnte, Ausdehnungen, durch die ja immerhin die Reiter- und Steppennomaden die Gebiete der Seßhaften zeitweilig erheblich zurückdrängten und damit jedesmal entscheidende Wendepunkte für die Geschichte Eurasiens setzten, Wendepunkte, die, wie z. B. im Falle der mongolischen Invasion, bis heute weltpolitisch bedeutsame Folgen in der Auseinandersetzung zwischen Ost und West zeitigten.

Die Beantwortung dieser anthropogeographischen Frage führte im Bereich des Studiums der Geschichte Zentralasiens, in deren Rahmen auch die mongolische Geschichte zu stellen ist, zu mehreren Hypothesen.

Die erste der Hypothesen könnte man „Hypothese des Charismas“ nennen. Sie nimmt an, daß die großen Auf- und Ausbrüche der Reiter- und Steppennomaden und ihre räumliche Ausdehnung an das Auftreten außergewöhnlicher Führerpersönlichkeiten gebunden gewesen seien, die dank ihrer Ausstrahlung und ihrer Fähigkeiten die rivalisierenden Stämme und Völkerschaften politisch zu einen vermocht hätten. Diese relativ kurzlebigen Konföderationen hätten derartige Expansionskräfte besessen, daß es eben zu den für die Kulturländer oft verheerenden und lang nachwirkenden Invasionen gekommen sei. Diese

Hypothese entwickelte vornehmlich R. Grousset am Beispiel des Mongolenkaisers Tschinggis Khan.[1]

Die zweite Hypothese wurde von der physischen Anthropogeographie formuliert. Sie nimmt an, daß eine postglaziale Austrocknung, die sich in plötzlichen Schüben vollzogen haben soll, die Ursache für viele innerasiatische Wanderungen und Invasionen gewesen sei. Diese für Zentralasien zuerst von E. Huntington dargelegte Hypothese[2] war zwar, bezogen speziell auf die Annahme einer fortschreitenden Austrocknung, zu der Zeit, als sie aufgestellt wurde, nicht unumstritten,[3] doch wird der Einfluß mehr oder weniger großer Klimaschwankungen und deren weitreichenden Folgen für das menschliche Leben und damit auch für geschichtliche Vorgänge gerade für das letzte Jahrtausend in Zentralasien heute nicht mehr in Zweifel gezogen.[4]

Sieht man die von der physischen Anthropogeographie vorgetragene Hypothese nicht absolut und für sich allein wirksam, sondern eher mit den bereits bestehenden sozialen Gegebenheiten einbezogen in einen dialektischen Prozeß, so läßt sich diese zweite Hypothese recht gut mit einer dritten verbinden, die wir als „schichtenspezifische" oder „zyklische" bezeichnen könnten. Den Mechanismus dieser Hypothese hat bereits der arabische Historiker Ibn Ḫaldūn (1332–1406) im dritten Abschnitt der Einleitung *(muqaddima)* zu seinem Geschichtswerk *Kitāb al-ᶜibar* (Das Buch der Beispiele) ausführlich dargelegt.[5]

Die Gedanken Ibn Ḫaldūns hat O. Lattimore für die Geschichte Zentralasiens aufgenommen und ihnen entsprechend Expansion und Rückzug der Nomaden systematisch dargestellt.[6] Danach laufen nomadische Expansionen und Rückzüge in regelmäßigen Zyklen ab, die ihrerseits von sozialen Entwicklungen reguliert werden. Der Beginn eines Zyklus läßt sich will-

[1] Grousset (1941), (1944); De Ferdinandy (1958).
[2] Huntington (1935).
[3] De Terra (1931).
[4] Le Roy Ladurie (1967).
[5] De Slane (1863); Schimmel (1951).
[6] Lattimore (1951).

kürlich festlegen mit der strengen Abschirmung der Kulturländer gegen die Nomaden, z. B. durch deren strenge Kontrolle in Grenznähe oder durch den Bau bzw. Ausbau von Schutzwällen. Eine Lockerung dieser Kontrollen ermöglicht Tauschhandel, den bestimmte Nomadengruppen im Laufe der Zeit an sich zu reißen versuchen. Gelingt dies, entsteht zunächst außerhalb des Schutzwalls im Nomadengebiet eine klanorganisierte Konföderation mit einer herrschenden Steppenaristokratie. Die diesem Staatsgebilde in wachsendem Umfang inkorporierten, aber nicht zur Aristokratie zählenden Nomadenklane und -stämme dienen als militärische Reserve. Die Gesellschaft kann dabei auf zwei parallelen Ebenen organisiert sein, nämlich als ursprüngliche Klangesellschaft und als eine Gesellschaft, die sich nach Ordnungskriterien zu richten hat, die von der Aristokratie für militärische Zwecke geschaffen wurden (z. B. Zehner-, Hunderter-, Tausenderschaften). Derart organisierte Konföderationen erweisen sich nun vielfach als so stark, daß sie das Kulturland der Seßhaften mit Erfolg erobern und an deren Stelle herrschen, wie dies z. B. die zahlreichen Fremddynastien in China über die Jahrtausende hin anschaulich belegen. In der Folgezeit gleichen sich die herrschenden Klane der Steppenaristokratie den von ihnen beherrschten Seßhaften immer mehr an, und vor allem nimmt ihr Reichtum auch stetig zu, während die nicht zur Aristokratie zählenden Nomadenklane vom wachsenden Wohlstand ausgeschlossen bleiben. Die soziale Kluft zwischen herrschender Nomadenaristokratie und deren Klanen im Gebiet der Seßhaften und den überwiegend im ursprünglichen Nomadengebiet lebenden und arm gebliebenen Nomaden nimmt kontinuierlich zu, bis der Unterschied schichtenspezifisch so groß geworden ist, daß die ursprüngliche Gemeinschaft zerbricht. Damit schließt sich der Kreis: Den in der Steppe gebliebenen Nomaden steht eine zwar aus der Steppe gekommene, ihnen sozial und in der Lebensweise aber mittlerweile völlig entfremdete Herrscherschicht gegenüber, deren Herrschaftsanspruch sie nicht mehr anerkennen können und wollen. Die ursprünglich nomadische Aristokratie sucht sich ihrerseits nun durch den Ausbau der von ihnen vordem eingenommenen Schutzanlagen oder durch strenge Kontrollen der Übergriffe der Reiter- und Steppennomaden zu erwehren. Diese durch soziale Entwicklung regulierte Zyklenkonzeption läßt sich durch viele einschlägige Beispiele empirisch anschaulich belegen.

Der in ihrer Wucht und in ihrem Umfang faszinierenden und einmaligen räumlichen Expansion der Mongolen ist nun verwunderlicherweise noch keine ausdrücklich und ausschließlich anthropogeographische Abhandlung gewidmet worden, obwohl gerade diese Blickrichtung unter Einbezug der soeben vorgestellten Hypothesen das Phänomen am adäquatesten behandeln könnte. Dabei wären die genannten Hypothesen wohl verschiedentlich zu modifizieren, so daß, ausgehend von einer anthropogeographischen Untersuchung speziell der mongolischen Expansion, wertvolle Gesichtspunkte auch für andere derartige Vorgänge im zentralasiatischen Raum erwartet werden dürfen. Nicht nur aber die mongolische Expansion, sondern auch der räumliche Rückzug der Mongolen ließe sich unter anthropogeographischen Aspekten adäquat studieren. So sind z. B. sozio- und/oder religionsgeographische Aspekte bestens geeignet, das räumliche Schwinden des mongolischen Elements etwa in den mongolischen Teilreichen zu verdeutlichen bzw. zu erklären.

Für die nach dem Zusammenbruch des mongolischen Weltreichs und dessen Teilreiche übriggebliebenen Gebiete, die weiterhin von Mongolen bewohnt wurden, wären Belange der Kulturgeographie, einem Teilgebiet der Anthropogeographie, untersuchenswert. Forschungsobjekt der Kulturgeographie ist die Kulturlandschaft, d. h. die durch den Menschen umgestaltete Naturlandschaft. Gerade für die ursprünglich fast ausschließlich mit dem Reiter- und Steppennomadismus verwachsenen Mongolen kann die Fragestellung nach den Kräften oder Impulsen, durch die sie ihre Umwelt im zeitlichen Ablauf verändert haben könnten, punktuell Kulturzustände oder auch Kulturentwicklungen (Kulturwandel) aufdecken. So lassen sich z. B. für die Vergangenheit aus der bloßen Erwähnung von Fakten, die die Naturlandschaft ganz sicher verändert haben müssen (etwa Tempelbauten und Klöster, Schutzmauern, Bergbau, landwirtschaftliche Nutzung, Besiedlung etc.), Rückschlüsse ziehen auf die damit verbundenen kultischen, strategischen oder wirtschaftlichen Gegebenheiten und deren mögliche Folgen für die von den Mongolen bewohnten, weitläufigen geographischen Räume, die ihrerseits auch wieder auf die Mongolen und ihre Kultur zurückwirkten.

Es bleibt zu hoffen, daß zukünftige Untersuchungen dieser Weiträumigkeit, in der die mongolische Geschichte ablief und z. T. auch heute noch abläuft, Rechnung tragen und anthropogeographische Aspekte, die in der Geschichtsschreibung von alters her ihren Platz hatten, gebührend berücksichtigen werden.

DIE MONGOLEN: VON DER CLANFÖDERATION ZUR VOLKSREPUBLIK

Versuch der Analyse wirtschaftlicher und gesellschaftlicher Gegebenheiten eines Hirtennomadenvolkes

Von VERONIKA VEIT

I

Das zentralasiatische Hochland, im Norden an den Waldgürtel der sibirischen Taiga grenzend, im Süden an China, im Osten an die Mandschurei und im Westen an Turkestan und Südrußland, ist eines der traditionellen Heimatgebiete reiternomadischer und viehzüchtender Völkerschaften turko-mongolischer und indo-arischer Herkunft. Als älteste Zeugnisse geben archäologische Funde darüber Auskunft, so daß man diese Lebensform dort seit dem 8. Jh. v. Chr. nachweisen kann [1]. Da autochthone Quellen bezüglich der zentralasiatischen Reiternomaden allgemein und für die Geschichte der Mongolen im besonderen erst nach der Übernahme des uigurischen Schriftsystems im Jahre 1204 vorliegen, stammt ein großer Teil der Nachrichten aus Fremdquellen. Diese Quellen sind sowohl von den westlichen wie östlichen sie umwohnenden seßhaften Völkern überliefert. Die zeitlich frühesten, die griechischen [2], beziehen sich auf indo-arische (iranische) Reiternomaden. Über die turko-mongolischen berichten dann die chinesischen Quellen seit dem 1. Jh. v. Chr. [3]. Aufgrund ihrer Kontinuität und der Dichte des Belegnetzes behalten sie ihren besonderen Wert auch für die spä-

[1] Vgl. RUDENKO (1970); WIESNER (1973); NOWGORODOWA (1980).
[2] HERODOT (1963), 503 ff.
[3] SZU-MA CH'IEN (1963), 2879 ff.

tere Zeit. Nach der Ausbreitung der turko-mongolischen Völker erfahren sie durch nachchristliche westliche Quellen eine Ergänzung[4]. Einer der Nachteile des Mangels an zusammenhängenden autochthonen sprachlichen Zeugnissen liegt darin, daß eine eindeutige Klärung der Herkunft einer Reihe der zentralasiatischen Völkerschaften erschwert wird. Zum anderen bleiben die Fremdquellen häufig lückenhaft. Sie berichten von den umwohnenden Reiternomaden entweder nur, insoweit sie die jeweilige eigene Reichspolitik betreffen, oder solche Gegebenheiten, die dem Verfasser als fremd oder kurios erscheinen. Dazu noch bediente man sich häufig bestimmter Topoi. Der Gebrauch solch fester Gemeinplätze, in denen zum großen Teil auch das Nicht-Verstehen und die Ablehnung des Fremden ihren Ausdruck fanden, sowie die unkritische Übernahme solcher Topoi in andere Quellen haben dann oft zu festen Vorstellungen, ja Vorurteilen bezüglich der zentralasiatischen Hirtennomaden geführt, so daß dem Historiker hier keineswegs eine leichte Aufgabe gestellt ist[4a].

Das Leben der Reiternomaden wurde als ebenso unveränderlich wie barbarisch angesehen, strenger Eingrenzung durch die natürlichen geographischen Bedingungen unterworfen. Die Gültigkeit dieser klassischen Sicht wurde lange Zeit nicht angezweifelt. Der geographische Faktor war jedoch keinesfalls der allein bestimmende für das Leben und die Entwicklungsmöglichkeiten der hirtennomadischen Völkerschaften, wie Owen Lattimore beispielsweise in seinem Aufsatz ›The Geographical Factor in Mongol History‹ überzeugend ausgeführt hat[5]. Die geographischen Bedingungen bildeten den Rahmen, in welchem historisches Geschehen stattfand, sie konnten nicht den ganzen historischen Prozeß erläutern. Mit Fragen der geographischen, ökonomischen und sozialen Gegebenheiten und der sich dar-

[4] Eine gute Übersicht über die Quellen bietet Bezzola (1974).

[4a] Vajda (1968), 19–26; eine ausführliche Zusammenstellung und Aufschlüsselung der gebräuchlichen „Barbaren"-Topoi fehlt bisher leider noch.

[5] Lattimore (1962), 245f.

aus ergebenden Entwicklungsmöglichkeiten zentralasiatischer Hirtennomaden allgemein und der Mongolen im besonderen haben sich in neuerer Zeit eine Reihe von Historikern und Soziologen spezialisierter und nichtspezialisierter Art befaßt. Es ist hier allerdings weder die rechte Zeit noch der rechte Ort, die einzelnen Hypothesen ausführlich und gewissermaßen als Vorgabe zu diskutieren. Zum Teil ist dies auch ohnehin schon geschehen[6]. Das vorliegende Buch verfolgt ein praktisches Ziel. Die einleitenden Gedanken sollen einmal den Leser mit den die Mongolen wesentlich kennzeichnenden „inneren" und „äußeren" Merkmalen vertraut machen. Sie sollen zum anderen den Versuch eines „gemeinsamen Nenners" für die Grundzüge der mongolischen Geschichte darstellen und die alten Fragen nach „quis quid ubi, quibus auxiliis, cur quomodo quando?" beantworten helfen. Anders ausgedrückt, wie Wolfram Eberhard es in diesem Falle formuliert hat:

„Wie kommt es dazu, daß die Nomadenvölker, die, in kleine Stämme aufgeteilt, friedlich bei ihren Herden leben, mit einem Male im Laufe weniger Jahre sich zu großen Massen zusammenballen und dann eine Kraft darstellen, die mit Leichtigkeit die fest in sich gefügten Hochkulturen über den Haufen wirft?

Wie kommt es, daß die Nomaden nach der Niederwerfung einer Hochkultur dort ihre Herrschaft für eine Weile aufrechterhalten können, ohne durch eine Erhebung der Unterworfenen ernstlich gefährdet zu werden, dann aber plötzlich alle Kraft verlieren und oft fast kampflos das Feld wieder räumen?"[7]

Und schließlich: Wie kam es in jüngster Zeit zur Bildung einer „Volksrepublik"?

II

Um mit den ökonomischen Grundlagen zu beginnen: Seit dem ersten eindeutigen Erscheinen der Mongolen als Stammes-

[6] Lattimore (1965). Zur Frage der Hirtenkulturen allgemein s. Vajda (1968), 35–96.

[7] Eberhard (1978), 267.

einheit in den chinesischen Quellen des frühen 12. Jh. dürfen wir annehmen, daß entsprechend den wohlbelegten wirtschaftlichen Gegebenheiten der folgenden Jahrhunderte auch schon damals die mongolische Wirtschaftsstruktur auf einer extensiven, nomadisierenden Viehhaltung mit naturalwirtschaftlichem Charakter beruhte. Hiernach wurden fünf Tierarten gehalten: Kamele, Pferde, Rinder, Schafe und Ziegen. Winterstallhaltung war unbekannt, Heubevorratung wurde kaum betrieben, desgleichen keine bewußte Zucht. Die Betreuung der Tiere auf dem Zug von Frühjahrs- zu Sommer-, Herbst- und Winterweide (gewöhnlich ein geschütztes Tal) erfolgte durch ayils (türk. aγil – mong. ayil, Yurtenlager)[8], die zum gleichen Clan gehören konnten, aber nicht notwendigerweise mußten. Das Gebiet, auf dem die Weiden sich befanden, hießen sie „nutuγ" (dynamisch verstanden in der alten Zeit, mit Beginn des 17. Jh. allmählich statisch)[9]. Die jeweiligen nutuγ waren bekannt, und die Wanderungen erfolgten niemals ziellos[10]. Bei der Weidung wurde sorgsam darauf geachtet, daß nicht eine Tierart entsprechendes Futter unwiederbringlich abfraß. Ihre Herden erlaubten es den Mongolen, fast völlig selbstgenügsam zu sein: sie sorgten für den Nahrungsbedarf (Fleisch, Milch, Käse), Transport, Wohnung (Filz für die Yurten), Kleidung und sogar Feuerungsmaterial (getrockneten Dung). Hinzu kam ihre Beweglichkeit, und zwar nicht so sehr die Tatsache, daß sie sich bewegten, als vielmehr, daß sie es konnten[11]. Natürlich kam es immer wieder vor, daß Naturkatastrophen, von den Mongolen der neueren Zeit „zud" genannt, wie extrem kalte Winter oder zu wenig Niederschlag im Sommer[12], die Futterbasis vernichteten und die Herden reduzierten, noch im Jahre 1974 um ein Fünftel[13]. Aber ein Sich-Zurückziehen auf reines Hirtennomadentum erwies sich in der Regel als Möglichkeit der Regenerierung. O. Lattimore zitiert dazu

[8] Doerfer (1965), Nr. 503.

[9] Vgl. Abschnitte IV und V des vorliegenden Kapitels.

[10] Vladimircov (1948), 143 ff.

[11] Lattimore (1965), 338.

[12] Čagdsurun (1978).

[13] Hagemann (1976), 41.

auch ein Beispiel aus jüngerer Zeit: Als zu Beginn der 30er Jahre der Versuch , die wirtschaftliche und soziale Revolution durchzuführen, zu hastig unternommen wurde, schlachteten die Leute ihre Tiere und zerstörten damit den Hauptreichtum der Gemeinschaft. Die Ärmsten zogen sich daraufhin in die ärmsten Gegenden zurück und überlebten durch die Weidung einer nahezu unglaublich kleinen Anzahl Tiere[14].

Das Hirtennomadentum bildete zwar die überwiegende, jedoch nicht die einzige Wirtschaftsform bei den Mongolen. Die „Waldleute" (oyin irgen) des 12. und 13. Jh. sowie die Qotoqoyid und Uriyangqai des 18. Jh. im Norden der Mongolischen Gebiete zur Grenze nach Sibirien lebten hauptsächlich von der Jagd, beispielsweise[15]. Jagden als Sport wurden allerdings auch von den überwiegend hirtennomadischen Mongolen abgehalten. Es gab ferner Ackerbau, wenn er auch nicht überall und kontinuierlich betrieben wurde (Hirse, Gerste, Weizen). Archäologische Funde beweisen, daß diese drei Wirtschaftsformen auch bei den frühen Turkomongolen schon nebeneinander bestanden haben[16]. Des weiteren wissen wir aus den Quellen, daß der K'ang-hsi-Kaiser 1715 den 4. Tüsiyetü Qan von Qalq-a, Wangǰaldorǰi (gest. 1731), beauftragen ließ, eine Aufstellung der zum Ackerbau geeigneten Gebiete seines Distrikts zu machen. Dies erfolgte ohne Zögern und rief nicht etwa Erstaunen oder Befremden hervor[17]. Es ist außerdem wohlbekannt, daß die Ch'ing-Kaiser dann bis 1911 sogenannte Armeefelder in Qalq-a unterhielten. Weitere Lebensnotwendigkeiten der Mongolen wie Ziegeltee, Reis, Gebrauchsgegenstände, Seide, Baumwollstoffe etc. wurden zum größten Teil aus den chinesischen und muslimischen, seit der 2. Hälfte des 17. Jh. auch aus den russi-

[14] Lattimore (1962), 258.

[15] Vladimircov (1948), 39–42; Iledkel Šastir (1795), Buch 63, Biographie des Törü-yin Beyile Gendün und Biographie des Tayiǰi 1. Grades Böbei, beide J̌asaγtu Qan Ayimaγ. (Hier verwendet die mongolische Version.)

[16] Lattimore (1962), 248–249.

[17] Iledkel Šastir (1795) Buch 45, 17v–18r, allgemeine Abhandlung über den Tüsiyetü Qan Ayimaγ.

schen Nachbargebieten bezogen, meist im Tausch gegen lebendes Vieh und tierische Produkte oder gegen Bezahlung in Silber nach Gewicht. Holzgestelle, Filz, Sättel, Zaumzeug etc. stellten die Mongolen selbst her.

Die hirtennomadische Lebensweise verlangte vom einzelnen sehr viel mehr Beweglichkeit, Vielseitigkeit, Unabhängigkeit und Initiative als beispielsweise die des Ackerbauern. Solche Eigenschaften, eine solche Lebensform, brachte Vorteile für den Krieg mit sich. Abgesehen von der häufigen strategischen Überlegenheit der Reiternomaden, ließen Kriegs- und Beutezüge außerdem die Macht der Stammesführer wachsen, während sie die Seßheften verarmen ließen und die Besteuerung durch ihre Herrscher erschwerten oder unmöglich machten[18].

Das Land, auf dem die Viehwanderungen stattfanden, war Besitz des Clans als Gesamtheit, und nicht das des Anführers oder Fürsten. „Besitz" bedeutete dabei jedoch eher das Recht auf einen Wanderungszyklus und weniger auf ein fest begrenztes Weidegebiet, das ja im übrigen auch gar nicht ständig begrast werden konnte[19]. Andererseits waren die nutuγ der einzelnen Clane wohlbekannt und die Tiere jeweils durch tamγa (Brandzeichen)[20] gekennzeichnet. In der Praxis wurde das Weideland jedoch von den Fürsten verwaltet, die damit auch die Entscheidung über die Gebrauchszuweisung an die einzelnen Familien hatten. Die größte Macht lag danach in den Händen derjenigen Fürsten und Anführer, die die besten und größten Weidewanderungsgebiete beherrschten[21]. Diese Macht, Kontrolle über Territorium zu behalten oder zu gewinnen, konnte mit Hilfe von Gefolgsleuten erlangt werden. Darum war vor dem 17. Jh. die Gefolgschaft eines Stammesfürsten weit wichtiger als der Besitz eines fest begrenzten Gebietes. „Land ist die Wurzel der Nation, wie kann man es aufgeben?"[22] soll der Hsiung-nu-Fürst Mao-tun

[18] Lattimore (1962), 257.
[19] Lattimore (1967), 66.
[20] Pėrlėė (1975), Kap. IV und V.
[21] Lattimore (1967), 66–67.
[22] Szu-Ma Ch'ien (1963), 2889.

nach dem ›Shih chi‹ gesagt haben, als er von den rivalisierenden Nachbarn, den Tung-hu, als drittes (nach einem 1000-Meilen-Pferd und einer seiner Frauen) ein Stück brachliegendes Land abgeben sollte. Andererseits aber konnte gerade in der Aufgabe des Landes durch Flucht mit Hilfe neuer Gefolgsleute der Rückgewinn der Macht und damit der Kontrolle über neues Land erfolgen, so daß die Frage der Bedeutung des Landbesitzes hier wohl weniger eine grundsätzliche als vielmehr eine den gegebenen Umständen am günstigsten entsprechende Alternative war[23].

Die Landbesitzverhältnisse erfuhren eine endgültige Änderung mit der Unterstellung der mongolischen Gebiete unter die Suzeränität der Ch'ing-Kaiser im ausgehenden 17. Jh. Feste territoriale Grenzen teilten das Land auf; institutionalisierte Autorität, Rechte und Pflichten gehörten dazu. Zusammenschluß unter mächtigen Anführern, Auflösung unter schwachen hörten auf. Die Bewegung fand innerhalb fest umrissener Gebiete statt, die zwar nach wie vor der Gemeinschaft gehörten, aber von den Fürsten nunmehr amtsmäßig auf kaiserliche Bestätigung verwaltet wurden.

III

Was die Grundlage der gesellschaftlichen Gegebenheiten der mongolischen Hirtennomaden (wie auch derjenigen turkomongolischer Herkunft) anlangt, so war dies das Clansystem. Der alte mongolische Clan (oboγ) bestand aus den Nachkommen nach rein patrilinearem Prinzip eines gemeinsamen Vorfahren und bildete damit eine agnatische Verwandtschaftsgruppe. Der Clan hatte einen Namen, er war hierarchisch gegliedert unter einem Führer und besaß eine Reihe von besonderen Funktionen[24]; dazu gehörte die strenge Beachtung der Exogamie: Mitglieder des gleichen Clans konnten nicht untereinander heiraten. Im allgemeinen war ein gemeinsamer väterlicher Ahne in der

[23] Lattimore (1965), 334–335.
[24] Krader (1963), 35.

7. (10. oder 15., je nach Stamm) Generation Ausgangspunkt für die Exogamie[25]. Zwischen einigen Stämmen bestanden auch Heiratsabkommen, wobei die Stämme sich dann als Verbündete (quda) bezeichneten[26]. Mitglieder einer agnatischen Verwandtschaftsgruppe, also gemeinsamer patrilinearer Abstammung, wurden von den Mongolen Personen eines „Knochens" (yasun) bezeichnet, die ihrerseits dann den Clan bildeten[27]. Die Clanzugehörigkeit wurde durch die Führung von Genealogien nachgewiesen. Über deren Bedeutung für die Mongolen berichten sowohl Fremdquellen, vor allem Rašīd ed-Dīn, wie auch die große vorhandene Zahl selbst Zeugnis davon gibt, und als deren ältesten Vorfahren man die ›Geheime Geschichte‹ ansehen kann.

Der mongolische Clan bestand jedoch nicht allein als rein blutsmäßiger Verband, er bildete gleichzeitig eine politische Einheit. In alter Zeit kamen dem ältesten Sohn der Familie besondere Ehren und Rechte zu, die nach Vladimircov mit dem schamanistischen Kult des Clans in Zusammenhang standen[28]. Das väterliche Erbe allerdings fiel stets an den jüngsten Sohn, als „Bewahrer des Herdfeuers". Die alte mongolische Clangesellschaft vor und zur Zeit Činggis Qaγans war keineswegs eine primitive. Man lebte nicht nur nicht ausschließlich mit Angehörigen des gleichen Clans, sondern auch in verschieden geschichteten Gruppen. Neben den Clan-Familien gab es die Gruppe der unaγan boγul, von Vladimircov mit „Vasallen – Leibeigene" bezeichnet[29]. Sie waren keine Sklaven, denn sie durften Besitz haben, erfreuten sich gewisser persönlicher Freiheiten und gehörten jeweils dem ganzen Clan, nicht etwa einer Person. Meistens handelte es sich um im Kriege gewonnene Mitglieder eines anderen Clans, die dem siegreichen Clan dann erblich zu Dienstleistungen verpflichtet waren (bei der Betreuung der Herden, als

[25] Krader (1963), 330–331.

[26] Vladimircov (1948), 58–59.

[27] Gongor (1978), 53–58; Vladimircov (1948), 56–57; Krader (1963), 323–324.

[28] Vladimircov (1948), 60ff.

[29] Vladimircov (1948), 80ff.

Treiber bei der Jagd, beispielsweise). Durch Flucht konnten sie sich einem anderen, aufstrebenden Clan anschließen und damit eine bessere Position erringen. Selbst clanmäßig organisiert, waren sie sich dabei ihrer Gruppenverantwortung bewußt, wie beispielsweise die „Sorqan sir-a"-Episode der ›Geheimen Geschichte‹ zeigt[30]. Neben den unaγan boγul gab es auch Haussklaven. Von Bedeutung für die alte Steppengesellschaft in den Clanföderationen waren ferner die nöküd, die freiwilligen „ritterlichen" Gefolgsleute eines Clan-Führers[31]. Sie konnten sowohl einem anderen Clan wie auch der Gruppe der unaγan boγul entstammen. Manche wurden bereits im Kindesalter durch die Eltern einem Herrn anvertraut. Der Anschluß blieb jedoch freiwillig, und allein Taten, die sich direkt nachteilig auf ihren Herrn auswirkten, wurden als Verrat angesehen.

Zur Clan-Aristokratie zu gehören, war in der Zeit vor Činggis Qaγan nicht lediglich eine Frage der Geburt. Es gab wohl besonders angesehene Clane, aber die Position der Stärke wurde gewonnen durch Fortüne, Kraft, Geschick und die Fähigkeit, zu führen und zu integrieren. Die einmal so gewonnene Stellung ging nicht selbstverständlich auf den Sohn über. Dieser mußte, wenn überhaupt, seine eigenen Fähigkeiten erst beweisen. Ein solcher Anführer mit Fortüne wurde, häufig im Kriegsfalle oder zum Zwecke eines bestimmten Beutezuges, von der Ratsversammlung (qurilta, in der ›Geheimen Geschichte‹) auf Zeit zum Qaγan ernannt. In diesen qurilta manifestierte sich im übrigen ganz allgemein die Einheit eines Clans, und die qurilta waren eigentlich mehr ein erweiterter Familienrat. Es ist hierbei zu beachten, daß die Clanföderationen noch kein Staat waren und die gewählten Qaγane noch keine Herrscher. Sie hatten keine Macht, die sie weitervererben konnten[32]. Das persönliche Charisma der Herrschergestalten war wohl eines der zentralen Phänomene der zentralasiatischen Geschichte. Vor allem Činggis

[30] Haenisch (1948), 46.

[31] Vladimircov (1948), 110ff.

[32] Vladimircov (1948), 102. Was die Rechte und Pflichten eines Qaγan anlangt, s. auch Haenisch (1948), 33, die „Beutepredigt".

Qaγan war es gelungen, die *gewachsenen* Strukturen der – bestenfalls – Clanföderationen vermittels der *geschaffenen* Größe der Heeresorganisation in den Griff zu bekommen. Činggis Qaγans Erfolg war nicht neu, er war nur größer in dem von Lattimore als spiralenförmig angesehenen und nicht in gerader Linie sich bewegenden und sich wiederholenden Zyklus vom patriarchalischen Clan zur Clanföderation und imperialer Zentralisation[33].

Die nachteilige Schwäche des mongolischen Herrschaftssystems und gleichzeitig wesentlicher Grund für den Zerfall war seine unzulängliche institutionelle Basis. Die Mongolen bildeten eine Militäraristokratie, der die Verbündeten und Vasallen unterstanden. Sie unterstützten dies durch entsprechende gesetzliche Verordnungen, welche die Eroberer ethnisch unvermischt halten sollten. Das mongolische Herrschaftssystem war ferner ein Versuch, die militärische Macht der Reiternomaden mit einem Verwaltungssystem zu verbinden, das der Regierungsform seßhafter Gesellschaften entlehnt war: nämlich die föderativen, auf Fortüne und persönliches Charisma gegründeten, ad hoc ausgerichteten Traditionen der Mongolen mit der zentralistisch-bürokratischen der Uiguren, Araber, Perser und Chinesen. Die Mongolen waren außerdem verhältnismäßig gering an Zahl. Als die Verwaltung des Reiches in die Hände von Beamten aus den Reihen der unterworfenen seßhaften Völker überging, deren Kultur auch für die Mongolen immer verführerischer wurde, hörte das Reich auf, spezifisch mongolisch zu sein. Die große Ausdehnung war ein weiterer Nachteil. Die Entwicklung der Lehensgebiete wurde bald nicht mehr von den Notwendigkeiten einer Reichspolitik, sondern von den jeweiligen Bedingungen der einzelnen Herrschaftsbereiche bzw. den persönlichen Ambitionen ihrer Herrscher bestimmt[34]. „Der Weg zum Staatsvolk war für die Mongolen nicht geplant und nicht vorausgesehen.“[35] Man könnte sagen, für die Mongolen hatte indivi-

[33] Lattimore (1962), 252.
[34] Hambly (1966), 121ff.
[35] Heissig (1973), 545.

duelle Loyalität den Vorrang vor Loyalität zu politischen und ideologischen Institutionen im weitesten Sinne.

Von Čingis Qaγans großen Erfolgen ist der Anspruch seiner Familie, den Borǰigid-Nachfahren seines jüngsten Sohnes Tolui, auf die Würde eines Groß-Qaγans geblieben. Nach den alten Traditionen der mongolischen Gesellschaft existierte diese jedoch nicht als feste Institution. Man wurde, wie bereits gesagt, zum Qaγan gewählt auf Grund einer Position der Stärke, die man durch Fortüne und persönlichen Einsatz gewonnen hatte. Nach der Auflösung des Großreiches 1259 mit dem Tode des Möngke Qaγan wurde erneut um die Position der Stärke gekämpft, mit den alten Mitteln, aber gleichzeitig einem neuen moralischen Anspruch: die Würde des Groß-Qaγans sollte durch rechtmäßiges Erbe zu erlangen sein[36]. Ohne ein Staatssystem jedoch, in das eine solche Einrichtung eingebunden gewesen wäre, mußten die nachfolgenden Bemühungen scheitern, denn sie gingen von falschen Voraussetzungen aus. Dieses Festhalten an den alten Traditionen: Anerkennung der im freien Wettbewerb gewonnenen Autorität, Ablehnung eines aus anderen Gründen erhobenen Anspruchs und die daraus folgende Uneinigkeit waren dann auch unter anderem wesentliche Gründe für die Gewinnung der Suzeränität über die mongolischen Gebiete durch die mandschurische Ch'ing-Dynastie während des 17. und zu Beginn des 18. Jh.

IV

Die rund 250 Jahre nach der Auflösung des mongolischen Großreiches 1259, der Rückwanderung eines großen Teiles der Mongolen aus China, dem Yüan Qanat, in das alte Stammland zwischen Orqon und Kerülen 1368[37] und dem Aufstieg einer neuen/alten Macht[38], den tungusischen Mandschus zu Beginn

[36] Zambaur (1976), 242ff., zur Erbfolge in den verschiedenen Teilreichen (Ilqanate) des 13. und 14. Jh.

[37] Aus Čaγatai, Persien und dem Reich der Goldenen Horde fanden keine Rückwanderungen statt.

[38] Auch unter einigen der tungusischen Stämme findet man ähnliche

des 17. Jh., sind durch folgendes gekennzeichnet: die allmähliche Herausbildung territorialer Grenzen und Verwaltungseinheiten, die (sogenannten) Feudalkriege, Tribut- und Handelsbeziehungen mit China und die lamaistische Bekehrung.

Der alte patriarchalische Clan als politische Einheit hatte aufgehört zu existieren, wohl aber blieb der Begriff oboγ als Familienname[39]. Die Herrscher über ein Ulus (das alte militärische Tümen, die Zehntausendschaft), einer Stammesgruppierung innerhalb eines bestimmten Territoriums, waren sämtlich direkte Nachkommen Činggis Qaγans, und zwar, wie bereits erwähnt, über seinen jüngsten Sohn Tolui, Mitglieder des „Goldenen Clans" der Borǰigid also, deren Titel Tayiǰi lautete. Der Ulus zu jener Zeit war unterteilt in Otoγ und Ayimaγ. Ein Otoγ bestand aus Ayil-Gruppen, die jedoch nicht untereinander verwandt sein mußten, während ein Ayimaγ zwar ebenso aus Ayil-Gruppen gebildet wurde, die jedoch aus verwandten Familien bestanden. Zu beiden gehörte ein bestimmtes Terrain für Herdenwanderungen, der bereits erwähnte Nutuγ, ein nun schon nicht mehr rein dynamisch verstandener Begriff. Er bildete eine soziale und wirtschaftliche Einheit und, militärisch gesprochen, ein Qosiγu (Banner). An deren Spitze standen Tayisi oder J̌ayisangs, die Vladimircov als gesellschaftliche Gruppe mit „Sayid" bezeichnet – im Gegensatz zu den Tayiǰis, die den patriarchalischen, agnatischen Clan repräsentierten, geeint durch einen besonderen Kult (Činggis, seine Zelte, seine Sülde-Fahne, Alan-γoa, die mythische Stammutter, und Tolui)[40]. Einzig einer von ihnen, ein Nachkomme des Činggis, konnte Groß-Qaγan werden. Die administrative Funktion des Otoγ innerhalb des Ulus verkörperte sich durch eine Hierarchie von erblichen Amtsträgern[41]. Die Herren eines Ulus, Otoγs oder Ayimaγs erhielten ihren

zyklische Bewegungen von Aufstieg und Zerfall; vgl. Abschnitt V des vorliegenden Kapitels.

[39] Mostaert (1934), 21–54.

[40] Vladimircov (1948), 187.

[41] Vladimircov (1948), 181–182.

Herrschaftsbereich ebenfalls durch Erbschaft von Vater auf Sohn. Die alte Sitte, das väterliche Erbe dem jüngsten Sohn zu geben, hatte mit dem 14. Jh. aufgehört. Die Rechte der Ältestengeburt erhielten Vorrang. Die daraus folgende Aufsplitterung war fatal.

Von der alten Qaγan-Würde war, wie schon erwähnt, eigentlich nur noch der Anspruch auf die Macht geblieben. Sie selbst wiederzuerlangen, die Verfolgung anderer persönlicher Interessen, der Wunsch nach Beute – der Handel hatte nach dem Zerfall des Großreiches praktisch aufgehört, es mangelte an Gütern wie Tee, Mehl, Stoffen, Töpfen etc. –, schließlich der Versuch der westmongolischen Oiraten im 15. Jh., die Würde des Groß-Qaγans für sich zu gewinnen: all dies (und einiges mehr) waren Gründe für die Feudalkriege, die mit dem Sieg der Čingisiden und Batu Möngke Dayan Sečen Qans (1460–1543) endeten. Was die vier Ulus der Oiraten anlangt, so waren sie Vasallen der Ostmongolen gewesen, ohne einen Čingisiden an ihrer Spitze zu haben. Ihre Fürsten waren den Borǰigid durch Heirat verschwägert, sie gehörten so in den Rang von kaiserlichen Schwiegersöhnen (kürgen). Verwandtschaft über die weibliche Linie übertrug jedoch keinerlei Erbanspruchsrechte[42]. Obwohl mit Dayan Qan die Nachkommen des Činggis ihre Vormachtstellung behauptet hatten und eine kurzfristige Einigung zumindest einiger mongolischer Völkerschaften gelungen war, setzte doch keine starke Zentralgewalt der Zersplitterung ein endgültiges Ende. Die Zentralregierung blieb schwach und verringerte sich allmählich bis zum Verschwinden. Es gelang nicht, die jüngeren Mitglieder des Borǰigid-Clans auf Dauer unterzuordnen und zur Gefolgschaft zu bringen. Die Aufteilung von Vermögen, Land und Gefolgsleuten bei der Vererbung erschwerte es, den durch Erbe legitimierten Anspruch auch durchzusetzen. Es begannen mehrere Tayiǰis, sich „Qan" zu nennen („Qaγan" vergegenwärtigte noch

42 Schmidt (1829), 150–151: Toγon der Oirad wird durch eine unsichtbare Pfeilspitze getötet, als er sich vor den Acht Weißen Zelten Čingis Qaγans zum Großqan ausrief, indem er sich auf seine Mutter Samur günǰi aus dem Clan der Borǰigid beruft.

immer die Einheit *aller* Mongolen unter einem Herrscher). Zu ihnen gehörte zum Beispiel Altan Qan der Tümed (1507–1582) und die drei Qane von Qalq-a, dem Patrimonium des jüngsten Dayan-Sohnes Geresenǰe ǰalayir qun tayiǰi. Es waren dies der Tüsiyetü Qan Gömbo (gest. 1655), der J̌asaγtu Qan Subadi (gest. 1650) und der Sečen Qan Šoloi (gest. 1655).

Sehr unregelmäßig überregional – die Gesamtheit der regierenden Fürsten betreffend –, recht regelmäßig jedoch regional fanden Versammlungen (čiγulγan) statt. Sie behandelten Fragen von Kriegs- und Beutezügen, Frieden, Angelegenheiten von allgemeinem Interesse jeder Art und erließen Verordnungen. Manchmal veranstalteten sie lediglich ein Festessen. Teilnahme war Pflicht. Eigentlich bestand auch die Verpflichtung zur Gefolgschaft im Kriegsfalle, aber sie wurde in Wirklichkeit nur freiwillig geleistet[43]. In der 2. Hälfte des 16. Jh. kam durch die Bekehrung zunächst der Aristokratie des mongolischen Stammes der Tümed zum lamaistischen Glauben eine neue geistige Kraft ins Spiel, die jedoch sehr bald auch eine ganz reale politische darstellte. So hatte zum Beispiel der Titel des Tüsiyetü Qan der Qalq-a zunächst einen religiösen Ursprung, da der Dalai Lama dem Großvater des Gömbo, Abadai, für seine Verdienste um die Lehre den Qan-Titel verliehen hatte[44]. Ferner gehörten die ersten beiden J̌ebcundamba Qutuqtus, die höchsten lamaistischen Kirchenfürsten bei den Qalqas, der Borǰigid-Familie an. Der erste war der Sohn des Tüsiyetü Qan Gömbo, der zweite der Sohn des Dondubdorǰi, eines Urenkels des Gömbo. Wenn auch die nachfolgenden Inkarnationen aus politischen Gründen[45] keine Mongolen mehr waren, sondern Tibeter, so blieben die J̌ebcundamba Qutuqtus die geistlichen Führer der Mongolen. Aber nicht nur das; sie waren auch weltliche Herren. Es gehör-

[43] Vladimircov (1948), 233.

[44] Iledkel Šastir (1795), 45, 5r.

[45] Bawden (1968), 58. Den mandschurischen Kaisern erschien die Kombination von čingisidischer Familie und geistlichem Prestige auf die Dauer zu gefährlich, weshalb der Ch'ien-lung-Kaiser die Auffindung weiterer Inkarnationen in der Mongolei verbot.

ten ihnen Ländereien, Klöster, Noviziate und Laienfamilien, die ihnen dienstverpflichtet waren. Die mongolischen Fürsten anerkannten ihre Autorität, und sie besaßen Rechte und Privilegien, die für die Fürsten nicht galten, zum Beispiel das Asylrecht, i. e. das Recht, Flüchtlinge aufzunehmen und ihnen Schutz zu gewähren[46]. Die Frage der Stellung des J̌ebcundamba Qutuqtus sollte in der Auseinandersetzung mit den Westmongolen unter Galdan (1632–1697) und zuletzt im Jahre 1912 noch einmal von Bedeutung sein.

Was den wirtschaftlichen Bereich anlangt, so müssen noch die Pferde- und anderen Märkte sowie der Handel im Zusammenhang mit den Tributgesandtschaften erwähnt werden. Neben ihrer konkreten Bedeutung für die wirtschaftlichen Gegebenheiten der Mongolen waren die Handelsbeziehungen, vor allem mit China während der Ming-Zeit (1368–1644), der materielle Ausdruck einer politischen Beziehung[47]. Für China bedeuteten sie eine gewisse Garantie für Frieden an der Grenze, für die Mongolen die Möglichkeit, das zu erhalten, was sie für ihren Lebensunterhalt zusätzlich brauchten. Für China waren die Märkte und Gesandtschaften trotz der hohen Kosten eine wesentlich günstigere Investition, als teure Kriege zu führen. Abgesehen davon brauchte die chinesische Armee dringend Pferde, ja selbst das "know-how" der Mongolen für die eigene Pferdezucht, wie eine Anweisung des Jahres 1412 zeigt, nach der geeignete mongolische Experten zu diesem Zweck ausfindig zu machen waren[48]. Auch für die Mongolen waren Handel und Tribut erheblich profitabler als Krieg, und zwar sowohl nach ihrer eigenen Überzeugung (Worte des Altan Qan der Tümed 1542) wie auch der des chinesischen Kriegsministeriums, welches den Profit der Mongolen durch Handel fünfmal so hoch ansetzte wie durch Überfälle und Beutezüge[49]. Die Mongolen sahen sich dabei jedoch keineswegs als Untertanen Chinas, denen mit Tribut- und

[46] Vladimircov (1948), 241.
[47] Serruys (1975), 187.
[48] Serruys (1975), 29.
[49] Serruys (1975), 11 und 188.

Handelserlaubnis eine kaiserliche Gnade zuteil wurde. Sie schätzten die chinesischen Annehmlichkeiten und benutzten den ihnen ihrer Meinung nach zustehenden Weg, sie zu erlangen.

Der Handel selbst wickelte sich im Rahmen von Grenzhandel und solchem in direktem Zusammenhang mit den Tributgesandtschaften einerseits und den offiziellen Pferdemärkten andererseits ab. Der Unterschied war ein organisatorischer. Die Tributgesandtschaften, in deren Gefolge sich oft auch professionelle Händler befanden, kauften und tauschten an der Grenze, unterwegs und in der Hauptstadt (Peking), dort jedoch beschränkt auf den Hui-t'ung-kuan, die offizielle Unterkunft für mongolische Gesandtschaften[50]. Die Handelsgüter bestanden in Pferden, Fellen, Pelzen, Roßhaar, Horn, Ginseng, Wachs, Honig, Pilzen und Holz, um einige Beispiele zu nennen[51]. Die Bezahlung erfolgte in Geld oder Gebrauchsgütern wie Baumwolle, einfache Seiden, Lebensmittel. Waffen, Eisenwaren, Geräte zum Ackerbau, sogar Kochkessel, Ambosse, Scheren, Nadeln (aus Angst, man könnte daraus Waffen herstellen) waren wohl offiziell verboten, ebenso goldene Gefäße, kostbare Seiden und Brokate mit Drachen- und Phönixmuster; aber natürlich wurden die Verbote nicht immer eingehalten. Einzelheiten über die Gründung der ersten etablierten Pferdemärkte sind nicht bekannt. Es scheint aber, daß im Laufe der Zeit immer mehr Mongolen und andere westliche Nachbarn kamen und Handel treiben wollten und daß aus diesem Grund die Tributgesandtschaften oft aus 30–40 Personen bestanden, um drei, vier Pferde zu übergeben! Da sie alle auf Staatskosten reisten und untergebracht wurden, obendrein, wie es üblich war, noch reiche Gegengeschenke erhielten, konnte das eine teure Angelegenheit werden. Die Reise zu den Märkten mußte selbst bezahlt werden, obwohl es auch hierfür eine Unterstützung der chinesichen Regierung gab. Die frühesten Märkte werden in den Quellen 1405/06 in Liaotung erwähnt, und zwar in K'ai-yüan und Kuang-ning. Sie

[50] Serruys (1967), Kap. XV.
[51] Serruys (1975), 126–127.

fanden etwa einmal im Monat statt. Weitere Pferdemärkte gab es in Ta-t'ung und Hsüan-fu (1438–1552). Sie wurden 1553 wegen Streitereien, welche Waren für die Pferde erhandelt werden durften, aufgehoben. 1571, auf wiederholte Bitten des Altan Qan der Tümed, wurden sie wiedereröffnet und fanden im allgemeinen zwischen Juni und September statt[52].

Die mongolischen Völkerschaften in ihrer Gesamtheit zeigten im 16. und zu Beginn des 17. Jh. das Bild eines charakteristischen Feudalstaates mit Föderationen und Zersplitterungen, mit einer schwachen Zentralregierung und mehreren neuen, unabhängigen Qanen. Auch dem letzten Erben der Groß-Qaγan-Würde, Liγdan von den Čaqar (1587–1634), gelang es nicht, auch die entsprechende Macht durch die Gefolgschaft der übrigen Familienzweige zu gewinnen. Das „Charisma" des Herrschers, das eine solche möglich machte, glaubten viele Mongolen nun im neuen Mandschuherrscher zu finden[53].

V

Den tungusischen Mandschus, Nachfahren der J̌ürčid, die unter dem Dynastie-Namen Chin den nördlichen Teil Chinas kurze Zeit (1115–1231) regiert hatten und die nach dem Verlust der Macht wieder als Jäger, Fischer und Herdenzüchter in ihren alten Stammesgebieten um den Yalu gelebt hatten, gelang unter dem Führer eines der Stämme, Nurhaci (1559–1626), ein Čingis-ähnlicher Aufstieg[54]. Er brachte die übrigen Stämme zur Gefolgschaft und organisierte sie militärisch in Banner. Früh übernahm er auch die mongolische Schrift (1599). Zum letzten Male gelang es hier einer zentralasiatischen Stammesföderation, mit der alten Eroberungstaktik ein Reich zu erringen. 1644 wurde der Enkel des Nurhaci, Fulin, in Peking zum Kaiser ausgerufen. Mit den Mongolen verband die Mandschus – neben der

[52] Serruys (1975), 145ff.
[53] Weiers (1979a).
[54] Hauer (1926), Angaben für die Jahre 1583–1626.

Zugehörigkeit zum gleichen Kulturkreis – dreierlei: Verwandtschaft, Diplomatie und Krieg. Die ostmongolischen Stämme der Qarčin und Qorčin vor allem waren unmittelbare Nachbarn der Mandschus und ihnen durch Heiratsverbindungen seit langem verschwägert. Der K'ang-hsi-Kaiser beispielsweise (reg. 1662–1722) hatte eine Qorčin-Prinzessin zur Großmutter. (Die Heiratspolitik der Ch'ing-Dynastie im 18. und 19. Jh. folgte dann guten chinesischen Gepflogenheiten, kaiserliche Prinzessinnen mongolischen Fürsten in die Ehe zu geben.)

Was die diplomatischen Beziehungen anlangt, so hatten auch diese schon zu Nurhacis Lebzeiten von seiten einzelner mongolischer Fürsten der nicht direkt benachbarten Gebiete bestanden. Der erste Qalq-a-Fürst, der sie dann ausdrücklich als Tributbeziehungen einführte, war der Sečen Qan Šoloi, 1636, von welchem Jahr an auch der wohlbekannte Tribut der „Neun Weißen" (acht weiße Pferde und ein weißes Kamel) von Qalq-a seinen Anfang nahm. Die übrigen Qane und ein großer Teil der anderen Fürsten folgten diesem Beispiel bald, so daß eine Reihe von Jahren vor der vollständigen Unterwerfung der mongolischen Gebiete der mandschurische Kaiser einen nicht zu unterschätzenden Platz im politischen Leben der Mongolen einnahm: den des von vielen anerkannten Suzeräns, der gleichsam das Charisma eines Qaγans besaß. So wurde ihm Gefolgschaft geleistet, der China wiedererobert hatte, die Wege zu den Märkten sicherte und nicht zuletzt als Beschützer der lamaistischen Lehre wirkte, die für die Mongolen von großer Bedeutung geworden war. Der Erbe der mongolischen Großqaγan-Würde, der bereits erwähnte Liγdan, fand diese Gefolgschaft nicht. 1632 wurde er von den Mandschus besiegt und starb 1634 am Köke naγur. Dieser Krieg hatte zur Folge, daß die Čaqar von nun an nicht mehr von eigenen Fürsten, sondern direkt von Peking aus regiert wurden. (Krieg führten die Mandschus des weiteren noch mit den westmongolischen Stämmen der Oiraten. Er endete nach dem dritten Feldzug gegen sie 1758 mit ihrer nahezu vollständigen Vernichtung.) Bereits 1636 hatten die Mandschus ein Mongolenamt (monggo jurgan) eingerichtet, welches dann ab 1638 als Li fan yüan die oberste Behörde zur Regelung der Angelegenheiten der „Barbaren" wurde[55]. Die bis zu einem gewissen Grad bereits formalisierten Bindungen zwischen dem mandschurischen Kaiser und der mongolischen Aristokratie wurden nach der Unterwerfung der Mongolen im 18. Jh. dann in ein engmaschiges Verwaltungsnetz eingebaut. 1688 hatten sich der Tüsiyetü Qan Čaqundorǰi der Qalq-a und bald auch nahezu alle übrigen Fürsten jenes Gebietes vor den Überfällen des Westmongolen Galdan unter den Schutz des K'ang-hsi-Kaisers geflüchtet. Als Alternative war kurzfristig erwogen worden, Schutz beim russischen Zaren zu suchen. Die Mongolen verwarfen dies jedoch auf den Rat des J̌ebcundamba Qutuqtu wegen der Religion und der Fremdheit der Kleidung und anderer Gewohnheiten[56]. Es sei hier noch angemerkt, daß mit dem alten Ziel der Westmongolen, die Würde des Groß-Qaγans zu gewinnen und durch eine starke Gefolgschaft auch in reale Macht umzusetzen, mit Galdans Krieg gegen die Qalq-a gleichzeitig eine kirchenpolitische Frage verknüpft war, nämlich die der Vorrangstellung des Dalai Lama vor dem J̌ebcundamba Qutuqtu[57]. Die mongolischen Fürsten, die ursprünglich gewiß keineswegs die Absicht gehabt hatten, durch ihr Schutzsuchen und die Anerkennung der Autorität des mandschurischen Kaisers ihre absolute Macht zu verlieren, sahen sich in der Folge einer immer stärker werdenden Bürokratisierung unterworfen. Sie manifestierte sich wie folgt: Oberster „Lehensherr" für die Mongolen war der mandschurische Kaiser, die oberste Behörde zur Regelung der Angelegenheiten der mongolischen Stämme das bereits erwähnte Li fan yüan. Danach zerfiel das Gebiet der Mongolen in zwei Verwaltungseinheiten, die Äußere Mongolei (im wesentlichen das Gebiet der heutigen Mongolischen Volksrepublik) und die Innere Mongolei (die heutige Autonome Region Innere Mongolei in der Volksrepublik China), entsprechend ihrer geographischen Lage zu Peking. Repräsentanten des Kaisers waren in Qalq-a der Militärgouverneur in Uliyasutai (heute Žirgalanta), zwei Ambane in Urga

[55] Hauer (1926), 462; Fairbank/Teng (1941), 158f.
[56] Bawden (1968a), 8.
[57] Iledkel Šastir (1795), 46, 4r, v (Tüsiyetü Qan Čaqundorǰi).

(heute Ulaanbaatar) und ein Amban in Kobdo[58]. In der Inneren Mongolei unterstanden die in sechs Bünde organisierten 49 Banner verschiedener mongolischer Stämme, die acht Banner der Čaqar, die beiden Banner der Tümed von Köke qota, das Banner der Alašan und das Banner der Edsine-Torγud jeweils dem mandschurischen Militärvizegouverneur und Jehol (Chihli) und Mukden (Fengtien), dem mandschurischen Militärvizegouverneur und Čaqar, dem mandschurischen Brigadegeneral von Köke qota und den mandschurischen Generälen von Sui-yüan und Ning-hsia[59]. Territoriale Grenzen wurden fixiert, Ayimaγ, Qosiγu und Sumu administrative Einheiten. Der wesentliche Unterschied zwischen Innerer und Äußerer Mongolei, mit Bezug auf die Verwaltung, bestand darin, daß die Innere Mongolei sehr viel stärker unter der Kontrolle der Regierung des Ch'ing-Reiches stand. Die regierenden Fürsten hatten bei den Bundversammlungen keinerlei Machtbefugnisse mehr; sie wurden auf Anordnung einberufen, und es waren chinesische Beamte, die man zur Leitung der Versammlung bestellte. Ayimaγ, Qosiγu und Sumu bildeten neben den erwähnten zivil-administrativen auch militärische Einheiten. Die mongolischen Fürstentitel wurden umgewandelt und in das mandschurische Rangsystem eingepaßt. Ihre Machtbefugnisse erhielten die Fürsten aus der Hand des Kaisers. Zensus und die bereits erwähnte Festlegung der territorialen Grenzen, Dienstleistungspflicht, Heeresfolge und ein fremdes bürokratisches Verwaltungsnetz hielten somit die mongolischen Völkerschaften unter strenger Kontrolle. Eine bewegliche militärische Reserve sollten die mongolischen Untertanen darstellen: Truppen und Vieh liefern und einen „Schutzschild“ gegen die beginnende russische Expansion bilden. In den Worten des K'ang-hsi-Kaisers: „In alter Zeit hat die Ch'ing-Dynastie Erde und Steine aufgehäuft und die Große Mauer gebaut. Unsere Dynastie hat ihre Wohltaten auf die Qalq-a ausgedehnt, auf daß sie die nördlichen Gebiete bewachen. Sie werden stärker und sicherer als die Große Mauer sein!“ [60] Die militärische Funk-

[58] Brunnert/Hagelstrom (1911), Nr. 879–880.

[59] Brunnert/Hagelstrom (1911), Nr. 892–901.

[60] Bawden (1968), 81.

tion allein erklärte jedoch noch nicht die Gesamtheit der Umwandlungen in den mongolischen Gebieten durch die Ch'ing-Dynastie. Das hing mit den eigenen militärischen Traditionen der Mongolen zusammen, die wiederum eng mit den nomadischen Traditionen verknüpft waren. Die Elite der berittenen Bogenschützen, welche die Überlegenheit der Mongolen ausgemacht hatte, verlor ihre Bedeutung nach der Einführung der Feuerwaffen. Eine Verbreitung unter den Mongolen war streng begrenzt. Wenn die Mandschus auch große Veränderungen in der Verwaltung und der Politik der Mongolei bewirkten, so verhinderten sie doch gleichzeitig jede wirkliche konsequente Modernisierung der Armee: straffe Zügel und strenge Kontrolle für ein Volk, dessen kriegerische Tüchtigkeit aus den drei großen Feldzügen gegen die Westmongolen nicht vergessen war[61].

Die Wehrdienstpflicht auf Abruf für alle Männer zwischen 18 und 60 Jahren, das Stellen der gesamten militärischen Ausrüstung, einschließlich Pferde und Vieh zur Truppenversorgung, Dienstverpflichtung ganzer Familien für die Betreuung der kaiserlichen Herden und Armeefelder, der 47 Grenzwachtposten entlang der mongolisch-russischen Grenze und der 76 Relais-Stationen, ferner Dienstpflicht gegenüber dem eigenen regierenden Fürsten; schließlich, vor allem in der Inneren Mongolei, Vertreibung der Mongolen von Weideland durch chinesische Siedler, an die verschuldete Fürsten widerrechtlich Bannereigentum verkauft hatten: all dies führte zu wirtschaftlicher Stagnation, um nicht zu sagen Ruin. Eine weitere Folge war die völlige politische Isolation der Mongolen. Die einzigen Auslandsbeziehungen der Qalq-a zum Beispiel beschränkten sich auf Handel mit Rußland. Russisches Handelsinteresse in Qalq-a hatte sich im Laufe des 19. Jh. verstärkt[62]. Nikolaj Muraviëv Graf Amurskij, seit 1847 Generalgouverneur von Ostsibirien, die damalige Schwäche Chinas ausnutzend, befürwortete ein russisches Protektorat in Qalq-a. Die Regierung in Sankt Peters-

[61] Legrand (1976), 154.

[62] Detailliertere Anmerkungen zum folgenden finden sich in den diesen Zeitraum behandelnden Kapiteln.

burg wünschte jedoch kein solch hastiges Vorgehen. Nach dem neuen chinesisch-russischen Grenzvertrag von Aigun 1858 beschränkten sich die Russen auf eine Handelsniederlassung in Urga 1860 und 1861 die Errichtung eines Konsulats. 1862 folgte ein Abkommen mit Peking über den Handel in der Äußeren Mongolei. Der Vertrag von Sankt Petersburg 1881 regelte den Warentransit durch die mongolischen Gebiete von Rußland nach China und berechtigte die Russen zur Eröffnung von weiteren Konsulaten in Kobdo (1905) und Uliyasutai (1911). Für die Mongolen von Bedeutung war ferner der Russisch-Japanische Krieg 1904–05, der nach dem Sieg Japans mehrere Abkommen zwischen Sankt Petersburg und Tokyo zur Folge hatte. Unter anderem wurden über den Kopf Chinas hinweg die russisch-japanischen Interessensphären in Nord-, Ost- und Zentralasien festgelegt. Die Äußere Mongolei sollte danach zur russischen, die Innere Mongolei zur japanischen gehören, mit dem Meridian von Peking als Teilungslinie.

Der Kurs der Ch'ing-Dynastie, der Kurs eines politischen Vakuums in den mongolischen Gebieten, wich im Rahmen des russisch-chinesischen Rivalitätskampfes um Macht und Einfluß einer intensiven chinesischen Kolonisation. Die Gesetze, die die Einwanderung in die Mongolei und Heirat zwischen Mongolen und Chinesen verboten hatten, wurden aufgehoben. 1906 erhielt das Li fan yüan den Status eines Ministeriums mit der Aufgabe, eine systematische Besiedlung der Mongolei in die Wege zu leiten. 1911 wurde ein Kolonisationsbüro in Urga eingerichtet, das diesen Prozeß beschleunigen sollte. Die Garnisonen wurden verstärkt. Für all dies sollten die Mongolen mit Steuern aufkommen. Es war nun nicht etwa so, daß die mongolische Bevölkerung die immer bedrückender werdende Verarmung gegen Ende des 19. Jh. klaglos hingenommen hätte. Ihr Widerstand richtete sich jedoch zunächst nicht gegen das System als solches, sondern jeweils nur gegen eine bestimmte Person oder einen Mißstand. Auch unter den Mongolen gab es im übrigen die bekannten Formen des Sich-zur-Wehr-Setzens: Räuber und Freischärler, die, ähnlich wie Robin Hood und die edlen Räuber des chinesischen Romans Shui hu ch'uan, ausgleichende Gerechtigkeit übten. Es gab ferner die Duγuilang-Bruderschaften und natürlich auch gewöhnliche Banditen. Die Freischärler jedoch wurden zu Symbolen eines sich sonst nicht manifestierenden Widerstandes gegen die als drückend empfundene Obrigkeit[63].

Der Entschluß, in politischer Hinsicht etwas zu unternehmen, ging von den geistlichen und weltlichen Fürsten von Qalq-a, im Einvernehmen mit dem 8. J̌ebcundamba Qutuqtu, aus[64]. Eine Delegation begab sich im August 1911 nach Sankt Petersburg und bat um Unterstützung einer Unabhängigkeit der Mongolen, genauer um Waffen und Geld. Eine Anzahl Waffen und Munition wurde dann auch im November 1911 vom Militärdistrikt in Irkutsk ausgeliefert. Im Oktober 1911 jedoch brach in China die Wu-ch'ang-Rebellion aus. Qalq-a erklärte seine Unabhängigkeit, noch bevor die letzte mandschurische Regentin die Abdankungsurkunde unterzeichnet hatte (am 12. 2. 1912) und China Republik wurde. Die mongolischen Fürsten betrachteten ihr Loyalitätsverhältnis zum mandschurischen Kaiserhaus als ein persönliches, und darum nicht auf die Republik China übertragbar. Sie vertrieben die chinesischen Würdenträger und Garnisontruppen aus ihrem Land und erklärten den 8. J̌ebcundamba Qutuqtu zum neuen Staatsoberhaupt. Für die Bevölkerung und die Struktur der Gesellschaft brachte die neue Unabhängigkeit jedoch keine wesentliche Änderung. Die Regierungsgeschäfte nahmen fünf Ministerien in die Hand unter Leitung der alten regierenden Fürsten, im übrigen blieb das alte System der Bannerverwaltung bestehen. Die kurze Autonomie von 1911 bis 1918 war jedoch von vornherein zum Scheitern verurteilt. Erstens verfügten die Mongolen weder über eine ausreichende militärische noch eine finanzielle, noch gar eine politische Organisation, die für die Gründung eines unabhängigen Staates notwendig gewesen wäre. Zweitens, und das war letztlich ausschlaggebend, lag ein unabhängiger mongolischer Staat – oder gar ein wiedervereinigtes großmongolisches Reich! – weder im Sinne der russischen noch der chinesischen Außenpoltiik.

63 Heissig (1972), 519.
64 Vgl. Anm. 62.

VI

Nach der russischen Revolution 1917 marschierten chinesische Truppen 1919 erneut in Qalq-a ein. 1921 folgte ein kurzes „Zwischenspiel" unter dem Weißgardisten General Baron Ungern-Sternberg. 1919, nach der erzwungenen Entlassung der mongolischen Armee, hatten jedoch nationalgesinnte Mongolen begonnen, erst Widerstandsgruppen, dann Partisaneneinheiten gegen die chinesische und nachfolgende weißgardistische Militärherrschaft zu bilden. Daneben gab es auch eine revolutionäre Gruppe junger Mongolen, die die Militärhochschule in Irkutsk besucht hatten und die mit der Komintern in Verbindung standen. Sie gründeten eine mongolische Revolutionspartei, deren erster Kongreß im März 1921 in Kiakhta stattfand. Nationalisten und Revolutionäre schlossen sich zusammen und baten die Sowjetunion um politische und militärische Hilfe. So eroberten Streitkräfte der Roten Armee im Verein mit mongolischen Truppen im Juli 1921 die Hauptstadt Urga. Nach dem Tode des J̌ebcundamba Qutuqtu und der Verabschiedung der neuen Verfassung im November 1924 wurde die ehemalige Äußere Mongolei als Mongolische Volksrepublik der erste Staat nach der Sowjetunion, in dem die Ideologie des Marxismus-Leninismus zum Grundsatz der allein regierenden Staatspartei wurde. Die neue mongolische Regierung nun mußte in allen Bereichen praktisch bei Null anfangen. Die Schwierigkeiten waren groß und die Fehler verständlicherweise zahlreich.

Seit 1948 wird nun die mongolische Wirtschaft mit Hilfe von Fünfjahresplänen weiterentwickelt[65]. Die wichtigste Grundlage blieb die Viehzucht, in welcher, zusammen mit dem Ackerbau, fast die Hälfte der erwerbstätigen Bevölkerung beschäftigt ist und welcher etwa 70% des Landes als Naturweide zur Verfügung stehen. Der Viehbestand beträgt annähernd 24 Mio. Stück, was etwa 21 Tieren pro Kopf der Bevölkerung entspricht – die höchste Viehdichte der Welt. Träger der mongolischen Viehzucht sind heute im allgemeinen Herdenkooperativen, in deren

[65] Barthel (1971), 97–118, 128f.

Besitz sich 77% der Nutztiere (i.e. nach wie vor Kamele, Pferde, Rinder, Schafe und Ziegen) befinden. Die übrigen Tiere verteilen sich auf Staatsgüter, Viehzuchtstationen und Privatbesitz (18–25%, was etwa 150 Tieren pro Familie in den Kooperativen entspricht). Ebenso unverändert basiert die Viehzucht auch heute auf ganzjähriger Weidehaltung. Je nach Flächengröße und Ertragsfähigkeit der Weidegebiete sind die Kooperativen in entsprechende Brigadebereiche aufgeteilt, innerhalb deren unter der Betreuung von einer Anzahl Haushalten nach festgelegtem Rhythmus Viehwanderungen erfolgen. Obwohl heute durch Brunnenbohren, Heubevorratung, Stallhaltung (Winter) und tierärztliche Versorgung die Viehbestände vergrößert und die Qualität verbessert werden konnte, vernichten trotzdem noch – wie eingangs bereits erwähnt – eine große Trockenheit und lang andauernde Frostperioden immer wieder einen Teil des Futters. Neuerungen wie Schweine- und Geflügelhaltung bleiben selten. Auch dem Ackerbau sind wegen des extremen Kontinentalklimas Grenzen gesetzt. Man schätzt, daß nur etwa 2% der Landesfläche überhaupt für den Ackerbau geeignet sind; tatsächlich genutzt werden bisher 0,2%. Man baut Sommerweizen, Hafer, Sommergerste, Hülsenfrüchte und Kartoffeln an. Gemüseanbau (Weißkohl, Möhren, Zwiebeln, Tomaten und Gurken) wird teilweise mit Hilfe von Gewächshäusern und Frühbeeten betrieben. Neuerungen sind Obst- und Beerenanbau (Äpfel, Johannisbeer- und Himbeersorten, Sanddorn). Auch die Pelztierjagd findet eine Fortsetzung der Tradition. Jährlich werden über eine Million Tiere erlegt, vor allem Murmel, Fuchs, Eichhörnchen, Wolf und Iltis. Luchs, Hermelin, Steinmarder, Fischotter, Biber und Zobel stehen bereits seit 1930 unter strengem staatlichem Schutz. Zobel wird jedoch auf Pelztierfarmen gezüchtet. Bergbau und Industrie befinden sich im Aufbau. Die Industrie ist schwerpunktmäßig in zwei Gebieten besonders stark vertreten: Ulaanbaatar-Nalaich und Darchan-Süchbaatar. Beide Zentren liegen in dichtbesiedelten Gebieten mit direkter Straßen- und Zugverbindung in die Sowjetunion, beide decken den Energiebedarf durch eigene Braun- und Steinkohlenvorräte.

Was die wirtschaftlichen und gesellschaftlichen Gegebenheiten der Autonomen Region Innere Mongolei in der Volksrepublik China anlangt, so erlauben die Quellen bisher noch keine verbindliche Aussage.

VII

Das bereits erwähnte Bild von der spiralenförmig aufwärts in sich wiederholenden Zyklen verlaufenden Evolution der mongolischen hirtennomadischen Völker, welches Owen Lattimore als Modell anbietet, behält wohl bis 1911 Gültigkeit. Wenn ich es einmal wie folgt zusammenfassen darf:

1. Patriarchalischer Clan (Föderation) – imperiale Zentralisation (Höhepunkt: Činggis Qaγan); Zerfall, aber keine Rückkehr zum alten patriarchalischen Clan, vielmehr
2. Föderation von bereits territorial wie stammesmäßig definierten Einheiten – mit Anspruch *einer* Familie auf die Qaγan-Würde (Höhepunkt: Dayan Qan); Zerfall.
3. Mehrere unabhängige Qane – Anerkennung eines „fremden" starken Qaγans und neuer imperialer Zentralisation (Höhepunkt: 1688 mit der freiwilligen Unterwerfung auch der Mehrzahl der regierenden Qalq-a-Fürsten). Zerfall, aber nicht durch Bewegung, sondern durch Erstarrung. Neue technische Entwicklungen (Waffen etc.) setzen außerdem den alten Evolutionsmöglichkeiten ein Ende. So könnte man vorschlagen, daß
4. die hier beschriebene Evolution durch revolutionäre Erneuerungen abgelöst wurde, die dann im vorliegenden Falle zur Gründung einer Volksrepublik marxistisch-leninistischer Prägung geführt haben.

II.

DIE PERIODEN MONGOLISCHER GESCHICHTE

1. Geschichte der Mongolen vom 12. bis 14. Jahrhundert

ČINGGIS KHAN

Von Hans-Rainer Kämpfe

Die Geschichte Činggis Khans ist schon so oft geschrieben worden, daß der Leser von diesem Beitrag, auf den eine grundrißartige Darstellung der mongolischen Geschichte schlechterdings nicht verzichten kann, keine neuen Fakten erwarten darf. Nicht einmal die bekannten Tatsachen können hier vollständig angeführt werden. Wir beabsichtigen lediglich, die Umrisse des Geschehens im Sinne einer „Ereignisgeschichte“ [1] darzustellen, damit sie sich einfügen in den Rahmen der gesamten mongolischen Geschichte, wie er von den anderen Kapiteln dieses Sammelbandes entworfen wird.

Im Sinne dieser Priorität, die den Ereignissen eingeräumt werden soll, läßt sich die Geschichte Činggis Khans in drei Hauptperioden gliedern, die das dispositionelle Gerüst dieses Beitrags liefern: 1. die Einigung der Mongolen, 2. der Feldzug gegen China und 3. der Feldzug gegen den islamischen Westen.

Die Bezeichnung Činggis Khan ist ein Titel, dessen Deutung nach wie vor ungewiß ist. Der ursprüngliche Name seines Trägers lautete Temüǰin. Sein Vater war das Oberhaupt des Clans der Borǰigid, Yisügei baɣatur mit Namen, und seine Mutter war Ögelen, eine Frau vom Clan der Olqonoɣud. Über das Geburtsdatum Temüǰins geben die Quellen unterschiedliche Nachrichten: von 1155 bis 1167.

Temüǰins Großvater, Qabul Khan, hatte zu Beginn des 12. Jh. eine Reihe von Clans zu einer Stammesgruppe zusammengeschweißt, deren einer die Borǰigid waren und der er den

[1] Generell zur Unterscheidung von Struktur- und Ereignisgeschichte, angewandt auf den Bereich der Zentralasienkunde, vgl. Kämpfe (1976b).

Namen Mongγol gegeben hatte. Diese Mongolen sowie andere, ähnlich strukturierte Gruppen, wie die Kereyid, die Tatar und die Nayiman, dürften alle als verwandte Ethnien anzusehen sein, deren interne Auseinandersetzungen die Geschichte des 11. und 12. Jh. ausmachten und deren Einigung das Werk Čінggis Khans war. Das Siedlungsgebiet dieser Gruppen lag im Bereich der heutigen Mongolischen Volksrepublik. Die Mongγol im engeren Sinne nomadisierten zwischen den Flüssen Onon und Kerülen.

Die mongolischen Chroniken führen die Abstammung Činggis Khans auf einen mythischen Ahnen namens Börte činua zurück. Die spätere lamaistische Tradition hat die Genealogie weiter zurückverfolgt über die tibetischen Könige der Yarkluṅs-Zeit bis hin zu mythischen indischen Königen wie Mahāsammata. Doch ist diese Deutung auch im lamaistischen Bereich nicht ohne Kritik geblieben. So schreibt zum Beispiel der 5. Dalai Lama in seiner bekannten Chronik Tibets: „Nun ist aber die Behauptung . . . König J̌iṅ gir (= Činggis Khan) sei ein Sproß des sBor ta che (= Börte činua) nicht sicher . .“ Er stellt dagegen eine Tradition, wonach Činggis Khan vom Himmel abstammen soll. Auch mongolische Chroniken, wie das Asaraγči neretü-yin teüke aus dem 17. Jh., übernahmen diese Ansicht des 5. Dalai Lama[2].

Im Alter von neun Jahren wurde Temüǰin mit Börte, einem Mädchen vom Stamme der Qonggirad, verlobt. Kurz darauf wurde sein Vater Yisügei baγatur von den Tatar, den Erbfeinden der Mongolen, ermordet. Der Tod dieser Persönlichkeit führte zum Zerfall der Konföderation der Mongγol – ein Ereignis, das in den Quellen vor allem im Abfall des Tayičiγud-Clans seinen Niederschlag fand. Die Auseinandersetzung mit den Tayičiγud führte zur Gefangennahme Temüǰins und zu einer abenteuerlichen Flucht, die die mongolischen Chroniken in epischer Breite darstellen. Die Ärmlichkeit des Daseins des jungen Temüǰin und sei-

[2] Die zitierte Stelle findet sich in der Chronik des 5. Dalai Lama: Gaṅs čan yul gyi sa la spyod pa'i mtho ris kyi rgyal blon gco bor brǰod pa'i deb ther rjogs ldan gžon nu'i dga' ston dpyid kyi rgyal mo'i glu dbyaṅs (Edition Varanasi 1967 von Kalsang Lhundup, S. 119).

ner Familie, von allen Gefolgsleuten verlassen und von den Tayčiγud bedrängt, stellt ein weiteres beliebtes Thema dar.

Wenn wir den Quellen Glauben schenken wollen, so ist die Wiederherstellung der alten mongolischen Konföderation, ja ihre Erweiterung um so mächtige Gruppen wie die Kereyid, die Nayiman, die Tatar und andere, allein der Heldenhaftigkeit und der klugen Diplomatie Temüǰins zuzuschreiben. Zunächst gewann sich Temüǰin durch einige mutige Unternehmungen den Ruf eines jungen Waghalses, der ihm alsbald zu einer kleinen Gefolgschaft von abenteuerlustigen Gesellen verhalf. Aus dieser Position heraus trat er in Verhandlungen mit Toγril wang, dem mächtigen Khan der Kereyid, einem Schwurbruder (mong. anda) seines verstorbenen Vaters. Es gelang ihm, Toγril wang zum Verbündeten zu gewinnen. Durch dessen Vermittlung stieß J̌amuqa, ein anderer mächtiger Vertreter der Steppenaristokratie, zu dieser Koalition dazu, die sich sogleich im Kampf gegen die Merkid, ein Volk aus der Gegend des Baikalsees, bewährte. Die Merkid hatten bei einem Raubzug Börte, die Frau Temüǰins, erbeutet. Es gelang den drei Alliierten, nicht nur Börte zurückzugewinnen, sondern auch die Merkid schwer zu schlagen. Mit diesem Sieg, der wahrscheinlich in das Jahr 1197 fiel, begann der Aufstieg Temüǰins zum Herrscher der Mongolen.

Bald danach kam es zum Zerwürfnis zwischen Temüǰin und J̌amuqa, die beide nach der Vormachtstellung in der Mongolei trachteten. J̌amuqa verbündete sich mit den Nayiman, den Merkid und anderen Feinden Temüǰins und nahm den Titel Gur Khan an. Vielleicht ist die spätere Verleihung des Titels Činggis Khan an Temuǰin durch die bei ihm verbliebenen Gruppen als Reaktion auf diese Auszeichnung J̌amuqas zu verstehen.

1202 unterwarf Činggis Khan die Tatar. 1203 schloß sich sein alter Verbündeter, der Toγril wang, auf Drängen seines Sohnes Senggüm ebenfalls der Koalition unter J̌amuqa an. Činggis schlug zunächst den Toγril wang und seine Kereyid und griff dann im nächsten Jahre die Nayiman und J̌amuqa selbst an und besiegte sie. 1205 wurden die Merkid als letzte Gruppe des J̌amuqa-Bundes unterworfen. Damit war Činggis zum Beherrscher aller Völker der Mongolei geworden.

Im Jahre 1206 kam es auch zur äußerlichen Bestätigung der neuen Lage: auf einer Art Reichstag (mong. quriltai) an der Quelle des Onon-Flusses wurde Čінggis Khan offiziell zum Herrscher ausgerufen. Im Anschluß an die damit verbundenen Zeremonien begann Činggis Khan nach Aussagen der Quellen mit einer Reorganisation der so geeinten Steppenvölker: ein soziologisch unerhörter Vorgang des planmäßigen Umbaus der in vielen Generationen gewachsenen Sozialstrukturen begann. Der alten Struktur, die auf generischen Prinzipien aufbaute, wurde eine politisch-militärische Organisation überlagert, deren zentrale Institution die Zehntausendschaft (mong. tümen) wurde. Mit der Führung der einzelnen Tümen belehnte Činggis vor allem seine getreuen alten Gefolgsleute: Boγurči, J̌elme, J̌ürčidei, J̌ebe, Sübegedei und wie sie alle hießen. Aber auch seine Mutter, seine Frauen und Söhne erhielten ihre Anteile. Den Zehntausendschaften wurden zum Teil besondere Funktionen übertragen: eine Elitetruppe stellte zum Beispiel die Zehntausendschaft der Leibwachen dar.

Die letzten Jahrzehnte im Leben Činggis Khans stellen sich uns als eine Periode von Eroberungszügen dar, in der aus dem nomadischen Steppenstaat der Mongolei das Mongolische Weltreich wurde. Interessanterweise erscheinen im Geschichtsbild der Mongolen selbst diese Feldzüge als zweitrangig. Chroniken wie das Asaraγči neretü-yin teüke verwenden nur wenige Seiten auf ihre Darstellung, während sie den Ereignissen bis 1206 den breitesten Raum geben[3].

Wie die großen Steppenimperien vor ihm, die Hsiung-nu, die Juan-juan und die Türken, richtete Činggis Khan sein Augenmerk zunächst auf China. Zwei strategische Voraussetzungen waren für ein solches Unternehmen zu schaffen:

1. Die Westflanken mußten gegen Übergriffe der dortigen Völker gesichert werden. Dies geschah durch Feldzüge gegen die Oyirad und die türkischen Kirgisen in den Jahren 1206 bis

[3] Die Chronik Asaraγči neretü-yin teüke wurde 1677 von dem Khalkha-Adligen Byamba erke daičing verfaßt. Der mongolische Text wurde von PẼRLẼẼ als Band II, Fasc. IV der Monumenta historica ediert (Ulan-Bator 1960). Eine deutsche Übersetzung vgl. KÄMPFE (1983).

1209, an denen Činggis Khan persönlich nicht teilnahm. Die seßhaften Uighuren von Qočo in Ostturkestan erklärten daraufhin freiwillig ihre Unterwerfung.

2. Da Činggis Khan für seinen Vormarsch nach China den Weg durch den Kansu-Korridor wählen wollte, mußte der dort gelegene Staat der Tanguten (chin. Hsi-hsia) unterworfen werden.

1209 belagerte Činggis Khan die Hauptstadt der Tanguten, woraufhin der tangutische König Li An-ch'üan seine Bereitschaft erklärte, mit den Mongolen zu kooperieren. Der Weg nach China stand nunmehr offen, zumal die Mongolen während der tangutischen Expedition erste Erfahrungen im Kampf gegen befestigte Städte sammeln konnten.

Um eine fromme Legende, erfunden von späteren lamaistischen Historiographen, handelt es sich dagegen bei der Behauptung, Činggis Khans Truppen seien anläßlich dieses Feldzuges auch nach Tibet vorgedrungen, und Činggis Khan selbst habe sich zum Lamaismus bekehrt, so daß seine weiteren Feldzüge als eine Art missionarischer Unternehmungen erscheinen konnten: Činggis Khan gleichsam als ein zweiter Aśoka[4].

China war zu jener Zeit in zwei Staaten geteilt: den nationalchinesischen Staat der Sung im Süden und das von den tungusischen J̌určen (Chin) beherrschte Nordreich, die dort die frühere Fremdherrschaft der Kitan (Liao) abgelöst hatten. Činggis Khans Pläne richteten sich zunächst gegen diesen Staat der Chin, dessen nomineller Untertan er war (wie ja die Chinesen stets eine Souveränität über die „nördlichen Barbaren" beansprucht hatten). Seit 1209 verweigerte er die Tributzahlungen an die Chin. Als Kriegsgrund mußte eine alte Rache herhalten, und im Frühjahr 1211 wurde der Feldzug eröffnet.

Zuerst wurden die Befestigungsanlagen der Chin an der Nordgrenze, entlang der Großen Mauer, erstürmt (in den Jahren 1211–1212). Entscheidend wurde dabei die Einnahme zweier strategisch wichtiger Pässe, die den Weg zur Hauptstadt der

[4] Eine quellenkritische Untersuchung zu diesem Problem lieferte SCHUH (1977).

Chin, Chung-tu (etwa beim heutigen Peking), eröffneten. 1213 drangen mongolische Truppen in drei Marschsäulen in das Innere Nordchinas vor. 1214 kam es zur Belagerung von Chung-tu unter Činggis Khans persönlicher Führung, während seine Heerführer das Hinterland sicherten. Ein Waffenstillstand mit den Chin wurde ausgehandelt, der den Mongolen reiche Beute zusprach. Als aber nach deren Abzug die Chin ihre Residenz eiligst nach dem Süden verlegten, kehrten die Mongolen zurück, und im Mai 1214 fiel Chung-tu in ihre Hände. Chinesische und persische Quellen überbieten sich gegenseitig in der Schilderung der dabei begangenen Greueltaten. Činggis Khan zog sich nach diesem Siege in die Mongolei zurück und überließ den zweiten Teil des Feldzuges seinem General Muquli, dem er 1217 alle Vollmachten erteilte.

Die Truppen, mit denen Muquli an die endgültige Niederwerfung des Chin-Reiches ging, bestanden wahrscheinlich bereits zur Hälfte aus übergelaufenen Chinesen und Kitan, darunter viele Experten der militärischen Ingenieurkunst. Nach einigen Erkundungszügen begann Muquli im Frühjahr 1221 mit dem Vormarsch nach Süden. Die Operationen erwiesen sich als schwierig und führten noch nicht zum gewünschten Erfolge, zumal seit 1222 auch die Tanguten ihre Gefolgschaft aufkündigten und mit den Chin gemeinsame Sache machten. Erst unter Činggis Khans Nachfolger Ögödei wurde die Eroberung des Chin-Reiches zum Abschluß gebracht.

Wir müssen uns nun nochmals zurückversetzen in die Jahre nach Činggis Khans Rückkehr in die Mongolei. Damals kam eine Handelsmission aus dem islamischen Reiche des Chwarism-Schah in die Mongolei, die von Činggis Khan freundlich aufgenommen und mit dem Wunsch um Etablierung kommerzieller und diplomatischer Beziehungen erwidert wurde. Diese Gesandtschaft nun wurde auf Geheiß des Chwarism-Schahs ᶜAla-ad-din Muhammad in der Stadt Otrar ermordet. Dieses Ereignis löste den Westfeldzug Činggis Khans aus, der also recht eigentlich eine Racheaktion war.

Im Jahre 1218 brach der Mongole auf zu einem Unternehmen, das generalstabsmäßig geplant war. Wie der Ostfeldzug, so begann auch dieser Westfeldzug mit der Eroberung eines geeigneten Aufmarschgebietes. 1218 wurde das Reich der Karakitai in Turkestan unterworfen, jener versprengten Reste der Kitan, die unter dem Namen Liao einst China beherrscht hatten. Von dort ging der Vormarsch direkt ins Herz Transoxaniens hinein. 1219 fiel Otrar, Anfang 1220, nach kurzer Belagerung, das reiche Buchara und Samarkand. Die Bevölkerung wurde nach Angaben der muslimischen Geschichtsschreiber zum größten Teile ausgerottet – immerhin handelte es sich ja um einen Racheakt.

Der Widerstand der schlecht organisierten, undisziplinierten muslimischen Heere scheint nicht nennenswert gewesen zu sein. Der Chwarism-Schah selbst floh, und Činggis Khan ließ ihn von J̌ebe und Sübedei verfolgen. Er kam schließlich auf einer kleinen Insel im Kaspischen Meer ums Leben (wahrscheinlich gegen Ende des Jahres 1220).

Währenddessen verbrachte Činggis Khan den Winter 1220/1221 am Amu-darja. Von dort entsandte er weitere Missionen, geführt von seinen Söhnen und getreuen Generälen, gegen andere Ziele in dem eroberten Lande. Nach dem Tode des Chwarism-Schah wurde der Widerstand von dessen Sohn J̌alal-ad-din erneut organisiert. Aber den rigorosen Vorstößen der Mongolen war er nicht gewachsen. Činggis Khan nahm 1221 Balch ein, sein Sohn Tolui unterwarf die Provinz Chorassan. Blühende Städte wie Herat, Merw und Nischapur wurden geplündert und zerstört. Eine Niederlage, die einer mongolischen Armee von J̌alal-ad-din bei der Stadt Parvan beigebracht wurde, veranlaßte Činggis Khan zum persönlichen Eingreifen. Er stellte den jungen Chwarism-Schah am Indus und konnte seine Truppen nach einer schweren Schlacht vernichten. J̌alal-ad-din selbst entkam nach Indien, von wo er später den weiteren Widerstand gegen die Mongolen organisieren sollte. Vorderhand aber war das ehemalige Chwarism-Reich fest in mongolischer Hand, und Činggis Khan bezog erneut sein Winterquartier in der Gegend von Samarkand.

Inzwischen hatten J̌ebe und Sübedei, nachdem sie vom Tode des alten Chwarism-Schah erfahren hatten, sich nach Norden gewandt, hatten den Kaukasus überschritten und waren tief in die Kiptschak-Steppen eingedrungen. Nachdem sie 1223 an der Kalka ein vereinigtes Heer von Kiptschak-Türken (Komanen) und Russen geschlagen hatten, standen ihnen die weiten russischen Steppen und Waldgebiete offen. Sie stießen nach Westen bis zum Dnjepr vor und kehrten erst im Winter 1223, mit Beute reich beladen, in Činggis Khans Winterquartier zurück.

Zu jener Zeit dürfte Činggis Khan die Nachricht von der schlechten militärischen Lage in Nordchina und vom Verrat der Tanguten erreicht haben. Im Jahre 1224 kehrte er in die Mongolei zurück, wo er alsbald mit den Vorbereitungen zu einer Strafexpedition gegen das Tangutische Reich begann.

Während der damalige König der Tanguten seine Unschuld beteuerte, nahm ein tangutischer General namens Ese qambu, offenbar die treibende Kraft des Verrats, die mongolische Herausforderung an. Er wurde in einer Schlacht im Alaschan-Gebirge geschlagen, und der König bot darauf die Unterwerfung an. Obwohl Činggis Khan annahm, ließ er den König und zahlreiche Würdenträger umbringen und setzte dem tangutischen Staat ein Ende. Der ganze Krieg hatte von 1225 bis 1227 gedauert.

Činggis Khan selbst hatte sich während des Anmarsches ins Tangutenland bei einem Jagdunfall verletzt. Im Jahre 1227, nach Abschluß der militärischen Operationen, erlag er seinen Verletzungen, wahrscheinlich noch innerhalb des tangutischen Territoriums. Sein Leichnam wurde in die Mongolei übergeführt, wo er an einem geheimgehaltenen Ort beigesetzt wurde, jedenfalls wohl aber in jener Gegend, wo einst seine Karriere begonnen hatte.

Činggis Khans Tod wird in ergreifenden Worten besungen von einem seiner Gefolgsleute namens Kilügedei baγatur, die von späteren mongolischen Chroniken überliefert werden. Einige Zeilen aus diesem Gesang, gleichviel ob nun historisch oder nicht, übersetzt nach dem Zeugnis der Chronik Asaraγči neretü-yin teüke[5], mögen diesen Beitrag beschließen:

[5] Der mongolische Text findet sich in der Edition Pėrlėės (vgl. Anm. 3), S. 38.

Als Flügel des segelnden Falken flogst du (einst), mein Herrscher!
Bist du (wirklich) zur Last des polternden (Leichen-)Wagens geworden, mein Herrscher?
Als Flügel des jagenden Falken flogst du, mein Herrscher!
Bist du (wirklich) zur Last des rollenden Wagens geworden, mein Herrscher?

Auswahlbibliographie

Boyle (1958); Bretschneider (1967); Fox (1936); Franke (1952); Grenard (1935); Grousset (1941), (1944), (1970); Haenisch (1933), (1948); Hambly (1966); Hammer-Purgstall (1856); Heissig (1978), (1981 a); Howorth (1876–1927); Krause (1922); Kwanten (1979); Lattimore (1963 a); Lech (1968); Martin (1950); D'Ohsson (1852); Pelliot/Hambis (1951); Spuler (1961), (1968 a); Vernadsky (1953); Vladimircov (1930), (1948); Walker (1939).

VON ÖGÖDEI BIS MÖNGKE – DAS MONGOLISCHE GROSSREICH

Von MICHAEL WEIERS

Die von Tschinggis Khan begonnenen Eroberungen (vgl. den vorausgehenden Beitrag) setzten nach seinem Tod im August 1227 seine Nachfolger fort. Das Imperium erstreckte sich schließlich vom Pazifik bis fast zur Ostsee und von den Steppen Innerasiens bis in die Kulturländer im Süden des eurasischen Kontinents.

Dem Habitat vieler Völker, die das Reich damals umfaßte, entsprachen auch viele schriftliche Zeugnisse, die über dieses Reich, sein Werden und seine Herrscher berichteten. Mit Ausnahme der ›Geheimen Geschichte der Mongolen‹[1] sind es paradoxerweise aber nur sehr wenige umfangreichere und zeitgenössische mongolischsprachige Quellen, die uns über diese Zeit der Nachfolger des Tschinggis Khan Auskunft geben, obwohl gerade diese Epoche, d. h. die Jahre seit dem Tod des Tschinggis Khan bis zum Tod des Möngke 1259, als die Zeit der Geschichte eines einigen mongolischen Großreichs zu bezeichnen ist. Auch die offizielle chinesische Geschichtsschreibung, niedergelegt in erster Linie im Yüan-shih, den Aufzeichnungen über die Mongolenzeit in China, bringt für die unmittelbaren Nachfolger des Tschinggis Khan nicht allzu umfangreiche Nachrichten.[2] Etwas detaillierter unterrichten uns dann über die politische Geschichte des mongolischen Großreichs zeitgenössische Quellen in persi-

[1] HAENISCH (1948); RACHEWILTZ (1971 ff.); CLEAVES (1982).

[2] ABRAMOWSKI (1976), (1979); zusätzliche Informationen: FRANKE (1952); HENTHORN (1963); RACHEWILTZ (1966); BRETSCHNEIDER (1967).

scher[3], syrischer[4], armenischer[5] und arabischer[6] Sprache. Die slawisch-russischen Quellen[7] hingegen liegen etwas später, und die lateinischen und mittelfranzösischen sind zwar zeitgenössisch, doch mehr kulturgeschichtlich relevant.

Sicherlich besitzen wir, abgesehen von der ›Geheimen Geschichte der Mongolen‹, auch noch weitere mongolischsprachige Quellen der Tradition über diese Zeit, doch sind diese in einem Zeitabstand zum Geschehen von mindestens 400 Jahren niedergeschrieben worden und als Familien- und Kirchengeschichtsschreibung auch mannigfach verfälschendem Einfluß erlegen.

Wir werden uns so für die Darstellung der politischen Geschichte des mongolischen Großreichs vor allem auf diejenigen Quellen stützen, die soeben unter den Anmerkungen 1–6 angesprochen wurden. Die allerwichtigsten sonstigen Quellenbezüge erscheinen in den weiteren Anmerkungen.

Nach Tschinggis Khans Tod ging das imperiale Erbe, das damals noch nicht seine größte Ausdehnung erlangt hatte, zunächst auf Tschinggis Khans vier Söhne und deren Klane über. Nach dem Gesetz der Steppe stand die Nachfolge des Vaters eigentlich dem jüngsten Sohn Tolui zu. Bis zum ersten Reichstag (mo. *quriltai*) nach Tschinggis Khans Tod führte er auch als Regent die Geschäfte. Daß er dennoch nicht zum Nachfolger aufrückte, lag an einer zwischen Tschinggis Khan und allen seinen Söhnen bereits im Jahre 1218 vor dem Westfeldzug gegen das muslimische Chwarism getroffenen Vereinbarung, die Ögödei, den drittältesten Sohn des Tschinggis Khan, zum Nachfolger bestimmt hatte. Der Reichstag, auf dem dieser dann zum neuen Herrscher erhoben wurde, fand nach mongolischen Angaben 1228, nach chinesischer Überlieferung 1229 im 8. Monat in Köde'ü-Aral am Kerulen-Fluß statt.

[3] Vgl. das Kapitel ›Nahöstliche und europäische Quellen‹ (= *NeQ*) I. a).

[4] *NeQ* I. b).

[5] *NeQ* I. c).

[6] *NeQ* I. e).

[7] *NeQ* II. b).

In der Folgezeit führte Ögödei den Herrscher-Titel Khagan ~ Kha'an (mo. *qaγan ~ qa'an*). Diesen schon von den alten Türken Zentralasiens benutzten Titel hatte Ögödeis Vater laut Angaben in der ›Geheimen Geschichte‹ zusammen mit dem Namen Tschinggis erstmals kurz vor 1200 von näheren Stammesgenossen erhalten und dann 1206 erneut von besiegten Staatsvölkern Zentralasiens bestätigt bekommen. Allerdings ist für die Passagen aus der ›Geheimen Geschichte‹, die diese Begebenheit überliefern, anzunehmen, daß hier chinesischer Einfluß aus späterer Zeit (nach 1260 unter Khubilai?) vorliegt, denn in den nicht fremdbeeinflußten genuinen mongolischen Dokumenten trägt vor Ögödei kein mongolischer Herrscher den Titel Khagan. Wie dem auch sei, mit Ögödei beginnend, wurde der Träger des „Khagan"-Titels dann jedenfalls identifiziert mit dem Supremus, dem Großkhan, der über die Khane (mo. *qan*, Pl. *qad*), d. h. Fürsten über Teilreiche, die dem Großkhan verantwortlich waren, gebot.

Das Gesetz der Steppe bestimmte auch, daß die jeweils ältesten Söhne des Herrschers die am weitest entfernten Gebiete als Statthalterschaften erhielten. So fielen den Söhnen des ältesten Tschinggis Khan Sohnes Dschötschi, der wie sein Vater 1227 gestorben war, die am weitesten entfernten Gebiete im Westen zu, dem zweit- und drittältesten, also Tschaghatai sowie den Klanen des Ögödei, gehörten in Transoxanien und Turkistan Territorien, die aber nicht eindeutig voneinander abgegrenzt waren, weswegen es immer wieder zu Rangeleien und Kleinkriegen kam, und Tolui, der Jüngste, saß schließlich mit seinem Klan im mongolischen Kernland, dem Zentralkhanat, in dem Ögödei als Großkhan herrschte und über die Gebiete seiner Brüder und deren Klane die Oberherrschaft ausübte.

Die dem Erbgesetz nicht entsprechende Nachfolgeregelung führte vorerst noch zu keinem Dissens zwischen den Erben. Im Gegenteil. Die Klanangehörigen der vier Tschinggis-Khan-Söhne beteiligten sich gemeinsam und einträchtig an der großen Aufgabe, die sich Ögödei gestellt hatte, dem „Sammeln mongolischer Erde" im großen Stil. So schickte Ögödei für den schon 1223 bis an die Grenzen der russischen Fürstentümer vorgedrungenen General Sube'etei 1229 unter dem Oberbefehl des Batu, des zweitältesten Sohnes des Dschötschi, Prinzen wie seinen Sohn Güyük oder Möngke, den ältesten Sohn des Tolui, nach Westen gegen Persien, die Kumanen und die Wolgabulgaren. 1230 begann er mit Feldzügen gegen das über Nordchina herrschende Chin-Reich, das 1234 vernichtet wurde. 1232 marschierten die Mongolen in Georgien ein und besetzten Armenien.

Auf dem zweiten Reichstag 1235 hatte man einen großen Westfeldzug beschlossen und Batu erneut mit dem Oberbefehl betraut. Der mongolische Angriff, der mit Hilfe von zahllosen, gewaltsam aus den unterworfenen Völkern rekrutierten Söldnern sowie in einer Heeresordnung und mit einer Kampftaktik, die derjenigen der Tschinggis-Khan-Zeit entsprach, vorangetragen wurde, traf Europa im Herbst 1237. Es fielen das wolgabulgarische Bulgar, am 21. Dezember 1237 Rjazań, kurz darauf Kolomna und Moskau, am 7. Februar 1238 Wladimir sowie etwas später u. a. die Städte Rostow und Tweŕ. Am 6. Dezember 1240 nahm Prinz Möngke, der spätere Großkhan, Kiew, die „Mutter der russischen Städte", die damals aber schon aufgrund vorausgegangener innerrussischer Kämpfe kaum mehr als eine tote Stadt war. Die Mongolen zogen weiter nach Südwesten und öffneten mit der Eroberung von Kamenec und Galitsch den Zugang nach Polen. Das Heer teilte sich. Unter Orda, dem ältesten Sohn des Dschötschi, stieß ein Teil vor gegen Krakau, besiegte die polnischen Verteidiger, drang ein durch Oberschlesien ins Odertal, fegte die noch junge deutsche Siedlung Breslau hinweg und löschte am 9. April 1241 bei Liegnitz das deutsche Ritterheer aus.

Der Oberbefehlshaber Batu und Khadan, ein Sohn des Großkhans Ögödei, rückten zur gleichen Zeit auf getrennten Wegen gegen die ungarische Hauptstadt Buda vor. Am 11. April 1241 wurde das ungarische Heer am Sajó vernichtet. König Bela IV. von Ungarn floh bis auf die Inselstadt Traú in der Adria, dem heutigen Trogir, verfolgt von Khadan, der an der adriatischen Küste auftauchte. Doch am 11. Dezember 1241 war Großkhan Ögödei gestorben, und die mongolischen Truppen setzten sich auf die Nachricht von seinem Tode hin, ohne weiter vorzustoßen, nach Osten ab.

Abgesehen von den Zügen gegen die Chin in Nordchina, an denen der seit 1230 aus dem Westen zurückbeorderte General Sube'etei und 1231 und 1232 auch Tolui teilnahmen, veranlaßte Ögödei im Osten noch einige andere Unternehmungen, die sich mit denen im Westen aber kaum vergleichen lassen, weil sie meist nur in Ansätzen vorgetragen wurden oder in der Planung steckenblieben. So kam es in den Jahren 1231/32 lediglich zu Strafexpeditionen gegen Korea, und auf dem schon erwähnten zweiten Reichstag von 1235 wurde zwar ein Feldzug gegen Korea beschlossen, aber unter Ögödei nicht zum Abschluß gebracht.

Anfang 1235 plante Ögödei auch gegen das chinesische Sung-Reich Vorstöße, die Kötschö, der vierte Sohn des Ögödei, zusammen mit Prinz Khududu, dem zweiten Sohn des jüngsten Tschinggis-Khan-Sohnes Tolui, durchführen sollte. Zu handfesten Eroberungen kam es hier schließlich im Winter 1237/38, als mehrere Städte des chinesischen Sung-Reichs eingenommen wurden.

Ögödei war nicht nur Eroberer. Schon 1229 und 1230 kümmerte er sich intensiv um das Steuerwesen, baute Poststationen aus und errichtete die ersten Staatsspeicher. Im Herbst 1231 ließ er unter dem ehemaligen Chin-Beamten Yeh-lü Ch'u-ts'ai die erste Zentralkanzlei einrichten und Beamtentitel an seine Gefolgschaft verteilen. 1235 ließ er von Schigi Khutukhu, seinem obersten Richter, eine Zählung der Haushalte in den mongolischen Gebieten Nordchinas zwecks Festlegung der Steuerabgaben durchführen. Mitte 1236 wurde die Liste der Zählung Ögödei überreicht. Im Sommer 1234 erließ er eine Reihe bedeutender Zivil- und Militärgesetze, und 1236 befahl er den Druck von Papiergeld und dessen Umlauf.

Nach seinem Selbstzeugnis in der ›Geheimen Geschichte‹ hob Ögödei vier Leistungen hervor, die er vollbracht hatte: Vernichtung der Chin, Ausbau der Poststellen und des Eilverkehrs, Wasserversorgung durch das Graben von Brunnen und das Einsetzen von Reichsverwesern zur Sicherung der Lebensverhältnisse. Als Unrecht, das er begangen hatte, sah er an erster Stelle an, daß er sich vom Traubenwein hatte besiegen lassen.

Von den Leistungen, die Ögödei glaubte sich zuschreiben zu können, seien hier das Postwesen und der Eilverkehr herausgestellt als die Einrichtungen, die in besonderem Maße dafür verantwortlich sein sollten, daß das Mongolenimperium, das schließlich den eurasischen Kontinent zu weiten Teilen umfaßte, über Nachrichten- und Reiseverbindungen verfügte, wie sie bis dahin noch nie existiert hatten. Eine kurze, anschauliche Beschreibung hat uns darüber Marco Polo vermittelt. Wenn hier auch die Verhältnisse im chinesisch-mongolischen Yüan-Khanat um die 80er Jahre des 13. Jh. geschildert werden, so dürfte doch das Gesagte in etwa auch schon für die Ögödei-Zeit zutreffen: „... auf jeder der großen Hauptstraßen sind im Abstand von etwa fünfundzwanzig oder dreißig Meilen ... Stationen zur Unterkunft und Verpflegung der Reisenden zu finden, die Jamb oder Posthäuser genannt werden ... An jeder Station stehen vierhundert tüchtige Pferde bereit, so daß alle Boten des Großkhans und alle Gesandten dort einkehren und ihre Pferde wechseln können. Sogar im Gebirge, abseits der großen Landstraßen, wo es keine Dörfer gibt ..., gibt es solche Stationen. Der Großkhan weist Leute an, die dort zu wohnen haben, um das Land zu bebauen und zum Dienst für die Post bereit zu sein ... Nicht weniger als 200000 Pferde stehen in seinem Reich für die Post zur Verfügung, und 10000 Gebäude sind mit allen nötigen Einrichtungen versehen ... Auf der Strecke zwischen den erwähnten Poststationen sind alle drei Meilen kleine Dörfer von etwa vierzig Hütten angelegt, in denen die Eilboten wohnen, die im Dienste des Großkhans stehen. Sie tragen Gürtel, an denen mehrere kleine Glocken hängen, damit man ihr Kommen schon von weitem hören kann, und dann macht sich der Kurier im nächsten Dorf fertig, übernimmt das Paket und eilt davon.“[8] Unter solchen Voraussetzungen wird verständlich, daß Tagesreisen, wie Plano Carpini uns von seiner Reise aus dem Jahre 1246 berichtet (s. unten), mit drei oder vier Pferdewechseln, also

[8] Marco Polo, Buch II/26, vgl. Knust (1982) 167/169.

gute hundert Meilen täglich, oder Gewalttouren mit bis zu sieben Pferdewechseln, also rund zweihundert Meilen pro Tag, durchaus möglich waren.

Dem in chinesischen Quellen als großzügig, gerecht und gütig charakterisierten Großkhan Ögödei folgte in der Regierung seine Witwe Töregene. Nachdem Batu als der Älteste unter den Nachkommen des Tschinggis Khan wegen seines Alters auf die Nachfolge verzichtet hatte, konnte sie als des verschiedenen Herrschers Hauptfrau, die Söhne mit dem Recht auf Nachfolge hatte, diese Stellung bis zur Abhaltung eines Reichstages innehaben.

Unter ihrer Herrschaft, die sie im Frühjahr 1242 nicht unangefochten antrat, entschieden sich die russischen Fürsten, voran der Fürst Alexander Jaroslawitsch von Nowgorod, der wegen seines Sieges über die Schweden an der Newa im Jahre 1240 als Alexander Newskij in aller Munde war, für die Mongolen. Seine sowie der anderen Fürsten Entscheidung wandte sich gegen den lateinischen Westen und die Deutschen, die die mit der Ostkirche verbundenen Russen seit einiger Zeit hart bedrängten. Mit dieser Entscheidung zogen die Russen eine pünktliche Entrichtung des Tributs an die Mongolen entschieden einem sowieso nutzlosen Widerstand gegen sie ebenso vor wie einen religiös völlig toleranten mongolischen Oberherrn einem lateinisch christlichen Papst, von dem sie nur religiöse Unterdrückung erwarten durften. Nach seinem Sieg in der berühmten Eisschlacht auf dem Peipussee gegen den Livländer Orden am 5. April 1242, womit er Rußland gegen den Westen abschottete, begab sich Alexander Newskij dann 1243/44 persönlich zu Töregene nach Qara-Qorum, um sich die Beglaubigungsurkunde, den Yarlyk, für seine Fürstenwürde zu holen. Auch die anderen russischen Fürsten reisten teils „zum Khan", wie der Terminus für eine Reise in die mongolische Hauptstadt Qara-Qorum bei den Russen damals lautete, oder „in die Horde" (< mo. *orda* „Heerlager"), wie es hieß, wenn man sich wie der Vater Alexanders zur Residenz des Batu Khan nach Sarai an der untersten Wolga begab.

Im Herbst des gleichen Jahres wurden die Angriffe gegen Städte der chinesischen Sung fortgesetzt.

Während ihrer Regierung sah sich Töregene verschiedentlich den Nachstellungen von Rivalinnen wie der ja auch verwitweten Nebenfrau des Ögödei namens Möge Khatun oder der durchtriebenen Fāṭima Khatun, die von Maschhad als Gefangene nach Qara-Qorum gekommen war und es dort als Kupplerin zu Einfluß gebracht hatte, ausgesetzt. Diese Auseinandersetzungen hatten auch auf den Verwaltungsapparat im Reich nachteilige Auswirkungen, und die Zügel der Leitung des Reiches begannen zu schleifen. Dies dürfte auch einer der Gründe dafür gewesen sein, daß Batu, der mongolische Teilherrscher über Rußland im Khanat „Goldene Horde", viele der russischen Fürsten damals entgegen dem Gesetz nur in seiner Residenzstadt Sarai empfing und auch dort ihre Angelegenheiten ohne die Gesamtherrscherin in Qara-Qorum behandelte. Als die Unordnung immer mehr um sich griff, wurde zwar 1245 noch auf Befehl der Kaiserin, wie die chinesischen Quellen Töregene nennen, ein weiterer Feldzug gegen die Sung befohlen, doch konnte dies die Notwendigkeit, endlich einen Reichstag abzuhalten, nicht mehr kaschieren. Töregene ließ daraufhin alle Würdenträger des Reichs durch Gesandte zum Reichstag bitten, vor dem es beinahe noch zu einem Staatsstreich gekommen wäre, wenn sich Otschigin, ein Bruder des Tschinggis Khan, nicht von seinem Plan, die Macht mit Gewalt an sich zu reißen, hätte abbringen lassen. Im Frühjahr 1246 begann dann der schon längst überfällige Reichstag, auf dem Güyük, der Sohn der Töregene und des Ögödei, zum neuen Großkhan bestimmt wurde.

Unter Güyük zeigte das Mongolenimperium für Westeuropa erstmals Konturen eines Weltreichs. Das lag aber beileibe nicht an dem neuen Großkhan, sondern an der Tatsache, daß ein derart riesiges Gebilde wie das Mongolenreich mit seiner bislang immer wieder unter Beweis gestellten explosiven Expansionsdynamik, die praktisch die meisten noch unabhängig gebliebenen Machthaber des eurasischen Kontinents bedrohte, zu Reaktionen geradezu herausforderte, zu Reaktionen, deren Ziel es überwiegend war, zu den Mongolen Verbindungen herzustellen. Das von Ögödei ausgebaute bzw. neu angelegte und durchorganisierte Netz von Relaisposttationen, das sich über das Riesenreich hinzog, schuf dabei die Voraussetzung zur Bewältigung der besonders für das damalige Abendland schier unvorstellbaren Entfernungen in diesem Reich.

Das lateinische Abendland hatte der mongolische Westfeldzug von 1237–1242 zwar nur am Rande getroffen, aber immerhin aufhorchen lassen. Es war aber eben nur ein Aufhorchen. Des wirklichen Ausmaßes der Bedrohung war man sich keineswegs bewußt. Die Auseinandersetzungen zwischen Kaiser Friedrich II., den Königen Ludwig IX. von Frankreich und Heinrich III. von England sowie der päpstlichen Kurie hielten deswegen unvermindert an. Angesichts der vernichtenden Niederlagen christlicher Heere bei Liegnitz und am Sajó hatte Papst Gregor IX. († 22. August 1241) lediglich zu einem Kreuzzug gegen die Mongolen aufgerufen, den sinnigerweise der spätere erste päpstliche Gesandte an den Mongolenhof, Plano Carpini, im deutschen Osten predigte. Der folgende Papst Coelestin IV. überlebte seine Wahl nur 17 Tage, und erst nach einer fast zweijährigen Sedisvakanz wurde der neue Papst Innozenz IV. als erster westeuropäischer Machthaber in Sachen Mongolen tätig. Wie er aber dabei vorging, läßt deutlich erkennen, daß die Kurie von einer realitätsnahen Einschätzung der Mongolen meilenweit entfernt war. So bot der Papst dem russischen Fürsten Alexander Newskij sogar noch um 1251 seine Hilfe gegen die Mongolen an mit dem Hintergedanken, die defensiv-ablehnende Haltung des Russen gegenüber dem lateinischen Westen durch Abhängigkeiten von westlichen Hilfeleistungen zu brechen. Alexander Newskij jedoch durchschaute den Papst und erteilte ihm eine barsche Abfuhr: „Was das Alte und Neue Testament sagt, wissen wir selbst und kennen die wahre Lehre der Kirche. Die Eure wollen wir aber nicht annehmen."

Sollten auch die Mongolen und ihre Bedrohung den Interessen des Papstes in Osteuropa nicht dienen, so konnten sie ihm vielleicht helfen bei der Lösung der Frage der heiligen Stätten in Jerusalem, die seit kurzem (August 1244) wieder von den Muslims besetzt gehalten wurden. Der Papst arbeitete einen entsprechenden Plan aus, der im Rahmen einer Gesandtschaft direkt an den Großkhan das Überbringen eines Briefes vorsah, in dem der

Mongolenherrscher aufgefordert wurde, von seinen Raubzügen in Zukunft abzulassen und sich dafür zum Christentum zu bekehren. War dies erreicht, würde man dann weitersehen. Es ist klar: Für den Papst waren die Mongolen lediglich Mittel zum Zweck. Ostern 1245 reiste die Gesandtschaft mit dem schon erwähnten Franziskaner Giovanni dal Piano del Carpine, kurz auch Plano Carpini genannt, als päpstlichem Beauftragten über Sarai auf einer der innerasiatischen Direktrouten zum mongolischen Großkhan, bei dem er am 22. Juli 1246 eintraf. Der Reichstag, auf dem im Frühjahr des gleichen Jahres Güyük zum Großkhan bestimmt worden war, war schon vorbei, und nun stand seine Erhebung zum Großkhan unmittelbar bevor. Carpini, der mit seinen Begleitern als erster namentlich bekannter Westeuropäer so weit nach Innerasien vorgedrungen war, schrieb über diese Erhebung sowie über seine ganze Reise einen lateinischsprachigen Bericht, der erstmals den Westeuropäern die Wirklichkeit des mongolischen Weltreichs relativ klar vor Augen führte.[9] Den Papst aber interessierte nach der Rückkehr Carpinis nach Lyon um Allerheiligen 1247 in erster Linie die Antwort des Großkhans auf seinen Brief. Diese Antwort, die Carpini noch beim Großkhan in Qara-Qorum von einem nicht mehr erhaltenen mongolischen Original mit Hilfe von Hofsekretären ins Lateinische übersetzt hatte, dürfte ihm allerdings nicht sehr geschmeichelt haben. Die einleitenden Worte des nicht mehr erhaltenen mongolischen Originals gibt recht getreu der Anfang einer in arabischer Schrift geschriebenen Brieffassung wieder, die Carpini neben der lateinischen Übersetzung im Gepäck hatte und die erst 1920 in den Geheimarchiven des Vatikans wiedergefunden wurde. Die arabische Schrift dient hier als Wiedergabemedium für eine Invocatio, eine Intitulatio und eine Publicatio in türkischer Sprache: *mäŋgü täŋgri kū̆čündä kür uluγ ulus-nuŋ talui-nuŋ ḫān yarlyγmyz* „Durch die Kraft des ewigen Himmels. Der Herrscher der mächtigen großen [Mongolen-] Nation und der gesamten Welt. Unser Befehl." Die lateinische Übersetzung gibt die den Brief eröffnenden Passagen

[9] Risch (1930).

zwar nicht wörtlich, doch den absoluten Primat nicht minder unterstreichend wieder: *Dei fortitudo, omnium hominum imperator* ... „Des Himmels Kraft, der Herrscher über alle Menschen . . ." Der Rest der in arabischer Schrift geschriebenen Fassung ist abgefaßt in Persisch, der häufig gebrauchten Verkehrssprache der Mongolen u. a. auch mit den Westlanden. Obwohl die beiden Fassungen in Einzelheiten erheblich voneinander abweichen, der persische Text z. B. hält den Papstbrief schlicht für eine Bittschrift, sich den Mongolen unterwerfen zu dürfen, während die lateinische Übersetzung hier von einem Friedensgesuch des Papstes spricht, so ist doch der Tenor beider Fassungen aufs Ganze gesehen durchaus einheitlich und mehr als deutlich: „. . . und wenn du gegen Unseren Befehl handelst, werden Wir euch als Feinde ansehen", droht der Großkhan dem Papst in der persischen Fassung, und die lateinische Übersetzung sagt hier nicht weniger klar: „Wenn . . . ihr auf Unseren Rat, zu Uns zu kommen, nicht hört, wissen Wir sicher, daß ihr mit Uns Krieg haben wollt." Gründlicher konnten zwei Machthaber, ein jeder auf seinen absoluten Primat fixiert, aneinander wohl kaum vorbeireden.

Der damals etwa 40jährige Güyük machte hinsichtlich der Anerkennung des Primats des Großkhans gegenüber Batu, der bislang in Sarai ja als der „große Alte" recht eigenmächtig gehandelt hatte, ebenfalls sein Recht geltend. Nachdem Güyüks Mutter Töregene, die ihren Sohn auch noch als Großkhan bevormundet haben soll, im Herbst 1246 gestorben war, bestand er nämlich darauf, daß russische Fürsten wie Alexander Newskij sich bei ihm in Qara-Qorum einzufinden hätten. Batu reagierte auf diese dem Großkhan zustehende Forderung damit, daß er Fürst Alexander nach einer Audienz in Sarai nicht nach Qara-Qorum weiterschickte, sondern ihn aus der Horde entließ. Damit hatte Batu zweifellos seine Kompetenzen überschritten und sich dem Befehl des Großkhans widersetzt. Zwischen dem Großkhan und Batu kam es zu ernsten Spannungen, die sich im Herbst 1247 dahin gehend zuspitzten, daß Güyük, nach chinesischen Angaben anläßlich einer Inspektionsreise in den Westen, eine beträchtliche Anzahl von Militär, das wohl gegen Batu eingesetzt werden sollte, aufbot. Batu machte nun seinerseits mobil, übertrug seinem Sohn Sartaq die Regierungsgeschäfte in Sarai und zog gen Osten nach Ala-Qamaq im Kungei- oder Dsungarischen Ala-tau Gebirge. Dort erfuhr er, daß der kränkliche Großkhan im dritten Monat (März/April 1248) in Qumsinggir, einem nicht mehr identifizierbaren Ort am heutigen Bulgan-Fluß, dem Oberlauf des Öröngö-Flusses, nahe dem heutigen Aimak-Zentrum Bulgan an der südlichen Westgrenze der Mongolischen Volksrepublik, gestorben war.

In den knapp zwei Jahren der Regierung des Güyük hatte sich Wesentliches ereignet: außenpolitisch zunächst von Westeuropa ausgehend die Aufnahme von Beziehungen, durch die den lateinischen Abendländern die Bedeutung des Mongolenimperiums allmählich zu dämmern begann; innenpolitisch das Greifbarwerden von schon latent vorhanden gewesenen klanpolitischen Eigeninteressen auf höchster Ebene. Gerade die Tatsache, daß nur der Tod des Großkhans Güyük den Zusammenstoß zweier einander entgegenziehender mongolischer Bruderheere verhinderte, signalisiert den Beginn der Wirksamkeit von Zentrifugalkräften, die das mongolische Großreich schon bald in einzelne Teilreiche zerreißen sollten.

Angesichts der Unordnung, die sich unter Töregene in der Verwaltung des Reiches allenthalben ausgebreitet hatte, waren die Eigenmächtigkeiten des Batu nicht nur entschuldbar, sondern durchaus begreiflich. Daß der Khan von Sarai aber auch dem neuen Großkhan Güyük den Befehl verweigerte, mag darauf zurückzuführen sein, daß er dem neuen Herrscher ebenfalls die Tauglichkeit für das Amt des Großkhans absprach. Die Gründe dafür konnten sowohl auf früheren persönlichen Differenzen als auch darauf beruhen, daß sich Güyük wirklich noch von seiner Mutter hatte bevormunden lassen. Wie auch immer, Batu Khan dürfte, das militärische Aufgebot Güyüks noch vor Augen, der Herrschaft der Ögödeiden in Qara-Qorum gegenüber herzlichst abgeneigt gewesen sein. Vielleicht dachte er dabei an die Worte seines Großvaters Tschinggis Khan, die dieser 1218, als entgegen dem Erbgesetz beschlossen wurde, daß nicht der jüngste Sohn Tolui, sondern Ögödei beim kaiserlichen

Vater bleiben, d. h. auch sein Nachfolger werden solle, gesprochen hatte: „Wenn als Nachkommen des Ögödei solche, die

In frisches Gras wenn man sie wickelt, von Rindern nicht gefressen werden,
In Fett wenn man sie wickelt, von Hunden nicht gefressen werden,

zur Welt kommen, ob da in meiner sonstigen Nachkommenschaft nicht ein Brauchbarer geboren sein wird?" Er, Batu, der Aqa, „der ältere Bruder, der Alte, das Sippenoberhaupt" (< mo. *aqa*), wie ihn die Mongolen nannten, besaß, das wußte er wohl, genügend Autorität gegenüber den *Ini*, „den jüngeren Brüdern, jüngeren Verwandten" (< tü. *ini*), um seiner Meinung und seinem Willen Gehör zu verschaffen, auch ohne daß er gleich selber Ansprüche erhob auf die Nachfolge als Großkhan, ein Amt, das er wegen seines Alters nicht mehr anstrebte.

Dem Batu Khan war vor allem an Ordnung im Reich gelegen. Die Zügel zu straffen war wichtig, denn u. a. hatte auch mit Westeuropa diplomatischer Gesandtenverkehr eingesetzt. So weilte 1247 als päpstlicher Gesandter der Lombarde Fra Ascelinus bei Baidschu, dem mongolischen Statthalter des Kaukasus, der dann 1247/48 von Eldschigidei, der für Ascelinus einen Brief von Güyük an den Papst mitbrachte, abgelöst wurde, und 1248 hatte Eldschigidei zwei mongolische Abgesandte zu König Ludwig IX. von Frankreich nach Zypern geschickt.

Daß nach Güyüks Tod wiederum die Witwe des Herrschers, Oghul Ghaimysch, die Regentschaft übernahm und damit zunächst die Klanlinie des Ögödei an der Macht blieb, paßte Batu sicherlich nicht, doch er verhielt sich ruhig und betrieb von Ala-Qamaq aus die Einberufung eines Reichstags, den er abzuhalten vorschlug am Imīl bzw. im gleichnamigen Ort in der Gegend dieses Flusses, der von Osten nach Westen strömend in den mittelasiatischen Ala-Kul(-See) mündet. Die Zeit für einen Reichstag drängte auch. Die Regentin nämlich, die mittlerweile ebenfalls an den Imīl, dessen Einzugsgebiet ererbter Besitz des Ögödei-Klans war, gekommen war, ergab sich immer mehr obskuren schamanistischen Praktiken. Neben ihr hatten auch zwei ihrer Söhne, Nakhu und Khodscha, ihre Lager aufgeschlagen. Die Animositäten zwischen den Familienmitgliedern nahmen im Laufe der Zeit solche Ausmaße an, daß selbst ein so erfahrener und altgedienter Minister wie Tschinkhai an der von diesen Streitigkeiten geprägten wirren und unkontrollierten Handhabung der Staatsgeschäfte durch Oghul Ghaimysch schier verzweifelte.

Die unter Führung des Andreas von Longjumeau im Januar 1249 von König Ludwig IX. von Frankreich und dem päpstlichen Legaten Odo von Châteauroux zu den Mongolen geschickte Gesandtschaft hat bei ihrem Besuch in Mittelasien jedoch von diesen Spannungen offensichtlich nichts bemerkt. Allerdings ist die Quellenlage für den Bericht des Andreas über seine Mongolenmission auch nicht gerade ideal. So hat er selber nur indirekt, überwiegend vermittels des Jean de Joinville, der erst gegen Ende des 13. Jh. schrieb, berichtet. Jean de Joinville nun läßt Andreas über den Tod des Güyük sowie die Regentin Oghul Ghaimysch überhaupt nichts sagen. Daß die Gesandtschaft aber wirklich in Mittelasien war, bestätigt dann der Dominikaner Bernard(us) Gui(donis), der als Inquisitor Papst Clemens' V. und als Bischof von Lodève auch die Geschichte seiner Zeit beschrieb. Der damals gefürchtete Ketzer- und Hexenjäger Bernard Gui teilt nun mit, daß der Khan (= Güyük) mittlerweile gestorben gewesen sei und die Abgesandten von der Königin und ihrem Sohn gut aufgenommen und nach Entgegennahme der Geschenke und dem Entrichten von Gegengeschenken wieder in Ehren entlassen worden seien. Die Gesandtschaft sei, so fügt er hinzu, ein glatter Mißerfolg gewesen.[10]

Aus mongolischer Sicht bestand auch die Regentschaft der Oghul Ghaimysch aus einer Kette von Mißgriffen, die es schnellstens abzustellen galt. Im Jahre 1250 kam es zu einer Vorversammlung, in der Batu den ältesten Sohn des Tolui, Prinz Möngke, mit Hilfe seiner Mutter Sorkhokhtani Beki als Kandidaten aufzustellen vermochte. Die endgültige Bestätigung des Möngke als Großkhan sollte dann auf einem ein Jahr später abzuhaltenden Reichstag vorgenommen werden. Natürlich war

[10] Joinville (1874) 74, n. 134; Bernardus Guidonis (1723) 591.

der Ögödei-Klan, an seiner Spitze die Regentin Oghul Ghaimysch, gegen den Beschluß. Einen Gegenkandidaten aufzustellen aber gelang der zerstrittenen Klanlinie nicht. Im Frühjahr 1251 begannen dann die unmittelbaren Vorbereitungen zum Reichstag. Bis die zahlreichen Prinzen und Generäle aus Ost und West eingetroffen waren, vergingen mehrere Monate, bis endlich am 1. Juli 1251 in Köde'ü-Aral am Kerulen-Fluß, einem schon klassischen Ort für mongolische Reichstage, eine endgültige Wahl den Möngke als Großkhan bestätigte. Nach Rašīd ad-Dīn schloß sich seine Thronerhebung kurz darauf in der Nähe von Qara-Qorum, nach chinesischer Überlieferung am Onon-Fluß, an.

Mit Möngke Khagan, dessen Wahl besonders auf Betreiben des Batu Khan sowie dessen Bruder Berke zustande kam, war das Großkhanat und direkte Erbe des Tschinggis Khan von der Klanlinie des Ögödei auf die des Tolui übergegangen. Damit war die gesetzliche Unregelmäßigkeit in der Erbfolge beseitigt. Daß die Bereinigung dieser Unregelmäßigkeit durch den alten Kampfgefährten des Batu im Westen, den ältesten Tolui-Sohn Prinz Möngke, möglich war, dürfte den Batu doppelt zufriedengestellt haben.

Nach der Thronerhebung des Möngke zeigten sich einige Klanmitglieder aus der Linie des Ögödei mit dem Ergebnis des Reichstags so unzufrieden, daß Möngke, nachdem er schon der Regentin Oghul Ghaimysch den Prozeß gemacht und sie hatte hinrichten lassen, sich gezwungen sah, die Widerspenstigen streng zu bewachen und sich für eventuelle Angriffe zu wappnen. Gegen die trotz Aufforderung zum Reichstag nicht erschienenen Prinzen der Häuser Ögödei und Tschaghatai ging er militärisch vor und ließ sie beseitigen. Nach Bereinigung der innenpolitischen Bildfläche ging der neue Großkhan daran, in großem Stil Zuständigkeiten und Aufgabenbereiche neu zu ordnen. So übertrug er seinem Bruder Khubilai die Verwaltung der bis damals in Nordchina eroberten Gebiete, und seinem jüngeren Bruder Hülegü vertraute er die Eroberung des Westens, d. h. der Gebiete, die heute die Staaten Iran, Iraq und Syrien umfassen, an. Zahlreich waren auch die neuen Bestimmungen im Bereich der Vorrechte für Prinzen, wie etwa stärkere Einschränkungen im Verordnungswesen, bei der Benutzung der Relaispferde im Kurierdienst oder beim Heranziehen der Bevölkerung für Dienstleistungen. Für die Beamtenschaft und den Steuerhebesatz wurden ebenfalls neue Richtlinien festgelegt. Hart griff Möngke auch gegen hohe Staatsbeamte durch, wenn diese sich ihm widersetzten. So soll Eldschigidei Ende 1251 in Wasser zu Tode gekocht worden sein. Im Sommer 1252 wurden viele Gebiete neu verteilt und auch an weniger bedeutende Prinzen Apanagen vergeben.

Den zahlreichen Neuordnungen im Innern und dem Auftrag an Hülegü für die Westeroberung liefen seit 1252 auch Unternehmungen zur Erweiterung des Reiches im Osten parallel. Besonders zwei Angriffsziele behielt der Großkhan dabei durch seine ganze Regierungszeit hindurch fest im Auge: Korea und das chinesische Sung-Reich in Südchina.

Feldzüge gegen Korea wurden unternommen im Winter 1253, Sommer 1254, Herbst 1255 und im Frühjahr 1258. Dabei fiel eine größere Anzahl koreanischer Städte, die von da an unter mongolischem Protektorat standen.

Die Feldzüge gegen die Sung waren für Möngke geradezu schicksalhaft, sollte er doch auf einem dieser Züge sterben. Zunächst aber schickte er in Weiterführung früherer mongolischer Vorstöße im Herbst 1252 Erlasse an mehrere Kommandanten von Sung-Städten mit der Aufforderung, sich zu unterwerfen. Truppenaushebungen im Jahre 1254 ermöglichten das Eindringen von vier Zehntausendschaften bis tief in Sung-Gebiet hinein sowie die Absicherung strategisch wichtiger Punkte der Sung durch Eliteeinheiten. Im Herbst 1255 wurden Verkehrswege, vor allem Wasserstraßen, blockiert. Im Sommer 1256 berief Möngke eine Versammlung ein, auf der man sich zu einem großen Feldzug gegen die Sung entschloß. Im Frühjahr 1257 befahl der Großkhan dann per Erlaß allen Prinzen, ihre Truppen zum Angriff gegen die Sung zu entsenden. Der Feldzug selber begann im 9. Monat des gleichen Jahres. Im 11. Monat schon wurde Annam erobert, woraus zu schließen ist, daß die Mongolen versuchten, die Sung von Süden her anzugreifen. Vom Frühjahr

1258 an nahm der Großkhan persönlich teil an diesem Feldzug, der sich über das ganze Jahr 1258 hinzog und andauerte bis zu seinem Tod im September 1259 bei der Belagerung einer Sung-Feste in Tiao-yü shan.

Hatten die Unternehmungen des Großkhans im Osten unter einmütiger Beteiligung der Prinzen und Generäle das Mongolenimperium organisch wachsen lassen, so führten die Unternehmungen im Westen eher dazu, daß das Karussell der Zentrifugalkräfte sich merklich beschleunigte. Sicherlich konnte Batu zunächst mit dem durch seine Innenpolitik Erreichten zufrieden sein. Gegenüber dem neuen, mit seiner Hilfe an die Macht gekommenen Herrscher verhielt er sich jedenfalls loyal. So schickte er diesmal, d. i. 1252, den von ihm zum Großfürsten beförderten Alexander Newskij zur Bestätigung zum Großkhan, und auch das Gesuch des kleinarmenischen Königs Hethum I. um ein Abkommen mit den Mongolen leitete er an Möngke weiter. Sonderprivilegien konnte er allerdings selbst als „Königsmacher" nicht beanspruchen. Als er nämlich 1253 „seinen" Großkhan bat, ihm Perlen und Silber im Wert von 10000 *ting* abzukaufen, gab dieser ihm nur tausend dafür und ließ ihn wissen, daß dies auch in Zukunft der dafür anzusetzende Wert sei, da sonst die Besitztümer des Tschinggis und Ögödei Khagan vergeudet würden. Mögen solche versteckten Zurechtweisungen auch noch nicht besonders ins Gewicht gefallen sein, so war doch mit dem Eroberungsauftrag an Hülegü der Anstoß gegeben worden für eine Entwicklung, an deren Ende mehr als nur eine Störung der Beziehungen zwischen den Klanen des Dschötschi und des Tolui stehen sollte. Vorerst aber konnte Hülegü dem Auftrag seines Bruders noch gar nicht nachkommen, weil er, durch zahlreiche Feste und Empfänge aufgehalten, überhaupt erst im September 1255 in Samarqand eintraf.

In der Zwischenzeit hatte sich eine weitere Gesandtschaft aus dem lateinischen Abendland zum mongolischen Großkhan begeben. Diese hatte den beschwerlichen Weg auf sich genommen, obwohl, wie uns Jean de Joinville berichtet, Ludwig IX. von Frankreich seine unter Andreas von Longjumeau nur zwei Jahre vorher durchgeführte Mission „schwer bereute", denn die ihm überbrachte Antwort der damaligen Regentin Oghul Ghaimysch enthielt an Konkretem nur, daß der König von Frankreich jährlich Tribut zu entrichten habe, andernfalls ihm Vernichtung ins Haus stünde. Trotzdem aber versah derselbe König Ludwig IX. den Führer dieser Mission, den Franziskaner Wilhelm Rubruk, mit einem Brief an den Batu-Sohn Sartaq, von dem man in Europa damals glaubte, daß er Christ geworden sei. Der Brief beinhaltete die Bitte, dem Franziskaner zu erlauben, das Evangelium zu verkünden und den Christen im Mongolenreich geistlichen Beistand zu spenden. Die Mission war also rein religiös und nicht politisch motiviert und überdies zustande gekommen aufgrund der Eigeninitiative Rubruks, der sich von Andreas von Longjumeau umfassend über dessen Mongolenreise und die Situation der Christen im Herrschaftsgebiet der Mongolen hatte unterrichten lassen.

Anfang 1253 reiste Rubruk mit drei Begleitern von Palästina über Konstantinopel nach Soldaia und von dort zusätzlich mit einem Dolmetscher an die Wolga zu Sartaqs Lager, das zunächst eigentlich sein Reiseziel war. Sartaq sah in Rubruk fälschlich einen Gesandten des französischen Königs und schickte ihn deswegen weiter zu seinem Vater Batu. Dieser war der gleichen Ansicht wie sein Sohn und komplimentierte Rubruk weiter zu seinem Oberherrn Großkhan Möngke, in dessen Lager die Reisenden am 27. Dezember 1253 eintrafen. Rubruk hielt sich dort bis Anfang Juli 1254 auf und schrieb über seine Reise und seinen Aufenthalt einen lateinischsprachigen Bericht, der neben dem Bericht des Carpini und der ›Beschreibung der Welt‹ des Marco Polo zu den großen zeitgenössischen westlichen Quellen für die Kenntnis der Mongolen des 13. Jh. gehört.[11] Neben wertvollsten Angaben zur Religion und zum Alltag der Mongolen erfahren wir hier auch von Europäern, die sich damals als Gefangene in Qara-Qorum aufhielten. Namenlose arme Deutsche werden

[11] Risch (1934); Marco Polo (1982); eine zusammenfassende Auswertung weiterer westeuropäischer Quellen besonders auch zum mongolischen Großreich vgl. Bezzola (1974); zur westlichen Sicht generell Connell (1969).

da ebenso erwähnt wie eine gewisse Paquette aus Metz, die in Ungarn in mongolische Gefangenschaft geraten war und nun mit ihrem Mann, einem russischen Zimmermann, in der mongolischen Hauptstadt lebte. Dann arbeitete dort Wilhelm Boucher aus Paris, Goldschmied, Bildhauer und Architekt. Er war der Konstrukteur des von Rubruk beschriebenen goldenen Baumes im Palast des Möngke, dessen schlangenförmige Äste unter Musikbegleitung die vom Großkhan gewünschten Getränke spendeten. Auch die Ausschmückung der nestorianischen Kirche in Qara-Qorum hatte er ausgeführt. Daß Möngke an einem repräsentativen Regierungssitz gelegen war, berichten auch chinesische Quellen. Ihnen zufolge siedelte er Ende 1252 fünfhundert Handwerkerfamilien der verschiedensten Fachsparten zwecks Ausbesserung der Residenz um.

Insgesamt gesehen war Rubruks Missionierungsversuch ebenso fehlgeschlagen wie vorher die politischen Annäherungsversuche Europas bei den Mongolen. Lediglich der Brief des Möngke an König Ludwig IX. war etwas freundlicher ausgefallen als die der vorhergehenden Mongolenherrscher. Die ursprünglich wohl zwei mongolischen Originalschreiben, die nicht mehr erhalten sind, enthielten entsprechend ihrer lateinischen Paraphrase in Rubruks Bericht zwar immer noch den Anspruch der Mongolen auf die Weltherrschaft, „. . . im Himmel gibt es nur einen ewigen Gott, auf Erden hat nur ein Herr zu sein, Tschinggis Khan, der Sohn Gottes . . .“, doch fand sich eine Aufforderung, Tribut zu entrichten, in ihnen nicht mehr. Der Verzicht auf diese normalerweise schon stereotype Forderung mag darauf abgezielt haben, die Abendländer wissen zu lassen, daß die geplanten Eroberungen des Hülegü nicht direkt gegen sie gerichtet seien.

Hülegü, der, wie schon erwähnt, erst im September 1255 in Samarqand eingetroffen war, dürfte an den Eroberungen, die sein Bruder Möngke ihm aufgetragen hatte, brennend interessiert gewesen sein, denn alle eingenommenen Territorien waren seinem Familienzweig zugesprochen worden. Hülegü kämpfte also nicht nur für die Mongolen oder die Toluiden, sondern in erster Linie auch für sich selber. Diesem Umstand ist es vielleicht auch zuzuschreiben, daß Hülegü die Eroberungszüge recht zügig voranbrachte. Auf seine Aufforderung hin, sich zu unterwerfen, reagierten die meisten Fürsten der Region willfährig, so die Rūm-Sultane Anatoliens und die Herrscher von Fars und Herat sowie viele weitere Fürsten aus dem Persischen Iraq, Aserbaidschan, Arran und Schirwan. Lediglich die Assassinen, ein kurz vor Beginn der Kreuzzüge entstandener muslimischer Geheimbund, der durch Meuchelmörder die Fürsten und Staatsmänner der Muslime und die Kreuzfahrer terrorisierte, leisteten Widerstand. Sie operierten von zahlreichen Burgen aus, die die Mongolen nacheinander schleifen lassen konnten, bis schließlich auch ihre Hauptfeste Alamut in Nordpersien durch Aushungerung fiel. Die Muslime sahen in Hülegü schon einen Befreier des Islam, als er von Ende April 1257 an über Tabris vordrang bis Bagdad, das am 10. Februar 1258 nach 50tägiger Belagerung aufgab. Das abbasidische Kalifat hatte sein Ende gefunden. Im Laufe des Jahres 1259 wurde auch das übrige Zweistromland erobert. Hülegü hatte damit eine günstige Basis geschaffen für weitere Operationen gegen Syrien. Hier fiel ihm Anfang 1260 Aleppo, ja sogar Damaskus zu.

Aber nicht nur nach Südwesten hin hatte sich das Mongolenimperium durch die Eroberungen Hülegüs ausgeweitet, sondern automatisch auch nach Süden, und zwar von Norden, von der Goldenen Horde oder Qyptschaq, wie das dem Batu Khan unterstehende mongolische Territorium südöstlich der russischen Fürstentümer hieß, aus gesehen. Bis 1255 war hier der Kaukasus die Südgrenze gewesen, und Batu hatte über dieses Gebiet die Oberherrschaft ausgeübt. Nun war Batu aber wahrscheinlich 1255 gestorben. Damit war auch das Sippenoberhaupt der Tschinggisiden dahingegangen. Möngke hatte den Batu, dem er nicht zuletzt auch seine Großkhanwürde verdankte, unter der Voraussetzung loyalen Verhaltens durchaus als Herrscher über den mongolischen Westen und den Kaukasus gelten lassen. Ob das so bleiben konnte, hing nun von den Nachfolgern ab.

Batus Nachfolge trat Sartaq, sein Sohn, an. Dieser herrschte aber nur kurz, gefolgt von Ulagtschi, der auch bereits 1257 verstarb. Danach übernahm im gleichen Jahr Berke, der Bruder des

Batu, die Herrschaft in der Goldenen Horde. Möngke bestätigte ihn als Khan, obwohl er schon seit den 40er oder frühen 50er Jahren Muslim geworden war und seinen Unwillen über die Eroberungen seines Vetters Hülegü, vor allem aber über dessen Vorstoß nach Bagdad, keineswegs verbarg. Besonders mußte Berke mißfallen, daß aufgrund eines Erlasses von Möngke alle mongolischen Teilreiche ein Fünftel ihrer Truppen für die Eroberungszüge des Hülegü abzustellen hatten. Damit waren auch Kontingente des Muslims Berke gezwungen, sich an der Vernichtung Bagdads und des abbasidischen Kalifats, eines politischen und kulturellen Zentrums des Islam, zu beteiligen. Berkes ablehnende Haltung gegenüber dem Vorgehen des Hülegü führte nach der Eroberung Bagdas zu gesteigertem Mißtrauen, ja sogar zu handgreiflichen Auseinandersetzungen zwischen den Soldaten der beiden Khane. Wohl um Berke in dieser Angelegenheit deutlich in seine Schranken zu verweisen, unterstellte Möngke nunmehr den Kaukasus ausdrücklich der Oberherrschaft des Hülegü. Dieser Schritt brachte das Faß zum Überlaufen. Von nun an standen sich im mongolischen Westen der Tolui-Klan im Süden und der Dschötschi-Klan im Norden als Feinde gegenüber. Wir können praktisch schon von zwei Mongolenreichen sprechen: im Norden die Goldene Horde oder das Khanat Qyptschaq, im Süden das Il-Khanat, benannt nach den Il-Khanen, wie die mongolischen Beherrscher des Iran von 1260 bis 1295 hießen. Immerhin gab es da aber noch den Großkhan in Qara-Qorum, dem die beiden verfeindeten Khanate als Oberherrn unterstanden. Diese übergeordnete Instanz jedoch konnte nicht mehr eingreifen, denn im September 1259 war Großkhan Möngke gestorben. Durch sein Hinscheiden geriet das so labile Gleichgewicht der Kräfte nun völlig aus dem Lot, denn eben um die Nachfolge des Großkhans, dessen Stellung gepaart mit einer starken Führerpersönlichkeit allein dem Zerfall hätte Einhalt gebieten können, entbrannte nun der Kampf.

Großkhan Möngke hatte zwar Khubilai und Hülegü noch ausdrücklich als Teilherrscher über die Gebiete, in denen sie intensiv mit Eroberungen beschäftigt waren, eingesetzt, und dem Bruder Arigh Böke, der im Zentralkhanat saß, hatte er noch vor dem großen Feldzug gegen die Sung das Herrschersiegel aus Nephrit zum Zeichen dafür, daß er Nachfolger werden sollte, übergeben, doch galt die Entscheidung des Dahingegangenen nichts mehr. Khubilai nämlich verließ seine gegen die Sung gerichteten Stellungen und begab sich nach Peking. Im Mai 1260 berief er dann einen Reichstag nach K'ai-p'ing-fu ein, auf dem er sich zum Großkhan ausrufen ließ. Die Anerkennung für seine ohne das Plazet der wichtigsten Klanlinien erfolgte Ernennung versuchte er dann bei seinem Bruder in Qara-Qorum dadurch zu erreichen, daß er ihm die Getreidezufuhr ins Zentralkhanat sperrte. Die Folgen der Blockade waren ganz im Sinne Khubilais, obwohl er mit Sicherheit nicht voraussehen konnte, daß sich die Dinge für ihn, der damit nicht nur die Einigkeit zwischen den Toluiden, sondern die des Reichs im Osten aufs Spiel setzte, so günstig entwickeln würden. Arigh Böke hatte nämlich mit der Entsendung des Tschaghatai-Prinzen Algu, der in Transoxanien für Ersatzlieferungen von Getreide sorgen sollte, offenbar ausgerechnet zu diesem Zeitpunkt einem politischen Abenteurer sein Vertrauen geschenkt, denn Algu erfüllte nicht seinen Auftrag, sondern baute in den Tschaghatai-Territorien ein neues Machtzentrum auf. Arigh Böke mußte diese Entwicklung mit Sorge erfüllen und seine Aufmerksamkeit zunächst mehr nach Mittelasien als nach Nordchina lenken. Der quasi selbsternannte Großkhan setzte daraufhin auf Zeit. Sein Kalkül ging auch tatsächlich auf, denn 1264 konnte er seinen Bruder Arigh Böke militärisch in die Knie zwingen. Zu weiteren Aktionen, etwa gegen das sog. Khanat Tschaghatai, reichte jedoch trotz mehrerer Versuche die Substanz nicht. Das mongolische Großreich war damit unwiederbringlich in mehrere Teil- oder Nachfolgereiche zerbrochen.

Diese Teil- und Nachfolgereiche lassen sich untergliedern in solche, die den Khubilai wenigstens noch vorerst als Großkhan anerkannten, und solche, die in Zukunft ohne Großkhan ihren jeweils eigenen Herrschern folgten. Zur ersteren Gruppe zählt in gewisser Weise das Zentralkhanat, das den Mongolenherrschern in China, die für sich den Titel des Großkhans beanspruchten, als eine Art mongolisches Hinterland galt. Dann das Mongolenreich in China selbst, das seit 1271 Yüan („Uranfang“)-Dynastie hieß. Schließlich bis 1295 das Il-Khanat in Iran. Zur zweiten Gruppe zählen das Khanat Goldene Horde oder Qyptschaq und das sog. Khanat Tschaghatai.

Relativ rein konnte sich das Mongolentum nur im Zentralkhanat und in China erhalten. In China trotz fremder Umgebung deswegen, weil sich die Mongolen als Nutznießer eines Staates verstanden, in dessen kulturelle oder verwaltungstechnische Belange sie sich selbst kaum einmischten, ganz zu schweigen von sonstigen Verbindungen mit Chinesen. China schied deshalb die Mongolen, nachdem sie rund hundert Jahre das Land ausgebeutet hatten, wieder aus in ihre angestammte Heimat, das frühere Zentralkhanat, wo sich dann ihre weitere Geschichte, die nur mehr von regionaler Bedeutung war, fortsetzte.

In allen übrigen Teilreichen wurden die Mongolen völlig assimiliert, gingen als zunächst integraler Bestandteil allmählich in neu sich herausbildenden Gemeinschaften auf oder wurden bis auf ganz geringe Reste vernichtet. Wo wir Mongolen heute im Westen Eurasiens aber noch antreffen, dort sind sie mit Ausnahme der Mongolen von Afghanistan erst nach ihrer großen Geschichte im 13. Jh. hingezogen.

Fassen wir nun abschließend für das mongolische Großreich zusammen. Solange das Mongolenimperium unter Ögödei noch im Aufbau begriffen war, spielte eine sog. Zentralbewegung, d. h. die Bewegung der Khanate der Teilfürsten unter dem Einfluß der im Zentralkhanat des Großkhans gebündelten Kräfte, noch kaum eine Rolle. Den Auseinandersetzungen in Transoxanien und Turkistan zwischen den Klanen des Tschaghatai und des Ögödei kam nur regionale Bedeutung zu. Erstmals machte sich die Zentralbewegung dann nach Ögödei unter der Regentin Töregene, dem Großkhan Güyük und der Regentin Oghul Ghaimysch zwischen 1241 und 1251 in steigendem Maße bemerkbar. Dabei verkörperte der im Zentral- oder Großkhanat regierende Klan des Ögödei aufgrund der Regierungsgewalt die Zentripetalkraft, der Westen unter Batu Khan die Zentrifugalkraft, die am zentripetalen Großkhanat zerrte, weil dort die Regierungsgewalt in Unordnung geraten war. Sichtbar wurde der

Vorgang auf der Ebene von Klan-Auseinandersetzungen. Hierbei führte der Dschötschi-Klan eine Art Stellvertreter-Auseinandersetzung für den Tolui-Klan gegen den Ögödei-Klan auf höchster Ebene. Während dieser zehn Jahre wurde das Gleichgewicht der beiden Kräfte mitunter bis nahe zum Kollaps strapaziert, besonders von Ende 1247 bis Frühjahr 1248. Zu seiner Zerstörung kam es aber noch nicht, im Gegenteil. Unter Möngke schien sich das Gleichgewicht zwischen einem neugeordneten zentripetalen Großkhanat im Osten und dem zentrifugalen Khanat Goldene Horde im Westen zunächst wieder völlig eingependelt zu haben. Wie störanfällig das Gebilde aber in Wirklichkeit war, zeigte sich dann daran, daß im Westen die territoriale Erweiterung des Imperiums unter Hülegü und im Osten der Tod des Großkhan Möngke zum endgültigen Verlust des Gleichgewichts und damit zum Auseinanderbrechen des mongolischen Großreichs führten.

Die Triebkräfte für diese Entwicklung lagen letztlich in der Kollision von Klan- bzw. innerklanischen Familieninteressen. Die Mongolen hatten es einfach nicht fertiggebracht, den Sprung von einer unbedeutenden innerasiatischen Föderation zu einer den Großteil des eurasischen Kontinents beherrschenden Weltmacht auch gesellschaftlich nachzuvollziehen.

Wenn die Mongolen den von den Großkhanen des Großreichs immer wieder betonten Anspruch auf die Weltherrschaft auf die Dauer auch nicht umsetzen konnten, so war es ihnen aber gelungen, durch ihr Großreich erstmals in der Weltgeschichte das Abendland, Innerasien und den Fernen Osten so miteinander in Kontakt zu bringen, daß die Verbindungen auch in der folgenden Zeit der mongolischen Teilreiche intensiver blieben als jemals zuvor. Mit dem Schwinden des mongolischen Einflusses während dieser Zeitspanne rückten dann Europa, Innerasien und der Ferne Osten wieder in füreinander unerreichbare Fernen.

Ergänzende und weiterführende Literatur

Aubin (1941); Bachmann (1889); Barthold (1952) 159–179; Bedrosian (1979); Berezin (1853), (1855); Blochet (1922/23), (1926-28); Boyle (1961), (1964), (1970), (1970a), (1971), (1971a), (1974); Brincken (1971); Chan Hok-Lam (1974); Dörrie (1956); Gernet (1959); Guzman (1968), (1971), (1974); Klaproth (1833); Ledyard (1964); Le Strange (1900); Munkuev (1965); Olbricht (1954); Olbricht/Pinks (1980); Olschki (1946); Pallisen (1949); Paschuto (1954); Rachewiltz (1961), (1971); Ratchnevsky (1965); Rémusat (1825/26), (1828); Richard (1965); Ronay (1978); Saunders (1971); Sayous (1875); Schwammel (1857); Sinor (1952); Spies (1965); Strakosch-Grassmann (1893); Taube (1942); Voegelin (1940/41); Wickens (1960), (1962); Wu (1974).

DIE YÜAN-DYNASTIE

Von Rolf Trauzettel

I. *Einleitung*

Eine Darstellung der Yüan-Dynastie als einer *mongolischen*, d. h. auch als eines mongolischen *Staates*, bedarf einiger Vorbemerkungen, deren Notwendigkeit einerseits in der Quellenlage begründet ist, andererseits im Grundproblem der Eroberung eines *Staates* durch eine *Stammesföderation*.

Daß für die gesamte Herrschaftszeit der Yüan-Dynastie vorwiegend nur chinesische zeitgenössische Quellen existieren, bedeutet nämlich nicht deren Einseitigkeit in dieser oder jener Parteilichkeit, wie man vermuten könnte. Gewiß sind nicht wenige Texte durchdrungen von der Ablehnung, ja vom Haß auf die mongolischen „Barbaren", doch läßt sich daraus keineswegs folgern, man brauche gewissermaßen nur die Kehrseite dieser Textaussagen zu konstruieren, um dann ein hinlänglich richtiges Bild der Personen und Ereignisse zu erhalten. Denn es gab ja nicht nur eine chinesische Kollaboration mit den Mongolen, es gab darüber hinaus die traditionelle Überzeugung vom Kulturationsauftrag der Chinesen, nach welcher der Fremde, aber Akkulturierte in die Gesellschaft der Chinesen aufgenommen wurde. Schon im 11. Jh. hatte der große Historiker Ou-yang Hsiu von einem Fremdherrscher in China, dem T'o-pa-Kaiser Hsiao-wen (5. Jh.), geschrieben, er habe sein Barbarentum verworfen und sei Chinese geworden.[1] Die Frage der Volkszugehörigkeit war – zumindest in der Auffassung von Teilen der Gebildeten – von untergeordneter Bedeutung gegenüber der nach der zivilisatorischen Kraft und Leistung. Die Bereitschaft, eine Per-

[1] Trauzettel (1967) 246.

sönlichkeit wie Qubilai in die eigene Tradition zu integrieren, war vorhanden, und im Ergebnis davon konnte die Einstellung zur mongolischen Führungsschicht nicht unbeeinflußt bleiben. Diese verschiedenwertige Haltung schlug sich naturgemäß auch in den Texten aus jener Zeit nieder, was deren Interpretation erschwert.

Erwähnenswert ist schließlich in diesem Zusammenhang die Tatsache einer „buddhistischen Alternative“ (H. Franke) innerhalb der chinesischen Geschichtsschreibung. Seit dem 10. Jh. war in China eine buddhistische Historiographie entstanden, die zwar in grundlegenden Prinzipien sich die konfuzianische zum Vorbild nahm, aber einen universalhistorischen Standpunkt einnahm, der nun nicht mehr die chinesische Zivilisation in den Mittelpunkt allen Geschehens stellte. In den 30er Jahren des 14. Jh. entstandene buddhistische Universalgeschichten weisen den mongolischen Herrschern der Yüan-Dynastie eine Position zu, die wesentlich von der der chinesischen Kaiser abweicht, weil sie in die Heilsgeschichte eingegliedert werden, die mit Buddha begann und sich mit heiligen Herrschern des Buddhismus in Indien und Tibet fortsetzte. Von daher also gewinnt das Bild der Mongolen in China eine weitere Dimension.

Ungleich komplizierter jedoch sind die theoretischen Probleme, denen sich der Historiker gegenübersieht, wenn er die Grundstrukturen des Staates unter der Yüan-Dynastie zu erfassen versucht. Ganz offensichtlich stellte China damals keine Kolonie der Mongolen dar, hatte sich nicht eine mongolische Dynastie verlagert unter Gewinnung einer chinesischen Unterschicht und Chinas als eigenen Territoriums. Für die erste Phase der Eroberung, als zunächst nur Nordchina unter die mongolische Botmäßigkeit geraten war, könnte man allerdings ein solches Modell als weithin zutreffend erklären. War doch tatsächlich ernsthaft erörtert worden, das Gebiet Nordchinas in ein riesiges Weideland umzuwandeln, welche Maßnahme aus mongolischer Sicht nicht völlig abwegig gewesen wäre, denn es war in den ersten Jahrzehnten des 13. Jh. die aristokratische, stammesfeudale Gesellschaftsstruktur der Mongolenföderation und ihrer Hilfsvölker noch wesentlich unverändert geblieben. Die überkommene Praxis, Unterworfene, wenn sie Gehorsam und Gefolgschaft leisteten und ihre Lebensform der der Mongolen angepaßt war, nach einem bestimmten Abstufungssystem dem eigenen Stammesverband einzugliedern und solcherart aus ihnen militärische Hilfstruppen zu machen, hatte ja in nicht geringem Maße zum ungeheuren militärischen Erfolg der Mongolen beigetragen.

Doch jeder weitere Sieg über die Chinesen, jeder weitere eroberte Quadratkilometer chinesischen Bodens veränderte die Situation grundlegend. Unausweichlich erhob sich die Frage: wer wen?, d. h. wessen gesellschaftliche und organisatorische Gesetzlichkeit die bestimmende und definierende sein würde. Die Antwort darauf war wohl zu nicht geringen Teilen vorprogrammiert, denn die chinesische Gesellschaft verkörperte nicht nur die weit überlegene Quantität, sondern war auch die komplexer strukturierte. Sehr vereinfacht ausgedrückt war es nicht so, daß die mongolischen Eroberer einen Staat gegründet und errichtet hätten, sie übernahmen vielmehr in der Rolle des Besitzers und Ausbeuters einen vorhandenen Staat, mit dessen Instrumenten umzugehen sie selbst auch nur sehr begrenzt lernten. Sie überließen vielmehr diese Arbeit bestimmten Gruppen aus den schon früh unterworfenen Vorder- und Zentralasiaten. Letzten Endes erwiesen sich die Beharrungskräfte der Mongolen: ihre Lebensweise und Bräuche, ihr Verhältnis zur Natur und alles das, was sie so ungebunden und kriegerisch hatte werden lassen, als zu stark, als daß sie sich dem Chinesentum hätten assimilieren können. Denn der Preis dafür hätte nur in der Preisgabe der eigenen kulturellen und insgesamt geschichtlichen Identität bestehen können. Der Ausgang des historischen Kampfes der Mongolen um China entbehrt deshalb nicht einer gewissen Tragik und Größe.

Um noch einmal auf die Problemstellung zurückzukommen: die richtige Analyse und Beurteilung der Geschichte besonders der staatlichen Institutionen im Yüan-Reich ist aus den kurz skizzierten Gründen eine kaum lösbare Aufgabe, was die Erfassung des mongolischen Anteils daran betrifft, auf den es hier ja ankommt. Eine zusätzliche Schwierigkeit hat ihre Ursache im

Zugriff selber, mit dem der moderne Historiker sich seines Gegenstandes bemächtigt. Der Zug zur Universalisierung der Geschichte unter gleichzeitiger Neutralisierung oder Relativierung aller Werte hat dazu geführt, theoretische Begriffe in ihrer Bedeutung so zu erweitern, daß die in ihnen gespiegelten Sachverhalte komparatistischer Betrachtung sich fügen. Auf diese Weise geht etwas von der Ambivalenz, von der das duale Herrschaftssystem in China unter den Mongolen gekennzeichnet war, in die historiographische Darstellung ein.

Zum Abschluß dieser Überlegungen sei ausdrücklich darauf verwiesen, daß die hier vorgenommene Gliederung des chronologischen Verlaufs der Yüan-Dynastie sich im großen und ganzen an die Periodisierung anschließt, die John W. Dardess[2] vorgenommen hat.

Sie ist ausschließlich an Zäsuren des politischen Geschehens orientiert, da vom sozial-ökonomischen Bereich aus keine wesentlichen Impulse ausgingen.

Die *Vorgeschichte* der Dynastie begann 1215 mit der Erstürmung von Peking, setzte sich fort mit dem Sieg der Mongolen über den Chinstaat 1234 und damit der Eroberung ganz Nordchinas und endete 1260, als der Qaγan Qubilai Peking zu seiner Hauptstadt machte und nach chinesischem Muster eine Regierungsdevise offiziell verkündete.

Bis dahin bildete die Mongolei das imperiale Zentrum eines mongolischen Großreiches, dessen zentrifugale Kräfte dann aber rasch anwuchsen. Neben diesem Datum 1260 kommen noch zwei weitere in Betracht, um als Gründungsjahr der Dynastie zu gelten. 1271 verlieh Qubilai seinem Staat den dynastischen Namen Yüan („Uranfang"), erstmals in der chinesischen Geschichte eine Dynastiebezeichnung, die nicht nach einem alten Staats-, Sippen- oder Ortsnamen gewählt war. 1279 schließlich war die Eroberung auch Südchinas abgeschlossen, weshalb die konfuzianische Geschichtsschreibung die Yüan-Dynastie mit dem folgenden Jahre offiziell beginnen läßt. Vom Standpunkt der Geschichte der Mongolen aus sind die auf 1260 fol-

[2] Dardess (1973).

genden Jahrzehnte, bis ins erste des 14. Jh. hinein, zu charakterisieren als Periode des Auseinanderbrechens des Gesamtreiches, der Unentschiedenheit der innermongolischen Clan-Kämpfe um die Vorherrschaft, sogar einer gewissen Anarchie. Darauf folgte dann eine Zeit, in der die Erfordernisse der Yüan-Dynastie in China immer mehr die rein mongolischen Belange verdrängten, bis mit dem Jahre 1328 eine völlige Konfuzianisierung, d. h. hier Sinisierung der Regierungspolitik sich durchsetzte. Die Funktionsfähigkeit der Yüan-Regierung nahm etwa seit 1355 rasch ab, damit die Auflösungs- und Endphase der Dynastie einleitend, die 1368 mit der Flucht der Regierung aus Peking ausgelöscht wurde.

II. Die mongolische Stammesgesellschaft als Eroberer und Ausbeuter des chinesischen Staates

1. Die Eroberung Südchinas 1260–1279

Ob 1260 es wirklich die Alternative Krieg oder Koexistenz zwischen der südlichen Sung-Dynastie und den Mongolen gegeben hatte, ist ebensowenig zu entscheiden wie die gleiche Alternative zu anderen Zeiten an anderen Orten mit anderen Partnern. Trotzdem gerät der Historiker immer wieder in das Dilemma, auf Fragen wie diese eine wenigstens hypothetische Antwort zu geben, um die Handlungsmotive seiner Protagonisten zu erhellen zu versuchen. Es ist also daran zu erinnern, daß im Spätherbst 1257 am Hofe Möngkes ernsthaft Pläne erörtert worden waren, die Süd-Sung anzugreifen, daß demgemäß die mongolischen Angriffe, wie sie 1258 mit großen Anstrengungen eingeleitet worden waren, nicht als Reaktionen auf Zwischenfälle o. ä. gedeutet werden können. Andererseits hatte der Tod Möngkes im September 1259 die Lage verändert, und zwar in dem Sinne, daß alternative Strategien in den Bereich des Möglichen rückten, weil solche in Stammesverbänden nomadischen Charakters stets stark personenbezogen sind.

Qubilai wollte zunächst nicht nach dem Norden zurückkehren, als er die Nachricht vom Tode seines Bruders erhielt. Erst als er erfuhr, sein jüngerer Bruder Ariγ buγa solle auf Betreiben verschiedener Clanmitglieder zum Groß-Qan ausgerufen werden, entschloß er sich, die Belagerung von O-chou (d. i. Wu-ch'ang, Provinz Hu-pei) am nördlichen Yang-tzu-Ufer aufzugeben. Er verbrachte aber den Winter in Yen-ching (d. i. Peking), festigte dort seine Herrschaftspositionen und erschien erst im Frühjahr 1260 in der Sommerresidenz Shang-tu, wo er alsbald vom einberufenen Kuriltai zum Groß-Qan berufen wurde. Gegen diese Wahl nun formierte sich der Widerstand einer Adelsgruppe um Ariγ buγa, die von nicht wenigen Mitgliedern des Clans von Činggis Qan gestützt wurde, darunter befand sich mit Qaidu ein mächtiger Stammesfürst und Enkel Ögedeis. Qubilai selbst mochte gewußt haben, daß der Streit um ihn als Nachfolger Möngkes nicht leicht und kurzfristig auszukämpfen war, denn er dürfte sich der Tragweite und – vielleicht – des Kerns dieses Konflikts bewußt gewesen sein: daß nämlich die Expansion das mongolische Imperium derart vergrößert hatte, daß keine einheitliche Regierung dessen heterogene Bestandteile mehr von einer Zentrale aus verwalten konnte, es sei denn mit Mitteln massivster Repression. Die aber könnte nicht von langer Dauer sein, zu groß waren jeweils die regionalen Schwerkräfte. Hier wurden nun alte und neue Traditionen antagonistisch, die der Steppe gegen die der Ackerbauregion.

Unvermeidlicherweise trieb der Konflikt zu kriegerischer Lösung, welche Qubilai 1264 siegreich bewerkstelligte. Doch gelang nur die Unterwerfung Ariγ buγas, Qaidu verharrte in seiner entschiedenen Opposition zu Qubilai. Gestützt auf eine Allianz mit Čaγatai, vermochte er schon 1268 erneut Feindseligkeiten gegen den Groß-Qan zu eröffnen.

Dies also bildete – mit einigen Vorgriffen – den Hintergrund der Situation auf mongolischer Seite, als Qubilai 1260 eine Gesandtschaft an den Sung-Hof nach Lin-an (d. i. Hang-chou) schickte, an deren Spitze er einen seiner chinesischen Berater, Hao Ching (1222–1275), stellte. Da die Gesandtschaft von den Sung-Behörden an der Grenze festgehalten wurde, richtete Hao Ching mehrere Schreiben an verschiedene Regierungsämter der

Sung,[3] die deshalb besonders erwähnenswert sind, weil in ihnen die damalige politische und militärische Lage nüchtern dargelegt wird. Hao Ching sieht in Qubilai bereits den durch hohe persönliche Moral und sichtbarliche Auszeichnung mit dem Mandat des Himmels legitimierten Herrscher über China, so daß er erklären kann: „*Unser* Staat hat nun über fünfzig Jahre das Reich glanzvoll in Besitz; daß er Waffengewalt am Yang-tzu und im Gebiet des Huai-Flusses einsetzte, dauert fast 30 Jahre. Die Schlagkraft unseres Heeres ist bedeutender als die aller anderen . . ." Interessant ist vor allem, was in diesen Texten über die Heeresstärke der Mongolen gesagt wird. Es werden drei Heeresgruppen genannt, von denen eine über eine Million Mann verfüge, die zweite über eine halbe und die dritte noch über 300 000. Schließlich würden die chinesischen Hilfstruppen aus den unterworfenen Nordgebieten in mindestens sechs Verbänden bereitstehen, die jeweils durchschnittlich 35 000 Mann stellten. Als einer, der durch seine Herkunft und Erziehung gleichwohl zwischen den Fronten stand, hatte Hao Ching ein sicheres Gespür für die offenen und versteckten Gedanken seiner Kontrahenten. Deshalb riet er der Sung-Regierung, nicht auf eine „Lücke" zu spekulieren, d. h. zu hoffen, die Thronfolge-Streitigkeiten der Mongolen würden deren Offensivgeist lähmen können.

Wie war demgegenüber die Situation des Sung-Staates? Unter rein quantitativen Gesichtspunkten stellte Südchina noch immer einen großen Staat dar, der über ein großes und kompaktes Territorium verfügte und dessen Wirtschaftskraft beachtlich schien, so daß der Sung-Kanzler Chia Ssu-tao (1213–1275), ein bedeutender, wenngleich von den konfuzianischen Historikern später verketzerter Staatsmann, glaubte, den Mongolen die Stirn bieten zu können. Auf diese Weise verspielte er die Möglichkeit des längeren Zeitgewinns und damit zu umfassender militärischer Stärkung. Denn die zahlenmäßige Stärke der Sung-Armeen täuschte über ihre tatsächliche Schlagkraft hinweg. Dafür ver-

[3] Vgl. in Hao Chings Gesammelten Werken: Hao Wen-chung kung ch'üan-chi, Ed. 1738, Kap. 37–39. S. a. die Dissertation: SCHLEGEL (1968).

antwortlich war zum einen die traditionelle Mißachtung alles Militärischen beim überwiegenden Teil der Beamtenelite, zum anderen die stetig sich verschlechternde Finanzlage des Staates. Das alte Übel der Steuerhinterziehung durch die Großgrundbesitzer hatte beachtliche Dimensionen erreicht, dazu kam die Nichtbewältigung von Grunderfordernissen des Geldwesens, daß man nämlich nicht erkannte, wie Geld- und Warenmengen miteinander zusammenhängen. Inflation war die notwendige Folge einer unkontrollierten Emission besonders auch von Papiergeld. Und in dieser Situation glaubte Chia Ssu-tao nur mit einer Gewaltkur Abhilfe schaffen zu können. 1263/64 setzte er eine Landreform durch, die allen Landbesitz, der über eine bestimmte Eigentumsgröße hinausging, zu einem Drittel dem Zwangsverkauf an den staatlichen Fiskus unterwarf. Das so in Staatshand übergehende Land wurde auch staatlich bearbeitet und verwaltet, die darauf erwirtschafteten Erträge waren vor allem zur Versorgung der Truppen bestimmt. Obgleich die Reform nur in einigen Provinzen wirklich durchgeführt wurde, schätzte man, daß danach etwa ein Fünftel des bebauten Bodens Staatsland geworden war. Der Erfolg, nämlich die Sicherung des Proviants für die Armeen, war allerdings sehr teuer erkauft. Trotz der Notlage des Reiches erachteten die Grundbesitzer die Reformmaßnahme in erster Linie als sozialpolitisch motivierte Zwangsmaßnahme. Und da die große Mehrheit der Beamtenschaft der Grundbesitzerschicht entstammte und ihr in der Regel durch vielfältige Familienbande verbunden blieb, entstand hier eine zusätzliche innere Konfliktzone, deren Auswirkungen, so schwer sie auch abschätzbar sind, den Staat schwächen mußten. Um das Maß an taktischem Fehlverhalten vollzumachen, ließ die Regierung wiederholt die Truppenführer kontrollieren, was wohl dem traditionellen konfuzianischen Mißtrauen gegenüber den Militärs entsprach, angesichts der außenpolitischen Lage jedoch verheerende Folgen hatte. Von daher erklärt es sich wohl mit, daß im Verlaufe des Krieges eine Reihe von Generälen und Kommandanten sich kampflos den Mongolen ergab.

Dies war, grob umrissen, die Ausgangslage am Vorabend des Endkampfes zwischen den beiden Staaten oder genauer: zwischen dem sich erst neu formierenden Erobererstaat hier und dem sich langsam auflösenden Traditionsstaat dort. Mit dem Tod Ariγ buγas 1266 bekam Qubilai freiere Hand. Hatte er schon 1260 mit der Thronbesteigung seinen ständigen Sitz von Karakorum nach Shang-tu (in der Nähe des heutigen Dolonnor, Provinz Chahar) und Yen-ching (Peking), als Sommer- bzw. Winterresidenz, verlegt, so ließ er 1267 mit dem Bau einer neuen Stadt nordöstlich des alten Peking beginnen, die den Namen Ta-tu erhielt und die unter ihrem türkischen Namen Qanbalyq („Herrscher-Stadt") bis nach Europa hin bekannt wurde. Dorthin wurden dann bereits 1272 alle zentralen Regierungsbehörden verlegt. Im gleichen Jahr wurde im Winter auf 1268 der Feldzug gegen Sung wiederaufgenommen. Der Hauptstoß erfolgte in der Provinz Hu-pei, speziell auf die stark befestigte Stadt Hsiang-yang am Han-Fluß, die an dessen Nordufer durch die Feste Fan-ch'eng zusätzlich abgeschirmt war. Die Stadt nahm eine Schlüsselstellung ein, insofern sie den Zugang zum Yang-tzu-Tal bewachte. Ihre Belagerung dauerte fünf Jahre, denn es gelang den Mongolen nicht, den Nachschub zu Wasser für die Verteidiger zu unterbinden. Erst als 1272 eine Entsatzarmee von den Mongolen vernichtet wurde und neue, von arabischen Spezialisten konstruierte Katapulte eingesetzt werden konnten, wurde die Lage der Stadt aussichtslos, und ihr Kommandant kapitulierte, nachdem ihm die Schonung der Bevölkerung zugesichert worden war. Überhaupt ist hervorzuheben, daß Qubilai seine Heerführer erfolgreich zu humaner Behandlung der Besiegten angehalten hat, was Ausnahmen nicht ausschließt. Auf diese Weise fiel es zahlreichen Beamten und Offizieren – wie zum Beispiel dem Kommandanten von Hsiang-yang – gewiß leichter, in die Dienste der neuen Dynastie zu treten.

1274 konnte Bayan, der hervorragende Heerführer der Mongolen, mit seinen Truppen am Han-Fluß rasch südwärts vorstoßen. Wu-ch'ang am Yang-tzu wurde, ohne großen Widerstand zu leisten, eingenommen, und damit lag das gesamte Flußtal dem mongolischen Zugriff offen. 1275 überschritten die Mongolen den Yang-tzu, und auf ihrem Vormarsch nach Osten ergaben sich die meisten Städte kampflos, so daß ihnen im gleichen Jahr auch Chien-k'ang (Nanking) in die Hände fiel. Die Sung-Regierung reagierte nun, viel zu spät, mit verschiedenen Friedensangeboten, auch ließ sie Hao Ching endlich frei. Doch selbst das erneute Aufflammen des Bruderzwistes unter den Mongolen mit einem Angriff Qaidus auf Qubilai vermochte den Gang des für die Sung verhängnisvollen Geschehens nicht mehr aufzuhalten. Vom Westen her aus dem Yang-tzu-Tal und 1276 auch vom Norden, aus der Provinz An-hui kommend, rückten die Armeen Bayans gegen die Hauptstadt Lin-an (d. i. Hang-chou) vor, welche praktisch ohne Kampfhandlungen besetzt wurde. Die Kapitulation war gegen das Versprechen, keine Plünderung zuzulassen, erkauft worden. Tapferer Widerstand, wie er in Ch'ang-sha (Provinz Hu-nan) oder in Kuei-lin geleistet wurde und wo die Angreifer sich dann auch zu Massakern hinreißen ließen, taugte nur mehr zu Ehrenrettung für die chinesische Armee; der Krieg war 1276 bereits endgültig verloren, was durch die Gefangenschaft des Kaisers Chao Hsien, der als vierjähriges Kind 1274 auf den Sung-Thron gelangt war, und dessen Verbringung nach dem Norden offenkundig wurde. Den Schluß des Dramas haben die konfuzianischen Historiker später überbewertet. Er handelt von den verzweifelten Aktionen einiger loyaler hoher Sung-Beamter, die mit zwei Prinzen aus dem Sung-Kaiserhaus Widerstand zu organisieren versuchten und auf der Flucht vor den Mongolen von Ort zu Ort eilten. Der Umstand, daß in den Provinzen des Südostens, in Chekiang, Fukien und Kuang-tung noch bis 1277 gekämpft wurde, mag den Hoffnungen Nahrung gegeben haben. Im folgenden Jahr, Kanton war noch nicht endgültig erobert, rettete sich die übriggebliebene Gruppe von Sung-Loyalisten mit den Prinzen auf eine Insel südlich von Macao, bis sie schließlich 1279 alle auf See den Tod fanden. Damit war zum ersten Male in seiner langen Geschichte China gänzlich von einem fremden Eroberer besetzt.

2. Militärische Expeditionen der Mongolen während und nach der Eroberung Chinas

Die ganze Wucht der militärischen Operationen, in deren Verlauf China niedergeworfen wurde, trieb die mongolische Führung weit über die Grenzen auch ihrer Möglichkeiten hinaus. Vielleicht folgten sie nur dem Gesetz, nach welchem sie angetreten waren, wenn sie sich auf Unternehmungen einließen, deren Scheitern vorauszusehen war. Nicht auszuschließen ist, daß es gar keiner zusätzlichen Antriebskräfte bedurft hatte, als die Mongolen nach Südostasien einbrachen und sich auf die gewagtesten Militärexpeditionen über See einließen, weil einfach die Schwungkraft ihrer militärischen Anstrengungen noch nicht gebrochen war. Der Sinologe Herbert Franke hat die Vermutung ausgesprochen, es könne sich hierbei um eine Politik gehandelt haben, mit der Qubilai und die mongolische Führung insgesamt der Yüan-Dynastie auch außenpolitisch sich zum Nachfolger der Ansprüche Chinas gegenüber seinen Anrainerstaaten machen wollten und daß sie dabei keine eigentlichen Eroberungen sich zum Ziele gesetzt hätten, sondern nur die Bekräftigung des Suprematiestrebens. Wie immer man jedenfalls diese Expeditionen bewerten mag nach ihren Motivationen und Resultaten, sie bilden ein weiteres Kapitel in der Geschichte mongolischer Fähigkeit zur Überwindung von Räumen und Hindernissen.

Von diesen Unternehmungen am härtesten betroffen wurde Korea. Das Land hatte ja schon 1217 eine erste Aggression zu erdulden gehabt, 1231 dann überzogen es die Mongolen mit einem Feldzug, dem fünf Jahre später ein weiterer folgte, und 1253/54 setzten sie ihre Invasionen fort, bis um 1261 das Land sich zum regelrechten Vasallenstaat der Mongolen erklären mußte, tatsächlich aber mehr einem Protektoratsgebiet ähnelte.

Von Korea aus unternahmen die Mongolen zweimal Versuche, in Japan mit Gewalt zu landen, zuerst 1274 und dann 1281. Beide Male scheiterten sie, nicht zuletzt auch an Widrigkeiten des Wetters zur See. Sogar bis nach Java entsandten die Mongolen Flottenexpeditionen, ebenfalls zweimal, 1281 und 1292/93.

Wer und wie sie im einzelnen die mit der Hochseeschiffahrt entstehenden Probleme bewältigten, ist aus den Quellen nicht eindeutig zu erfahren. Man wird annehmen können, daß hierbei Chinesen, besonders aber Koreaner maßgeblich beteiligt waren. Bei letzteren Unternehmungen dürfte wohl das Ziel gewesen sein, eine Art militärisch abgestützten Handel zu eröffnen, möglicherweise auch waren sie mehr oder weniger vom Prestigestreben her motiviert.

Dies alles blieb ohne Folgen. In andere Zusammenhänge zu stellen sind dagegen die Feldzüge entlang den Westgrenzen Chinas nach Süden. Hier können nämlich durchaus strategische Überlegungen eine Rolle gespielt haben. Traditionell waren die Angreifer aus Zentralasien stets vom Norden und Nordwesten her nach China eingefallen, wo sie auf starke Verteidigungslinien, Befestigungen und Gebiete trafen, die mit Garnisonen und/oder Militärkolonien gut ausgestattet waren. Die Operationen, die seit 1253 sich gegen Ssu-ch'uan und von da aus weiter nach Süden und Südwesten richteten, stellen ja so etwas wie ein Umgehungsmanöver, eine Art Flankenangriff auf das chinesische Kernland dar. Im Zuge dieses Ausgreifens stießen die Mongolen auch auf den Staat Ta-li im Südwesten, den sie 1253 zerstörten. Im weiteren Vordringen durch Yün-nan hindurch gelangten sie 1257 mit einem Angriffskeil bis Annam (das Gebiet des heutigen nördlichen Vietnam), mit einem anderen, der später in südöstlicher Richtung marschierte, drangen sie 1278 und 1283 in die nördlichen Teile von Burma ein. In dieser Periode, den frühen achtziger Jahren, wiederholten sie ihre Kampagne gegen Annam, die sie diesmal noch weiter südwärts vorantrieben, wo sie auf den Staat Champa stießen. Bei dieser Operation setzten die Mongolen auch Schiffe ein, die von Kuang-tung aus nach dorthin ausliefen. Die dabei eingesetzten Streitkräfte reichten aus, um sogar Erkundungsvorstöße ins Gebiet von Kambodscha zu wagen. Doch war hier gewiß kein Eroberungswille am Werk, und so kamen 1287/88 die Offensiven in diesem Raum zum Stillstand oder genauer, wurden die Truppen endgültig zurückgezogen, zumal die letzte Expedition nach Nord-Burma 1300 sogar mit einem völligen Mißerfolg endete.

Zwei Gründe bieten sich zur Erklärung für den ephemeren Charakter dieser militärischen Expeditionen an. Zum einen waren die Entfernungen der Ziele von dem mongolischen Machtzentrum bedeutend und das Klima dort für die Mongolen wohl auf Dauer nicht günstig. Zum anderen hätten sie, ähnlich der Rolle der Vorder- und Zentralasiaten in ihren Diensten für die Eroberung und Ausbeutung Chinas, einer Mittlerschicht von nicht wenigen Experten bedurft, um diese südostasiatischen Länder beherrschen zu können. Eine solche Funktion hätten aber nach Lage der Dinge nur Chinesen ausfüllen können, die doch eben selber gerade unterworfen worden waren und deren teilweise Kollaboration mit den Mongolen vorwiegend darauf orientiert war, China in seiner Substanz als zivilisatorischen Weltmittelpunkt zu erhalten.

3. Innenpolitische Entwicklung der Yüan-Dynastie

Die Konsolidierung der Dynastie, 1280–1307

Will man die ersten zwei Jahrzehnte der Yüan-Dynastie unter innenpolitischen Aspekten würdigen, kommt man nicht umhin, zunächst von der Außenpolitik zu sprechen. Denn eben in dieser Zeitspanne fielen wichtige außenpolitische Entscheidungen. Dazu gehören die Unternehmungen, die oben knapp skizziert wurden, nicht. Obwohl sie im einzelnen sorgfältig vorbereitet wurden, waren sie nach Umfang und Zielsetzung letztlich doch begrenzt. Nichts zeigt das klarer als die Art und Weise, wie sie beendet wurden, als ihre Erfolge sich als zu geringfügig – besonders in Relation zum Einsatz – erwiesen.

Das eigentliche außenpolitische Problem der Yüan-Dynastie damals bestand im traditionellen Konflikt zwischen verschiedenen führenden Clans der nomaden-feudalistisch strukturierten Stammesföderation. Die Problemlage war nunmehr aber bedeutsam verschoben, weil der Ausbau des Qanats China, seit 1280 also der Yüan-Dynastie, die *staatlichen* Elemente verstärkte, daß demgegenüber die Stammestraditionen zurückgedrängt wurden. Die Auflehnung gegen eine solche Entwicklung erscheint aus diesem Blickwinkel als nahezu unvermeidlich, einmal abgesehen davon, daß die stets vorhandene Clan-Rivalität auch unter den geänderten Bedingungen ja keineswegs aufhörte. Sie erhielt vielmehr größere Härte in dem Sinn, daß keine traditionelle Konfliktlösung mehr möglich war. Im Endergebnis, um das vorwegzunehmen, kam es zum Auseinanderbrechen der gesamtmongolischen Föderation. Der Kampf darum, welche Deszendenzlinie den Herrscher stellen sollte bzw. wollte, verdeckte gewissermaßen die wesentlichen Ursachen der Gegensätze, doch war diese Auseinandersetzung gleichwohl eine systemimmanente. Unter der Führung Qaidus bildete sich 1268/69 die zentralasiatische Allianz neu, die in strikter Opposition gegen Qubilais Herrschaft stand. Ihre Legitimation bezog sie in erster Linie aus dem Umstand, daß ihre Anführer – und hier vor allem Qaidu selber, der ein Enkel Ögödeis war – Nachkommen Ögödeis waren, denen laut Činggis Qans Bestimmung die Herrschaftsnachfolge zustehe, wohingegen sie der Linie Toluis, der Qubilai zugehörte, das Recht auf die Thronfolge prinzipiell bestritten. Aus heutiger Sicht mag der Streit kaum mehr in all seiner Härte verständlich erscheinen, doch lagen hier natürlich auch Interessengegensätze vor, die einseitig überzubewerten indes sicher ein schiefes Bild ergäbe. Das Clan-Prinzip, d. h. das Prinzip, dem eigenen Clan in allen Belangen absoluten Vorrang einzuräumen, war weitaus mächtiger wirksam als das, was ein moderner Historiker unter den Begriff des Interesses subsumiert.

Als Qaidu 1277 Karakorum einnahm, schickte ihm Qubilai seinen besten Heerführer, den Barin-Mongolen Bayan, entgegen, der wohl deshalb für diese Aufgabe prädestiniert war, da er schon unter Hülägü gedient und also militärische Erfahrungen auch außerhalb Chinas gesammelt hatte. Dieser eroberte 1278 Karakorum zurück, doch konnte er Qaidu die Kontrolle über die Dsungarei nicht entreißen, so daß Qubilais Feind weiterhin die Verbindungslinien zwischen dem östlichen und dem westlichen Teil des Mongolen-Imperiums blockierte. Wahrscheinlich waren es die Flottenexpeditionen, die Qubilai nicht genügend Truppen zur Bereinigung des innermongolischen Krieges beließen. Jedenfalls blieb Qaidu über den Tod Qubilais 1294 hinaus eine Gefahr für die Yüan-Dynastie, die erst mit seinem eigenen Tod um 1301 erlosch.

Vor diesem Hintergrund innermongolischer Anarchie – der allerdings nur die Situation der Führungsclans untereinander charakterisiert – hebt sich um so merkwürdiger die Tatsache ab, daß der neuen Dynastie in China ziviler und militärischer Gehorsam geleistet wurde, und zwar überwiegend ohne erzwungen werden zu müssen. Eine der wesentlichen Ursachen dafür lag gewiß in der Schnelligkeit, mit der die Mongolen unter dem Einfluß von Männern wie Yeh-lü Ch'u-ts'ai und der chinesischen Berater gelernt hatten, sich auf die chinesischen Verhältnisse einzustellen. Die Mongolen waren ja keine Bauern-Kolonisten, also Landsucher und -eroberer. Sie stellten eine Militäraristokratie dar, die ein altes eigenes Modell abgestufter Hierarchisierung von unterworfenen Nomaden nunmehr auf unterworfene Seßhafte übertrugen. Was den inneren Frieden namentlich in den ersten Jahrzehnten der Yüan-Dynastie sicherte, war vor allem die Fähigkeit der Mongolen zur Friedenssicherung nach außen sowie zur Aufrechterhaltung der Ordnung im Innern. Die Übernahme und Fortführung des Staatsmodells der Chin-Dynastie der Jurchen, in der bereits eine Koexistenz von nomadischen und agrarischen Elementen gewährleistet war, erklärt es, daß Südchina nach seiner Eroberung fast problemlos der mongolischen Herrschaft über Nordchina angegliedert werden konnte. Von vornherein beließ man dort die meisten Provinzialbeamten auf ihren Posten und machte auch keinen Versuch, die vorhandenen Besitzverhältnisse auf dem Lande anzutasten. Dies namentlich brachte den Mongolen die Unterstützung der Grundbesitzer ein. Trotzdem eigneten dem Yüan-Staat von Beginn an Widersprüche, die in der Anfangsphase nur noch nicht voll aufbrachen. Die Mongolen hatten schon in Nordchina die wichtigsten Aufgaben im Verwaltungssystem einer nichtmongolischen Bürokratie übertragen, die sich vorwiegend aus Iranern, Arabern, Uiguren und Kitan zusammensetzte, zu denen dann nach und nach Chinesen hinzukamen. Sie selbst aber verstanden sich in erster Linie als die Nutznießer, was dokumentiert wird in den

Apanagen für die Mitglieder des Herrscherhauses, wozu große Gebiete Nordchinas dienten. Qubilai z. B. erhielt in seinen jungen Jahren etliche Territorien in Ho-pei, später in Shensi zugewiesen. Diese Praxis allerdings wurde in Südchina nicht mehr angewendet. Eine derartige Fortsetzung nomadisch-feudaler Tradition begünstigte die Neigung der Mongolen, ihre eigene Rolle im Staate als die einer Militäraristokratie zu begreifen. Unübersehbar zeigte sich der Widerspruch der Quantitäten: die Mongolen in China, als das in jeder Hinsicht privilegierte Staatsvolk, erreichten an Zahl wahrscheinlich kaum die Millionengrenze, gegenüber einer Gesamtbevölkerung Chinas von rund 60 Millionen (zu Beginn des 14. Jh.) stellte das in der Tat eine sehr ungünstige Relation dar. Herbert Franke hat hierzu ein eindrucksvolles Beispiel aus den Quellen erarbeitet. Es betrifft eine Bevölkerungsstatistik der Präfektur Chen-chiang, welche Stadt, am unteren Yang-tzu gelegen, wo der Kaiserkanal abzweigt, ein wichtiges Verkehrs- und Handelszentrum war. Die Statistik nun „führt nämlich die von den Behörden erfaßte Bevölkerung nach Volks- bzw. Religionsgruppen getrennt auf. In der gesamten Präfektur [d. h. einschließlich des dazugehörigen Landkreises, Anm. d. Verf.] wurden damals gezählt 613 800 Personen, die schon von je dort ansässig waren (also frühere Sung-Untertanen). Dazu kamen die ‚Zugezogenen', also die Fremden. Deren Zahl betrug in der Präfektur 10 555 Personen, die im Familienverband erfaßt waren. Von ihnen entfiel der größte Anteil mit 9407 auf die Nordchinesen (Han-jen). An Mongolen gab es nicht mehr als 163, dazu 93 Uiguren, 374 Moslim, 106 Christen, 35 Tanguten, 116 Kitan sowie 261 Dschurdschen."[4]

Das Selbstverständnis der Mongolen als einer Militäraristokratie war natürlich nicht geeignet, ihre traditionelle Gleichgültigkeit fremden Kulturen gegenüber aufzugeben. Vielleicht darf man vermuten, daß die Nichtbereitschaft der Mongolen zu sozialer und kultureller Assimilation in den geheimen Ängsten begründet lag, die aus dem Bewußtsein so eindeutiger Unterzahl resultierten. Jedenfalls lernten die Mongolen so wenig Chine-

[4] Franke (1970) 31.

sisch, wie andererseits die chinesischen Beamten sich nicht des Mongolischen bemächtigten.

Ausnahmen gab es selbstverständlich auf allen Ebenen. Einige der Mongolenkaiser haben sogar chinesisch zu schreiben gelernt. Doch insgesamt blieben die sprachlichen und kulturellen Barrieren bestehen. Noch nie zuvor hatte es deshalb so viele Übersetzer und Dolmetscher in den chinesischen Behörden gegeben wie zur Zeit der Mongolenherrschaft. Und diese Konstellation bildete eine besondere Chance für die Iraner, Uiguren, Kitan u. a. m., deren schon länger bestehende Position zwischen verschiedenen mächtigeren Staaten und Völkern sie bereiter gemacht hat, sich fremde Sprachen anzueignen. Diese Lücke tat sich ihnen auch auf anderen Gebieten auf. So war der leitende Architekt für den Bau der neuen Hauptstadt Qan-balyq (Khanbalik), an deren Planung auch Qubilais Berater Liu Ping-chung (1216–1274) maßgeblich beteiligt war, ein Mohammedaner. Die Ausmaße der Bautätigkeiten waren bedeutend, so dauerte die Errichtung der Befestigungsmauern von 1267 bis 1292.

Von den Ausländern, die damals nach China kamen, ist natürlich auch Marco Polo (1254–1324) zu erwähnen. Nach seiner eigenen ›Beschreibung der Welt‹ (Le livre de Marco Polo, où l'on conte les merveilles du monde, diktiert 1298/99) sei er 1275 nach Peking gelangt, mehr als anderthalb Jahrzehnte in China geblieben und in den Diensten Qubilais sogar bis zum Gouverneur der großen Handelsstadt Yang-chou am Yang-tzu aufgestiegen. Gleichwohl ist es der sinologischen Forschung bis heute nicht gelungen, Marco Polo in einer zeitgenössischen chinesischen Quelle aufzufinden. Dies sowie das Faktum, daß in seinem Bericht, der so viel Staunenswertes über China zu erzählen weiß, kein Wort über das chinesische Schriftsystem gesagt wird, und schließlich auch der Umstand, daß viele geographische Namensformen darin den persischen Transkriptionen entsprechen, haben den Verdacht genährt, Marco Polo sei in Wahrheit nur bis Karakorum gelangt und habe sein Wissen iranischen (oder anderen) Kaufleuten verdankt.

Die Intaktheit der staatlichen Institutionen, die ungebrochene militärische Machtentfaltung, der ungehinderte Güteraustausch mit Zentral- und Vorderasien und die religiöse Toleranz der Mongolen waren wichtige Faktoren dafür, daß die innere Entwicklung der Dynastie unter Qubilai von Erschütterungen verschont blieb, obwohl die Lasten für das chinesische Volk, zumal durch die aktive Außenpolitik, schwer waren. Aber der Bau der Schiffe, die Herstellung von Waffen und Gerät usw. brachte örtlich auch Arbeit und Gewinn. Manche ökonomischen Schwierigkeiten überdeckten die Mongolen zudem durch die Emission von Papiergeld (s. dazu unter III. 4). Die damit verursachte Inflation machte sich anfänglich noch nicht bemerkbar, so daß davon noch keine innenpolitische Gefahr ausging.

Nicht leicht zu beurteilen ist, welcher Anteil an der Stabilität der Dynastie Qubilai selber zukam. An politischer Befähigung, an herrscherlicher Macht und Ausstrahlung war er unbestritten überragend, seine Weitsicht, besonders was die Behandlung der unterworfenen Chinesen betraf, beeindruckte alle. Sein Selbstbewußtsein, wie es sich beispielsweise in seinem Erlaß 1260 anläßlich der Verkündung einer neuen Regierungsdevise nach chinesischem Vorbild artikulierte, worin er erklärte, „unsere Ahnen haben durch Göttlichkeit und Tapferkeit die Welt erobert und mit aufrichtiger Tugend ihre Untertanen regiert. Als sie die Dynastie begründeten, fanden sie noch keine Muße für eine verfeinerte Kultur“ [5], damit zu verstehen gebend, daß er außer über die Tapferkeit auch über „verfeinerte Kultur“ verfüge, diese seine Selbsteinschätzung also fand ihr Pendant durchaus in der Beurteilung durch die Zeitgenossen sowie die Historiker.

In der ›Geschichte der Yüan-Dynastie‹ (Yüan-shih) heißt es: „Shih-tsu (d. h. der chinesische Tempelname für Qubilai) war von offenem Sinn und umfassendem Weitblick. Er erkannte die Menschen, die geeignet für Ämter und zuverlässig für Aufträge waren, und er verwandte die konfuzianischen Gelehrten.“ [6]

Da Qubilais Sohn und Kronprinz J̌ingim 1285 gestorben war, kam 1294 nach des Kaisers Tod sein Enkel Temür auf den Thron. Er hatte den Kampf gegen Qaidu weiterzuführen, wofür er sei-

[5] Vgl. Yüan-shih, Kap. 4, S. 5a.
[6] Vgl. Yüan-shih, Kap. 17, S. 23a.

nem Neffen Qaishan die Leitung der militärischen Operationen in der Steppe übertrug. Zu dessen Führungsmannschaft gehörten der Kiptschak El Temür sowie Bayan, ein Mongole aus dem Stamm der Merkid. 1301 kam es zu einer größeren Schlacht am oberen Orqon mit Qaidu, der von Truppen des Čaγatai-Qanats unterstützt wurde. Der Kampf endete unentschieden, aber Qaidu zog sich anschließend sogleich in sein Winterquartier zurück, und da er noch im gleichen Jahr starb (ganz sicher ist dieses Datum nicht ermittelt), war die Opposition gegen die Yüan-Dynastie ihres unerbittlichsten und unversöhnlichsten Führers beraubt. Trotzdem verblieb Qaishan in der Steppe und griff 1305/06 wiederholt in die inneren Auseinandersetzungen der Steppenmongolen und deren Bundesgenossen ein, woraus sich jedoch keine wichtigen Folgen irgendwelcher Art ergaben, mit einer Ausnahme: es bildete sich in diesen Jahren eine Clique um Qaishan, die noch eine wichtige Rolle spielen sollte.

1307–1328: die Phase zunehmender Sinisierung der Innenpolitik

Temür, als Kaiser Chinas kanonisiert unter dem Namen Ch'eng-tsung, starb 1307, ohne einen Erben zu hinterlassen. In dieser Situation brach zum ersten Male in der Geschichte der Yüan der Konflikt um die Nachfolge in der Form auf, daß zwei Gruppen sich bildeten, von denen die eine namens der Steppentradition des mongolischen Gesamterbes agierte, die andere sich dafür einsetzte, einen Herrscher zu küren, der vor allem auf die Yüan-Dynastie, also auf China hin orientiert sein sollte. Der Streit hatte in diesem Falle auch Merkmale einer Hofintrige, denn er spielte sich innerhalb einer Deszendenzlinie ab: die beiden Prätendenten waren Brüder, Söhne des Prinzen Dharmapala, Temürs älterem Bruder.

Der Kandidat der Steppe war Qaishan. Für ihn sprachen seine beträchtlichen militärischen Erfahrungen, auch war er der ältere der beiden Brüder. Ayurbarwada, den die Kräfte unterstützen, die die Yüan-Dynastie mehr oder weniger als ein selbständiges Gebilde betrachteten, deren Politik demgemäß auf den eigenen

Herrschaftsbereich in China zentriert sein solle, hatte für seine Parteigänger den Vorteil, sich gut auf die chinesischen Verhältnisse und Lebensweise zu verstehen. Ein weiterer Aspirant, Ananda, war als Enkel Qubilais unter diesem seit 1285 offizieller Kronprinz gewesen, doch erfreute er sich unter den mongolischen einflußreichen Führern keiner Popularität, vielleicht weil er ein frommer Muslim war.

Qaishan hielt sich noch in Karakorum auf, als im März 1307 Ayurbarwada Ta-tu erreichte und seine Truppen den Palast stürmen ließ, um den dort weilenden Ananda zu arretieren. Der Vorteil, den der Handstreich einbrachte, erwies sich nicht als tragend. Nüchterner Betrachtung zeigte sich alsbald, daß die Mehrheit der Truppenführer auf seiten Qaishans standen, dessen militärische Erfahrungen und Verbindungen den Ausschlag gaben. Ohne daß Qaishan hätte auf die Hauptstadt vorrücken müssen, wurde ihm von der Gruppe um Ayurbarwada der Thron angeboten unter der Bedingung, daß keiner von Qaishans Söhnen Kronprinz werden sollte, sondern Ayurbarwada. Die beiden Brüder trafen daraufhin in Shang-tu zusammen, man berief den Kuriltai dorthin, und Qaishan bestieg Ende Mai 1307 formell den Thron.

Sehr charakteristisch für die ungebrochene Kraft der Clan-Bindungen war die Art, wie die Rache an Ananda sofort geübt wurde. Von ihr wurde auch Temürs Witwe Buluγan nicht verschont, da sie sich heftig für eine Wahl Anandas eingesetzt hatte. Alle wichtigen Gefolgsleute Qaishans wurden unmittelbar mit einflußreichen Ämtern belohnt, darunter der Merkid Bayan, der Kiptschak Čonγur, der Qangli-Türke Toγto u. a. m. Mit ihnen gelangte eine ganze Gruppe einseitig militärisch qualifizierter Mongolen und Zentralasiaten, die überdies den Steppentraditionen verhaftet waren, in hohe Verwaltungsämter, was für die innere Entwicklung des Yüan-Reichs, besonders im Hinblick auf die Kooperation mit den chinesischen Fachleuten, nichts Gutes versprach. Aber zwei Umstände ließen es nicht zu schweren Beeinträchtigungen kommen. Zum einen erwies sich Qaishan als zwar durchschnittlichen intellektuellen Formats, doch als ein rechtschaffener, auf Ausgleich bedachter Herrscher mit einem ausgesprochenen Realitätssinn. Obwohl er den Buddhismus förderte, und zwar in dessen lamaistischer Spielart, respektierte er auch die Bedürfnisse der konfuzianischen Beamtenschaft nach Anerkennung ihrer geheiligten Gründerfiguren, namentlich von Konfuzius selbst. Zum anderen war Qaishans Regierung von nur kurzer Dauer, da er bereits 1311 im Alter von 30 Jahren starb.

Ayurbarwada bestieg den Thron wie ein chinesischer Kaiser, von einem Kuriltai wird in den Quellen nicht berichtet. Mit ihm kam die „chinesische" Partei, d. h. diejenigen zu größerem Einfluß, die davon überzeugt waren, daß nur eine stärkere Anpassung an Traditionen der chinesischen Eliten und deren geschicktere Übernahme und Fortführung die mongolische Herrschaft wirklich stabilisieren könnten. Die Gegenpartei wurde geschwächt, indem sie sich selbst in zwei Lager spaltete: in die Anhänger Qoshilas (geb. 1300) und die seines jüngeren Bruders Tuγ Temürs (geb. 1304), die beiden Söhne Qaishans. Im Gegensatz zu deren Ansprüchen begann Ayurbarwada schon 1305, eine mögliche Nachfolge seines Sohnes Shidebala, also dessen Erhebung zum Kronprinzen zu betreiben: Er gab deshalb Qoshila einen Posten im weit von der Zentrale entfernten Yünnan, den dieser jedoch nie antrat. Statt dessen schmiedete Qoshila ein Komplott mit dem Ziele der Rebellion, doch der Putsch scheiterte an den Truppenführern, die dazu nicht bereit waren. Qoshila mußte in die Steppe fliehen, er suchte und fand Zuflucht im Čaγatai-Qanat. Damit allerdings wurden nicht nur seine Sache, sondern auch seine Anhängerschaft erheblich geschwächt in ihren Möglichkeiten, auf die inneren Entwicklungen im Reiche Einfluß zu nehmen. Im Endeffekt konnte der Kaiser seinen Sohn Shidebala zum Thronfolger bestimmen. Das geschah 1319, zu einem Zeitpunkt, als die „Sinisierung" der Regierungspolitik erhebliche Fortschritte gemacht hatte.

Von einer Sinisierung der Mongolen selbst zu sprechen ist indes nicht gerechtfertigt. Zu klein war die Zahl derjenigen Mongolen, die sich ernsthaft um chinesische Bildung bemühten. Zu diesen zählte Ayurbarwada, auf den die chinesische Lebensweise und Kultur stark eingewirkt haben. 1313 ließ er ein Edikt des

Sung-Kaisers Li-tsung aus dem Jahre 1241 über die Stellung der neokonfuzianischen Schulhäupter erweitern, indem er u. a. Ssu-ma Kuang, den bedeutenden Historiker des 11. Jh., unter diese aufnehmen ließ. Gleichzeitig wurde die Lehre Chu Hsis (1130–1200), des alle überragenden neokonfuzianischen Dogmatikers, für orthodox erklärt. Die wichtigste dieser Maßnahmen war zweifellos 1315 die Wiedereinrichtung des chinesischen Prüfungssystems für die Zivilbeamtenschaft, des Eckpfeilers aller chinesischen Institutionen, die der Rekrutierung der Elite dienten. Im Selbstverständnis der Konfuzianer stand und fiel die Innenpolitik mit der Ausbildung und richtigen Auswahl des Beamtennachwuchses.

Natürlich bedeuteten solche Maßnahmen bei weitem keine prinzipielle Kursänderung der mongolischen Haltung bezüglich ihrer Beute China. Sie müssen in erster Linie als neue Strategie gesehen werden, die eben dieses China als mongolischen Besitz sichern helfen sollten, besonders mit dem Zweck, den Strom des Reichtums für die Mongolen nicht versiegen zu lassen. Das bedeutet andererseits nicht, daß einzelne Persönlichkeiten wie der Kaiser nicht Verständnis und wohl auch Zuneigung für bestimmte Formen und Inhalte chinesischer Lebensweise und Kultur aufgebracht hätten, daß sie für sich selbst ihre Rolle in China neu und verändert gegenüber ihren eigenen angestammten Traditionen definierten.

Daß jedenfalls die chinesische Beamtenschaft unter den Bedingungen einer gemilderten Herrschaftsausübung nach innen, sofern es die Eliten betraf, mehr Bewegungsfreiheit gewann, zeigte sich daran, daß sie wieder innere Richtungskämpfe auszutragen begann. Einigkeit bestand aber in der Frontstellung gegen die – meist nicht mongolischen, sondern zentralasiatischen – Finanzpolitiker am Hofe Ayurbarwadas. Denn der Kaiser wich bezüglich der Besetzung der Ämter im Finanzministerium und der Grundlinien seiner Finanzpolitik nicht im geringsten von den alten Prinzipien ab. Sein führender Mann auf dem Gebiet war Temüder, Mitglied eines Clans, der schon seit Generationen immer wieder seine Leute in hohe Staatsämter hatte bringen können. Die Rolle Temüders war nicht unähnlich der Ahmeds unter Qubilai, und er zog ebensoviel Haß und Anfeindung durch die Chinesen auf sich wie jener einst. Es waren in dieser Periode besonders die Grundbesitzer in Südchina, die gegen Temüders Politik der steuerlichen Ausbeutung rebellierten, was nicht ungefährlich war, weil der Süden dichter besiedelt war und auch von den Mongolen nicht so filtriert war wie der Norden des Reiches mit seiner schon viel längeren Besetzung und seiner Nähe zur Steppenregion als einer Kraftquelle der Mongolen.

Die für die Mongolen nachhaltigeren Schwierigkeiten erwuchsen zunächst aber aus den eigenen Parteiungen. Getreu dem tief eingewurzelten Clan-Prinzip war jeder Mann in einer hohen Position gezwungen, Mitglieder seines oder eng verbundener Clans mit sich zu ziehen. Die nomadischen Traditionen boten keine Mittel oder Mechanismen zur Verhinderung solcher Clan-Gruppen- oder Cliquenbildung. Wurde die einmal erzielte Balance gestört, brachen sogleich die Kämpfe um die Vormachtstellung aus. Was die Balance stören konnte, war beispielsweise der Tod des Herrschers. Als Ayurbarwada 1320 im Alter von nur 35 Jahren starb, wurde wieder offenbar, wie prekär die Gleichgewichtssituation gewesen war, Temüder und seine Clique hielten zentrale Machtposition in Händen, welche Gruppe, da sie für die Chinesen die Ausbeutung gewissermaßen am sichtbarsten verkörperten, in Frontstellung zur chinesischen Beamtenschaft stand. Qoshila stellte in der Steppe eine ständige Bedrohung dar, und auch sein Bruder Tuγ Temür war nicht ohne Anhang. Shidebala, nachdem er kaum die Thronfolge angetreten hatte, packte das Problem auch richtig an der schwächsten Stelle an, indem er zunächst Tuγ Temür aus dem Spiel brachte dadurch, daß er ihn auf die Insel Hai-nan verschickte. Er vermochte diese Aktion aber nur durchzuführen, weil er sich auf Temüder und dessen Parteigänger stützte. Mit eben diesem geriet jedoch der Herrscher schnell in Konflikt, denn Temüder nützte seine Position mit einer Rücksichtslosigkeit ohnegleichen aus. Die Korruption in den Finanzverwaltungen nahm ein Ausmaß an, das die chinesischen Beamten zu offenem Widerstand trieb. Zu allem Unglück riskierte es Temüder, gegen seine Widersacher mit Brutalität vorzugehen, und er „produzierte“ auf diese Weise drei konfuzianische Märtyrer. Der Kaiser hielt sich anfänglich ängstlich zurück, er scheint aber die Gefahr für die innere Sicherheit erkannt zu haben, denn er schränkte Temüders Befugnisse ein, wagte es aber erst nach dessen Tod 1322, ihn nachträglich seiner Ämter und Würden zu entkleiden. Als Shidebala jedoch sich auch von der gesamten Clique Temüders abzuwenden begann und sich vorsichtig der „chinesischen" Partei annäherte, stürzte die Regierung in eine schwere Krise. Halbherzig nach beiden Seiten lavierend, vermochte Shidebala nicht zu verhindern, daß einige Verwandte und Gefolgsleute Temüders umgebracht wurden, womit er sein eigenes Todesurteil unterschrieb. 1323 starb er von der Hand von Temüders Sohn, der einen regelrechten Putsch zustande gebracht hatte.

Diese Ereignisse und die ihnen folgen sollten, können verdeutlichen, wie ungebrochen mächtig die stammesfeudalen Kräfte innerhalb der mongolischen Gesellschaft waren. Da sie keine urbanen und auch keine agrarischen Schichtungen hervorbrachte, fand der Herrscher jeweils keine soziale Schicht außerhalb bzw. unterhalb der mongolischen Militäraristokratie vor, mit der er sich hätte verbünden können, um seiner Regierungsgewalt Suprematie über den Stammesadel zu verschaffen. Für eine Staatsbildung eigenen Rechts war dies aber eine Vorbedingung. Da sie nicht erfüllt wurde, staken die Mongolen im chinesischen Staat wie in einem viel zu großen Gewand. Ihnen blieben nur die eigenen politischen Rezepte, und die hießen: wechselnde Adelskoalitionen ohne Chance auf Dauerhaftigkeit sowie zeitweilige Bündnisse mit Adelsgruppen ihrer Hilfsvölker, die ihrerseits nie ohne Loyalitätsprobleme waren.

In der Pattsituation aller zu Beginn der zwanziger Jahre um die höchste Macht ringenden Gruppierungen gelangte – wie nicht selten – ein Außenstehender auf den Thron. Yesün Temür, der älteste Sohn des Qubilai-Enkels Kammala, war zwar von Temüders Gefolgsleuten als Thronfolger ausersehen worden, nachdem er jedoch die Kaiserwürde empfangen hatte, demonstrierte er Eigenständigkeit, was hier soviel hieß wie die Fähigkeit zum Kompromiß. Er folgte zunächst der Forderung nach Bestrafung der Mörder Shidebalas, hielt die Aktion aber in

Grenzen. Temüders Sohn mußte mit dem Tode büßen, auch zog Yesün Temür zunächst den gesamten Familienbesitz von dessen Sippe ein, erstattete ihn allerdings ein Jahr darauf dieser zurück, denn er erkannte die Gefahr, die für ihn darin bestand, eine der großen Machtgruppen gänzlich auszuschalten, weil dann die Balance nur um so schwieriger wiederherstellbar sein würde. Im Zuge seiner Bemühungen darum holte Yesün Temür auch den auf die Insel Hai-nan verbannten Tuγ Temür zurück und schickte 1325 eine „Gesandtschaft" zu Qoshila nach Zentralasien, die von jenem mit einer Gegenbotschaft beantwortet wurde.

Insgesamt gesehen vermochte Yesün Temür die schwelenden Konflikte nur mühsam zu unterdrücken und die Gegensätze gegeneinander auszuspielen. Insofern trug seine Herrschaft alle Merkmale einer Übergangszeit. Bei nächster Gelegenheit – und die kam mit des Kaisers frühem Tod 1328 – mußten die innermongolischen Zwiste erneut wie unausgeheilte Geschwüre aufbrechen. Im politischen und sozialen Umfeld hatten sich aber inzwischen die Bedingungen derart verschärft, daß diese Auseinandersetzung leicht in einen mongolischen Bruderkrieg einmünden konnte. Mit der Verschärfung der Bedingungen ist vor allem folgendes gemeint: Die Taktik des Lavierens zwischen den verschiedenen aristokratischen Führungsclans und deren Hilfstruppen schloß selbstverständlich die Vergabe von Apanagen und anderen materiellen Zuwendungen ein; diese aber mußte letztlich die chinesische Gesellschaft bezahlen. Und da überdies damals Erdbeben und Überschwemmungen sich häuften, deren Folgen Mißernten und große Hungersnöte waren, mußte die mongolische Regierung nun mit den Chinesen auch als einem politischen Faktor rechnen.

Adaptionen chinesischer Verwaltungspraxis durch mongolische Führungsgruppen, 1329–1355

Der Tod Yesün Temürs im September 1328 in Shang-tu gab das Startzeichen für die zweite große Auseinandersetzung um die politischen Grundprinzipien, nach denen das Qanat China regiert werden sollte. Aber ebenso wie es um die Zukunft der Yüan-Dynastie ging, wurden bei dieser Gelegenheit auch alte Rechnungen beglichen. Es gab auch wieder drei Prätendenten auf den Thron: Yesün Temürs neunjährigen Sohn und die beiden Brüder Qoshila und Tuγ Temür. Letzterer war der Kandidat der „chinesischen" Fraktion. Der nun losbrechende Bruderkrieg (den man besser Adelskrieg nennen sollte) zeigte wieder alle Merkmale innermongolischer Kämpfe: vordergründig ging es um Clan-Vormacht, den Hintergrund bildete die alte Streitfrage nach der Rückkehr zu den alten Werten und Traditionen des Nomadismus, womit gleichzeitig die Forderung nach einem mongolischen Gesamt-Imperium verbunden wurde. Qoshila, hinter dem das Qanat Čaγatai stand, war der Kandidat dieser Richtung, die wieder auch Vor- und Nachteil dieses Programms vereinigte. Denn man war einerseits militärisch stark, andererseits politisch schwach, weil man nicht erkannte, daß das Yüan-Reich dringend einer Herrschaft bedurfte, die alles Schwergewicht ihrer Regierungstätigkeiten auf die Innenpolitik zu legen gewillt und fähig war. Und interessanterweise wurde auch dieser Kampf nicht unwesentlich beeinflußt und mitentschieden durch führende Beamte aus den Reihen der se-mu-jen („Personen mit Spezialstatus", d. i. die Bezeichnung für die vorderorientalischen und zentralasiatischen Verbündeten der Mongolen, die in der von den Mongolen geschaffenen sozialen Klassenhierarchie den zweiten Platz einnahmen; vgl. dazu unten III. 1). Es war diesmal der Kiptschak El Temür mit seinen Anhängern, der für Tuγ Temür konspirierte. Er selbst hatte überhaupt keine Beziehungen zur konfuzianischen Beamtenschaft, doch befand sich unter seinen Anhängern eine Reihe von Leuten, die solche Beziehungen pflegten und auch selber Fachleute und von der Notwendigkeit der Anwendung chinesischer Verwaltungsmethoden überzeugt waren.

Wieder auch wurde zuerst der schwächste der Thronprätendenten ausgeschaltet und vermutlich getötet, nämlich Yesün Temürs junger Sohn. Doch gelang das diesmal erst nach einer bruderkriegsähnlichen Auseinandersetzung. Yesün Temürs

Parteigänger saßen vor allem in der Sommerresidenz Shang-tu und fanden Unterstützung in den Provinzen Shensi, Kansu, Ssu-ch'uan, Yünnan und in der Mandschurei sowie Teilen der Mongolei. Auf El Temürs Seite jedoch standen – und dies ist sehr charakteristisch – die wirtschaftlich starken Provinzen Chinas im Osten, Südosten und Zentralchina, außerdem kontrollierte er die Hauptstadt Ta-tu (Peking). Schließlich fand El Temür in seinem Kampf für Tuγ Temür die Unterstützung des größeren Teils der chinesischen Beamtenschaft und brachte das chinesische Volk dieser Gruppierung mehr Vertrauen entgegen als deren Gegnern, die mehr dem Nomadentum, in den Augen vieler Chinesen also dem „Barbarentum", verpflichtet waren.

Da Shang-tu von den Truppen El Temürs schon wenige Wochen nach Ausbruch der Feindseligkeiten eingenommen wurde, brach der Widerstand gegen ihn schnell zusammen. Es blieb nun die Wahl zwischen Qoshila und Tuγ Temür, oder auf die politischen Sachprobleme bezogen: die Alternative, ob Zentralasien wieder zum Zentrum mongolischer Macht werden sollte oder ob die Mongolei im Gegenteil unter den Wirkungsbereich der Yüan-Regierung in China gebracht werden konnte, was auch den endgültigen Verzicht auf die Institution eines gesamtmongolischen Qanats bedeutete. Man kann es auch so ausdrücken: unabweisbar mußten die mongolischen Führer sich entscheiden zwischen zwei Lebensformen, in denen sie leben wollten, in der überkommenen nomadisch-feudalen und gleichzeitig einseitig militärischen Rolle oder eingezwängt in die Strukturen des chinesischen Staates, der ja ihre Lebensgrundlage bildete.

Daß dabei nur ein Kompromiß herauskommen konnte, erscheint aus heutiger Sicht als logisch. Mit Tuγ Temür bestieg zunächst der in China aufgewachsene und mit diesem Land verbundene Aspirant im Oktober 1328 den Thron in Ta-tu, gab aber sogleich seine Absicht bekannt, zugunsten seines Bruders Qoshila abzudanken. Wieweit – angesichts der kommenden Ereignisse – hier von vornherein ein Intrigenspiel inszeniert wurde oder nicht, kann von den Quellen her nicht mehr entschieden werden. Die damit propagierte Gemeinsamkeit der beiden Brüder war vielleicht erforderlich, um die Beseitigung von Yesün

Temürs Erben zu legitimieren nach dem alten Schema, daß nur bestimmten Deszendenzlinien das Anrecht auf die Thronfolge zuerkannt wurde. Jedenfalls fanden sich auch Chinesen wie der nicht unbedeutende Literat und Beamte Yü Chi (1271–1348) bereit, in dieser Kampagne mitzuwirken. Dieser verfaßte beispielsweise das Edikt zu Tuγ Temürs Thronbesteigung 1328, in dem mit einer gerechten Restaurierung der Abstammungslinie Qaishans argumentiert wurde.

Die angekündigte Abdankung erfolgte im Februar 1329, und Qoshila regierte einige Monate in der Steppe. Im Herbst dieses Jahres dann trafen die beiden Brüder einander in Shang-tu, wobei Qoshila, vermutlich mit Billigung seines Bruders, ermordet wurde.

Nach der neuerlichen Erhebung auf den Kaiserthron mußte Tuγ Temür seine Anhänger belohnen, namentlich El Temür selbst. Dieser erhielt ausgedehnte Ländereien als Apanagen und wurde zum „Kanzler zur Rechten“ befördert. Doch dehnte er rasch seinen Einfluß auf das Militär aus, und schließlich verschwägerte er sich mit dem Kaiser-Clan, indem er seine Tochter mit Qoshilas Sohn Toγon Temür verheiratete.

Ausgestattet mit derartiger Macht, besaß die neue Führungsgruppe den Rückhalt für die endgültige Ausschaltung der übrigen Parteigänger Temüders. Wie sehr aber jetzt der chinesische Einfluß gestiegen war, denn ohne die Unterstützung durch die chinesischen Beamten wäre die Inthronisierung Tuγ Temürs sicher nicht so glatt gelungen, zeigte sich daran, daß ein kräftiger Stoß gegen viele Se-mu-Bürokraten geführt wurde, von denen die meisten Mohammedaner waren. Dieser Schlag gegen Se-mu-Beamte hatte eine Auslöserfunktion für das Losbrechen antimuslimischer Strömungen im Volke. Sie waren nicht rassistisch motiviert, sondern Ausdruck des (noch) ohnmächtigen Hasses gegen die Se-mu-Finanzbürokratie, deren für den Großteil der Bevölkerung verheerende Ausbeutungspolitik ja in ihren Winkelzügen und korrupten Manövern nicht immer für die Betroffenen durchsichtig war. Aber die sichtbaren Wirkungen verlangten im Bewußtsein des Volkes gewissermaßen auch nach sichtbaren Ursachen.

Vom Standpunkt der Mongolen aus schien die Rolle der Se-mu-Bürokraten zwischen ihnen als herrschender Schicht und den unterworfenen Chinesen nur Vorteile zu bringen. Doch im gleichen Maße, wie die Se-mu-Bürokraten ihnen die schmutzige Arbeit abnahmen, isolierten sie auch die mongolische Führungsschicht und das chinesische Volk voneinander. Dem stellte sich die Fraktion innerhalb der Mongolen entgegen, die auf die Karte der Kooperation mit den chinesischen Eliten setzte. Ihre Stärke war die Festgefügtheit ihres Koalitionspartners, der chinesischen Beamten, die ja andererseits der machtmäßig schwächste Teil im Kräfteparallelogramm waren. Unter diesem Gesichtspunkt ist die Bedeutung der Errichtung der Akademie „Pavillon des Sterns der Literatur" (K'uei-chang ko) 1329 zu sehen; als offizielle Institution förderte sie gleichsam öffentlich das engere Zusammenrücken der chinesischen Beamten. Zunächst wirkte das durchaus im Sinne einer Stabilisierung der inneren Verhältnisse, also zugunsten der mongolischen Herrschaft, und es schien die innere Entwicklung in eine Phase der Beruhigung eintreten zu können.

Doch erneut genügte der Tod des Herrschers im Jahre 1332, um den alten Mechanismus der um Clans gruppierten Cliquen wirksam werden zu lassen im Ausbruch von Kämpfen um die Vormacht. Entscheidend dabei war nicht die Frage nach dem Thronfolger selbst, vielmehr wurde Tuγ Temürs Tod zum Anlaß, seit längerem nur noch unterschwellig gebliebene Spannungen offen aufbrechen zu lassen. Der Merkid Bayan, der im Gefolge El Temürs zu Macht und Würden gelangt war, drängte nun entschlossen auf eine Position des ersten Mannes innerhalb der Regierung. Er zeigte dabei, daß er seine Zugehörigkeit zu der Gruppe, die mit den chinesischen Beamten koalierte, mehr oder weniger nur aus Zweckmäßigkeitsgründen demonstriert hatte. In Wahrheit operierte Bayan gänzlich aus eigenem – und dem seines Clans – Machtbedürfnis. Als Gouverneur der Provinz Ho-nan besetzte er darüber hinaus wichtige Ämter in der Zentrale, darunter vor allem den des Leiters des Militärrates. Durch beachtliche Apanagen und „Lehen" war sein persönlicher Reichtum mächtig angewachsen, und mit diesem Rückhalt riskierte er den Bruch mit El Temür, seinem bisherigen Bundesgenossen.

Interessanterweise suchte er dabei Unterstützung bei denen, die nach wie vor den nomadischen Lebensformen nachtrauerten, von der chinesischen Zivilisation die Schwächung der mongolischen militärischen Kraft befürchteten, und dies wohl nicht zu Unrecht.

Tuγ Temür hatte keinen Erben hinterlassen, als Nachfolger standen zwei Söhne Qoshilas zur Wahl. Die Witwe des Kaisers und mit ihr El Temür entschieden sich für Tuγ Temürs jüngeren Sohn Irinjibal, den sie auch auf den Thron zu heben vermochten, obwohl er erst sechs Jahre alt war. Doch nach kaum zwei Monaten verstarb der Knabe (den übrigens die konfuzianische Historiographie nicht in die Reihe der legitimen Yüan-Kaiser aufgenommen hat), und die Unsicherheit der noch ungeklärten Machtverhältnisse wurde erhöht, zumal die Kaiserin-Witwe nun glaubte, El Temür ausmanövrieren zu können, indem sie ihm die Kanzlerschaft verweigerte und in der Nachfolgefrage auf die Linie derer einschwenkte, die von Anfang an Qoshilas ältesten Sohn Toγon Temür auf dem Thron haben wollten. Nicht nur bei den Mongolen, auch bei anderen Nomadenvölkern ist ja zu beobachten, daß die Frauen aristokratischer Clans oft bedeutsame Rollen in der Politik zu spielen vermochten. Die Härte des daraufhin entbrannten Machtkampfes wird an der Tatsache sichtbar, daß es ein halbes Jahr lang nicht gelang, den Thron zu besetzen. Der Umschwung trat ein, als Bayan offen mit El Temür brach und die Front wechselte. So konnte 1333 der damals 13jährige Toγon Temür den Thron besteigen, den er, als er mit 50 Jahren 1370 starb, für die Mongolen dann unwiederbringlich verloren hatte.

Zu Beginn der 30er Jahre hatte sich die politische Gesamtsituation für die Mongolen verschlechtert, da sie die durch Naturkatastrophen bedingten wirtschaftlichen Schwierigkeiten nicht abzumildern vermochten. Unruhen und lokale Aufstände waren schon seit Beginn des 14. Jh. immer wieder in verschiedenen Regionen, je nach besonderen Bedingungen, aufgetreten. Neben den altgewohnten Ursachen wie Überschwemmungen, Mißernten usw. waren es die durch die Besetzung des Landes bedingten. Von diesen trafen besonders die Preisanstiege die ländliche Bevölkerung sehr hart, die überdies im Norden durch Landwegnahmen empfindlich getroffen war. So verwundert es nicht, daß Geheimgesellschaften wiederauflebten wie beispielsweise die Sekte „Weißer Lotos“ (pai-lien), die in der ersten Hälfte des 12. Jh. in Su-chou gegründet worden war. Sie hatte ihre Wurzel und Triebkräfte im Religiösen, ihre Anhänger verehrten den Buddha Amitābha und verweigerten Frondienste und die Entrichtung von Steuern. Es gab eine andere, messianische Sekte, deren Glaubenszentrum die Hoffnung auf die Wiederkehr des Buddha Maitreya bildete. Diese Sekte nun verstärkte ihre Aktivitäten in den Provinzen Ho-nan, Hu-nan, Ssu-ch'uan und Kuang-tung, wo Mitte der 30er Jahre Aufstände ausbrachen.

Vielleicht beeinflußte die gärende Unruhe unter der chinesischen Bevölkerung die Spannungen innerhalb der mongolischen Regierungsspitze derart, daß die antichinesische Reaktion noch einmal für kurze Zeit die politische Führung in die Hand bekommen konnte. Jedenfalls berief sich Bayan, als er 1335 mit mongolischen Elitetruppen die Söhne El Temürs und dessen gesamten Anhang vernichtete, auf ein Programm der Wiederherstellung von Qubilais Erbe und Tradition. Er übernahm hohe Ämter, die zuvor nicht in einer Hand vereinigt gewesen waren, wogegen sich starker Widerstand regte. Vor allem die erneute Abschaffung des chinesischen Prüfungssystems für die Zivilbeamten und die Reservierung bestimmter Verwaltungsposten ausschließlich für Mongolen und Se-mu-Bürokraten machten viel böses Blut.

Daß diese Abgrenzungsstrategie jedoch auch heimlichen Ängsten der zahlenmäßig und kulturell Unterlegenen entsprang, darauf deutet die Maßnahme, es den Chinesen zu verbieten, die mongolische oder Se-mu-Sprachen zu lernen! In diese Richtung weist auch die von den Mongolen seit etwa 1315 verfolgte Rekrutierungspolitik für die von den Chinesen zu stellenden Beamten. Mit allen Mitteln versuchte man, deren Zahl so klein wie nur möglich zu halten. Mitte der 30er Jahre umfaßte die akademische Beamtenschaft ca. 22 000–23 000 Mann, wovon die Mongolen und Se-mu-Leute rund 30 Prozent der Stellen besetzt hielten, die meisten von diesen ohne die Qualifikationen der chinesischen

Beamten. Das Verbot des Waffenbesitzes für die Chinesen, das namentlich nach Volksaufständen in Süd- und Zentralchina genauer beachtet wurde, ist demgegenüber eigentlich selbstverständlich, jedenfalls vom mongolischen Standpunkt aus.

Es zeigte sich aber, daß innerhalb der mongolischen Führung keine Übereinstimmung in den strategischen Grundfragen bestand. In dem Moment, als Bayan 1339 Großkanzler (ta ch'eng-hsiang) wurde und endgültig den Machtgipfel erklommen hatte, begannen die Säulen, auf denen seine Macht ruhte, ins Wanken zu geraten. Vermutlich hatte der Rachefeldzug gegen die Anhänger El Temürs den ethnischen Konflikt in die Führungsschicht selbst getragen, und darin sahen seine Konkurrenten und Gegner mit Recht eine weitergehende Gefahr, weil so das System der Balance zwischen den ethnischen Gruppen zum Einsturz gebracht werden konnte, und im Kampf aller gegen alle mußten die größten Vorteile letztlich bei der größten Zahl, also den Chinesen liegen – dies erkannten zuerst die „konfuzianisierten" Mongolen, und hinter diesen stand der Kaiser selbst. Toγon Temür billigte und deckte den Sturz Bayans 1340, und es war ausgerechnet Bayans Neffe Toγto, der die Operation leitete. Eingedenk der Erfahrungen mit politischen Umschwüngen in den zurückliegenden Jahrzehnten und aus wohlverstandenem Eigeninteresse setzte Toγto alles daran, die bei diesen Gelegenheiten entfesselten Rachewünsche nicht – oder nur innerhalb der Grenze des Unvermeidbaren – zum Ziel kommen zu lassen. Seine Position als Chef-Zensor verschaffte ihm die dazu erforderlichen Verbindungen.

Mit Toγtos Aufstieg zum „Kanzler zur Rechten" 1341 begann die umfassendste Anstrengung, eine mongolisch-chinesische Integration und Synthese herbeizuführen. Toγto verstärkte nicht nur Positionen chinesischer Beamter, sondern auch die der konfuzianisch orientierten mongolischen Beamten. Er restaurierte das Prüfungssystem und erleichterte die Steuerlasten für das chinesische Volk. Natürlich war letztere Maßnahme Teil einer Politik der inneren Beruhigung, sie bedeutete keineswegs den Verzicht auf den mongolischen Herrschafts- und Ausbeutungsanspruch.

Wie ernsthaft einerseits Toγto die innenpolitischen Probleme anpackte, aber wie diffizil andererseits gerade dieses Terrain für einen „Außenseiter“ war, zeigte sich sogleich an einem ehrgeizigen Projekt. Gegen die Einwände konfuzianischer Beamter setzte Toγto den Bau eines rund 60 km langen Kanals durch, der den Yung-ting-Fluß mit dem Pei-ho bei T'ung-chou in der Provinz Shensi verbinden sollte, um den Getreidetransport vom Yang-tzu nach Ta-tu auf dem Wasserwege zu ermöglichen. Innerhalb von nur vier Monaten wurde das Kanalbett ausgehoben, doch stellte sich dann die Strömung als viel zu stark heraus, so daß der Kanal sofort wieder geschlossen werden mußte.

Der Fehlschlag des ehrgeizigen Projekts gab den Gegnern Toγtos Auftrieb, so daß dieser das Amt als Kanzler niederlegte und sich für fünf Jahre außerhalb der Politik hielt. Zunehmende innere Schwierigkeiten, die Zeitabstände zwischen den Unruhen in den verschiedenen Landesteilen wurden immer kürzer, brachten Toγto 1349 in die Regierung zurück. Noch einmal versuchte er, die Fundamente des Staatsbaus zu stärken. Gegen heftigen konservativen Widerstand setzte er 1350 eine Währungsreform durch. Dafür ließ er eigens zwölf Ämter für die Emission neuer Kupfermünzen und neuen Papiergeldes einrichten. Auffällig ist dabei, daß keinerlei Berechnungen angestellt worden sind, um eine Idealmenge Geldes auszugeben, auch erfolgte die Emission nicht in Schüben, um Rückwirkungen erst abzuwarten. Wie den Chinesen bis in die Moderne hinein blieb auch den Mongolen der innere Mechanismus des Geldwesens fremd und undurchschaut.

Wieder auch wandte sich Toγto den Problemen der Landwirtschaft und des Wasserbaus zu. Für die Entfernung des Grundschlamms im Chih-ku-Fluß südöstlich von Ta-tu bot er 10 000 Arbeiter auf, die aus öffentlichen Mitteln bezahlt werden mußten. Und er wagte es, an das wohl größte Problem Nordchinas heranzugehen: die Regulierung des Huang-ho, dessen Sedimentmengen an Schwemmlöß jegliche dauerhafte Regulierung in geschichtlicher Zeit vereitelten. Doch zwei Umstände provozierten Toγto, sich der Herausforderung zu stellen: ohne Huang-ho-Regulierung war der „Große Kanal“ mehr oder weniger nutzlos, und es gelang den Mongolen damals nicht mehr, die Getreidetransporte aus dem Südosten über See nach dem Norden sicher zu geleiten, weil die Küstengewässer von Piraten unter Führung von Fang Kuo-chen kontrolliert wurden. Toγtos Versuch, die Piraten auszuschalten, mißlang, und die Regierung sah sich genötigt, mit diesen vertragsähnliche Kontakte zu halten, wobei den Piraten sogar Titel verliehen wurden.

1351 erlangte Toγto die Genehmigung für das Großprojekt von gewaltiger Dimension: Es sollte dem Huang-ho südlich der Shan-tung-Halbinsel ein neues Bett gegraben werden, wofür rund 200 000 Arbeiter benötigt würden. Unter denen, die sich gegen das Projekt aussprachen, befanden sich zahlreiche chinesische Beamte. Ihre Argumentation beleuchtet überscharf die Situation: Es sei das davon betroffene Gebiet am Huai-Fluß durch die Überschwemmungen der letzten Jahre sowie durch das Banditenunwesen so verarmt, daß die Konzentrierung solcher Massen von Arbeitskräften die Lage mehr verschlimmere, als es weitere Überschwemmungen vermöchten.

Die Arbeiten wurden mit rund 150 000 Mann Arbeitskräften im Mai 1351 aufgenommen und im Dezember desselben Jahres noch vollendet. 20 000 Mann an Truppen waren benötigt worden, um die Versorgung und Sicherung zu gewährleisten. Aber die Befürchtungen bewahrheiteten sich. Kaum waren die Arbeiten angelaufen, gab es die ersten Rebellionen der „Weißer-Lotos-Sekte" in der Provinz Anhui. Weitere folgten, und dabei spielte sich die Geheimgesellschaft „Rote Turbane" (Hung-chin) rasch in den Vordergrund. Als das neue Flußbett fertiggestellt war, war sein wirtschaftlicher Wert stark gemindert, weil nunmehr Rebellen die Region verunsicherten, so daß der Große Kanal aus diesem Grunde nicht für die Getreidetransporte genutzt werden konnte. Die Regierung konzentrierte deshalb Streitkräfte zur Bekämpfung der Rebellen an verschiedenen strategischen Schwerpunkten, und zwar in einem bisher noch nicht gekannten Ausmaß. In einem solchen Vorgehen konnte aber rasch ein ganz anderer Gefahrenherd entstehen. Toγto befürchtete, nach den Erfahrungen nicht zu Unrecht, daß erfolgreiche Generäle sich eine Position erobern würden, die sie innenpolitisch zugunsten ihrer Clans mißbrauchen könnten. Durch den Einsatz von aus Mongolen, Chinesen, Miao und Se-mu-Leuten gebildeten Truppen wurde diese Gefahr nicht unwesentlich erhöht, denn regionalistische Bestrebungen spielten bei den Chinesen eine Rolle wie bei den Mongolen die Clan-Rivalitäten. Toγto übernahm deshalb selbst die Leitung der militärischen Operationen, beging damit jedoch einen schweren Fehler. Während seiner Abwesenheit von der Hauptstadt intrigierte eine gegen ihn gerichtete Fronde von Mongolen und Se-mu-Beamten erfolgreich. Noch im Felde und angesichts allseitig siegreicher mongolischer Truppen erhielt Toγto im Dezember 1354 seine Entlassung, die er sofort akzeptierte. Die Folgen der schließlich vom Kaiser getroffenen Entscheidung traten prompt und mit verheerender Gewalt ein.

Der Untergang der Yüan-Dynastie, 1355–1368

Im Rückblick, also vom Standort der auf die Yüan folgenden Ming-Dynastie aus, könnte man versucht sein, den Nieder- und Untergang der Mongolenherrschaft in China zu diesem Zeitpunkt als Ergebnis der Aufstandsbewegungen gegen die Yüan zu interpretieren. In zeitgenössischer Perspektive stellen sich die Verhältnisse indes anders dar. Sie zeigen ein Bild, das in vielerlei Hinsicht dem Untergang auch traditioneller chinesischer Dynastien ähnelt. Damit soll gesagt sein, daß die endogenen Ursachen als die ausschlaggebenden angesehen werden, allerdings mit einer Besonderheit. Diese bilden die inneren Clan-Kämpfe und -Gegensätze der Mongolen, die verstärkt und verwickelter gestaltet wurden durch die Rolle der Se-mu-Clans. Besetzt die Clan-Destination die Stelle des obersten Wertes, muß das Wohl und Wehe des Staates schließlich gleichgültig werden. Deshalb ist es nicht abwegig, wenn J. W. Dardess die sehr pointierte Vermutung ausspricht, man könnte Toγtos sofortige Annahme seiner Entlassung als die Extremform seines Wunsches nach Rache interpretieren.[7]

[7] Vgl. Dardess (1973) 127.

Als Toγto, von Agenten seiner Feinde vergiftet, im Januar 1356 an seinem Verbannungsort starb, waren bereits sein Agrarprogramm wie auch seine Währungspolitik abgebrochen worden. Beide waren aber gleichzeitig Instrumente gewesen, mit denen er die Machtkonzentration in der Zentrale gewährleistet hatte. Mit deren Beseitigung stürzten also auch Bastionen gegen den Partikularismus und Regionalismus. Der Zusammenbruch der von Toγto aufgebauten Regierungsmaschinerie mußte zudem noch nachteiliger sich auswirken, weil der Kaiser selbst, der von Toγto gänzlich vom praktischen Regieren ausgeschlossen worden war, keinerlei Kraft und Bereitschaft zeigte, sich wieder in die Leitung der Regierungsgeschäfte einzuschalten. Er verschwendete sich vielmehr völlig an Liebhabereien, wobei, wenn man den Quellen hier trauen darf, eine koreanische Nebenfrau tatkräftig beteiligt war. Durch diese kam sogleich auch das leidige Intrigenspiel um die Thronfolgefrage wieder in Gang, da sie ihren Sohn zum Kronprinzen erheben lassen wollte.

Die Cliquenkämpfe am Hofe lähmten die ohnehin schwachen Kräfte, die die Macht der Zentrale zu stabilisieren suchten. Der Clan-Egoismus der Mongolen, der in China sich der Form des Regionalismus eingepaßt hatte, fand in der Situation nach der Ausschaltung Toγtos keinen energischen Widerpart mehr. Es kam nur deshalb nicht sofort zur Katastrophe, weil in Nordchina und in den Küstenregionen die partikularistischen Kräfte sich noch loyal verhielten. Doch gewannen die verschiedenen Rebellenorganisationen jetzt eine neue Bedeutung, so daß die kaum handlungsfähige Regierung sich zu ständig größeren Kompromissen gezwungen sah. Das Problem des Piraten Fang Kuo-chen blieb ungelöst, d. h., dieser blieb legitimiert durch die Zentralregierung, ein Faktum, dessen propagandistischer Wert höher zu veranschlagen war als der reale politische. 1355 etablierten Rebellen im Huai-Gebiet eine Sung-Dynastie, die drei Jahre später sich K'ai-fengs bemächtigte und von dort aus Überfälle nach den Provinzen Shansi und Shensi organisierte. Auf Dauer vermochte sich diese nicht zu halten, aber sie erzielte einen unbeabsichtigten Effekt von großer Tragweite: sie band nämlich nicht unbedeutende Streitkräfte der Mongolen, wodurch in Südchina eine Zone entstand, in der sich Rebellenbewegungen vergleichsweise frei entfalten konnten. Zu ihnen zählte auch die des ehemaligen Salzschmugglers Chang Shih-ch'eng. Nach der Zerschlagung seiner Organisation im Huai-Gebiet war er nach dem Süden ausgewichen, wo er in der Provinz Chekiang sich ein neues Herrschaftszentrum errichten konnte. Nach dort versuchte auch Chu Yüan-chang, später der erste Kaiser der Ming-Dynastie, auszugreifen, der sich in der Region um Nanking zum Herrn eines Territoriums gemacht hatte, der jedoch – zunächst – scheiterte, da inzwischen Chang Shih-ch'eng es erreicht hatte, vom Mongolenhof als Gouverneur der Provinz akzeptiert und bestätigt zu werden. Chang Shih-ch'eng verbuchte diesen Erfolg nach Verhandlungen, in denen er die Anerkennung als Gouverneur einhandelte, gegen eine Erklärung, mit der er darauf verzichtete, eine eigene Dynastie auszurufen.

Nichts verdeutlicht wohl den Autoritätsverfall und die innere Aushöhlung der mongolischen Macht eindrucksvoller als die Vorgänge um Chang Shih-ch'eng. Im Süden des Reiches vollzog sich gegen Ende der fünfziger Jahre ein Umschwung innerhalb der chinesischen Bevölkerung, der vor allem nun die Gentry mit erfaßte. Waren anfangs die verschiedenen Aufstandsbewegungen vorwiegend vom ländlichen Proletariat getragen worden, so schlossen sich ihnen nach und nach städtische Gruppen und auch Angehörige der Oberschichten, das bedeutete auch der Beamtenschaft, an. Damit wandelte sich grundlegend der Charakter der Aufstände. Zuerst ganz und gar sozial motiviert, erhielten sie dann eine „nationale" Zielrichtung auf Vertreibung der Mongolen aus China.

Den Mongolen, so darf man vermuten, wurde die Transformation der sozialrevolutionären und religiös-oppositionellen Bewegungen in eine politische nicht in ihrer Tragweite bewußt. Zu allem Unglück drang 1360 aus der Mongolei ein Heer unter Führung eines Nachkommen Ögedeis in die Nordwestregion ein, um Toγon Temür zu stürzen. Der Angriff konnte zwar abgewehrt werden, es mußten aber dazu Truppen aus dem Süden abgezogen werden, wo die Desintegration der staatlichen Macht rasch voranschritt.

1361 stellte sich die Lage etwa so dar: durch Caγan Temür, einen Türken aus dem Stamme der Naiman, der sich als äußerst fähiger Militär erwies, vermochten die Mongolen noch einmal große Teile des Nordens zu ordnen, mußten allerdings den einzelnen Regionen dort gewisse Selbständigkeiten in der Verwaltung einräumen. Die Huai-Region bildete eine Art Pufferzone. Sie war seit Jahren von Naturkatastrophen schwer getroffen worden, dazu ausgeraubt von Rebellen- wie Regierungstruppen. In diesen Jahren war sie niemandes fester Besitz auf Dauer. Der Süden entglitt der Verfügungsgewalt der Mongolen mehr und mehr. Trotzdem trat im Verhalten des Hofes und der mongolischen Führungsgruppe kein Wandel ein. Im Gegenteil, durch seine Erfolge erwarb sich Caγan Temür in der Hauptstadt nur neue Gegner, die ihm seine militärische Macht neideten. Hauptintrigant war ein anderer General, der Mongole Bolod Temür, dem der Hof in äußerster Verblendung seine Unterstützung lieh. Als Caγan Temür daraufhin mit dem Hof brach, wurde er ermordet. Die letzten Jahre nur mehr nomineller Herrschaft der Mongolen waren gekennzeichnet von völligem Verfall aller Kräfte, die staatstragend gewesen waren. Über die Thronfolgefrage kam es zum offenen Kampf zwischen Regierungstruppen, in deren Verlauf sich Bolod Temür der Hauptstadt Ta-tu bemächtigte, aber nur, um die errungene Regierungsgewalt zu mißbrauchen. Inzwischen zum Kanzler aufgestiegen, fiel er 1365 von Mörderhand.

Nichts verdeutlicht schärfer den völligen Verfall der mongolischen politischen Handlungsfähigkeit und den Verlust militärischer Präsenz als die Tatsache, daß im Süden Chinas einige der erfolgreichsten Aufständischen es sich leisten konnten, untereinander um die Führung der gesamtchinesischen Befreiungsbewegung zu kämpfen, und zwar mit allen ihnen zu Gebote stehenden militärischen Mitteln. Aus diesen Auseinandersetzungen ging Chu Yüan-chang als Sieger hervor, dessen Herrschaftsgebiet sich südlich des Yang-tzu rasch ausgeweitet und der sich den Titel eines Königs von Wu zugelegt hatte. 1367 beherrschte er ganz Südchina, stellte also eine ernste Herausforderung für die Mongolen dar. Doch diese schienen die Gefahr zu ignorieren, jedenfalls trafen sie keinerlei energische Gegenmaßnahmen. Selbst wenn man die Parteilichkeit der chinesischen Historiker in Rechnung stellt und einkalkuliert, daß deren Geschichtsphilosophie es ihnen gewissermaßen vorschrieb, in den Aktionen einer Dynastie in ihrer Endphase nur moralischen und politischen Verfall zu erkennen, so scheint doch tatsächlich unter den Mongolen in höchster Not keine politische Führungspersönlichkeit mehr aufgetreten zu sein. Als im November 1367 ein Heer Chu Yüan-changs nach Shan-tung und von dort nach Ho-pei vorstieß, traf es auf keinen nennenswerten Widerstand. Im folgenden Jahre konnte der Vormarsch an mehreren Fronten rasch fortgesetzt werden, und Toγon Temür floh mit seinem ganzen Hofstaat aus der Hauptstadt, zuerst nach Shang-tu, von dort weiter in den Norden der Provinz Jehol, wo er schließlich 1370 starb. Zwei Jahre zuvor aber schon hatte Chu Yüan-chang eine neue nationale, chinesische Dynastie begründet, hatten die Mongolen ein Reich verloren, das vom Pferderücken aus zu erobern ihnen gegeben war, aber nicht, es zu Fuß zu erschließen.

III. Die systemtragenden Kräfte der Dynastie

1. Gesellschaftliche Schichtungen

Um die „Logik" der gesellschaftlichen Schichtungen und Gruppierungen zur Yüan-Zeit[8] sowie deren Zustandekommen richtig verstehen zu können, muß man sich die je verschiedenen Ausgangslagen vergegenwärtigen. Die von den Mongolen in China zwar nicht mit Proklamationen, doch durch eine Reihe von praktischen Verwaltungsmaßnahmen vorgenommene Einteilung der Bevölkerung nach ethnischen und geographischen Gesichtspunkten in vier Gruppen verdankte sich wesentlich den Erfordernissen zur Sicherung der in wenigen Jahrzehnten ge-

[8] Das Standardwerk über die sozialen Klassen in China unter der Mongolenherrschaft ist immer noch Meng Ssu-Ming (1938).

machten riesigen Eroberungen. Vier Gruppen – oder muß man sagen Rassen? – wurden unterschieden:

1. die Mongolen selbst als führende Elite und Herrenschicht;
2. die sogenannten se-mu-jen („Leute mit Spezialstatus“ oder „Leute verschiedener Kategorien“, der chinesische Ausdruck ist nicht ganz klar).
   Hierunter waren Inner- und Westasiaten sowie Mohammedaner verschiedenster Abkunft zusammengefaßt, und zwar sowohl solche, die sich freiwillig den Mongolen angeschlossen hatten, als auch unterworfene. Ihr hoher Status erklärt sich daraus, daß die steppennomadischen Mongolen schnell erkannten, daß sie in keiner Weise auf die Verwaltung von agrarischen Staaten und deren Institutionen vorbereitet waren, daß sie also eine für diese Aufgabe befähigte, ihnen besonders loyale Zwischenschicht benötigten. Eine dafür bezeichnende Überlieferung berichtet, wie Čínggis Qan nach der Eroberung von Urgentsch (1220 beim Feldzug gegen den Schah von Chwaresm) sich von zwei Mohammedanern einen Vortrag über Bedeutung und Funktion von Städten habe halten lassen. Noch ehe das Chin-Reich in Nordchina niedergeworfen war, hatten schon Angehörige türkischer Völkerschaften und Westasiaten unter den Mongolen Karriere vor allem als Kaufleute und Finanzexperten gemacht. In beiden Bereichen vorzugsweise wurden sie dann später auch in China eingesetzt.
3. Die dritte Gruppe bildeten die Han-jen, was wörtlich Han-Leute heißt und eine Selbstbezeichnung der Chinesen seit den beiden Han-Dynastien geworden war.
   Die Mongolen subsumierten unter diesen Namen die Nordchinesen, sinisierte Jurchen, Kitan und Koreaner, dazu noch andere Stämme aus dem Nordosten Chinas und der Mandschurei. Auf den ersten Blick erscheint diese Zusammenfassung inkohärent, doch sie bekommt ihren Sinn aus der Eroberungsgeschichte Chinas. Es handelt sich nämlich genau um die Bevölkerungen, die im Zuge der Niederwerfung des Chin-Staates 1214 bis 1234 der Botmäßigkeit der Mongolen anheimfielen, insgesamt etwa 10 Millionen Menschen, ein

Vielfaches an Zahl gegenüber den Mongolen. Zwischen diesen Han-jen und den se-mu-jen bestand ein entscheidender Abstand, was die gesellschaftliche Stellung anbetraf. Durften sich letztere noch zur Elite, zumindest den Herrschenden zugehörig zählen, waren erstere doch eindeutig nur Beherrschte, aus denen sich dann erst seit der Regierung Qubilais die chinesische Beamtenschaft langsam und zäh wieder emporarbeitete. Daß sie dazu in der Lage war, hatte seinen Grund in der alten Sozialstruktur, die von den Mongolen nicht zerstört worden war.

4. In jeder Beziehung benachteiligt war die vierte Gruppe, die sogenannten Nan-jen („Südleute"), die auch mit dem abschätzigen Ausdruck Man-tzu („Wilde") belegt wurden. Hierzu gehörte praktisch die Gesamtbevölkerung des 1275–1279 besiegten Süd-Sung-Reiches, deren Bevölkerungsstärke bei rund 50 Millionen lag. Trotz des niedersten gesellschaftlichen Status, und das sollte nicht übersehen werden, waren die Lebensverhältnisse der Südchinesen unter den Mongolen verglichen mit denen vor der Eroberung kaum wesentlich beeinträchtigt. Die tatsächliche Macht blieb dort in den Händen der chinesischen wirtschaftlichen und Verwaltungseliten. Im Verlaufe der Zeit wurde das begünstigt, weil namentlich die Zentralasiaten von den Chinesen mehr und mehr absorbiert wurden.[9]

Diese geographische und ethnische Gliederung der Gesellschaft der Yüan-Dynastie überwölbte aber nur ihre Sozialstruktur. Deren Ausgangslage war einerseits bestimmt von der Tradition, andererseits von den Kräften, die – in Norchina – durch die Herrschaft der Jurchen auf sie eingewirkt hatten. Traditionell war die prinzipielle Zweiteilung der Gesellschaft in solche, die an Regierung und Verwaltung beteiligt, und diejenigen, die es nicht waren. Dieser Gegensatz zwischen Beamtenschaft (kuan) und Volk (min) war insofern weitgehend verfestigt gewesen, als die Rekrutierung der Beamtenschaft vor allem aus dem Stratum der Großgrundbesitzer erfolgte. Unter den Sung hatte sich aller-

[9] Vgl. hierzu Ch'en Yüan (1935), (1966).

dings eine Tendenz gezeigt, die sozialen Grenzen etwas durchlässig werden zu lassen, als einige Gruppen von homines novi, Aufsteiger aus dem mittleren Grundbesitz vornehmlich aus dem Südosten des Reiches, in hohe und höchste Ämter hatten gelangen können. Dieser Öffnungsprozeß wurde durch die Mongolen gestoppt, denn sie ließen fast keine Chinesen mehr in die obersten Ränge der Zivilregierung aufsteigen, in die Militärverwaltung sowieso nicht. Die duale Konstruktion der Herrschaft, von der in bezug auf die Mongolenherrschaft gern gesprochen wird, war ursprünglich nur in sehr eingeschränktem Maße verwirklicht, weil in den doppelt besetzten Ämtern jeweils der Mongole oder se-mu-jen über größere Befugnisse verfügte und den höheren Rang einnahm. Erst gegen Ende der Dynastie bildete sie sich aus, aber da war die duale Herrschaftsform eine Form des Verfalls mongolischer Herrschaft.

Auch diese Verhältnisse waren schon im Chin-Staat vorgebildet. Die Jurchen hatten die Bevölkerung klassifiziert nach „Stamm-Familien" (pen-hu), das waren die Jurchen selbst, und nach „sonstigen Familien" (tsa-hu), das waren die Chinesen und andere Nationalitäten.[10] Im übrigen gab es die traditionelle Einteilung in steuerzahlende und nichtsteuerzahlende Familien, wobei letztere nur sehr wenige ausmachten, nämlich solche Familien, in denen es keine erwachsenen Mitglieder mehr gab. Festzuhalten ist, daß es im Staat der Jurchen schätzungsweise 1,5 bis 2 Millionen Sklaven gegeben hat, von denen sich sehr viele aus Kriegsgefangenen rekrutierten. Also hatten auch in dieser Beziehung die Mongolen ihre Vorläufer auf chinesischem Boden.

Neben den Sklaven gab es unter den Mongolen Gruppen, die den Status von Halbfreien hatten. Hier waren besonders die Handwerker betroffen. Rechtliche Verordnungen, aus denen die diesbezügliche Lage klar hervorginge, hat es nicht gegeben. Man kann sich ein realistisches Bild nur aus der Summe der einzelnen Maßnahmen machen, denen sie unterworfen wurden. Im Durchschnitt mußten die Handwerker jährlich drei bis fünf Monate Zwangsarbeit, ohne Kompensation dafür zu erhalten, lei-

[10] Über die sozialen Klassen im Chin-Staat vgl. FRANKE (1978) 22 ff.

sten. Sie durften ihren Beruf nicht wechseln, mußten ihn auf ihre Nachkommen vererben.[11] Alle Handwerker, deren Gewerbe für die militärische Rüstung wichtig war, darunter die Hufschmiede und die lederverarbeitenden Gewerbe, wurden der Militärverwaltung unterstellt (das geschah schon in den fünfziger Jahren des 13. Jh.), die übrigen dem Ministerium für öffentliche Arbeit (kung-pu). Aus den Quellen sind eine ganze Reihe von Fällen belegt, wo Gruppen von Handwerkern mit ihren Familien nach Garnisonen an den Grenzen und nach Zentralasien verbracht worden sind.

Im Vergleich zur traditionellen chinesischen Prestigeskala wurden die Handwerker und Kaufleute deutlich aufgewertet, wohingegen die Bauern ganz nach unten rutschten. Die Mongolen verkannten grundlegende Fakten der chinesischen Gesellschaft, und sie lernten auf dem Felde der Landwirtschaft eigentlich nichts hinzu. Erst für 1270 ist ein erstes Edikt zur Förderung von Ackerbau und Seidenraupenzucht zu verzeichnen, doch gegenüber der Masse der Bauern blieben die Mongolen stets mißtrauisch und behandelten sie verächtlich. Ihr hauptsächliches Bemühen galt der politischen Schwächung und Kontrolle der chinesischen Gesellschaft.

Die ungeheure Ausdehnung des mongolischen Weltreichs wußten die Mongolen mit Hilfe eines gut organisierten Kurier- und Postdienstes zu überbrücken. Das amtliche Post- und Kurierverkehrswesen etablierte ein neues Berufsfeld in einem Ausmaß, wie es zuvor nicht bestanden hatte. Wegen dessen großer Bedeutung unterstellten die Mongolen den Kurier- und Postdienst dem Kriegsministerium, wohingegen der normale Briefzustelldienst von privaten Unternehmen betrieben wurde. Marco Polo hat eindrucksvoll über den staatlichen Kurier- und Postdienst berichtet.

Als weitere neue Berufsstände erschienen solche, die mit der Jagd zu tun haben, wie Falkoniere, Pferdepfleger u. a. m. Insgesamt vom Standort der sozialen Struktur her gesehen, hat sich jedoch die Arbeitswelt unter den Mongolen und durch diese selbst

[11] Für den hier behandelten Komplex s. Su K'e-K'uan (1958).

nicht grundlegend verändert, denn nach Maßgabe der organisatorischen und technischen Komplexität repräsentierten die Mongolen einen geringer entwickelten Entwicklungsstand als die Chinesen. Daß sich der chinesische Fernhandel und seine Organisationsformen nicht, wie man vielleicht erwartete, stärker entfalteten, lag sicherlich daran, daß die se-mu-jen hier ihre großen Chancen entschlossen wahrnahmen.

Auch für die Angehörigen der chinesischen Oberschicht verengten sich die Chancen zu beruflichem Ein- und Aufstieg. Die traditionell bevorzugte Laufbahn in der Verwaltungsbürokratie wurde nicht nur quantitativ beschnitten, sondern bot auch qualitativ nicht mehr mit ihrer Vergangenheit vergleichbare Verlokkungen. Nicht wenige suchten deswegen anderswo eine Alternative, wurden beispielsweise Ärzte oder widmeten sich intensiver der Verwaltung ihrer Güter, was zuvor den weniger intellektuell begabten Familienmitgliedern vorbehalten gewesen war.

Über allen gesellschaftlichen Schichten bildeten die Mongolen die Spitze der sozialen Pyramide. Daß sie sich kulturell und sozial kaum den Chinesen assimilierten, ließ den Antagonismus zwischen ihnen und diesen fortbestehen und sich nur unwesentlich abschwächen. Und da die mongolische Aristokratie ihre eigenen Gegensätze, Streitereien und Kämpfe nicht zu überwinden vermochte, blieb ihre gesellschaftliche Basis dissoziiert.

2. Das Militärwesen

In genauer Entsprechung zur Einteilung der Bevölkerung in die vier genannten Schichtungen war das Heer in vier Gruppierungen gegliedert: den mongolischen Truppen an der Spitze folgten die Tamači, die Soldaten der zentralasiatischen Bundesgenossen.[12] Nach diesen, mit klarem Rangabstand, folgten die Soldaten der Han-jen (also der Nordchinesen, Jurchen, Kitan,

[12] Nach Auffassung der japanischen Gelehrten Murakami Masatsugu und Mori Masao sind auch die Tamači ethnisch Mongolen gewesen.

Koreaner) und schließlich die der Nan-jen. Sie bildeten jeweils feste Verbände, wobei die verschiedenen ethnischen Gruppen zusammenblieben, was vielleicht auch riskant war, aber viele Vorteile hatte. Die Mongolen selbst stellten ja für sich einen Stammesverband dar, in dem das militärische Element konstitutiv war und einen erblichen Status hatte, wodurch gewissermaßen ein organisches Gliederungsprinzip auch des Heeres vorgegeben war. Die Chinesen dagegen besaßen für die Rekrutierung der Soldaten keine klare und einheitliche Tradition. Unter den Sung noch hatte es für die Garden Berufssoldaten gegeben, für das Heer dienstpflichtige Soldaten, wozu noch die Milizen hinzugekommen waren. Die größere Schlagkraft der mongolischen Heeresorganisationen erklärt sich wahrscheinlich auch aus der größeren Einheitlichkeit und Einfachheit der Organisationsprinzipien.

Die Gesamtzahl der in Hundert-, Tausend- und Zehntausendschaften gegliederten Truppen unter der Yüan ist nicht ohne Schwierigkeiten zu berechnen, weil die Mongolen sie geheimzuhalten pflegten. Etwa für 1270 ist die meist ermittelte Zahl 720 000 Mann,[13] was aber nur die Summe aus den Mongolen und Han-jen wäre[14]. Die Zahl der Tamači-Truppen ist auf ca. 100 000 Mann zu schätzen. Im Jahre 1280, nach der Eroberung des Süd-Sung-Reiches, übernahmen die Mongolen weitere 83 600 Mann Berufssoldaten aus den Nan-jen,[15] so daß sich, für dieses Stichjahr, eine Gesamtzahl von über 900 000 Mann ergäbe. Die Berechnung ist aber mit Sicherheit zu hoch, denn die entscheidende Passage im Yüan-shih, Kap. 98, spricht von 720 000 Militärhaushalten!

Eine militärisch und innenpolitisch zentrale Position nahmen die Gardetruppen (su-wei) ein, die vom Yüan-shih (Kap. 99)[16]

[13] Insbesondere japanische Sinologen haben sich mit diesem Problem beschäftigt, vgl. Kobayashi/Okamoto (1964) 67 u. a. a. O.

[14] Hauptquelle für die Berechnungen ist das Yüan-shih, Kap. 98 u. 99.

[15] Vgl. Yüan-shih, Kap. 12.

[16] Eine Teilübersetzung von Kap. 99 des Yüan-shih erschien von

als die „Leibwachen des Kaisers“ bezeichnet werden. Ihnen blieb ausschließlich die Hauptstadt und das Umland um diese als Standort vorbehalten. Sie formierten sich aus zwei Abteilungen, die sich entstehungsmäßig unterschiedlichen Zeiten und Bedingungen verdanken. Die erste waren die Kešik, sie hatte Činggis Qan als Leibwache im engeren Sinne aufgestellt aufgrund noch der Verhältnisse, die für das Neben- und Gegeneinander der verschiedenen mongolischen Stämme in Zentralasien charakteristisch gewesen waren. Sie wurden wiederum in vier Unterabteilungen gegliedert und hatten anfänglich eine Stärke von 10 000 Mann. Diese wurde später kaum erhöht, 1331 z. B. betrug ihre Zahl 15 000. Die Kešikten wurden im Laufe der Zeit mehr und mehr zu regelrechten Vertrauten oder Genossen des Herrschers (wie die ›Geheime Geschichte‹ berichtet). Für die Aufgaben, wie sie sich Qubilai stellten, reichten die Kešikten allein als Eliteeinheiten nicht mehr aus. Auch erachtete man andere als die traditionellen Organisationsformen für erforderlich, um die Gardetruppen zu verstärken. So etablierte Qubilai nach chinesischen Vorbildern zunächst weitere Einheiten mongolischer Gardetruppen: die „rechte“, „linke“, „mittlere“, dann die „Wachgarde“, die „Ehrengarde“ und andere mehr.[17] Darüber hinaus wurden Garden aus den Truppen der zentralasiatischen Bundesgenossen gebildet, und zwar solche der Tanguten, Alanen (Asut) und der Qangli. Im Jahre 1265 dann wurden 10 000 Mann Hanjen zu Gardetruppen gemacht, allerdings waren damals noch keine Nordchinesen darunter, sondern es handelte sich um 3000 Jurchen, 3000 Koreaner und 4000 Angehörige von Stämmen aus dem Nordosten. Schließlich kamen doch noch Nord- und sogar Südchinesen zu den Garden. Die jemals erreichte höchste Gesamtzahl aller Garden wird auf ca. 225 000–250 000 Mann geschätzt.

Die größten Kontingente des Heeres waren in den Provinztruppen (chen-chün) zusammengefaßt. Ihre Stationierung er-

E. Chavannes in: *T'oung Pao,* V (1904) S. 357–447, VI (1905) S. 1–41, IX (1908) S. 297–428.

[17] Vgl. hierzu Yüan-shih, Kap. 99.

folgte nach Gesichtspunkten, die eine Strategie der Sicherung nach innen verraten. Die mongolischen Heeresteile waren am Huang-ho, am Lo-Fluß und in der Provinz Shan-tung postiert, sie bildeten also eine Art Sicherheitsgürtel, der den politisch besonders bedeutsamen Norden Chinas umspannte. Demgemäß hielten die Tamači- und Han-jen-Armeen den sich daran anfügenden Raum zwischen den beiden Flüssen Huai und Yang-tzu besetzt.

Was nun die Militärkolonien betrifft, so hätte man eigentlich erwartet, daß ihre Anlage und Aufrechterhaltung den Mongolen wesensfremd sein müßten, weil mit Ackerbau und Seßhaftigkeit verbunden. Doch ganz im Gegenteil verstanden es die Mongolen, die Militärkolonien sogar effektiver als die Chinesen zu gestalten.[18] Die Vorteile, die das Prinzip der Selbstversorgung bot, ließen sie in diesem Punkte ihre angestammten Verhaltensweisen überspielen. Schon 1221 errichteten sie die erste Militärkolonie in der Provinz Ho-pei. Im Jahre 1308 existierten 120 solcher Kolonien mit rund 720 000 Haushalten, die irgendwie in und mit ihnen beschäftigt waren.[19] Auch wenn diese Zahlenangaben unsicher sind, wohl etwas niedriger anzusetzen wären, spiegelt sich in ihnen die Bedeutung dieser Einrichtung wider.

Da im letzten Jahrzehnt der Süd-Sung-Dynastie das Staatsland, das ohnehin reichlich vorhanden war, noch vermehrt worden ist, brauchten die Mongolen nicht allzu harsch mit Enteignungen usw. vorzugehen, um das Land für die Militärkolonien zu bekommen. Die Soldaten, die dort eingesetzt wurden, waren nicht selten kaum noch für den Kriegsdienst tauglich. Zusätzlich zog man Leute der Zivilbevölkerung zur Arbeitsleistung mit heran. Diesen gewährte man gewisse Vergünstigungen, vermutlich wollte man dadurch ein besseres Verhältnis zwischen Soldaten und Zivilisten schaffen, das nämlich vielfach kein gutes war. Andererseits eröffnete sich in den Kolonien den zuständigen Beamten und Truppenführern ein weites Feld der Korruption, weil das Selbstversorgungsprinzip ihnen weite Kompetenzen ver-

[18] Hauptquelle für diese Darstellung ist das Kap. 100 des Yüan-shih.
[19] Vgl. TAYLOR (1969) 28.

schaffte. Dabei wurden nicht nur die beschäftigten Zivilpersonen, sondern auch die Soldaten vielfältig ausgebeutet.

Die Rekrutierung der mongolischen Soldaten erfolgte in den Jahrzehnten der Eroberung noch gemäß den Prinzipien steppenfeudaler Gefolgschaft, was auch aus den chinesischen Angaben (in Kap. 98 des Yüan-shih) hervorgeht, wonach *alle* Männer zwischen dem 15. und 70. Lebensjahr erfaßt wurden, ohne Rücksicht auf die Familiengröße. Allerdings gibt es auch davon divergierende Angaben, doch ist deren Stellenwert geringer zu veranschlagen.[20] Ab 1267 hat man dann das Rekrutierungssystem für die Mongolen den geänderten Verhältnissen angepaßt, so daß von jeder Familie mit zwei bis drei erwachsenen Männern nur mehr ein Mann erfaßt wurde. Die Quoten waren bei größeren Familien etwa in entsprechender Relation erhöht. Wichtig war ferner, daß der mongolische Soldat im Yüan-Reich von seinem Stamm getrennt war, aber in den Garnisonen seine engsten Familienangehörigen bei sich hatte.[21] Für die Tamači galten weithin ähnliche Bedingungen, die mit denen der Jurchen und Kitan übereinstimmten.

Gleichzeitig mit der ersten umfassenden Registrierung der Bevölkerung Nordchinas im Jahre 1237 nahmen die Mongolen auch die ersten Rekrutierungen von Nordchinesen vor. Es war davon jeder zwanzigste erwachsene Mann betroffen, ab 1270 wurde jeder zehnte rekrutiert, zumindest ist es so im Yüan-shih verzeichnet. Doch dürfte es nicht wenige Mittel und Wege gegeben haben, um sich der militärischen Dienstpflicht zu entziehen. Was die chinesische Historiographie betrifft, so beschränkte sie sich bekanntlich bei solchen und anderen verwandten Daten auf die Eintragung der Soll-Zahlen, ohne diesen nachträglich die Ist-Zahlen anzufügen. Wie schon erwähnt, übernahmen die Mongolen einen Teil der Berufssoldaten des Süd-Sung-Reiches. Sie verzichteten aber darauf, in nennenswertem Ausmaß Neurekrutierungen unter den Südchinesen vorzunehmen. Über die Gründe hierfür vermag man nur zu mutmaßen. Sehr wahr-

[20] Siehe hierzu MARTIN (1950) 21.
[21] Vgl. MANGOLD (1971) 58.

scheinlich erkannten die Mongolen, daß Quantität und Qualität einer Armee nicht unbedingt korrelieren, vermutlich befürchteten sie ein zu krasses zahlenmäßiges Mißverhältnis zwischen den eigenen und Tamači-Truppen auf der einen Seite und den chinesischen auf der anderen. Es mag jedoch auch das Divide-et-impera-Prinzip eine Rolle gespielt haben, daß man bewußt die unterschiedliche Behandlung der Chinesen auf allen Ebenen durchführen wollte, um Gegensätze unter den Chinesen zu schaffen.

Die ranghöchste Verwaltungsbehörde für das gesamte Militär war der Geheime Staatsrat (shu-mi-yüan), der 1263 unter Qubilai Qan eingerichtet und mit weitreichenden Kompetenzen ausgestattet wurde. Er hatte die direkte Befehlsgewalt über die Garden sowie 13 Ämter für Zehntausendschaften mongolischer oder Tamači-Truppen, wozu noch vier weitere Militärämter kamen. Insgesamt unterstanden diesem Kommando rund 275 000 Mann Soldaten. In den Provinzen gab es, nach dem gleichen Organisationsschema eingerichtet, Geheime Provinzialräte (hsing shu-mi-yüan), die aber offensichtlich nur für bestimmte Aktionen wirklich tätig wurden und keine Institutionen auf Dauer darstellten.[22] Man geht kaum fehl in der Annahme, daß sie besonders für die Durchführung von Strafaktionen zuständig waren.

Das der Zentralkanzlei (chung-shu-sheng) unterstellte Kriegsministerium (ping-pu) wurde an den rein militärischen Beschlüssen nicht beteiligt, sondern besaß im Grunde lediglich Zuständigkeit für einige Spezialfunktionen, was aus der Aufgabenstellung für seine fünf Abteilungen erhellt. Diese hatten zu betreuen die Grenzgebiete, die Militärkolonien, die Postleute, die Postpferde und die Weidegründe. Die Militärverwaltung der Yüan-Dynastie stand, was die Administration angeht, ganz in der durch die Jurchen umgeformten chinesischen Tradition. Nüchtern betrachtet hatten die Mongolen hierfür gar keine andere Wahl: die Größe der Armeen, die logistischen Probleme der Stationierung und Versorgung und die Besetzung eines riesigen Territoriums waren Faktoren, die eine beträchtliche Eigendynamik entfalteten, deren Zwängen man sich nicht entziehen

[22] Vgl. Kap. 86 des Yüan-shih.

konnte und die sicher zurückwirkten auf das Bewußtsein der mongolischen Krieger. In einem für sie sicher unerwarteten Ausmaß veränderte sich ihre Lebenswelt. Der Umgang mit Grundbesitz, mit einer Zivilbevölkerung mit ganz anderen als ihnen gewohnten Bräuchen brachte bürokratische Formen mit sich, denen sie sich nur schwer anzupassen vermochten. Zu den elementaren Problemen gehörte schließlich auch die Sprachenfrage, und nicht zuletzt die chinesische Schrift dürfte eine weitere Barriere gebildet haben, die die militärischen Belange ebenfalls tangierte.

3. Das Regierungssystem

Der Neuaufbau einer Zentralregierung unter mongolischer Führung war das Werk Qubilai Qans, doch konnte und mußte es basieren auf dem, was durch Yeh-lü Ch'u-ts'ai angeregt und geschaffen worden war. Natürlich hing dieser Prozeß der Erneuerung der Institutionen aufs engste zusammen mit dem gesamtpolitischen Geschehen. In der Phase der Eroberung Nordchinas, also bis 1234, waren die Mongolen selbst sich noch keineswegs sicher gewesen, daß sie die okkupierten Territorien permanent besetzt halten wollten oder würden, waren sie gewissermaßen stets auf dem Sprung geblieben zurück in die Steppenzonen. Danach traten sie in eine Periode der „Symbiose" mit den Unterworfenen ein,[23] in welcher aber das mongolisch-nordchinesische Staatswesen noch keine Einheit bildete, vielmehr in verschiedene Sektoren zerfallen war. Denn Gebiete von Provinzgröße wurden an den mongolischen Adel als Apanagen vergeben, auch gab es noch Versuche, die Prinzipien nomadischer Konföderation auf die Chinesen anzuwenden, was nur zur Verwirrung und Unordnung führte.

Ein Markstein auf dem Wege zum Neuaufbau war die Errichtung einer Zentralkanzlei (chung-shu-sheng) unter der Leitung von Yeh-lü Ch'u-ts'ai gewesen, die 1231 noch in Karakorum erfolgte. Dem Chef der Zentralkanzlei wurden damals zwei Kanzler, einer „zur Linken", einer „zur Rechten" (tso-ch'eng-hsiang

[23] Nach SCHURMANN (1956) 2.

und yu-ch'eng-hsiang), beigegeben. Die auf diese Posten Berufenen, ein Kereit und ein Jurche, waren wie Yeh-lü Ch'u-ts'ai selber zuvor „Sekretäre" (biceci) gewesen, welches Amt von Činggis Qan geschaffen worden war. Die Zentralkanzlei repräsentierte also zweierlei: den Willen zur Fortführung und Neukonstruktion mongolischer Einrichtungen und die Fähigkeit zur Adaptation chinesischer Institutionen.

Gleichwohl scheiterten die viel weitergehend konzipierten Umstrukturierungen Yeh-lü Ch'u-ts'ais. Die wichtigste Ursache hierfür lag im überkommenen Steppenfeudalismus der Mongolen, der zutiefst mit allen ihren Lebensgewohnheiten und ihrem Brauchtum verknüpft war. Vor allem wurde der Steppenfeudalismus des mongolischen Adels im Verlauf der Eroberungen bereichert durch eine Art militärischen Feudalismus der Truppenführer der Bundesgenossenheere und später auch von Nordchinesen. Die Ausstattung derselben mit Apanagen-Territorien verringerte die Möglichkeiten zur Kontrolle der Provinzen, so daß eine wachsende Entfremdung zwischen diesen und dem Hof die Folge war. Es liegt auf der Hand, daß in dieser Situation eine große Gefahr für den Fortbestand mongolischer Macht bestand, deren Sicherung und Stabilisierung mit traditionellen Mitteln nomadischer Herrschaftsform nicht zu bewerkstelligen war.

Der entscheidende Umschwung trat ein mit Qubilais Erhebung zum Groß-Qan. Angetrieben von seinem Wunsch, sein Qanat auf China zu stützen, zogen er und seine Berater den konsequenten Schluß, daß das Wiedererstehen der traditionellen chinesischen Staatsgewalten – selbstverständlich bei Überwölbung durch mongolische Machtmechanismen! – unerläßlich war und letztlich auch den Mongolen den erforderlichen Machtzuwachs bringen würde. Und allmählich scheint man am Hofe des Groß-Qans begriffen zu haben, daß gerade hierin auch eine neuartige Chance zur Überwindung des tiefverwurzelten mongolischen Clan-Egoismus lag, denn beim Ausbau des lokalen Verwaltungsapparats in den Provinzen knüpfte man die Befehlsstränge kürzer, verstärkte man die Abhängigkeiten von der Zentralregierung im Vergleich zu denen, wie sie unter den Sung bestanden. Auf Dauer funktionierte dieser „Absolutismus“ nicht, er scheiterte am Problem der Nachfolge, von den vielen anderen Faktoren einmal abgesehen.

In den 60er Jahren des 13. Jh. erhielt die Regierung ihre neue – chinesische – Gestaltung. Vorausgegangen war die Verlegung der Hauptstadt von Karakorum nach Shang-tu („Obere Hauptstadt“) im Gebiet der Inneren Mongolei, bis 1267 Peking zur endgültigen Kapitale des Reiches wurde, dessen institutionelle Sinisierung 1271 in der Proklamierung des Dynastie-Namens Ta Yüan („Großer Uranfang“) ihren Ausdruck fand.

Unterhalb der Zentralkanzlei (chung-shu-sheng) und von ihr geleitet errichtete man nach chinesischer Tradition sechs Ministerien: für die Justiz (hsing-pu), das Militär (ping-pu), für die (öffentlichen) Arbeiten (kung-pu), für die Registrierung und Besteuerung der Bevölkerung (hu-pu), für die Belange der Beamtenschaft (li-pu) sowie für das Kultus- und Ritenwesen (li-pu). Auch der – schon erwähnte – Geheime Staatsrat (shu-mi-yüan), dem die eigentliche militärische Befehlsgewalt oblag, hatte ein chinesisches Vorbild. Das ebenfalls beibehaltene Zensorat (yü-shih-t'ai) wurde dabei am stärksten seinem ursprünglichen Charakter nach verändert, denn von seiner Doppelfunktion, Instrument für die Kontrolle der Beamtenschaft zu sein *und* eine Art Appellationsinstanz, an die sich ihrerseits die Beamten wenden konnten, verlor es die letztere praktisch ganz.

So trug das Zensorat das Seinige dazu bei, die Provinzen enger, als unter den Sung üblich war, an die Zentrale anzubinden. Die Namen der Provinzialkanzleien (hsing chung-shu-sheng, d. h. „mobile Zentralkanzleien“), von denen aus die Provinzen regiert wurden, drückten den Sachverhalt deutlich aus: Sie sollten nur die verlängerten Arme der Zentrale bilden. Gleichzeitig natürlich sollten sie eine enge Beziehung zwischen der lokalen Basis und der Spitze der herrschenden Schicht garantieren. In den Provinzialkanzleien war das „duale“ Herrschaftssystem aus Mongolen und Chinesen eine Notwendigkeit, um die Entfremdung zwischen diesen nicht zu fühlbar werden zu lassen.[24] Ge-

[24] Vgl. hierzu SCHURMANN (1956a).

nauso zentripetal angelegt waren die lokalen Militärverwaltungen, die Geheimen Provinzialräte (hsing shu-mi-yüan), und so bildeten auch die Provinzialzensorate (hsing yü-shih-t'ai) nichts anderes als verkleinerte Nachbildungen der hauptstädtischen Institution.

Die Gliederung des Landes in Provinzen bzw. Regierungsbezirke (lu) entsprach weithin den traditionellen Grenzziehungen, namentlich im Süden des Reiches, wo es kaum Apanagen-Territorien gab, die aber meistens nicht die Verwaltungseinheiten aufsprengten. Traditionell war auch das Nebeneinander von normalen Bezirken und Militärbezirken (chün) sowie die zusätzliche Klassifikation für Kontrollzwecke, also nach Inspektionsbezirken.

Besonders für die Ämter der Zentralregierung in der Hauptstadt galt, daß die chinesischen Beamten im wesentlichen die niederen und mittleren Posten einnahmen. In den höheren und Spitzenpositionen dagegen drängten sich die Mongolen und Mitglieder der zentralasiatischen Bundesgenossen. Auf diese Weise waren dort die ethnische Vielfalt und damit auch die ethnischen Gegensätze ziemlich groß. Unter solchen Bedingungen konnte sich kein homogener Corpsgeist entwickeln, vielmehr prallten rücksichtslos die Sonderinteressen aufeinander. Zur Komplizierung trug bei, daß Qubilai, um seine Macht innerhalb der mongolischen Aristokratie zu festigen, nur wenige Mongolen in der Regierungsspitze duldete, eine Maßnahme, die aus der Sicht der späteren erbitterten Cliquenkämpfe am Hofe vollauf gerechtfertigt erscheint. Die hohen zivilisatorischen Werte und Ideale der chinesischen Beamtenschaft mußten vor dieser Situation kapitulieren. In diesem Zusammenhang spielte die Sprachenfrage eine nicht unwesentliche Rolle. Qubilais Kenntnisse des Chinesischen waren mangelhaft,[25] immerhin vermochte er die uigurische Schrift zu lesen, und er sorgte dafür, daß die Prinzen eine höhere Erziehung erhielten. Deren Erfolge waren allerdings begrenzt. Insgesamt dürften nur sehr wenige Mongolen Chinesisch gelernt haben, und noch weniger waren es, die die

[25] Vgl. Franke (1952a).

chinesische Schrift beherrscht haben. Auf der anderen Seite lehnten es die meisten chinesischen Beamten ab, sich des Mongolischen zu bemächtigen, nicht nur aus Abneigung gegen die Eroberer, sondern auch aus dem traditionellen Hochmut allen „Barbaren“ gegenüber, zu denen die Mongolen selbstverständlich größtenteils gerechnet wurden. Der Umgang und Schriftverkehr in den Ämtern erforderte deshalb die Mithilfe von Übersetzern und Dolmetschern, die nur in den seltensten Fällen von den Chinesen gestellt wurden. Hier eröffnete sich vor allem den se-mu-jen ein Betätigungsfeld. Von Talent und ihrer Geschichte in Räumen her, die ständig in Schnittpunkten von Völkerbewegungen lagen, waren sie zu Vermittlerrollen prädestiniert: in der Politik wie in der Wirtschaft.

4. Wirtschaft und Finanzen

Im 13. und 14. Jh. hatte das chinesische Wirtschaftssystem bereits einen hohen Entwicklungsstand erreicht, dessen einzelne Aspekte zu erfassen in einer knappen Skizze nicht möglich ist. Es sollen deshalb im folgenden vorwiegend die Bereiche umrissen werden, wo die Leistungen und Eingriffe der Mongolen und ihrer Helfer sichtbar werden. Erschwert wird die Darstellung durch die Veränderungen, denen der chinesische Wirtschaftsraum im Verlaufe und der Ausbreitung der mongolischen Eroberung ausgesetzt war. Die ursprüngliche Methode der Mongolen, das Wirtschaftsleben eines Stammes zu organisieren, bestand im – von den Ethnologen allgemein so bezeichneten – System der Redistribution, also aus Tributen an den Herrscher, von denen ein Teil wieder verteilt wird, sowie aus Dienstleistungen. Während der aktuellen Eroberungsphase bemächtigten sich die Mongolen in den okkupierten Gebieten überall der Kontrolle von Handel und Produktion und bereicherten sich aus den Zöllen (tamγa). Wo sie wie in China ihre Eroberung als dauernden Herrschaftsbesitz betrachteten, übernahmen sie die dort traditionellen Methoden, oder genauer: sie beließen sie in Funktion, setzten sich nur an die Stelle dessen, dem die Leistungen erbracht wurden, und auferlegten den Unterworfenen zusätzliche Lasten. Ein auch ökonomisch bedeutendes Verdienst, von welchem Standpunkt immer man es beurteilt, ist den Mongolen zuzuerkennen: sie einigten erstmals wieder das Reich, das seit dem Zusammenbruch der T'ang-Dynastie (formell 906 A. D.) von den Chinesen nicht hatte wiedervereinigt werden können. Dadurch wurde es wieder möglich, die verschiedenen Landesteile mit ihren auch verschiedenen ökonomischen Schwerpunkten in einen geordneten wirtschaftlichen Austausch zu bringen. Vor allem der Handel profitierte davon, und es konnten die Transporte auf den Binnenwasserwegen voll ausgenutzt werden, was für die Region der Hauptstadt von großer Wichtigkeit war, da diese von der Versorgung mit Getreide und Reis aus dem Süden abhängig war. Der berühmte Große Kanal, der die Flußsysteme von Yang-tzu, Huai und Huang-ho miteinander verbindet, wurde unter großen Anstrengungen, was auch heißt: mit einem Heer von Zwangsarbeitern, instand gesetzt. Seit 1280 florierte dazu die Hochsee-Küstenschiffahrt von der Yang-tzu-Mündung zu den Häfen in Shan-tung und Ho-pei, doch wurde dieser Handel, der von lizenzierten chinesischen Kaufleuten betrieben wurde, zu Beginn des 14. Jh. von der Zentralregierung gestoppt, vermutlich hatten die reich gewordenen Kaufleute einflußreiche Neider gefunden.

Eine alte chinesische Tradition blieb mit der staatlichen Monopolwirtschaft bestehen, und zwar in den beiden entwickelten Formen. Die eine betraf Waren, die unter Aufsicht der Regierung hergestellt und in staatlichen Läden verkauft wurden, die andere regelte den Handel von Monopolwaren in der Weise, daß Privathändler vom Staat Lizenzen für bestimmte Waren in bestimmten Größenordnungen erwarben, um jeweils festgelegte Regionen zu beliefern. Monopolwaren sind unter den Yüan in erster Linie Salz, das dem Fiskus die höchsten Gewinne brachte, Wein, Essig, Hefe, Tee, Zinnober, Kupfer, Eisen, Zinn und anderes. Zum staatlichen Sektor der Wirtschaft gehörten auch zahlreiche Werkstätten, die in staatlicher Regie geführt wurden. Hier ist besonders die Waffenproduktion zu nennen. In diesen Bereichen drängten sich die se-mu-jen, meistens zentralasiatische Mohammedaner, unter denen die uigurischen Zwischenhändler dominierten. Das Kreditwesen und natürlich der Wucher gediehen üppig bei solchen Konstellationen.

Der originellste Beitrag zur Ökonomie, den die Mongolen leisteten, war ohne Zweifel die Verwendung des Papiergeldes als hauptsächliches legales Zahlungsmittel.[26] Nicht dessen Erfindung, diese geschah zur frühen Sung-Zeit, war das Neue, sondern daß sie die traditionelle Bronzemünzen-Währung nur mehr subsidiär verwendeten. 1260 begannen sie mit der Emission von Papiergeld im großen Stil. 1282 regelten sie das Papiergeldwesen in einer Gesetzgebung, und unter ihrer Herrschaft gab es drei Währungsreformen, in den Jahren 1287, 1309 und zuletzt 1350. Aus den Zahlenangaben der Quellen geht eindeutig hervor, daß die Papiergeldemission dem Umfang nach sehr stark schwankte,[27] die höchste erwähnte Gesamtsumme für ein Jahr betrug danach fast das Hundertfache der niedrigsten Jahressumme. Ob sie etwa dem Warenvolumen adäquat war, läßt sich nicht berechnen. Gegen Ende der Dynastie gab es eine Inflation an Papiergeld. Man muß wohl davon ausgehen, daß die Bevölkerung dem Papiergeld gegenüber mißtrauisch blieb, jedenfalls ist es niemals das einzige Zahlungsmittel gewesen. Am schwierigsten zu erfassen dürfte aber der Anteil am gesamten Austausch sein, der nach wie vor auf naturwirtschaftlicher Basis erfolgte, und wobei das Geld nur als Wertmesser fungierte. Die Naturalsteuern bildeten zudem einen bedeutenden Posten im Staatshaushalt.

Das Besteuerungssystem unterlag, wie andere Einrichtungen auch, dem Wandel von den ursprünglichen mongolischen Methoden zu den entwickelteren der Unterworfenen. Aus den regelmäßigen Tributen (alba) und den zusätzlichen für den Krieg (qubčiri), wie sie in der Steppe eingefordert worden waren, wurden die ch'ai-fa-Steuern, wie sie die Jurchen von den Sung übernommen hatten (der chinesische Ausdruck bedeutet „Dienstleistungs-Erhebung" und bezeichnet eine Steuer, die anstelle der Dienstleistungen erhoben wurde).

[26] Vgl. hierzu Franke (1949).
[27] Vgl. Franke (1949) 103.

Die ersten Steuererhebungen, die die Mongolen in Nordchina anstellten, fallen in die Jahre seit 1230.[28] Sie basierten auf Zählungen der Haushalte und Einzelpersonen, nicht auf der Größe des Landbesitzes, auch wo es sich um die Grundsteuer handelte. Die Mongolen selber mußten auf jeweils hundert Tiere je eine Stute, eine Kuh und ein Schaf als Steuer abliefern. Die Zentralasiaten wurden nach der Kopfzahl besteuert. Die erwachsenen Stadtbewohner in Nordchina hatten damals ebenfalls eine jährliche Kopfsteuer zu entrichten. Eine erste Reform dieses neu eingeführten Steuerwesens wurde bereits 1236/37 durchgeführt, bis Qubilai endgültig die Weichen stellte für eine modifizierte Übernahme der chinesischen Besteuerungssysteme. Das betraf vor allem Südchina, oder anders ausgedrückt: experimentiert war nur in Nordchina worden. Da die Eroberung Südchinas doch ziemlich rasch zum Erfolg geführt hatte, brachte der Krieg auch keine schweren Beeinträchtigungen des Wirtschaftslebens mit sich, so daß es für Qubilai, der ja ohnehin für eine mongolisch-chinesische Kooperation war, nahelag, die überkommenen Strukturen zu belassen. Es blieb also das sungzeitliche „Zwei-Steuer-System“ (liang-shui-fa) in Kraft, bei dem die Steuern in Getreide, Silbergeld, Seide und anderen Waren wie beispielsweise auch Tee entrichtet werden konnten.

Die Yüan-Regierung versuchte, ebenfalls gemäß dem chinesischen Vorbild, auf besondere Umstände zu reagieren, vornehmlich mit Steuersenkungen für Gebiete, die von Naturkatastrophen (Überschwemmungen in der Huang-ho-Region!) heimgesucht wurden. Erst mit wachsender Dissoziation des Herrschaftsapparats in den 20er Jahren des 14. Jh. hörte dieser Mechanismus auf zu funktionieren, wodurch die bestehenden Antagonismen nicht nur zwischen Ausbeutern und Ausgebeuteten, sondern auch zwischen Nord- und Südchina weiter verschärft wurden.

Neben diesen gleichsam historischen Widersprüchen gab es

[28] Wir wissen davon aus den Berichten zweier Gesandter der Sung, die zu den Mongolen reisten in jener Zeit. Vgl. MENG-TA PEI-LU und HEI-TA SHIH-LÜEH (1980).

auch solche, die aus der Unvereinbarkeit zweier Systeme erwuchsen. Hier ist in erster Linie das Moment der Refeudalisierung zu nennen, das in der mongolischen Praxis der jährlichen Zuwendungen an die Stammesaristokratie verankert war. Nach der Eroberung des Chin-Staates wurden große „abgetrennte Gebiete" (fen-ti) samt den dazugehörigen Haushalten als Anteile (qubi, im Sinne der traditionellen Anteilsaufteilung unter den Männern und verheirateten Frauen einer Sippe) vergeben[29] an die Mitglieder der Großqans-Sippe sowie weiterer aristokratischen Sippen. In den ersten Jahrzehnten der mongolischen Herrschaft über Nordchina fungierten diese Gebiete wie „pfründenfeudale" (im Sinne Max Webers) Lehensterritorien. Die Anteilsbesitzer zogen sowohl die ihnen zustehenden Abgaben als auch die für die Zentralregierung bestimmten ein. Qubilai setzte es dann gegen den Widerstand der mongolischen Aristokratie durch, daß die für die Zentralregierung zu leistenden Abgaben und Steuern durch Beauftragte der Regierung eingezogen wurden. Außerdem gab es regelmäßig Zuwendungen in Geld oder Waren an die Mongolen, die aus Steuermitteln finanziert wurden.

Aus Südchina, wo keine Gebiete mehr abgetrennt wurden, wo das Land also in den Händen der Gentry blieb, wurden stattliche Beträge in Geldsteuern hierfür herausgepreßt. Der Süden, speziell der Südosten, war schon unter den Sung zum Zentrum der landwirtschaftlichen Produktion geworden. Für 1328/29 hat H. Franke die Menge des an den Fiskus abzuliefernden Reises berechnet.[30] Sie betrug insgesamt 12 114 707 Zentner, davon entfielen allein auf die Südost-Provinz Chiang-che 4 494 783 Zentner. Von dort stammte vor allem auch der größte Teil des auf dem Wasserwege nach Peking gelieferten Reises. Seit 1282 organisierten zwei Chinesen den Wassertransport. Zu Beginn stand dafür eine Flotte von 60 Schiffen zur Verfügung, nur wenige Jahre später waren es über 2000. Seinen Höhepunkt er-

[29] Hauptquelle für das Zuwendungs-Wesen ist Kap. 95 des Yüan-shih. Vgl. auch die Harvard-Dissertation: TOGAN (1973).

[30] FRANKE (1949) 125.

reichte das durch eine Reihe von besonderen Dienststellen gesteuerte Transportwesen um 1329.[31] Die Getreideverschiffung auf den Binnenwasserstraßen wurde schließlich so bedeutsam, daß die Unterbrechung oder Störung der Transporte weitreichende Folgen nach sich zog. H. Franke bringt die flagrante Teuerung und Geldentwertung in den letzten Jahren der Yüan in engen Zusammenhang mit dem Zusammenbruch des Transportsystems.[32]

Abschließend kann auf ein Grundproblem nur noch hingewiesen werden. Die Mongolen – wie zuvor und danach wieder die Chinesen selber – vermochten nicht, in ihrem Staatshaushalt die Einnahmen und Ausgaben in ein einigermaßen gesundes Verhältnis zu bringen. Unter der Mongolenherrschaft kam erschwerend hinzu, daß das Militärbudget mehr als 40 % der gesamten Ausgaben des Staates ausmachte. Dies bezog sich aber nicht auf den Kriegsfall. Es kennzeichnet vielmehr den insgesamt militärischen Charakter der mongolischen Herrschaftsschicht.

IV. Bemerkungen zu Recht, Religion und Kultur der Yüan-Zeit

Für die mongolische wie die chinesische Rechtsordnung war es kennzeichnend, daß sie relativ einfach ausgestaltet war. Der Grund hierzu liegt in der segmentären Struktur der Gesellschaft und deren geringer funktionaler Differenzierung. Er liegt ganz gewiß auch in kulturellen Besonderheiten, deren Gewicht im einzelnen schwer zu bestimmen, die im ganzen jedoch prägend gewesen sind als Modelle für Normen des Verhaltens überhaupt. Der Yüan-Kodex[33] stand in jeder Beziehung in der chinesischen Tradition. Im Kern enthielt er nur Strafrecht, daneben gab es Sammlungen von verwaltungsrechtlichen und strafrechtlichen

[31] Vgl. über die Transportdienststellen nach Yüan-shih, Kap. 85, Ratchnevsky (1937) 270 ff.

[32] Vgl. op. cit., S. 126.

[33] Dazu die Übers.: Ratchnevsky (1937); ferner die Dissertation Rosner (1964).

Verordnungen, wozu sich noch solche zum Ritenrecht gesellten. Letztere sind im wesentlichen zusammengefaßt in der Sammlung Yüan-tien chang („Statuten der Yüan"). Der Kodex ist in Kapitel 103 des Yüan-shih enthalten. Er regelt auch militärische Vergehen, die unter 12 Paragraphen[34] gebracht sind und nicht so sehr kriegsrechtliche Fälle betreffen, sondern mehr allgemeine Dinge wie das unerlaubte Verlassen der Garnisonen seitens der Soldaten, das eigenmächtige Requirieren von Nahrungsmitteln durch die Militärdienststellen u. a. m. Ein Teil der Paragraphen ist strafrechtlicher Natur, regelt also Verstöße gegen die Disziplin oder gegen eine korrekte Befehlsübermittlung, die Strafen für gefaßte Deserteure usw. Nicht nur im Militärstrafrecht, sondern ganz allgemein waren die Strafen recht drakonisch, und es galt überall das Prinzip der Kollektivhaftung.

Bemerkenswert ist, daß unter den Mongolen die Arbeiten am Kodex recht intensiv betrieben worden sind. Um 1264 begann man mit der Zusammenstellung des ›Neuen Kodex‹ (hsin-ko), wovon nur 96 Fragmente erhalten geblieben sind. Er wurde 1291 abgeschlossen und war umfangmäßig sehr knapp gehalten.[35] Vielleicht auch deshalb ersetzte man ihn 1321 durch einen erweiterten Kodex, der dann 1346 in eine revidierte Fassung gebracht wurde. Diese beiden letzten Redaktionen sind gleichfalls nur bruchstückhaft überliefert. Die schon erwähnte Sammlung Yüan-tien chang ist demgegenüber vollständig auf die Gegenwart gekommen. Als quasi-offizielle Kompilation vor allem von zahlreichen Präzedenzfällen stellt sie eine Quelle dar, die außer für die Rechtsgeschichte auch für die Sozialgeschichte dieser Zeit von hohem Wert ist.

Die Religionspolitik der Mongolen wird am besten verständlich, wenn man in Rechnung stellt, daß sie auf diesem Felde in archaischer Mentalität befangen blieben. Činggis Qan löste sich nicht aus dem überkommenen Schamanismus. Er zeigte aber andererseits schon die später stets zu beobachtende Duldung fremder Religionen, auch gewährte er dem buddhistischen Klerus

[34] Übersetzt in FRANKE (1970a) 44–47.
[35] Vgl. CH'EN (1979).

viele Einzelprivilegien. Ähnlich lagen die Dinge bei Ögödei, für den es beispielsweise auch selbstverständlich war, daß die buddhistischen und taoistischen Kleriker Steuern zu entrichten hatten. Erst unter Güyük gewannen die Buddhisten einen gewissen Einfluß, doch begünstigte der Großqan auch die Nestorianer. Möngkes Herrschaft sah dann den Durchbruch der buddhistischen Kirche zu führender Stellung. Während seiner Regierungszeit fanden 1255–58 eine Reihe von Disputationen zwischen Taoisten und Buddhisten statt, in welchen die letzteren triumphierten,[36] so daß fortan der aus Tibet gekommene lamaistische Buddhismus zur dominanten Religion unter den Mongolen wurde.[37] 1253 war Qubilai zum ersten Male mit dem Lama Phags-pa zusammengetroffen, der jenen wenige Jahre später bekehrte. Phags-pa erhielt 1260 von Qubilai das Amt eines „Reichslehrers" (kuo-shih), welche Institution aber auch dazu diente, den buddhistischen Klerus zu kontrollieren. Klöster und ihre Besitztümer blieben steuerfrei, und die Mitglieder des Klerus brauchten keine Dienstleistungen zu verrichten sowie keine Abgaben zu zahlen. Diese Vergünstigung wurde allerdings auch dem Klerus der anderen Religionen gewährt, also dem taoistischen, islamischen und nestorianischen. Unter solchen Bedingungen konnte das Klosterwesen sich ausbreiten, was den traditionellen Widerstand der chinesischen Gentry heraufbeschwor. Um 1300 betrug die Zahl der Mönche in Yüan-China ungefähr eine halbe Million, und sie ist in den folgenden Jahrzehnten eher gewachsen. Es ist in diesem Zusammenhang zu beachten, daß ja der unter den Mongolen dominante Buddhismus der einer fremden Spielart war. In den chinesischen Quellen wird immer wieder von der Korruption des lamaistischen Klerus berichtet, allerdings ist hier das prinzipielle Mißtrauen in Rechnung zu stellen, das die konfuzianische Historiographie dem Buddhismus stets entgegengebracht hat. Die protegierte Position der Zentral- und Westasiaten wirkte sich naturgemäß auf den Islam aus.

[36] Vgl. hierzu Thiel (1962).

[37] Zur religiösen Situation allgemein unter der Yüan-Dynastie vgl. Demiéville (1957).

Unter der Mongolenherrschaft kam es zu „einer gewissen Islamisierung der chinesischen Grenzgebiete im Westen, aber eine weitgespannte Mission oder Konversion von Chinesen ist nicht festzustellen“ [38]. Ebenfalls überwiegend aus Nichtchinesen bestanden die Anhänger des Nestorianismus, doch war deren Zahl unter verschiedenen Turkstämmen wie den Önggüt und Kereit nicht unerheblich, so daß 1289 für sie eine besondere staatliche Aufsichtsbehörde etabliert wurde. Das Judentum und auch der Manichäismus sind im yüanzeitlichen China nachweisbar, doch spielten beide Religionen keine Rolle.

Am schwierigsten war die Stellung der Konfuzianer, und zwar von beiden Seiten aus. Die Mongolen mußten in ihnen immer noch die eigentlichen Widersacher sehen, denn es konnte ihnen nicht entgangen sein, daß nicht wenige von jenen sich gänzlich aus den Ämtern zurückgezogen hatten, andere nur widerwillig ihnen dienten. Vor allem traf es die konfuzianischen Beamten schwer, daß das Hofzeremoniell lamaistisch-buddhistisch gestaltet wurde, soweit es nicht den roheren Sitten der Steppe verhaftet blieb. Insofern der Konfuzianismus auch als Religion gewertet wurde, betrafen die finanziellen Privilegen in gleicher Weise die konfuzianischen Gelehrten-Beamten wie die Kleriker der anderen Religionen. Die Wiederzulassung des Prüfungswesens 1313 kann als ein Entgegenkommen der Mongolen gedeutet werden, obgleich dessen Qualität und Umfang längst nicht den alten Standards gerecht wurde. Außerdem wurden nun auch Mongolen und Zentralasiaten anderer Ethnien mit den akademischen Titeln ausgezeichnet, und deren Examinierung dürfte nach chinesischen Begriffen kaum ordnungsgemäß gewesen sein. Trotzdem trugen die Mongolen durch entsprechende Edikte dazu bei, die neokonfuzianischen Kommentare zu den Klassikern verbindlich für die Ausbildung zu machen. Gleichwohl ist zur Yüan-Zeit, und darin sind sich die chinesischen Gelehrten wie die westlichen Sinologen einig, auf dem Gebiete der klassischen Philosophie und Gelehrsamkeit kein wirklich bedeutendes Werk entstanden. Das Sung-shih zum Beispiel, die offizielle

[38] Franke (1970) 30.

„Dynastiegeschichte der Sung", die zwischen 1343 und 1345 zusammen mit den Geschichten der Dynastien Liao und Chin kompiliert wurde, erreicht nicht das Niveau der traditionellen Historiographie.

Für eine auch nur knappste Skizze der Literatur der Yüan-Zeit ist hier kein Raum, es würde eine solche die Zielsetzung der Darstellung, die sich ja auf die Mongolen konzentrieren soll, verfehlen. Deshalb seien nur zwei Hinweise gegeben. Indirekt war die Herrschaft der Mongolen mitbeteiligt am Aufschwung der chinesischen Volksliteratur bzw. nicht mit der Aura traditionsreicher Vorbildlichkeit behafteter Literaturformen wie beispielsweise die Novellendichtung. Ganz besonders gehört hierzu die Theaterliteratur. Eine Fülle von Singspielen entstand in dieser Zeit, besonders solche im „gemischten Stil" (tsa-chü), in denen die Pantomimen zugleich Arien zu singen hatten sowie Prosapartien zu sprechen. Inhaltlich nahmen sie historische, buddhistische und taoistische Stoffe mit Vorliebe auf. Es ist in diesem Zusammenhang daran zu erinnern, daß schon in früheren Jahrhunderten die chinesische Musik von Zentralasien her fruchtbare Impulse empfangen hatte. Der zweite Hinweis betrifft die mongolische Literatur selbst. Für deren Entwicklung war es gewiß nicht unerheblich, daß damals, angeregt vom Kaiserhof, eine ganze Reihe von Werken der chinesischen Klassik, doch auch der Geschichtsschreibung ins Mongolische übersetzt wurden, die leider nicht erhalten geblieben sind.

Zu den bemerkenswerten Leistungen der Mongolen muß auch gerechnet werden, daß sie mit ihrer Expansionskraft China mit dem Abendland in erneuten Kontakt gebracht haben.[39] Allerdings war dies mehr eine Folge ihrer weitgespannten Herrschaft, auch als sie in verschiedene Teilreiche zerfallen war, als daß ihnen selbst an einer solchen Verbindung gelegen gewesen wäre. Die Mongolen fungierten also eher unfreiwillig als Bahnbrecher. Die Initiative ging vom Westen aus, hier vor allem von der Kurie, die durch den Mongoleneinfall bis nach Oberschlesien im Jahre 1241 aufgeschreckt worden war. Die Chinesen schließlich ver-

[39] Vgl. hierzu den Überblick von FRANKE (1966).

hielten sich gänzlich passiv. Ihr traditioneller Isolationismus und ihre immer noch behauptete Vorstellung chinesischer zivilisatorischer Suprematie hinderten sie, die durch die Mongolen geschaffenen Möglichkeiten zu nutzen, um ihr Weltbild zu erweitern. Auf diese Weise ist eine bedauerliche Lücke entstanden, denn mit Ausnahme derjenigen des Johannes von Marignolli 1342 finden wir keine der abendländischen Gesandtschaften in den zeitgenössischen chinesischen Quellen erwähnt. Das gilt auch für Marco Polo, dessen Bericht im Abendlande ja einen gewaltigen Publikationserfolg erzielte. Während also im Westen nun die Kenntnisse von Zentralasien und vom Fernen Osten um ein bedeutendes erweitert wurden, blieben in China die Vorstellungen vom Westen weiterhin sehr ungenügend.

Einen ersten großen Bericht lieferte der Franziskaner-Mönch Johann von Plano Carpini, der 1245 von Papst Innozenz IV. beauftragt wurde, mit den Mongolen Kontakt aufzunehmen. 1246 erreichte er das Lager der Mongolen, als diese soeben Güyük zu ihrem Großqan wählten. Sein Reisebericht unter dem Titel ›Ystoria Mongalorum‹ wurde in das bekannte ›Speculum Historiale‹, welches Vinzenz von Beauvais edierte, aufgenommen.[40] Johann von Plano Carpini erhielt von Güyük ein Schreiben (dessen Originalfassung persisch ist), in dem die europäischen Könige zur Unterwerfung aufgefordert werden.

Zwischen 1248 und 1250 erreichten weitere päpstliche Legaten, es waren diesmal Dominikaner, Karakorum, bis dann mit Wilhelm von Rubruk wieder ein Franziskaner im missionarischen Auftrag der Kurie nach dort reiste, wo er 1253 mit dem Großqan Möngke zusammentraf. Sein Reisebericht enthält auch die ersten Nachrichten über den Buddhismus, die nach Europa gelangten.

Insgesamt gesehen entwickelte sich der Gesandtschaftsverkehr in Richtung China trotzdem nur sehr zögernd, wofür natürlich die Lage und Entfernung des chinesischen Qanats verantwortlich waren. Viel lebhafter erfolgte er mit dem Reich der Goldenen Horde sowie dem der Ilchane in Persien, welch letzte-

[40] Vgl. Risch (1930).

res Land für Europa ohnehin eine Funktion als Zwischenbasis für die Handelsverbindungen nach weiter östlich gelegenen Ländern hatte. So war beispielsweise auch Johannes von Montecorvino schon einmal in Persien gewesen, ehe er von Papst Nikolaus IV. nach China geschickt wurde. Sein genaues Ankunftsjahr dort ist unbekannt, Anfang des 14. Jh. war er in Qanbalyq (d. i. Peking) zu einem Zeitpunkt, zu dem Marco Polo bereits wieder nach Italien heimgekehrt war. Dessen Reise hatte 1271 begonnen. Er war, als junger Mann, zu ihr von seinem Vater Nicolo und seinem Onkel Maffeo Polo mitgenommen worden. Die venezianischen Kaufleute verbrachten, wenn es mit Marco Polos Bericht ›Beschreibung der Welt‹ [41] in allen Details seine Richtigkeit hat, eine Reihe von Jahren in China und benutzten für die Rückreise den Seeweg durch die Straße von Malakka, an Indien vorbei bis schließlich in den Persischen Golf.

Nach eigenem Bekunden sei Marco Polo eine Zeitlang Gouverneur von Yang-chou gewesen, es wäre dann ein weiteres Beispiel für die Praxis der Mongolenherrscher, Fremde in einer Zwischenposition – und damit als Puffer – zu installieren. Aber wie bereits gesagt, die chinesischen Quellen bestätigen das nicht, wie es eben auch noch nicht gelungen ist, irgendeinen Nachweis über Marco Polo darin zu finden (vgl. oben S. 233). Für das Abendland jedenfalls bedeutete sein Buch eine ungeheure Ausweitung des Weltbildes und der historischen Dimensionen.

Zu Beginn des 14. Jh. verlieh der Heilige Stuhl Peking den Rang einer Erzdiözese, und während der Jahre, als der Franziskaner Odorico von Pordenone in China weilte,[42] wurde auch in Ch'üan-chou ein Bistum errichtet. Diese beiden Ereignisse bedeuteten, daran ist kein Zweifel, für die chinesische Gesellschaft nichts, wurden von ihr kaum wahrgenommen. Für die Mongolen waren sie nichts anderes als eine weitere der von ihnen geduldeten fremdreligiösen Maßnahmen. Und trotzdem ging die letzte Reise eines päpstlichen Legaten ins Yüan-Reich von China

[41] Hambis (1955). Engl. Übers.: Moule/Pelliot (1938). Zur Marco-Polo-Philologie vgl. Pelliot (1959–73).

[42] Vgl. Moule (1921).

aus. Alanische Christen aus Ta-tu sandten 1336 einen Brief an Papst Benedikt XII., der daraufhin Johannes von Marignolli, Bischof von Bisignano, mit einem Antwortschreiben auf die Reise schickte. Seine Gesandtschaft, die in der Sommerresidenz Shang-tu 1342 eintraf (und erst 1353 wieder nach Avignon zurückkehrte), hat in China ein gewisses Aufsehen erregt, so daß sie auch in den Regesten der Yüan-Dynastie erwähnt wird.[43]

Mit dem Ende der Mongolenherrschaft endete – zunächst – die Geschichte der christlichen Mission in China, die damit zur bloßen historischen Episode wurde. Als ein Aspekt mongolischer Herrschaftsform belegt sie einmal mehr, daß es den Mongolen nicht gegeben war, gewissermaßen konkret eroberte Kultur wirklich in eigenen Besitz zu verwandeln. Die positive Seite davon sei deshalb nochmals hervorgehoben: ihr schweifendes Nomadenwesen ließ sie Fremdes in dessen Eigenart sich selbst überlassen, sofern es nicht gegen ihre Herrschaft aufbegehrte, mit einer Gleichgültigkeit, verwandt der Flüchtigkeit ihres Laufs über die Erde.

[43] Vgl. Franke (1971).

TIBET UNTER DER MONGOLENHERRSCHAFT

Von Dieter Schuh

Während der Mongolensturm in den ersten Jahrzehnten des 13. Jh. ganze Völkerschaften nahezu vernichtete und Staaten und Staatengruppen von der Landkarte verschwinden ließ, blieb die flächenmäßig zwar ausgedehnte, aber doch nur dünnbevölkerte und in viele Kleinstaaten zersplitterte Hochgebirgsregion Tibet von diesen Ereignissen zunächst völlig unberührt. Zwar blieb den Tibetern mit Sicherheit die menschliche Katastrophe nicht verborgen, die sich in den umliegenden Ländern abspielte, doch realisierten sie selbst zu Beginn der 30er Jahre noch nicht, daß der direkte Zugriff der Mongolen auf ihr Land unausweichlich sein würde. Anders ist es kaum zu erklären, daß die verschiedenen Fürsten Tibets sich gerade in jener Zeit militärisch aufs heftigste befehdeten. Allerdings hätte die Verteidigungsbereitschaft eines innerlich geeinten Tibets gegenüber den Mongolen nur fatale Folgen für das Land gehabt. Tibet war viel zu klein und zu schwach, um mit dem sich dynamisch expandierenden mongolischen Großreich in einen Krieg eintreten zu können, eine Ansicht, die offenbar auch von wichtigen Vertretern der führenden tibetischen Geistlichkeit spätestens seit dem ersten Mongoleneinfall im Jahre 1240 geteilt wurde.

In diesem Jahr 1240 entsandte der im Kokonor-Gebiet residierende mongolische Prinz Göden eine Reitertruppe nach Tibet, die bis in den nördlichen Teil des Kernlandes Zentraltibet vordrang und dort viele Tibeter tötete. Es besteht kein Zweifel, daß es sich bei diesem ersten Streifzug um eine gezielte Kampagne zur Vorbereitung der Unterwerfung Tibets handelte. Wenig später erschien wieder eine mongolische Abteilung in Tibet, die die konkrete Unterwerfung fast aller Teilstaaten unter die mongolische Vorherrschaft erreichte.

Zu einer konsolidierten, dauernden Kontrolle Tibets und seiner auf ein flächenmäßig riesiges, unübersichtliches Gebiet verteilten Teilstaaten, die kein nennenswert übergewichtiges Machtzentrum besaßen, konnten die angesprochenen Ergebnisse dieser Mission nicht ausreichen. Zur Beherrschung dieses Gebietes wandten die Mongolen deshalb einfach die aus eigener historischer Erfahrung und politischer Praxis gewonnene Maxime an, bei größeren, zusammenhängenden politischen Gebilden von der Existenz einer Zentralmacht auszugehen und diese nach ihrer Subordination als Garant und Vermittler für die Ausübung ihrer Herrschaft zu verwenden.

Die ersten Kontakte der Mongolen mit den Tibetern brachten hierzu insofern eine Lösung, als der Plan gefaßt wurde, die Repräsentation des Landes einem hohen lamaistischen Geistlichen zu übertragen, dessen politische und religiöse Einflußmöglichkeit naturgemäß nicht an die Grenzen einzelner Kleinstaaten gebunden war und der aufgrund seiner primär unpolitischen Natur und seines hohen Ansehens als Priester eine hinreichend integrierende Kraft darstellte, so daß sich die Masse der Lokalherrscher mit ihm politisch identifizieren konnte. Man muß sich hierzu vergegenwärtigen, daß die neutrale Vermittlung in militärischen und politischen Auseinandersetzungen in jener Zeit zu den Standardaufgaben im Rollenverständnis hoher und untadeliger buddhistischer Geistlicher in Tibet gehörte.

Die Wahl fiel auf den Sa-skya paṇḍita, den Abt des großen Klosters von Sa-skya in Südtibet, dessen untadeliger Lebenswandel als Geistlicher und dessen Gelehrsamkeit in Tibet weithin bekannt waren. Der Sa-skya paṇḍita war gleichzeitig ein Hauptvertreter der Fürsten von Sa-skya, da die Abtwürde stets auf einen Bruder der Fürsten übertragen wurde, wodurch die Amtsnachfolge dynastisch abgesichert war. 1244 erreichte den Sa-skya paṇḍita der Befehl Gödens, nach Liang Chou zu kommen. Der Sa-skya paṇḍita traf dort 1247 mit Göden zusammen.

Aus dem Zusammentreffen dieses tibetischen Geistlichen mit Göden resultierte die Neuorganisation Tibets als mongolischer Vasallenstaat, die folgende Hauptpunkte umfaßte:

1. Die Fürsten bzw. Landesherren (dpon) wurden durch eine pauschale Neuernennung von seiten Gödens in ihren Ämtern bestätigt. Sie wurden damit von Göden eingesetzte Landesfürsten.
2. Gesandte der Sa-skya-Verwaltung wurden als direkte Beauftragte (daruγači) der Mongolen für Tibet eingesetzt.
3. Durchführung eines Zensus.
4. Konsultationspflicht der Landesherren gegenüber den Saskya-Gesandten in wichtigen politischen Angelegenheiten.
5. Das mongolische Recht wurde für verbindlich erklärt.
6. Durchführung von Steuer- und Tributerhebungen durch die Mongolen, die dabei von Sa-skya-Funktionären begleitet wurden.

Die Reise nach Liang Chou unternahm Sa-skya paṇḍita mit seinen beiden Neffen, dem 1235 geborenen 'Phags-pa, seinem Nachfolger als Abt von Sa-skya, und dem 1239 geborenen Phyag-na rdo-rǰe, dem später das Fürstenamt von Sa-skya zufallen mußte. Phyag-na rdo-rǰe erlernte bald die mongolische Sprache, trug nur noch mongolische Kleidung und heiratete später eine Tochter des Qubilai Khan. Die letztgenannten Fakten sowie die geschilderten Merkmale der Abhängigkeit Tibets bildeten im Rahmen der Gesamtpolitik des mongolischen Großreiches keine Besonderheit. Die Berufung der Herrscher unterworfener Völker an den Kaiserhof, wo sie quasi als Geiseln lebten, ihre Bindung an die kaiserliche Familie durch Heirat und ihre Mongolisierung, die Beherrschung der unterworfenen Völker durch einheimische Statthalter möglichst unter Verwendung schon bestehender Verwaltungsstrukturen, die Einbeziehung von Steuern und die Aushebung von Hilfstruppen waren die allgemeinen Grundzüge mongolischer Unterwerfungspolitik gegenüber den Staaten am Rande des zentralasiatischen Steppengürtels.

Wenn auch noch immer bestehende Widerstände gegen die Mongolenherrschaft in Tibet 1251/52 ein erneutes militärisches Eingreifen der Mongolen notwendig machten, so kann doch festgestellt werden, daß die Eingliederung Tibets in das mongolische Großreich ohne allzu große Verluste an Menschenleben und ohne größere Verwüstungen für die Tibeter relativ glimpflich verlaufen war. Mit der Expedition von 1251/52 war die Lage in Tibet für mehr als ein Jahrzehnt stabilisiert worden, so daß nun andere Aspekte der tibeto-mongolischen Beziehungen in den Vordergrund rückten, die sich langfristig für Tibet günstig auswirken sollten. Mit dem Saskya paṇḍita war nämlich ein Vertreter einer der zugkräftigsten Hochreligionen Asiens an den Hof Ġödens gereist, deren führende Geistliche ein stark entwikkeltes Sendungsbewußtsein mit hoher Geistigkeit und tiefer Kenntnis tantrisch-magischer Ritualtechnik verbanden, eine Kombination, die auf die mongolischen Fürsten langfristig tiefen Eindruck machen sollte.

Zwar bedeuteten der plötzliche Tod des Sa-skya paṇḍita am 11. November 1251, das Erfordernis der militärischen Expedition von 1251/52 und die Verlagerung des für Tibet zuständigen Machtzentrums an den Hof Qubilais zunächst eine Schwächung der bei Ġöden erlangten Vorzugsstellung der lamaistischen Geistlichen, doch gelang es dem Nachfolger des Sa-skya paṇḍita, 'Phags-pa, trotz seines jungen Alters und gegen erhebliche Schwierigkeiten, dem Lamaismus der Sa-skya-Schule zum Durchbruch zu verhelfen, und zwar sowohl mit der endgültigen Bekehrung Qubilais zum Buddhismus als auch durch die Bindung dieses Prinzen an seine Person als geistlicher Lehrer durch die Erteilung tantrischer Weihen.

Überhaupt waren die 50er Jahre des 13. Jh. durch eifrige missionarische Bemühungen der verschiedenen, bald auch miteinander rivalisierenden lamaistischen Schulen an den Höfen einflußreicher mongolischer Prinzen gekennzeichnet. Daß solche Aktivitäten selbst die Stellung von 'Phags-pa am Hofe Qubilais in Frage zu stellen drohten, zeigt die Einladung des hohen Karma-pa-Geistlichen Karma pakśi an den Hof Qubilais. Aufgrund von Intrigen der Sa-skya-Leute reiste Karma pakśi jedoch schon nach kurzer Zeit wieder ab, um sich schließlich zum Hof des Großkhans Möngke zu begeben. Für die politische Vormachtstellung der Sa-skya-pa im Hinblick auf die Region Tibet erwies es sich letztlich als entscheidend, daß ihr Patron Qubilai nach dem Tod Möngkes zum Großkhan gewählt wurde.

Natürlich sollte 'Phags-pa an diesem Aufstieg seines Patrons teilhaben. 1260 wurde er zum Kaiserlichen Erzieher ernannt. Wenige Jahre später ernannte ihn der Kaiser zum Oberhaupt aller buddhistischen Mönche des Reiches. Schließlich wurde ihm der Titel Kaiserlicher Lehrer (ti-shih) verliehen. Einher damit wurde die Vormachtstellung des Sa-skya-Hauses in Tibet für nahezu ein Jahrhundert endgültig gefestigt. Sa-skya wurde als Verwaltungszentrum von ganz Tibet etabliert. Daneben sollte die mit dem Amtsantritt Qubilais eingeleitete Umorganisation des von ihm beherrschten Teilreiches Tibet nicht unberührt lassen. Zunächst wurde Tibet in drei Kreise eingeteilt, in denen man Militärverwaltungen einrichtete. Daneben etablierte man eine Einteilung in dreizehn sogenannte Myriarchien (khri-skor), womit man Einheiten schuf, die die alte Einteilung in Fürstentümer praktisch völlig ersetzte. An der Spitze solcher Myriarchien stand jeweils ein Verwaltungsbeamter, Khri-dpon genannt, der dem obersten Administrator der Gesamtregion Tibet, dem dpon-čhen, direkt verantwortlich war. Der dpon-čhen stand auch den drei Militärverwaltungen vor. Für Tibet erbrachte diese Neuorganisation somit eine bedeutende Umschichtung alter Sozial- und Herrschaftsstrukturen.

Mit der Ernennung 'Phags-pas zum Kaiserlichen Erzieher war nicht etwa nur der formale Akt einer bloßen Titelverleihung vollzogen worden. 1264 bekam die buddhistische Lehre ihre Selbstverwaltung. Ein Amt für buddhistische Angelegenheiten wurde geschaffen und dem kaiserlichen Erzieher unterstellt. Das Amt war zuständig für alle Angelegenheiten, die den buddhistischen Kult, die Geistlichen und Anhänger Buddhas betrafen, und war mit der Verwaltung Tibets beauftragt. Qubilai hatte somit an 'Phags-pa und an dessen Nachfolger mit der Amtsstellung eines Reichserziehers die Verfügungsgewalt über die Region Tibet übertragen. Obwohl die Kaiser alle bedeutenden Amtsträger in Tibet direkt ernannten und die Kaiserlichen Lehrer nur als bestallte Amtsträger in Erscheinung traten und obwohl die tibetischen Amtsträger sich vornehmlich mit sinomongolischen Amtstiteln schmückten, blieb Tibet in der Staatsorganisation der Yüan-Zeit eine besondere Einheit, die mehr im

Sinne eines Lehensverhältnisses als in dem einer vollgültigen Einbeziehung in den zentralistisch ausgerichteten Yüan-Staat verwaltet wurde. So war es denn aufgrund dieser Sonderstellung kein Wunder, wenn Tibet mit dem Ende der Yüan-Dynastie im Jahre 1368 nahezu zwanglos alle politischen Bindungen an das Chinesische Reich abstreifte und als eigenes, zentralregiertes Staatsgebilde in Erscheinung trat. Vorausgegangen war dieser Loslösung die Übernahme der Zentralmacht in Tibet durch Byaṅ-čhub rgyal-mchan aus dem Hause Phag-mo gru im Jahre 1354, welcher der letzte Mongolenkaiser völlig tatenlos hatte zusehen müssen. Dies allein macht schon deutlich, daß die Loslösung Tibets von China im 14. Jh. nicht das Ergebnis eines politischen Antagonismus zwischen Tibet und China darstellte, sondern als Endpunkt einer politischen Desintegration zu betrachten ist, die die schwache chinesische Zentralmacht nicht mehr beeinflussen konnte.

Mit der Wahl Qubilais zum Großkhan war die politische Vormachtstellung des Sa-skya-Hauses keineswegs automatisch endgültig abgesichert worden. Dies machte 1267, 1277, 1281 und 1290/91 wiederholte militärische Aktionen der Mongolen zur Absicherung der Machtposition des Sa-skya-Hauses notwendig, die 1291 mit der Zerstörung des Klosters 'Bri-khuṅ zur vorläufig endgültigen Befriedung Tibets führten. Die folgenden sechzig Jahre bildeten dann eine Periode außerordentlicher Prosperität in Tibet. Die Grundlage dazu bildete die Sonderbeziehung zwischen dem buddhistischen Yüan-Kaiser als Gabenherrn und den tibetischen Kaiserlichen Lehrern als Geistlichen. Schon die Söhne Qubilais wurden teilweise von buddhistischen Priestern erzogen. Der buddhistischen Kirche insbesondere in Tibet erwuchsen hieraus große materielle Vorteile, so daß von chinesischer Seite sogar Klage erhoben wurde, daß die Hälfte des Nationalvermögens der Chinesen nach Tibet transportiert werde. Der Zufluß großer finanzieller Mittel bedeutete einen unübersehbaren kulturellen Aufschwung des dünnbesiedelten tibetischen Gebirgslandes. Schließlich bewirkten bedeutende Landschenkungen, daß die buddhistischen Klöster in Tibet zu Großgrundbesitzern aufstiegen, die bald ein ebenso bedeutender

Wirtschaftsfaktor waren wie die Güter des überkommenen und des neuetablierten Adels.

Auswahlbibliographie

SCHULEMANN (1911) 29–54 = SCHULEMANN (1958); TUCCI (1949) 7–24; RATCHNEVSKY (1954); LI (1960) 18–24; PETECH (1966) 329ff.; SHAKABPA (1967) 61–72; HAMBLY (1966) 259f.; KOLMAŠ (1967) 18–26; KWANTEN (1974); SNELLGROVE/RICHARDSON (1968) 144–152; STEIN (1972) 77ff.; SCHUH (1976); SCHUH (1977); SZERB (1980), (1980a); WYLIE (1977), (1984).

DAS KHANAT TSCHAGHATAI

Von Michael Weiers

Sprechen wir von einem mongolischen Teilreich Tschaghatai, benannt nach Tschinggis Khans zweitältestem Sohn (gest. 1242), der von seinem Vater dasjenige Gebiet erhielt, das wir heute mit Mittelasien und den westlichen Teilen Zentralasiens gleichsetzen, sollten wir uns sogleich vor Augen halten, daß es sich hier keinesfalls um ein mongolisches Staatsgebiet handelt, das in seiner Gesamtheit mit dem Il-Khanat in Iran oder mit dem mongolischen Yüan-Khanat in China verglichen werden könnte. Allein schon die gebräuchliche Benennung Khanat Tschaghatai läßt sich vor dem Hintergrund, daß dieses Gebiet sich vielfach mit demjenigen, das Tschinggis Khan seinem dritten Sohn Ögödei übereignet hatte, territorial überschnitt, historisch eigentlich kaum rechtfertigen. Die nicht eindeutig bestimmte territoriale Grenze zwischen den Machtbereichen der beiden Tschinggis-Khan-Söhne führte dazu, daß jeder der beiden Brüder mitunter im gleichen Bereich Befehlsgewalt ausübte, wodurch Spannungen zwischen dem Klan des Tschaghatai und dem des Ögödei unvermeidlich waren. Über Einzelheiten solcher Auseinandersetzungen sind wir zwar nicht unterrichtet, doch ist wohl anzunehmen, daß sie in den für die mongolische Klangesellschaft typischen Rangeleien und Kleinkriegen um Territorien und Untertanen ihren Niederschlag fanden.

Mag sich die Intensität dieser Auseinandersetzungen nach der Erhebung des Tschinggis-Khan-Nachfolgers Ögödei zum Großkhan der Mongolen (1229–1241) auch etwas abgeschwächt haben, so läßt sich doch zumindest für das östlich gelegene Areal des Khanats auch weiterhin keine Stabilisierung erkennen, die uns erlaubt, von einer auch nur staatsähnlich verwalteten Ostregion zu sprechen. Eine derart verwaltete Region entwickelte sich hingegen unter muslimischem Einfluß im Süden des Tschaghatai-Khanats. Hier war es der von Ögödei in Ḫuğand als Statthalter über Transoxanien eingesetzte Kaufmann Maḥmūd Yalawatsch, der das Land nach den Zerstörungen des Mongolensturms wieder zur Blüte brachte. Die Auseinandersetzungen der beiden im Tschaghatai-Khanat Befehlsgewalt ausübenden Brüder machten sich zwar auch hier noch nach der Thronbesteigung des Ögödei in der eigenmächtigen Absetzung des Maḥmūd Yalawatsch durch Tschaghatai bemerkbar, doch konnten sie das weitere Aufblühen der Region unter dessen Sohn Mas^{c}ūd Beg, den wiederum Ögödei ernannt hatte, nicht beeinträchtigen.

Auch die Regentschaft der Töregene, der Frau des Ögödei, die nach dem Tode ihres Mannes von Ende 1241 bis 1246 herrschte, sodann die kurze Regierung des Großkhans Güyük, des Sohnes des Ögödei und der Töregene (von 1246 bis 1248), sowie die nachfolgende Regentschaft der Oghul Ghaimysch, der Frau des Güyük, bis 1251, beließen Mas^{c}ūd Beg als Statthalter in Transoxanien.

Mit Großkhan Möngke, dem ältesten Sohn des jüngsten Tschinggis-Khan-Sohnes Tolui, gelangte dann 1251 eine neue Klanlinie aus dem Hause Tschinggis Khan an die Macht. Mit diesem Herrscher wurde die Linie des Ögödei-Klans als Träger der Würde des Großkhans zur Abdankung gezwungen, und die Aufdeckung einer angeblichen Prinzenverschwörung gegen Möngke, ausgehend von den Klanen des Ögödei und des Tschaghatai, tat ein übriges, vor allem die Ögödeiden auszuschalten. Damit waren auch die mit der Linie des Tschaghatai bzw. Ögödei verbundenen Klane und deren angestammte, im Osten des Khanats Tschaghatai sich überschneidenden Gebiete, die nunmehr der Ergene Khatun, der Witwe des Khara-Hülegü, eines Enkels des Tschaghatai, unterstellt wurden, politisch ziemlich ins Abseits geraten.

Ganz anders lagen die Dinge hingegen für Mas^{c}ūd Beg im Süden des Khanats. Obwohl er in Transoxanien zunächst als Statthalter von Ögödeis und dessen Klans Gnaden die Herrschaft ausübte, scheint er sich noch rechtzeitig auf die Seite des Möngke, d. h. auf die Klanlinie des Tolui geschlagen zu haben, ohne daß ihn diese Parteinahme sein Amt gekostet hätte. Nach der Thronbesteigung des Möngke 1251 wurde dann sein Verwaltungsgebiet und damit auch sein Einfluß erheblich erweitert. Trotz dieses Machtzuwachses arbeitete Mas^{c}ūd Beg auch in der Folgezeit mit den Mongolen im Osten des Khanats eng zusammen, obwohl damals schon die Konturen einer Entwicklung, die mit dem Zerfall des Khanats Tschaghatai in einen östlichen Teil und in ein selbständiges Transoxanien enden sollte, recht deutlich zutage traten.

Vorerst aber spielten Mas^{c}ūd Beg und Ergene Khatun, also die damaligen Repräsentanten des Khanats Tschaghatai, gemeinsam eine delikate Rolle bei einer der Folgeerscheinungen, die sich aus dem zwischen den Brüdern des Möngke, Khubilai und Arigh Böke, entbrannten Kampf um den Thron des im September 1259 gestorbenen Großkhans Möngke ergaben. Khubilai, der von Möngke lediglich als Khan über das Teilreich China vorgesehen war, hatte sich am 5. Mai 1260 in seiner nordchinesischen Sommerresidenz K'ai-p'ing-fu zum Großkhan ausrufen lassen. Damit war er gegen seinen noch von Möngke durch die Übergabe des Herrschersiegels aus Nephrit zum Nachfolger als Großkhan ausersehenen Bruder Arigh Böke, der in der mongolischen Hauptstadt Qara-Qorum saß, angetreten. Seinem Vorgehen verlieh Khubilai noch dadurch Nachdruck, daß er für Arigh Böke die Getreidezufuhr von China ins Zentralkhanat sperrte. Arigh Böke entsandte darauf den Tschaghatai-Prinzen Algu nach Westen, damit dieser von dort aus die Getreideversorgung sicherstelle. Algu jedoch dachte nicht daran, seinen Auftrag zu erfüllen, sondern brachte wesentliche Teile des Khanats Tschaghatai an sich. Ergene Khatun und Mas^{c}ūd Beg beklagten sich zwar zunächst noch darüber bei Arigh Böke. Dieser zog auch gegen Algu zu Feld, unterlag aber nach anfänglichen Erfolgen und zog sich fürs erste zurück. Darauf gingen Ergene Khatun und Mas^{c}ūd Beg den Weg des geringsten Widerstands und verbündeten sich eiligst mit Algu: Ergene Khatun wurde die Frau des Algu und Mas^{c}ūd Beg sein Statthalter in Samarqand und Buḫārā. Damit hatte das Khanat Tschaghatai bis zum Tod des Algu im Jahre 1264 einen tschaghataischen Herrscher, der sich auch

Teile im Osten des *ulus* („Staatsvolk") Dschötschi unterwarf, es aber verabsäumte, aufgrund seiner Machtstellung eindeutige Abgrenzungen festzulegen zu den Klangebieten des Ögödei, mit dessen Enkel Khaidu, einem erklärten Feind des Khubilai in China, er dauernd in Kämpfe verwickelt war.

Die Beziehungen des Khanats Tschaghatai unter Algu und seinen Nachfolgern zu den übrigen Mongolenkhanaten, die nunmehr als Nachfolgestaaten des nicht zuletzt durch Khubilai endgültig aufgelösten mongolischen Großreichs de facto eine mehr oder weniger eigenverantwortliche Existenz führten, waren geprägt von durchaus eigenständigem Handeln. Nähere Verbindungen entwickelten sich im Laufe der Zeit vor allem zu Sarai, der Hauptstadt der Goldenen Horde.

Die Folgen des Unvermögens, über den Schatten der angestammten mongolischen Klanpolitik, die in rivalisierenden Rangeleien und Gebietseroberungen ohne begleitende Verwaltungsakte bestand, springen zu können, wurden nach dem Tod des Algu in den Streitigkeiten um seine Nachfolge wirksam. Vorübergehend stand das Khanat so unter der Befehlsgewalt rivalisierender Prinzen wie Mubāraq Schāh und Burāq, bis schließlich die wirkliche Macht der schon erwähnte Enkel des Ögödei namens Khaidu erlangte.

Khaidu war es auch, an den sich 1269 Möngke Temür, der Khan der Goldenen Horde, wandte, um durch ihn seinen bisherigen mongolischen Erzfeind, das Il-Khanat in Iran, angreifen zu lassen, nachdem er selber 1268/69 mit dem damaligen Herrscher des Il-Khanats, Abaqa, offensichtlich einen Scheinfrieden geschlossen hatte. Derselbe Khaidu band darauf auch mit Hilfe seines damaligen Vasallen (oder Mitherrschers?) Burāq die ilkhanischen Kräfte 1270 im Nordosten des Il-Khanats und blieb danach bis 1276 für die Mongolen in Iran eine dauernde Bedrohung, gegen die diese sich durch wiederholte Gegenangriffe zur Wehr setzten.

Durch die langjährigen kriegerischen Auseinandersetzungen zwischen den mongolischen Khanaten Tschaghatai und Il-Khanat auf der einen und durch den regen Briefwechsel des Il-Khanats mit dem lateinischen Westen auf der anderen Seite wurde

Khaidu sicherlich schon in den 70er Jahren den Machthabern Europas bekannt, obwohl sich die Kurie als einer der wichtigsten Vertreter des lateinischen Abendlandes erst 1289 unter Papst Nikolaus IV. direkt an ihn wandte. Der auf den 13. Juli 1289 datierte, von Rieti aus mit der Adresse *Caydono principi Tartarorum illustri* gesandte Brief forderte Khaidu auf, sich zu bekehren und taufen zu lassen. Die Gründe dafür, daß der Papst gerade damals an Khaidu schrieb, sind möglicherweise in der bedeutenden Förderung, die der Il-Khan Arghun eben zu dieser Zeit dem Christentum im Il-Khanat angedeihen ließ, zu suchen. Entsprechend dem Rubrum des Briefs ... *cuidam principi Tartarorum* ..., „... einem gewissen Fürsten der Tartaren ...", glaubte der Papst offensichtlich, daß Khaidu ein dem Il-Khan, den er mit *rex*, „König", zu betiteln pflegte, untergebener Fürst sei. Ob Khaidu den Brief erhielt und ob er darauf reagierte, wissen wir nicht.

Innenpolitisch wurde Khaidu besonders 1269 durch das Einberufen eines Reichstags tätig. Auf diesem Reichstag war er bemüht, die damals schon zutage getretenen Konturen eines Süd-Nordost-Gefälles dahingehend zu regeln, daß er Vorkehrungen zum Schutz des Kulturlands Transoxanien im Süden vor Übergriffen seitens der mongolischen Steppen- und Reiternomaden im Nordosten traf. Mit der Verwaltung des Kulturlandes beauftragte er wiederum Mas^{c}ūd Beg und nach ihm auch seine beiden ältesten Söhne. Beschlossen wurde auf diesem Reichstag am Talas auch die Allianz zwischen den Klanlinien des Tschaghatai und des Ögödei gegen die Linie der Toluiden, die in Iran und China herrschten. Folgen dieses Beschlusses waren die danach zahlreichen Kämpfe mit den Mongolen Irans und Chinas.

Khaidu, der sich verschiedentlich mit qā'ān, „Großkhan", betitelte, und den muslimische Quellen als gerecht, freigebig und mild darstellen, vermochte das Khanat Tschaghatai bis zu seinem Tode im Jahre 1303 de facto unter der Vorherrschaft der Ögödeiden zu halten. Ihm folgte im gleichen Jahr sein Sohn Tschapar, der sich jedoch gegenüber dem schon seit 1282 mitherrschenden Duwa aus der Klanlinie des Tschaghatai bei weitem nicht so durchzusetzen vermochte wie sein Vater Khaidu. Zunächst freilich war Duwa dem zeitgenössischen, arabisch schreibenden Historiker Ǧamāl Qaršī aus dem mittelasiatischen Almalyq zufolge noch „die starke Säule“ der Macht des Tschapar, und der Il-Khan Öldscheitü erwähnte Duwa und Tschapar in seinem Brief an König Philipp den Schönen von Frankreich vom Juni 1305 noch als gleichberechtigte Herrscher. 1305/06 kam es aber schon zum ersten Zerwürfnis zwischen den beiden Khanen. Duwa lenkte zwar bald darauf ein und bezeichnete die ausgebrochenen Kampfhandlungen als „Leichtsinn“, doch die Klanangehörigen des Duwa waren offensichtlich anderer Ansicht. Sie vermochten Duwa von der Notwendigkeit einer Entmachtung der Ögödeiden zu überzeugen, so daß er schließlich damit einverstanden war, sich sogar mit fremder Waffenhilfe des Tschapar zu entledigen. Die Auseinandersetzungen zwischen den Klanen setzten sich auch noch nach dem Tod der beiden Khane (1306) fort bis 1309 und zogen auch das südliche Kulturland arg in Mitleidenschaft. Erst auf dem Qurultai (Reichstag) von 1309, den ein Sohn des Duwa, Prinz Kebek, einberufen hatte, fanden sie dann ihr Ende, wobei die Ögödeiden aller ihrer Gebiete verlustig gingen, soweit sie nicht von den Prinzen dieser Linie schon vorher aufgegeben worden waren. Damit herrschten im Khanat Tschaghatai zwar nunmehr die Klane aus der Linie des Tschaghatai, doch der Preis dafür waren irreparable Schäden vor allem auch im Norden des südlichen Kulturlandes. Selbst die halbnomadischen Tschaghatai-Herrscher der Folgezeit zogen es deshalb vor, im noch einigermaßen intakten Süden des südlichen Kulturlandes zu residieren.

Der folgende Herrscher Esen Buqa (1309–1318) hatte sich während seiner Regierungszeit zusammen mit seinem jüngeren Bruder Prinz Kebek vor allem der aus Khara Khodscha eingedrungenen mongolischen Truppen des Yüan-Khanats China zu erwehren. Bei den Kämpfen im Grenzgebiet, das Esen Buqa verwüstete, damit im Falle eines Sieges der Gegenseite dem Feind nichts Brauchbares in die Hände fiele, unterlag schließlich der Tschaghatai-Herrscher. Unter großen Opfern und erdrükkendem Nahrungsmangel mußte er sich durch das vorher von ihm selbst verödete Land zurückziehen.

Dem glücklosen Esen Buqa folgte sein Bruder Kebek als Khan (1318–1326). Ihn versuchte Özbeg, der Khan der Goldenen Horde, nach dem Vorbild der Möngke-Temür-Regierung zum Kampf gegen das Il-Khanat anzustiften (vgl. oben). Özbeg hatte jedoch kein Glück. Kebek erklärte sich als zu schwach für ein solches Vorhaben. In Wirklichkeit aber sah dieser Herrscher, obwohl er noch kein Muslim geworden war, in vielen für das muslimische Il-Khanat typischen Gegebenheiten nachahmenswerte Vorbilder für sein eigenes Khanat, und deswegen lehnte er wohl einen Krieg gegen den südwestlichen Nachbarn ab. Eine der im Tschaghatai-Khanat von ihm nach ilkhanischem Vorbild eingeführten Neuerungen war das Prägen von Münzen mit seinem Namen. Diese Münzen wurden in der Folgezeit nach ihm *kebekī*, „die Kebekischen", genannt.

Mit Tarmaschirin (1326–1334) erhielt das Tschaghatai-Khanat offiziell seinen ersten muslimischen Khan, will man nicht den Prinzen Mubārak Schāh, der einigen Quellen zufolge als Nachfolger des Algu 1266/67 angeblich auf Betreiben Khubilais ausgeschaltet worden sein soll, als ersten muslimischen Machthaber ansehen. Obwohl Tarmaschirin muslimische Bruderstaaten angriff – noch 1326 sogar das ilkhanische Ḫurāsān und 1329 das muslimische Sklavenreich in Nordindien –, kam es zu heftigen Auseinandersetzungen mit den im Osten nomadisierenden, konservativen Mongolen, denen er sich als muslimischer Mongolenherrscher im tiefsten Süden des Khanats so sehr entfremdete, daß er nicht einmal mehr die jährlichen Besuchs- und Inspektionsreisen in die Steppengebiete seines Reichs, zu deren Durchführung er als Khan eigentlich verpflichtet gewesen wäre, unternahm. Diejenigen Mongolen, die schamanistische Steppen- und Reiternomaden geblieben waren, sahen in ihm so einen Übertreter der Yasa, des auf Tschinggis Khan und seine Nachfolger zurückgehenden Gesetzes. Der offene Krieg, der nun zwischen den zu schīʿitischen Muslimen gewordenen Mongolen des Südens und ihren im Osten des Khanats lebenden Volksgenossen ausbrach, dauerte über den Tod des Herrschers hinaus an und fand erst mit der Abtrennung des Südens, d. h. Transoxaniens, in den Jahren 1346/47 ein Ende.

Die sowieso stets labile Einheit des Tschaghatai-Khanats war damit endgültig zerbrochen, und wir können nunmehr von zwei deutlich unterschiedenen Herrschaftsbereichen sprechen: dem „Südreich“ Transoxanien, das Ende der 40er Jahre des 14. Jh. unter die Herrschaft türkischer Emire gelangte, sowie dem „Ostreich“, in dem rivalisierende Mongolenfürsten, von denen einige wieder der Linie des Ögödei angehörten, um die Vorherrschaft kämpften.

In diesem vorerst noch nicht muslimischen, den ursprünglichen mongolischen Traditionen verbunden gebliebenen Ostteil des auseinandergebrochenen Tschaghatai-Khanats gelangte 1348 ein Enkel des Duwa namens Tughlukh Temür an die Macht. Unter ihm bildete sich nordöstlich des Syr-darja im Siebenstromland erneut ein mongolisches Tschaghatai-Khanat heraus, das die Muslime des Südens Moghulistan, „Mongolenland“, nannten und deren mongolische Bewohner sie als *ǧatah*, „Räuber“, bezeichneten. Einfälle des Tughlukh Temür in Samarqand und Buḫārā mußten diese Benennung der Mongolen in den Augen der bereits stark durchmischten muslimischen Turk-Mongolen des südlichen Kulturlandes durchaus gerechtfertigt erscheinen lassen.

Mit der Annahme des Islams um 1353 und mit der Umsiedlung in die Städte Aksu und später Kaschgar leitete Tughlukh Temür dann selber den Untergang des mongolischen Khanats Tschaghatai auch im Nordosten ein. Zwar konnte nach seinem Tod 1362/63 sein Sohn Ilaskhodscha, von dem wir sogar noch aus dem Jahre 1369 einen mongolischsprachigen Freibrief besitzen, die mongolische Herrschaft zunächst noch erhalten, doch die nicht mehr enden wollenden blutigen Fehden mit der kaschgarischen Familie Dughlat und vor allem die verheerenden Einfälle Timurs aus dem Süden führten bis zum Ende des Jahrhunderts dann endgültig zum Niedergang des mongolischen Khanats Tschaghatai.

Die sehr knappe Darstellung der politischen Geschichte des Khanats Tschaghatai beruht auf einer aufgrund sehr widersprüchlicher Angaben sowohl unsicheren, als allgemein auch reduzierten Quellenlage. Die uns deswegen meist nur in Umrissen faßbare Geschichte dieses Khanats erlaubt uns indes aus ihrem von abgesichertem Faktenmaterial nicht gerade überwucherten Kontinuum eher Hypothesen über mögliche Grundmechanismen generell für das Zusammenleben zweier Kulturebenen, nämlich der der Reiter- und Steppennomaden auf der einen und der der städtisch ausgerichteten Kulturlandschaft auf der anderen Seite, herzuleiten, als dies für vergleichbare Fragestellungen bei Staaten mit reicherem und damit komplexerem Faktenmaterial möglich wäre. Eine für diese Blickrichtung günstige areale Verteilung, die Konzentration der in sozialer Hinsicht dem Klanwesen verpflichteten mongolischen Nomaden im Osten und die einer dem verwalteten Kulturland unterstellten Bevölkerung im Süden des Khanats, kommt solch einem Versuch der Hypothesenbildung natürlich noch zusätzlich entgegen.

Soweit der Verlauf der Geschichte des Khanats Tschaghatai betroffen ist, hat sich hinsichtlich der angesprochenen Grundmechanismen gezeigt, daß die für die mongolische Klangesellschaft ganz untypische Lebensweise einer städtischen, relativ zentral verwalteten Gesellschaft von Kulturlandbewohnern ohne allzu große Behinderung aufzublühen vermag, wenn sie zum einen grundsätzlich die Oberherrschaft der mongolischen Klangesellschaft anerkennt und sich den stets möglichen inneren Machtwechseln anzugleichen versteht, zum andern aber die mongolische Klangesellschaft selber gleichzeitig in begrenzte Auseinandersetzungen innerhalb ihrer Klangesellschaft verwikkelt bleibt. Dieses Äquilibrium scheint für ein Gebilde wie das Khanat Tschaghatai sowie für dessen Fortbestand unabdingbar notwendig gewesen zu sein. Den Ögödeiden Khaidu mag auf der Reichsversammlung von 1269 (vgl. oben) eine ähnliche Einsicht bei seinem Versuch, das Süd-Ost-Verhältnis im Khanat zu regeln, geleitet haben. Jede Störung dieses Gleichgewichts gefährdete das Zusammenleben der ungleichen Partner, sei es, daß dadurch eine der beiden Schichten der anderen ihr Konzept aufzwang (etwa bei intensiveren Auseinandersetzungen innerhalb der Klangesellschaft, die wegen erforderlicher Ressourcen nunmehr auch das Kulturland in Mitleidenschaft zog), oder sei es, daß das Kulturland sich einer ihm eher zusagenden kulturellen Richtung anschloß, die es dann der Klangesellschaft in einem dialektischen Prozeß derart entfremdete, daß aus Partnern zwei eigenständige Größen oder gar Feinde wurden.

In Hinblick auf derartige Grundmechanismen läßt sich abschließend sagen, daß die an gesicherten Fakten relativ beschränkte Kenntnis von der Ereignisgeschichte des Khanats Tschaghatai, für die uns nicht einmal die Namen aller Herrscher, geschweige denn deren Handlungen oder gar Regierungszeiten ganz sicher greifbar sind, eher grundsätzliche Hinweise auf ähnliche, aber mehr verdeckt existierende Mechanismen in der Geschichte anderer Mongolenkhanate zu liefern vermag als das Bild eines eigenen vollständigen Geschichtsprozesses.

Ergänzende und weiterführende Literatur

Bartol'd (1898); Barthold (1928), (1962), (1962a); Franke (1968), (1970), (1977); Pelliot (1959–73) 250–254; Skrine/Ross (1899); Strange (1905); Tomaschek (1877) 67–184; Weiers (1967a); Yule (1966) III 3–35, 85, 87, 132, 188, 190; IV 160–166, 189–191, 239; Zambaur (1976) 248/49 unter 235.

DIE MONGOLEN IN IRAN

Von Michael Weiers

Der so spektakuläre Westfeldzug der Mongolen, der zwischen 1237 und 1242 mongolische Reiterheere aus Innerasien bis Ost- und Südosteuropa vordringen ließ, macht nur zu leicht vergessen, daß diese Kampagne keineswegs auch erneut den Mittleren Osten, der zwischen 1219 und 1225 erstmals verheert wurde, mit einbezog. Ihn endgültig zu erobern, planten die Mongolen erst 1251, und zur Durchführung gelangte das Unternehmen sogar erst ab September 1255. Die Stoßrichtung beschränkte sich dabei nicht nur auf ein Gebiet, das dem des heutigen Staates Iran entspricht, sondern zielte auch ab auf Territorien, die im heutigen Afghanistan, im Iraq, in Syrien und Palästina sowie in Anatolien, der heutigen Türkei, lagen. Die Zentren mongolischer Macht jedoch befanden sich damals auf den Hoch- und Schwemmlandebenen Aserbaidschans, und zwar meist in dem Teil, der heute zu Iran gehört. Aus diesem Grunde bezeichnen wir die Mongolen, die zu jener Zeit im Nahen Osten herrschten, pauschal als die Mongolen in Iran.

Die Geschichte der Mongolen in Iran überliefern in erster Linie nicht Mongolen oder gar Chinesen, sondern sie ist vornehmlich niedergelegt in Quellen, deren Autoren dem iranischen Kulturkreis bzw. dessen Einflußbereich entstammen. Abgefaßt sind sie in den Sprachen Persisch, Armenisch und Syrisch und ergänzt in mannigfacher Hinsicht durch arabischsprachige Nachrichten besonders aus Ägypten.[1] Meist handelt es sich bei diesen Quellen um zeitgenössische Aufzeichnungen, die der Tradition zuzurechnen sind. Daneben existieren in Form

[1] Vgl. oben Kapitel ›Nahöstliche und europäische Quellen‹ unter A. I a), b), c), e).

von Briefen auch Überreste, unter denen sich neben lateinisch- und persischsprachigen auch mongolischsprachige Schreiben befinden.[2] Einige dieser wichtigen Briefdokumente bezeugen für die Außenbeziehungen der Mongolenherrscher in Iran im Gegensatz zu den Herrschern des mongolischen Großreichs bzw. zu den meisten mongolischen Herrschern der anderen mongolischen Teilreiche eine aktiv von den Mongolen ausgehende Politik, die den Abschluß von Bündnissen mit westeuropäischen Herrschern auf gleicher Ebene im Auge hatte. Die Geschichte der Mongolen in Iran unterscheidet sich schon aus diesem Grunde in wesentlichen Zügen sowohl von der geschichtlichen Entwicklung im mongolischen Großreich als auch von der in den anderen mongolischen Teilreichen.

Die Anfänge der Herrschaft der Mongolen in Iran reichen noch in die Epoche des mongolischen Großreichs zurück. Der 1251 mit der Eroberung des Nahen Ostens betraute Prinz Hülegü, ein Bruder des seinerzeitigen Großkhans Möngke, zeigte sich in seinem Auftreten deswegen auch noch ganz konform mit dem zu jener Zeit von den Mongolen als selbstverständlich vertretenen Anspruch auf die Weltherrschaft. Die Machthaber des Nahen Ostens ließ er so ab September 1255 von Samarqand aus kurz und bündig wissen, daß sie sich jetzt den Mongolen zu unterwerfen hätten. Die meisten der Angesprochenen wußten nur zu gut, was diese Aufforderung bedeutete, und fügten sich. Die sich widersetzenden Assassinen und die Abbasiden schaltete Hülegü dann 1257 und Anfang 1258 aus, und bis Anfang 1260 wurden auch Aleppo (24. Januar) und sogar Damaskus (1. März) mongolisch.[3] Während der Jahre 1257 bis 1259 zeichneten sich allerdings zwischen dem mongolischen Khanat Goldene Horde und den Besitzungen des Hülegü wachsende Spannungen ab, die schließlich in eine offene Feindschaft mündeten.[4] Als dann mit

[2] Mansi (1790) col. 80; Chabot (1895) Appendix I; Sykes (1921) Bd. 2, 100; Cleaves (1951), (1953); Mostaert/Cleaves (1952), (1962); Pelliot (1922–32); Tisserant (1946); Doerfer (1975); Herrmann-Doerfer (1975), (1975a); Lupprian (1981).

[3] Vgl. oben S. 211.

[4] Vgl. oben S. 212.

dem Tod des letzten noch von den gesamten Mongolen als Großkhan anerkannten Herrschers Möngke (gest. September 1259) das mongolische Großreich endgültig auseinanderbrach, stellte sich Hülegü entschieden auf die Seite seines älteren Bruders Khubilai, der sich in Nordchina zum Großkhan hatte ausrufen lassen und damit gegen den Bruder und designierten Nachfolger Arigh Böke, der in Qara-Qorum saß, aufgetreten war. Seine politische Parteinahme tat Hülegü dadurch öffentlich kund, daß er sich auf Münzen im Gegensatz zu dem von ihm unter Möngke noch gebrauchten Titel *Khan*, „Herrscher" (im Sinne eines Herrschers über ein Teilgebiet im mongolischen Großreich), nunmehr als *Il-Khan*, „Friedensherrscher, untergebener Fürst", bezeichnete. Münzaufschriften, denen hier gegenüber anderen historiographischen Quellenaussagen Vorrang gebührt, belegen dann für die Folgezeit, daß die Mongolenherrscher in Iran den Mongolenherrschern in China den Titel Großkhan bis zum Beginn der Regierungszeit des Ghasan (1295) zuerkannten, auch wenn sie sich dabei selber nicht immer ausdrücklich als Il-Khane betitelten. Unter Ghasan, der sich auf Münzen „der Größte Sultan" nannte und der den auf mongolischen Geprägen bis dahin immer erwähnten und auf die Mongolenherrscher in China bezogenen mongolischen Titel „Großkhan" für iranische Geldstücke abschaffte, verschwand zwar in Iran auch die Bezeichnung Il-Khan als offizieller Titel, doch der Begriff Il-Khan bzw. ilkhanisch blieb als solcher durchaus erhalten, z. B. in dem am Freitag, den 2. März 1302 von Ghasan eingeführten Steuer- bzw. Finanzjahr nach Sonnenzählung, das auch ilkhanisches Jahr genannt wurde. Entsprechend der Selbstbezeichnung Il-Khan bzw. aufgrund der Verwendung des Attributs „ilkhanisch" nennt man das Reich der Mongolen in Iran auch „Il-Khanat", „Ilkhan-Reich" oder „Reich der Ilkhane" und die dieses Reich umfassende Zeitspanne „Ilkhan-Zeit".

An der Schwelle des Übergangs von der Zeit des mongolischen Großreichs zur Epoche der mongolischen Teilreiche, d. i. in den Jahren 1259/60, umfaßte das Mongolengebiet im Nahen Osten, das weiterhin als Il-Khanat eine relativ eigenverantwortliche Existenz führen sollte, unter seinem ersten Herrscher Hülegü ein beträchtliches Territorium. In Anatolien verlief die mongolisch-byzantinische Grenze, die Westgrenze, die zunächst noch von der Landschaft Lykien am Mittelmeer ausging, westlich der heutigen türkischen Stadt Antalya, und dann in NN-östlicher Richtung verlaufend den Mittellauf des Sakarya überquerte und bei Sinope das Schwarze Meer erreichte. Im Norden bildete das Schwarze Meer und das dem Hülegü zugesprochene Kaukasusgebirge einen natürlichen Schutz gegen das feindliche Khanat Goldene Horde. Am Ostufer der Kaspisee setzte sich die Grenze von der Halbinsel Mangyschlak aus nach Osten bis zum Aralsee fort, wandte sich nach Südosten entlang dem Amu-darja bis nördlich der Stadt Balkh im heutigen Afghanistan, um dann in einer nach Süden über das heutige Kabul verlaufenden Linie unweit der modernen pakistanischen Hafenstadt Karatschi den Indischen Ozean zu erreichen. Die Südgrenze zog sich entlang der Küste etwa bis zum Schatt al-Arab im Persischen Golf. Im Südwesten schließlich zählten damals die Gebiete zwischen Bagdad und Damaskus zum unmittelbaren mongolischen Einflußbereich.

Im Januar 1260 war Hülegü in Aleppo, im März des gleichen Jahres in Damaskus einmarschiert. Im April verließ er seine Truppen vorübergehend, da man ihn in der Mongolei erwartete. Schon in Tabris jedoch erfuhr er, daß sich sein Bruder Khubilai in der nordchinesischen Sommerresidenz K'ai-p'ing-fu zum Großkhan hatte ausrufen lassen. Daß diese Ernennung ohne das Plazet der meisten Klanlinien zustande gekommen war und daß Khubilai sich damit quasi selbst ernannt hatte, dürfte ihn kaum gestört haben. Er hatte jedenfalls nichts gegen den neuen Großkhan einzuwenden, fühlte er sich ihm doch schon seit langem eng verbunden. Daß Hülegü allerdings angesichts der neuen Lage im Fernen Osten seine Reise in die Mongolei fortsetzte, ist kaum anzunehmen. Seine Gegenwart im Nahen Osten war auch nur zu nötig, denn während seiner Abwesenheit von den Truppen in Syrien hatte sich unter dem Naiman-Prinzen Kitbuqa, den er noch vor seiner Abreise mit dem Oberbefehl betraut hatte, etwas ereignet, das für die weitere Geschichte des Il-Khanats von großer Bedeutung sein sollte.

Kitbuqa hatte zur Vorbereitung weiterer mongolischer Expansionen den Mamluken Ägyptens nach mongolischer Gepflogenheit durch Gesandte ein Schreiben überbringen lassen, das sie zur Unterwerfung aufforderte. Die Mamluken, eine aus der Sklavengarde der Aiyubidensultane erwachsene Sklavenaristokratie, deren Führer seit 1250 in Ägypten und Syrien als unabhängige Sultane regierten und dort die Macht bis zur osmanischen Eroberung 1517 behalten sollten, dachten jedoch nicht an Übergabe, sondern ließen die mongolischen Gesandten hinrichten. Dieses Vorgehen zog unausweichlich einen mongolischen Straffeldzug nach sich, den ebenfalls Kitbuqa leitete. Mit einer Streitmacht, die nach einschlägigen Quellen 6000–10 000 Mann betragen haben soll, rückte er nach Süden vor. Am 3. September 1260 kam es dann bei ᶜAin Ǧālūt, „Goliathsquell", in Palästina zur Schlacht mit mamlukischen Truppen, deren Führung der Mamluken-Sultan Malik al-Muẓaffar Quṭuz einem gewissen Baibars übertragen hatte. Hier nun geschah das Unerhörte: Die Mongolen wurden vernichtend geschlagen. Die Nachricht von ihrer Niederlage verbreitete sich wie ein Lauffeuer. Die politische Lage der ganzen Region stellte sich mit einem Schlage völlig verändert dar. Die Mongolen mußten nämlich nicht nur Damaskus, sondern auch Aleppo räumen. Damit gehörten die Muslime der Levante zu den großen Siegern, und auch die Templer von Tyrus und Sidon, die, der antimongolischen Grundhaltung des Papstes Alexander IV. folgend, stets offen gegen die Mongolen Front gemacht hatten, konnten sich in ihrer Politik bestätigt fühlen. Auf der anderen Seite ging der christlich-normannische Fürst Bohemund VI. von Antiochien, der mit den Mongolen zusammengearbeitet hatte, seiner syrischen Basen verlustig, und auch die einheimischen syrischen Christen, die mit dem Nestorianer Kitbuqa, den die Mamluken gefangengenommen und hingerichtet hatten, ihren christlichen Beschützer verloren hatten, mußten das Schlimmste fürchten.

Neben der mongolischen Niederlage war es sicherlich diese für die Christen recht schwierig gewordene Gesamtsituation, die die politisch verantwortlichen Kreise des Abendlands beginnen ließ, nun nicht mehr die Mongolen, sondern die ägyptischen

Mamluken unter ihrem neuen Herrscher (seit 23. Oktober 1260) al-Malik aẓ-Ẓāhir *Baibars,* dem Sieger von ᶜAin Ǧālūt, für die gefährlichste Macht im östlichen Mittelmeer und an der Levanteküste zu halten. Aber auch noch durch eine zusätzliche Informationsquelle konnte eine Verschiebung in der Gewichtung des abendländischen Feindbildes begünstigt worden sein. Im Jahre 1260, noch vor der Schlacht bei ᶜAin Ǧālūt, hatte sich nämlich unter Führung des englischen Dominikaners David von Ashby eine christliche Gesandtschaft zu Hülegü begeben. Die Abendländer wurden zuvorkommend empfangen, und ihnen wurde u. a. versichert, daß lateinische Missionare im Il-Khan-Reich von Steuern befreit bleiben würden. Obwohl die Mongolen damals bereits Geistlichen jeglicher Glaubensgemeinschaft dieses Privileg einzuräumen pflegten, konnte das Bekanntwerden dieses Versprechens zusammen mit Nachrichten über die recht prochristliche Haltung des Hülegü durchaus dazu geeignet sein, antimongolische Ressentiments in Westeuropa etwas abzubauen.

Die christenfreundliche Einstellung Hülegüs war bestimmt zu einem beträchtlichen Teil dem Einfluß seiner strenggläubigen nestorianischen Hauptfrau Doquz Khatun zuzuschreiben. Armenische Chronisten wie z. B. Orbelian verglichen damals das mongolische Herrscherpaar ob ihrer prochristlichen Haltung sogar mit Konstantin dem Großen, unter dem das Christentum erstmals zu einer staatlich tolerierten Religion geworden war, und mit dessen Mutter Helena, die das Kreuz Christi aufgefunden haben soll, und sagten von ihnen, daß sie „. . . Werkzeuge der Vergeltung gegen die Feinde Christi . . .“ seien. Tatsächlich übertrug Hülegü sogar wichtige militärische Unternehmungen im Zweistromland, wie z. B. vom Sommer 1261 an die Eingliederung von Mossul oder die Niederschlagung der Rebellion im Bezirk Ǧazīrat Ibn ᶜUmar im Jahre 1262, einem christlichen Prinzen namens Sandaghu. Man sollte aber nicht vergessen, daß wir diese lobenden Berichte armenischen und syrischen Christen verdanken und daß selbst diese Quellen durchblicken lassen, daß Hülegü stark dem Buddhismus zuneigte und auch von buddhistischen Geistlichen beeinflußt wurde. Nach persischsprachigen

Quellen muß das Il-Khanat mit buddhistischen Tempeln, die später unter Ghasan (ab 1295) in Moscheen umgewandelt wurden, übersät gewesen sein. Bedeutender Protektion durften sich unter Hülegü aber auch einheimische muslimische Gelehrte erfreuen, wie z. B. der aus Ḫurāsān stammende šīᶜitische Astronom und Philosoph Nāṣir ad-Dīn Ṭūsī (gest. 26. Juni 1274), der von Hülegü schon 1256 mit der Verwaltung seiner Heimatstadt Ṭūs beauftragt und dann zum Richter ernannt wurde und der unter Hülegü und Abaqa neben der Gründung und dem Ausbau einer Sternwarte in Maragha auch allgemein nicht unbedeutenden Einfluß auf die ilkhanische Politik nahm. Seine *Zīǧ-i īlḫānī,* ›Ilkhanische astronomische Tafeln‹ wurden sogar an den Hof des Khubilai nach China geschickt. Welcher Religionsgemeinschaft Hülegü nun aber letztlich zugehörte, wissen wir nicht. Um so deutlicher gibt dafür die politische Faktengeschichte zu erkennen, daß die große Niederlage von ᶜAin Ǧālūt nicht nur ein militärischer Ausrutscher war, sondern daß Syrien, um ganz zu schweigen von Palästina oder gar Ägypten, von den Mongolen nicht zu erobern war. Eine erneute mongolische Niederlage gegen die mamlukischen Ägypter beim Vorstoß gegen das syrische Ḥims am 10. Dezember 1260 ließ daran keinen Zweifel. Hülegü mußte umdenken. Der bisher von den Mongolen vertretene Anspruch auf die Weltherrschaft ließ sich hier jedenfalls nicht verwirklichen.

Grenzen wurden der ilkhanischen Bewegungsfreiheit aber nicht nur im syrischen Südwesten, der auch in der Folgezeit den Mongolen verschlossen bleiben sollte, sondern ebenso im Kaukasus durch andauernde Angriffe seitens der Goldenen Horde gesetzt. Diese mongolisch-mongolischen Auseinandersetzungen um das Grenzgebirge banden die ilkhanischen Kräfte seit 1261 immer wieder in erheblichem Umfang. Zusätzlich erschwerte die Situation dann noch der Umstand, daß die syrische wie die kaukasische Front jeweils von Gegnern, die zueinander enge freundschaftliche Beziehungen unterhielten, kontrolliert wurden. Unter solchen Bedingungen wäre es Selbstmord gewesen, weiter in den Dimensionen großflächiger Eroberungen zu denken wie zur Zeit des mongolischen Großreichs. Unversehens fand sich der ilkhanische Herrscher so eingebunden in die sehr viel enger gezogenen Grenzen nahöstlicher Politik.

Hülegü trug dieser neuen Gesamtlage Rechnung und berief 1263 einen Reichstag ein, auf dem *Wesire,* „Minister", und *Nā'ib,* „Vertreter (des Herrschers oder der Wesire)", zur inneren Verwaltung der mongolischen Gebiete des Nahen Ostens ernannt wurden.

Möglichkeiten für eine friedliche Außenpolitik zeichneten sich für Hülegü zunächst nur in Blickrichtung auf den christlichen Westen ab. 1262 schickte er eine 24köpfige Gesandtschaft nebst zwei Minoriten als Dolmetschern mit einem Brief zu König Ludwig IX. von Frankreich sowie zum Papst. Die Residenz von Papst Urban IV. in Orvieto erreichte von dieser Gesandtschaft aber nur ein Ungar namens Johannes. Neben den Vorschlägen des Il-Khans für eine militärische Zusammenarbeit teilte dieser dem Papst auch mündlich mit, daß Hülegü sich taufen lassen wolle. In einem Breve ›Exultavit cor nostrum‹, geschrieben nach dem 23. Mai 1263, brachte der Papst seine Freude über den vom Il-Khan gefaßten Entschluß, Christ zu werden, zum Ausdruck und sagte ihm im Falle einer vollzogenen Taufe militärische Hilfe gegen die Mamluken zu. Da Johannes sich nicht als ilkhanischer Gesandter legitimieren konnte, zog es der Papst vor, Wilhelm von Agen, den Patriarchen von Jerusalem, als seinen Legaten zum Il-Khan zu schicken. Das Überbringen der Antwort verzögerte sich deswegen, und das Schreiben des Papstes erreichte Hülegü, der am 8. Februar 1265 in seinem Winterlager am Ufer des Ǧaġatū-Flusses im Alter von 48 Jahren gestorben war, nicht mehr. Ebenfalls verhinderte der Tod des Il-Khans seine Vermählung mit Maria, einer Tochter des byzantinischen Kaisers Michael VIII. Palaiologos, mit dem Hülegü 1261 wahrscheinlich einen Geheimvertrag abgeschlossen hatte.

Hülegü hinterließ ein Reich, das sich in seinem territorialen Umfang nur noch geringfügig ändern sollte und das in seinen innen- und außenpolitischen Aktivitäten schon relativ klare Tendenzen erkennen ließ. Diese übersichtliche Lage ermöglichte es seinem ältesten Sohn und Nachfolger Abaqa, der nach dem Tod der Herrscherwitwe, die am 17. Juni 1265 verschied, im Juni/Juli

1265 die Regierung übernahm, das Erbe trotz der allerseits drohenden Feinde zu bewahren. Den Thron bestieg Abaqa allerdings erst über fünf Jahre später am 26. November 1270 im Rahmen einer feierlichen Reichsversammlung am Ǧaġatū-Fluß, nachdem die Bestätigung für seine Nachfolge vom Großkhan Khubilai in China eingetroffen war. Bis dahin nahm er als Zeichen seiner Loyalität zum Großkhan immer auf einem einfachen Stuhl Platz.

Da Abaqa bis zum Eintreffen seiner Bestätigung politisch nicht einfach untätig hatte bleiben können, war auch eine seiner ersten Unternehmungen sicherlich nicht ganz unpolitischer Natur. Er heiratete Maria, die noch für seinen Vater zur Frau bestimmte Tochter des byzantinischen Kaisers, die nach ihrer Vermählung den byzantinisch-mongolischen Titel Despina Khatun führte. Wie unter Hülegü war damit eine Frau des Il-Khans wiederum Christin, und auch der Herrscher zeigte sich christenfreundlich, obgleich er dem Schamanismus anhing. Allerdings hatte diese Christin keinen so bestimmenden Einfluß auf ihren Gemahl, und als gar eine Verschwörung aufgedeckt wurde, an der auch ein gewisser Isaak, ein christlicher Sekretär des Gouverneurs von Bagdad, beteiligt war, führte das u. a. zu einer strikten Trennung von Herrscherhaus und Kirche. Die Christen fühlten sich deswegen zur Zeit des Abaqa nicht mehr so unmittelbar von oben bevorzugt und gefördert wie zur Zeit des Hülegü, unter dem die einheimische nestorianische (ost- und westsyrische) Kirche wieder zu einer Stellung gelangt war, wie sie sie seit Beginn des 9. Jh., der Zeit ihrer größten Ausdehnung unter dem nestorianischen Patriarchen Timotheus I., nicht mehr besessen hatte. Immerhin aber ließ der neue Il-Khan Münzen schlagen, auf deren Revers ein Kreuzzeichen zu sehen und die Inschrift zu lesen war: „Im Namen des Vaters, und des Sohnes, und des Heiligen Geistes, des einen Gottes."

Außenpolitisch nahm Abaqa 1267 die von seinem Vater begonnenen diplomatischen Verbindungen zum Westen wieder auf. Zunächst schickte er an Papst Clemens IV. eine Gesandtschaft mit einem Schreiben, das man in der Kurie aber nicht lesen konnte, weil es entgegen sonstiger Gepflogenheit in Mongolisch und nicht in Lateinisch abgefaßt worden war, wie der Papst aus Viterbo in seiner Antwort ›Nuper virum nobilem‹ vom 20. August 1267 vermerkte. Für diesen Fauxpas entschuldigte sich der Il-Khan dann ein Jahr später in einem Brief mit der Bemerkung, daß sein lateinischer Schreiber nicht anwesend gewesen sei. Den Inhalt des mongolischen Schreibens von 1267 hatte der Gesandte Abaqas dem Papst erklärt, und der Papst bedankte sich nun u. a. für das Angebot des Il-Khans und seines Schwiegervaters, des Kaisers von Byzanz, den Königen Ludwig IX. von Frankreich und Theobald II. von Navarra bei ihrem geplanten Kreuzzug gegen die Mamluken helfen zu wollen. Nähere Vereinbarungen wurden jedoch nicht getroffen.

Ende 1267 mußte Abaqa erkennen, daß trotz vorübergehender Ruhe im Kaukasus – Abaqa und Möngke Temür schlossen sogar 1268/69 einen Frieden zwischen Il-Khanat und Goldener Horde – dem Reich keine Verschnaufpause gegönnt sein würde, denn aus dem Khanat Tschaghatai drohte Gefahr für das ilkhanische Ḫurāsān. Die hier folgenden Auseinandersetzungen zweier mongolischer Staaten sollten bis 1270 andauern, die ilkhanischen Gegenmaßnahmen große Teile der Kräfte sogar bis 1276 im Nordosten binden.

Besonders kritisch wurde die Lage für das Il-Khanat, als am 17. Mai 1268 die Mamluken Antiochien eroberten. Ein Zweifrontenkrieg schien unabwendbar.

Besondere Bedeutung dürfte Abaqa angesichts dieser Lage der päpstlichen Gesandtschaft beigemessen haben, die unter dem Legaten Jaime Alarich von Perpignan im Sommer 1268 in seinem Lager eintraf und ihm den Brief Clemens' IV. vom 20. August 1267 überbrachte. Abaqa beantwortete diesen Brief sofort. Nach der oben schon erwähnten Entschuldigung für seinen ersten, nur mongolisch geschriebenen Brief, nach Glückwünschen zum Sieg König Karls von Anjou über Manfred, den Sohn Kaiser Friedrichs, und nach Versicherung seiner prochristlichen Haltung kommt er zum ilkhanischen Kernproblem, nämlich dem gemeinsamen Vorgehen gegen die Mamluken. Sein Bruder Edschei käme, so schrieb der Il-Khan, den Kreuzfahrern bereits zu Hilfe, so daß die angekündigte Armee Seiner Heiligkeit und die des

Königs von Aragonien auf der einen, die der Mongolen auf der anderen Seite gegen die nunmehr zwischen zwei feindliche Fronten geratenen Mamluken vorgehen und sie vernichten könnten. Die sehr realistisch klingenden Vorschläge Abaqas, die er durch den Christen Salomon, den Kustos seiner Hofkirche, dem Papst überbringen ließ, gelangten jedoch nicht zur Durchführung. Zwar war Jakob I. von Aragonien Ostern 1269 gleich nach Osten gesegelt, doch hinderten ihn Stürme an einer Landung, und die Könige von Frankreich und Navarra hatten umdisponiert: Nicht mehr Palästina, sondern Tunis war das Ziel ihres dann 1270 durchgeführten Kreuzzuges.

1271 kam es zum zweiten Versuch einer abendländisch-mongolischen Allianz gegen die Mamluken. In Begleitung des Archidiakons von Lüttich, Tebaldo Visconti, des späteren Papstes Gregor X., war der englische Kronprinz Eduard nach dem Scheitern des Kreuzzugs von Tunis nach Akkon weitergesegelt. Von dort aus nahm er Verbindung mit dem Il-Khan auf und schlug ihm vor, in einer abgestimmten Aktion gegen die Mamluken anzurücken. Abaqa vermochte jedoch nur einige Zehntausendschaften von seiner damals bedrängten Nordostgrenze abzuziehen, und Eduard hatte auch nur tausend Kreuzfahrer mitgebracht. Sowohl die englischen Kreuzfahrer als auch die ilkhanischen Einheiten waren so für Baibars, den Herrscher der Mamluken, jeweils leicht in Schach zu halten, und es kam auch diesmal zu keinem gemeinsamen militärischen Vorgehen.

Auf kommerzieller Ebene schloß hingegen das Il-Khanat mit der Handelsmacht Venedig im Januar 1271 einen Handelsvertrag, an dem die schon seit 1264 in Tabris tätige venezianische Kaufmannsfamilie Vilioni nicht unbeteiligt gewesen sein dürfte.

Am 1. September 1271 wurde Tebaldo Visconti in Abwesenheit zum Papst gewählt und am 26. März 1272 als Gregor X. inthronisiert. Schon am 13. April erließ er an alle Bischöfe ein Schreiben, in dem er auf den 1. Mai 1274 das 14. Allgemeine Konzil nach Lyon berief. Auch Abaqa hatte entweder durch die englischen Königssöhne Eduard und Edmund, die sich noch 1272 in Palästina aufhielten, oder von den zur mongolischen Heeresfolge verpflichteten Königen Georgiens und Armeniens vom Konzil gehört und hatte beschlossen, ebenfalls eine Abordnung nach Lyon zu entsenden, um den dort Versammelten seine Pläne zu unterbreiten. Die Abordnung bestand aus zwei Gesandten und ihrem 14köpfigen Gefolge, dem schon unter Hülegü für die Mongolen tätigen Dolmetscher Ricardus sowie einigen Dominikanern, unter denen sich auch David von Ashby befand, der mittlerweile schon fast 15 Jahre im Il-Khanat gelebt hatte und der über seine Verbindungen zu den Mongolen einen Bericht in französischer Sprache vorlegte, der leider 1904 in Turin bei einem Brand vernichtet worden ist. Der mongolischsprachige Brief des Abaqa, den wohl Ricardus ins Lateinische übersetzt hatte, berichtete über Hülegüs Regierungszeit und dessen Verhältnis zum Abendland, ging dann auf seine eigenen Probleme ein und trug erneut den Wunsch nach mongolisch-christlicher Zusammenarbeit gegen die Mamluken vor. Die Ernsthaftigkeit des Wunsches nach Zusammenarbeit wurde am 16. Juli 1274 durch die Taufe von drei Mongolen noch unterstrichen. Von Lyon aus begaben sich die Mongolen dann nach England, Aragón und Sizilien und kehrten danach über Lyon, wo sie von Gregor X. einen Brief für Abaqa entgegennahmen, ins Il-Khanat zurück. In diesem Brief ›Excellentie tue litteras‹ vom 13. März 1275 versprach der Papst dem Il-Khan, vor Ankunft eines christlichen Heeres in der Levante Boten zu schicken.

In Kleinasien war es 1275 zu internen Auseinandersetzungen zwischen den Mongolen und dem Wesir der Rūm-Sultane gekommen. Es ist möglich, daß letzterer den Mamlukenherrscher Baibars ersuchte, für ihn einzugreifen. Jedenfalls besetzten die Mamluken am 10. März 1275 die kleinarmenische Hauptstadt Sīs und drangen weiter vor bis Qaisārīya (heute Kayseri). Auf ihrem Zug richteten die Mamluken zahlreiche Blutbäder unter den mongolenfreundlichen Christen an, doch griff Abaqa zwei Jahre lang nicht ein. Erst 1277 rührte sich mongolischer Widerstand, zunächst ohne Erfolg. Im Juni 1277 rückte dann die große mongolische Armee an und konnte die Ägypter tatsächlich besiegen. Dem geschlagenen Baibars gelang noch die Flucht, aber den völligen Rückzug seiner Truppen erlebte er nicht mehr; am 1. Juli desselben Jahres war er gestorben.

Die mamlukische Bedrohung hatte Abaqa im Sommer 1276 veranlaßt, durch die beiden Gesandten Jakobus und Johannes Vassalli der Kurie ein Schreiben zu überbringen, in dem der Il-Khan den Kreuzfahrern freien Durchzug durch mongolisches Gebiet sowie Nachschub zusicherte und auch seine Kampfbereitschaft hervorhob. Das Angebot würzte Abaqa noch mit der sicherlich nicht zutreffenden Mitteilung, daß der Großkhan Khubilai in China Christ geworden sei und daß er deswegen Missionare brauche, die auch das Herrscherhaus des Il-Khans bekehren sollten. Die ilkhanischen Gesandten begaben sich nach ihrem Besuch beim Papst auch noch an den Hof des französischen und englischen Königs.

Abaqas Brief blieb zunächst unbeantwortet, denn bereits am 10. Januar 1276 war Papst Gregor X. gestorben, und seine drei Nachfolger, Innozenz V., Hadrian V. und Johannes XXI., weilten zusammen nur etwas mehr als ein Jahr noch unter den Lebenden. Erst am 25. November 1277 wurde dann zu Viterbo mit Nikolaus III. ein Papst gewählt, dem noch eine längere Lebenszeit beschieden sein sollte. Inzwischen hatte Abaqa auch noch eine weitere Gesandtschaft an den Hof König Eduards von England geschickt, die dort im März 1277 eintraf und die Dringlichkeit abendländischer Unterstützung gegen die Mamluken herausgestellt hatte.

Im Juni 1277 war es Abaqa, wie schon erwähnt, gelungen, auch ohne abendländische Hilfe gegen die Mamluken einen Sieg zu erringen. Als dann endlich Nikolaus III. auf Abaqas Gesandtschaft vom Sommer 1276 mit zwei Briefen antwortete, von denen der eine, ›Exultavit et exultat‹ vom 1. April 1278, an ihn selber, der andere, ›Plasmator hominis deus‹ vom 4. April 1278, an den Großkhan Khubilai in China gerichtet war, fand der Il-Khan keine Zeit, um auf das päpstliche Begehren nach Taufe und Bekehrung einzugehen oder sich besonders um die vom Papst für ihn und den Khubilai in China geschickten Missionare Gerhard von Prato, Antonius von Parma, Johannes von St. Agatha, Andreas von Florenz und Matthäus von Arezzo zu kümmern. Seit Mitte 1279 mußte er nämlich Unruhen, die in Ḫurāsān und Südpersien ausgebrochen waren, unter Kontrolle bringen. Auch erschien ihm ein geheimes Hilfsangebot, das ihm der mamlukische Statthalter von Syrien, Sonqor al-Aschkar, unterbreitete, für einen Erfolg gegen die ägyptischen Feinde erfolgversprechender als eine Taufe. Das Il-Khanat bereitete sich so auf einen erneuten Waffengang gegen die Mamluken ohne abendländische Hilfe vor. Am Donnerstag, dem 30. Oktober 1281, begann dann unter dem Oberbefehl des Bruders von Abaqa Möngke Temür der Vormarsch gegen das mamlukische Territorium Syrien. Das mongolische Heer kam aber nicht weit. Die ilkhanischen Verbände wurden aufgerieben und entgingen nur mit knapper Not der völligen Vernichtung.

Das erneute militärische Scheitern der Mongolen traf sowohl den Oberbefehlshaber des ilkhanischen Heeres als auch den Il-Khan selber so schwer, daß beide 1282 aus dem Leben schieden, Abaqa im April 1282 zu Hamadan im Delirium tremens.

Nachdem Abaqas Bruder Tegüder am 21. Juni 1282 am sog. Chosroen-Bogen des Sassaniden-Herrschers Chosrau I. Anoscharwan (531–79) in Ktesiphon zum dritten Il-Khan erhoben worden war, schien dem neuen Herrscher eine grundsätzliche Wende in der Politik des Il-Khanats geboten. Hatten doch die bisherigen Bemühungen um eine militärische Allianz mit dem christlichen Abendland kein positives Ergebnis gebracht, und hatte doch die damit parallellaufende antimuslimische Innen- und Außenpolitik die Mamluken, die man nachweislich nicht besiegen konnte, immer wieder als eine Macht, die das Reich existentiell bedrohte, auf den Plan gerufen. Der auf den Namen Nikolaus getaufte Il-Khan trat so aufgrund politischer Überlegungen zum Islam über. Dem Christentum ließ er nun natürlich keine Förderung mehr zukommen, ja, verschiedentlich wurden Kirchen in Moscheen umgewandelt und sogar Franziskaner-Missionare hingerichtet, und die Verbindungen zum christlichen Abendland fanden vorerst ein Ende.

Tegüder, der den Namen Aḥmad annahm und sich den muslimischen Titel *Sulṭān* zulegte, verband mit der politischen Kehrtwendung die Hoffnung, die mamlukische Bedrohung in ein ausgeglichenes Nebeneinander, ja vielleicht sogar in ein Freundschaftsbündnis umzuwandeln. Er schickte deshalb Anfang September 1282 eine Gesandtschaft zum damaligen Mamluken Sultan Qilāwūn nach Ägypten, um ihm seine Hinwendung zum Islam sowie seine Friedensabsichten kundzutun. Die Erwartungen Aḥmads erfüllten sich aber nicht. Zwar zeigte sich Qilāwūn in seinem Antwortbrief vom 3. Dezember 1282 erfreut darüber, daß der Il-Khan Muslim geworden war, doch irgendeinen politisch positiv verwertbaren Hinweis enthielt das Schreiben nicht. Im Gegenteil: Aḥmads Gesandte wurden in Kairo festgehalten. Das war ein Vorgehen, das üblicherweise einen mongolischen Straffeldzug nach sich zog. Die Angelegenheit wurde auch auf einem Reichstag verhandelt und ein Unternehmen gegen Syrien gefordert, doch Aḥmad hielt an seinem promamlukisch-muslimischen Kurs fest und lehnte ab. Eine derartige Haltung wurde nun als ganz und gar unmongolisch empfunden. In Arghun, dem Sohn des Abaqa, erwuchs dem Il-Khan darauf ein Vertreter der mongolischen Sache und erbitterter Rivale, dem die Großen des Il-Khanats immer mehr zuneigten und der versuchte, auch den Großkhan Khubilai im fernen China einzuschalten. Günstig erwies sich hierbei sicherlich, daß der aus China stammende nestorianische Mönch Markos 1280 im Il-Khanat unter dem Namen Yaballāhā zum Metropoliten Nordchinas und ein Jahr darauf als Mār Yaballāhā III. zum Katholikos, dem obersten Patriarchen der Nestorianischen Kirche, gewählt worden war. Eine eindeutig promuslimische Politik zuungunsten des Christentums konnte vor diesem Hintergrund in mongolischen Augen nicht opportun sein. Ein vom Großkhan in China und vielen maßgeblichen Persönlichkeiten des Il-Khanats befürwortetes konservatives mongolisches Lager unter Arghun trat nun an gegen eine progressive muslimische Regierung unter Aḥmad. Es kam zu mehreren Auseinandersetzungen, in deren Verlauf Arghun nach anfänglichen Rückschlägen die Unterstützung rebellischer Gruppen für sich zu nutzen verstand. Der Il-Khan wurde schließlich gefangengenommen und von Arghun einer Gruppe von Gegnern der Aḥmad-Regierung übergeben, die ihn in der Nacht vom 16. zum 17. August 1284 hinrichteten.

Schien mit dem Il-Khan Ahmad erstmals eine Politik auf, die

im nachhinein betrachtet als die damals auf die Dauer einzig machbare und realitätsnahe anzusehen gewesen wäre, so läßt auf der anderen Seite die mongolische Reaktion auf Aḥmads Politik erkennen, daß die Führungsschicht der ilkhanischen Mongolen zwar gegenüber der Politik des mongolischen Großreichs gewaltige Abstriche gemacht hatte, daß sie trotzdem aber immer noch in Maßstäben dachte, die sie vielleicht in China oder vorerst noch in der Goldenen Horde hätte umsetzen können. Gegenüber dem abendländischen Westen und dem muslimisch-mamlukischen Südwesten, besonders aber auch gegenüber den Tendenzen in der eigenen ilkhanischen Verwaltung des Reichs waren selbst diese Maßstäbe noch zu groß dimensioniert. Die inneren Verhältnisse im Reich während der Regierungszeit des Arghun, der als vierter Il-Khan nach Aḥmads Hinrichtung die Macht übernahm, sollten hierfür ein beredtes Zeugnis ablegen.

Der neue Il-Khan Arghun trat die Herrschaft nach einem am 11. September 1284 pro forma abgehaltenen Wahlgang an. Für die Beamten der gestürzten Aḥmad-Regierung fiel die befürchtete Reaktion zunächst bei weitem nicht so schlimm aus, wie man anfangs erwartet hatte. Arghun gewährte den meisten Straffreiheit, so auch dem hochverdienten Minister Šams ad-Dīn Ǧuwainī, dem Bruder des Verfassers der berühmten ›Geschichte des Welteroberers‹. Šams ad-Dīn, der schon unter Abaqa einmal in Ungnade gefallen war und der unter Aḥmad als Erster Minister dessen promuslimische Politik vertreten hatte, wurde sogar wieder als Wesir eingesetzt. Interne Zwistigkeiten brachten ihn dann aber doch noch vor ein Gericht, das ihn wohl nicht ohne Zustimmung des antimuslimisch eingestellten Arghun zum Tode verurteilte. Am 16. Oktober 1284 wurde er dann zusammen mit seinen vier Söhnen hingerichtet.

Das Schicksal des Šams ad-Dīn sollte für die Verwaltung des Reichs unter Arghun symptomatisch bleiben, denn so wie ihm erging es in der Folgezeit vielen erfahrenen und fähigen Kräften, deren promuslimische, mehr auf den engeren Raum des Nahen Ostens sich beschränkende Politik nicht in das Konzept der noch auf größere Maßstäbe angelegten, antimuslimischen Arghun-Regierung paßte. Die Handlungsweise progressiver Kräfte sah man als unverantwortlich an und ahndete sie mit dem Tode. Die Folge war, daß die Verwaltung allmählich unter dem Mangel an erfahrenem Führungspersonal erheblich Schaden nahm, was sich vor allem auf die innenpolitischen Verhältnisse nachteilig auswirkte.

Unter dem konservativen Arghun, der nach altem mongolischem Vorbild allgemein von Verwaltungsakten nicht gerade viel gehalten zu haben scheint, schlichen sich zu allem Überfluß auch noch zwielichtige Gestalten wie Sa^{c}d ad-Daulat, ein jüdischer Arzt aus Bagdad, in das Vertrauen des Herrschers ein. Möglicherweise öffnete ihm die Tür zum Il-Khan, der sich im Laufe der Zeit immer mehr von seiner Umwelt abkapselte, gerade der Beruf des Arztes, dessen Erkenntnisse er vielleicht geschickt in Einklang zu bringen verstand mit den lebenverlängernden Kuren, denen sich der Il-Khan unter Leitung eines indischen Yogis unterzog. Jedenfalls erreichte Sa^{c}d ad-Daulat auch aufgrund von Schilderungen mißlicher Zustände in seiner Vaterstadt, daß ihn Arghun u. a. zwecks Anhebung des Steuersatzes als Beauftragten nach Bagdad schickte. Dort preßte er die Bevölkerung in schamloser Weise aus und begann, von Arghun 1287/88 sogar zum Finanzminister und obersten Wesir ernannt, ganz im Sinne der damaligen mongolischen Reaktion die Muslime hart zu bedrängen. Gleichzeitig erwies er sich als großer Gönner nicht nur seiner Verwandten, sondern auch allgemein der Juden, denen er sich naturgemäß besonders verbunden fühlte. Der von Arghun geduldeten Willkürherrschaft dieses Sa^{c}d ad-Daulat, der die gesamte Innenpolitik des Reichs nachteilig beeinflußte, konnte erst Anfang 1291, kurz vor dem Tod des Il-Khans selber, ein Ende gesetzt werden.

So schwach sich Arghun auch in der Innenpolitik zeigte, so augenfällig gestalteten sich während seiner Regierung die Außenbeziehungen. Sie sind angesichts der innenpolitischen Situation geradezu das Aushängeschild seiner Herrschaft. Damit hatte die konservative Politik des Arghun, mit der er sich an den Il-Khanen Hülegü und Abaqa orientierte, wenigstens etwas Positives vorzuweisen, obwohl auch diesen Unternehmungen letztlich der Erfolg versagt bleiben sollte. Ermöglicht wurde die

Abwicklung dieser Beziehungen durch relativ störungsfreie und ruhige Jahre, während deren lokale Unruhen in Anatolien, Kurdistan und Luristan mühelos eingedämmt werden konnten und die Abwehr von Angriffen des ilkhanischen Erzfeinds Goldene Horde sowie von Einfällen des Khaidu Khan vom Khanat Tschaghatai in Ḫurāsān kaum Schwierigkeiten bereitete. Ungestört blieb so auch die Beziehung zum Großkhan Khubilai in China; erst auf dessen Bestätigung hin bestieg Arghun nach herkömmlicher ilkhanischer Gepflogenheit am 7. April 1286 den Thron. Besonders intensive Beziehungen knüpfte das Il-Khanat unter Arghun zum Abendland an.

Wiederaufgenommen hatte Arghun diese Beziehungen zum Westen mit einem am 18. Mai 1285 von Tabris aus abgesandten Brief. Darin bestätigt er gegenüber dem Papst, dem König von Frankreich und Karl von Anjou unter Berufung auf das 1222/23 von Tschinggis Khan zunächst nur für den muslimischen Klerus erlassene Steuerbefreiungsgesetz erneut für die Christen im Il-Khanat die Steuerprivilegien, die sein muslimischer Vorgänger Aḥmad außer Kraft gesetzt hatte. Zusammen mit dem Brief ließ Arghun dem Papst auch Geschenke schicken, die der Großkhan Khubilai seinem nestorianischen Dolmetscher ᶜĪsā mitgegeben hatte. Neben ᶜĪsā aus Peking gehörten zur Abgesandtschaft des Il-Khans die Gesandten Buqa, Menglik und der Genuese Thomas Anfossi sowie der italienische Dolmetscher Ugueto.

Der Brief enthielt u. a. auch eine für den Papst zweifellos sehr bedeutsame Nachricht. Arghun versprach nämlich, daß er so wie der Großkhan, wie sein Großvater Hülegü und wie sein Vater Abaqa die Christen schützen wolle. Der Il-Khan hat dieses Versprechen in der Folgezeit auch wirklich gehalten. In der Förderung des Christentums trachtete er danach, die beiden ersten Il-Khane sogar noch zu überflügeln, wobei außenpolitisches Kalkül und persönlicher Ehrgeiz gleichermaßen eine Rolle gespielt haben mögen. Die christliche Religion erreichte jedenfalls unter seiner Regierung bis 1289 im Il-Khanat ihren Gipfelpunkt. Es gehörte damals bei Hofe durchaus zum guten Ton, sich zum Schamanismus, Buddhismus oder Christentum zu bekennen. Der Islam wurde hingegen eher als minderwertig angesehen.

1287 schickte Arghun eine zweite Gesandtschaft nach Rom. Sie traf Papst Honorius IV., der am 12. April 1287 gestorben war, nicht mehr unter den Lebenden. Man mußte so vorlieb nehmen mit den Kardinälen, die sich in Rom zum Konklave eingefunden hatten, das aber wegen der heißen Jahreszeit und dem Fiebertod von sechs Kardinälen unterbrochen und auf den Februar 1288 verschoben worden war. Angesichts der fernen Herkunft des mongolischen Gesandten Rabban Ṣāwmā oder Bar Ṣāwmā, wie sein syrischer Name lautete, nimmt es nicht wunder, daß die Kardinäle viele Fragen zu stellen hatten. Der Gesandte war ein ehemaliger Anachoret, der zwischen 1220 und 1230 in Peking als Sohn eines nestorianischen Geistlichen geboren worden war. Zusammen mit seinem ebenfalls in China geborenen nestorianischen Schüler Markos, einem Uiguren aus dem Önggüt-Gebiet in Nordchina, hatte er sich mit Billigung Khubilai Khans auf eine Pilgerreise nach Jerusalem begeben. In Iran hatten sie vom damaligen Il-Khan Abaqa für den letzten Reiseabschnitt schon die Reisebegleitschreiben erhalten, als die politische Lage sowohl die Weiter- als auch Rückreise verhinderte. So gezwungen, im Il-Khanat zu bleiben, nahmen sie Wohnung in der Residenz des nestorianischen Katholikos Denḥā II., der den erst 34jährigen Markos 1280 zum Patriarchen für Nordchina ernannte. Der nur mäßig gebildete, des Arabischen und Syrischen kaum mächtige Markos wurde dann nach dem Hinscheiden Denḥās II. im Juli 1281 wegen seiner Vertrautheit mit Sprache und Sitte der herrschenden Mongolen als Mār Yaḇallāhā III. zum neuen Katholikos der nestorianischen Kirche gewählt. Mit Arghun verband den Katholikos aus China eine vertrauensvolle Freundschaft, so daß der Il-Khan nicht gezögert hatte, auf seinen Rat hin dessen früheren Lehrer Bar Ṣāwmā 1287 als Gesandten in den Westen zu schicken.

Das Hauptanliegen der Gesandtschaft bestand darin, dem Papst und den Königen Philipp IV. dem Schönen von Frankreich sowie Eduard I. von England die Bitten Arghuns um westliche Hilfe bei der geplanten Eroberung Syriens und Palästinas zu überbringen und vorzutragen. Bar Ṣāwmā bediente sich dabei wohl auch des Lateinischen, das er laut einer syrischen Quelle etwas verstand. Die Antworten der europäischen Könige fielen zurückhaltend und unbestimmt aus. Dafür hinterließen aber die Antworten des ilkhanischen Gesandten, die er den Kardinälen in Rom auf ihre Fragen gegeben hatte, bei diesen einen nachhaltigen Eindruck. Besonders die Erklärung auf die Feststellung der Kardinäle hin, daß es doch verwunderlich sei, daß man ihm als Christen und als Diakon des Throns des Patriarchen des Ostens eine Gesandtschaft des Mongolenherrschers übertragen habe, dürfte von bleibender Wirkung gewesen sein: „Wisset, Ihr Väter, daß viele unserer Väter sich in die Länder der Mongolen, Türken und Chinesen begeben haben und sie das Evangelium gelehrt haben, und daß es gegenwärtig viele Mongolen gibt, die Christen sind, denn viele der Söhne mongolischer Herrscher und Herrscherinnen sind getauft worden und bekennen Christus."

Auch Papst Nikolaus IV., mit dem am 22. Februar 1288 erstmals ein Ordensgeneral der Minderbrüder, denen ja besonders Seelsorge und Missionstätigkeit am Herzen lag, zum Papst gewählt wurde, hatten sich die Worte des mongolischen Gesandten tief eingeprägt. Es bedurfte so nur mehr des Berichts des Minoritenbruders Johannes de Monte Corvino über dessen Missionsarbeit in den mongolischen Gebieten Armeniens und Persiens sowie eines im Frühjahr 1289 in Rom eingetroffenen, von Khubilai Khan aus China an den Papst gerichteten Bittbriefs um Missionare, daß Nikolaus IV. das von seinem Namensvorgänger Nikolaus III. 1278 versuchte, aber fehlgeschlagene Unternehmen, Missionare bis nach China zu schicken, wiederaufnahm. Diesmal hatte die Missionsgesandtschaft, die der Papst dem erfahrenen Johannes de Monte Corvino übertrug, Erfolg. Die katholische Chinamission, die sich neben Johannes de Monte Corvino mit Namen wie Arnold von Köln, Gerardus Albuini, Peregrinus von Castello, Andreas von Perugia, Odoricus von Pordenone und Johannes von Marignola verbinden sollte, hatte ihren Anfang genommen. Den Anstoß dazu hatte nicht zuletzt die 1287er Gesandtschaft des Arghun nach Westeuropa gegeben.

Als Bar Ṣāwmā von seiner Mission nach Paris und der Gascogne, wo er mit den Königen von Frankreich und England zusammengetroffen war, nach Rom zurückkehrte, konnte er natürlich nicht ahnen, welcher zukünftigen Entwicklung der katholischen Mission er als Initialzündung gedient hatte. Der neue Papst Nikolaus IV. übergab ihm, als er im April 1288 von Rom abreiste, mehrere auf den 7. bis 13. April datierte Briefe. Neben Zeilen der Ermutigung und Aufmunterung, die für ihn selber bestimmt waren, befanden sich unter diesen die zwei offiziellen Antwortbriefe an Arghun, u. a. mit der Zusage, daß er, der Papst, ihn nach Eroberung des Heiligen Landes in Jerusalem taufen werde, ferner Briefe an den Katholikos, an den syrisch-jakobitischen Bischof Dionysios von Tabris, an einen unbekannten Kaplan des Ostens namens Elias, an einen Christen namens Sabadin, an zwei mongolische Prinzessinnen und an zwölf europäische Dolmetscher im Dienste des Mongolenkhans.

Noch im gleichen Jahr erweiterte das Il-Khanat seine schon seit 1271 mit der Republik Venedig vertraglich geregelten Handelsbeziehungen mit dem Westen durch ein am 23. Dezember in Tabris mit Genua unterzeichnetes Handelsabkommen.

Die Briefaktion des Papstes blieb offensichtlich im Il-Khanat nicht ganz ohne Wirkung. Im August 1289 ließ Arghun seinen achtjährigen Sohn Öldscheitü, „der Glückhafte", der damals noch den persischen Beinamen Ḫarbandah, „Esels-, Maultiertreiber" (angeblich nach einem Eselstreiber, der bei seiner Geburt ins Zelt trat), trug, zu Ehren des Papstes auf den Namen Nikolaus taufen. Die Taufe war vollzogen worden wohl nicht zuletzt auch in Hinblick auf dessen streng christliche Mutter Uruk Khatun, eine der Frauen des Arghun und Tochter des Prinzen Sarūǧī, eines Bruders der Hülegü-Gemahlin Doquz Khatun. Taufpate war Isolo aus Pisa, nach seinem Vater auch Zolo di Anastasio genannt, ein hoher Gesandter des Arghun.

Ebenfalls 1289 hatte Arghun durch den in seinen Diensten stehenden genuesischen Boten Buscarello de Gisolf Papst Nikolaus IV., Philipp dem Schönen von Frankreich und Eduard I. von England seine Absicht kundtun lassen, im Januar 1291 Syrien anzugreifen. Papst Nikolaus IV., den Buscarello als ersten unterrichtet hatte, händigte dem Genuesen vor seiner Weiterreise nach London, wo er am 5. Januar 1290 in Begleitung dreier mongolischer Edler mit einem Koch, acht Pferden und sechs Bediensteten eintraf, eine auf den 30. September datierte Bulle an Eduard I. aus. Dieser signalisierte dann in seiner Antwort an Arghun, die von einer englischen Gesandtschaft zusammen mit Geschenken nach Tabris überbracht wurde, die grundsätzliche Bereitschaft des Westens, mit dem Il-Khan gemeinsame Sache zu machen.

Zuvor hatte der Papst schon unter dem Datum des 7. und 15. Juli 1289 zusammen mit der Antwort an Khubilai, dessen Bittbrief aus China er im Frühjahr 1289 erhalten hatte (vgl. oben), auch einen Brief an Arghun geschickt mit der dringlichen Bitte, sich sofort taufen zu lassen. Weitere Briefe des Papstes wandten sich u. a. an den Katholikos-Patriarchen Yaḇallāhā III., an den jakobitischen Gegenpatriarchen Ignaz IV. Nimrud und an die übrigen jakobitischen Bischöfe wie z. B. Dionysios von Tabris. Mit der Taufe des Öldscheitü dürften diese Briefe aufgrund der Absendedaten kaum in direktem Zusammenhang stehen.

Die Antwort auf den Brief des Papstes vom Juli 1289 ließ Arghun 1290 wieder durch Buscarello, der immer mehr zur zentralen Figur auf der Bühne der diplomatischen Beziehungen zwischen den Il-Khanen und dem Westen wurde, sowie einen Christen namens Sabadin und einen Mongolen namens Tsaghan, der dann in Rom auf den Namen Andreas getauft wurde, an Nikolaus IV. überbringen. In diesem Brief suchte der Il-Khan dem Papst auf diplomatische Weise die religiöse Haltung der Mongolen zu verdeutlichen. Nach ihrem Empfang leitete der Papst die Gesandtschaft an Eduard I. von England weiter. Nach Rom zurückgekehrt, erhielten die ilkhanischen Abgesandten dann vom Papst mehrere Briefe, datiert auf den 13. bis 23. August 1291. Ohne überhaupt nur zu erwähnen, warum der Westen hinsichtlich des für Januar 1291 anvisierten Angriffs auf Syrien nichts unternommen hatte, bedrängte der Papst in seinem ersten Brief an Arghun vom 21. August den Il-Khan erneut, sich doch wie sein Sohn Nikolaus taufen zu lassen. In seinem zweiten Brief vom 23. August schrieb er dann jedoch dem Il-Khan, daß er alle Könige und Prinzen auffordern werde, für die Eroberung des Heiligen Landes zusammenzuarbeiten, daß König Eduard das Kreuz genommen habe und daß auch er einen Kreuzzug gegen die Muslime angeordnet hätte. Er empfahl dann die beiden Franziskaner-Missionare, die er ihm schickte, seiner guten Fürsorge und kündigte ihm das baldige Eintreffen der Armee König Eduards an. Weitere Briefe waren gerichtet an die Söhne des Arghun, die der Papst ebenfalls zur Taufe drängte, an den 1289 auf den Namen Nikolaus getauften Prinzen Öldscheitü, an dessen christliche Mutter Uruk Khatun sowie, mit einer weiteren Einladung zur Taufe, an den Emir Taghatschar, der während Arghuns Regierung u. a. die Einfälle des Khaidu vom Khanat Tschaghatai erfolgreich abgewehrt hatte. Noch ehe diese Briefe aber überhaupt in die Hände der Abgesandten des Il-Khans Arghun gelangt waren, war dieser – am 9. März 1291 – gestorben.

Während der letzten Jahre seines Lebens hatte Arghun sich immer mehr von der Umwelt abgekapselt. Wie wir auf Münzen aus dieser Zeit sehen, erscheint in den Aufschriften neben Arghun zwar auch schon der Name seines Sohnes Ghasan, der den Vater in Ḫurāsān vertrat und sicherlich damals bereits zu den politisch fähigsten Persönlichkeiten des Il-Khanats zählte, doch konnte er sich – sein Vater Arghun hatte für die Nachfolge keine Regelung hinterlassen – vorerst noch nicht durchsetzen. Angesichts der das Reich beträchtlich in Unruhe versetzenden Judenverfolgungen, die nach der schließlich erzwungenen Hinrichtung des jüdischen Ministers und Willkürherrschers Sa^{c}d ad-Daulat am 6. März 1291 allenthalben losbrachen, hätte es zwar einer entschlossenen, starken Hand bedurft, doch die Großen des Reichs waren sich unsicher. Man einigte sich schließlich auf Gaikhatu, den Bruder des Arghun, doch nachdem man ihm bereits einen Boten nach Kleinasien, wo er Statthalter war, geschickt hatte, kamen den Verantwortlichen angesichts der bekannten Verschwendungssucht und anderer Fehler des Kandidaten schwere Bedenken. Eiligst wollte man den Boten wieder zurückbeordern, doch es war schon zu spät. Gaikhatu, der auf die Nachricht seiner Wahl hin nach Aḫlāṭ (Ḫilāṭ), der damaligen Hauptstadt Großarmeniens, geeilt war, wurde dort am 22. Juli 1291 zum Nachfolger des Arghun ernannt.

Der fünfte Il-Khan, der übrigens ein knappes Jahr nach seiner

Ernennung ohne eine Bestätigungsurkunde des Großkhans Khubilai aus China am 29. Juni 1292 den Thron bestieg, ließ auf die Münzen, die während seiner Herrschaft in Umlauf kamen, in mongolischer Schrift den Namen *Irinǰindorǰi*, eine mongolisierte Form des tibetischen *Rin-čhen rdo-rǰe*, „sehr kostbare Perle", prägen. Der offizielle Gebrauch dieses lamaistischen Beinamens legt nahe anzunehmen, daß Gaikhatu sich zum tibetischen Buddhismus, dem Lamaismus, bekannte. Ausschließliche Duldung nur des Lamaismus lag ihm jedoch fern. Vielmehr zeigte er sich gegenüber den Religionen nach altüberlieferter mongolischer Sitte durchaus tolerant. Auf den Islam war er deswegen keineswegs so schlecht zu sprechen wie sein Bruder Arghun, und die Christen stimmten nach syrischer Überlieferung ob ihrer Förderung und Berücksichtigung so manches Loblied auf ihn an. Seine Einstellung zur Religion läßt sich wohl am anschaulichsten daran ablesen, daß er gleichermaßen buddhistische, christliche, muslimische und jüdische Geistliche an sein Lager rief, an das er im Frühjahr 1292 wegen einer schweren Krankheit gefesselt war.

Nicht minder echter mongolischer Tradition verpflichtet zeigte der Il-Khan sich beim Fest anläßlich seiner Genesung. Den Aufwand dafür vermochten muslimische Quellen allerdings nur als unverantwortliche Vergeudung einzustufen. Überhaupt erschien dem Il-Khanat der frühen 90er Jahre des 13. Jh. ein Herrscher, dessen freizügiger Lebensstil wohl eher dem der Steppe entsprach, nur als Säufer, Wüstling und Verschwender, und zweifellos war mit Gaikhatus Ernennung zum Il-Khan auch seine politische Unfähigkeit vollends offenkundig geworden: Er zeigte sich unfähig, das zu leisten, was man von ihm erwartete, ja erwarten mußte.

So grassierte z. B. schon seit Arghun in wachsendem Ausmaß ein Viehsterben, das die Versorgungslage immer problematischer werden ließ. Trotzdem setzte Gaikhatu seine verschwenderischen Eskapaden fort. Von Tag zu Tag drückender wurde auch die Geldknappheit. Schon die Entsetzung allein von Qal^cat ar-Rūm, einer von den Mamluken im Juni 1292 belagerten kleinen Befestigungsanlage am Westufer des Euphrat, bedeutete einen großen finanziellen Kraftakt. Für die Staatsfinanzen mußte also unbedingt etwas unternommen werden.

Am 18. November 1292 hatte ein gewisser Ṣadr ad-Dīn das Amt des Wesirs und Finanzministers angetreten. Für die ihm gestellten Aufgaben war er aber ebenso ungeeignet wie der Il-Khan für die seinen. Um nämlich der Geldknappheit beizukommen, beschloß er, nach chinesischem Vorbild im Il-Khanat Papiergeld einzuführen. Er hoffte damit für die Staatskasse Geldmittel in die Hand zu bekommen, ohne nur auf die regulären Staatseinnahmen angewiesen zu sein. Dabei hatte Ṣadr ad-Dīn aber nicht bedacht, daß eine reine Metallwährung sich nicht von heute auf morgen durch eine bis dahin völlig unbekannte Papierwährung ersetzen läßt. Als das Papiergeld – es war mit chinesischer Aufschrift, der muslimischen Glaubensbekenntnis-Formel in arabischer Sprache sowie mit Druckereistempel und Namenszug des Herrschers versehen – dann im September 1294 in Tabris und anderen Städten als alleiniges Zahlungsmittel – die Verwendung der Metallwährung wurde gleichzeitig unter Androhung der Todesstrafe verboten – in Umlauf gebracht wurde, kam es zu einem Finanz- und Wirtschaftsfiasko: Die sowieso schon durch die angespannte Wirtschaftslage verunsicherte Bevölkerung koppelte sich vom Geld als Zahlungsmittel spontan ab. Die Folgen waren katastrophal. Handel und Gewerbe kamen zum Erliegen, und die Versorgungsgüter schwanden rapide. Eine syrische Quelle weiß zu berichten, daß die Hauptstadt Tabris „einer öden Ruine" glich und daß auf ihren Basaren nur wenige Leute zu sehen waren. Die Bevölkerung, Spottlieder auf Ṣadr ad-Dīn auf den Lippen, floh aus den Städten, um sich auf dem Land zu versorgen. Angesichts dieser Entwicklung mußte die Neuregelung schon nach zwei Monaten wieder rückgängig gemacht werden.

Ghasan, der in Ḫurāsān als Statthalter residierte und dort die Einführung des Papiergeldes abgelehnt hatte, dürfte zu diesem Zeitpunkt bereits an eine gewaltsame Änderung der Verhältnisse gedacht haben. Doch wartete er vorerst noch ab, denn Prinz Baidu, den Gaikhatu während eines Mahles schwer beleidigt hatte, zeigte sich eben deswegen damals so getroffen und unversöhnlich, daß er weder auf die Entschuldigung des Il-Khans noch auf die angeblichen Vermittlungsversuche Khubilais einging, sondern von Bagdad aus gegen den Il-Khan in Tabris vorrückte. Gaikhatu zog seinerseits den Aufständischen nach Hamadan entgegen. Hier aber verließen ihn die noch freien Emire, aus deren Reihen er immer wieder Verhaftungen hatte vornehmen lassen, und gingen zu Baidu über. Der Il-Khan plante schon, sich nach Kleinasien abzusetzen, als der Emir Taghatschar, der mit Baidu heimlich in Verbindung stand, ihn noch zu überreden vermochte, nach Tabris zurückzukehren, um durch die Freilassung der dort inhaftierten Emire seine geschwächte Position zu stärken. Die entlassenen Emire jedoch dachten nicht daran, Gaikhatu zu stützen. Dieser suchte darauf sein Heil in der Flucht, wurde aber gefangen und auf Befehl Baidus – nach anderen Quellen jedoch ohne Baidus Wissen – am 24. März 1295 hingerichtet.

Der Sieger Baidu trat nun die Herrschaft an. Der sechste Il-Khan, der als solcher in den chinesischen Yüan-Annalen überhaupt nicht und bei Rašīd ad-Dīn nur als Scheinherrscher auftritt, war zweifellos bemüht, die Lage im Reich zu bessern. Auch vermerken syrische Quellen lobend seine eher antimuslimische Einstellung sowie sein Eintreten für christliche Belange. Die Zeiten hatten sich jedoch geändert. Baidu konnte sich mit seiner konservativen Politik nicht lange halten.

Ghasan, der die Entwicklung aus Ḫurāsān sicher aufmerksam verfolgt hatte, sah nunmehr seine Chance gekommen. Er erklärte Baidu zum Usurpator, ließ sich weder auf Versprechungen noch Verhandlungen ein und rückte mit einem in Ḫurāsān ausgehobenen Heer zunächst in die Gegend der noch zerstörten Stadt Rayy in Nordpersien vor.

Das Verhalten Ghasans und seine Unternehmungen waren damals nicht unwesentlich beeinflußt von Naurūz, dem Sohn des oiratischen Statthalters Arghun, der unter Güyük und dessen Nachfolgern sowie im Il-Khanat bis Abaqa als Statthalter Ḫurāsāns hohes Ansehen genossen hatte. Naurūz selber war erfolgreicher Heerführer und Verwaltungsbeamter in Sīstān gewesen, hatte sich 1288/89 in Luristan zwar gegen den Il-Khan Arghun gestellt, im Winter 1294/95 sich aber mit dessen Sohn Ghasan endgültig ausgesöhnt. Naurūz besaß zweifellos ein gutes Gespür für die Strömungen der Zeit. Er war es auch, der den streng buddhistisch erzogenen und nach dieser Religion lebenden Ghasan dazu brachte, zum Islam überzutreten. Wie wichtig und richtig dieser Schritt politisch für Ghasan war, zeigte sich dann daran, daß nicht nur die Wesire und Emire des zunächst geflohenen, darauf aber gefangenen und am 5. Oktober 1295 hingerichteten Baidu nach Demonstration Ghasans militärischer Macht im Oktober/November 1295 zu ihm übergingen, sondern auch viele des schon zum Islam übergewechselten mongolischen Bevölkerungsteiles überhaupt und vor allem das Gros der muslimischen Einheimischen nur zu gern einen muslimischen Mongolenprinzen die Macht ergreifen sahen. Ghasan bestieg so am 9. November 1295 in Tabris den Thron.

Allein schon die sofortige Thronbesteigung ließ auf eine nun bevorstehende einschneidende Neuordnung der Verhältnisse schließen, denn üblicherweise hatten die Il-Khane damit ja gewartet, bis die Bestätigung vom Großkhan aus China eingetroffen war. Eine solche Bestätigung war aber nun schon für den fünften und sechsten Il-Khan nicht mehr ausgestellt bzw. zugestellt worden. Der damals schon wieder relativ zeitaufwendige Weg für Nachrichten sowie vor allem der Tod des Großkhans Khubilai am 18. Februar 1294 dürften die Ursachen dafür gewesen sein. Auch lag in China der Regentin Khokhtschin Khatun sicherlich die Entscheidung, ob von ihren Söhnen Kammala oder Temür (Öldscheitü) Nachfolger Khubilais werden sollte, mehr am Herzen als das Ausstellen von Bestätigungsurkunden für ilkhanische Herrscher. Es scheint, daß die einmal begonnene Aussetzung des Bestätigungsverfahrens dann für beide Seiten stillschweigend als ein Fait accompli angesehen wurde. Für Peking genügte offenbar schon das Eintragen einer Ernennung in die Annalen, während Tabris erst gar nicht mehr lange auf das Plazet des Großkhans aus China wartete. Ohne daß man die freundlichen Beziehungen aufgegeben hätte, erkannten so die Mongolenkhane Ghasan in Iran und Temür (Öldscheitü), seit 1294 Nachfolger Khubilais in China, die de facto ja bereits lange schon bestehende Eigenständigkeit der beiden Mongolenreiche formlos an.

Offizieller Beleg für diesen formlosen Schritt waren im Il-Khanat besonders die neugeprägten Münzen, die anstelle der den Primat des Großkhans in China bestätigenden mongolischen Formel *qaγanu nereber*, „Im Namen des Großkhans", nunmehr die verkürzte Invocatio mongolischer Urkunden *tngri-yin küčündür*, „Durch die Kraft des Himmels", als Aufschrift trugen und die anstatt des auf ilkhanischen Münzen vor Ghasan verbindlichen Titels *qā'ān al-a*^{c}*ẓam*, „Großkhan", der sich auf den Großkhan in China bezog, nunmehr den für Ghasan bestimmten Titel *as-sulṭān al-a*^{c}*ẓam*, „der Größte Sultan", wiedergaben.

Die neue Metallwährung, deren Prägung zentralisiert wurde, war aber keineswegs die einzige Neuheit, auf die sich die Bevölkerung des Il-Khanats unter Ghasan einzustellen hatte. Einer grundlegenden Reform unterzog der neue Herrscher vor allem das Steuerwesen. Um die Wirksamkeit dieser Reform zu unterstützen, führte er sogar am 2. März 1302 ein Steuer- oder Finanzjahr nach Sonnenzählung ein. Diese als Ḫānī- oder Ġāzānī-Kalender bekannte Zeitrechnung diente unter der Bezeichnung *ilḫāniyah*, „ilkhanisches Jahr", mitunter auch zur Datierung auf Münzen bis zum Ende des Reichs. Ebenfalls neu regelte Ghasan die Besoldung für Staatsbedienstete sowie für das Militär. Militärangehörige verpflichtete er durch Belehnung mit Ländereien zur Intensivierung landwirtschaftlicher Bodennutzung. Am tiefgreifendsten veränderte das bisherige Leben im Il-Khanat jedoch die Einführung des Islam als Staatsreligion. Da die Lehre des Propheten die strenge Zweiteilung in profan und sakral bzw. staatlich und kirchlich nicht kennt, betraf dieser Schritt praktisch alle Bereiche des Lebens. Mit der internen Muslimisierung des Il-Khanats, die Ghasan, nunmehr auch persönlich von ihrer Notwendigkeit völlig überzeugt, entschieden durchsetzte, hatte der neue Herrscher innenpolitisch eine Wende vollzogen, die eigentlich seit dem Il-Khan Aḥmad schon überfällig war. Es konnte so kaum verwundern, wenn sich nun unter einem muslimischen Mongolenherrscher der im Laufe der Zeit angestaute Unmut der überwiegend muslimischen Bevölkerung über die mitunter üble Behandlung durch die nichtmuslimischen Il-Khane Luft machte. Die jeweiligen Herrscher selber konnte man zwar nicht mehr treffen oder zur Rechenschaft ziehen, dafür aber die von ihnen geförderten Personen oder noch existenten Einrichtungen.

Aus muslimischer Sicht, der zufolge Staat und Religion keine je eigenständigen Gewalten verkörperten, war es ganz natürlich, daß die nichtmuslimischen Religionen und deren Angehörige als besonders störende Fremdkörper im Reich nun zum vornehmsten Ziel politischer Agitation wurden. Als ersten Schritt in diese Richtung erließ Ghasan einen *yarlyq,* der die Zerstörung bzw. Umwandlung christlicher Kirchen, buddhistischer Tempel und jüdischer Synagogen in Moscheen verfügte. Es folgte die Einführung einer Kopfsteuer für Nichtmuslime und für Christen die Anordnung, als Erkennungszeichen einen Gürtel, für Juden, als Erkennungsmerkmal ein gelbes Stoffstück am Turban zu tragen. Das herrscherliche Edikt führte im Verein mit der Reaktion auf die Wegnahme des Druckes, der auf der muslimischen Bevölkerung gelastet hatte, überall zu Ausschreitungen gegen Nichtmuslime. Als Konsequenz war bei den Mongolen eine Welle von Übertritten zum Islam zu verzeichnen, so daß Christentum und Buddhismus jeweils nur noch von einer religiösen Minderheit getragen wurden. Auf recht drastische Weise legte man bisweilen den christlichen und buddhistischen Geistlichen den Übertritt zum Islam nahe, dem Katholikos Yaḇallāhā III. z. B., indem man ihn angeblich mit dem Kopf nach unten aufhängte. Die buddhistischen Geistlichen stellte man vor die Entscheidung, entweder Muslime zu werden oder das Land zu verlassen. So wie Hülegü dem Christentum, so ließ Ghasan jetzt dem Islam herrscherliche Förderung und Bevorzugung zuteil werden, durch Errichtung von Moscheen in allen Dörfern, durch Aufbau von Koranschulen sowie durch verschiedenste fromme Stiftungen.

Von der Verfolgung nichtmuslimischer Religionsangehöriger und der Zerstörung bzw. Umwandlung ihrer Kultstätten wurde im Jahre 1296 als einzige Religionsgemeinschaft das Christentum wieder ausgenommen. Ghasan stellte sogar die weitere Zerstörung christlicher Kirchen unter Strafe, ahndete 1297 in Tabris verübten Kirchenraub und hob nach syrischer Überlieferung im gleichen Jahr für die Christen auch die Kopfsteuer wieder auf oder setzte sie zumindest herab. Die Gründe für dieses Verhalten gegenüber den Christen waren sowohl innen- als auch außenpolitischer Natur.

Die Innenpolitik spielte hierbei insofern eine Rolle, als der einflußreiche, alles Nichtmuslimische bekämpfende Naurūz von konservativen, islamfeindlichen Gruppen dem Herrscher allmählich entfremdet werden konnte. Der Druck auf die Nichtmuslime, besonders die Christen, ließ dadurch merklich nach. Als dann Naurūz, diesmal staatsfeindlicher Beziehungen verdächtigt, sich Ghasan durch Flucht entzog, trotzdem aber gefaßt und am 10. September 1297 hingerichtet wurde, erschien die gegenüber den Nichtmuslimen gemilderte Politik vollends gerechtfertigt.

Für eine Innenpolitik, die besonders den Christen wieder etwas mehr Spielraum gewährte, waren dann nicht zuletzt auch die außenpolitischen Gegebenheiten maßgebend. Obwohl Ghasan wie sein muslimischer Vorgänger Aḥmad den Übertritt zum Islam dem Mamluken-Herrscher Ägyptens Al-Malik an-Nāṣir mitgeteilt hatte, zeigte dieser zunächst keinerlei Reaktionen, auf die hin sich etwa ein erneutes Vorgehen gegen die Christen hätte politisch rechtfertigen lassen, im Gegenteil. Die Mamluken rückten 1298 gegen die kleinarmenische Hauptstadt Sīs vor, worauf der dortige Statthalter der Mongolen sich von Ghasan lossagte. Im gleichen Jahr fielen sie dann auch noch in unmittelbar mongolisches Territorium ein, und zwar in das Gebiet der Städte Ra's al-ᶜAin und Māridīn, wo sie sogar Moscheen plünderten. Anders als sein muslimischer Vorgänger Aḥmad ließ sich Ghasan aufgrund seines Bekenntnisses nicht davon abhalten, nun gegen das mamlukische Ägypten, das seiner Religion nach eigentlich als Bruderland hätte gelten müssen, Vergeltungsmaßnahmen zu ergreifen: Während des Jahres 1299 rüstete das muslimische Mongolenreich Iran zum Krieg gegen das muslimische Ägypten der Mamluken. Im Rahmen solcher Vorbereitungen konnte es nur opportun sein, im Lande auch nichtmuslimische Gruppen auf seiner Seite zu wissen. Daß Ghasan dabei die Christen bevorzugte, hatte wiederum zwei plausible Gründe. Einmal war der Mongolenherrscher auf die Streitkräfte der christlichen Georgier angewiesen, die nach dem Beginn des Vormarschs gegen Ägypten am 22. November 1299 dann auch ganz wesentlich dazu beitrugen, daß die Mongolen bereits am 30. Dezember 1299 neben Aleppo auch Damaskus, wo Ghasan sich zum Herrscher ausrufen ließ, besetzt hatten. Zum andern wollte Ghasan offenbar wieder Beziehungen zum christlichen Westeuropa aufnehmen. Angesichts der militärischen Erfolge in Syrien schrieb er in dieser Angelegenheit dann auch wirklich noch Ende 1299 an den Kapetinger Heinrich von Portugal, den König von Jerusalem und Zypern, einen Brief, in dem er seine Erfolge mitteilte, um Hilfe bat und, wie schon seine Vorgänger, dem christlichen Abendland das Heilige Land versprach.

Die Politik Ghasans macht deutlich, daß seine Milde gegenüber den Christen weitestgehend politisch motiviert war. Der Mongolenherrscher dürfte damals bereits die Christen sogar als festen Bestandteil eingeplant haben in eine Politik, deren Konturen gegen Ende 1299 recht deutlich erkennbar geworden waren: in der Innenpolitik weiterhin ein progressiv-promuslimischer Kurs, wie ihn Aḥmad schon eingeschlagen hatte, in der Außenpolitik hingegen ein konservativer Kurs, der wie unter Hülegü, Abaqa und Arghun auf eine Zusammenarbeit mit dem christlichen Westen gegen die Mamluken ausgerichtet war. Voraussetzung für solch einen außenpolitischen Kurs schien Ghasan damals offenbar ein auch im Inneren positives Verhältnis zu den Christen gewesen zu sein.

Der damalige Papst Bonifaz VIII. und König Jakob II. von Aragonien bereiteten auf die Nachricht Ghasans hin schon Hilfsmaßnahmen vor, während Heinrich von Portugal sich völlig zurückhielt. Das Verhalten Heinrichs, der als König von Jerusalem (nur als Titelträger) und Zypern sicher besser über die militärische Gesamtlage in der Levante informiert war, sollte sich als durchaus berechtigt erweisen, denn im Verlauf des Jahres 1300 mußten die Mongolen sämtliche Eroberungen wieder zurücknehmen. Zwar versuchte Ghasan nun das Verhältnis zu Ägypten durch eine Gesandtschaft, die am 20. September 1301 mit einem Antwortschreiben aus Kairo wieder bei ihm eintraf, zu regeln, doch mehr als eine Waffenruhe kam dabei nicht heraus. Anfang 1302 unternahm der Mongolenherrscher deswegen erneut einen Feldzug gegen Syrien und Palästina, doch seine Truppen kamen kaum bis Aleppo.

In der Zwischenzeit hatte Papst Bonifaz VIII. durch den Boten Buscarello de Gisolf an Ghasan einen Brief „mit Ratschlägen und guten Worten“ geschickt, auf den der Mongolenherrscher mit einem Schreiben, das wohl genaue Pläne für ein gemeinsames mongolisch-europäisches Vorgehen gegen Ägypten enthielt, antwortete. Ohne erst eine Stellungnahme des Westens auf dieses Schreiben abgewartet zu haben, sandte Ghasan dann einen weiteren, auf den 12. April 1302 datierten Brief an Papst Bonifaz VIII., dessen wichtigster Satz lautet: „Ihr stellt Eure Truppen auf, benachrichtigt die Herrscher der verschiedenen [christlichen] Nationen, und versäumt nicht den abgemachten Termin, und Wir wollen zum Himmel beten, und die große Sache [gegen die Mamluken] zum einzigsten Ziel machen.“

Ab August 1302 bereitete Ghasan im Zweistromland dann seinen dritten Syrien-Palästina-Feldzug vor. Ein Vorstoß der Mamluken nach Sīs veranlaßte ihn, noch eine Gesandtschaft nach Kairo zu schicken, die den Mamluken-Sultan unter Drohungen ultimativ zur Unterwerfung aufforderte. Kairo jedoch stellte den bis dahin gegen es stets sieglosen Mongolen lediglich eine Gesandtschaft in Aussicht, die dann die Antwort mitbringen würde. Am 20. April 1303 begannen dann aber schon die Kampfhandlungen, die ohne die von Ghasan geplante europäische Beteiligung – Buscarello de Gisolf befand sich nämlich überhaupt erst Anfang 1303 in London, wo er eine Abschrift des Briefs von Ghasan vom 12. April 1302 an Eduard I. ablieferte – auch diesmal wieder mit einer vernichtenden Niederlage der Mongolen endeten. Syrien und Palästina blieben für die Mongolen uneinnehmbar.

Das verstärkte militärische Engagement der ilkhanischen Mongolen im Westen ihres Reichs hatte im Osten dazu geführt, daß transoxanische Verbände vordrangen und Anfang 1300 sogar die Stadt Šīrāz in Südpersien hatten einnehmen können.

Nach der erneuten Niederlage gegen das mamlukische Ägypten vermochten die Mongolen nun wenigstens hier unter dem Oberbefehl von Ghasans Bruder Ḫarbandah (Öldscheitü) Erfolge zu erringen und die Eindringlinge zurückzudrängen.

Im Winter 1303/04 erkrankte Ghasan in Ūǧān, das er neben Tabris seit 1298/99 zur zweiten Hauptstadt des Reichs gemacht hatte. Trotz einer zwecks Luftveränderung unternommenen Reise nach Rayy verschlechterte sich sein Zustand so sehr, daß er seinen Bruder Ḫarbandah (Öldscheitü) den herbeigerufenen Emiren als Nachfolger empfahl und dann am 17. Mai 1304 im Alter von erst knapp 30 Jahren verstarb.

Das iranische Mongolenreich hatte mit Ghasan innen- wie außenpolitisch seinen Zenit überschritten. Durch die Niederlage im Frühjahr 1303 waren die Mongolen vor allem in ihrer Außenpolitik gegenüber dem mamlukischen Südwesten erneut gescheitert. Hiervon weniger betroffen blieb im Grundsatz die promuslimische Innenpolitik, die Ghasans Bruder und Nachfolger Ḫarbandah, der am 19. Juli 1304 in Ūǧān den Thron bestieg, unverändert weiterführte. Zeugnis für diese innenpolitische Kontinuität legen die Münzen des neuen Herrschers ab, auf deren Avers er sich ausgab als „Der Größte Sultan, Herrscher über den Nacken der Völker, Beistand der Welt und der Religion, Öldscheitü Sultan, Diener Gottes Muḥammad, möge ewig dauern seine Herrschaft“. Seinen persischen, aber nicht muslimischen Namen Ḫarbandah, „Eselstreiber“ (vgl. oben), änderte er ab in das muslimische Epitheton Ḫudābandah, „Diener Gottes, d. i. das persischsprachige Äquivalent für das arabische ᶜAbdu ’l-llāh.

Die konfessionelle Vita des neuen Khans, ›Öldscheitü Sultan, Ḫudābandah Muḥammad‹, ist überhaupt recht aufschlußreich, erlaubt sie doch die religiösen Strömungen im mongolischen Herrscherhaus des Il-Khanats während der letzten Jahrzehnte des 13. Jh. in etwa zu verfolgen. Zuerst begegnet uns der neue Herrscher als achtjähriger Knabe, der im August 1289 auf den Namen Nikolaus getauft wird (vgl. oben). Mit seiner streng christlichen Mutter Uruk Khatun besuchte er damals häufig den Katholikos Mār Yaḇallāhā III., und die fränkische, d. h. europäische Lebensweise seines Taufpaten Zolo di Anastasio aus Pisa beeindruckte ihn so sehr, daß er sich eifrig bemühte, sie nachzuahmen. Noch 1291 bedachte ihn Papst Nikolaus IV. mit einem Brief, doch in den frühen 90er Jahren mag es dann unter Gaikhatu als „modern" gegolten haben, wenn man sich zum Buddhismus bekannte. Auch Ḫarbandah wurde Buddhist. Als dann Ghasan den Islam zur Staatsreligion machte und darauf bei den Mongolen „beide, die Vornehmen und das einfachere Volk in ihrer Gesamtheit", wie eine syrische Quelle es ausdrückt, zum Islam übertraten, mochte auch Ḫarbandah nicht abseits stehen und wurde genau wie Ghasan sunnitischer Muslim ḥanafitischer Rechtsschule. Als solcher bestieg er dann auch den Thron als achter Mongolenherrscher in Iran.

Das von Ghasan hinterlassene außenpolitische Erbe war hinsichtlich der Mamluken für Öldscheitü sicherlich kein Grund zur Freude oder gar ein Anlaß, sich groß hervorzutun. Genau das tat der Mongolenkhan aber anläßlich einer Gesandtschaft ausgerechnet gegenüber Ägypten, das die Mongolen bisher noch nie zu besiegen vermocht hatten. Trotz der mongolischen Drohung, daß eine nicht angemessen dankbare Haltung Ägyptens für die von den Mongolen gewährten Freiheiten im Handel zu einer Entscheidung mit dem Schwert führen würde, zeigten sich die Mamluken bis Ende 1305 jedoch durchaus duldsam, ja, der Mamluken-Herrscher Al-Malik an-Nāṣir äußerte 1306 gegenüber Gesandten aus der Goldenen Horde sogar, daß er mit den Mongolen in Iran Frieden geschlossen habe. Daß dies nicht ganz stimmte, belegt der Einfall der Mamluken in Kleinasien und die Plünderung von Sīs im Frühjahr 1306.

Erfreuliches ereignete sich für den neuen Herrscher, als am 19. September 1304 Gesandte seines Namensbruders Öldscheitü (Temür), des Großkhans in China, in der Mūġān-Steppe auftauchten und die Beilegung der langjährigen Auseinandersetzungen zwischen dem Mongolenkhanat in China und dem Khanat Tschaghatai meldeten sowie für Öldscheitü ein neues Amtssiegel als Zeichen seiner Anerkennung mitbrachten. Angesichts des Waffenstillstands, den Öldscheitü dann auch noch im Dezember 1304 mit der Goldenen Horde schließen konnte, scheint den Herrscher aufgrund aller dieser Ereignisse eine Euphorie ergriffen zu haben, die den Mongolenherrscher dazu veranlaßte, Anfang Juni 1305 an König Philipp IV. den Schönen von Frankreich einen Brief zu schreiben, den er auch gleich mit dem neuen Amtssiegel versah. In diesem Brief erinnerte der Mongolenkhan an die früheren guten Beziehungen und schlug deren Wiederaufnahme sowie den Austausch von Gesandten vor. Dann fuhr er, gleichsam den damaligen historischen Hintergrund ansprechend, fort (Übersetzung des mongolischen Originals bis zum Datum):

Wir älteren und jüngeren Brüder hatten zusammen durch verleumderische Worte übler, niedriger Leute an Zuneigung nachgelassen. Jetzt, beschenkt vom Himmel mit Einsicht, sind Temür Khagan,[5] Toghtogha,[6] Tschabar,[7] Dugha[8] und andere sowie Wir, Nachkommen des Tschinggis Khagan, hinsichtlich der seit 45 Jahren bis jetzt miteinander ausgetragenen Anschuldigungen, jetzt vom Himmel beschützt, alle als ältere und jüngere Brüder zu einer gegenseitigen Übereinkunft gekommen, und haben, angefangen vom Land der Chinesen, wo die Sonne aufgeht, bis zum Talu(?)-Meer, die Staatsvölker zusammengenommen und ihre Relaispoststationen sich verbinden lassen.

Wir haben uns das Wort gegeben und gesagt: „Wer unter uns anders denkt, gegen alle die wollen wir zusammenstehen!"

Indem Wir jetzt sagen: „Wie sollten Wir eure einander bekundete Freundschaft zu Unseren guten Vorfahren, zu dem guten Vater und zu dem guten älteren Bruder aufkündigen?", haben Wir Mamalgh und Toman geschickt.

Wir sind informiert worden, daß ihr, die vielen Herrscher der Franken, in Übereinstimmung lebt. Wahrlich, was gibt es besseres als gegenseitige Übereinstimmung?

Über die, die jetzt mit Uns und mit euch nicht übereinstimmen, und darüber, daß Wir durch die Kraft des Himmels gegen alle zusammenstehen, soll der Himmel entscheiden!

[5] = Temür Öldscheitü, Großkhan in China 1294–1307.

[6] = Toḫtu ~ Tuqṭā, Khan der Goldenen Horde 1291–1312.

[7] = Tschapar, Khan aus der Linie des Ögödei im Khanat Tschaghatai (reg. 1303–1306).

[8] = Duwa, Khan aus der Linie des Tschaghatai im Khanat Tschaghatai (reg. 1282–1306).

Als der Brief nebst einer italienischen Übersetzung im Abendland eintraf, war der neue Mongolenkhan den Mächtigen Europas nur als der auf den Namen Nikolaus getaufte Ḫarbandah bekannt, und so verfehlte der Brief des vermeintlich christlichen Mongolenherrschers seine Wirkung nicht: Papst Clemens V., der erste in Avignon residierende Papst, der anders als sein Vorgänger Bonifaz VIII. mit König Philipp IV. dem Schönen von Frankreich in besserem Einvernehmen stand, antwortete am 1. März 1306 und forderte den Mongolenkhan auf, sich in der Erkenntnis christlicher Wahrheit zu bewähren. Im übrigen bedankte er sich für das ihm offensichtlich mündlich unterbreitete mongolische Hilfsangebot für die Rückgewinnung des Heiligen Landes, hielt sich seinerseits aber mit Zusagen zurück. Am 16. Oktober und 30. November 1307 schrieb auch König Eduard II. von England aus Northampton und lobte die Absicht Öldscheitüs, das Heilige Land zu befreien.

Der Briefwechsel zwischen Öldscheitü und den europäischen Machthabern zeigt deutlich, wie wenig man damals letztlich voneinander wußte. Ob Öldscheitü mit seinem Brief auch wirklich neue Beziehungen zum christlichen Westen herstellen wollte, scheint zweifelhaft, zumal er ja auch den Schriftverkehr mit keiner Zeile fortsetzte. Zwingende Gründe hätte es jedenfalls damals dafür auch gar keine gegeben, denn Syrien und Palästina, und damit auch das Heilige Land, waren mehr denn je fest in mamlukischer Hand. Öldscheitü scheint sich in dieser Hinsicht auch keine Illusionen gemacht zu haben. Das gab er indirekt zu erkennen an seiner Haltung gegenüber den Christen, für die er die Kopfsteuer wieder in voller Höhe einführte. Auch ließ er in den mongolischen Gebieten des christlichen Armenien und Georgien zu, daß die christliche Bevölkerung verstärkt muslimischem Druck ausgesetzt wurde. 1308 nahm er zwar die christlichen Priester von der Kopfsteuer wieder aus, doch brach dann 1310 die erste Christenverfolgung aus, die 1314 in der Hinrichtung dreier Minoriten gipfelte.

Mit dem christlichen Byzanz hingegen verband sich Öldscheitü durch eine Heirat mit Maria, einer Schwester des Kaisers Andronikos II. von Konstantinopel. Wahrscheinlich hatte er mit diesem Schritt ein schon unter Ghasan im Jahre 1302 ins Auge gefaßtes engeres Zusammengehen mit dem byzantinischen Herrscherhaus der Palaiologen verwirklicht.

Angesichts der ruhigen Grenzen unternahm Öldscheitü 1306/07 gegen die noch nicht von den Mongolen eingenommene Region Gīlān im Südwesten der Kaspisee einen Feldzug, der jedoch erfolglos blieb, schlug erfolgreich Unruhen in Ḫurāsān und bei Herat nieder und schickte 1308 eine Gesandtschaft zum Großkhan nach China. Die Ruhe im Reich erlaubte ihm auch eine intensive Bautätigkeit, die sich konzentrierte auf den 1290 noch von Arghun begonnenen Aufbau der neuen Hauptstadt Sulṭānīya, die südöstlich von Zanǧān in einem der Sommerweidegebiete, die damals *Qunqūr ūlāng* (tü.-mo. *qonġur olang*), „gelbbraune Wiesensteppe", genannt wurden, entstand. Auch trug der Mongolenkhan dafür Sorge, daß die zahlreichen von seinem Vorgänger Ghasan erlassenen Bestimmungen, die dieser wegen seines frühen Todes nicht mehr alle durchsetzen konnte, nunmehr verwirklicht wurden.

Während die ruhigen Verhältnisse im Kaukasus durch Vereinbarungen, die 1310 und 1314 den Waffenstillstand mit der Goldenen Horde verlängerten, erhalten blieben, sah sich Öldscheitü 1314 in Kleinasien mit Aufständen in türkischen Kleinstaaten und in Ḫurāsān mit Einfällen aus Transoxanien konfrontiert. Beide Unruheherde konnten zunächst ausgeschaltet werden, doch 1315/16 gab es im ḫurāsānisch-tschaghataischen Grenzgebiet erneut Schwierigkeiten, die sogar zu Mißhelligkeiten zwischen der Goldenen Horde und dem iranischen Mongolenkhanat führten.

Im Innern sorgte der in Religionswechseln erfahrene Mongolenkhan in den letzten zehn Jahren seiner Regierung in wachsendem Maße selber für Spannungen, die mit seinen intern muslimischen Übertritten zusammenhingen. Zunächst wechselte er 1307/08 von der gemäßigteren ḥanbalitischen zur strengeren šāfiᶜitischen Rechtsschule. Die mit diesem Wechsel verbundenen heftigen Auseinandersetzungen veranlaßten ihn dann 1309, überhaupt die Sunna zu verlassen und sich der Zwölfer-Šīᶜa (ar. *iṯnā ᶜašarīya*, „die Zwölfer") zuzuwenden, einer heute in Persien weit verbreiteten Richtung der Šīᶜa, die die zwölf Imame anerkennt. Seinen Wechsel zur Zwölfer-Šīᶜa, der zu starken Spannungen mit den Vertretern der vorherrschenden Sunna führte, ließ Öldscheitü offiziell bekanntmachen durch Nennung der zwölf Imame auf dem Revers der nach dem 1. Februar 1310 geprägten Münzen. Nach dem Tod des Öldscheitü spielte dann „die Zwölfer" in Iran vorerst keine besondere Rolle mehr. Ihren Siegeszug trat sie dort erst zwei Jahrhunderte später an.

Im Gegensatz zur weiteren Wirksamkeit der „Zwölfer" waren mit dem Tod des Öldscheitü die Streitigkeiten, die in der obersten Verwaltung des Reichs schon seit 1300 mit wenigen Unterbrechungen zwischen den jeweils beiden Ersten Ministern ausgefochten wurden, keineswegs beendet. Beteiligt an diesen Auseinandersetzungen war als einer von den beiden Ersten Ministern von Anfang an Rašīd ad-Dīn Faḍl Allāh, der berühmte Kompilator des Geschichtswerks *Ǧāmiᶜ at-tawāriḫ*, ›Sammler der Geschichten‹[9]. Zwar konnte sich Rašīd ad-Dīn seines ersten Amtsgenossen 1312 entledigen, doch geriet er mit dessen Nachfolger Tāǧ ad-Dīn ᶜAlīšāh bald wieder in andauernde und heftige Streitereien um Verwaltungskompetenzen. Öldscheitü, der nach einer Jagd schwer erkrankt war und am 14. Dezember 1316 im Alter von erst 36 Jahren starb, konnte die gerade damals aufs äußerste zugespitzten Differenzen zwischen den beiden höchsten Reichsverwaltern nicht mehr beilegen.

Der achte Mongolenherrscher Irans wurde Anfang 1317 in seinem Mausoleum zu Sulṭānīya beigesetzt. Mit Beisetzungen in Mausoleen hatte Ghasan, der sich in Tabris ein solches hatte erbauen lassen, begonnen. Die Il-Khane Hülegü und Abaqa waren dagegen noch auf einem Berg namens Šāhī, „Kaiserberg", bestattet worden, der sich auf der gleichnamigen Insel bzw. – bei niedrigem Wasserstand – Halbinsel am Ostufer des Urmiasees erhebt, nordwestlich der Ortschaft Dehḫwāraqān. Aḥmad

[9] Aufschlußreiche Einblicke in die halboffiziellen und persönlichen Beziehungen des Rašīd ad-Dīn, die sein Verhalten und seine Reaktionen mitunter erklären, geben seine Briefe, vgl. Ausgabe: Šᴀғīᶜ (1945); Übersetzung: Fᴀʟɪɴᴀ (1971).

(Tegüder) soll nahe dem Ort Qara Qypčaġai und Arghun in den Bergen um Suǧās, eine Ortschaft am Suǧās-Fluß südwestlich von Sulṭānīya, begraben worden sein. Der genaue Begräbnisplatz der Herrscher wurde dabei nach alter mongolischer Sitte stets geheimgehalten. Anders war es jetzt bei Öldscheitü, der seine letzte Ruhe unter der mächtigen, weit über die Hochebene hin sichtbaren Kuppel seines Mausoleums zu Sulṭānīya gefunden hatte.

Abū Sa^{c}īd, auf Münzen auch Busayid genannt, der im Mai/Juni 1305 geborene, damals erst knapp zwölfjährige Sohn des Öldscheitü, folgte als neunter Mongolenherrscher in Iran seinem Vater nach, ohne daß seine Mutter Ḥāǧǧī Khatun davor als Regentin für ihn die Herrschaft übernommen hätte. Die wirkliche Gewalt übte in den folgenden Jahren indes General Tschoban aus, der es noch vor der Thronbesteigung des unmündigen Khans im April 1317 fertiggebracht hatte, sich gegen Sewindsch, den bisherigen Vormund des Prinzen, durchzusetzen.

Gleich zu Beginn der Regierungszeit des Abū Sa^{c}īd, der auf Münzen den Titel *as-sulṭān al-a^{c}ẓam*, „Größter Sultan", trug, hatte das Il-Khanat sich gegen Übergriffe aus Transoxanien zu behaupten, die sich länger hinzogen und 1318/19 sogar im Osten und Südosten des Reichs derartige Auswirkungen zeitigten, daß aus dem Grenzgebiet zur Goldenen Horde Hilfstruppen abgezogen werden mußten. Dieser Abzug schwächte aber wiederum die ilkhanischen Verbände, die gerade (Frühjahr 1319) am Kur mit Einheiten des Özbeg, des mongolischen Herrschers der Goldenen Horde, im Kampf lagen. In dieser Situation erwies es sich sicher als vorteilhaft, daß damals ein General das Sagen hatte. Tschoban vermochte Özbeg an der kaukasischen Front abzudrängen, und auch im Osten wurden bis Mitte 1319 die Auseinandersetzungen von den ilkhanischen Kontingenten siegreich zu Ende gebracht.

Nicht so erfolgreich war Tschoban hingegen bei der schon zu Öldscheitüs Zeit aufs äußerste zugespitzten innenpolitischen Auseinandersetzung zwischen den beiden Ersten Ministern Tāǧ ad-Dīn ^{c}Alīšāh und Rašīd ad-Dīn Faḍl Allāh. Trotz eindeutiger Parteinahme für Rašīd ad-Dīn war es ihm nicht möglich, den

Prozeß, aufgrund dessen Rašīd ad-Dīn dann am 15. Juli 1318 hingerichtet wurde, zu verhindern.

Mit der Beseitigung des Rašīd ad-Dīn hatte das Il-Khanat eine zweifellos streitbare und umstrittene, aber auch eine für die Wissenschaft überaus bedeutende Persönlichkeit dem Henker überantwortet. Als Arzt hatte Rašīd ad-Dīn nämlich seine hohe Stellung auch dazu genutzt, durch von ihm veranlaßte Übersetzungen chinesischer medizinischer Standardwerke iranischen Ärzten die heilkundlichen Kenntnisse des Fernen Ostens zu erschließen. Nicht nur aber medizinische, sondern auch kulturgeschichtliche Fragen griff er auf und brachte sie seinen Zeitgenossen näher. So hat sich z. B. in der islamischen Welt niemand vor oder nach ihm derart eingehend mit der chinesischen Schrift beschäftigt. Für die Kompilation seiner berühmten Universalgeschichte *Ǧāmiᶜ at-tawārīḫ*, ›Sammler der Geschichten‹, die 1310/11 fertiggestellt wurde, hatte er es schließlich verstanden, eine Forschergruppe zusammenzuziehen, die aus zwei ständigen Sekretären und einem Stab von Übersetzern und Gelehrten bestand, die mit ihm alle bis dahin vorhandenen arabisch- und persischsprachigen Quellen auswerteten. Zusätzlich arbeiteten in dem Projekt zwei Chinesen, buddhistische Mönche und für Informationen über Europa ein katholischer Geistlicher mit, ja, verschiedentlich zog Rašīd ad-Dīn sogar fremde Botschafter zu Rate. Sein aus diesem grandiosen Projekt hervorgegangenes Sammelwerk zählt nicht nur zu den bedeutendsten historiographischen Werken des mittelalterlichen Iran, sondern auch zu den bedeutendsten der mittelalterlichen Geschichtsschreibung überhaupt.

Das Eintreten für den dann doch hingerichteten Rašīd ad-Dīn sowie die Bestrafung einiger Emire, die sich im Frühjahr 1319 im Kaukasus den feindlichen Truppen Özbegs nicht entgegengestellt hatten, zeitigten für Tschoban vorübergehend unangenehme Folgen. Eine Verschwörung gegen ihn führte sogar dazu, daß Abū Saᶜīd in einem *yarlyq* seiner Beseitigung zustimmte. Nur der Fürsprache des nunmehr allein die Innenpolitik bestimmenden Ersten Ministers ᶜAlīšāh hatte er es schließlich zu verdanken, daß er vom Herrscher wieder in Gnaden aufgenommen wurde. Dennoch blieb Tschoban auch weiterhin die Zielscheibe intensiver Angriffe, die sich nun auch auf den Herrscher selber ausweiteten. Es kam so 1320 zu einem militärischen Schlagabtausch, den Abū Saʿīd, der sich 1319 den mongolischen Titel *bahādur ḫān* (mo. *baγatur qan*), „heldenhafter, siegreicher Khan“, zugelegt hatte, für sich und seine getreuen Emire um Tschoban entschied.

Die Verhältnisse wollten sich aber immer noch nicht beruhigen. 1321/22 revoltierte Timurtasch, der mongolische Statthalter in Kleinasien. Er war ein Sohn des Tschoban und hatte dem Il-Khanat noch vor kurzem neue Territorien in Kleinasien hinzugewonnen. Jetzt aber bereitete er sich darauf vor, mit Ägypten ein Bündnis einzugehen, das sich gegen die ilkhanische Zentrale richtete. Tschoban durchkreuzte erfolgreich die Pläne seines Sohnes, der dann trotz seines Vorhabens von Abū Saʿīd begnadigt wurde und wieder nach Kleinasien zurückkehren konnte.

Etwa um die gleiche Zeit mußte die päpstliche Kurie etwas von den Vorgängen in Kleinasien erfahren haben, denn am 4. Juli 1322 schrieb Papst Johannes XXII. an Abū Saʿīd einen Brief, in dem er ihn aufforderte, sich zu bekehren und den König Kleinarmeniens gegen die Türken zu unterstützen. Wen auch immer der Papst mit den Türken gemeint haben mochte, Abū Saʿīd hatte damals Kleinarmenien tatsächlich gegen mamlukische Übergriffe aus Ägypten geholfen, wenn auch nicht aufgrund der Aufforderung des Papstes, sondern um Ägypten vorsorglich von Kleinarmenien fernzuhalten, damit Timurtasch nicht erneut in Versuchung käme, Bündnispläne gegen ihn zu schmieden. Es war dies übrigens der letzte Brief, den ein Papst einem ilkhanischen Mongolenherrscher in Iran schrieb, und auch die Hilfeleistung gegen Ägypten war die letzte militärische Aktion, die das Il-Khanat gegen seinen mamlukischen Erzfeind unternahm. Im Jahre 1323 schlossen die beiden Reiche endgültig Frieden miteinander. Die Muslimisierung der Mongolen des Il-Khanats hatte zu einer solchen Entwicklung sicherlich nicht unerheblich beigetragen.

Mit dem Ende der Epoche kriegerischer Auseinandersetzungen zwischen Ägypten und dem Il-Khanat sowie mit dem Ende zumindest des Briefverkehrs zwischen dem lateinischen Westen und dem Il-Khanat auf höchster Ebene kündigte sich auch unverkennbar der Niedergang des Il-Khanats selber an. Nicht als ob das Ende der genannten Gegebenheiten, die sich wie ein roter Faden durch die gesamte Geschichte dieses Mongolenkhanats gezogen hatten, die Ursache für den Niedergang gewesen wäre. Ja, nicht einmal die Angriffe seitens der Goldenen Horde, die man im Jahre 1325 noch problemlos abwehrte, und auch nicht der Verlust der erst einige Jahre zuvor durch Timurtasch neu hinzugewonnenen Gebiete in Kleinasien noch der Abfall der Provinz Fars im Jahre 1325 gaben so sehr den Ausschlag. Vielmehr schlugen besonders die Verhältnisse bei Hofe zu Buche, genauer, die Leidenschaften, die das schöne Geschlecht beim Mongolenherrscher entfacht hatte. Sie sollten zu weitreichenden inneren Wirrnissen führen.

Zunächst hatte sich der etwa zwanzigjährige Abū Saᶜīd in Baghdād Khatun, die Tochter seines getreuen Tschoban, verliebt. Unglücklicherweise war diese aber schon mit dem Generalssohn Emir Ḥasan vermählt, so daß sich Tschoban, als der Herrscher sie trotzdem zur Frau begehrte, in einer recht schwierigen Lage befand. Alles Reden nützte nichts, der Khan ließ von seiner Forderung nicht ab. Das Verhältnis des Herrschers zu Tschoban wurde immer gespannter. Unter diesen Umständen konnte es nur mehr eine Frage der Zeit sein, bis der Khan den Verleumdungen der zahlreichen Neider des Tschoban Gehör schenkte. Um dem vorzubeugen und um Zeit zu gewinnen, unternahm Tschoban mit Erlaubnis des Herrschers einen Feldzug nach Osten. Für diesen Feldzug zog er alle Emire ein, von denen er wußte, daß sie ihm nicht wohlgesinnt waren. Als im Jahre 1326 der neue Tschaghatai-Herrscher Tarmaschirin in Ḫurāsān einfiel, mag Tschoban dieser Angriff des mongolischen Nachbarstaates wie ein Geschenk des Himmels erschienen sein, konnte er doch mit dem dann auch errungenen Sieg seine untadelige Einstellung zum Herrscher augenfällig unter Beweis stellen und allen Anwürfen den Wind aus den Segeln nehmen. Trotzdem jedoch nahte sich das Verhängnis – aus der eigenen Familie. Sein Sohn Dimašq Ḫūğa nämlich hatte mit Khutukhtai Khatun, einer der Beischläferinnen des Abū Saᶜīd, angebändelt und sie wiederholt im Harem aufgesucht. Dem Herrscher wurde die Affäre hinterbracht, worauf dieser zornentbrannt befahl, Dimašq Ḫūǧa hinzurichten und alle Verwandten des Tschoban sowie ihn selber der gleichen Bestrafung zuzuführen. Tschoban versuchte, nach Herat auszuweichen, wurde dort aber von dem hinterlistigen Herrscher Ġiyās ad-Dīn Kurt festgehalten und auf Ersuchen des Abū Saᶜīd im Oktober/November 1327 enthauptet. Auch einige der Söhne des Tschoban ereilte trotz Flucht und Exil das gleiche Schicksal.

Seine Macht hatte Tschoban stets ausgewogen und ohne Exzesse zu gebrauchen gesucht. So verhielt er sich z. B. gegenüber den Christen durchaus duldsam, als Papst Johannes XXII. 1318 aus der riesigen Diözese Khan Baliq die Diözese Sulṭānīya ausgliederte, sie den Dominikanern unterstellte und in Tabris, Maragha und Maschhad Suffraganbistümer einrichtete, die mit den Bischöfen Franz von Perugia und Wilhelm von Ada sowie dem Dominikanerbischof Bartholomäus besetzt wurden. Nach dem Tod des Tschoban jedoch war es bald mit der Duldsamkeit gegenüber den Christen vorbei. Der sunnitische Herrscher bürdete ihnen 1330 drückende Steuerlasten auf und zwang sie 1333, als Unterscheidungsmerkmal gegenüber den Muslims einen blauen Turban zu tragen.

Mit dem Sturz und dem Tod des Tschoban hatte sich Abū Saᶜīd den Weg für eine Ehe mit Baghdād Khatun ohne familiäre Hindernisse und Einsprüche freigemacht. Er zwang Emir Ḥasan zum *ṭalāq,* d. h. zur Erklärung, daß seine Frau aus der Ehe entlassen sei, und heiratete sie dann nach Ablauf der *ᶜiddat,* d. h. der Wartezeit der Frau nach ihrer Entlassung. Die lang ersehnte Ehe sollte dem Herrscher aber kein Glück bringen. Zwar konnte eine Verschwörung des damaligen Statthalters von Ḫurāsān aufgedeckt und 1329 mit dessen Hinrichtung überwunden werden, und auch das angebliche Verhältnis des Emirs Ḥasan ibn Ḥusain mit Baghdād Khatun erwies sich als gegenstandslos, doch soll Abū Saᶜīd nun seinerseits der Baghdād Khatun zum Opfer gefallen sein. Sie soll ihn am 30. November 1335 angeblich durch Gift zum Tod befördert haben, weil er sich mit ihrer Nichte eingelassen, ja sie vielleicht sogar – gegen ḥanafitisches Recht – geheiratet hatte.

Des Dramas letzter Akt für die Linie des Abū Saᶜīd begann dann unmittelbar nach dem Tod des Herrschers, der zwar keinen Sohn, aber doch seine schwangere Witwe Dilšād Khatun hinterlassen hatte. Verschiedene Emire erklärten nun, daß sie im Falle der Geburt eines Sohnes diesen als Herrscher anzuerkennen gewillt seien. Für diese Absichtserklärung war natürlich die Hoffnung auf eine Regentschaft und auf eine mit dieser verbundene Möglichkeit, indirekt an die Macht zu gelangen, ausschlaggebend. Als Dilšād Khatun niederkam, schenkte sie keinem Sohn, sondern einer Tochter das Leben. Nach der damals gültigen Erbfolgeregelung war damit die Linie des Abū Saᶜīd im Kampf um die Herrschaft ausgeschieden.

Was sich nun in den folgenden zwei Jahrzehnten im Il-Khanat abspielte, kann kaum mit der Zeit bis zu Abū Saᶜīd verglichen werden. Die verschiedenen nebeneinander die Herrschaft beanspruchenden bzw. nach ihr strebenden Emire waren nichts weiter als Thronanwärter in einer Ära, in der man das Reich schon nicht mehr als Einheit bezeichnen konnte. Dennoch fühlten sich diese Emire jeweils als Khan und betitelten sich auf den von ihnen geprägten Münzen als „der Größte Sultan", „der Weise Sultan", „der Gerechte Sultan", „der Wissende und der Gerechte Sultan" usw. Auf die vorherrschenden Wirrnisse lassen allein schon die sich überschneidenden Daten für die Wirkungszeit der wichtigsten Machthaber, die im folgenden aufgeführt sind, zurückschließen: Arpā Khan (Dezember 1335–Mai 1336), Mūsā Khan (1336/37), Muḥammad Khan (1336–38), Toghai Tīmūr Khan (1337–51), Ǧihān Tīmūr Khan (1339–41), Sātī Beg (1338/39), Sulaimān Khan (1339–44), der „Große" Ḥasan (1336–56), Anūširwān Khan (1344–55).

Das unwiderrufliche Ende des Il-Khanats bahnte sich schließlich an, als der Mongolenherrscher der Goldenen Horde, Dschani Beg, 1356 den Kur überschritt, das iranische Aserbaidschan eroberte und große Teile der Provinz Ḫurāsān besetzte. Das ilkhanische Kernland befand sich damit in Feindeshand.

Im Jahre 1357 übertrug Dschani Beg die Statthalterschaft über die eroberten Gebiete seinem Sohn Berdi Beg. Dieser wählte Tabris, die langjährige Hauptstadt des mongolischen Il-Khanats, zum Sitz der nunmehr qyptschaq-mongolischen Regierung in Iran. Als dann noch im gleichen Jahr Dschani Beg, der in die Hauptstadt der Goldenen Horde zurückgekehrt war, starb, zog sich auch Berdi Beg mit seinen Mongolen wieder in die Goldene Horde zurück, um die Nachfolge seines Vaters anzutreten.

Nach dem Rückzug der Mongolen der Goldenen Horde aus dem Kernland des mongolischen Il-Khanats blieben nur noch Trümmer übrig. Die Mongolen Irans vermochten sich von dem Einfall ihrer mongolischen Nachbarn aus dem Norden nicht mehr zu erholen. Das ilkhanische Mongolentum ging im Gros der einheimischen Bevölkerung auf und verschwand. Die mongolischen Brüder hatten nicht, gleich gebündelten und damit nicht zu zerbrechenden Pfeilen, zusammengehalten, wie ihnen ihre mythische Vorfahrin Alan die Schöne geraten hatte. Sie blieben jeder für sich allein, und so erfüllte sich am Il-Khanat die Warnung derselben Alan in Umkehrung ihres Ratschlages: Wenn ihr, jeder für sich, allein bleibt, werdet ihr wie vereinzelte Pfeile von jedem Beliebigen leicht zerbrochen werden.

Ergänzende und weiterführende Literatur

Altaner (1924), (1936); Badr (o. J.); Borghezio (1938); Boyle (1965), (1970b), (1971b), (1973); Browne (1928), (1933); Brunel (1958); Cahen (1939), (1969); Chabot (1894); Fiey (1975); Fuad (1929); Gabriel (1963), (1971); Gatto (1959); Graf (1941); Hammer-Purgstall (1842/43); Heyd (1858); Hinz (1951); Jacquet (1830); Jahn (1938), (1969), (1971); Kawerau (1982); Kotwicz (1950); Krawulsky (1978); Meyvaert (1980); Mingana (1925); Müller (1927); Petech (1962); Rémusat (1824); Richard (1949), (1957), (1969), (1979); Roberg (1973); Röhricht (1891); Saunders (1977); Schwerin (1937); Sinor (1956); Soranzo (1930); Spuler (1957), (1968); Stark (1936); Weiers (1978b); Wu (1974).

DIE GOLDENE HORDE
oder
DAS KHANAT QYPTSCHAQ

Von Michael Weiers

Das mongolische Erbgesetz, dem ältesten Sohn die von zu Hause am entferntesten gelegenen Gebiete zu übereignen, während der jüngste Sohn in der Heimat herrschen sollte, hatte dem ersten Tschinggis-Khan-Sohn Dschötschi im Verlauf der mongolischen Expansion immer weiter nach Westen liegende Gebiete unterstellt. Als Dschötschi im gleichen Jahr 1227 wie sein Vater Tschinggis Khan starb, gehörten ihm bzw. seinem Klan entsprechend diesem Gesetz die Gebiete der südlichen Steppe der heutigen Sowjetunion um Kaspi- und Aralsee, die damals von iranoarischen Alanen und türkischen Kumanen bewohnt wurden und 1221/22 im Feldzug gegen Mittelasien mehr oder weniger lose angeschlossen worden waren. Fünfzehn Jahre lang blieb dieses Gebiet zumindest aus mongolischer Sicht unveränderter mongolischer Besitz des Dschötschi-Klans unter Orda, Batu und Schyban, den drei ältesten Söhnen des Dschötschi. Dann brach zwischen 1236 und 1242 im sog. Großen Europafeldzug der Mongolen die Invasionskatastrophe über weiter nach Westen gelegene Gebiete herein. Bis in die Nähe von Nowgorod im Nordwesten und bis nach Liegnitz im Westen stießen die Mongolen vor, und der Dschötschiden-Klan hatte damit Anspruch auf weite Teile Rußlands, Polens und des Balkans, wenn auch wohl nicht ohne gleichzeitige Ansprüche seitens anderer Klanlinien, wie z. B. der bis 1251 herrschenden Ögödeiden, die ja auch an diesem Feldzug teilgenommen hatten.

War das Gebiet der Dschötschiden unter seinem Herrscher Batu bis zu dessen Tod 1255 grundsätzlich noch eingebettet in ein großmongolisches Weltreich, ab 1251 mit einem Großkhan,

Möngke, an der Spitze, der seine Stellung nicht zuletzt dem greisen Batu und dessen Bruder Berke verdankte und der deshalb anfänglich mehr oder weniger den „Königsmachern" verpflichtet war, so änderte sich dies nach dem Tode des Batu. Nach zwei nur kurz regierenden Herrschern (1256/57 Sartaq, ein Sohn des Batu, sowie 1257 Ulagtschi, ein Sohn oder Bruder des Sartaq) kam nämlich 1257 Berke, der Bruder des Batu, an die Macht. Der Großkhan Möngke hatte ihn noch in seinem Amt bestätigt, obwohl er schon in den 40er oder frühen 50er Jahren als erster Mongolenkhan den Islam angenommen hatte und deswegen mit den von Möngke befohlenen Operationen gegen die Muslime im Zweistromland, besonders aber mit dem Feldzug gegen Bagdad, nicht einverstanden war. Die Durchführung dieser Operationen hatte der Großkhan seinem jüngeren Bruder Hülegü, der damit zum mongolischen Nachbarn des Berke im Süden wurde, übertragen. Gleichzeitig war der Kaukasus, über den Batu unwidersprochen die Oberherrschaft ausgeübt hatte, nun nicht mehr ein Grenzgebirge des Mongolenreichs, sondern ein Gebirgszug zwischen den Territorien zweier Mongolenfürsten. Um wohl Berke in seine Schranken zu verweisen, unterstellte Möngke den Kaukasus damals ausdrücklich dem Territorium des Hülegü. Diese Entscheidung brachte Berke nicht nur gegen den Großkhan auf, sondern machte ihn auch endgültig zum Gegenspieler Hülegüs und des von ihm in Iran errichteten Khanats. Da Hülegü mit Khubilai, dem Teilherrscher über China, in gutem Einvernehmen stand, weitete sich Berkes Gegnerschaft zwangsläufig auch auf diesen aus. Und auch vor diesem Hintergrund wird verständlich, warum sich Berke nach dem Tod des Großkhan Möngke (September 1259) bei den Nachfolgestreitigkeiten zwischen Arigh Böke und Khubilai um die Würde des Großkhans auf die Seite des Arigh Böke stellte. Arigh Böke vermochte sich aber nicht durchzusetzen. Damit gerieten auch die Dschötschiden unter Berke vom Standpunkt einer an Klanlinien gebundenen Vormachtstellung im Reich aus gesehen ins politische Abseits. Die relativ große geographische Entfernung zum Khanat des neuen Großkhans Khubilai, der gleichzeitig auch Herrscher über China geblieben war, tat ein übriges, daß die Beziehungen praktisch abrissen. Dies war die Geburt des ersten bedeutenden mongolischen Teilreichs, das dem mongolischen Großkhan die weitere Gefolgschaft aufsagte.

Berke war nunmehr Herrscher eines selbständigen Mongolenreiches, das in den russischen Annalen „Goldene Horde“ (von mo. *orda*, „Heerlager“, und dem Goldbesatz des mongolischen Herrscherzeltes) genannt wird. Der zweite Name für dieses Reich, „Khanat Qyptschaq“, leitet sich her von einer türkischen Völkerschaft namens Qyptschaq (Qybčaq ~ Qyfčaq), die in der *dašt-i qipčāq* (pers.), „Steppe der Qyptschaqer“, östlich des Dnjepr bis östlich der Wolga nomadisierte und damit im Herrschaftsgebiet des Batu bzw. Berke lebte. Nach internen, mehr klanpolitischen Gesichtspunkten war die Goldene Horde unter dem Namen „Blaue Horde“ jedoch nur ein Teil des Gesamtgebiets der Dschötschiden, wenn auch zweifellos der politisch bedeutsamste und geographisch größte.

Orda, der älteste Sohn des Dschötschi, der aus unbekannten Gründen dem zweitgeborenen Batu den Vortritt als Klanoberhaupt einräumte, stand der sog. „Weißen Horde“ (nach anderen Quellen „Blauen Horde“) vor, die Westsibirien sowie die Gebiete an den Flüssen Ili und Oxus (Amu-darja) und um den Alasee (Alaköl) bis zum Irtysch umfaßte. Über die Geschichte dieser Dschötschiden-Linie ist kaum etwas bekannt, ebenso auch nicht über die Linie des Schyban, des dritten Dschötschi-Sohnes, dessen Gebiet in der Gegend von Ili und Oxus lag und nach muslimischen Historikern (Abū 'l-Ġāzī) „Weiße Horde“ hieß. Entsprechend der Quellenlage ist für uns somit historisch greifbar vor allem die „Blaue Horde“, d. h. das der Historie gewöhnlich als „Goldene Horde“ oder „Khanat Qyptschaq“ bekannte Mongolenreich in Südost-Rußland.

Wie schon erwähnt, hatte der Großkhan Möngke dem Hülegü den Kaukasus zugesprochen, der davor zum Herrschaftsgebiet des Batu gehört hatte. Nachdem Berke zum unabhängigen Herrscher der Goldenen Horde geworden war, setzte er alles daran, diesen besonders militärisch so wichtigen Besitz von Hülegü wieder zurückzuerobern. Bis zu seinem Tode 1267 verfolgte Berke dieses Ziel, seit 1260 auch durch Eingriffe in die byzantinisch-bulgarischen Auseinandersetzungen, wodurch er sowohl seinen Einfluß auf Byzanz ausdehnte als vor allem aber auch versuchte, dank der Verbindung mit Byzanz die anatolischen Besitzungen Hülegüs in Bedrängnis zu bringen.

Einen weiteren Versuch Berkes, das persische Il-Khanat unter seinem Vetter Hülegü (gest. 1265) und dessen Sohn Abaqa (1265–1282) zu erschüttern und so den Kaukasus zurückzugewinnen, stellten die engen Beziehungen dar, die er mit den Mamluken anknüpfte. Die Dynastie der Mamluken, eine aus der Sklavengarde der Aiyubidensultane erwachsene Sklavenaristokratie, deren muslimische, vielfach türkischstämmige Führer seit 1250 in Ägypten und Syrien bis zur osmanischen Eroberung im Jahre 1517 als unabhängige Sultane regierten, waren damals noch die natürlichen Feinde der nichtmuslimischen Il-Khane in Iran. Trotz dieser Einkreisungspolitik und trotz militärischer Erfolge gegen das Il-Khanat, z. B. 1263 in der Schlacht am Terek, blieb Berke die Rückeroberung des Kaukasus jedoch versagt.

Dafür zeitigte das Engagement mit Ägypten andere Früchte, die die Goldene Horde mehr auf kultureller als politischer Ebene bereicherten. Zeugnis legen davon ab u. a. die Ausgrabungsfunde, die in Alt-Sarai, der von Batu gegründeten Hauptstadt der Goldenen Horde (nahe dem heutigen Astrachan an der Kaspi-See), sowie in der von Berke gegründeten Residenz Neu-Sarai oder Sarai-Berke zum Vorschein kamen.

Neben einer künstlerisch und handwerklich hochstehenden Bereicherung aus Ägypten waren es von ebendort besonders die muslimischen Theologen, die auf die Mongolen der Goldenen Horde einen bestimmenden Einfluß ausübten, dessen Nachwirkungen indirekt bis heute anzudauern scheinen. Durch ihre zunehmende Islamisierung nämlich hatten die Mongolen der Goldenen Horde ihren christlich-orthodoxen russischen Untertanen, die nordwestlich außerhalb der eigentlichen mongolischen Horde als Tributäre der Mongolen in den russischen Fürstentümern lebten, eine zwar wesentlich verschiedene, doch in ihren kulturellen Ansprüchen durchaus gleichwertige, ja verwaltungstechnisch sogar überlegene Kultur entgegenzusetzen. Sie entgingen so vorerst noch dem Schicksal der Mongolen in anderen mongolischen Teilreichen, die sich, ihren angestammten Schamanismus aufgebend, schon bald geistig und kulturell ihren Untertanen anzugleichen begannen und schließlich in ihnen völlig aufgingen. Gerade der andauernde Fortbestand eines auf vergleichbar hoher Kulturstufe stehenden Unterschieds zu den russischen Untertanen, der ein Aufgehen in diesen verhinderte, dürfte nun auch die Wurzel dafür gewesen sein, daß die Russen ihrerseits zunächst gegenüber den sie beherrschenden Mongolen und deren im Verlauf der Zeit immer mehr türkisierten, ebenfalls muslimischen Nachfolgern einen Angstkomplex entwickelten, den sie nie mehr ganz verloren und der sich bis heute gegenüber fernöstlichen Asiaten wie z. B. den Chinesen als eine Art „Tatarensyndrom" äußert.

Im Austausch u. a. für dieses „Geschenk" Ägyptens an die Goldene Horde lieferte diese an Ägypten vor allem Sklaven (Mamluken < ar. *mamlūk* „Leibeigener, Sklave"), die als Soldaten eingesetzt wurden. Mittelbar hatte Berke mit diesen Austauschlieferungen schon einen Sieg gegen Hülegü erringen können, der ihm zwar nicht den Kaukasus zurückbrachte, durchaus aber in seinem Sinne gewesen sein dürfte: Am 3. September 1260 besiegte ein hauptsächlich aus Türken der Goldenen Horde rekrutiertes ägyptisch-mamlukisches Heer bei ᶜAin Ǧālūt in Palästina ilkhanische Verbände vernichtend. Mit diesem Sieg wurde der mongolische Vormarsch nach Ägypten, an dem der Muslim Berke, obzwar seiner Herkunft nach selber Mongole, wohl kaum interessiert gewesen sein dürfte, endgültig gestoppt. Damit war das Il-Khanat zwar nicht so geschwächt worden, daß Berke sich auf die Zurückgewinnung des Kaukasus hätte berechtigte Hoffnungen machen können, doch war zumindest die Gefahr einer möglichen Einkreisung gebannt und seine Außenpolitik als erfolgreich erwiesen.

Berkes Bekenntnis zum Islam sowie die engen politischen und kulturellen Verbindungen zum muslimischen Ägypten gaben sicherlich den Ausschlag dafür, daß die Beziehungen zwischen der Goldenen Horde und der päpstlichen Kurie sich zeitlich nur sehr begrenzt und lose gestalteten.

Angebahnt hatten sich diese Beziehungen zunächst, als im

Sommer 1254 am Hofe Papst Innozenz' IV. zu Anagni ein allerdings wenig glaubwürdiger armenischer Presbyter namens Johannes auftauchte, der dem Papst über die Bekehrung des Sartaq, des Sohnes des Batu Khan, berichtete. Ein Schreiben von Sartaq war dem Armenier angeblich unterwegs abhanden gekommen. Obwohl die ganze Geschichte recht fragwürdig erscheinen mußte, schickte Innozenz IV. am 29. August 1254 einen Brief, den er an Sartaq adressierte: *Sattach illustri regi Tartarorum.* In diesem Brief ›Gratias et laudes‹ gab der Papst seiner Freude über Sartaqs Bekehrung Ausdruck und gewährte ihm seinen apostolischen Segen. Sartaq hat, soweit wir wissen, auf diesen Brief nie geantwortet.

Erneut wandte sich der abendländische Westen im April 1258 mit einer Franziskanermission an die Mongolen der Goldenen Horde. Berke war damals bereits Herrscher über Qyptschaq, verfolgte aber trotz seines muslimischen Bekenntnisses weiter die traditionelle mongolische Religionspolitik, die Andersgläubige weitestgehend tolerierte. In diesen Zeitraum nun dürfte ein Schriftwechsel zwischen Sarai, der Hauptstadt der Goldenen Horde, und der Kurie fallen. Von diesem Schriftwechsel ist uns nur mehr ein Schreiben der Kurie erhalten, das sich an Berke richtet *(Excellenti et magnifico Berk'e principi Tartarorum . . .)* und das auf eben den Schriftwechsel und einen Austausch von Boten Bezug nimmt sowie u. a. die erneut geschickten Missionsgesandten der guten Behandlung des Mongolenkhans anempfiehlt. Allerdings trägt dieses Schreiben weder Absender noch Datumsangaben. Es ist anzunehmen, daß es von Papst Alexander IV. um 1260 aus Viterbo abgesandt wurde.

Weitere Zeugnisse für einen Schriftverkehr zwischen Sarai und der Kurie sind dann für das 13. Jh. nicht mehr belegt. Erst am 28. März 1318 sollte sich wieder ein Papst, es war Johannes XXII., an einen Herrscher der Goldenen Horde, damals Özbeg Khan (vgl. unten), wenden. Der gleiche Papst schrieb nochmals am 27. September 1323. Beide Schreiben blieben unbeantwortet, ebenso auch die beiden Briefe des Papstes Benedikt XII. vom 13. Juni 1338 und vom 17. August 1340. Die muslimischen Khane der Goldenen Horde zeigten im Gegensatz zu den Il-

Khanen in Iran offensichtlich keinerlei Interesse an Beziehungen zum lateinischen Papsttum oder zu anderen westeuropäischen Machthabern.

Unter Berkes Nachfolger Möngke Temür (1267–1280), einem Enkel des Batu und Neffen oder Großneffen Berkes, verschob sich das Schwergewicht der Politik der Goldenen Horde etwas. Infolge eines Feldzugs gegen den byzantinischen Kaiser Michael VIII. Palaiologos, den noch Berke 1265 durchgeführt hatte, ruhte die Seeverbindung zwischen der Goldenen Horde und Ägypten schon fast zwei Jahre, da Byzanz als Gegenmaßnahme seine Meerengen gesperrt und damit die Durchfahrt blockiert hatte. Dieser Situation begegnete Möngke Temür nun so, daß er die Kaukasusfrage vorerst auf sich beruhen ließ, ja sogar 1268/69 mit dem Il-Khan Abaqa einen Frieden schloß, gleichzeitig aber auch Verbindung aufgenommen hatte mit dem Ögödeiden Khaidu vom Khanat Tschaghatai, der dann seinerseits das Il-Khanat durch Einfälle in Ḫurāsān bedrängte. Trotz des Friedens mit dem Il-Khan Abaqa hob Möngke Temür auch nicht das Bündnis mit dem ilkhanfeindlichen Ägypten auf, sondern blieb mit dessen Herrscher Baibars weiter in Verbindung. Letzterem mußte schon insofern am Weiterbestand einer solchen Verbindung liegen, als er hoffen konnte, durch Möngke Temür mit Khaidu, dem östlichen Gegner des Il-Khans Abaqa, in Kontakt zu kommen.

Der Friede zwischen Goldener Horde und Il-Khanat veranlaßte auch den Palaiologen Michael VIII. von Byzanz, dem sein besonders enges Verhältnis zum Il-Khanat den Feldzug des Berke eingebracht haben dürfte, zu außenpolitischer Aktivität. Er versuchte Baibars von Ägypten dazu zu bringen, daß er der mit ihm verbündeten Goldenen Horde vorschlage, mit Byzanz Frieden zu schließen. Byzanz wolle dafür dann die Meerengen wieder öffnen. Tatsächlich kam es zwischen Baibars und dem Byzantiner zu einem Abkommen, im Rahmen dessen Baibars den Möngke Temür aufforderte, mit Byzanz Frieden zu schließen. Offenbar rechnete er, Baibars, sich durch die Wiedereröffnung einer ungehinderten Seeverbindung zwischen Ägypten und der Goldenen Horde, die ja auch mit Khaidu, dem anderen Gegner des Il-Khanats in Verbindung stand, gegen das feindliche Il-Khanat realistische Chancen aus, zumal er auch an Möngke Temür die Bitte anschloß, wieder direkt gegen Abaqa zu Feld zu ziehen. Möngke Temür erwies sich jedoch als politischer Zauderer und ging auf keine der Aufforderungen und Bitten Baibars' ein.

Dieses politische Aktionsvakuum begann nun Prinz Noqai, ein erfolgreicher Heerführer und früherer Günstling Berkes sowie ein Urenkel des Dschötschi, auszufüllen. Ohne sich der Würde des Khans selbst zu bemächtigen, wuchs er immer mehr in die Rolle eines allmächtigen Hausmeiers hinein. In der Außenpolitik reintensivierte er die Beziehungen zu Baibars von Ägypten, dessen Bitte um Wiederaufnahme der Kämpfe gegen das Il-Khanat er 1270/71 entsprach. Nach dem Ausbruch erneuter Feindseligkeiten auch zwischen dem Il-Khanat und Ägypten 1272 kam es dann 1273 zu einem qyptschaqisch-ägyptischen Abkommen, nach dessen Abschluß sich ein regelmäßiger Verkehr zwischen den beiden Hauptstädten Sarai und Kairo entwikkelte. Im Rahmen dieses Verkehrs konnten die Gesandten der Goldenen Horde wichtige Aufschlüsse erhalten, einmal über die internationalen Beziehungen ihres Partners Ägypten selbst, zum andern aber auch über die mediterranen Verflechtungen solcher Mächte, die unmittelbar zu ihrem Staatsgebiet Verbindungen unterhielten, wie z. B. der Handelsrepublik Genua, die seit 1266 in Theodosia – in der Folgezeit Kaffa genannt – auf der Halbinsel Krim eine Niederlassung innehatte, die in der Bereicherung der Goldenen Horde durch Zivilisationsgüter Ägypten kaum nachstand.

Nicht nur aber im Bereich der mediterranen und nach Südosten gewandten Außenpolitik, sondern auch innenpolitisch begann Noqai sich immer mehr hervorzutun. So konnte er sich im Laufe der Zeit erlauben, ohne Rücksicht auf Möngke Temür durch eigene Abgesandte mehrere russische Fürsten aufzufordern, das damals an Macht zunehmende Litauen zu bekämpfen oder hilfesuchende russische Fürsten etwa gegen Polen mit eigenen Kräften zu unterstützen. Russische Chronisten bezeichneten Noqai aufgrund dieser Machtstellung verschiedentlich fälschlicherweise sogar als *Ćar,* das dem mo. Khan entspricht.

Noqai war aber nicht nur für die russischen Untertanen zur obersten Instanz geworden, sondern spielte auch im politischen Kalkül etwa der benachbarten Byzantiner eine gewichtige Rolle. So hatte Kaiser Michael VIII. Palaiologos in Weiterverfolgung seiner Heiratspolitik dem Noqai eine seiner natürlichen Töchter, Euphrosyne oder Eirene, zur Frau gegeben. Damit war er, bereits schon Schwiegervater des Il-Khans Abaqa, nunmehr sowohl mit dem Il-Khanat als auch mit der Goldenen Horde verwandtschaftlich verbunden, eine Verbindung, die er im Falle Noqais sogleich für sich politisch nutzte, indem er ihn im Kampf gegen die Donau-Bulgaren um Hilfe anging.

Dem zunehmenden politischen Einfluß Noqais sah Möngke Temür zwar nicht untätig zu, doch erwecken seine Unternehmungen den Eindruck, immer einen Schritt hinter Noqai zurückgeblieben zu sein. Als Möngke Temür 1280 starb, hinterließ er so seinem Bruder und Nachfolger Tudā Möngke (1280–1287) einen allmächtigen Hausmeier, der nicht nur für Byzanz die Bulgaren besiegte, sondern – abgesehen von der Mitwirkung bei Klärung von Streitigkeiten zwischen russischen Fürsten – auch gegen Ungarn und Polen zu Feld zog. Tudā Möngke blieb neben dem rührigen Noqai nur noch die Rolle eines besseren Statisten, in der ihm außenpolitisch lediglich die Aufgabe zufiel, Gesandtschaften mit Ägypten auszutauschen. Anläßlich einer solchen erklärte er sich, gerade zum Islam konvertiert, 1287 bereit, dem Qilāwūn, dem Nachfolger Baibars', Heeresfolge zu leisten gegen den neuen Il-Khan Arghun, der 1284 seinen muslimischen Vorgänger Aḥmad beseitigt hatte. Tudā Möngke löste dieses Versprechen aber nicht mehr selber ein, da er noch im gleichen Jahr, 1287, seiner Statistenrolle wohl endgültig überdrüssig, mit dem Einverständnis seines Klans auf den Thron verzichtete.

Ein Neffe des Zurückgetretenen, Telebogha, übernahm die Herrschaft (1287–1291). Schon 1288 trat er den noch von seinem Vorgänger versprochenen Waffengang gegen das Il-Khanat an, 1290 von einem zweiten Feldzug gefolgt, die aber beide für die Goldene Horde erfolglos verliefen, da sie das Reich seinem nach wie vor vorrangigen Ziel, den Kaukasus zurückzuerobern, nicht näher brachten.

Gegenüber diesen Mißerfolgen des Herrschers Telebogha konnte Noqai zur gleichen Zeit einen persönlichen Machtzuwachs vorweisen, mit dem sein direkter Einfluß sich über die Grenzen der Goldenen Horde hinaus bemerkbar zu machen begann. 1290 nämlich hatten ihn Bulgaren und Serben, die südlich der Goldenen Horde saßen, als Oberherrn anerkannt, ohne dabei Telebogha zu berücksichtigen. Dieses offensichtliche Übergehen des nominellen Herrschers der Goldenen Horde mußte für diesen ein Alarmzeichen sein, zumal er und Noqai einander seit jeher feindlich gesinnt waren. So kam es zur Auseinandersetzung um die Macht, in deren Verlauf Noqai den Telebogha in eine Falle zu locken und ihn zu überwältigen vermochte. Seine Hinrichtung im Jahre 1291 jedoch hatte Noqai klugerweise nicht selber vorgenommen, sondern geschickt inszeniert: Mit der Behauptung, Telebogha habe seinerzeit Möngke Temür umgebracht, lieferte er ihn an dessen Sohn Toḫtu alias Toghtogha ~ Tuqṭā, aus, der ihn dann hinrichtete. Da Toḫtu der Nachfolger des Telebogha wurde (1291–1312), konnte die Affäre nach außen hin den Anschein erwecken, als habe es sich um eine klaninterne Auseinandersetzung gehandelt. Die wirklichen Machtverhältnisse werden indes klar erkennbar aus der Tatsache, daß Toḫtu, der dem Noqai für die „Entdeckung" des Mörders seines Vaters nunmehr verpflichtet war, auf Wunsch des Noqai hinnehmen mußte, daß ihm seine drei Brüder als Mitherrscher beigegeben wurden. Damit hatte Noqai sowohl dem geltenden Nachfolgegesetz der Klanlinie genügt als auch seine Vormachtstellung ohne Verletzung dieses für die Mongolen verbindlichen Gesetzes wiederhergestellt, ja sogar nach der Devise *divide et impera* abgesichert.

Hatten sich die soeben geschilderten Auseinandersetzungen für die Goldene Horde kurzfristig als nachteilig erwiesen, ging Noqai nun im Vollbewußtsein seiner Macht daran, die Ordnung in seinem Sinne wiederherzustellen. In den späten 90er Jahren des 13. Jh. war sein Einfluß auf dem Höhepunkt angelangt. Es konnte für ihn nur schmeichelhaft sein, als sich der mit seinen brüderlichen Mitherrschern zerstrittene Toḫtu an ihn um Hilfe wandte. Noqai brachte eine Zusammenkunft zustande, die aber lediglich die früheren Zustände wiederherstellte. Da spielte Toḫtu nicht mehr mit. Unangefochten vermochte er seine Brüder zu vertreiben und sich damit nominell zwar zum Alleinherrscher zu erheben, doch beim ersten Zusammenstoß mit Noqai mußte er sich geschlagen geben und floh an den Don. Während er dort weilte, kam es 1299 zu Meinungsverschiedenheiten in Noqais Armee, die mit der Beseitigung einiger widerspenstiger Würdenträger durch den Sohn des Noqai beigelegt werden sollten. Dieses Vorgehen veranlaßte jedoch viele Armeeangehörige, von Noqai zu Toḫtu überzulaufen, der nun seinerseits erneut gegen Noqai rüstete. Im Herbst 1299 kam es zur Schlacht. Noqai wurde vernichtend geschlagen und auf der Flucht von einem gewöhnlichen russischen Soldaten getötet, der wiederum ob dieser Dreistigkeit enthauptet wurde.

Mit dem Ende des Noqai war zwar eine stete Gefahr für die dynastisch rechtmäßigen Herrscher beseitigt, doch hatte das Reich mit diesem Hausmeier auch eine politische Persönlichkeit verloren, die eine ganze Epoche geprägt hatte. Zweifellos war es diesem entschlossenen und weitblickenden Mann zu verdanken, daß die Goldene Horde während seiner politischen Tätigkeit nie ernsthaft gefährdet war. Der Süden der Goldenen Horde, wo Noqai das Schwergewicht seiner Machtausübung konzentriert hatte, bewahrte ihm ein andauerndes Andenken, indem sich die dort lebenden Stämme fürderhin nach ihm Nogaier nannten und als solche bis heute eine türksprachige Volksgruppe mit muslimischem Bekenntnis bilden.

Zunächst hatte der Herrscher Toḫtu alle Hände voll zu tun, um sich seiner Gegner aus der Linie des Noqai sowie seiner eigenen Brüder zu erwehren bzw. sie auszuschalten. Während dieser Unternehmungen wurde er jedoch auch außenpolitisch tätig, und zwar bei den Bulgaren, die seinerzeit unter Umgehung des nominellen Herrschers der Goldenen Horde den Noqai als Oberherrn anerkannt und damit den Staat zu sprengen gedroht hatten. Durch eine von Toḫtu mitveranlaßte Neuordnung in diesem Gebiet, die auch der damalige byzantinische Kaiser Andronikos II., dessen natürliche Tochter Maria Toḫtu inzwischen geheiratet hatte, anerkannte, hatte er erreicht, der Goldenen Horde durch die Politik eines nunmehr in jeder Hinsicht legitimierten Herrschers außenpolitisch einen die bestehenden Grenzen ähnlich überspringenden Einfluß zu sichern, wie dies vordem dem allmächtigen Hausmeier Noqai gelungen war. Damit hatte Toḫtu mit Noqai sozusagen gleichgezogen. Er konnte nun darangehen, die weiteren Probleme anzupacken.

Unter diesen stand nach wie vor die Zurückgewinnung des Kaukasus im Vordergrund. Jedoch weder ein militärischer Vorstoß, den er mit Hilfe Georgiens durchzuführen gedachte, noch direkte Verhandlungen mit dem Il-Khan Ghasan während der Jahre 1301–1303 führten zum Erfolg. Auch eine anfangs (1301/02) erfolgreiche Einflußnahme auf Thronstreitigkeiten im Osten des Il-Khanats (Ġazna und Bāmyān) endete schließlich 1309 mit der Flucht des von ihm durchgesetzten Bewerbers. Diesem Fehlschlag dürfte aber insofern weniger Gewicht zukommen, als Toḫtu 1304 Ägypten einerseits zwar mitteilen ließ, daß er gegen den neuen Herrscher des Il-Khanats Öldscheitü zu Felde ziehen wolle und daß die Mamluken ihm dabei helfen sollten, daß er andererseits im Dezember gleichen Jahres aber mit Öldscheitü einen Waffenstillstand schloß. Toḫtu hatte sich wohl zu dieser Politik entschlossen, weil er einsehen mußte, daß seine ägyptischen Verbündeten für einen gemeinsamen Waffengang gegen den Il-Khan nicht zu gewinnen waren. Ägypten schien nämlich damals primär an ruhigen Ostgrenzen interessiert zu sein, was aber durch eine wie auch immer geartete Bedrohung des Il-Khanats im Norden schon allein durch die Goldene Horde garantiert war. Deswegen mochte von ägyptischer Sicht aus ein Bündnis mit der Goldenen Horde zwar nicht schaden, doch ein gemeinsamer Krieg gegen das Il-Khanat kam nicht in Frage. Daß Toḫtu die politische Situation in etwa richtig einschätzte, beweisen die 1305/06 relativ friedlichen Verhältnisse, die zwischen Ägypten und dem Il-Khanat herrschten.

Die geschilderten Gegebenheiten zeigen uns recht deutlich die Grenzen, die der Außenpolitik der Goldenen Horde damals gesetzt waren. Innenpolitisch wurden Parteigänger des Il-Khanats hingegen nicht geschont, wie die Vertreibung der mit den Il-Khanen immer mehr zusammenarbeitenden Genuesen aus Kaffa sowie die Plünderung und Zerstörung dieser Stadt im Jahre 1308 deutlich machen, obgleich sich dieser Genueserhafen dann wieder erholte und bis zu seiner Einnahme durch die Türken 1474 sogar so erfolgreich bis tief nach Rußland hinein Handel trieb, daß man ihn für die damalige Zeit mit Fug und Recht als „den Hafen von Moskau“ (Louis Réau) bezeichnen kann.

Als Toḫtu 1312 starb, hatte er zwar den Bestand des Reichs erhalten, doch die vornehmlichen Ziele seines Staates ebensowenig erreicht wie seine Vorgänger, einschließlich des Noqai.

Nach den schon obligatorischen Nachfolgestreitigkeiten, bei denen es auch diesmal nicht ohne Gewalt und Mord abging, konnte sich Anfang 1313 Özbeg, ein Neffe des Toḫtu, durchsetzen. Die ersten außenpolitischen Schritte des neuen Herrschers (1313–1341) galten dem alten Problem der Kaukasusfrage. Sich stützend auf einen Waffenstillstand, der in Sulṭānīyah, der damaligen Hauptstadt des Il-Khanats, geschlossen worden war, versuchte er, die Rückgabe des Berglandes an die Goldene Horde durch Verhandlungen mit dem Il-Khan Öldscheitü zu erreichen. Der Versuch schlug zwar fehl, doch ruhten an der qyptschaqisch-ilkhanischen Grenze wenigstens vorübergehend die Waffen. Özbeg bekam dadurch die Hände frei, sich intensiver, als dies sein Vorgänger getan hatte, mit innenpolitischen Fragen, d. h. mit Rußland auseinanderzusetzen.

Hier galt es Unbotmäßigkeiten gegenüber den „Tataren“, wie die Russen die Mongolen nannten, zu ahnden. Solcher Unbotmäßigkeiten bezichtigten sich die russischen Fürsten vor dem Khan vielfach gegenseitig, entweder um sich Vorteile zu verschaffen oder erfolgreich zu sein im Kampf um die Würde des Großfürsten, durch deren Vergabe der Khan der jeweiligen Linie besondere Privilegien und Befugnisse einräumte. Wie solche Intrigen verliefen, läßt sich anschaulich vorführen am Beispiel des russischen Großfürsten Michail Jaroslawitsch von Tveŕ und des Fürsten Jurij Danilowitsch von Moskau.

Ersterer hatte Özbeg seine Aufwartung gemacht und dabei wahrscheinlich letzteren angeschwärzt, so daß es zu einer Vorladung des Moskowiters nach Sarai kam. Zwei Jahre verweilte Jurij Danilowitsch bei Özbeg. Der Aufenthalt hatte Folgen, die wohl nicht im Sinne des Großfürsten Michail gewesen sein dürften. Özbeg und Jurij verband nämlich schließlich eine so nahe Freundschaft, daß Özbeg seine Schwester mit Jurij vermählte. 1317 übertrug er ihm außerdem die Großfürstenwürde, die aber Michail keinesfalls abzugeben gewillt war. So kam es im Juni 1317 bei Tveŕ zu einem russisch-russischen Gefecht, das Michail für sich entschied. Die Schwester Özbegs und Frau des Jurij geriet in Gefangenschaft, wo sie infolge schlechter Behandlung durch Michail gestorben sein soll. Aufgrund dieses Vorfalls erwirkte Jurij bei Özbeg eine tatarische Strafexpedition sowie die Vorladung Michails, bei der es zu einer Gerichtsverhandlung kam, die Michail zum Tode verurteilte. Die tatarische Strafexpedition, die mit Ausnahme von Nowgorod und Pleskau ganz Rußland verwüstete, verschonte aber dann auch nicht den Großfürsten Jurij, denn inzwischen hatte der Sohn Michails, Dimitrij Groznoe-oko von Tveŕ, den Özbeg persönlich von dem Unrecht zu überzeugen vermocht, das seinem Vater angetan worden war. Jurij wurde deshalb der Würde des Großfürsten enthoben und dafür der ebengenannte Sohn des Michail damit betraut. Als Jurij nach beschwerlichen und langen Reisen dann 1324 bei Özbeg eintraf, um sich zu rechtfertigen, erschlug ihn Großfürst Dimitrij vor den Augen Özbegs. Für diese Tat wurde Dimitrij seinerseits enthauptet, und die Großfürstenwürde ging auf dessen Bruder Aleksandr Michailowitsch über, der sie aber 1327 schon wieder in blutigem Kampf verlor. So reihte sich ein Blutbad an das andere, vervielfacht durch die tatarischen Strafexpeditionen, die in allen Schichten der russischen Bevölkerung ihre blutigen Spuren hinterließen.

Von den Kämpfen zwischen den russischen Fürstenhäusern ging aber schließlich insofern auch ein Stabilisierungsprozeß aus, als sich die Moskauer Linie der Rjurikowitschi als Großfürsten durchzusetzen vermochten und damit u. a. das Recht erhielten, Tribut einzuziehen und diesen den Mongolen zu überbringen. Damit war unter ihrer Führung die Grundlage für eine russische Einigung gelegt. Diese Entwicklung sowie die Existenz von relativ gefestigten Staaten wie Litauen oder Polen verlangten von Özbeg ein wachsendes innenpolitisches Engagement im russischen Teil des Mongolenstaates sowie ein stets waches Auge auf Osteuropa.

Im Laufe dieses langsamen Prozesses der Konsolidierung Osteuropas und der Wiedererstarkung des jetzt unterworfenen, aber schon lange vor dem Mongoleneinfall durch interne blutige Fehden zerrütteten Rußland während der 10er, 20er und 30er Jahre des 14. Jh. hatten sich aber auch die Verhältnisse in den südlichen und östlichen Nachbarländern der Goldenen Horde in mancher Hinsicht geändert. Im Süden schwächten sich Byzanz, Bulgarien und Serbien gegenseitig. Ein Eingreifen der Truppen Özbegs in diese Kämpfe in den Jahren 1319/24/30, und wohl auch noch später, blieb für die Belange der Goldenen Horde jedoch völlig unfruchtbar. Demgegenüber profitierten von diesen Auseinandersetzungen die türkischen Osmanen, deren Macht immer mehr zunahm.

Unmittelbar betroffen war die Goldene Horde im Jahre 1315 durch Grenzverletzungen seitens eines Parteigängers des Il-Khan Öldscheitü im äußersten Südosten des Khanats. Obwohl der Il-Khan dem Özbeg glaubhaft machte, daß er weder hinter diesen Überfällen stecke noch daran interessiert sei, die bestehende Waffenruhe (vgl. oben) zu stören, blieb Özbeg gegenüber dem Il-Khan mißtrauisch. Ausdruck fand dieses Mißtrauen in einem intensivierten Bemühen um erneuerte gute Beziehungen zu Ägypten, dem langjährigen Erzfeind des Il-Khanats. Im Jahre 1320 schien diesem Bemühen durch die Heirat des ägyptischen Herrschers al-Malik an-Nāṣir mit der qyptschaqischen Prinzessin Tulunbeg Erfolg beschieden zu sein. Doch der Schein trog. Nachdem Özbeg nämlich 1318/19 im Kaukasus wieder Kampfhandlungen aufgenommen hatte, erklärte sich al-Malik an-Nāṣir trotz nunmehr bestehender verwandtschaftlicher Beziehungen zur Goldenen Horde nicht bereit, Hilfe zu leisten. Für Özbeg war dies eine herbe Enttäuschung, zumal er durch die fehlende Waffenhilfe gezwungen war, sich im Kaukasus vor einer überlegenen Streitmacht des Il-Khanats kampflos zurückzuziehen. Das Verhältnis zwischen Ägypten und der Goldenen Horde

– letztere sperrte sofort die Ausfuhr von Sklaven nach Ägypten – kühlte sich daraufhin stark ab. Der endgültige Friedensschluß zwischen den Erzfeinden Ägypten und Il-Khanat im Jahre 1323 bedeutete dann quasi das Einfrieren der sich wie ein roter Faden durch die Geschichte der Goldenen Horde ziehenden qyptschaqisch-ägyptischen Beziehungen, obwohl qyptschaqische Gesandte 1325 und 1328 angesichts ilkhanischer Bedrohung im Kaukasus (besonders 1324/25) und sogar 1339 noch versuchten, den ägyptischen Herrscher umzustimmen. Sie hatten keinen Erfolg, denn die Herrscher des Il-Khanats waren inzwischen ebenso gläubige Sunniten geworden wie der Ägypter selber, so daß von ägyptischer Seite aus ein Krieg, abgesehen von unsicheren inneren Verhältnissen, die es zu berücksichtigen galt, gegen muslimische Brüder unangebracht schien.

Özbeg, vom Forum mediterraner Politik abgeschnitten, versuchte sein Glück gegen das Il-Khanat nunmehr mit Hilfe des Herrschers des Khanates Tschaghatai, das auch schon frühere Herrscher der Goldenen Horde für ihre Interessen eingespannt hatten. Der damalige Tschaghatai-Herrscher Kebeg (1318 bis 1326) erwies sich jedoch als zu schwach, so daß Özbeg auch hier kein Erfolg beschieden war. Im Gegenteil: Ilkhanische Truppen vermochten, wie oben schon angedeutet, 1324/25 die Goldene Horde im Kaukasus in Erwiderung eines Angriffs zu bedrohen und bis zum Terek vorzudringen. Diese Herausforderung erwiderte Özbeg erst zehn Jahre später (1335), jedoch bezüglich des Kaukasus ohne nennenswerten Erfolg. 1340 besetzte Özbeg zwar Teile der ilkhanischen Provinz Ḫurāsān, doch zeitigte auch diese Besetzung keine positiven Auswirkungen auf die Kaukasusfrage. Außenpolitische Erfolge konnte Özbeg im Süden und Südosten seines Reiches somit kaum vorweisen. Zieht man dazu die Probleme in Betracht, die Özbeg im russischen Teil seines Reiches und mit den mächtig aufstrebenden Staaten Osteuropas hatte, fragt man sich, worin die Bedeutung dieses Herrschers eigentlich lag, eine Bedeutung, die z. B. bei muslimischen Schriftstellern, die das Khanat Qyptschaq nicht mehr mit „Land des Dschötschi“ oder „Land des Berke“, sondern mit „Land des Özbeg“ bezeichneten, recht deutlich zum Ausdruck kommt. Nach Özbeg benennt sich bis heute auch noch eine bedeutsame türksprachige Volksgruppe, nämlich die aus mongolischen, türkischen und iranischen Volkselementen hervorgegangenen Uzbaq, d. i. Usbeken, die in ihm ihren Stammvater sehen. Nun, ohne Zweifel stand Özbeg bei seinen tatarischen Untertanen damals in hohem Ansehen. War er es doch, der ihnen in zahllosen Strafexpeditionen in den russischen Teil seines Reiches sowie gelegentlich auch bei Einfällen etwa in Ungarn (1331/34) oder in Polen und Litauen reiche Beute garantierte. So mochte es ihm auch nicht schwergefallen sein, den Islam, zu dem sich viele seiner Vorgänger bereits bekannt hatten, endgültig in allen Schichten durchzusetzen und damit seinen damals wohl schon ethnisch gemischten mongolisch-türkisch-iranischen Untertanen eine verbindende Grundlage für ihren ethnischen Weiterbestand zu schaffen und sie auch fürderhin vor einem Aufgehen in der christlichen Kultur der von ihm beherrschten Russen zu bewahren. Für letztere blieb er anders als für seine tatarischen Untertanen so wohl stets der fremde Beherrscher, der jede Unbotmäßigkeit blutig ahndete. Die kompromißlose Durchsetzung der ihm zu Gebote stehenden Macht im Innern seines Reiches dürfte damit einer der primären Gründe dafür sein, daß ihm über seinen Tod im Jahre 1341 hinaus bei Freund und Feind ein ehrenvolles bzw. abschreckendes Andenken bewahrt wurde, gleichzeitig der Goldenen Horde aber auch ihr Führungsanspruch in Südrußland erhalten blieb.

Obwohl Özbeg seinen Sohn Tini Beg zum Nachfolger bestimmt hatte, eroberte ein leiblicher Bruder des Özbeg namens Dschani Beg mit Hilfe seiner Mutter den Thron. Tini Beg und später auch noch ein anderer leiblicher Bruder des Özbeg wurden nach uns schon bekannter Gepflogenheit einfach beseitigt. Während Dschani Begs Herrschaft (1342–1357) bahnte sich dann eine Entwicklung an, die gegenüber der bisherigen Geschichte der Goldenen Horde mit „Niedergang" umschrieben werden kann. Allein schon unter diesem Gesichtspunkt erscheint Özbeg als letzter Repräsentant eines Staates, dem internationale Bedeutung zukam.

Schuld an diesem Niedergang war weniger Dschani Beg selber

als vielmehr ein Fortschreiten derjenigen Entwicklungen, die sich schon unter Özbeg bemerkbar gemacht hatten.

Da war zunächst im Nordwestteil des Reichs das allmählich wieder erstarkende Rußland, das im Vergleich zum nicht von der Goldenen Horde beherrschten Osteuropa oder gar dem Süden der Goldenen Horde jedoch noch die geringsten Probleme aufwarf, da sich der moskowitische Großfürst Simeon stets unterwürfig zeigte und damit auch die übrigen russischen Fürsten nolens volens gezwungen waren, seinem Beispiel zu folgen.

Anders verhielt es sich da schon mit den außerhalb der Grenzen der Goldenen Horde gelegenen osteuropäischen Mächten Polen und vor allem im ferneren Nordwesten mit Litauen. Hinsichtlich dieses Staates vollzog sich über Dschani Begs Regierungszeit hin eine Entwicklung, die für die Goldene Horde zu einer direkten Bedrohung werden sollte, obwohl dies zunächst gar nicht so aussah. Vielmehr bat Litauen noch 1343 die Goldene Horde um Unterstützung gegen Polen, und im Jahre 1345 suchten litauische Fürsten, die sich in ihrer Heimat Feinde gemacht hatten, beim Tatarenkhan Zuflucht. Im Jahre 1349 aber erbat sich Fürst Olgerd von Litauen bei Dschani Beg schon Unterstützung gegen dessen eigenen russischen Untertanen Großfürst Simeon von Moskau. Dies zeigt recht deutlich die Einstellung zumindest der Litauer gegenüber den Tataren der Goldenen Horde: man empfand sie nicht mehr als eine alles bedrohende Übermacht, sondern eher als mögliche Verbündete im politischen Kalkül der damaligen osteuropäischen Auseinandersetzungen. Wie sonst hätte man sich Hilfe gegen einen Feind erbeten, der ein ergebener Untertan und loyaler Vertreter der Politik dessen war, den man um Hilfe anging! Obwohl die Reaktion Dschani Begs, der im Streit zwischen Olgerd und seinem Untertanen Simeon entschieden die Interessen des letzteren und damit die seines eigenen Staates vertrat, deutlich zeigt, daß die Beurteilung der Lage durch die Litauer noch recht unrealistisch war, so wird hier doch schon eine Tendenz sichtbar, die auf ein allmähliches Schwinden der Überzeugung hindeutet, daß die Tataren eine unnahbare Übermacht seien. Möglicherweise verstärkte sich bei den Litauern diese Tendenz noch durch gemeinsame Kriegszüge wie z. B. den Einfall ins polnische Gebiet von Lublin 1352. Hier kämpften die Litauer Seite an Seite mit den gefürchteten Tatarenhorden, und vieles vom Mythos des tatarischen Kriegers mag dabei einer wirklichkeitsnäheren Einschätzung gewichen sein. Auch die der polnischen Reaktion auf derartige litauisch-tatarische Gemeinschaftsaktionen folgende Gegenreaktion seitens der Tataren war geeignet, bei den Litauern das Bild von einer stets geeinten Tatarenmacht stark zu modifizieren. Kasimir III. von Polen war nämlich durch das gemeinsame litauisch-tatarische Vorgehen derart in Bedrängnis geraten, daß er versuchen mußte, diese für ihn unheilvolle Koalition zu sprengen. Nachdem die Litauer, an die er sich zuerst gewandt hatte, nicht bereit waren, die Liaison aufzugeben, versuchte er es bei den Tataren. Mit dem Versprechen, ihnen den Tribut aus einer seiner Provinzen zu überlassen, konnte er bis 1356 tatsächlich sieben Tatarenfürsten auf seine Seite ziehen. Damit hatte er nicht nur die litauisch-tatarische Koalition gesprengt, sondern sogar auch die Tataren selbst entzweit. Für die Litauer war damit eine Situation entstanden, die für sie zwar eine wachsende Bedrohung seitens der Polen darstellte, gegen die entzweiten Tataren aber einen Kriegszug erfolgreich erscheinen ließ. Litauen rüstete zum Krieg gegen die Goldene Horde.

Solch offenkundiger Schwächung, ja Auflösung tatarischer Einheit im Nordwesten der Goldenen Horde lief im Süden des Khanats eine nicht minder nachteilige Entwicklung parallel. Hier waren es die türkischen Osmanen, deren Macht und Einfluß stetig zunahmen. Sie begannen die Goldene Horde, deren Verbindung zu Ägypten und damit zur großen Politik des Mittelmeerraumes schon zu Özbegs Zeiten merklich zurückgegangen war, nunmehr völlig vom Süden abzuschneiden. Damit war die Goldene Horde praktisch von der Bühne der großen Politik abgetreten und bestenfalls noch eine zweitrangige Macht. Daran änderte weder die so lang ersehnte Zurückgewinnung des Kaukasus noch die Eroberung des ilkhanischen Aserbaidschan sowie die Besetzung großer Teile der Provinz Ḫurāsān im Jahre 1357 noch etwas. So wertvoll und bedeutend auch dieser Zuwachs für die Goldene Horde noch wenige Jahrzehnte früher gewesen wäre, jetzt hatte er aufgrund der politischen Gesamtlage für die Goldene Horde nur noch Symbolwert. Ja, obwohl – bedingt durch den Niedergang des Il-Khanats – den Kaukasus zu halten militärisch kaum Probleme bot, war der Nordwesten des Reichs und Osteuropa für die Goldene Horde so wichtig geworden, daß sie zur Sicherung des Gebiets im Süden, das zurückzuerobern während der gesamten Geschichte der Goldenen Horde als vordringlich erachtet worden war, so gut wie nichts unternahm. Dschani Beg kehrte vielmehr kurz nach Einnahme der Gebiete, vielleicht zusätzlich durch die sich rasch ausbreitende Pest angetrieben, eiligst nach Sarai zurück und ließ lediglich seinen Sohn Berdi Beg als Statthalter in Tabris (Aserbaidschan) zurück. Als Dschani Beg noch im Herbst 1357 starb, kehrte auch Berdi Beg nach Sarai zurück, um die Nachfolge seines Vaters anzutreten. Mit der Abreise des Berdi Beg entschwand der Kaukasus, der für die Politik der Goldenen Horde so lange im Vordergrund gestanden hatte und der jetzt endlich zurückerobert worden war, als politisch-geographische Größe für Jahrzehnte aus dem Bewußtsein des qyptschaqischen Mongolenstaates.

Ging es in der Goldenen Horde bei Nachfolgefragen schon in normalen Zeiten nie ohne Intrigen, Mord und Totschlag ab, so mußte die damalige innere Uneinigkeit der tatarischen Prinzen und Fürsten, die z. T. schon die Interessen ihrer russischen Untertanen vertraten, wie z. B. einer der Vertrauten des Berdi Beg, oder aber bereits fremden Mächten dienten, wie z. B. die oben erwähnten sieben Tatarenfürsten, die zu Kasimir III. von Polen übergegangen waren, erst recht für Unruhe sorgen. Es ist so nicht verwunderlich, daß Berdi Beg, der zunächst tatsächlich nach Beseitigung seiner zwölf Brüder und seines Sohnes die Nachfolge seines Vaters antreten konnte, schon 1359 angeblich durch Gift starb. Was nun folgte, war ein ständig blutiger Kampf zwischen kleineren Verbänden und Horden, in die das einheitliche Staatswesen der Goldenen Horde sich immer mehr zu zersplittern begann. Jede Gruppierung war für die andere zum Nebenbuhler im Kampf um die alleinige Macht geworden. Fast zwei Jahrzehnte währte dieser den einheitlichen Staat zerstörende Bürgerkrieg, während dessen uns lediglich die Namen der jeweils nur kurz nominell regierenden Herrscher entgegentreten, ohne uns jedoch für eine mongolische Geschichte der Goldenen Horde recht viel mehr erkennen zu lassen als die Tatsache, daß nunmehr Verhältnisse herrschten, wie sie typisch waren für die mongolische Klangesellschaft, wenn diese nicht von einem starken Führungsklan majorisiert wurde.

Solche Verhältnisse, wie sie uns z. B. für die alte Zeit vor Tschinggis Khan sowie für die Zeit seines Aufstiegs aus der ›Geheimen Geschichte der Mongolen‹ bekannt sind und für später, z. B. das frühe 17. Jh., allenthalben aus den sog. „Altmandschurischen Archiven“ überliefert werden, waren im Falle der Goldenen Horde nun von großem Vorteil für die von den Tataren beherrschten Untertanen dieses Staates sowie für die nach Vormacht strebenden osteuropäischen Staaten. Mit letzteren beginnend, können wir den Faden wieder bei den oben erwähnten Kriegsvorbereitungen Litauens gegen die Goldene Horde aufnehmen.

Der den Vorbereitungen folgende Feldzug wurde wahrscheinlich im Herbst 1362 durchgeführt. Drei tatarische Fürsten wurden besiegt, und Podolien kam unter litauische Oberhoheit, ebenso zwischen 1365 und 1370 die Stadt Kiew, in der nunmehr anstelle eines den Tataren unterstellten russischen Fürsten ein litauischer Prinz die Macht ausübte. 1373/74 versuchte einer der damaligen Tataren-Khane die Stadt zwar zurückzuerobern, doch ohne Erfolg. Die offenkundige Schwäche der sich ja auch gegenseitig befehdenden Tatarenfürsten führte dazu, daß ihr Ansehen immer mehr schwand. So wagten sogar die bisher unterwürfigen Großfürsten von Moskau den Tataren Widerstand zu leisten und eigenmächtig mit Litauen und Polen Gesandte auszutauschen. Die zunehmende Eigenmächtigkeit der Russen versuchten Tatarenfürsten wie Taġai oder Bolod Temür zwar durch Einfälle zu unterbinden, doch wurden die Tataren zwischen 1365 und 1370 mehrmals besiegt und sogar angegriffen. Eine vorübergehende Schwächung der Russen bzw. speziell der Moskowiter im Kampf um die Großfürstenwürde wiegte die Tataren zwar wieder in Sicherheit, und sie unterstrichen ihre

Vormacht auch durch einige Siege, wie z. B. 1378 über die Stadt Nischnij Nowgorod, doch konnten die Moskowiter unter ihrem Fürsten Dimitrij II. – Großfürst war seit 1372 Michail Aleksandrowitsch von Tveŕ – den Tataren aus der Verteidigung heraus eine empfindliche Niederlage beibringen.

Stieg das Selbstbewußtsein besonders der moskowitischen Russen gegenüber ihren tatarischen Herren durch solche Siege beträchtlich, so führte im eigentlichen Tatarengebiet der Goldenen Horde die innere Zerrüttung dazu, daß sog. „Emire des linken bzw. rechten Flügels", also Befehlshaber von Heeresflügeln, so viel Einfluß und Macht gewannen, daß sie nach Belieben Herrscher einsetzten und unterstützten, die eigentliche Macht aber als Hausmeier selber ausübten. Waren solche Hausmeier Prinzen, nannten sie sich wechselweise Emir oder Khan. Trotz dieses heillosen Wirrwarrs bei den Tataren vermochten deren merklich erstarkten russischen Untertanen jedoch das Joch der Unterwerfung noch nicht abzuschütteln. Denn mögen die Tataren der Goldenen Horde von sich aus auch nicht mehr fähig gewesen sein, ihre bisherige Macht weiter zu erhalten, so war es eine erstmals außerhalb der Goldenen Horde liegende mittelasiatische Großmacht, die das Tatarengebiet der Goldenen Horde, also Südrußland, durch ihren Einfluß wieder derart zu stabilisieren verstand, daß sich der nordwestliche Teil des Mongolenstaates, also das Territorium der russischen Fürsten, auch weiterhin als noch durchaus unterworfenes Land fühlen mußte. Daran änderte auch nichts die berühmte Angriffsschlacht des Moskowiters Dimitrij II. auf dem Schnepfenfeld (Kulikovo pole) am Don, in der er am 8. September 1380 den damals mächtigsten Tataren-Emir Mamai besiegte und dafür den Beinamen „Donskoj" erhielt.

Im Verhältnis zwischen Russen und Tataren war diese Schlacht dennoch insofern bedeutsam, als sie Russen wie Tataren gleichermaßen vor Augen führte, daß die Tataren besiegbar waren. Es ist so sicherlich historisch unrichtig, diesen 8. September 1380 für den Sieg Rußlands über die Tatarenherrschaft anzuberaumen, wie dies z. B. die heutige russische Nationalität der UdSSR am 8. September 1980 im Rahmen der 600-Jahr-Feier dieses Sieges offensichtlich tat. Für die Geschichte der Mongolen in Rußland kann die Historie allerdings diese Schlacht bequem als Zäsur gelten lassen, soweit die Mongolen alleine betroffen sind. Das mongolische Element dürfte nämlich zu dieser Zeit schon stark zugunsten eines vorherrschenden türkischen Elements zurückgetreten sein, und der zukünftige Garant der Tatarenmacht in der Goldenen Horde, der Türke Timur, der sich seinen mongolischen Stammbaum lediglich aus Prestigegründen zugelegt hatte, ist ein weiterer Grund für den Historiker, in der Goldenen Horde die Politik der folgenden Jahre als eine weitestgehend von türkischen Volksgruppen ausgehende und getragene Politik zu sehen. Im Rahmen einer Darstellung der Geschichte der Mongolen könnte man damit strenggenommen mit dem soeben geschilderten Bürgerkrieg in der Goldenen Horde den mongolischen Teil der Geschichte dieses Staates als abgeschlossen betrachten. Freilich bliebe damit die Geschichte der Goldenen Horde als solche ein Torso. Wir wollen aus diesem Grunde die Ereignisse bis zum Ende dieses Staates weiterverfolgen, wenn auch dieser Abschnitt eher als „türkischer Teil" der Geschichte der Goldenen Horde überschrieben werden könnte.

Der soeben erwähnte türkische Khan Timur, der damals in Transoxanien und Ḫuwārizm herrschte, nahm zunächst nicht direkt selber Einfluß auf die Goldene Horde, sondern bediente sich dafür eines Mittelsmannes. Dieser Mittelsmann hieß Toḫtamysch und war während der Wirren in der Goldenen Horde in Feindschaft geraten zu seinem Onkel Urus Khan, einem Nachkommen des Batu-Bruders Orda. Er mußte fliehen und hatte sich zu Timur begeben. Dieser gewährte ihm Unterstützung gegen seinen Onkel, der mittlerweile an den Grenzen von Ḫuwārizm stand und somit das Gebiet Timurs bedrohen konnte. Die von Timur gedeckten Vorstöße des Toḫtamysch gegen seinen Onkel blieben jedoch erfolglos. Immer wieder war er gezwungen, unverrichteterdinge an den Hof des Timur zurückzukehren. Als schließlich Urus Khan gar die Auslieferung des Toḫtamysch verlangte, griff Timur selber ein. Die Tataren wurden geschlagen, und Toḫtamysch konnte sich trotz anfänglicher

Rückschläge nach Vertreibung der übrigen Prätendenten schließlich in Sarai festsetzen.

Der qyptschaqische Herrscher von Timurs Gnaden befahl nun die russischen Fürsten zur Audienz. Keiner der Fürsten, auch nicht der Moskowiter, ließ den Aufruf unbefolgt. Die tatarische Niederlage vom 8. September 1380 rächte Toḫtamysch im Sommer 1382 durch einen Strafzug nach Moskau, das sich den Tataren nach dreitägiger Belagerung am 26. August 1382 ergab und verwüstet wurde. Daß nach den langen Jahren des Bürgerkriegs die Tataren gegenüber Rußland noch solcher Aktionen fähig waren, ließ natürlich das Ansehen bzw. die Furcht vor dem neuen Tataren-Khan stark zunehmen.

Gestützt auf seine Erfolge, versuchte Toḫtamysch nun der Goldenen Horde auch wieder außenpolitisch Geltung zu verschaffen. 1385/86 nahm er Verbindung zu Ägypten auf. Es wurden zwar Gesandte ausgetauscht, doch darüber hinaus kam keine nähere Verbindung zustande, so daß dieser Versuch für die Goldene Horde politisch ohne Bedeutung blieb. Nicht ohne politische Folgen blieben dagegen die Unternehmungen, die Toḫtamysch zur Sicherung seines Territoriums im Süden der Goldenen Horde begann. Mit einem 1385/86 durchgeführten Vorstoß in das Kaukasusgebiet und nach Aserbaidschan, das Dschani Beg 30 Jahre früher für die Goldene Horde hatte zurückgewinnen können, vor allem aber mit der Belagerung der Stadt Buḫārā, durchkreuzte Toḫtamysch die Interessen seines Gönners Timur. Dieser rüstete u. a. auch auf Anraten des Edigü, eines von Toḫtamysch übergelaufenen Emirs, zum Krieg gegen die Goldene Horde. Am 18. Juni 1391 kam es zur Schlacht. Toḫtamysch wurde besiegt und floh. Die Timuriden setzten Temür Qutlugh zum Khan über die Tataren ein, Timur selber zog sich nach Samarqand zurück.

Obwohl Toḫtamysch die Herrschaft schon bald wieder zurückerlangte, mußte ihm jedoch klargeworden sein, daß er sich gegenüber Timur nicht dasselbe herausnehmen konnte wie gegenüber seinen russischen Untertanen. Vom Süden her drohte also der Goldenen Horde Gefahr. Um diese zu bannen, wandte sich Toḫtamysch zunächst den Litauern zu. Diese waren inzwischen durch den Vertrag von Krewo (14. August 1385) und die Krakauer Hochzeit (18. Februar 1386) – nach Leopold von Ranke „Das größte Ereignis, ... welches seit dem Einbruch der Tataren die östliche Welt erschüttert hat" – mit den Polen eine Union eingegangen, die eine gewaltige Machtkonzentration in Osteuropa geschaffen hatte. Ein Beistandsbündnis kam zustande, für das Toḫtamysch als Gegenleistung an Polen-Litauen russisches Territorium aus seinem Staatsgebiet abtrat. Gleichzeitig verlangte er aber für diese Gebiete von Polen-Litauen auch wieder Tributzahlungen. Diese wurden auch tatsächlich entrichtet, so daß für Toḫtamysch damit die tatarische Oberhoheit erhalten blieb. Der andere Partner, den Toḫtamysch 1393/94 gewinnen konnte, war Ägypten, das sich nunmehr im Osten von Timur ebenso bedroht sah wie die Goldene Horde in ihrem südöstlichen Grenzbereich. Damit war für Kairo und Sarai eine ähnliche Situation entstanden, wie sie zu Beginn des Jahrhunderts hinsichtlich des Il-Khanats gegeben war.

Timur durchschaute natürlich zumindest hinsichtlich Ägyptens die Politik seines einstigen Schützlings, über den er sich derart erboste, daß er seinen Syrienfeldzug abbrach und in den Kaukasus eilte, wo sich der Undankbare bereits am Terek verschanzt hatte. Am 14. April 1395 schlug Timur die Tataren unter Toḫtamysch vernichtend. Doch damit nicht genug. Brandschatzend und mordend zog er gleich weiter, verwüstete die Städte Sarai, Astrachan, Bulgar sowie die Krim und berührte sogar russisches Siedlungsgebiet. Dann zog er sich aus Qyptschaq wieder zurück, nachdem er Temür Qutlugh erneut zum Khan bestimmt hatte. Ein sichtbareres Zeugnis dafür, wer eigentlich bei den Tataren der Goldenen Horde letztlich das Sagen hatte, hätte Timur nicht ablegen können. Obwohl er an einer Machtausweitung über Südrußland hin nicht interessiert gewesen zu sein scheint, bestimmte er dennoch die dortige Politik maßgeblich.

Nach Timurs 1395er Strafexpedition versuchte Toḫtamysch, wenigstens bei den miteinander um Gebietsvorteile und Einflußsphären rangelnden Tataren eine Mehrheit hinter sich zu bringen, doch vergeblich. Auch ein Bündnis mit dem Großfürsten Witold von Litauen, der versuchte, sich der inzwischen trotz der Union entstandenen Oberhoheit Polens zu entziehen, konnte nicht verhindern, daß nicht er, sondern der Emir Edigü als Hausmeier unter dem von Timur eingesetzten Khan Temür Qutlugh die Macht an sich zog.

Witold von Litauen, der Toḫtamysch mit dem Hintergedanken half, über ihn Einfluß auf Rußland, ja auf die Politik im Tatarengebiet der Goldenen Horde selbst zu gewinnen und damit auch gegenüber dem verbündeten Polen aufzutrumpfen, begann nun zusammen mit Toḫtamysch gegen Edigü vorzugehen. Erfolge in den Jahren 1397/98 ließen auf einen Sieg hoffen. Die Entscheidungsschlacht an der Vorskla am 12. August 1399 machte aber diese Hoffnung und damit auch die Südostpolitik Litauens vorerst zunichte: Die Goldene Horde hatte sich unter ihrem timuridischen Herrscher Temür Qutlugh und dessen Hausmeier Edigü als siegreich erwiesen und damit unter Beweis gestellt, daß sie gegenüber Südosteuropa ein sowohl noch unabhängiger Staat als vor allem ein nach wie vor noch brandgefährlicher Gegner war. Infolge ihres Sieges zogen die Tataren raubend und plündernd weit in das damals zu Litauen gehörende Wolhynien hinein. Obwohl Temür Qutlugh bis zu seinem Tode im Jahre 1400 weiterhin nominell Herrscher geblieben war, hatte der Sieg natürlich Edigüs Stellung noch mehr gefestigt. Toḫtamysch griff hingegen bis zu seinem gewaltsamen Tod im Winter 1406/07 nie mehr nennenswert in die Geschehnisse ein.

Trotz der vielleicht auf Timurs Tod im Jahre 1405 zurückzuführenden inneren Unruhen, denen 1407 auch Schadi Beg, der Nachfolger des Temür Qutlugh, zum Opfer fiel, konnte Edigü seine Macht weiterhin im Dienste der Goldenen Horde wirksam einsetzen. Er ließ zahlreiche russische Städte die Oberhoheit der Tataren schmerzlich spüren und stand schließlich am 5. Dezember 1408 vor Moskau. Seine notwendige Anwesenheit in Sarai und 3000 Rubel Lösegeld bewahrten die Stadt vor der Einnahme. Nach mißglücktem Gegenangriff der Russen setzten 1410 die Tataren ihre Raubzüge in Rußland fort.

In der Zwischenzeit hatte Witold von Litauen in Weiterverfolgung seiner Pläne es fertiggebracht, 1411 Dschelāl ad-Dīn, einen Sohn des Toḫtamysch, als Prätendenten in Sarai einzuschleusen und ihn trotz zahlreicher Feinde dort 1412 endgültig durchzusetzen. Unter diesen Voraussetzungen fiel es ihm auch nicht schwer, seine Pläne bezüglich Moskaus voranzutreiben, indem er Dschelāl ad-Dīn, nunmehr Herrscher der Goldenen Horde von Litauens Gnaden, dazu brachte, russischen Fürsten und Städten gegen Moskau den Rücken zu stärken. Damit hatte Litauen sich auch ohne Toḫtamysch Einfluß auf die Politik der Goldenen Horde verschafft, einen Einfluß, den Witold mittels seines tatarischen Schützlings je nach Notwendigkeit auch auf andere russische Territorien ausdehnen konnte. Rußland sah sich dadurch genötigt, seinerseits rußlandfreundliche Parteien oder Prätendenten bei den Tataren durchzusetzen. Da die verschiedenen tatarischen Khane sowie zunächst auch Edigü das Spiel Litauens und Rußlands mitspielten und so einmal auf seiten Litauens kämpften, dann wieder zusammen mit Rußland gegen Litauen, vollzogen die Tataren eine Politik, die nicht mehr ihren eigenen Interessen diente, sondern lediglich denjenigen Kräften, auf deren Veranlassung hin sie handelten. Damit aber hatte die Goldene Horde praktisch aufgehört, ein souveräner Staat zu sein. Diese Entwicklung konnte auch Edigü nicht mehr rückgängig machen, als er sich 1416, jetzt mit den Moskowitern ein Bündnis suchend, in verzweifelten Rachezügen jeder fremden, d. h. vor allem litauischen Einmischung zu erwehren suchte, die Grenzgebiete verwüstete und Kiew zurückeroberte. Litauen vermochte jedoch auch noch nach diesen verheerenden 1416er Einfällen der Tataren bei diesen seinen Wunschkandidaten durchzusetzen, der dann 1417/18 Edigü besiegte. Damit hatte Witold beide tatarischen Parteien in den Griff bekommen. Er fühlte sich so souverän, daß er Anfang 1419 sogar mit Edigü Frieden schloß, kurz bevor der letzte große Hausmeier der Goldenen Horde starb.

Noch 1419 war Ulugh Meḥmed (1419–1424) auf den Thron gelangt. Daß während seiner Regierungszeit, die ganz unter dem Einfluß Litauens stand, auch ein Nachkomme Tschinggis Khans namens Daulat Berdi (1420–1424) in der Goldenen Horde Macht ausüben konnte und schließlich diese beiden 1424 von Baraq (1422–1427) sogar aus dem Land gedrängt wurden – Ulugh

Meḥmed suchte in Litauen Schutz, Daulat Berdi, ebenfalls mit Litauen freundschaftlich verbunden, wich auf die Krim aus –, kennzeichnet die damals unsichere Lage in der Goldenen Horde. Um ihr zu begegnen, warben sowohl Daulat Berdi auf der Krim als auch Ulugh Meḥmed in Sarai, das er 1427 von Baraq befreit hatte und wo er bis 1437/38 regieren sollte, um Verbindung mit Ägypten. Auch diese doppelte diplomatische Mission macht die damalige politische Zerrissenheit der Goldenen Horde deutlich. Klar tritt die innere Wirrnis auch zutage durch die Tatsache, daß man einerseits regen Gedankenaustausch mit Litauen pflegte, andererseits aber dort gelegentlich in räuberischer Absicht einfiel. Es sollte aber noch ärger kommen.

Nach Witolds Tod 1430 wurde die Goldene Horde immer mehr in die litauischen Thronstreitigkeiten hineingezogen. Nach 1433 begann ein wirres Hin und Her zwischen den verschiedenen Parteien und Prätendenten, denen Ulugh Meḥmed abwechselnd zu Diensten war. Zusätzlich tauchten aber bei den Tataren selbst auch neue Namen auf wie Sayyid Aḥmad (1433–1465) und Kütschük Meḥmed (1435–1465), die alle nach der Herrschaft strebten, gestützt und gefördert von der jeweiligen litauischen Partei, der sie sich verschrieben hatten. Sayyid Aḥmad verdrängte schließlich Ulugh Meḥmed, der 1437/38 abermals Sarai verlassen mußte, sich diesmal aber innerhalb der Goldenen Horde auf russischem Gebiet niederließ. Das wiederum rief Moskau auf den Plan. Es hoffte von der nunmehr vollzogenen Spaltung der Tataren profitieren zu können, zog gegen Ulugh Meḥmed zu Feld, wurde am 5. Dezember 1438 aber geschlagen und konnte es nicht verhindern, daß sich der frühere Tatarenherrscher in Kazan festsetzte, woselbst er erst 1467 als Khan dieser Stadt starb.

Trotz der Spaltung der Goldenen Horde kamen Rußland und Osteuropa aber auch die nächsten Jahre nicht zur Ruhe, geschweige denn, daß Rußland das Tatarenjoch hätte abschütteln können. Vielmehr plünderte 1438 Ulugh Meḥmed die Umgebung Moskaus, 1442 verheerten die Tataren Podolien und Lemberg, 1444 Litauen, 1445 geriet Großfürst Vasilij von Moskau gar in tatarische Gefangenschaft und 1447 war wieder Podolien an der Reihe. Osteuropäische Thronstreitigkeiten, aufgrund deren die Benachteiligten sich um Hilfe an den Tatarenherrscher Sayyid Aḥmad wandten, führten 1448 und 1449 zu weiteren Tatareneinfällen, und die Bemühungen des polnisch-litauischen Königs Kasimir IV., auf der Krim Hadschi Girai (1449–1466) zum Rivalen Sayyid Aḥmads aufzubauen und damit unter den Tataren Zwietracht zu säen sowie sie zu schwächen, bewirkten vorerst noch das Gegenteil: Winter 1449/50 und Sommer 1450 Tatarenangriff auf die Gebiete um Kiew und Tschernigow sowie Verwüstung moskowitischen Territoriums, 2. Juli 1451 Angriff auf Moskau selbst und Vernichtung seiner Vorstädte. 1452 allerdings trug die Taktik Kasimirs IV., unter den Tataren Zwietracht zu säen, erste Früchte. Auf einem Vorstoß gegen Ostgalizien und Podolien wurde Sayyid Aḥmad von seinem krimeischen Rivalen Hadschi Girai hinterrücks angegriffen und schwer geschlagen. 1453 und 1454 konnten tatarische Einfälle sogar aus eigener Kraft zurückgeschlagen werden, und 1455 wurde Sayyid Aḥmad bei Kiew vernichtend geschlagen. Auch 1459 und 1460 hatten die Tataren kein Glück.

Diese Erfolge u. a. veranlaßten den seit 1462 regierenden Moskauer Großfürsten Iwan III., nunmehr entschieden gegen die Tataren vorzugehen. Die Gelegenheit dazu war günstig, nachdem 1465 Hadschi Girai Reste von Sayyid Aḥmads Horde, die auf einem Zug gegen Moskau gewesen sein sollen, besiegt hatte und er selber 1466 gestorben war und damit für Nachfolgestreitigkeiten gesorgt hatte, die alle tatarischen Kräfte banden. Moskau begann sozusagen vor der eigenen Haustür, nämlich mit dem neuentstandenen Tatarenreich Kazan, dessen Herrscher 1469 vertrieben werden konnte. Daß solch ein entschlossenes Vorgehen gegen die Tataren notwendig war, zeigten im gleichen Jahr 1469 erneute Tatareneinfälle bei Kiew, in Podolien und Wolhynien, die von der „Großen Horde“, wie man jetzt den tatarischen Teil der Goldenen Horde in Südrußland nannte, ausgingen.

Seit 1465 war dort Aḥmad, ein Sohn Kütschük Meḥmeds, an der Macht. Die Haltung gegenüber diesem Aḥmad seitens des litauisch-polnischen Königs Kasimir IV., der sich ihm als Partner anbot und ihn gegen Moskau aufhetzte, sollte wesentlich über das endgültige Schicksal der Großen Horde mit entscheiden. Im Sommer 1472 zog Aḥmad gegen Moskau, konnte aber gegen Iwan III. nichts unternehmen, da die für den vereinbarten gemeinsamen Angriff vorgesehenen Truppen Kasimirs IV. ausblieben. Aḥmad zog sich kampflos zurück. Das Verhalten Kasimirs verleitete Moskau zu der Annahme, daß dieser für Hilfeleistungen zu schwach sei. Die Folge war ein russischer Angriff auf Polen-Litauen. Für die damit beginnenden polnisch/litauisch-russischen Auseinandersetzungen versuchte sich Moskau beim Krimkhan Mengli Girai Rückendeckung zu verschaffen. Diese Rechnung ging jedoch nicht auf, da Aḥmad, der tatarische Partner Polen-Litauens, 1476 Mengli Girai für mehrere Jahre aus der Krim vertrieb. Moskau sah sich so plötzlich einer recht großen Gefahr ausgesetzt: Aus den erstarkten Tataren unter Aḥmad und deren Partner Polen-Litauen war ein gefährlicher Gegner geworden, dessen einer Teil aber zum Glück die Chance gegen Moskau offenbar nicht nutzte. Hätte nämlich Kasimir IV. den Tataren bei allen künftigen Herausforderungen gegenüber Moskau seine Hilfe nicht ebenso versagt wie 1472, wäre es z. B. 1480 an der Oka zu einer Schlacht gekommen, die angesichts der panikartigen Verhältnisse im russischen Lager für Iwan III. wohl kaum günstig ausgegangen wäre. So aber wartete Aḥmad immer vergeblich auf das Eintreffen der polnisch-litauischen Truppen, mit denen gemeinsam vorzugehen ausgemachte Sache war. Durch dieses Verhalten durchkreuzte Kasimir aber nicht nur die Pläne der Großen Horde, sondern er gefährdete auch seine eigene Position, indem er Moskau offensichtlich nicht viel zutraute, vor allem aber in Hinsicht auf Aḥmad nicht glaubte, daß er so schnell ausgeschaltet werden könne, wie das dann tatsächlich auf seinem Rückzug von der Oka 1480/81 im Kampf mit den Nogaiern und danach mit dem Schybaniden Aibek geschah.

Damit stand Polen-Litauen, dessen Verhältnis zum inzwischen wieder zurückgekehrten Krimkhan Mengli Girai sehr gespannt war, quasi allein, denn soweit sich die Reste der Großen Horde nicht dem von Moskau stark umworbenen Mengli Girai angeschlossen hatten, waren sie führerlos und damit für Polen-Litauen nicht einsatzbereit.

Da die Große Horde ausgeschaltet, Polen-Litauen erheblich geschwächt und die Krim womöglich bald ein enger Verbündeter Moskaus zu sein schien, gilt das Jahr 1480 ähnlich wie das ein rundes Jahrhundert zurückliegende Jahr der Schlacht von Kulikovo pole vielen russischen Historikern als das Jahr der „Abschüttelung des Tatarenjochs". Davon konnte jedoch immer noch keine Rede sein, obwohl für Moskau alles recht günstig aussah. Bei vielen russischen Fürsten setzte Moskau seinen Alleinvertretungsanspruch gegenüber den „Horden", wie die Tataren jetzt hießen, durch, und auch mit der Krim ging es voran. Von einer völligen Ausschaltung der Großen Horde konnte man hingegen noch keineswegs sprechen.

Dort hatte sich zunächst Murteza (1481–1499), ein Sohn Aḥmads, durchgesetzt und 1484 wieder mit Kasimir Verbindung aufgenommen. Weder dem Krimkhan Mengli noch dem Moskowiter Iwan III. war dies entgangen. Letzterer riet Mengli, die litauischen Gesandten in der Steppe abzufangen. Die Folge waren erneute tatarische Kämpfe zwischen Krim und Großer Horde im Winter 1485/86.

In der Folgezeit versuchte Polen-Litauen, durch stets wechselnde Sympathiebekundungen die Tatarenreiche gegeneinander auszuspielen, während Moskau beständig die Große Horde als Hauptfeind ansah und dauernd mit der Krim zusammenarbeitete.

In den 90er Jahren des 15. Jh., während deren sich in der Großen Horde Šaiḫ Aḥmad (1485–1502) durchgesetzt hatte, waren dann die Interessen so verteilt, daß das Freund-Feind-Bild Moskaus erhaltenbleiben konnte, vor allem Ende des Jahrhunderts auf der anderen Seite aber Litauen und die Große Horde zusammenfanden, wobei die Gewichtung der Gegner dieser Bündnispartner aber verschieden war: Litauen betrachtete Moskau, die Große Horde hingegen die Krim als ihren Hauptfeind. Diese divergierende Gewichtung führte 1500 zu einer sehr delikaten Situation. Während Šaiḫ Aḥmad seinem Partner Litauen zuliebe gegen Moskau zog, trat Litauen mit dem Krimkhan Mengli, dem erklärten Hauptfeind der Großen Horde, in Verbindung. Alexander von Litauen – Kasimir war schon 1492 gestorben – war bereit, u. a. auch mit Šaiḫ Aḥmad zu brechen, wenn nur Mengli ihm gegen Iwan III. helfen würde. Mengli ging auf das Angebot nicht ein. Obwohl Šaiḫ Aḥmad dann 1501 die tatarische Frage, von deren Klärung auch Litauen Nutzen hätte haben können, selber zu entscheiden versucht hatte und, nachdem es dazu nicht gekommen war, ganz im Interesse seines Partners in moskowitisches Gebiet vorgestoßen war, hielt sich Litauen trotz verbaler Treuebekundungen mit Hilfsgütern und Truppen gegenüber dem durch den harten Winter 1501/02 besonders stark in Bedrängnis geratenen Bündnispartner beharrlich zurück. Die Notlage Šaiḫ Aḥmads war schließlich so groß, daß er sich gezwungen sah, mit Iwan III. Verhandlungen anzuknüpfen. Iwan, dem damals die litauischen Angriffe große Schwierigkeiten bereiteten, war unter diesen Umständen ein Abkommen mit der Großen Horde so sehr willkommen, daß er sogar versprach, wieder Tribute zu entrichten, die dann auch tatsächlich gezahlt wurden. Dafür wurde Iwan vom Khan mit seinem Großfürstentum belehnt. Die jeweiligen Verbündeten der neuen Partner fühlten sich durch das Abkommen trotz beschwichtigender Erklärungen natürlich brüskiert und ließen Vorsicht walten. Im Falle Šaiḫ Aḥmads ging die Vorsicht Litauens ihm gegenüber so weit, daß Litauen seine zum soundsovielten Male versprochene Hilfsaktion sogar von der Stellung von Geiseln abhängig machte. Als dann noch Truppen der Großen Horde zu Mengli überliefen, war Šaiḫ Aḥmad am Ende. Die Vernichtung bzw. Unterwerfung seiner Kontingente durch Mengli im Juni 1502 war unabwendbar, zumal es Moskau als möglichem Helfer bei der Verbindung zu Šaiḫ Aḥmad nur darauf angekommen war, Litauen und die Große Horde zu entzweien. Dies war erreicht worden, und an Hilfe für Šaiḫ Aḥmad gegen die Krim oder gar an einen Bruch mit dieser hatte Moskau nie gedacht.

Als Mengli zugleich mit der Siegesmeldung an Moskau von Iwan auch Tributzahlungen verlangte, die er Šaiḫ Aḥmad ja gewährt hatte, mußte Iwan fürchten, daß der Krimkhan nach Beseitigung des gemeinsamen Hauptfeindes das Bündnis mit Moskau wieder als einseitiges Abhängigkeitsverhältnis der Russen von den Tataren verstehen könnte. Aus diesem Grunde nahm er schon im gleichen Jahr 1502 Verbindung zu Šaiḫ Aḥmad auf, der zunächst nach Aq Kerman am Schwarzen Meer geflohen war. Obwohl Mengli selber unmittelbar nach seinem Sieg dem gemeinsamen Feind Litauen ein Bündnis angeboten hatte, das von Litauen auch angenommen wurde, zeigte sich Mengli über die Kontakte zwischen Iwan und Šaiḫ Aḥmad sowie über den Plan, letzteren in Astrachan anzusiedeln, ziemlich empört, mußte er doch fürchten, Šaiḫ Aḥmad könne wieder an Macht gewinnen und vielleicht sogar mit Iwan erneut ein Bündnis eingehen. Er ließ deshalb Iwan mitteilen, daß er ein helfendes Eingreifen gegen Litauen von Iwans Haltung gegenüber Šaiḫ Aḥmad abhängig zu machen gedenke. Iwan konnte diese Drohung aber nicht mehr beeindrucken, da er damals bereits beschlossen hatte, mit Litauen einen Sonderfrieden abzuschließen. Als Iwans Astrachan-Pläne mit Šaiḫ Aḥmad dann an den Meinungsverschiedenheiten der Bewohner dieser Stadt scheiterten, wollte der Moskowiter angesichts des Friedens mit Litauen, der am 27. August 1503 zustande kam, schließlich mit der ganzen Sache nichts mehr zu tun haben.

Dem von Moskau fallengelassenen Šaiḫ Aḥmad, der sich in Astrachan nicht länger halten konnte, blieb nun nur noch ein Ausweg, nämlich seine langjährigen Verbündeten in Litauen, denen er so viele Treuebeweise erbracht hatte, zu bitten, sich ihnen unterstellen zu dürfen. Aber auch für Alexander von Litauen war der politisch gescheiterte Tatarenkhan nur noch dazu gut, als Beweis für die aufrichtige Gesinnung Litauens in den jüngst angeknüpften Beziehungen zum Krimkhan Mengli Girai zu dienen, weswegen er ihn als alten Feind der Krim 1505 hinrichten ließ.

Da die neuen Bündnispartner Moskau und Litauen an der Großen Horde als gegenseitig beliebig einsetzbarem politischem Druckmittel nun kein Interesse mehr hatten, hatte sie, und damit auch das Khanat Qyptschaq, aufgehört, als politische Größe zu existieren.

Obwohl damit die Geschichte der Goldenen Horde zu Ende gegangen war, konnte sich Rußland aber immer noch nicht als von den Tataren befreit fühlen. Einer der Nachfolgestaaten dieses Khanats nämlich, das Khanat Krim unter dem Fürstenhaus Girai, nahm 1571 Moskau nochmals ein, legte es in Schutt und Asche und machte den russischen Zaren Iwan IV. tributpflichtig. Stellte letzterer auch die Zahlung schon ein Jahr später wieder ein, so konnte doch erst Zar Peter der Große (1682/89–1725) den immer wieder erhobenen Forderungen ein Ende setzen. Erst 1783 schließlich konnte das Khanat Krim endgültig dem Russischen Reich eingegliedert werden. Damit waren über 550 Jahre unmittelbare Tatarenbedrohung endlich Geschichte geworden.

Ergänzende und weiterführende Literatur

Charmoy (1836); Gibb (1962); Grekov/Iakoubovski (1961); Hammer-Purgstall (1840); Hellmann (1976); Kämpfer (1969); Nitsche (1966), (1967), (1977); Okay (1938); Pelliot (1949); Pfitzner (1930); Saunders (1977); Spuler (1961), (1965), (1968a), (1977); Tiesenhausen (1884); Vernadsky (1953); Veselovskij (1917), (1922).

DIE MONGOLISCHEN VÖLKERSCHAFTEN VOM 15. JAHRHUNDERT BIS 1691

Von Veronika Veit

Nach dem Ende des mongolischen Weltreichs mit dem Tode des Großqans Möngke, dem 4. Nachfolger Činggis Qaγans, im Jahre 1259 und dem Ende auch der Teilreiche, deren letztes das der „Goldenen Horde" in Südrußland war[1], befanden sich die mongolischen Völkerschaften im Verlauf des 15. Jh. erneut in einem Zustand feudaler Zersplitterung. Wiederum kämpfte man um die Position der Stärke, mit den alten Mitteln, aber nunmehr auch einem moralischen Anspruch auf die Erblichkeit der Großqanwürde und damit verbunden die Gefolgschaft aller mongolischen Stämme. Noch immer jedoch gab es kein Staatssystem, in welches die Einrichtung eines zentralen Herrschers eingebunden gewesen wäre. Mongolische Politik blieb, um es in einem Satz zusammenzufassen, Regentschaft vom Pferderücken: „Man erobert die Welt vom Pferderücken, aber man kann sie nicht vom Pferderücken aus regieren", hatte Liu Ping-chung in seiner Denkschrift für den Enkel des Činggis Qaγan, Qubilai, den Kaiser Shih-tsu der Yüan-Dynastie, gesagt[2]. Noch ohne Auffassung von Nation, die vom Volke ausging, basierend auf einem aristokratischen Konzept, welches lediglich das Verhältnis Herrscher – Gefolgsleute – Beherrschte sah, wurden Konflikte mit militärischen Mitteln ausgetragen, kaum mit politisch-diplomatischen[3].

Der Anspruch auf das Erbe der mongolischen Großqanwürde

[1] Vgl. die entsprechenden Kapitel des vorliegenden Bandes.
[2] Gernet (1979) 312.
[3] Franke (1974) 346.

war mit dem bereits erwähnten Möngke an die Tolui-Linie der Borǰigid gekommen, die des jüngsten Sohnes Čінggis Qaγans. Bei ihr blieb sie bis zum Tode Ligdans im Jahre 1634. Die folgende Darstellung der Geschichte der mongolischen Völkerschaften im abgesteckten Zeitraum wird im wesentlichen die Ereignisgeschichte behandeln. Mit den ökonomischen sowie den politisch-gesellschaftlichen Grundlagen hat sich bereits das Kapitel ›Die Mongolen: Von der Clanföderation zur Volksrepublik, Versuch der Analyse wirtschaftlicher und gesellschaftlicher Gegebenheiten eines Hirtennomadenvolkes‹ befaßt. Im Ablauf der historischen Ereignisse sind nun folgende Vorgänge von besonderer Bedeutung hervorzuheben: die Auseinandersetzung zwischen Ostmongolen und Westmongolen; zwei mehr oder weniger erfolgreiche Versuche neuer imperialer Zentralisation; die Wiedereinführung des Lamaismus und die Bekehrung praktisch aller Mongolen zu dieser Glaubensrichtung; der Aufstieg der neuen / alten Macht der tungusischen Mandschus. Am Ende schließlich steht die Eingliederung der mongolischen Völkerschaften in das chinesische Reich der mandschurischen Ch'ing-Dynastie.

Zunächst zwei kurze Begriffserklärungen: Mit Ostmongolen werden im allgemeinen diejenigen Mongolen bezeichnet, welche, von wenigen Ausnahmen abgesehen, von den Nachkommen des bereits genannten Tolui, über Qubilai und Dayan, regiert wurden, und zwar bis ins 20. Jh. (vgl. auch die Tabelle des vorliegenden Kapitels, S. 390). Unter Westmongolen werden im allgemeinen die vier Stämme der Oirad verstanden. Wie sie aus der Überlieferung bekannt sind, umfassen sie die Qošod – deren Fürsten die Nachkommen Qabutu Qasars, des Bruders Čінggis Qaγans, sind –, die Torgud, die J̌egün γar (in die westliche Literatur als „Dzungaren" eingegangen) und die Dörbed mit den Qoyid; die Fürsten der beiden letzteren trugen den Clannamen Čoros. Als Vasallen der Ostmongolen und ihnen durch zahlreiche Heiraten verschwägert, hatten sie bereits Čінggis Qaγan Heeresfolge geleistet. Die Weidegebiete der Oirad, ursprünglich wohl um den Yenissej und seine Nebenflüsse – nördlich der heutigen Tuvinischen ASSR – gelegen, erstreckten sich im 14. und

15. Jh. von Ta-t'ung in China nördlich und westlich bis Hami und Bishbalik[4].

Toγon temür[5], der letzte Kaiser der Yüan-Dynastie mit Anspruch auf die Würde eines Großqans aller Mongolen, hatte sich mit seiner Familie und 60000 Gefolgsleuten – nach mongolischer Überlieferung – im Jahre 1368 vor dem Ansturm der chinesichen Rebellentruppen der neuzuerrichtenden Ming-Dynastie in das alte mongolische Stammland zwischen den Flüssen Onon und Kerülün geflüchtet. Seine Nachfolger versuchten weiter, die Position des Großqans aufrechtzuerhalten, aber es gelang ihnen, wie bereits erwähnt, nicht, Rivalitäten auszuschalten und Autorität mit entsprechender Stärke zu paaren[6]. Es ist bezeichnend, daß von den fünf Qanen, die zwischen 1388 und 1410 herrschten, nur einer eines natürlichen Todes starb. Eine zusätzliche Komplikation der von Auseinandersetzungen bestimmten Lage bedeutete der Aufstieg der genannten westmongolischen Oirad zu Beginn des 15. Jh., die den Činggisiden die Führerschaft unter den Mongolen streitig machten. Ihr mächtigster Führer um die Wende des 14. auf das 15. Jh. war der Čoros Batula čingsang, auch genannt Maḥmūd (gest. 1416?)[7]. Er und sein Bruder Ügeči qasaγa töteten den vierten Nachfolger des Toγon temür, seinen Enkel Elbeg nigülesügči, im Jahre 1399, nach anderen Überlieferungen 1401. Die zeitlich am nächsten liegenden Chroniken des 17. Jh.[8], allgemein ihrer Eigenschaft wie ihrer Intention nach mehr literarische Erzeugnisse als verläßliche historische Fakten vermittelnde Quellen, berichten sehr lebendig und erzählfreudig. So soll aus folgendem Grunde die Feindschaft zwischen Elbeg und den Westmongolen ausgebrochen

[4] Goodrich/Fang (1976) 416; Farquhar (1957) 61.

[5] Goodrich/Fang (1976) 1290–93.

[6] Die folgenden Ausführungen, bis zum Ende der Dayan-Regierung 1543, finden sich auch in dem Beitrag der Verfasserin für das Handbuch der Orientalistik, Abteilung China, ›Abriss der Geschichte der Ostmongolen 1368–1911‹ (im Druck).

[7] Goodrich/Fang (1976) 1035–1037.

[8] Altan Tobči anon., Sir-a tuγuǰi, Erdeni-yin tobči: vgl. Anm. 23, 24 und 25 des Kapitels ›Die mongolischen Quellen‹.

sein: Bei einer Jagd im Winter sah Elbeg nigülesügči das Blut eines Hasen im Schnee und wünschte sich – so die metaphorisierende Wendung – eine Frau von solch rot-weißer Schönheit. Der Oirad Quuqai dayuu wies ihn auf die Schönheit seiner Schwiegertochter, der Öljeyitü γoo-a beyiǰi, hin. Daraufhin tötete Elbeg seinen eigenen Sohn Qarqučuγ dügüreng temür qung tayiǰi und nahm so die Öljeyitü zur Frau. Diese rächte sich an Quuqai dayuu, indem sie Elbeg durch eine Täuschung dazu brachte, jenen zu töten. Wissend, daß der Mord zu Unrecht geschehen war, gab Elbeg dann die Herrschaft über die vier Stämme der Oirad an Batula čingsang, den Sohn des ermordeten Quuqai dayuu. Nicht lange danach erfolgte der Abfall der Oirad und die Ermordung Elbegs[9].

Die folgenden Jahre waren gekennzeichnet von den Auseinandersetzungen zwischen den Ostmongolen und den Oirad einerseits, und deren jeweiligem Verhältnis zu China andererseits. China hatte (und hat wohl bis heute) seine Anziehungskraft auf die sogenannten Barbaren – mögen sie aus Zentralasien gekommen sein oder aus Europa – von den ersten Hsiung-nu-Einfällen der Han-Zeit bis zu den Opium-Kriegen im 19. Jh. und darüber hinaus nie verloren. Unmittelbar auf die hier behandelte Zeit bezogen, hatten die zahlreichen mongolischen Überfälle auf chinesisches Gebiet seit 1368 durchaus nicht allein das Ziel, China zurückzuerobern, auch wenn sich die ersten Nachfolger nach Toγon temürs Tod noch immer als dessen rechtmäßige Herren betrachteten und das Reich zurückzugewinnen suchten. Die Überfälle dienten im allgemeinen vorwiegend als kriegerisches Mittel, um das zu erlangen, was den Mongolen auf friedlichem Wege (nämlich durch Handel) häufig versagt blieb: Güter, die sie zu ihrem Lebensunterhalt zusätzlich brauchten, ganz abgesehen davon, daß sie deren Annehmlichkeiten auch zu schätzen gelernt hatten. Zudem wirkten sich die zahlreichen Morde, Überfälle, Fehden und Kriegszüge keineswegs förderlich auf die eigenen ökonomischen Gegebenheiten aus. Der Yung-lo-Kaiser bediente sich bei den Auseinandersetzungen der probaten chinesi-

[9] Bawden (1955) 157–159.

schen Strategie, „die Barbaren mit Hilfe der Barbaren zu bändigen“, indem er den jeweils schwächeren der mongolischen Herrscher begünstigte und sie die Rivalitäten untereinander austragen ließ. Sechs Feldzüge war er dennoch gezwungen gegen die Mongolen zu führen, die für China nicht immer siegreich blieben[10]. Der erste gegen Aruγtai[11] und Öljei temür, den zweiten Nachfolger des Großqans Elbeg nigülesügči, im Jahre 1409 endete mit einer Niederlage; der folgende, 1410, mit einem Sieg. Der Kaiser selbst war zu Felde gezogen und hatte die Mongolen bis zum Onon verfolgt. Der Führer der Oirad, Batula čingsang, nutzte die Niederlage der Činggisiden zu seinem Vorteil, tötete Öljei temür und machte dessen Sohn Delbeg zum Großqan von seinen Gnaden. Die Bedrohung Chinas durch die erneute Erstarkung der Oirad führte zum dritten Feldzug des Yung-lo-Kaisers. Im Jahre 1414 schlug er sie an der Tula mit einer vereinigten Streitmacht aus Ostmongolen und Chinesen. Aruγtai seinerseits machte sich die Niederlage der Oirad zunutze und tötete im Jahr darauf den Batula čingsang sowie dessen Protégé Delbeg. In den Jahren 1422–24 folgten noch drei weitere Feldzüge des Yung-lo-Kaisers gegen die Ostmongolen, alle siegreich. Auf dem Rückzug von deren letztem starb der Kaiser.

Toγon, der Sohn des Batula čingsang, führte die Oirad erneut zu einer Position der Stärke. Er ernannte den jungen Toγto buqa, den Vetter zweiten Grades des ermordeten Delbeg, zum Großqan mit Titel „Dayisung“, nachdem er 1434 Aruγtai von den Ostmongolen besiegt hatte, und gab ihm seine Tochter zur Frau. Aruγtai hatte in der Schlacht den Tod gefunden. Toγon seinerseits nun hatte zur Mutter die Samur günji aus dem Clan der Borjigid, Tochter des Großqans Elbeg nigülesügči. Nach dem Sieg des Aruγtai und der Ostmongolen über Batula čingsang im Jahre 1415 waren dessen Frau Samur und der Sohn Toγon den Siegern in die Hände gefallen. Es heißt, daß der Knabe auf Bitten seiner Mutter zu den Oirad zurückgeschickt wurde, wobei er zunächst in gutem Einvernehmen mit den Ostmongolen ver-

[10] Goodrich/Fang (1976) 360.
[11] Goodrich/Fang (1976) 12–15.

blieb. Nach seinem Sieg über jene im Jahre 1434 jedoch wollte er sich selbst zum Großqan ausrufen und begab sich darum zu den Acht Weißen Zelten des Činggis Qaγan. Am Rande sei vermerkt, daß in diesen Weißen Zelten bis heute die sogenannten „Reliquien" (i. e. Bekleidungs- und Gebrauchsgegenstände) Čingis Qaγans und seiner vier Hauptgemahlinnen Börte, Qulan, Yesüi und Yesügen aufbewahrt wurden. Qubilai errichtete sie als Verehrungsort; in der zweiten Hälfte des 15. Jh. wurden sie aus dem Kentei-Gebirge nach Süden in das Ordos-Gebiet gebracht[12]. Es war üblich, die Investitur eines neuen Großqans vor diesen Acht Weißen Zelten vorzunehmen. Toγon nun, so berichten die mongolischen Chroniken[13], betrank sich, lärmte und rüpelte und rief: „Wenn du der Sutu boγda bist, dann bin ich der Sohn der Sutai qatun!" (i. e. Samur günǰi). Daraufhin sei ihm Blut aus Mund und Nase gestürzt, und auch die Langschußpfeile in seinem Köcher hätten sich mit Blut befleckt; sodann sei Toγon gestorben mit den Worten: „Der Er-e boγda hat seinen Mann herrschen lassen. Ich, Toγon tayisi, der Sohn der Frau Sutai, sterbe." Was auch immer der unmittelbare Anlaß für seinen Tod gewesen sein mag: zum historischen Kern der Legende sei angemerkt, daß es bei den Mongolen keinen Erbanspruch über die weibliche Linie gab. Nach Toγons Tod im Jahre 1440 führte sein Sohn Esen[14] die Oirad zum Höhepunkt ihrer Macht im 15. Jh. Ihr Reich erstreckte sich von Hami im Westen bis zu den J̌ürčen-Gebieten im Osten. Im 17. Jh. sollte ihnen dann unter Esens direktem Nachfahren Galdan noch einmal eine solche Machtentfaltung gelingen, die ihnen nicht nur den Sieg über einen Teil der činggisidischen Ostmongolen brachte, sondern auch das Reich der neuerrichteten mandschurischen Ch'ing-Dynastie ernsthaft bedrohte (vgl. das Kapitel ›Qalqa 1691 bis 1911‹). Im Jahre 1449, nach der Schlacht von T'u-mu, machte Esen den Cheng-t'ung-Kaiser der Ming zu seinem Gefangenen und belagerte im gleichen Jahre Peking, jedoch ohne Erfolg. Nach der Freilassung des

[12] Sagaster (1976) 193–194.
[13] Bawden (1955) 171; Šastina (1957) 62, Z. 11–63, Z. 3.
[14] Goodrich/Fang (1976) 416–420.

Kaisers 1450 wandte Esen seine Aufmerksamkeit erneut den Ostmongolen und Toγto buqa zu, dessen Großqanwürde ja nur von seinen Gnaden bestand. Toγto buqa seinerseits versuchte, seine eigenen Interessen gegen Esen durchzusetzen und hatte zunächst auch militärische Erfolge gegen die Oirad. Sein eigener Bruder jedoch, Aγbarǰi ǰinong, verriet ihn und lief zu den Oirad über. Esen schlug Toγto buqa im Kampf. 1452 wurde er auf seiner Flucht ermordet. Im Jahre 1453 rief sich als zweiter Oirad Esen zum Großqan aus, was ebenfalls zu seinem Sturz führte. Abgesehen von seiner nach mongolischer Tradition illegitimen Investitur, kam auch Widerstand aus den eigenen Reihen, wie es heißt, wegen seines ausschweifenden Lebenswandels und seiner Trunksucht. Als er sich schließlich weigerte, den Titel Tayisi an die Führer des westlichen und östlichen Flügels der Oirad zu geben, begann ein Stammeskrieg, in welchem Esen nicht bestehen konnte. Kurz darauf (1455), auf der Flucht, wurde er von Buqun, dem Sohn des von ihm ermordeten Sorson der Yüngsiyebü, die zu den Ostmongolen gehörten, getötet. Während dieser Zeit war der eigentliche Großqan der Mongolen Tögüs, mit Titel Molon Qaγan. Er war der Sohn des Toγto buqa Dayisung Qaγan und der Altan qatun, Tochter des Čibden der Qorlad[15]. Wegen angeblichen Ehebruchs hatte Toγto buqa seiner Gemahlin Nase und Ohren verstümmelt und sie zu ihren Eltern zurückgeschickt. Čibden tötete 1452 seinen ehemaligen Schwiegersohn, ebenso zwei von dessen Söhnen, nicht aber seinen (Čibdens) eigenen Enkel Molon. Auch der Großqan Molon fand schließlich aufgrund einer Intrige ein gewaltsames Ende, im Jahre 1454. Als neuer Qaγan aus der Linie der činggisidischen Borǰigid folgte nun Mar-körgis, der von 1454–1463 (66?) regierte[16]. Er war ebenfalls ein Sohn des Toγto buqa, aber von einer anderen Mutter als Molon, und starb ebenfalls durch Mord. Tögüs und Markörgis blieben ohne Nachkommen. Der neue Großqan wurde nun Manduγul, ein jüngerer Halbbruder des Toγto buqa Dayisung Qaγan, Sohn einer Frau von den Oirad. Er regierte bis 1467

[15] Bawden (1955) 165, 174.
[16] Goodrich/Fang (1976) 1054–56.

nach den mongolischen Quellen. Seine beiden Gemahlinnen waren Manduqai qatun, die Tochter des Čorosbai temür čingsang vom Engküd otoγ der Tümed, sowie Yeke qabartu (die „Großnasige") J̌önggen, Tochter des Bigirsen Tayisi der Oirad. 1467, in seinem 42. Lebensjahre, starb der Großqan Manduγul. Er hatte keine männlichen Nachkommen[17]. Als neuer Großqan folgte im Jahre 1470 Batu möngke Dayan Qaγan[18], der bis 1543 regierte und dem noch einmal eine imperiale Zentralisation gelingen sollte: Anspruch auf die Großqanwürde mit entsprechender Stärke zu paaren, die mongolischen Völkerschaften zur Gefolgschaft zu bringen und nach den langen verwickelten Fehden untereinander sowie mit den Oirad den Sieg für die činggisidischen Borǰigid zu erringen. Entscheidenden Anteil daran hatte die bereits erwähnte Manduqai qatun. Sie wurde Batu möngkes Gemahlin und war offenbar nicht nur klug, sondern auch entschlossen und tatkräftig. Bis heute genießt sie große Bewunderung und Verehrung unter den Mongolen[19].

Was nun Batu möngke anlangte, so war er der Urenkel jenes Aγbarǰi ǰinong, Bruder Toγto buqa Dayisung Qaγans, der zu den Oirad übergelaufen war und der, wie die mongolischen Chroniken berichten, ein schreckliches Ende nahm[20]: Nach dem Tode des Toγto buqa 1452, heißt es, hätten die Oirad beraten und Aγbarǰi die Würde des Großqans angetragen, für ihren Herrscher Esen aber den Titel ǰinong verlangt. Insgeheim jedoch seien sie übereingekommen, ihn zu ermorden. Seine eigene Familie habe er schon verraten, welche Treue könne er da wohl ihnen bezeugen? Es heißt weiter, daß die Oirad sodann eine Festjurte für ein Gastmahl errichteten, darinnen aber eine Grube aushoben und den Aγbarǰi ǰinong sowie über hundert seiner Gefolgsleute töteten und hineinwarfen. So erging es ihm getreu der warnenden Ermahnung eines anderen Gefolgsmannes bei seinem Überlaufen zu den Oirad nach einem Streit mit seinem Bru-

17 Bawden (1955) 177; Schmidt (1829) 175–177.
18 Goodrich/Fang (1976) 17–20.
19 Nacagdorž (1981).
20 Bawden (1955) 166–167.

der Toγto buqa, welche lautete: „Der, welcher seine Verwandten durch Heirat stützt, wird nicht gedeihen. Der, welcher seine Blutsverwandten stützt, wird gedeihen. Schützt man Fremde, wird man nicht gedeihen. Schützt man seine Landsleute, wird man gedeihen."[21] Der Sohn des Aγbarǰi ǰinong, Qaγurčaγ Tayiǰi, konnte seinerzeit jedoch mit Hilfe eines Freundes entkommen, auf gestohlenen Oirad-Pferden. Auch Qaγurčaγ starb später durch Mord, im Hause der Familie, in die er als Flüchtling gekommen war. Die Gemahlin des Qaγurčaγ, Altan beyiǰi, Tochter des Esen, war zu jener Zeit schwanger und brachte einen Sohn, Bayan möngke, zur Welt. Esen hatte angeordnet, das Kind zu töten, wenn es ein Knabe sei, wenn jedoch ein Mädchen, es am Leben zu lassen. Durch eine List, berichten die Chroniken, sei es Altan beyiǰi gelungen, das Kind als Mädchen erscheinen zu lassen[22]. Ferner soll jener Freund Eliye naγaču, der schon den Vater Qaγurčaγ auf der Flucht begleitet hatte, den kleinen Bayan möngke zu den Ostmongolen haben bringen lassen. Bayan möngke trug den Titel eines Großqans von 1467 bis 1470. Aus Habsucht sollen ihn die Yüngsiyebü ermordet haben. Sein Sohn wiederum war der bereits erwähnte Batu möngke, um 1464 geboren. Seine Mutter war Siker taiqo, die Tochter jenes Mannes mit Namen Qutuγ sigüsi der Uriyangqan, zu welchem Bayan möngke als Kind gebracht worden war. Bei einem Überfall der Oirad wurde jedoch die Siker taiqo geraubt. Ihr Sohn Batu möngke, der den Oirad nicht in die Hände fiel, wurde der Manduqai qatun übergeben, der bereits erwähnten Witwe des Manduγul Qaγan. Sie ergriff nun die Initiative für die Činggisiden[23]. In eigener Person, so heißt es, führte sie den Angriff gegen die Oirad, die nicht gegen Manduqai bestehen konnten. Danach brachte sie den siebenjährigen Batu möngke zu den Acht Weißen Zelten und ließ ihn feierlich zum Großqan erklären. Für sich selbst, überliefern die Chroniken, habe sie Kraft erbeten und daß sie sieben Söhne zur Welt bringen möge. Manduqai qa-

[21] Bawden (1955) 164.
[22] Bawden (1955) 169, S. 178ff.
[23] Bawden (1955) 182–184.

tun, deren Geburtsjahr in den zeitlich am nächsten liegenden Chroniken unterschiedlich angegeben wird, muß wohl, mit Hinblick auf ihre Kinder, im Jahre 1448 geboren sein, wie das Erdeni-yin tobči (1662) feststellt[24]. Demnach betrug der Altersunterschied zwischen ihr und Batu möngke sechzehn Jahre. Die Kinder der beiden waren die Zwillinge Törü bolud (gest. 1523) und Ulus bolud (ermordet 1510), geboren 1482; die Zwillinge Prinzessin Töröltü und Barsu bolud genannt Sayin alaγ, geboren 1484; der Sohn Arsu bolud; die Zwillinge Alču bolud und Očir bolud, geboren 1490, sowie der Sohn Ara bolud. Von seiner zweiten Gemahlin Küsei qatun, der Tochter des Oirad Keriye qoǰigir, hatte Batu möngke Dayan Qaγan die Söhne Geretü tayiǰi, geboren 1491, und Čing tayiǰi; von seiner dritten Gemahlin J̌imisken qatun, der Tochter des Oirad Oroči sigüsi, hatte er die Söhne Gerebolud, geboren 1482, und Geresenǰe, geboren 1489 (gest. 1549)[25]. Aus dieser Nachkommenschaft gingen fast alle mongolischen Fürsten zur Zeit der Ch'ing-Dynastie hervor.

Dayan Qaγan gelang es zwischen 1483 und 1488 in mehreren Kriegszügen, die Oirad zu besiegen und ihnen die Vorherrschaft über die mongolischen Völkerschaften zu nehmen. Auch mit Hinblick auf China waren seine militärischen Expeditionen sehr erfolgreich. In den Jahren 1517 bis 1523 kam er bis unweit Peking, eine höchst bewegliche und durchtrainierte Kavallerie von schätzungsweise 15000 Mann anführend. Die Angriffe folgten von befestigten Lagern aus. 1532 wünschte Dayan Qaγan Friedensverhandlungen mit China sowie das Recht, den Status eines Tributbringers zu erhalten – welches, wie wir gesehen haben, mit großen Vorteilen und Annehmlichkeiten verbunden war (vgl. das Kapitel ›Die Mongolen: Von der Clanföderation zur Volksrepublik‹). Gegen Ende der Regierungszeit Dayan Qaγans begannen sich erneut jene Schwierigkeiten abzuzeichnen, die eine Einigung der mongolischen Völkerschaften stets nur auf Zeit ermöglicht hatten: der fatale Individualismus, die freie Entscheidung über zu leistende oder zu versagende Gefolgschaft.

[24] Bawden (1955) 184, Anm. 3.
[25] Šastina (1957) 73, Z. 1–5; Serruys (1958) 16–17.

Dayan hatte die Sechs Tümen („Zehntausendschaften") der Ostmongolen nach alter Tradition in zwei Flügel eingeteilt[26]. Der Östliche Flügel, zu welchem die Čaqar (im Gebiet von Silingol), die Uriyangqan (in Liaotung) und die Qalqa (im Gebiet nordwestlich von Qulunbuir und des Qalqa-Flusses) gehörten, unterstand hierbei dem Großqan unmittelbar. Der Westliche Flügel sollte stellvertretend von einem J̌inong verwaltet werden: zu ihm gehörten die Ordos im Gebiet des Huang-ho-Bogens, die Tümed, Ulanǰab und Yüngsiyebü im Gebiet nordwestlich des heutigen Köke qota. Als Dayan seinen Sohn Ulus bolud zum J̌inong einsetzte, weigerten sich zwei mächtige Stammesführer, Ibrahim und Mandulai aγulqu von den Ordos, ihn anzuerkennen, und ermordeten Ulus bolud im Jahre 1510[27]. Dayan gelang es danach noch einmal, mit militärischen Mitteln den Westlichen Flügel zur Gefolgschaft zu bringen. Die Position eines J̌inong wurde erblich, wobei im Laufe der folgenden hundert Jahre allerdings die Autorität nicht mehr für den gesamten Rechten Flügel galt, sondern sich auf Ordos beschränkte. Der J̌inong-Rang sollte auch nach der Eingliederung der mongolischen Völkerschaften in das Chinesische Reich der mandschurischen Ch'ing-Dynastie als Titel erblich bleiben, bis 1911[28].

Nach Dayan Qaγans Tod (1543) ging die Großqanwürde an seinen Enkel Bodi alaγ (1504–1547), den Sohn seines bereits verstorbenen ältesten Sohnes Törü bolud. Die einzelnen Völkerschaften des Linken (Östlichen) und des Rechten (Westlichen) Flügels wurden als Patrimonien an die Söhne Dayans gegeben. Insgesamt stellt sich die politische Aufteilung der mongolischen Völkerschaften vom Tode Dayans bis zum Vorabend ihrer Eingliederung in das Ch'ing-Reich wie folgt dar[29] (siehe S. 390).

Obwohl sie alle nominell dem Großqan zur Gefolgschaft verpflichtet waren, nach der Tradition, sah es in der Praxis anders aus: der Großqan herrschte nur, er regierte nicht. Die wieder

[26] Serruys (1958) 16–17.

[27] Goodrich / Fang (1976) 683–684.

[28] Sagaster (1976) 208–211.

[29] Iledkel Šastir (1795) Buch 17, Buch 21–43; Serruys (1958) 16–18, 22f., 40ff., 151–154.

Linker Flügel (Qaγan) Drei Tümen Dayan-Enkel Bodi alaγ (1504–1547)	Rechter Flügel (J̌inong) Drei Tümen Dayans 3. Sohn Barsu bolud (gest. 1532)
1. *Čaqar:* persönl. Ulus des Qaγan. Dazu gehörten: a) Abaγa; b) Abaγanar (reg. von den Nachkommen des Bruders Čінggis Qaγans, Böke); 10. Sohn Dayans Gerebolud; c) Aoqan (Čінggisiden); d) Dörben keüked (reg. von Nachkommen des Bruders Čінggis Qaγans, Qasar); 6. Sohn Dayans Očirbolud; e) Kesigten (Čінggisiden); f) Muumingγan (Qasariden); 10. Sohn Gerebolud; g) Naiman (Čінggisiden); h) Ongniγud (Qasariden); 7. Sohn Dayans Arabolud; i) Qaγučid (Čінggisiden); j) Sünid (Čінggisiden); k) Üǰümüčin (Čінggisiden); l) Urad (Qasariden); 2. *Qalqa:* 11. Sohn Dayans Geresenǰe: a) 7 Otoγ; b) 5 Otoγ (Baγarin, J̌arud, Qonggirad, Bayaγud und Učirad), 5. Sohn Dayans Alču bolud; alle Čінggisiden. 3. *Urigyangqan:* a) Aru qorčin; b) Dörbed; c) Γorlos; d) J̌alayid; e) Qorčin; (alle Qasariden).	1. *Ordos:* persönlicher Ulus des J̌inon (Čінggisiden); 2. *Tümed:* 4. Sohn Dayans Arsu bolu (Čінggisiden); 3. *Asud, Qaračin, Yüngsiyebü:* 9. Soh Dayans Čing tayiǰi (Čінggisiden).

abnehmende Autorität der Zentralgewalt und die zunehmende feudale Zersplitterung durch Aufteilung von Vermögen, Land und Gefolgsleuten begünstigte in der Folge den Aufstieg regionaler Herrscher, Mitglieder der Sippe der Borǰigid, die sich „Qan“ nannten („Qaγan“ vergegenwärtigte noch immer den Herrscher über alle mongolischen Völkerschaften). Zu den bedeutendsten unter ihnen zählten Altan Qan der Tümed (1507–1582)[30], einer der zahlreichen Enkel Dayans, sowie die vier Qane von Qalqa (vgl. auch das Kapitel ›Qalqa 1691 bis 1911‹). Unter dem Großqan Darayisun (reg. 1547–1557), dem Sohn des Bodi alaγ, kam es zu einer erheblichen Machtverschiebung in den beiden Flügeln der Ostmongolen. Sein Onkel 2. Grades, der Vetter seines Vaters und zweite Sohn des J̌inong Barsu bolud, der erwähnte Altan, entwickelte sich zur dominierenden Gestalt des Linken Flügels – obwohl das Erbe der J̌inong-Würde an den älteren Bruder Günbilig mergen, dessen Ulus die Ordos bildeten, gefallen war: ein weiteres Beispiel für die zunehmend zu beobachtende Diskrepanz zwischen Erbanspruch und tatsächlicher Macht[31]. In einem geschickten Wechsel von Diplomatie und kriegerischen Unternehmungen gelang es Altan Qan, Handelsbeziehungen mit China aufzubauen. Er gründete die Stadt Köke qota (chin. Kuei-hua), die erste feste mongolische Stadt der neueren Zeit, förderte Ackerbau, unterstützt von chinesischen Handwerkern und Flüchtlingen. Seine militärischen Expeditionen führten Altan Qan in die Ch'ing-hai-Region, nach Tibet und Turfan. Im Jahre 1552 vertrieb er die Oirad aus der Gegend der alten Hauptstadt Karakorum, woraufhin die Qalqa, die bisher in der Qulunbuir-Gegend ihre Herden geweidet hatten, in jenes alte ostmongolische Gebiet nachrückten (mit Ausnahme der sogenannten Fünf Qalqa-Stämme; vgl. voranstehende Tabelle). Nach der Investitur des Großqans Darayisun 1547 vor den Acht Weißen Zelten Činggis Qaγans forderte Altan die Verleihung des Titels „Schützer des Qan-Reiches“, mit dem Auftrag, die Rechte des Großqans zu verteidigen. Dieser nach

[30] Goodrich/Fang (1976) S. 6–9.
[31] Heissig (1979) 10.

außen positiven Forderung stimmte Darayisun zu, doch die wirklichen Machtverhältnisse erhellt die Tatsache, daß er sich mit den Čaqar, seinem persönlichen Ulus, vor dem Tümed zurückzog, und zwar aus dem alten Stammesgebiet nördlich von Ta-t'ung nach Osten über die Hsingan-Berge zum Liao-Fluß[32].

Altan Qans Name steht auch in Verbindung mit einer geistigen und kulturellen Erneuerung unter den Mongolen, der Wiederbelebung des Lamaismus (vgl. auch das Kapitel ›Religion‹). Von seinem Hof aus sollte sich diese tibetische Form des Buddhismus rasch und entschieden zu allen mongolischen Völkerschaften ausbreiten. Die Wiederbegegnung mit dem Lamaismus kam für die Mongolen zu einer Zeit, als größerer Reichtum und Machtzuwachs einzelner Fürsten ihnen auch den Wunsch nach einer Religion mit entsprechendem Schrifttum, mehr kulturellem Hintergrund und eindrucksvolleren Zeremonien – im Unterschied zum einheimischen Schamanismus – nahelegte. Gleichzeitig kam mit dieser Religion eine neue Kraft ins Spiel, welche dann in der Tat das mongolische Geistesleben, die Entwicklung der Sprache und Gestaltung der Gesellschaft nahezu bis auf den heutigen Tag mitbestimmte. Die lamaistische Kirche erlangte eine ganz reale wirtschaftliche wie politische Machtstellung. Was die wirtschaftliche betraf, so gelangten die nach und nach zahlreich gegründeten Klöster in reichem Maße in den Besitz von Land, Herden und dienstpflichtigen Familien. Politisch gesprochen wurde der Klerus, Rang und Stellung nach, dem Adel als gleichwertig angesehen; die hohe Geistlichkeit besaß beispielsweise auch das Recht, Titel zu verleihen. Schon früh sahen Adel und Klerus durch die Identität der Interessen der lamaistischen Kirche und der Nachkommen Činggis Qaγans den Weg zur Fortführung der Macht. Daß ein Mitglied des regierenden Fürstenhauses der Tümed als Vierter Dalai Lama (Urenkel des Altan Qan, Yon-tan-rgya-mc'o, 1589–1617)[33] anerkannt wurde, ist ein deutliches Beispiel dafür. Die politische Bedeutung der Kirche in Qalqa nahm – um zeitlich ein Jahrhundert

[32] Heissig (1979) 11.
[33] Goodrich/Fang (1976) 1604–1606.

vorauszugreifen – im wahren Sinne des Wortes Gestalt an durch die Einsetzung des Sohnes des Tüsiyetü Qans Gömbodorǰi (1594–1655) im Jahre 1650 zum 1. J̌ebcundamba Qutuqtu, auch genannt Öndür Gegen (1635–1723). Seine Erziehung und Ausbildung hatte er in Tibet unter dem Dalai Lama und dem Pančen Lama vollendet und von ersterem auch seinen Titel erhalten, unter welchem er und seine sieben Inkarnationen in der Folge bekannt wurden (vgl. das Kapitel ›Qalqa 1691 bis 1911‹).

Daß Altan Qans Macht ebenfalls eine rein persönliche war, zeigt noch einmal deutlich das Schwinden des Einflusses der Tümed nach seinem Tode 1582. Die Macht der Čaqar hingegen lebte in den neuen Weidegründen in Liaotung wieder auf, vor allem unter dem letzten Großqan Ligdan (s. später). Inzwischen aber war eine weitere Macht ins Spiel gekommen, die der tungusischen Mandschus (vgl. das Kapitel ›Die Mongolen: Von der Clanföderation zur Volksrepublik‹), welche sich für die mongolischen Völkerschaften als von entscheidender Bedeutung erweisen sollten. Mit jenen verbanden die Mandschus gegen Ende des 16. und zu Beginn des 17. Jh. zunächst allein diplomatische Beziehungen, die sehr bald eine dreigestaltige Wendung nahmen: erstens führten sie zu freiwilliger Gefolgschaft und Allianz, noch bevor die Mandschus Kaiser von China wurden; zweitens blieben die Beziehungen diplomatisch und führten nach 1644, dem Jahr der offiziellen Thronbesteigung, nicht mehr zu Allianzen, sondern zu Unterwerfung; drittens schließlich führten sie zu erklärter Feindschaft mit zum Teil im wahren Sinne des Wortes vernichtenden Konsequenzen. Diese Dreigestaltigkeit widerspiegelt die bereits beschriebene Uneinigkeit der Mongolen, jenen so oft genannten Individualismus, dessen Vorstellungen sich zwischen den beiden Extremen, Traum von der Wiedererrichtung eines Weltreichs (s. Ligdan und später die Westmongolen Galdan und Ċewang arabdan) und Wahrung der eigenen Unabhängigkeit, die sich nicht gebunden wissen wollte (s. die Qalqa, Kapitel ›Qalqa 1691 bis 1911‹), bewegte. Dazwischen befanden sich jene mongolischen Völkerschaften, die in einer Allianz ihren Vorteil sahen, welche ihnen unter anderem Schutz und Anteil an Kriegsglück bringen sollte. Die Frage des Zeitpunktes und der

Umstände, zu welchen sich die mongolischen Fürsten für oder gegen die Mandschus erklärten, sollte dann weiterreichende Folgen haben und mit über ihre politische Bedeutung im zukünftigen Ch'ing-Reich entscheiden.

Was nun die Allianzbeziehungen anlangte, so waren die Gründe dafür vielschichtig und brachten beiden Seiten Vorteile. Zeitgenössische mandschurische Quellen berichten ausführlich über den Empfang und die Behandlung mongolischer Fürsten durch Nurhaci und seinen Sohn und Nachfolger Hung Tayiǰi (Abahai). Die Mongolen erhielten auf das großzügigste reiche Geschenke und Titel[34]. Es wurden Abkommen getroffen, die Straffälligkeiten regelten und Schutz vor Überfällen gewähren sollten[35]. Zögernde oder zunächst gar feindlich gesinnte mongolische Stämme wurden mit einer Mischung aus militärischem Druck und nachfolgendem großzügigen Entgegenkommen gewonnen. Verstärkt wurden die Allianzen durch eine kluge Heiratspolitik von seiten der Mongolen wie von seiten der Mandschus. Insgesamt neun von Hung Tayiǰis vierzehn Töchtern heirateten mongolische Fürsten[36], und die spätere Kaiserin Hsiao-chuang (1613–1688)[37], Großmutter des K'ang-hsi Kaisers, war eine Frau von den Qorčin – um nur einige Beispiele zu nennen. Das Interesse der Mandschus an den Mongolen dürfte in erster Linie strategischer Art gewesen sein; nicht nur hätte eine ungesicherte Westflanke eine Behinderung ihres China-Feldzuges bedeutet, er wäre auch ohne Bündnispartner kaum möglich gewesen. Darüber hinaus verband sie aber auch ein gemeinsamer kulturbedingter Hintergrund, wie er von Nurhaci selbst in Schreiben an die Mongolen klar hervorgehoben wird[38].

Was die diplomatischen Beziehungen anlangte, die zu erklärter Feindschaft führten, so waren die davon betroffenen Völkerschaften die Čaqar und Ende des 17./18. Jh. die Westmongolen

[34] Veit (1980).
[35] Weiers (1979).
[36] Hummel (1964) 3.
[37] Hummel (1964) 300–301.
[38] Farquhar (1968).

(zu letzteren vgl. das Kapitel ›Qalqa 1691 bis 1911‹). Die Čaqar bildeten, wie bereits erwähnt, den persönlichen Ulus der Träger der Großqanwürde. Zur Zeit des Aufstiegs der Mandschus war der Inhaber dieses Titels Ligdan (1592–1634)[39], ein dreifacher Urenkel Dayans. Ligdan versuchte noch einmal, zunächst sogar mit Erfolg, die Nachkommen der übrigen Linien der Borǰigid zur Gefolgschaft zu bringen und ein neues mongolisches Reich zu errichten. Er erwies sich als Mäzen des Lamaismus, gründete Tempel, förderte die Übersetzung religiöser Schriften aus dem Tibetischen ins Mongolische und begünstigte allgemein literarische Tätigkeit. Aber schon sehr bald muß sich Ligdan zu einem regelrechten Tyrannen entwickelt haben, der „nicht imstande war, die unter den sechs großen Stämmen verstreut lebenden fürstlichen Nachkommen des Dayan Qaγan und ihre Untertanen auf friedliche Weise seiner Macht unterzuordnen“, ... ja, „er hielt die Sechs großen Völkerschaften [nur] mit Gewalt beisammen“[40]. Politische Arroganz im Umgang mit seinen Gefolgsleuten entsprach persönlicher Arroganz innerhalb der Familie: seinen Gefolgsleuten beispielsweise nahm Ligdan willkürlich Herden und Familien, und die Prinzessinnen der Čaqar beleidigten ihre Ehemänner[40a].

Was Ligdans Verhältnis zu seinen Nachbarn, den Mandschus wie den Chinesen des Ming-Reiches, anlangte, so hatte er sie zunächst nicht als ernsthafte Störung seiner Herrschaft angesehen. Zu Nurhaci bestanden diplomatische Beziehungen, welche auf die Wahrung des jeweiligen Besitzstandes sowie die Anerkennung seiner (Ligdans) Position als unabhängiger Herrscher der Mongolen ausgerichtet waren. Mit dem Frühjahr 1618 änderte sich jedoch diese Situation: Nurhaci erklärte dem Wan-li Kaiser der Ming den Krieg. Diese Störung des bis dahin herrschenden Machtgleichgewichts mußte folgerichtig auch zur Konfrontation mit Ligdan führen. Von Bedeutung ist hierbei ferner eine gewisse Veränderung der wirtschaftlichen Gegebenheiten: dem

[39] Im besonderen vgl. hierzu Heissig (1979).
[40] Heissig (1979) 23.
[40a] Heissig (1979) 31.

Ackerbau war bei den Mongolen inzwischen wachsendes Gewicht zugekommen, betrieben zumeist von chinesischen Flüchtlingen und Gefangenen innerhalb der Wälle von geschützten Arealen aufgelassener Stadtsiedlungen (das hier angesprochene Gebiet grenzt unmittelbar an China)[41]. Manche der mongolischen Fürsten machten besetzte oder von ihnen immer wieder überfallene chinesische Siedlungen des Grenzgebietes zu ihren landwirtschaftlichen Pfründen, die sie „Verpflegungsstädte" (mong. idekü qota) nannten[42]. Diese Abhängigkeit der Versorgung durch Ackerbauprodukte war dann auch ein wesentlicher Grund für die zunehmende Polarisierung zwischen Ligdan und Nurhaci. Für die Mandschus bedeutete jede eroberte chinesische Stadt einen Trittstein zur Ausweitung ihrer Macht, für die östlichen Mongolen hingegen eine Störung ihrer Versorgungs- und Absatzmöglichkeiten. So führte die sogenannte Kuang-ning-Affäre – als ökonomischer Funke auf einem politischen Pulverfaß – mit zum endgültigen Bruch zwischen Ligdan und Nurhaci. Dies und die zunehmende Entfremdung zwischen Ligdan und seinen Völkerschaften brachte bis dahin noch zögernde mongolische Fürsten in der Folge zur Entscheidung für die Mandschus. Im übrigen war Ligdan mit einer Frau von den Yehe, Sutai, der Enkelin eines ihrer Führer, Gintaisi, verheiratet. Die Yehe aber hatte Nurhaci vernichtet, und Gintaisi war 1619 getötet worden, so daß von Ligdans Seite auch eine familienbedingte antimandschurische Haltung nicht ausgeschlossen werden kann[43].

Im Jahre 1619 hatte nun Ligdan eigenmächtig, ohne Beteiligung Nurhacis, die chinesische Stadt Kuang-ning, in welcher auch Pferdemärkte abgehalten wurden, erobert und abgabepflichtig gemacht. Da zog Nurhaci seinerseits gegen Kuang-ning, woraufhin Ligdan ihm durch seinen Gesandten Qangγalbayiqu ein warnendes Schreiben überreichen ließ, datiert Gelbliches Schafsjahr, 22. Tag des 10. Monats (= 27.11.1619)[44]. Er

[41] Die folgenden Ausführungen finden sich auch in dem in Anm. 6 erwähnten ›Abriß der Geschichte der Ostmongolen‹, Abschnitt III.

[42] Heissig (1979) 19–20.

[43] Hummel (1964) 269–270; Heissig (1979) 18.

[44] Heissig (1979) 25; Weiers (1979a) 74.

nannte sich darin Herrscher über die Vierhunderttausend Mongolen, Baturu Čingis Han, und adressierte Nurhaci als „Herrn über die dreißigtausend Jürčid des Wassers". Um die gegenseitige Einschätzung näher zu verdeutlichen, seien aus dem Briefwechsel einige Passagen zitiert: „Das Chinesische Reich war für unsere zwei Reiche zu jeder Gelegenheit ein Feind. Ich [Ligdan] habe gehört, daß du [Nurhaci] vom Pferdejahr [i. e. 1618] das Chinesische Reich hast Schaden leiden lassen. Nachdem ich dieses Schafjahr, im Sommer, losgezogen war und Verabredungen getroffen hatte, habe ich die Stadt Kuang-ning angeschlossen und Abgaben eingezogen. Indem du jetzt gegen die Stadt Kuang-ning mit einem Heer losgezogen bist, halte ich dich hin. Was uns zwei betrifft, so waren wir bisher ohne Krieg. Indem du nun aber mein angeschlossenes Land wegnehmen ließest, wie ist da nun mein Ruf?"[45] Im Antwortschreiben des Nurhaci vom 20. 2. 1620 heißt es dann unter anderem: „Warum gibst du hinsichtlich der Menge deiner Vierhunderttausend Mongolen mir gegenüber so an? Soweit ich gehört habe, sind, nachdem bei der Eroberung der Stadt Daidu die Chinesen vierhunderttausend Mongolen insgesamt haben ergreifen lassen, nur sechzigtausend durch Flucht davongekommen [i. Jahre 1368]. Diese sechzigtausend Mongolen sind insgesamt sicherlich nicht bei dir. Die Ordos sind zehntausend. Die Mongγolčin [die zehn Tümed] sind zehntausend. Die Kharačin [die Asud und Yüngsiyebü] sind zehntausend. Dieses sind die rechtseitigen dreißigtausender Völkerschaften. Mit dir haben sie nichts zu tun. Es sind definitiv Völkerschaften, die von selbst ihre eigenen Wege gehn. Die linksseitigen dreißigtausender Völkerschaften, gehören die etwa alle dir? Während nun keine Dreißigtausender-Völkerschaft existiert, gibst du vierhunderttausend an, und indem du so mit ehemaligen Angaben aus alter Zeit prahlst und meine Völkerschaft mit nur geringen dreißigtausend angibst, wird da Himmel und Erde die Geringschätzung nicht erkennen?"[46] Nurhaci stellt des weiteren Ligdans Fortüne in Frage: „... Nachdem du [also]

[45] Weiers (1979a) 74.
[46] Weiers (1979a) 75.

zweimal mit dem Heer gegen die Chinesen gezogen bist, welche Gefangenen hast du da schon gemacht? Welche namhafte große befestigte Stadt hast du schon zerstört? Welch großes Heer hast du schon geschlagen? ..." Schließlich ruft er ihn auf zum Kampf gegen den gemeinsamen Feind: „... Wir zwei sind aber nur hinsichtlich Volk und Sprache verschieden. Das Gewand, das wir tragen, und das Haupthaar sind dagegen ganz gleich. Wenn du wirklich ein einsichtiger Mensch wärest, würdest du sagen: Beim Kriegszug des älteren Herrscherbruders gegen das mir seit alters verhaßte Chinesenreich marschiere ich, nachdem Himmel und Erde sich gnädig gezeigt, um befestigte Städte zu zerstören und große Heere zu schlagen. Nachdem ich so mit dem vom Himmel begnadeten älteren Herrscherbruder eines Sinnes bin, möchte ich das uns verhaßte Chinesenreich angreifen! Wenn du das gesagt hättest, wäre das gut gewesen ..."[47]

Obwohl es nicht gleich zu direkten kriegerischen Auseinandersetzungen zwischen beiden kam, bewirkte das Zerwürfnis jedoch, daß nun eine Parteinahme der übrigen mongolischen Völkerschaften unumgänglich wurde. So präsentiert sich ab 1620 ein Bild zahlreicher Allianzen und Gegenallianzen, dessen folgende kurze Darstellung lediglich einen Einblick in die vielschichtigen Interessen vermitteln soll[48]: Die Qorčin unter Ooba, mit den J̌alayid, Dörbed und Gorlos, schlossen sich den Mandschus am 3. April 1624 an. Dieses Bündnis hatte 1625 eine Strafexpedition Ligdans zur Folge, an welcher sich auch die Banner der Nördlichen Qalqa beteiligten. Sie führte jedoch zu nichts, weil Ligdan sich auf die Nachricht vom Heranrücken mandschurischer Truppen hin zurückzog. Im Jahre 1627 überfiel Ligdan die Qaračin, welche östlich des Hsingan lebten. Sie behinderten Ligdans Zugang zu den Pferdemärkten und sollten wieder zur Gefolgschaft gebracht werden. Empört darüber, schlossen sich die Tümed, Ordos, Abaγa und auch zahlreiche Qalqa jenen an und brachten Ligdan 1628 eine schwere Niederlage bei; 40000 Čaqar

[47] Weiers (1979a) 92–93.

[48] Hauer (1926) 87–88, 115, 125, 134, 135, 180–190, 242; Heissig (1979) 32–34; Schmidt (1834) 433–447.

sollen den Tod gefunden haben. Bereits am 15. August 1627 hatten sich die Aoqan und die Naiman den Mandschus angeschlossen, am 14. Dezember 1627 die ersten Čaqar. Die Baγarin kamen 1619, verbündeten sich 1626 mit den Ming, erlitten mit diesen eine militärische Niederlage durch die Mandschus und wurden dazu von Ligdan unter Druck gesetzt. Darauf flüchteten sie unter den Schutz der Qorčin und schlossen sich Hung Tayiǰi am 28. Mai 1628 endgültig an. Ähnlich erging es den J̌arud: 1614 verheiratete ihr Fürst Neiči seine Schwester dem Manggultai Beile, dem 5. Sohn des Nurhaci. 1619 unterstützten die J̌arud dann ebenfalls die Ming. Nach dem Sieg der Mandschus baten sie um ein Bündnis. Es erfolgten jedoch noch immer Überfälle, so daß die Mandschus 1626 erneut Truppen gegen sie schickten. Als schließlich auch Ligdan Druck auf die J̌arud auszuüben begann, schlossen sie sich 1628 endgültig den Mandschus an. Im Jahre 1620 verbündeten sich die Aru qorčin und die Dörben keüked mit ihnen, im Jahre 1631 die Ongniγud, 1633 die Kesigten – alles Stämme von Ligdans eigenem Linkem Flügel. Die Üǰümüčin, Qaγučid, Sünid und Abaγa sowie ein Teil der Muumingγan flüchteten vor Ligdan zu den Nördlichen Qalqa.

Die Zeremonie, nach welcher zu jener Zeit die Bündnisse besiegelt wurden, war eine schamanistische und verlief gewöhnlich wie folgt: Dem Himmel wurde ein weißes Pferd, der Erde ein schwarzes Rind geschlachtet, in eine Schale Blut, in eine Schale Knochen und in eine Schale Erde getan und Himmel und Erde der Schwur geleistet, welcher in der Beschwörung gipfelte: „Wer die gegenseitige Allianz verletzt, dessen Leben sei kurz, sterbend trete Blut wie dieses Blut hervor, seine Knochen mögen so wie diese Knochen vertrocknend von Erde bedeckt werden.“ [49]

Die Lage des mongolischen Großqans Ligdan wurde zunehmend verzweifelt. Vergeblich versuchte er, von den Ming-Grenzpräfekturen Hsüan-fu und Ta-t'ung Versorgung mit Geld, Getreide und anderen Lebensmitteln zu erzwingen. Immer mehr Stämme, wie wir gesehen haben, versagten ihm die Gefolgschaft und schlossen Bündnisse mit den Mandschus, ob-

[49] HEISSIG (1979) 26.

wohl Ligdan diejenigen, die eigene Wege gehen wollten, rücksichtslos überfiel und plünderte: die Mittel, mit denen er sie zu halten suchte, vertrieben sie nur um so schneller. Strafaktionen aber gegen solche mongolischen Stämme, die sich dem mandschurischen Herrscher bereits angeschlossen hatten, mußten von diesem als Eingriff in seinen Bereich angesehen werden. So löste dann auch die letzte Strafexpedition Ligdans im Winter 1631 gegen die Aru qorčin den vernichtenden Gegenschlag der Mandschus aus. Am 8. Mai 1632 erging der Befehl des Hung Tayiǰi an alle verbündeten Stämme der Mongolen, mit der Armee gegen Ligdan zu Felde zu ziehen, weil der Čaqar Qan seine moralische Autorität verwirkt habe. Vor dem Eintreffen der Gegner sammelte Ligdan seinerseits alle seine verbliebenen Gefolgsleute, ungefähr hunderttausend Čaqar, Männer, Frauen, Kinder und Vieh, und brach von Köke qota aus nach Westen auf. Seine Vision von der Herrschaft als Großqan muß noch bestanden haben, denn er begab sich zunächst zu den Acht Weißen Zelten des Činggis Qaγan in Ordos und holte dort seine Investitur nach[50]. Die Weißen Zelte selbst ließ er mitnehmen an den Köke naγur, in welches kaum besiedelte Steppengebiet Ch'ing-hais am Rande von Tibet die Čaqar dann zogen. Bis zuletzt unterstützte Ligdan allein Čoγtu Tayiǰi (1581–1637) von den Nördlichen Qalqa, ein Neffe jenes Tümengken, der vom Dalai Lama den Titel Sayin noyan erhalten hatte; er folgte Ligdan auch nach Ch'ing-hai[51]. Dort starb Ligdan im Alter von 42 Jahren, wie man vermutet, an den Pocken, im Jahre 1634. Die Ordos, die im gleichen Jahre den Sohn Ligdans, Erke qongγor eǰe (1622–1641), bei seiner Rückkehr aus Ch'ing-hai aufgenommen hatten, lieferten ihn und tausend Čaqar-Familien 1635 den inzwischen in Köke qota einmarschierten Mandschus aus. Auch die Frauen Ligdans sowie sein zweiter Sohn Abunai fielen den Mandschus in die Hände[52]. Zu jener Zeit soll ferner das alte Yüan-Kaisersiegel an Hung Tayiǰi gekommen sein, ein Legitimierungsversuch des Herrschaftsan-

50 Heissig (1979) 38.
51 Heissig (1979) 28–29, 40.
52 Hauer (1926) 374ff., 367; Heissig (1979) 40.

spruchs, dessen Wahrheitsgehalt allerdings unbewiesen ist[53]. Hung Tayiǰi zeigte sich großzügig den besiegten Čaqar gegenüber und verheiratete seine Tochter Makata (1625–1663) – welche ihrerseits eine Qorčin-Prinzessin, die Kaiserin Hsiao-tuan, zur Mutter hatte – im Jahre 1636 an Erke qongγor eǰe. Nach dem Tode ihres Mannes im Jahre 1641 heiratete Makata 1645 dessen Bruder Abunai. 1669 wurde dieser wegen beabsichtigter Rebellion ins Gefängnis geworfen. Sein Sohn Burni zog an der Spitze einer bewaffeneten Truppe nach Mukden, um ihn zu befreien, konnte jedoch gegen die mandschurischen Truppen nicht bestehen. Burni wurde von Šaǰin, einem Enkel des Qoba der Qorčin, getötet, Abunai durch Erwürgen hingerichtet[54]. Damit war die ältere Linie der Tolui-Borǰigid, Träger des Erbanspruchs auf die mongolische Großqan-Würde, im Mannesstamm erloschen. Eine Forderung nach Weitergabe dieses Erbanspruchs wurde danach nicht mehr erhoben.

Am 14. März 1636 erklärte sich Hung Tayiǰi zum Kaiser, nahm den Ehrennamen K'uan-wen Jen-sheng huang-ti an, änderte die Jahresdevise, die bis dahin T'ien-ts'ung (mong. Sečen Qan, ma. Sure Han, 1627–1636) gelautet hatte, in Ch'ung-tê (mong. Degedü erdemtü, ma. Wesihun erdemungge, 1636–1644) um und gab der neuen Dynastie den Namen Ta Ch'ing. Neunundvierzig mongolische Fürsten aus sechzehn Stämmen, nämlich den Čaqar, Qorčin, J̌alayid, Dörbed, Gorlos, Aoqan, Naiman, Baγarin, Tümed, J̌arud, Dörben keüked, Aru qorčin, Ongniγud, Qaračin, Urad und Kara čerik, nahmen an der feierlichen Proklamation teil[55]. Hung Tayiǰi war nunmehr in der Lage, die Eroberung Chinas ernsthaft weiterzuverfolgen, die Westflanke geschützt, mit zusätzlicher Stärkung durch die mongolischen Alliierten. Jene Stämme aber wurden im Laufe der folgenden Jahre in sechs Bünde mit neunundvierzig Bannern erfaßt, bekannt als die „Innere Mongolei". Zwar noch unmittelbar regiert von ihren eigenen Fürsten (mit Ausnahme

[53] Hauer (1926) 383 ff.
[54] Hummel (1964) 304–305.
[55] Hauer (1926) 396.

der Čaqar), wurde deren Macht jedoch sehr bald reduziert auf eine durch kaiserliche Siegelverleihung beschränkte beamtenmäßige Ausübung von Verwaltungsaufgaben (vgl. das Kapitel ›Die Mongolen: Von der Clanföderation zur Volksrepublik‹). Im einzelnen gliederte sich die „Innere Mongolei" wie folgt[56]:

1. *J̌erim-Bund:* Qorčin (6 Banner), J̌alayid (1), Dörbed (1), Gorlos (2);
2. *J̌osutu-Bund:* Qaračin (3 Banner), Tümed (2);
3. *J̌oo uda-Bund:* Aoqan (1 Banner), Naiman (1), Baγarin (2), J̌arud (2), Aru qorčin (1), Ongniγud (2), Kesigten (1), Qalqa Linker Flügel (1);
4. *Silingγol-Bund:* Üǰümüčin (2 Banner), Qaγučid (2), Sünid (2), Abaγa (2), Abaγanar (2);
5. *Ulanǰab-Bund:* Dörben keüked (1 Banner), Muumingγan (1), Urad (3), Qalqa Rechter Flügel (1);
6. *Yeke ǰoo-Bund:* Ordos (7 Banner).

Hinzu kamen die acht Banner der Čaqar, die der Zentralregierung direkt unterstanden (als Resultat ihres Widerstandes). Die Banner waren nach mandschurischem Vorbild designiert als Einfach-Blau, Weiß, Rot und Gelb sowie Gerändert-Blau, Weiß, Rot und Gelb. Ferner zählten zur Inneren Mongolei die Čaqar der Vier kaiserlichen Weiden (Šangdu und Mingγan, Rechter und Linker Flügel), die beiden Banner der Tümed von Köke qota (ebenfalls unter direkter Verwaltung der Zentralregierung) sowie das Banner der Alašan und das Banner der Edsine-Torgud. Die Grundlage für die Teilung der mongolischen Völkerschaften, die ihre Auswirkungen bis auf den heutigen Tag zeigt, war damit geschaffen.

Kommen wir abschließend zu den Qalqa, deren ursprünglich diplomatische Beziehungen zu den Mandschus so wie ihr Versuch der Wahrung ihrer Eigenständigkeit nicht Bestand haben konnten. Im Jahre 1688 unterstellten sie sich dem Schutz des nunmehr mandschurischen Kaisers von China, K'ang-hsi, welcher auf der großen Fürstenversammlung von Dolonnor 1691 diese Unterwerfung dann feierlich bekräftigte (vgl. das Kapitel

[56] Brunnert / Hagelstrom (1911) Nr. 884ff.

›Qalqa 1691 bis 1911‹), Die Qalqa waren der mächtigste Stammesverband neben den Čaqar des alten Linken Flügels der Dayan-Einteilung, das Patrimonium von dessen jüngstem Sohn Geresenǰe. Nach Geresenǰes Tod 1549 teilte dessen erste Gemahlin Qatanqai das Gebiet unter die sieben Söhne auf, wobei zusätzlich die sieben Banner in drei Flügel unterteilt wurden, genauer gesagt „Routen" (mong. ǰam)[57]: die Westliche Route (mong. baraγun ǰam) mit vier Bannern in den Qangγai-Bergen fiel an den ältesten Sohn Asiqai darqan qung tayiǰi (geb. 1530); die Mittlere Route (mong. dumdaγu ǰam) mit zwei Bannern an den Ufern der Tula fiel an den dritten Sohn Nunuqu (geb. 1534), und die Östliche Route (mong. J̌egün ǰam) mit einem Banner am Kerülün fiel an den vierten Sohn Amin dural (geb. 1536). Drei der Nachkommen der hier genannten nahmen in der Folge den Titel „Qan" an (vgl. das Kapitel ›Qalqa 1691 bis 1911‹). Ein viertes Qanat in jenem Gebiet, welches bis 1662 einige Bedeutung hatte, war das des Altan Qan Šoloi ubasi qung tayiǰi (1567–1620?)[58]. Es erstreckte sich im Osten bis zur Selengge und Tula, im Westen bis Krasnoyarsk. Šoloi ubasi war ein jüngerer Vetter ersten Grades des späteren J̌asaγtu Qan Layiqur von Qalqa und nach der Tradition dessen Gefolgsmann; de facto aber verfolgte er seine eigenen Interessen, gestützt auf siegreiche kriegerische Auseinandersetzungen mit den Westmongolen und erste Handelsbeziehungen mit den Russen. Jedoch auch die Fürsten von Qalqa, schon bekannter mongolischer Tradition entsprechend, vertraten keine einheitliche Politik, sondern handelten individualistisch, um nicht zu sagen, ihren eigenen Vorteil suchend. Sie knüpften diplomatische Beziehungen nach drei Seiten, der westmongolischen, der russischen und, wie erwähnt, der mandschurischen. Daß letztere dann zur Eingliederung in das Ch'ing-Reich führen sollten, ergab sich folgerichtig ebenso aus großmachtpolitischen Interessen – Rußland – China –, die zu jener Zeit ihren Anfang nahmen, wie aus der – wiederholt geschilderten – mangelnden geschlossenen Haltung der Mongolen

[57] Nacagdorž (1963) 25; Legrand (1976) 83.
[58] Chen (1966) 24–30.

ihrerseits. Die Aufnahme der diplomatischen Beziehungen der Qalqa zu den Mandschus erfolgte durch den Sečen Qan Šoloi, welcher 1634 ein Freundschaftsschreiben mit Geschenken an Hung Tayiǰi sandte. Im Jahre 1636 schloß sich der Tüsiyetü Qan Gömbodorǰi diesem Beispiel an: gemeinsam schickten sie acht weiße Pferde und ein weißes Kamel – welche von 1638 an bereits als Tribut der „Neun Weißen" für Qalqa eine ständige Einrichtung werden sollten. Zu jener Zeit trat auch schon der Unterschied im politischen Stellenwert der Beziehungen zwischen Qalqa und Mandschus – im Gegensatz zu den früheren mongolischen Bundesgenossen – deutlich zutage: die Qalqa betrachteten die Mandschus als ihnen gleichrangig, die Mandschus die Qalqa hingegen mit den Augen der Herren von China als „Grenzbarbaren", die unter die Obhut des Reiches zu bringen waren. Bis 1656 fuhren die Qalqa-Fürsten also fort, eine unabhängige und auch untereinander nicht koordinierte Politik zu betreiben, welche einerseits den Austausch von Gesandtschaften nicht unterbrach, andererseits aber häufig gegen die Interessen der Mandschus gerichtet war, wie noch zu sehen sein wird. Hung Tayiǰi schickte im Jahre 1636 folgendes aufschlußreiche Schreiben an Šoloi, in dem es unter anderem heißt: „Die Ming sind meine geschworenen Feinde. Lindan Chan der Tschachar, durch die jährlich von den Ming erhaltenen großen Geschenke bestochen, war mir beständig hinderlich, die Ming mit Erfolg zu bekriegen; da er endlich ihnen auch noch Hülfstruppen zuschickte, sah ich mich genötigt, die Waffen gegen ihn zu wenden und habe ihn besiegt; denn weil der Tngri den Tschachar und ihren Unternehmungen seine Billigung versagte, gab er ihr Volk in meine Hand. Da nun ihr mit den Ming Pferdehandel treibt, so ist dies nicht anders als eine offenbare, ihnen von euch gewährte Hülfe zu betrachten. Gut wäre es für euch, wenn ihr ein Beispiel an den Tschachar nähmet: es könnte sonst auch an euch kommen."[59]

Zu jener Zeit unterhielten einzelne Qalqa-Fürsten auch diplomatische Verbindungen mit Rußland. Vorläufer der russischen Expansion entlang der nördlichen Grenze der mongoli-

[59] Schmidt (1834) 462–463.

schen Gebiete in den sibirischen Raum bis zum Pazifik waren in erster Linie Kaufleute, die durch ihre Agenten die Grenzen der russischen Einflußsphäre immer weiter nach Osten trugen. Der erste der mongolischen Fürsten, der mit den Russen Gesandte austauschte, war der bereits genannte Altan Qan Šoloi ubasi, und zwar im Jahre 1608[60]. Seine und seines Sohnes Ombo erdeni diplomatische Missionen hatten einerseits Erweiterungen des Handels zum Ziel, andererseits verknüpften sich wohl auch Hoffnungen auf militärische Unterstützung gegen die erneut aufsteigende Macht der Westmongolen damit, wie aus den uns erhaltenen Gesandtschaftsberichten und Schreiben hervorgeht. Die Beziehungen zwischen den anderen Qalqa-Fürsten und Rußland, insbesondere des Tüsiyetü Qans Gömbodorǰi und seines Sohnes Čaqundorǰi, sowie dessen Bruder, dem J̌ebcundamba Qutuqtu, verliefen jedoch wenig konstruktiv. Gebietsstreitigkeiten wie die Errichtung der Feste Selenginsk auf Territorium, das die Mongolen als das ihre betrachteten, Flucht von Untertanen, die sich der Autorität ihrer Fürsten entziehen wollten, und ähnliches störten von Anfang an; das galt auch für den Sečen Qan Šoloi und seinen Schwiegersohn Turuqai tabunang[61].

Die dritte der genannten Verbindungen der Qalqa-Fürsten, nämlich die zu den westmongolischen Dzungaren, mag als Versuch angesehen werden, doch eine mongolisch-mongolische Einigung zu erzielen und damit ein wirkungsvolleres politisches Gewicht zu gewinnen. Die Initiatoren dieses Plans waren der Sečen Qan Šoloi und der Tüsiyetü Qan Gömbodorǰi, und sie fanden die Bereitschaft des Batur qung tayiǰi der Dzungaren. So versammelten sich im Jahre 1640 in der Gegend von Tarbaγatai vierundvierzig Fürsten, unter ihnen Qalqa, Dzungaren, Qošod aus Ch'ing-hai und Torgud von der Wolga[62]. Das vereinbarte Bündnis blieb aber nicht von Dauer, weil erstens nicht einmal ein Zehntel der mongolischen Fürsten sich überhaupt zu dieser Versammlung bereit gefunden hatte und zweitens auch die Teilneh-

[60] Baddeley (1919) II, 30–59.
[61] Bawden (1968) 62.
[62] Nacagdorž (1963) 34.

mer sich in bewährter Tradition sehr bald wieder ihren eigenen „Schäfchen" zuwandten. Bei diesen typischen „querelles mongoles" ging es fast ausnahmslos um Anspruch auf Gefolgsleute und Herden, um die Nachfolge als Qan und die Vormachtstellung des jeweiligen Titelträgers, schließlich auch um verwandtschaftlich bedingte Parteinahme, militärisch ausgetragen, oder einfach militärische Abenteuer. Als solches könnte man beispielsweise die Unterstützung des Sünid-Fürsten Tenggis, der sich bereits den Mandschus angeschlossen hatte, durch Gömbodorǰi und Šoloi im Jahre 1646 bezeichnen. Als jener den Mandschus die Gefolgschaft aufkündigte, nahmen sie ihn auf und stellten ihm 20000 Mann an Truppen zur Verfügung. Diese wurden jedoch von den Mandschus unter Prinz Dodo bei J̌aǰi bulaγ geschlagen. Zwei Jahre später, 1648, unterwarf sich Tenggis dann freiwillig dem Shun-chih Kaiser und erhielt Pardon[63]. Šoloi und Gömbodorǰi, die sich durch einen Gesandten an den Kaiser ebenfalls reuig zeigten, weigerten sich jedoch, Familienmitglieder als Geiseln an den Hof nach Peking zu schicken, wie es verlangt wurde. Trotz der daraufhin gespannten Lage erklärte ein Vetter 2. Grades des Gömbodorǰi, Bundar, mit 1000 Haushalten dem Shun-chih Kaiser im Jahre 1653 seine Gefolgschaft. Erst nach dem Tod der beiden alten Qane (1652 bzw. 1655) änderte sich die Situation. Der Sohn und Nachfolger des Tüsiyetü Qans, Čaqundorǰi, suchte eine gütliche Einigung mit den Mandschus. Er schickte neben seinen Verwandten Danǰin lama, Mergen noyan und Darqan noyan auch einige seiner Söhne nach Peking und bat, den Gefolgschaftseid leisten zu dürfen. Der Kaiser gewährte die Bitte und erwies die Gunst, die Zeremonie im kaiserlichen Ahnentempel abhalten zu lassen[64]. Wie weit die Macht der Mandschus in Qalqa aber bereits wirklich reichte, zeigt sich an der Neuordnung jenes Gebietes, welche der Shun-chih Kaiser im Winter des Jahres 1656 durchführen ließ. Den sieben Bannern wurde ein achtes hinzugefügt, und es wurden zwei Flügel unter-

[63] Hummel (1964) 215.

[64] Iledkel Šastir (1795) Buch 45, 7r5–10r2 (Tüsiyetü Qan Ayimaγ); Buch 61, 9r2–6 (J̌asaγtu Qan Ayimaγ).

schieden. In ihrem Amt als Regenten (mong. J̌asaγ) eines Banners bestätigte oder setzte man neu ein folgende Mitglieder der Borǰigid-Sippe:

Östlicher Flügel:

1. Čaqundorǰi, Tüsiyetü Qan;
2. Gürüsiki mergen noyan (gest. 1705), sein Onkel 3. Grades;
3. Babu, Sečen Qan (gest. 1685);
4. Danǰin lama (gest. 1667), Großonkel 2. Grades des Čaqundorǰi, jüngerer Bruder des Tümengken sayin noyan, dessen Nachkommen später zu den J̌asaγs des 1725 abgezweigten Sayin noyan Ayimaγs gehören sollten.

Westlicher Flügel:

1. Norbu bisireltü, J̌asaγtu Qan (gest. 1657);
2. Ombo erdeni, dessen Onkel 2. Grades;
3. Sečen ǰinong Qongqui, ein Vetter 1. Grades des Urgroßvaters Bayandara des J̌asaγtu Qan Norbu bisireltü;
4. Köndülen toyin Damba, der Enkel des Daldan köndülen, 6. Sohn des Geresenǰe[65].

Hiermit nahm die in der Folge von den Mandschus vorgenommene Aufteilung Qalqas in schließlich 86 erbliche Einheiten mit gleichem Rang nach dem bekannten Prinzip „divide et impera" ihren Anfang. Der jährliche Tribut der „Neun Weisen" erfuhr seine Bestätigung. J̌asaγs, die ihr Erbe neu angetreten hatten, mußten ihre Nachfolge persönlich dem Thron melden und Tribut überreichen. De facto waren also die Qalqa bereits „Vasallen" des Ch'ing-Kaiserhauses, auch wenn sie selbst sich noch nicht als solche gebunden betrachteten, wie die folgenden Ereignisse zeigen. Erst die vernichtende militärische Niederlage durch die Dzungaren, der Verlust an Herden, Land und Besitz veranlaßte sie im Jahre 1688 nahezu geschlossen, sich unter den Schutz des K'ang-hsi Kaisers zu stellen. (Vgl. auch das Kapitel ›Qalqa 1691 bis 1911‹.)

Der Krieg des Dzungaren-Führers Galdan gegen Qalqa 1688–90, der, wie im genannten Kapitel zu sehen ist, auch zum ersten großen Dzungaren-Krieg der Ch'ing führen sollte, be-

[65] Iledkel Šastir (1795) Buch 45, 10r2–6; Buch 53, 9r1–5.

gann zunächst als eine jener kennzeichnenden mongolischen Auseinandersetzungen, die nach dem gleichen „Schneeballprinzip“ ebenso zerstörerisch wie aufbauend (vgl. die Errichtung der mongolischen Reiche) wirken konnten. Für die Dzungaren war der erneute Aufstieg zur militärischen Macht unter Qotoqočin Erdeni baγatur qung tayiǰi erfolgt. Am Ufer des Emil baute er eine Stadt, tauschte Gesandte mit Rußland, trieb Handel und beteiligte sich an den Feldzügen zur Unterstützung des Dalai Lama und der Gelben Kirche, wofür er von jenem den Titel Baγatur qung tayiǰi erhielt. Als Qotoqočin 1653 (1665?) starb, ging das Erbe an seinen sechsten Sohn Sengge. Dieser wurde jedoch 1671 von seinen älteren Halbbrüdern Čečen und J̌obta batur ermordet, woraufhin Galdan, Sengges jüngerer Bruder von der gleichen Mutter, der in Tashilumpo unter dem Pančen Lama studiert hatte, zurückkehrte. Dies geschah gewiß auch auf Wunsch des Dalai Lama, der seine dzungarischen Verbündeten nicht wegen einer Familienfehde geschwächt sehen wollte[66]. Galdan rächte den Mord an seinem Bruder und sicherte sich Gefolgschaft, indem er für die Beseitigung von möglichen Rivalen sorgte. Dies führte auch zum ersten Zusammenstoß mit dem Tüsiyetü Qan Čaqundorǰi. Očirtu Qan der Qošud, der Schwiegergroßvater Galdans und Neffe des Gusi Qan, war ebenfalls durch Heirat verschwägert mit Čaqundorǰi: Čaqundorǰis Tochter war mit Očirtus Enkel Lubcanggömbo arabdan verheiratet[67]. Im Jahre 1677 wurde Očirtu während des Krieges mit Galdan getötet. Čaqundorǰi, der Očirtu unterstützt hatte, überfiel daraufhin eine Tributgesandtschaft Galdans nach Peking. Der „Schneeball“ der Feindseligkeiten war damit ins Rollen gekommen. Gleichzeitig schwelte zu jener Zeit auch ein ungeklärter Disput zwischen den J̌asaγtu-Qanen Čenggün und Šar-a und dem Tüsiyetü Qan Čaqundorǰi. Nach dem Tode des J̌asaγtu Qan Norbu stritten sich dessen Söhne Čo. mergen und Wangšuγ um die Erbfolge. Lubcang tayiǰi Erinčin, der Enkel und Erbe des Altan Qan Šoloi ubasi, ergriff Partei für Čo. mergen und ermor-

[66] Pelliot (1960) 9; Ahmad (1970) 230–236.
[67] Pelliot (1960) Tableau généalogique I, Nr. 185; II, Nr. 153.

dete 1662 den Wangšuγ[68]. Als daraufhin Čo. mergen die Erbfolge antreten wollte, ohne übrigens dem Thron davon Mitteilung zu machen, verweigerten die Familien in großer Zahl die Gefolgschaft und begaben sich unter den Schutz des Tüsiyetü Qans, des damals mächtigsten Regenten des Östlichen Flügels von Qalqa. Nachdem im Jahre 1670 der jüngste Bruder Čenggün mit kaiserlicher Bestätigung zum J̌asaγtu Qan ernannt worden war, weigerte sich Čaqundorǰi jedoch, die Familien wieder herauszugeben. Sowohl der Kaiser wie der Dalai Lama bemühten sich, den Streit zu schlichten. Was die Ch'ing anbelangte, so sollte verhindert werden, daß ein geschwächtes Qalqa Galdan ermutigen könnte, seinerseits dort einzugreifen (bekanntlich ohne Erfolg). Der Dalai Lama hatte sich ebenfalls erfolglos bereits im Jahre 1684 um eine gütliche Einigung zwischen dem J̌asaγtu Qan und dem Tüsiyetü Qan durch seinen Gesandten Arbunai bemüht. Im Jahre 1686 ließ dann der Kaiser in Küriyen belčiger eine Versammlung einberufen, zu welcher der Dalai Lama den Galdan siregetü und der Kaiser den Ačitu gelung sowie den damaligen Präsidenten des Li fan yüan, Arani, mit einem kaiserlichen Schreiben entsandte[69]. Der J̌asaγtu Qan Čenggün war kurz zuvor gestorben; als Nachfolger nahm sein Sohn Šar-a an der Versammlung teil, desgleichen sein Kontrahent, der Tüsiyetü-Qan Čaqundorǰi, und dessen Bruder, der J̌ebcundamba Qutuqtu. Es kam tatsächlich zu einer gütlichen Einigung und allgemeinen freundschaftlichen Umarmung, aber sie währte nicht lange. Zwei sich als folgenschwer erweisende Gegebenheiten führten vielmehr zum offenen Kriege: einmal gab nämlich Čaqundorǰi lediglich die Hälfte der Familien des J̌asaγtu Qan heraus; zum anderen – was noch schwerer wog – beschwerte sich Galdan in einem zornigen Schreiben an den Kaiser, daß der Abgesandte des Dalai Lama und der J̌ebcundamba Qutuqtu bei der Versammlung in Küriyen belčiger ranggleich gesessen hätten, was einer Respektlosigkeit dem Dalai Lama gegenüber gleichkäme; ferner warf er dem Čaqundorǰi erneut die seinerzeit erfolgte Partei-

68 Iledkel Šastir (1795) Buch 61, 21r8–21v.
69 Ahmad (1970) 265–268.

nahme zugunsten Očirtus vor. Čaqundorǰi wollte diese Herausforderung umgehend mit militärischen Mitteln beantworten, aber der Kaiser brachte ihn noch einmal zur Einhaltung des Friedensschwurs. Als aber 1687 der J̌asaγtu Qan Šar-a, dessen Schwester im übrigen mit Galdans Großneffen Arabdan verheiratet war, sich Galdan anschließen wollte und mit ihm mehrere Tayiǰis seines Ayimaγs, und ferner Galdans jüngerer Bruder Dorǰiǰab vom Gebiet des J̌asaγtu Qan aus Einfälle in Čaqundorǰis Territorium machte, ging der Tüsiyetü Qan, unterstützt von seinem Schwiegersohn Lubcanggömbo arabdan, zum Gegenangriff über, ohne diesmal dem Kaiser davon Meldung zu machen. Šar-a, Dorǰiǰab und die Tayiǰis Degdekei und J̌odba wurden getötet[70]. Galdan aber hatte mit dem Tod seines Bruders einen passenden casus belli gefunden und fiel im Jahre 1688 mit 30000 Mann über die Weidegebiete des J̌asaγtu Qan im Nordwesten in Qalqa ein. Die Konsequenzen sind bekannt (vgl. das Kapitel ›Qalqa 1691 bis 1911‹).

1636 und 1691: zwei Schlüsseldaten bezüglich der mongolischen Völkerschaften, die formal ihre Teilung einleiteten und deren Auswirkung bis zum heutigen Tag reicht: die Alliierten, die „Innere Mongolei" der Ch'ing-Verwaltung, die sich 1636 offiziell für Hung Tayiǰi, den Ch'ung-tê Kaiser, erklärten und die bis 1911 einen gewissen Anteil an Verwaltungsaufgaben in den Institutionen des Reiches, vor allem dem Li fan yüan, innehatten, bilden heute die „Autonome Region Innere Mongolei" innerhalb der Volksrepublik China. Die Schutzsuchenden von 1688, die Qalqa, deren Unterwerfung 1691 in Dolonnor ihre formale Bestätigung fand, die „Äußere Mongolei" der Ch'ing-Verwaltung, erhielten politische Bedeutung im Reich fast ausschließlich auf militärischem Gebiet, jedoch als streng kontrollierte Reserve. Heute bilden sie die unabhängige Mongolische Volksrepublik, die zum sowjetischen Einflußbereich gehört. Schließlich die Besiegten, die Westmongolen, die nach den erfolgreichen Feldzügen der Ch'ing bis 1760 nahezu ausgelöscht wurden: sie leben heute als größere und kleinere Gruppen vor-

[70] Iledkel Šastir (1795) Buch 46, 4r7–6r2.

wiegend in der Ch'ing-hai-Region und in Sinkiang innerhalb der Volksrepublik China, ein Teil auch in der Mongolischen Volksrepublik. Die seinerzeit (1771) an der Wolga Verbliebenen bilden heute die Kalmückische Sowjetrepublik.

3. Mongolische Geschichte vom 17. bis 20. Jahrhundert

DIE INNERE MONGOLEI VON 1691 BIS 1911

Von Hans-Rainer Kämpfe

Die Bezeichnungen „innere" und „äußere" Mongolei stammen aus dem Reich der Mitte, das seit dem 17. Jh. endgültig die Geschicke der Mongolen bestimmte. Es spiegelt sich in ihnen die Anschauung einer seßhaften Ackerbauerngesellschaft, der alle nichtchinesischen Völker schlechthin als Barbaren erschienen, die man allenfalls nach dem Grad ihrer Entfernung von der eigenen Ökumene klassifizieren konnte. Wir haben in der Inneren Mongolei also eine kulturhistorische Einheit, nicht eine geographische zu sehen.

Eine grobe Orientierung liefert die folgende Konstruktion. Schlägt man um die Südspitze des Baikalsees zwei konzentrische Kreisbögen über den Sektor von geographisch Ost nach Süd, so daß der innere Kreisbogen mitten durch die Wüste Gobi verläuft, der äußere etwas nordwestlich von Peking bleibt, so deckt sich das Segment zwischen den beiden Bögen annähernd mit der Inneren Mongolei. Drei Landschaftsformen sind am topographischen Aufbau dieser Region beteiligt: das nördliche Drittel des Kreissegments umfaßt im Westteil das Große Chingan-Gebirge, den östlichen Abschluß der eurasischen Steppenzone; im Ostteil bildet es eine Übergangszone zur mandschurischen Wald- und Steppenregion. Die beiden anderen Drittel gehören zur innerasiatischen Wüsten- und Steppenzone, die sich vom Kaspischen Meer bis zur Großen Chinesischen Mauer erstreckt. Besonders in den an China grenzenden Randgebieten findet sich auch hier ausreichendes Weideland[1].

Im 17. Jh. stellten die Mongolen noch den überwiegenden Be-

[1] Zur allgemeinen Geographie der Inneren Mongolei wie der anderen Außenländer des Chinesischen Reiches vgl. Bouterwek (1937).

völkerungsanteil des Landes. Lediglich im Nordosten gab es mandschu-tungusische Minderheiten. Zahlenmäßig kaum ins Gewicht fielen ferner die Gruppen der tibetischen Mönche und der chinesischen Beamten und Händler.

Die mongolische Bevölkerung wurde im 17. Jh. traditionell in vierundzwanzig Stämme eingeteilt, deren Namen hier nach ihrer geographischen Verteilung grob von Nordosten nach Südwesten aufgezählt seien: Qorčin, J̌alayid, Dörbed, Γorlos, Qaračin, Tümed, Aoqan, Nayiman, Baγarin, J̌arud, Aru-Qorčin, Ongniγud, Kešigten, Innere Qalqa vom linken Flügel, Uǰümüčin, Sünid, Qaγučid, Abaγa, Abaγanar, Dörben Keüked, Innere Qalqa vom rechten Flügel, Muumingγan, Urad und Ordos. Zu ihnen kamen noch die Čaqar, die eine Sonderstellung einnahmen, wie wir noch sehen werden. Im äußersten Südwesten der Inneren Mongolei lebten die zu den Westmongolen gehörenden Alašan-Mongolen, deren Geschicke historisch mit denen ihrer Vettern im Köke-naγur-Gebiet und der Dsungarei verbunden waren und die deshalb in der folgenden Darstellung nicht zu berücksichtigen sind.

Mit Ausnahme dieser letzteren sind alle aufgezählten Stämme als Ostmongolen zu bezeichnen. Sie gehen genealogisch auf die „Sechs Zehntausendschaften" (J̌irγuγan tümen) der Dayan-qaγan-Zeit zurück. Jene sechs Stämme des 15. Jh., die Čaqar, Uriyangqai, Qalqa, Ordos, Tümed und Yüngsiyebü, hatten sich im Laufe der folgenden Jahrhunderte durch genealogische und politische Prozesse in die spätere Stammesvielfalt aufgegliedert. Einen ähnlichen Prozeß hatten die Westmongolen durchlaufen, die auf die „Vier Zehntausendschaften" oder „Vier Oyirad" (dörben tümen oder dörben oyirad) zurückgehen und die durch Wanderungen vorwiegend im 16. Jh. auf geographisch sehr verschiedene Gebiete verteilt wurden: vom Kaspischen Meer bis zum Alašan-Gebirge und vom Blauen See (mong. köke naγur, chin. ch'ing-hai) bis zum Altai-Gebirge[2].

Inwiefern eignet sich nun das Jahr 1691 zur Periodisierung der

[2] Über die einzelnen Stämme der Mongolen vgl. Howorth (1876–1927) Part I: "The Mongols Proper and the Kalmuks."

innermongolischen Geschichte? Im vierten Monat jenes Jahres fand im innermongolischen Ort Dolonor (Doluγan naγur), etwa dreihundert Kilometer nördlich von Peking, ein Treffen des mandschurischen Kaisers K'ang-hsi mit den Fürsten der Äußeren Mongolei und dem geistlichen Oberhaupt der Mongolen, dem rJe bcun dam pa-Qutuqtu, statt, in dessen Verlauf die Qalqa ihre Unterwerfung unter den Ch'ing-Kaiser erklärten. Die Historiker Zentralasiens stimmen darin überein, daß dieses Ereignis eine Periode der mongolischen Geschichte markiert: es steht für den Verlust mongolischer Unabhängigkeit und leitet eine chinesische Kolonialepoche in der Mongolei ein.

Werfen wir zum besseren Verständnis einen kurzen Blick auf die Vorgeschichte dieses Ereignisses. Das 17. Jh. hatte den Aufstieg der tungusischen Mandschu vom Stammesfürstentum in den Wäldern der Mandschurei zur China beherrschenden Großmacht der Ch'ing gesehen. Dieser Prozeß kulminierte in der Einnahme Pekings im Jahre 1644. Noch vor 1644 war den Mandschu nominell das Erbe des mongolischen Großreiches des 13. und 14. Jh. zugefallen, das sich eine Reihe von Nachkommen Činggis qaγans in der Mongolei geteilt hatten. 1635 gelangten sie in den Besitz des alten Kaisersiegels der Mongolenherrscher. Es folgte ein Prozeß sukzessiver Unterwerfung zunächst der innermongolischen Stämme, zu denen die Mandschu schon seit langem gute Beziehungen, darunter Heiratsbeziehungen, unterhalten hatten (so war z. B. die Großmutter Kaiser K'ang-hsis eine Qorčin-Prinzessin). Schon ein Jahr nach der Übergabe des Kaisersiegels der Yüan gründeten die Mandschu ein eigenes Amt für mongolische Belange. 1638 wurde daraus das sog. Barbarenamt, Li-fan-yüan, das während der ganzen Dauer der Mandschuherrschaft die Funktionen eines Kolonialministeriums wahrnahm. Anfänglich nur mit mongolischen Angelegenheiten befaßt, wuchsen ihm nach und nach auch Administrationsaufgaben in Tibet und den anderen Außenländern zu.

Im Jahre 1638 sandten auch die Fürsten der Äußeren Mongolen eine erste Ergebenheitsadresse an den Mandschu-Kaiser, doch war darin mehr eine diplomatische Geste als ein politischer Unterwerfungsakt zu sehen. Erst nachdem der westmongolische

Fürst Galdan 1688 in die Äußere Mongolei eingefallen war und die Fürsten mitsamt ihrem Gefolge in ein schmähliches Exil in der Inneren Mongolei getrieben hatte, konnten sie sich zu dem erwähnten Unterwerfungsakt von Dolonor durchringen.

Bei dieser folgenschweren politischen Entscheidung spielte der rǰe bcun dam pa-Qutuqtu die ausschlaggebende Rolle. Ihm werden die entscheidenden Argumente für eine Anlehnung an das mandschurische China statt an das ebenfalls in Betracht gezogene zaristische Rußland zugeschrieben, Argumente, die vor allem die kulturelle Nähe der Mongolen zu den Mandschu gegenüber der tiefempfundenen Fremdheit der Russen ins Feld führten.

Es war mit dem Jahre 1691 somit ein Prozeß zum Abschluß gekommen, der den größten Teil der Mongolei zu einem mandschurischen Protektorat gemacht hatte[3]. Bis zum Ende der Ch'ing-Dynastie im Jahre 1911 verwandelte sich dieses mandschurische Protektorat allmählich in eine chinesische Kolonialherrschaft, die besonders drückend auf der Inneren Mongolei lastete. Nur in diesem gesamtmongolischen historischen Rahmen läßt sich die Periodisierung auch der innermongolischen Geschichte mit dem Jahre 1691 rechtfertigen. Für eine – allerdings kaum sinnvolle – separate Darstellung nur der Geschichte der Inneren Mongolei würden sich dagegen eher andere Daten für die Periodenbildung anbieten, z. B. das Jahr 1635.

Schon in der ersten Hälfte des 17. Jh. hatten die Mandschu mit der administrativen Reorganisation der Inneren Mongolei begonnen, die bis 1691 zu einer neuen politischen Struktur geführt hatte. An die Stelle der alten Stammesgebiete (ayimaγ) waren neue politische Einheiten getreten: die sogenannten Banner (qosiγun). Im Verhältnis der Zahlen (vierundzwanzig alte Ayimaγs gegen neunundvierzig neue Qosiγun) spiegelt sich das Prinzip „divide et impera" der mandschurischen Herren. Die alten Stammesgebiete wurden von den neuen Bannergrenzen durch-

[3] Zur Geschichte des 17. Jh. vgl. das Kapitel V. Veit ›Die Mongolen: Von der Clanföderation zur Volksrepublik‹ und das vorhergehende Kapitel.

schnitten, die im Gegensatz zu den früheren Begrenzungen der Ayimaγs strikt festgelegt waren und deren Einhaltung von den Ch'ing überwacht wurde. Dadurch wurde die alte mongolische Strategie der Expansion eines machtvollen Stammesfürsten auf Kosten seiner Nachbarn, die schon wiederholt zu für China gefährlichen Machtkonzentrationen geführt hatte, wirksam unterbunden.

Die neunundvierzig Banner waren in sechs Ligen (čiγulγan) zusammengefaßt, die allerdings nicht die Funktionen der alten Stammesgebiete ersetzen konnten, sondern nach rein verwaltungstechnischen Gesichtspunkten errichtet worden waren. Innerhalb der Banner gab es als kleinere Verwaltungseinheiten noch die Sumun (Pfeil) und die J̌alan (Regimenter). Jeweils sechs Sumun bildeten einen J̌alan.

Wenn wir auf unser Kreissegment-Modell der Inneren Mongolei zurückgreifen, so befand sich im Nordosten die J̌irim-Liga, im Süden begrenzt durch eine Linie, die etwa von Nordwest nach Südost verlief und aus dem Kreissegment ungefähr ein Dreieck ausschnitt. Die J̌irim-Liga umfaßte sechs Banner des Qorčin-Stammes, ein Banner der J̌alayid, ein Banner der Dörbed, die nicht mit dem gleichnamigen westmongolischen Stamm verwechselt werden dürfen, und zwei Banner der Γorlos.

Längs der inneren Begrenzung der nördlichen Hälfte des Kreissegments erstreckte sich bis an die J̌irim-Liga die Siliyinγoul-Liga über etwa ein Drittel der Breite der Inneren Mongolei. Sie umfaßte je zwei Banner der Stämme Üǰümüčin, Qaγučid, Sünid, Abaγa und Abaγanar.

Östlich angrenzend erstreckte sich etwa über das mittlere Drittel der Breite die J̌uu-uda-Liga mit je einem Banner der Aoqan, Nayiman, Ongniγud, Kesigten, Qalqa (es handelt sich um einen versprengten Teil aus der Äußeren Mongolei) und je zwei Bannern der Baγarin, J̌arud und Aru Qorčin.

Noch weiter im Osten, weniger als das letzte Drittel der Breite einnehmend, lag die J̌osotu-Liga, die drei Banner des Stammes Qaračin und zwei Banner der Tümed umfaßte.

Die südliche Hälfte des Kreissegments wird durch den oberen

Teil des Huang-ho-Knies in zwei Hälften geteilt: eine nördliche und eine südliche. Die nördliche Hälfte deckt sich etwa mit der Ulaγan-čab-Liga, die neben drei Bannern der Urad je ein Banner der Dörben Keüked, der Muumingγan und eines weiteren Qalqa-Stammes umfaßt.

Im Huang-ho-Knie, das heißt also, in der südlichen Hälfte dieses südlichen Teils der Inneren Mongolei, lag die Yeke-ǰuu-Liga als letzte der sechs Ligen. Sie bestand insgesamt aus sieben Bannern der Ordos.

Außerhalb dieser neunundvierzig Banner mit ihren vierundzwanzig Stämmen blieben einige weitere Gebiete, die man zur Inneren Mongolei zu rechnen pflegt: direkter mandschurischer Verwaltung unterstellt waren die acht Banner der Čaqar, die zwischen Ulaγan-čab-Liga im Westen und J̌uu-uda-Liga im Osten längs der chinesischen Grenze gelegen waren. In ihrem Gebiete befanden sich die Weidegründe der kaiserlichen Herden. Auch die bedeutende Klosterstadt Dolonor lag im Čaqar-Gebiet. Ebenfalls direkt verwaltet wurden die zwei Banner der Tümed von Kuei-Hua (Köke qota). Das Alašan-Gebiet im Westen war aus verwaltungstechnischen Gründen ebenfalls der Inneren Mongolei zugeordnet[4].

Der besseren Übersichtlichkeit halber sei die Verwaltungsstruktur nochmals durch folgende Tabelle veranschaulicht (siehe S. 419).

Die Banner wurden von mongolischen Bannerfürsten mit dem Titel eines J̌asaγ verwaltet. Diese J̌asaγs wurden als Vasallen des mandschurischen Kaisers als ihres Feudalherrn angesehen. Sie waren zur jährlichen Entrichtung eines Tributes in Peking verpflichtet, für den sie in der Regel Gegengaben von gleichem oder größerem Wert erhielten. Der Status eines J̌asaγ konnte ererbt oder vom Kaiser verliehen werden. In jedem Falle bedurfte er der Bestätigung durch die Ch'ing-Behörden. Zu unterscheiden von administrativen Ämtern wie dem des J̌asaγ sind die erblichen, vom Kaiser verliehenen Ränge, die in zehn Klassen

[4] Zur politischen Organisation der Inneren Mongolei vgl. im einzelnen Brunnert/Hagelstrom (1911).

Verwaltungseinheiten	Stämme	Zahl der Banner
1. J̌irim-Liga	1. Qorčin	6
	2. J̌alayid	1
	3. Dörbed	1
	4. Γorlos	2
2. Sili-yin γoul-Liga	5. Uǰümüčin	2
	6. Qaγučid	2
	7. Sünid	2
	8. Abaγa	2
	9. Abaγanar	2
3. J̌uu-uda-Liga	10. Aoqan	1
	11. Nayiman	1
	12. Ongniγud	1
	13. Kesigten	1
	14. Innere Qalqa vom linken Flügel	1
	15. Baγarin	2
	16. J̌arud	2
	17. Aru Qorčin	2
4. J̌osotu-Liga	18. Qaračin	3
	19. Tümed	2
5. Ulaγan-čab-Liga	20. Urad	3
	21. Dörben Keüked	1
	22. Muumingγan	1
	23. Innere Qalqa vom rechten Flügel	1
6. Yeke-ǰuu-Liga	24. Ordos	7
Gebiet der Čaqar	Čaqar	8
Gebiet der Tümed von Kuei-hua (Köke qota)	Tümed	2
Gebiet der Alašan-Mongolen	vier westmongolische Stämme	34

vom Qošoi čin vang bis zum einfachen Tayiǰi 4. Grades den gesamten mongolischen Adel erfaßten, aber keine politischen Funktionen übertrugen. Die Ligen wurden von einem Administrator (čiγulγan-u daruγa) geführt, der auf kaiserlichen Befehl aus der Zahl der zur Liga gehörigen Bannerfürsten ausgewählt wurde. Alle drei Jahre wurde eine Versammlung der Liga durchgeführt, bei der vor allem Streitigkeiten zwischen den Bannern geschlichtet wurden[5].

Diese administrative Struktur gipfelte im Li-fan-yüan, das zu Recht als „Kolonialamt" bezeichnet worden ist. Dieses Amt, den sechs Ministerien des Chinesischen Reiches nachgeordnet, erhielt im Jahre 1761 seine endgültige organisatorische Form. Von den sechs Abteilungen des Amtes waren drei mit der Inneren Mongolei befaßt: die allgemeine Abteilung für die Innere Mongolei mit Verwaltungsangelegenheiten generell, die Abteilung für den Empfang von Fürsten der Inneren Mongolei mit den Tributen und Gegengeschenken und die Abteilung für Gerichtsbarkeit mit den Justizangelegenheiten. Zu den Obliegenheiten des Amtes gehörten unter anderem die Ernennungen, Beförderungen und Entlassungen mongolischer Würdenträger und Funktionäre, die Führung einer Art Kataster, in dem die Bannergrenzen kartographisch festgehalten wurden, die Führung der gesamten Korrespondenz und eines dazugehörigen Archivs und im Zusammenhang damit ein umfangreiches Übersetzungswesen zwischen Chinesisch und Mandschurisch und den Kolonialsprachen Mongolisch, Tibetisch und Osttürkisch (Turki). Das Personal des Li-fan-yüan setzte sich fast paritätisch aus Mongolen und Mandschus zusammen, lediglich einige Schreiberposten wurden von Chinesen eingenommen. Unter den mongolischen Beamten fanden sich zahlreiche innermongolische Adlige, die teilweise die höchsten Ämter bekleideten, so z. B. Nayantai von den Qorčin, der 1738–1762 Präsident des Li-fan-yüan war. Dem Amt angegliedert waren weitere Institute, darunter Schulen für das Tibetische, das Mongolische und später

[5] Vgl. ferner zur Verwaltungsstruktur in der Äußeren Mongolei das folgende Kapitel.

auch das Russische. Insbesondere die Tibetische Schule (töbed surγaγuli) spielte eine wichtige Rolle im literarischen Leben der Inneren Mongolei. In der ersten Hälfte des 18. Jh. war ihr Präsident der Üǰümüčin-Adlige Gomboǰab, der durch seine polyglotte schriftstellerische Tätigkeit eine besonders interessante Erscheinung in der lamaistischen Geisteswelt des 18. Jh. ist[6]. Im Jahre 1789 wurde die Struktur des Li-fan-yüan abschließend durch die Herausgabe seiner Statuten, des Li-fan-yüan tse-li, kodifiziert, das ein Korpus von Verwaltungsvorschriften und von Gesetzen darstellte. Durch seine Anwendung im juristischen und administrativen Bereich gewann dieses Werk den Charakter eines „Grundgesetzes" der Beziehungen zwischen China und seinen Außenländern.

Diese Exekutive der mandschurisch-chinesischen Herren der Inneren Mongolei war mit dem hinter ihr stehenden Militärapparat durchaus in der Lage, die Stabilität in den Außenländern und besonders in der Inneren Mongolei zu garantieren. Dennoch waren die Mandschu-Kaiser daran interessiert, den allzu unverhohlenen Kolonialcharakter ihrer Herrschaft etwas zu verbergen, um der Entstehung von Konflikten vorzubeugen. Den Vorwand dazu lieferte ihnen ihr Interesse am Lamaismus, der in Tibet und der Mongolei nicht nur geistliche, sondern auch weltliche Ordnung repräsentierte, letztere vertreten durch eine Hierarchie von inkarnierten Geistlichen mit mehr oder weniger institutionalisierten theokratischen Befugnissen. Was für Tibet der Dalai Lama, war für die Mongolen der rJ̌e bcun dam pa-Qutuqtu von Urγa. Es war ein geschickter Zug Kaiser K'ang-hsis, daß er sich 1693 einen ebensolchen inkarnierten Lama, den lČaṅ skya-Qutuqtu Ṅag dbaṅ blo bzaṅ čhos ldan, als Hofgeistlichen nach Peking berief. Durch kaiserliche Protektion wuchs das Ansehen dieses Geistlichen außerordentlich an, so daß er binnen kurzem an die vierte Rangstelle nach Dalai Lama, Paṇ čhen-Lama und rJ̌e bcun dam pa trat. Er wurde so ein geeignetes Werkzeug kaiserlicher Diplomatie in den lamaistischen Außenländern, wovon besonders die Missionen seiner zweiten Wie-

[6] Über Gomboǰab vgl. vor allem Heissig (1959) 194ff.

derverkörperung Rol pa'i rdo rje im 18. Jh. Zeugnis ablegen[7]. Infolge der geographischen Nähe – die Sommerresidenz des lČaṅ skya befand sich im innermongolischen Dolonor – genoß dieser Geistliche besondere Verehrung in der Inneren Mongolei. Doch ist es wohl übertrieben, ihn, wie gegentlich geschehen, als den „Qutuqtu der Inneren Mongolei" zu bezeichnen, quasi als Gegenstück zum rJe bcun dam pa als dem Qutuqtu der Äußeren Mongolei. Der lČaṅ skya war ein Mittler zwischen dem mandschurischen China und der ganzen lamaistischen Welt. Direkte Interventionen in innermongolischen Angelegenheiten sind während des 18. und 19. Jh. nicht bekannt. Dagegen übte er, ganz im Sinne seines Protektors, sicherlich einen stabilisierenden Einfluß auf die Geistlichen und Fürsten der Inneren Mongolei aus, die ihm häufig Besuche abstatteten und miteinander wetteiferten, ihn mit Geschenken zu überhäufen.

Der lČaṅ skya-Qutuqtu und die um ihn entstandenen lamaistischen Institutionen in Peking, kurz als Pekinger lamaistisches Kirchenzentrum bekannt, stellten zusammen mit dem Li-fan-yüan eine Art duale Struktur der Beziehungen zwischen dem mandschurischen China und der lamaistischen Welt dar. Das ideologische Fundament dieser dualen Organisation war die alte lamaistische Theorie von den „Beiden Ordnungen" (tib. lugs gñis, mong. qoyar yosun), die eine idealisierte soziale Beziehung zwischen dem Herrscher und einem Geistlichen umschrieb, wie sie sich nach traditioneller Ansicht zuerst zwischen dem Yüan-Kaiser Qubilai und dem Sa-skya-Hierarchen ᵓPhags pa im 13. Jh. herauskristallisiert hatte[8]. Das Beziehungsgeflecht läßt sich in folgender Graphik deutlich machen (siehe S. 423).

Das 18. Jh. steht in allen Außenländern des Chinesischen Reiches ganz im Zeichen der politischen Dominanz Chinas, eine Dominanz, die in den lamaistischen Ländern und besonders in der Inneren Mongolei durch die duale Kontrolle von Li-fan-yüan und Pekinger Kirchenzentrum funktionierte. In allen die-

[7] Über den 2. lČaṅ skya-Qutuqtu Rol pa'i rdo rje vgl. Kämpfe (1976).

[8] Zur Theorie der „Beiden Ordnungen" vgl. Sagaster (1976).

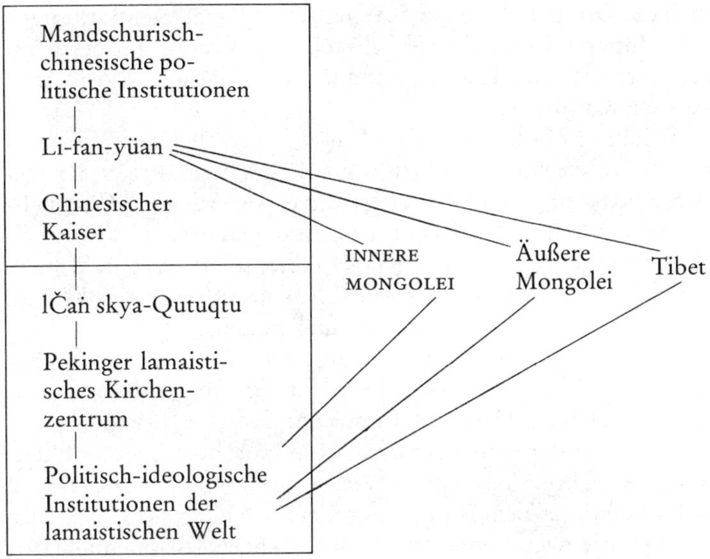

sen Gebieten mit Ausnahme Ostturkestans folgte auf die Unterwerfung durch die Mandschu zunächst eine Epoche politischer Stabilisierung, der eine bescheidene kulturelle Blüte parallellief.

Zunächst machte sich die Anerkennung der mandschurischen Oberherrschaft für die Fürsten der Qalqa bezahlt. Nach dem Fürstentag von Dolonor bereitete Kaiser K'ang-hsi einen Feldzug gegen Galdan vor, wobei die Innere Mongolei als Aufmarschgebiet seiner Truppen diente, die auf mehreren Wegen in die Äußere Mongolei vorstießen. Die Zentralarmee, die den direkten Weg von Peking nahm, wurde von K'ang-hsi selbst befehligt. 1696 gelang es, Galdan entscheidend zu schlagen. Der Weg für eine Repatriierung der geflohenen Qalqa-Fürsten war frei. Das Flüchtlingsproblem in der Inneren Mongolei war somit nach kaum zehn Jahren gelöst. Im Gegensatz zu diesem Feldzug berührten die weiteren Kolonialkriege, die die Mandschu im 18. Jh. in Zentralasien führten, die Innere Mongolei kaum. Weder die fast ein halbes Jahrhundert andauernden Wirren in Tibet noch die Oiratenkriege der 50er Jahre scheinen Rückwirkungen in der Inneren Mongolei gehabt zu haben. Das 18. Jh. erscheint uns dort als eine Epoche friedlicher Entfaltung klösterlich-feudaler Kultur.

Im Jahre 1724 ließ der neue Kaiser Yung-cheng die Inkarnation des lČaṅ skya-Qutuqtu, damals ein achtjähriger Knabe, nach Peking einholen, ein Ereignis, das von Adel und Geistlichkeit der Inneren Mongolei mit reger Anteilnahme begrüßt wurde. Nachdem der Qutuqtu 1735 in Tibet seine letzten Weihen erhalten hatte, war seine Residenz – im Winter das Kloster Sung-chu-szu in Peking, im Sommer zumeist das Kloster von Dolonor – beständig Ziel von Pilgerreisen innermongolischer Adliger und Geistlicher, denen er Belehrung erteilte, Weihen spendete und deren er sich sonst im Sinne der Gelben Lehre annahm.

1736 hatte der dritte der großen Mandschu-Kaiser, Ch'ien-lung, den Thron bestiegen. Wie seine Vorgänger protegierte auch er den Lamaismus und besonders den lČaṅ skya. Der Qutuqtu wurde wiederholt mit diplomatischen Missionen in Tibet und Kukunorien betraut. Auch zu den rJe bcun dam pas von Urγa wurden regelmäßige Beziehungen unterhalten. Als 1756 in Peking der Bruder des 2. rJe bcun dam pa, der Čin vang Erinčindorǰi, wegen aufrührerischer Umtriebe exekutiert worden war und es deshalb in der Mongolei verschiedentlich zu Unruhen kam, entsandte der Kaiser den lČaṅ skya mit dem Auftrag, seinen Einfluß geltend zu machen, um die Ruhe wiederherzustellen. Der Heilige reiste zunächst in die Innere Mongolei, von wo er Boten an den rJe bcun dam pa voraussandte. Auch diesmal ging der Kalkül des Mandschu-Kaisers auf: der rJe bcun dam pa stellte durch einen Aufruf die Ordnung wieder her. Das weitere Eingreifen des Pekinger Qutuqtu erübrigte sich, und er kehrte aus der Inneren Mongolei nach Peking zurück.

Ein bedeutendes Ereignis für die Innere Mongolei stellte der Besuch des 3. Paṇčhen- Lama in Peking im Jahre 1780 dar. Dieser Besuch war ein sichtbarer Ausdruck des Funktionierens der geistlich-weltlichen Kontrolle Chinas über seine lamaistischen Untertanen. In diesem Sinne ist es zu verstehen, daß Kaiser Ch'ien-lung die Anreise des tibetischen Geistlichen durch die westliche Innere Mongolei (er reiste über die Klöster Taiqa und Dolonor) zu einem Triumphzug der Gelben Lehre ausgestalten ließ, bei dem die gute Kooperation sichtbar demonstriert werden konnte. In einer tibetischen Biographie des 2. lČaṅ skya Rol pa'i rdo rǰe[9] heißt es über die Begrüßung des Paṇ čhen wie folgt:

Darauf begab er (d. h. der lČaṅ skya) sich auf Befehl des Kaisers zum nördlichen Kloster Taiq-a, um den allwissenden und -sehenden Paṇ čhen zu begrüßen. Dorthin kam aus der Hauptstadt auf Befehl des Kaisers auch der sechste Prinz und schloß sich diesem Herrn an. Nachdem sie mit dem Paṇ čhen rin po čhe zusammengetroffen waren, übergaben sie einen goldenen Brief des Kaisers und dessen Geschenke.

Der Tod des 2. lČaṅ skya-Qutuqtu Rol pa'i rdo rǰe im Jahre 1786 steht gleichsam symbolhaft am Ende einer Epoche äußeren Friedens und einer bescheidenen kulturellen Blüte. Sein Nachfolger, der 3. lČaṅ skya Ye šes bstan pa'i rgyal mchan (1787–1846), spielte eine vergleichweise unbedeutende Rolle in einer Welt, in der das Interesse Chinas sich erzwungermaßen von Zentralasien abwandte. Während die Schwäche des Ch'ing-Reiches gegenüber den Westmächten offenkundig wurde, verhärtete sich der koloniale Zugriff auf die lamaistischen Außenländer. Besonders betroffen hiervon war die Innere Mongolei, für die das 19. Jh. zu einer Periode ökonomischen und sozialen Verfalls wurde.

Freilich sind die Wurzeln der Misere schon in den Strukturen des 18. Jh. zu suchen. Die innermongolische Gesellschaft war grob gesprochen ein Zwei-Klassen-System. Adel und Geistlichkeit stand das Volk (arad) gegenüber, das als Untertanenschaft eines Banners dem Bannerfürsten und der Ch'ing-Regierung zu Steuern und Dienstleistungen verpflichtet war. Im 18. Jh. wurde noch strikt unterschieden zwischen Untertanen der einzelnen Sumuns, die nur der Ch'ing-Verwaltung abgabenpflichtig waren, und den persönlichen Leibeigenen von Adligen (qamǰilɣa). Im 19. Jh. wurde dann dieser Unterschied mehr und mehr verwischt, indem der Adel Abgaben von allen Untertanen verlangte. Eine besondere Gruppe waren die Kloster-Leibeigenen

[9] Vgl. Kämpfe (1976) 84, Anm. 211.

(šabi), die von den Bannerfürsten einem Kloster oder einer Inkarnation überschrieben worden waren und von deren Steuerleistungen die Geistlichkeit weitgehend lebte.

Denn das war natürlich die Kehrseite der kulturellen Blüte des 18. Jh.: getragen wurde diese Kultur von Adel und Mönchtum, bezahlt aber aus den Arbeitserträgen des Volkes. Der Ausbeutungscharakter dieser Gesellschaft nahm im 19. Jh. noch drastischere Formen an. Die Bedürfnisse des Adels nach Luxusgütern, vor allem chinesischer Herkunft, wuchsen immer weiter an, angestachelt vor allem von der verschwenderischen Pracht des chinesischen Hofes, die den mongolischen Fürsten bei ihren jährlichen Tributgesandtschaften regelmäßig vor Augen geführt wurde. Zugleich wetteiferten die Fürsten im Bau von Klöstern und Tempeln, mit deren prunkvoller Ausstattung sie sich gegenseitig auszustechen suchten. Aber nicht nur die Zahl der Klöster stieg unaufhörlich, auch die Bedürfnisse ihrer Insassen wuchsen stetig an. War für die weltlichen Herren der Pekinger Hof das unerreichbare Vorbild, so orientierten sich die geistlichen Herren an den reichen Klöstern des Pekinger lamaistischen Kirchenzentrums, und sie versuchten, es jenen in Ausstattung und Glanz der Zeremonien gleichzutun.

Bezahlt aber wurde das alles mit ständig höheren Steuerlasten, die allmählich zu einer Verarmung der Bevölkerung führten. Lachende Dritte dieser Entwicklung waren die chinesischen Händler und Handelshäuser, die die Lieferung des ganzen heißbegehrten Luxus zu ihrem profitablen Geschäft machten. Während der chinesische Handel im 18. Jh. strikten Beschränkungen und Kontrollen unterworfen gewesen war, so führte eine zunehmend laxere Handhabung der Bestimmungen seitens der chinesischen Behörden im 19. Jh. zu einem unaufhörlichen Zustrom chinesischer Händler, die sich im Umkreis der Klöster in stadtartigen Siedlungen niederließen. Immer häufiger gingen schließlich die weltlichen und geistlichen mongolischen Herren dazu über, die Forderungen der Händler mit der Überschreibung von Steueransprüchen zu befriedigen, so daß zuletzt Teile der mongolischen Bevölkerung de facto Leibeigene chinesischer Händler wurden.

Bei aller Verschwendungssucht des Adels erwies sich jedoch die lamaistische Kirche als der eigentliche Krebsschaden der innermongolischen Gesellschaft, der sich im 19. Jh. zu einer bösartigen Wucherung auswuchs. Zwar sind uns für den Beginn des 19. Jh. keine Zahlen bekannt, doch haben wir Schätzungen für den Beginn des 20. Jh., die den Stand der Dinge charakterisieren, wie er sich im Laufe dieser hundert Jahre ergeben hatte. Wenigstens ein Sohn aus jeder Familie gehörte zum geistlichen Stand. Die Schätzungen des Anteils der Mönche an der männlichen Gesamtbevölkerung schwanken zwischen 30 Prozent und 65 Prozent. Die Zahl der Klöster dürfte tausend überschritten haben. Die hohe Zahl der Mönche bewirkte nicht nur eine quantitative Verringerung des Produktionsfaktors Arbeit, sondern auch eine qualitative, da es häufig gerade begabte junge Männer waren, die die Aufstiegschancen der Klöster nutzten.

Die wichtigsten Klöster lagen häufig an den großen Handelswegen. Einige der bekanntesten waren das Kloster von Dolonor, das als Sommersitz des lČaṅ skya-Qutuqtu eine besondere Bedeutung hatte, ferner das Kloster von Kuei-hua im Tümed-Gebiet, das Kloster Botoγar süme im Norden des Huang-ho-Knies und das Kloster Pei-tzu-miao im Gebiet der Abaγanar im Nordosten der Inneren Mongolei. Die von den jeweiligen Bannerfürsten protegierten Klöster lagen zumeist in unmittelbarer Nähe der permanenten oder jahreszeitlich bedingten Verwaltungssitze. Die Größe der Klöster variierte sehr stark, von einigen wenigen Mönchen bis zu Hunderten, ja Tausenden in den größten. Man stellt sich oft die äußere Erscheinung eines lamaistischen Klosters als eine symmetrische Struktur von Tempeln, Wohngebäuden und Mauerwerk vor. Dies war aber nur *ein* Typ. In der Inneren Mongolei findet sich häufig das natürlich gewachsene, offene Kloster, das sich den landschaftlichen Gegebenheiten anpaßt und eher den Eindruck einer kleinen Ansiedlung macht. Die Architektur war entweder tibetisch oder chinesisch, oder beide Elemente wurden vermischt.

Ansehen und Reichtum eines Klosters hingen oft mit einer Inkarnation zusammen, die ihren Wohnsitz in dem Kloster hatte. Mit der Zahl der Klöster und ihrem Streben nach Reichtum und

Prachtentfaltung stieg so zwangsläufig auch die Zahl der Inkarnationen. Dadurch, daß solche Inkarnationen häufig aus adligen Familien stammten, wurde das Band zwischen Kirche und Adel immer fester gefügt. Daran änderte auch die Praxis nicht viel, daß unter Aufsicht der Mandschubehörden das Los zwischen mehreren, meist drei, Bewerbern entschied. Die einfachen Inkarnationen hießen mongolisch Qubilγan. Besonders verdiente oder populäre Geistliche dieses Typs konnten darüber hinaus die Ehrentitel Gegen oder Qutuqtu erhalten. Die berühmtesten Inkarnationsreihen sind nur unter dem Titel Qutuqtu bekannt, doch bedurfte der Titel auch bei ihnen der kaiserlichen Bestätigung. Für die Auswahl von Inkarnationsprätendenten aus der Inneren Mongolei war auch das Pekinger lamaistische Kirchenzentrum mit dem lČaṅ skya an der Spitze zuständig. Es leuchtet ein, daß hiermit ein weiterer Einflußkanal gegeben war.

Die wirtschaftliche Bedeutung eines solchen Qubilγan für sein Kloster war so groß, daß Robert James Miller ihn in seiner Analyse der Wirtschaftsstruktur der innermongolischen Klöster[10] zum produktiven Vermögen eines Klosters rechnet, neben solchen Faktoren wie Leibeigenen, Herden, Liegenschaften und Barvermögen. Durch die ihm zugeschriebene spirituelle Kraft zog ein inkarnierter Lama die gläubigen Spender magnetisch an. Er erhielt Gaben von Land, Leibeigenen, Vieh, Luxusgütern und Geld aus allen Schichten der Bevölkerung nach ihrem jeweiligen Vermögen. Darüber hinaus zogen große Scharen von Gläubigen natürlich Händler an, und die Entstehung von kleinen Märkten bot den Klöstern Gelegenheit zu eigenen Handels- und Kreditgeschäften. Da das Privatvermögen eines Qubilγan von seinem Kloster treuhänderisch verwaltet wurde und Kapitalerträge zumeist diesem zuflossen, konnte der „Wert“ einer Inkarnation durchaus auch in ökonomischen Einheiten gemessen werden[11].

Die dahinschwindende Bedeutung des 3. lČaṅ syka-Qutuqtu im 19. Jh. ist symptomatisch für die Entwicklung der Beziehun-

[10] Vgl. MILLER (1958) 91 ff.

[11] Zu allen organisatorischen, politischen und ökonomischen Aspekten der innermongolischen Klöster vgl. ebenfalls MILLER (1958).

gen zwischen Chinesen und Lamaisten, besonders den Mongolen. Zwar haben sowohl Kaiser Chia-ch'ing (1796–1820) als auch Kaiser Tao-kuang (1821–1850) ihn respektiert und ihn auch gelegentlich mit Missionen betraut – so wurde er 1822 von Tao-kuang zur Inthronisation des 10. Dalai Lama nach Tibet entsandt –, aber das Interesse dieser Kaiser galt nicht mehr dem Lamaismus. Sie betrachteten ihre mongolischen Untertanen auch nicht mehr als feudale Vasallen, die einst Seite an Seite mit ihren mandschurischen Vettern gekämpft hatten, sondern als ein unterworfenes Kolonialvolk unter anderen.

Das äußerte sich vor allem auch in der Handhabung der Bestimmungen, die den Aufenthalt von Chinesen in der Mongolei regelten. Während den Chinesen früher die Errichtung von Gebäuden in der Mongolei verboten gewesen war, so sahen wir, daß im 19. Jh. ganze Siedlungen von Händlern im Umkreis der Klöster entstanden. Wurde diese Praxis zunächst nur geduldet, so scheint im Laufe des Jahrhunderts eine Wendung zur aktiven Unterstützung des chinesischen Kapitalismus in der Mongolei stattgefunden zu haben. Die Kosten der chinesischen Administration wurden in zunehmendem Maße aus den Gebühren bestritten, die die Händler jährlich zu entrichten hatten. Die Verschuldung der Mongolen an Chinesen stieg, wie wir sahen, in solche Höhen an, daß ganze Banner ihnen verpfändet waren. Neben den wachsenden Bedürfnissen trugen dazu auch die von den Händlern geübten Kreditpraktiken bei. Adligen und Klöstern wurden großzügige Kreditmöglichkeiten eingeräumt gegen Ermächtigungen, die Zinsen bei den steuerpflichtigen Untertanen selbst einzutreiben.

Einer zunehmend verarmenden Bevölkerung stand in der Inneren Mongolei somit eine besitzende und ausbeutende Klasse von Adligen, Mönchen und Chinesen gegenüber. Die Entstehung sozialer Spannungen läßt sich insbesondere im Spiegel einer allmählich sozialkritisch werdenden Literatur in der Inneren Mongolei verfolgen. In Spottgedichten und anderen Schmähschriften werden insbesondere die Lamas, aber auch Fürsten und chinesische Kaufleute zur Zielscheibe des Volkszorns gemacht. Ein schönes Beispiel aus dieser reichhaltigen Literatur ist das folgende Gedicht des Mönchs-Vagabunden Šaγdar (1869–1929) von den Baγarin[12]:

Des gnädigen J̌akiruγči's Palast ist,
Das muß man sagen, unvergleichlich schön,
In Wahrheit ein Palast, der
In Generationen nicht zu zerstören ist, – und doch,
Weil mit dem Blut und Fleisch von Vielen er vollendet,
Wird, über lange nicht zerstört in Stücke er fallen, wie bedauerlich,
Wird unausbleiblich auch
In seinen Ruinen der Wolf hausen,
Wird der Wolf Kalb und Esel fressen und
Frauen und Kinder vor dem Fluche Ängste haben!

Die dabei häufig zutage tretenden antichinesischen Tendenzen sind gelegentlich als das Erwachen eines mongolischen Nationalismus interpretiert worden. Doch dürfte aus dem bisher Gesagten wohl deutlich geworden sein, daß hier vor allem ein Klassenkonflikt vorlag, und es ist in diesem Punkte den sowjetischen Historikern zuzustimmen, die die gesamte Geschichte der Mongolen zur Ch'ing-Zeit als eine Klassenkampf-Geschichte verstehen. Eine genauere Analyse vieler der erwähnten Quellen zeigt, daß sich der antichinesische Tenor häufig vor allem gegen die Sinisierungstendenzen der mongolischen Fürsten und Adligen richtet und weniger gegen die Chinesen selbst.

So sind denn auch jene anderen Chinesen, die neben den Händlern in die Innere Mongolei vordrangen, die chinesischen Siedler, weniger häufig das Ziel von lokalen Rebellionen als die einheimischen Fürsten und ihre chinesischen Helfer. Die Ansiedlung von chinesischen Ackerbauern in grenznahen mongolischen Weidegebieten war seit den Anfängen der Ch'ing-Zeit von den Behörden in kleinem Umfange betrieben worden. Im 18. Jh. war es neben dieser legalen Landnahme in zunehmendem Maße zum illegalen Zuzug von chinesischen Bauern in den innermongolischen Grenzgebieten gekommen, vor allem im Osten, an den

12 Das Gedicht Šaγdars ist mit freundlicher Genehmigung des Übersetzers entnommen aus: Heissig (1972) Bd. II (20. Jh. bis zum Einfluß moderner Ideen) 764f.

Grenzen zur Mandschurei, die selbst ein bevorzugtes Ziel chinesischer Siedler war. Gegen Ende des Jahrhunderts blieb den chinesischen Behörden nichts anderes übrig, als den entstandenen Status quo nachträglich abzusegnen, wie uns das zum Beispiel aus dem Gebiet der Γorlos im äußersten Nordosten der Inneren Mongolei bekannt ist: 1799 wurde dort für die chinesischen Siedler sogar eine Subpräfektur geschaffen.

Der Landerwerb durch chinesische Bauern wurde im 19. Jh. vornehmlich dadurch gefördert, daß chinesische Händler von ihren mongolischen Schuldnern immer häufiger mit Land abgefunden wurden, ein Vorgehen, das an sich illegal war. Die Händler verpachteten das Land an chinesische Bauern, deren Los keineswegs besser war als das ihrer ausgebeuteten nomadischen mongolischen Nachbarn. Als die mongolischen Landeigner, Adlige und Klöster, sahen, welch lukratives Geschäft die Händler mit den chinesischen Bauern machten, beeilten sie sich, an dieser neuen Einnahmequelle zu partizipieren. Die chinesischen Behörden legalisierten die neuen Praktiken nach und nach. So wurde 1860 das innermongolische Grenzgebiet bei der mandschurischen Stadt Harbin zur Kolonisierung freigegeben. Aber nicht nur chinesische Siedler waren an der Umwandlung mongolischen Weidelandes in Ackerland beteiligt. Immer mehr verarmte Mongolen, denen es an Vieh mangelte, gingen zum Ackerbau über, der übrigens, entgegen der landläufigen Ansicht, in der Mongolei eine alte Tradition hat: schon zu Činggis qaγans Zeiten werden einzelne mongolische Stämme als Bauernstämme bezeichnet. Insofern kann der Übergang zum Ackerbau wohl als ein tiefgreifender sozialer Wandel in der Inneren Mongolei bezeichnet werden, nicht aber als Verlust nationaler Identität. Eine ernsthafte Bedrohung für die mongolische Nationalität stellte erst die explosionsartige Kolonialisierung der Inneren Mongolei durch die nationalchinesische Regierung im 20. Jh. dar[13].

Im 19. Jh. aber bildeten mongolische Leibeigene und chinesische Siedler noch Gruppen, die durch ein gemeinsames Klassen-

[13] Zur Sozial- und Wirtschaftsgeschichte des 19. Jh. vgl. ferner Fletcher (1978) und (1978a).

interesse eine gewisse Einheit formten, wie sich dies auch an gemeinsamen Aufständen von Mongolen und Chinesen gegen ihre Ausbeuter zeigte. Es beschränkte sich nämlich die Unmutsbekundung der Ausgebeuteten in der Inneren Mongolei nicht mehr nur auf die schon erwähnte literarische Sozialkritik. Die Verarmung zwang viele Leibeigene zur Flucht vor ihren Herren, um so mehr, als auf Nichterfüllung der Abgabenpflichten brutale körperliche Strafen standen. Aus solchen Flüchtlingen rekrutierten sich zwei Gruppen von Kriminellen, die potentielle Aufrührer darstellten: zum einen Räuberbanden, die überall in der Inneren Mongolei ihr Unwesen trieben und die durch ihre Übergriffe die besitzenden Klassen in Angst und Schrecken versetzten; und zum anderen ein quasistädtisches Proletariat, das vor allem in den Städten an der Grenze zu China, wie Kueihua und Kalgan, aber auch in den Siedlungen um die großen Klöster entstand und von allen Arten von Tagelöhnerdiensten, von Diebstählen, Bettelei und Prostitution lebte. Das älteste Gewerbe der Welt fand dabei seine Kundschaft vornehmlich in den Reihen der Mönche, und deren unerfreulichste Spezies, der Wandermönch, trug die unvermeidliche Syphilis in alle Teile der Mongolei, so daß man diese Krankheit als die „mongolische Krankheit" schlechthin bezeichnen konnte.

Aber aus diesem Bodensatz der Gesellschaft rekrutierten sich auch Rebellen, die begannen, einen politischen Untergrund zu formen. Dies ist um so mehr verständlich, als die Möglichkeit, sich über soziale Ungerechtigkeit bei den chinesischen Behörden zu beschweren, zwar durchaus bestand, aber, wenn solche Beschwerden überhaupt zur Kenntnis genommen wurden, stets auch eine strenge Bestrafung der Beschwerdeführenden die Folge war, während die Angeklagten meist mit geringfügigen Strafen davonkamen. Man hat die Aufstandsbewegungen der Inneren Mongolei im 19. Jh. als Duγuyilang-Bewegungen bezeichnet. Dieser Name rührt daher, daß die Rebellen ihre Beschwerden so mit ihren Namen unterzeichneten, daß diese einen Kreis (duγuyilang) bildeten, so daß nicht ersichtlich war, wer Anführer, wer Geführter war. Die Duγuyilang-Bewegungen hatten besonderen Zulauf aus den Rängen des niedersten Adels, der von der Verarmung ebenso betroffen war wie die Gemeinen. Aber auch regelrechte Bauernaufstände wurden in der zweiten Hälfte des Jahrhunderts häufiger. So kam es 1861 im Tümed-Gebiet zu einem gemeinsamen Aufstand von mongolischen Nomaden und chinesischen Siedlern gegen Grundherren und chinesische Händler.

Einen ausgeprägteren nationalen Charakter nahm der Konflikt erst an, nachdem in den letzten Jahren der Ch'ing-Dynastie die Kolonisation der Inneren Mongolei durch den Bau von Eisenbahnen forciert wurde und die Gefahr einer Überfremdung auch dem letzten Mongolen allmählich klar wurde. Teile des Adels, die vom Ausverkauf des Weidelandes weniger profitierten, begannen öffentlich zur Besinnung auf mongolisches Volkstum aufzurufen und auf die Gefahr der Sinisierung hinzuweisen. Wenn dieser Begriff überhaupt anzuwenden ist, dann sind hier die Wurzeln eines mongolischen Nationalismus zu suchen, eines Nationalismus allerdings, der recht provinzielle Züge trug und sich durchaus vom Nationalismus in anderen Teilen der mongolischen Welt unterschied.

Durch den Bau der Eisenbahnlinie von Peking in die Innere Mongolei, die 1909 die Grenzstadt Kalgan erreichte, verlagerte sich die Hauptstoßrichtung der Kolonisation von der Mandschurei, wo sie im 19. Jh. gelegen hatte, in die Gebiete im Süden: ins Land der Tümed, Čaqar und Ordos. Als im Jahre 1911 die Mandschu-Herrschaft endgültig zusammenbrach und es zur Gründung der nationalchinesischen Republik kam, war der Prozeß der Kolonisierung in der Inneren Mongolei schon so weit fortgeschritten, daß eine Entwicklung wie in der Äußeren Mongolei oder in Tibet nicht mehr möglich war. Während jene Länder nach 1911 eine faktische Autonomie gewannen, blieb die Innere Mongolei fest im Griff der Chinesen, allerdings weniger der chinesischen Zentralregierung als verschiedener lokaler War Lords, die die eigentliche Macht in Händen hielten und den chinesischen Anspruch auf die Innere Mongolei mit brutaler Gewalt zu ihrem eigenen Vorteil durchsetzten. So brachte die Chinesische Revolution der Inneren Mongolei einen noch härteren Kolonialstatus als zur Zeit der verfallenden Mandschu-Dynastie.

Auswahlbibliographie

Bawden (1968), (1968a); Bira (1960); Bouterwek (1937); Brunnert/Hagelstrom (1911); Čimitdoržiev (1974); Courant (1912); Cressey (1932); Eberhard (1971); Fairbank/Teng (1941); Farquhar (1960); Fletcher (1978), (1978a); Franke (1902); Heissig (1954), (1959), (1964), (1972); Herrmann (1966); Howorth (1876–1927) Part II; Hsieh (1966); Hummel (1967); Kämpfe (1976), (1976a), (1977); Korostovetz (1926); Lattimore (1932), (1951), (1963), (1964); Legrand (1976); Mayers (1970); Miller (1959); Nacagdorž (1963); Pelliot (1960); Plath (1830/31); Pozdneev (1887); Purėvžav (1978); Sagaster (1976); Schulemann (1958); Širėndėv/Nacagdorž (1966–69) Band 1; Vladimirtsov (1948); Zlatkin (1964).

QALQA 1691 BIS 1911

Von VERONIKA VEIT

Qalqa bezeichnet ethnisch – definiert durch die genealogische Zusammengehörigkeit – sowohl als auch geographisch Leute und Land jenes Gebietes, welches im großen und ganzen dem der heutigen Mongolischen Volksrepublik entspricht. Am Vorabend jenes Zeitabschnitts, den wir im folgenden behandeln, bildete Qalqa einen „Ulus", eine „Nation", unter den mongolischen Völkerschaften, Patrimonium des Činggis-Qaγan Nachfahren in der 16. Generation, Geresenǰe ǰalayir qung tayiǰi (1513–1549), jüngster Sohn des in meinem Kapitel über die ›Geschichte der Mongolen vom 15. bis 17. Jh.‹ behandelten Dayan Qaγan. Zur Eingliederung in das Ch'ing-Reich, für welche hinsichtlich Qalqa das Jahr 1691 als Schlüsseldatum genannt wird, führten eine Reihe von Gegebenheiten, die hier noch einmal kurz zusammengefaßt werden sollen:

1. Der durch die gesamte Geschichte der mongolischen Völkerschaften sich ziehende rote Faden eines fatalen Individualismus, der persönlicher Loyalität den Vorrang vor Loyalität zu politischen oder ideologisch begründeten Institutionen im weitesten Sinne gab – mit der daraus resultierenden Uneinigkeit, gefördert von feudaler Zersplitterung durch Erbschaft. Die Stellung des Großqans war im späten 16. und 17. Jh. – trotz des Anspruchs auf Gefolgschaft der übrigen Stämme und des Versuchs Liγdans, diesen auch mit entsprechender Macht durchzusetzen – der eines „primus inter pares", bestenfalls. Im übrigen war mit der Ermordung bzw. Hinrichtung der beiden Enkel Liγdans, Burni und Abunai[1], im Jahre 1675 die Linie der Borǰigid, welche Träger des legitimen

[1] HUMMEL (1964) 304–305, Kaiserin Hsiao-tuan.

Erbanspruchs auf die mongolische Großqan-Würde war, im Mannesstamm erloschen.

2. Der erneute Aufstieg der westmongolischen Dzungaren zur militärischen Macht unter Batur qung tayiǰi (gest. 1653 oder 1665) und seinem Sohn Galdan (gest. 1697)[2], welche übrigens Nachkommen in der 11. und 12. Generation jenes Esen (gest. 1455)[3] waren, der im 15. Jh. schon einmal für die Westmongolen den Sieg über die ostmongolischen Völkerschaften unter den Činggisiden davongetragen hatte.
3. Der Aufstieg der tungusischen Mandschus, ihre Eroberung Chinas und Nachfolge auf dem chinesischen Kaiserthron. Als Alliierte, und dank einer klugen Heiratspolitik auch als Verschwägerte, hatten ihnen eine Reihe mongolischer Völkerschaften dabei zur Seite gestanden[4].

Die mongolischen Völkerschaften verstanden sich nicht als Mitglieder einer Nation im uns heute geläufigen Sinne des Wortes. Činggis Qaγan war der gemeinsame Ahnherr des mongolischen Adels und das stärkste gemeinsame Band unter ihnen. Die lamaistische Religion sollte sich nach ihrer Wiederbelebung unter den Mongolen im ausgehenden 16. Jh. zu einem zweiten entwickeln. Wenn die mongolischen Führer im 17. und 18. Jh. jedoch von „Nation" sprachen, dann "... were they not postulating the existence of a nation in the modern sense, but of a people solely in relation to its ruler or rulers. Their concept was an aristocratic, not a popular one."[5] Erwähnt werden muß auch noch Rußland im Zusammenhang mit den politischen Machtverhältnissen im zentralasiatischen Raum des 17. Jh. Nach den Kosakenexpeditionen von Vassilij Poyarkov (1643–46) und Yerofej Chabarov (1649–52) bewegte es sich in erfolgreicher Expansion entlang der nördlichen Grenze der mongolischen Gebiete nach Osten. Ein erster Gesandtenaustausch zwischen Russen und Mongolen ist übrigens bereits für das Jahr 1608 be-

[2] Hummel (1964) 265–268, Galdan.
[3] Goodrich/Fang (1976) 416–420.
[4] Hierzu auch in vorliegendem Buch das Kapitel II/2: ›15. Jh. bis 1691‹.
[5] Bawden (1968a) 5–6.

legt[6]. Die lebhaftesten und fruchtbarsten Beziehungen in der Folge bestanden zwischen Rußland und den Westmongolen, während sie zwischen ersteren und den Qalqa-Fürsten im allgemeinen wenig konstruktiv verliefen[7].

In Qalqa selbst gab es im 17. Jh. vier Nachkommen Geresenǰes, die den Titel Qan trugen. Zwei dieser Titel waren religiösen Ursprungs und vom Dritten Dalai Lama im ausgehenden 16. Jh. verliehen worden: daraus entstanden die Linien der Tüsiyetü Qane und Sayin noyan Qane, wobei letztere erst im Jahre 1725 durch den Yung-cheng Kaiser ein entsprechendes Territorium erhielten und den Titel durch einen Erlaß des Ch'ien-lung Kaisers 1766 erst wieder führen durften. Dem Beispiel folgend, nannten sich zwei Vettern zu Beginn des 17. Jh. ebenfalls Qan, woraus die Linien der Sečen und Ǐasaγtu Qane entstanden. Eine fünfte Autorität im Qalqa jener Zeit, ein geistlicher Würdenträger, der Abstammung nach jedoch ein činggisidischer Borǰigid und Sohn des Tüsiyetü Qans Gömbo (gest. 1655), war der 1. Ǐebcundamba Qutuqtu, auch bekannt als Öndür Gegen (1635–1723). Während die Autorität der Qane kaum über die Grenzen ihres Territoriums hinausging, galt sein Prestige bei allen Qalqa. Er und sein Sitz Urga wurden zum Brennpunkt ihrer Loyalität, das Symbol geradezu ihrer nationalen Identität.

Der Krieg der Qalqa mit Galdan, welcher ihre Eingliederung in das Ch'ing-Reich unmittelbar zur Folge hatte, begann auf Grund einer Reihe charakteristischer „querelles mongoles", welche, von Verweigerung von Gefolgschaft trotz oder wegen verwandtschaftlicher Bindung über widerrechtliche Vereinnahmung von Gefolgsleuten und Vieh bis hin zum Mord reichten. Der „Schneeball" der Ereignisse, welcher 1662 mit der Ermordung des Ǐasaγtu Qan Wangšuγ ins Rollen kam[8], führte letztendlich 1690 zum ersten großen Dzungarenkrieg auch der Ch'ing unter dem K'ang-hsi Kaiser. Im Jahre 1688 war Galdan mit 30000 Mann in Qalqa eingefallen. Den Tüsiyetü Qan Ča-

[6] Baddeley (1919) 33–34.
[7] Bawden (1968) 51–52, 62, 72–74.
[8] Bawden (1968) 63f.

qundorǰi (gest. 1699) und seinen Sohn Galdandorǰi besiegte er in einer drei Tage währenden Schlacht, wobei jene mit nur etwa hundert Mann von zehntausend knapp entkamen. Dem J̌ebcundamba Qutuqtu gelang inzwischen die Flucht mit der Frau und den jüngeren Kindern seines Bruders Čaqundorǰi nach Süden in die Weidegebiete der Sünid. Čaqundorǰi, der noch ein zweites Mal von Galdan besiegt worden war, schlug sich ebenfalls nach Sünid durch. Schriftlich baten beide, sich unter den Schutz des mandschurischen Kaisers begeben zu dürfen. Sie wurden aufgenommen und erhielten Weideplätze an der Grenze zu den Bannern der ehemals mit den Mandschus alliierten Mongolen zugewiesen, ebenso die übrigen Qalqa-Fürsten, die dem Beispiel des Tüsiyetü Qans folgten. Es heißt, daß sie zu jener Zeit beraten hätten, ob sie sich im gegebenen Falle unter den Schutz des mandschurischen Kaisers oder den des russischen Zaren begeben wollten. Den Ausschlag zugunsten des mandschurischen Kaisers hätten dann die Argumente des J̌ebcundamba Qutuqtu gegeben, welcher vorbrachte, daß die Russen nicht der lamaistischen Religion angehörten, daß sich ihre Gebräuche, Kleider und Sprache gänzlich von den Mongolen unterschieden. Die Mandschus hingegen bezeugten dem Lamaismus Respekt[9]. Die Unterschiede in Tradition, Gebräuchen, Sprache und Religion zwischen Russen und Mongolen waren tatsächlich erheblich. Mit den Mandschus (NB *nicht* mit den Chinesen, auch wenn die Mandschus nunmehr Herrscher über China waren) verband sie bei weitem mehr: zu Nurhacis (1559–1626) Zeit war Mongolisch vielfach die Sprache, in welcher der diplomatische Verkehr zwischen beiden Völkern abgehalten wurde[10]. Sie förderten ferner die lamaistische Kirche – ob aus Überzeugung oder als Mittel, Vertrauen unter den Mongolen und Tibetern zu gewinnen, sei hier dahingestellt. Wie auch immer: im Jahre 1688 blieb den mongolischen Fürsten de facto keine wirkliche Wahl. Die Streitkräfte der Russen, erst kürzlich nach Transbaikalien vorgerückt, waren relativ gering, dazu noch von Qalqa abgeschnitten durch

[9] Bawden (1968) 76.
[10] Weiers (1979).

Galdan. Die Macht des mandschurischen Kaisers hingegen war bekannt und vertraut, ganz zu schweigen vom Beispiel der östlichen und südlichen Mongolen: Alliierte der Mandschus, durch Heiratsverbindungen kaiserliche Verwandte, in privilegierter Position mit politischen Möglichkeiten in der neuen Dynastie. Die Russen ihrerseits konnten zu jener Zeit auch kein Interesse an einem „mongolischen Abenteuer" haben. Sie standen vor wichtigen Grenzverhandlungen mit China, die dann ihr Ergebnis im Vertrag von Nerčinsk 1689 fanden[11]. Trotz der großen finanziellen und wirtschaftlichen Belastung für das Ch'ing-Reich durch die Aufnahme so vieler mittelloser Flüchtlinge – mit dem Tüsiyetü Qan und dem Qutuqtu kamen beispielsweise 600 Lamas und mehr als 2000 Haushalte, alles in allem über 20000 Personen, denen weitere 20000 folgten, sowie 100000 mit dem Onkel des noch minderjährigen Sečen Qan – konnte der Kaiser die Aufnahme nicht verweigern, noch etwa den Verlust ganz Qalqas an Galdan hinnehmen. Ein solcher Feind an der Grenze hätte eine ernste Gefahr für das junge Ch'ing-Reich bedeutet. Der Krieg zwischen dem K'ang-hsi Kaiser selbst und Galdan begann 1690, nachdem Galdan sein Winterquartier in Kobdo verlassen hatte und einen neuen Einfall nach Qalqa unternahm, zur Sicherung von Beute zum Unterhalt der Truppen. In der Zwischenzeit war ihm nämlich sein eigener Neffe Ċewang arabdan in den Rücken gefallen, da er selbst Qan der Dzungaren werden wollte. Als Galdan dann südlich gegen die Gebiete der alliierten Mongolen vorstieß, wurde er von der kaiserlichen Armee unter Fu-ch'üan, dem Bruder K'ang-hsis, bei Ulan budung geschlagen[12]. Danach gewann er zunächst Zeit für den Rückzug, indem er einen Abgesandten schickte, um über Frieden zu verhandeln. In der darauffolgenden Kampfpause begab sich der Kaiser nach Dolonnor, etwa 300 km nördlich von Peking gelegen. Dort nahmen 550 Fürsten aus Qalqa, an ihrer Spitze die drei Qane und der Qutuqtu, an der großen Versammlung teil, desgleichen die Fürsten der neunundvierzig alliierten Banner. Der feierliche Emp-

[11] Weiers (1979b) iv-v, 1–10; Pommerening (1968) 111–118.
[12] Hummel (1964) 251–252.

fang für die Mongolen wurde auf das eindrucksvollste gestaltet mit Festlichkeiten und Banketten, Spielen und militärischen Übungen, während welcher K'ang-hsi seine Artillerie präsentierte[13]. Namǰal, der Onkel des kleinen Sečen Qan Ümekei, schlug die Eingliederung Qalqas in das Ch'ing-Reich formal vor, und sie wurde feierlich angenommen. Der erste Rang unter seinen fürstlichen Vettern wurde dem Tüsiyetü Qan zuerkannt. Čaqundorǰi, berichten die Quellen, war tief gerührt über die kaiserliche Freundlichkeit und Großzügigkeit. Als K'ang-hsi sich auf die Rückreise nach Peking begeben wollte, heißt es, sei Čaqundorǰi niedergekniet, habe bitterlich geweint und sich nicht fassen können, worauf ihn der Kaiser mit folgenden Worten getröstet habe: „Wenn ich dich auch gern mit in die Hauptstadt nähme, so ist der Weg doch weit und die Jahreszeit heiß. Du bist das Leben in nördlichen Ländern gewöhnt, und ich fürchte, daß dir die Gegebenheiten [lit. Erde und Wasser] in China nicht gemäß sind. Warte, bis ich eines Tages außerhalb der Großen Mauer gekommen bin, dann will ich sogleich nach dir schikken."[14]

Der Krieg K'ang-hsis gegen Galdan war mit der gewonnenen Schlacht von Ulan budung 1690 jedoch noch nicht beendet. Als Galdan 1695 erneut in Qalqa einfiel, beschloß der Kaiser, selbst gegen ihn zu Felde zu ziehen. Zahlreiche Qalqa stellten sich freiwillig als Kundschafter zur Verfügung und beteiligten sich mit Truppenkontingenten und Vieh. Die über 100000 Mann starke kaiserliche Armee marschierte in drei Kolonnen nach Norden. Die mittlere, 33700 Mann, kommandierte der Kaiser persönlich an der Spitze der Kavallerie, und sie erreichten den Kerülün im Qalqa-Gebiet vor den anderen. Während des Feldzuges, der 98 Tage dauerte (9.4.–8.7.1696), fand der Kaiser dennoch Zeit, Briefe an den damaligen Kronprinzen Yin-jeng (1674–1725) zu schicken, in welchen er die täglichen Ereignisse beschrieb. Diese uns erhaltenen 24 Briefe in mandschurischer Sprache sind Zeugnisse aus erster Hand, auch für die Gegeben-

[13] De Moyriac De Mailla (1780) 154; Fuchs (1944) 184–188.
[14] Iledkel Šastir (1795), Buch 46; Čaqundorǰi, 12r–12v1.

heiten in Qalqa zu jener Zeit. Wetter, Vegetation, Landschaft, die Stimmung der Truppe, die Qalqa, der Verlauf der Expedition – bis hin zum Sammeln von bunten Steinen und Gräsern für seine Frauen und Kinder, und die kurze Klage, daß es „dort nur Hammel zu essen gäbe" –, zu allem notiert der Kaiser aufmerksam und anschaulich seine Beobachtungen*. Um nur einige Beispiele zu zitieren[15]:

22. Tag des 3. Monats (= 24.4.)

"... Only rain and snow, though not much, fall almost without stopping. This worries my mind a little. The Mongols of the land are happy and say: 'Our place has been suffering from a dry spell year after year and no grass was growing, reducing us to great poverty; now that your Majesty is here, rain and snow have returned and grass is better.' The one who travels and the one who stays are indeed very different in the way they feel."

13. Tag des 4. Monats (= 14.5.), nach der Ankunft in Dariγangγa

"... Features of the land are no plains but gently rolling hills. ... This is a place good for nothing but keeping animals ... The altitude of the Polar Star, observed at the border with an astronomical instrument, is five degrees higher than in Peking. ... As we go further north, it becomes colder. There are days when one's beard is frozen early in the morning. But this does not hinder the grass from growing at all. This is one of the wonders here. Yet the Mongols say that it is very warm this year."

23. Tag des 4. Monats (= 24.5.)

"A memorial from General Fiyanggū that reached me at the hour of the cock on the twenty-first says that they will reach the Tuula river on the third of the fifth month (June 3). As an earlier memorial from him had said that they would reach the Tuula on the twenty-fourth of the fourth month (May 25), I arranged the marching schedule so that we would arrive at the Kerulun

* Bei folgenden Zitaten – wie auch Zitaten an anderer Stelle – wurde die englische Sprache beibehalten, da der Verfasserin das Original nicht zugänglich war.

[15] OKADA (1979) 3–9.

around the twenty-fifth of the fourth month. Then, after no reports for days, he suddenly changes the schedule. There is nothing we can do. I called together all the princes of the Eight Banners and the Minister of council for consultation, but there is no consensus. . . . I have been thinking it over and over, but cannot reach any good idea. So I have decided after all to take a long rest for a while and try to see what will develop." – Die Armee lagerte darauf eine Woche in Čaγan bulaγ.

2. Tag des 5. Monats (= 2.6.)

"The first train of the carts laden with rice arrived on the twenty-ninth of the fourth month (May 30). I accordingly had the rice issued to the troops of the Eight Banners, the Green Banners, the Household troops, the Mongol troops and the baitangga proportionately as a bonus. When the rice was being distributed, it was piled high like a mountain and the place was full of onlookers. The Khalkhas are saying: 'We had thought that the Manchus would not be able to come in such a force as this. Now we see that the Bokdo Ejen takes along the entire Peking wherever he goes.' So they are speaking, their hands covering their mouths in wonder. . . . Our officers and men are in the same high spirits as usual."

Am 6. Juni 1696 trafen Kundschafter der Armee auf Galdans Neffen und Verbündeten Danǰila am Ufer des Kerülün und teilten ihm den Anmarsch der Truppen unter des Kaisers persönlichem Kommando sowie des Generals Fiyanggô vom Westen mit und übergaben ihm ein Schreiben des Kaisers für Galdan. Als die vom Kaiser geführten Truppen am 8. Juni dann den Kerülün erreichten, war vom Feind nicht ein Mann zu sehen. Am Tage darauf erfuhren sie, daß Galdan die Flucht ergriffen hatte, ohne sich zur Schlacht zu stellen, auf die Nachricht hin, daß der Kaiser persönlich gegen ihn zöge. Sofort nahmen die Mandschus die Verfolgung auf.

11. Tag des 5. Monats (= 11.6.)

"In the evening of the ninth, I put my troops into formation and went into pursuit. We arrived at G'aldan's camping ground on the tenth and found footprints of not too many men. They still seem to have horses but not too many. The hoofprints of cattle are very few. There are hoofprints of only a sheep or two. They have left behind Mongolian yurts, Buddha figures, pots and pans, children's clothes, boots, women's necessities, cradles, some iron wares, spear shafts, fishing nets, hooks, frames of Mongolian yurts, soup still cooking in the kettle, and so on. A large number of boys serving as horsegrooms have been picked up. Their livelihood seems to have reached the bottom of poverty."...

Unglücklicherweise jedoch wurden K'ang-hsis Truppen die Vorräte knapp; ein weiteres Vorrücken war damit unmöglich. Ferner war noch immer keine Nachricht von Fiyanggô eingetroffen. Am 12. Juni beorderte der Kaiser daher General Maska, die Verfolgung Galdans mit einer kleinen Elitetruppe und Verpflegung für zwanzig Tage fortzusetzen. Er selbst, mit den restlichen Truppen, begab sich auf den Rückweg. Am 14. Juni traf der erste Bericht der Westarmee ein: Fiyanggô habe am 3. Juni die Tula überquert und blockiere Galdan den Rückweg. Am 13. Juni war Galdan dann tatsächlich auf Fiyanggôs Truppen gestoßen und bei J̌uun modun (genau südlich unweit des heutigen Ulan Bator) vernichtend geschlagen worden. Mit nur tausend Gefolgsleuten und ungefähr dreitausend Frauen und Kindern flüchtete Galdan sodann nach Westen. Seine Gemahlin Ana dara war in der Schlacht gefallen, einer seiner Söhne in die Hand des Kaisers gekommen. Ein weiterer Sohn und eine Tochter, die sich damals bei seinem ihm feindlichen Neffen Ċewang arabdan befanden, sollten 1698 ebenfalls dem Kaiser ausgeliefert werden und bis zu ihrem Tode in Peking leben. Galdan weigerte sich jedoch nach wie vor, sich zu unterwerfen. Im Frühjahr 1697 hörte er, daß der Kaiser eine neue Armee gegen ihn aussenden wollte. Seine eigene Kraft aber war erschöpft. Am 4. April 1697 starb er in Ača amtatai, wahrscheinlich durch Selbstmord mit Gift[16]. Sein Leichnam wurde verbrannt und die Asche, nachdem Ċewang arabdan sie 1698 ebenfalls ausgeliefert hatte, zerstreut.

Für die Qalqa begann nach 1691 nunmehr eine Zeit, in welcher im wesentlichen fremde Interessen ihre Lage bestimmen sollten.

[16] Fuchs (1944) 189–198.

Ihre „Unterwerfung“ glich nicht mehr den Bündnissen zwischen Stammesführern wie zur Zeit Nurhacis und Abahais (1592–1643), besiegelt durch Eide und schamanistische Opferzeremonien[17]. Sie war eine Unterwerfung unter einen Souverän, den Kaiser von China. Die daraus resultierenden politischen Auswirkungen konnten die Qalqa-Fürsten jener Zeit jedoch nicht voraussehen: Qalqa als bewegliche militärische Reserve unter mandschurischer Kontrolle, die Fürsten selbst als Amtsträger durch kaiserliche Ernennung oder Bestätigung, eingebunden in ein Verwaltungsnetz, wirtschaftliche Stagnation, außenpolitische Isolation. Für sie war die Entscheidung von 1691, mongolischer Tradition entsprechend, eine Erklärung der persönlichen Gefolgschaft für den mandschurischen Herrscher, der ihnen Schutz und die Aussicht auf Kriegsglück und Machtzuwachs sichern würde. Ihr Verhalten 1911, nach dem Sturz der Dynastie, sollte dies noch einmal deutlich machen. Der mandschurische Kaiser und das Chinesische Reich wurden völlig unabhängig voneinander betrachtet.

Ebenso wie die Eingliederung der mongolischen Völkerschaften in das Ch’ing-Reich sich nicht auf einmal vollzog, sondern über einen Zeitraum von mehr als hundert Jahren nach und nach erfolgte[18], entwickelte sich auch das Verwaltungssystem für die Mongolen mit den daraus resultierenden grundlegenden Veränderungen in einem allmählichen Prozeß. Mit der Ausgabe der Meng-ku lü-li im Jahre 1789, den Vorläufern der Li fan yüan tsê li (1817/1826), den Statuten, in welchen die Rechtsvorschriften des Amtes für die Verwaltung der Außenmarken kodifiziert waren, fand dies seinen ersten Höhepunkt und Abschluß[19]. Die Tsê li besaßen direkt legislativen Gebrauchscharakter, und es sind auch entsprechende Erläuterungen zum Gesetzestext auf

[17] Hauer (1926) 93–94.

[18] Von 1636, als sechzehn mongolische Stämme sich feierlich für Hung Tayiǰi (Abahai) erklärten, bis 1771/72, der Rückkehr der westmongolischen Torgud von der Wolga unter den Schutz des Ch’ien-lung Kaisers.

[19] Legrand (1976) 28.

Anfragen der mongolischen Verwaltung erhalten[20]. Es sei hierzu noch angemerkt, daß man darin neben neu formulierten Gesetzen die alten Gesetze von Mongolen für Mongolen und von Mandschus für Mongolen des 16., 17. und frühen 18. Jh. entweder beibehielt oder durch Modifikation erweiterte. Man war also darauf bedacht, den Mongolen keine durchweg fremden, d. h. sino-mandschurischen Gesetze aufzuzwingen[21].

Die Koordination der vielfältigen mongolischen Angelegenheiten lag in den Händen des bereits erwähnten Li fan yüan[22]. Später fielen in seine Kompetenz ebenfalls die Beziehungen zu Tibet, Chinesisch-Turkestan und Rußland, mit der Ausweitung des Einflußbereiches des Ch'ing-Reiches. In der Hierarchie der Ämter folgte es auf die sechs Ministerien. Im Jahre 1661 erhielt es vier Abteilungen, wurde umorganisiert in fünf nach der Eingliederung von Qalqa, und ein letztes Mal 1761 nach der Unterwerfung von Turkestan. Das nunmehr in sechs Abteilungen gegliederte Li fan yüan behielt diese Form bis zum Ende der Dynastie 1911. Von den 223 wichtigsten Beamten aller Grade waren mindestens 140 Mongolen, die übrigen Mandschus. Die einzige Ausnahme bildeten ein chinesischer Sekretär und sieben chinesische Schreiber im Übersetzungsbüro. Durch die Hände des Li fan yüan ging alles, von Fragen der Bestätigung, Beförderung, Degradierung und Entlassung der mongolischen Amts- oder Würdenträger, Bekanntmachung von Verfügungen, Eintragung und Weiterleitung von Meldungen, Übersetzungen, Empfang und Auszahlung der Tribut- und Neujahrsdelegationen bis zur Kornversorgung in Fällen von Naturkatastrophen. Es trug Verantwortung für die Kartei der Landkarten, welche die Bannergrenzen bezeichneten, führte genealogische Listen, welche regelmäßig ergänzt werden mußten, stellte Handelsberechtigungen für chinesische Händler in den mongolischen Gebieten aus. Die Abteilung für Rechtsprechung schließlich war zustän-

20 Legrand (1976) 36.
21 Weiers (1979) 164.
22 Vgl. das Kapitel ›Die Mongolen: Von der Clanföderation zur Volksrepublik‹.

dig für alle Rechtsfälle, mit Ausnahme derer, auf welche die Todesstrafe stand. Ferner unterstanden dem Li fan yüan attachierte Institute, darunter Schulen für das Mongolische und Tibetische, in denen spezialisierte Beamte ausgebildet wurden[23].

Qalqa gliederte sich in vier Bünde, die nach ihren Versammlungsorten benannt wurden:

1. Kerülen bars qota (Sečen Qan Ayimaγ), 20 Banner.
2. Qan aγula (Tüsiyetü Qan Ayimaγ), 20 Banner.
3. Čečerlig (Sayin noyan Ayimaγ), 22 Banner sowie zwei Ögeled-Banner.
4. Biidüriy-e naγur (J̌asaγtu Qan Ayimaγ), 18 Banner sowie ein Qoyid-Banner.

In der Vermehrung von ursprünglich 8 auf 86 Banner in Qalqa wird das mandschurische Prinzip des „divide et impera" deutlich. Die zentrale Ayimaγ-Organisation als Bund wurde aus Verwaltungsgründen von den Mandschus eingeführt. Dies geschah nach 1725, der Abzweigung der 22 Banner aus dem Tüsiyetü Qan Ayimaγ zum Sayin noyan Ayimaγ. An der Spitze stand ein Bundführer, welcher aus der Reihe der Banner-Regenten (mo. J̌asaγ) seines Ayimaγs durch das Li fan yüan auf kaiserliche Anordnung ernannt wurde. Das höchste Prestige sollte ohne weiteres bei den Qanen verbleiben, nicht aber die höchste Autorität auf Ayimaγ-Territorium. Relativ gesprochen behielt Qalqa, die Äußere Mongolei, im Vergleich mit der Inneren Mongolei, die größere Unabhängigkeit. Sie wurde direkt von ihren eigenen Fürsten regiert, wenn auch mit Einschränkungen, wie wir noch sehen werden, es gab praktisch keine Kolonisation durch chinesische Ackerbauern – und Peking war weit. Hatten die innermongolischen Adligen einen nicht unerheblichen Anteil an Verwaltungsaufgaben innerhalb der Institutionen des Reiches, vor allem dem Li fan yüan, und stiegen sie auch zu anderen hohen zivilen Posten auf[24], lag dagegen die politische Bedeutung

[23] Legrand (1976) 161–165.

[24] Beispielsweise die Qorčin Nayantai, Präsident des Li fan yüan 1738–1762, sein Sohn Ch'ang-ling (1758–1838); Hummel (1964) 67–69. Sung-yün (1752–1835); Hummel (1964) 691–92.

Qalqas für das Reich fast ausnahmslos auf militärischem Gebiet. Obwohl sich die Mandschus auch manche der mongolischen Einrichtungen der Form nach zunutze machten, so veränderten sie doch den Inhalt grundlegend. Als Beispiel seien die Banner-Regenten angeführt. Vor 1691 besaßen die J̌asaγs die sozialen Funktionen der Autorität und der Verteidigung. Diese Einheit teilte die Ch'ing-Verwaltung. Die Aufgaben wurden reduziert auf die beamtenmäßige Ausübung der Verwaltung, vom Kaiser delegiert. Die amtliche Funktion ging dabei vor Rang[25]. Der J̌asaγ erhielt Patent und Siegel vom Kaiser bei seiner Ernennung. Im Falle seines Todes oder seiner Demission erhielt der Nachfolger ein Dokument, welches lediglich die Nachfolge bestätigte. Solche Dokumente wurden dem Originalpatent angehängt, mit den dazugehörigen genealogischen Tabellen. Bis 1780 wurden in Qalqa die J̌asaγs jeweils eingesetzt, wobei jedoch meistens Sohn auf Vater folgte. Erst 1781 wurden durch besonderes Dekret des Ch'ien-lung Kaisers die Posten und Ränge erblich. Abgesehen von den Besuchen zur Aufwartung am Hofe in Peking oder Jehol, den Neujahrsglückwunsch-Delegationen, der Teilnahme an den Jagden im kaiserlichen Jagdpark und der Tributüberreichung, bestanden die Aufgaben der J̌asaγs beispielsweise in folgenden zivilen und militärischen Funktionen: 1. zivil: Teilnahme an den dreijährlich stattfindenden Bundversammlungen, bei welchen im allgemeinen Angelegenheiten behandelt wurden wie Mitteilung der gefaßten Beschlüsse nach Peking, Bekanntmachung von ergangenen Anweisungen aus Peking, schwierige Rechtsfälle, die auf Bannerebene nicht gelöst werden konnten; Verwaltungsfragen, die mehrere Banner betrafen; Zensus. 2. militärisch: Stellung und Ausrüstung von Truppenkontingenten. Der J̌asaγ war dabei für jeden Mann und jedes Stück Ausrüstung verantwortlich, desgleichen für das Verhalten der Truppen im Kampf. In Fällen von Unruhe war sofort einzugreifen und mit den benachbarten J̌asaγs zusammenzuarbeiten. Die Banner-Regenten erhielten ein gutes Gehalt – jährlich zwischen 2000 Unzen Silber und 25 Rollen Satin für einen Čin wang, bis 40 Unzen Sil-

[25] Legrand (1976) 178–179.

ber für einen Tayiǰi 4. Grades. Für die gesamte K'ang-hsi-Periode hat man an Gehältern für mongolische Fürsten 59927 Unzen Silber, die Chia-ch'ing- und Tao-kuang-Periode zusammen (1796–1850) 150000 Unzen Silber und 1500 Rollen Satin ausgegeben, um nur einige Zahlen zu nennen[26]. Bußen oder Strafen bestanden für den Adel zum großen Teil in Kürzungen dieser Gehälter und Zahlungen. Die Ränge entsprachen dem mandschurischen System. Es gab deren zehn, die vom Qošoi čin wang bis zum Tayiǰi 4. Grades reichten[27] und erblich oder nichterblich sein konnten. Verleihung, Degradierung oder Entzug waren Mittel zur Belohnung oder Bestrafung.

Die Bevölkerung gliederte sich in „Steuerzahler" (mo. albatu), in persönliche Leibeigene der Fürsten (mo. qamǰilγ-a) und in Sklaven (mo. boγul). Sie trugen die Hauptlast der wirtschaftlichen Forderungen sowohl des Reiches wie der eigenen regierenden Fürsten. Besonders belastend wirkte sich dabei weniger der Tribut für die Ch'ing aus – er war nominell und im Gegensatz zu den Tributbeziehungen der Ming-Zeit als materiellem Ausdruck einer politischen Beziehung nunmehr ein weiteres Verwaltungsinstrument, festen Regeln unterworfen, welches unter anderem die Loyalität der mongolischen Aristokratie an das Ch'ing-Kaiserhaus zum Ausdruck bringen sollte – als vielmehr die Dienstleistungspflichten für das Reich und den jeweiligen J̌asaγ sowie die Abgaben an ihn. Hierauf wird im einzelnen hinsichtlich der Entwicklung im 19. Jh. noch eingegangen. Unter die Dienstleistungspflichten für das Reich, zu welchen ganze Familien turnusmäßig herangezogen wurden, fielen die Betreuung der kaiserlichen und staatlichen Herden, der Armeefelder für den Truppenunterhalt, der 47 Grenzwachtposten entlang der russisch-mongolischen Grenze und der 23 Wachtposten entlang der Westgrenze im Altai sowie der allein in Qalqa eingerichteten 76 Relais-Stationen. Um dies mit einigen Zahlen zu verdeutlichen: Die staatlichen Herden, die in der Hauptsache zur Versorgung der mandschurischen Garnisonstruppen dienten, wurden in

[26] Farquhar (1960) 94.
[27] Hauer (1926) 612–613.

Kobdo, Uliyasutai und Urga gehalten. Alle drei Jahre fand eine Registrierung statt, und es bestanden strenge Vorschriften hinsichtlich der Mindestzuwachs- und der höchstzulässigen Verlustrate. Die Herdenhüter, die wohl Lohn erhielten, mußten jedoch auch selbst begütert sein, mit Besitz nicht unter 15 bod Großvieh (1 bod entspricht 1 Rind, 1 Pferd, 1–2 Kamele) und nicht unter 50 Schafen. Fehlendes mußten sie nämlich ersetzen. Die kaiserlichen Herden standen zum Teil in Qalqa, zum größten Teil aber in Dariγangγa, das zum innermongolischen Gebiet gehörte. In Qalqa hüteten mehr als 70 Familien 65 Kamelherden und 60 Familien 20 Pferdeherden. In Dariγangγa standen gegen Ende des 19. Jh. etwa 11000 Pferde, 2500 Kamele und 88000 Schafe. Die staatlichen Felder lagen um Kobdo. Die Pflicht, sie zu bestellen, wurde im Jahre 1773 eingeführt. Man bestimmte hierzu 400 Familien, davon 200 aus dem Tüsiyetü Qan Ayimaγ, 128 aus dem Sayin noyan Ayimaγ und 72 aus dem J̌asaγtu Qan Ayimaγ. Der Sečen Qan Ayimaγ war wegen der großen Entfernung von diesem Dienst ausgenommen. Da die Dienstzeit nicht befristet war und man ein Interesse daran hatte, möglichst die gleichen Leute einzusetzen, wurden eine ganze Reihe von ihnen im Laufe der Zeit im Kobdo-Gebiet seßhaft. Die Familien erhielten laut Vorschrift wohl Bezahlung für ihre Arbeit, aber die dafür verantwortlichen Beamten nützten die Situation nur zu oft zu ihren eigenen Gunsten aus. Auch die Relais-Stationen wurden von Familien versorgt, die eine bestimmte Anzahl Pferde, Kamele und Schafe aus eigenem Vermögen zu stellen hatten. An Gesamtaufwand in Tieren für die Stationen nennt eine Schätzung drei Millionen pro Jahr[28].

Die Grenzwachtposten wurden zwischen 1727 und 1765 entlang der mongolisch-russischen Grenze eingerichtet, nach dem Vertrag von Burinsk, als die Grenzfrage zwischen den mongolischen Gebieten und Rußland eine Regelung erfuhr. Von den 82 Wachtposten fielen 70 in mongolische Verantwortung, wobei zwei Arten unterschieden wurden. Die 23 Posten im Altai unter der Kontrolle von Kobdo und Uliyasutai waren sogenannte

[28] Nacagdorž (1963) 165–167.

Sumun-(„Pfeil“-)Posten, die im Jahre 1777 beispielsweise von 1230 Soldaten im Turnusdienst bemannt wurden. Pro Mann standen vier Pferde und ein leichtes Zelt für je fünf Mann zur Verfügung. Für die Ausrüstung mußte die Bevölkerung des jeweiligen Banners Sorge tragen. Die Sumun-Posten brauchten unter anderem 4000 Pferde und 25 000 Schafe im Jahr. Als Lohn erhielten die Soldaten jährlich 18 Unzen Silber. Die 47 Posten östlich und westlich von Kiaqta waren sogenannte Ger-(„Zelt“-) Posten, die von über 900 Familien bemannt waren, welche ihrerseits in der Lage sein mußten, 5–10 Pferde zu stellen. Ihre Postierung war im allgemeinen zeitlich unbegrenzt[29].

Es bestand ferner Wehrdienstpflicht für alle Männer zwischen 18 und 60 Jahren sowie die Auflage, die Ausrüstung zu stellen. 150 Mann Kavallerie machten eine Schwadron aus, insgesamt stellte Qalqa 169 Schwadronen[30]. Obwohl gerade während des 18. Jh. aufgrund der Dzungarenkriege mongolische Truppen zeitweise ständig unter Waffen standen, gab es in Qalqa doch kein stehendes Heer im herkömmlichen Sinne. Diese bewegliche militärische Reserve, die Schutzschildfunktion von Qalqa, charakterisierte der K'ang-hsi Kaiser mit folgenden Worten: „In der alten Zeit hat die Ch'in-Dynastie Erde und Steine aufgehäuft und die Große Mauer gebaut. Unsere Dynastie hat ihre Wohltaten auf die Qalqa ausgedehnt, auf daß sie die nördlichen Gebiete bewachen. Sie werden stärker und sicherer als die Große Mauer sein.“[31] Die militärische Funktion allein erklärte jedoch noch nicht die Gesamtheit der Umwandlungen in den mongolischen Gebieten durch die Ch'ing-Dynastie. Dies steht mit den eigenen militärischen Traditionen der Mongolen in Zusammenhang, die wiederum eng mit den nomadischen Traditionen verknüpft waren. Die Elite der berittenen Bogenschützen, welche die Überlegenheit der Mongolen ausgemacht hatte, verlor ihre Bedeutung allmählich nach der Einführung der Feuerwaffen. Eine Verbreitung unter den Mongolen war streng begrenzt. Bewirkten die

[29] Bawden (1968) 103–104.
[30] Brunnert/Hagelstrom (1911) Nr. 871, 871a.
[31] Bawden (1968) 81.

Mandschus auch, um es zu wiederholen, große Veränderungen in der Verwaltung der mongolischen Gebiete, so verhinderten sie gleichzeitig jede wirkliche konsequente Modernisierung der Armee: straffe Zügel und strenge Kontrolle für ein Volk, dessen kriegerische Tüchtigkeit unvergessen war[32].

Zu den wichtigsten militärischen Ereignissen, an denen die Qalqa im 18. Jh. maßgeblich beteiligt waren, zählten die beiden großen Dzungarenfeldzüge 1718–1739 (ein „Drei-Kaiser-Feldzug") und 1754–59, an welchen sich auch die Eroberung von Chinesisch-Turkestan (danach Hsin-chiang, „Neue Grenze") anschloß. Der 1. Feldzug stand auf dzungarischer Seite unter der erfolgreichen Führung zunächst Cėwang arabdans (1643–1727)[33], dem bereits erwähnten Neffen Galdans, danach seines Sohnes Galdan čering (1745). Mit ihnen verbündet waren der Ältere Čeringdondub, ein Vetter Cėwang arabdans, sowie der Jüngere Čeringdondub, ein Großneffe 2. Grades von Galdan. Auf mandschurischer Seite standen Yin-t'i (1672–1734), der älteste Sohn des K'ang-hsi Kaisers, sowie die Generäle Funinggan (gest. 1728)[34], Furdan (1683–1753)[35], Siboo (gest. 1742) und Yen-hsin[36]. Anlaß für den 1. Feldzug dieses Krieges war die Eroberung Tibets 1718 durch den Älteren Čeringdondub. 1720 gelang es den kaiserlichen Truppen unter Yen-hsin, Lhasa von den Dzungaren zurückzuerobern. An diesem und dem zunächst zurückgeschlagenen Vorstoß im Jahre 1718 waren eine Reihe Qalqa-Fürsten mit Truppenkontingenten beteiligt. Bis 1731 fand dann zunächst kein größerer Feldzug in diesem Kriege mehr statt, von zahlreichen kleineren Begegnungen auf Qalqa-Territorium abgesehen, wobei sich die Mongolen vor allem in Überraschungsüberfällen auszeichneten. Verantwortliches Kommando führten auf seiten der Mongolen an erster Stelle der kaiserliche Eidam Fürst Cėring (er war mit der Prinzessin

[32] LEGRAND (1976) 154.
[33] HUMMEL (1964) 757–759.
[34] HUMMEL (1964) 263–264.
[35] HUMMEL (1964) 264–265.
[36] HUMMEL (1964) 907–908.

Ch'un-k'o, der 10. Tochter K'ang-hsis, verheiratet), ein Nachkomme des ersten Sayin noyan Qan, Tümengken; ferner vom Tüsiyetü Qan ayimaγ der Beile Danǰindorǰi (gest. 1738) und vom J̌asaγtu Qan Ayimaγ der Herzog Böbei (gest. 1730). Im Winter 1731 fand die Schlacht bei Süke aldaqu statt, die mit einem Sieg der mongolischen Truppen unter Cėring endete. General Siboo war in Čaγan segül stationiert und General Furdan in Kobdo. Der Ältere Čeringdondub wagte daraufhin nicht, weiter vorzurücken, sondern schickte zwei Unterführer mit 6000 Mann, um im Kerülün-Gebiet mit geteilten Truppen einzufallen. Bei Üden čöl wurden sie von Cėring gestellt und bei einem nächtlichen Überfall von Herzog Baqai vom Tüsiyetü Qan Ayimaγ (gest. 1743) mit 600 Mann in den Hinterhalt der versteckt liegenden Haupttruppe geführt und in die Flucht gejagt. Im 3. Sommermonat des Jahres 1732 fiel der Jüngere Čeringdondub mit 30000 Mann erneut in Qalqa ein. Bei Kersen čilaγu kam es zur Schlacht mit Cėring und General Daldai. Der Beyile Danǰindorǰi erschien jedoch nicht mit den Verstärkungstruppen. Er und der Herzog Čebden (gest. 1770) vom Tüsiyetü Qan Ayimaγ meldeten vielmehr vorzeitig dem Thron, wie tapfer sie zum Sieg beigetragen hätten. In Ermangelung der Unterstützung für die kaiserlichen Truppen also brachen die Feinde durch und stießen auf das Kloster Erdeni ǰoo vor. Am 23. September 1732 trat ihnen dort Cėring mit 20000 Mann entgegen. Sie brachen die feindliche Verschanzung am Orqon auf, und über 10000 Dzungaren fielen in der nachfolgenden Schlacht, Vieh und Waffen wurden zahllos erbeutet. Der Jüngere Čeringdondub konnte jedoch entkommen. Die sich fälschlich ihrer Verdienste gerühmt habenden Čebden und Danǰindorǰi kamen mit einer Degradierung und Strafeinsatz im Militärlager davon[37]. Im Jahre 1734 begannen die Friedensverhandlungen mit den Dzungaren, die erst 1739 mit der Festlegung der Grenze im Altai ihren Abschluß fanden. Maßgeblicher Berater des Kaisers und Unterhändler in

[37] ILEDKEL ŠASTIR (1795) Buch 49, 3r–14r, Danǰindorǰi; Buch 50, 6v–15v, Čebden; sowie 27v–30r, Baqai; Buch 63, 8r–16v, Böbei; Buch 70, 1v–29v, Cėring.

den Verhandlungen war wiederum Fürst Cėring. Er zählte wohl überhaupt zu den politisch einflußreichsten und meistgeehrten Fürsten Qalqas des 18. Jh. 1727, am 20. August, unterzeichnete und siegelte er für das Ch'ing-Reich den Vertrag von Burinsk, in welchem die Grenzlinie von den Bürgütei-Bergen bis zum Šabin-Paß mit Rußland vereinbart wurde[38]. Im Jahre 1733 wurde auf kaiserliche Veranlassung Tamir für ihn erbaut, unter anderem als Kompensation für seine Verluste durch einen Überfall der Dzungaren. Er wurde ferner zum Militärgouverneur von Uliyasutai ernannt – ein Posten, der zunächst dem mandschurischen Oberkommandierenden in Qalqa untergeordnet war, dann aber Eigenständigkeit erlangte – und Generalleutnant seines Ayimaγs (des 1725 neugegründeten Sayin noyan Ayimaγs). Cėrings Sohn Čenggünǰab (gest. 1771) wurde ebenfalls Militärgouverneur von Uliyasutai, und zwar 1750–54 sowie 1756–71[39]. Der dritte Qalqa-Gouverneur war Čebdenǰab, Cėrings jüngerer Sohn (1771–73). Cėring wurde ferner neben dem Qorčin Seng-ko-lin-ch'in (1865) als einzigem Mongolen die Ehre einer Gedenktafel im kaiserlichen Ahnentempel zuteil.

Der erste Dzungarenkrieg 1718–39 kostete Qalqa, um nur einige Zahlenbeispiele zu nennen, in den Jahren 1715–1735 vier Millionen Stück Vieh. 1728 allein gab man drei Millionen Unzen Silber für den Kauf von Tieren aus. 1730 wurden lediglich aus dem J̌asaγtu Qan Ayimaγ zehntausend Mann mobilisiert, deren Unterhalt und Ausrüstung zu Lasten der Bevölkerung ging[40].

Unter den Qalqa gab es aber auch „Sympathisanten" der dzungarischen Sache, so zum Beispiel den J̌asaγtu Qan Cėwangǰab und den Fürsten Lamaǰab vom Sayin noyan Ayimaγ, welche Galdan čering bemerkenswerterweise mit folgenden Argumenten zu überzeugen suchte:

"We are of one religion, and dwell in one place, and have lived very well alongside each other . . . Considering that you are the heirs of Genghis Khan, and not wanting you to be the subjects of anyone else, I have spo-

38 Weiers (1979b) 11–26.
39 Hummel (1964) 757.
40 Bawden (1968) 101.

ken with the emperor of China about restoring Khalkha and Kukunor as they were before. But now the emperor of China wants to organize us, too, like Khalkha and Kukunor, into banners and sumuns, and grant us titles, wherefore I am going to oppose him by force of arms. If all goes well, I shall restore Khalkha and Kukunor. May it soon succeed! Move over to the Altai, and dwell together with us in friendship as before. If war comes, we can face it together, and not be defeated by any man."[41]

Cėwangǰab und Lamaǰab verweigerten beide die Heeresfolge vor der Schlacht bei Kersen čilaγu 1732 und wurden lebenslang – nach Verlust aller Ämter und Titel – ins Gefängnis geworfen[42]. Es ist auch bekannt, daß aus dem Sečen Qan Ayimaγ von 3000 mobilisierten Truppen vor der Schlacht bei Erdeni ǰoo 1800 Mann desertierten.

Auch am zweiten und entscheidenden Dzungarenkrieg des Ch'ien-lung Kaisers 1754–59 nahmen große mongolische Truppenkontingente teil. Verdienstvolle Kommandeure waren unter anderen der Fürst Sangǰayidorǰi vom Tüsiyetü Qan Ayimaγ (gest. 1778) und der Fürst Čebdenǰab vom Sayin noyan Ayimaγ (1705–1782). Von ihm ließ der Kaiser sogar zwei Porträts anfertigen, eines für die Serie verdienstvoller Truppenführer und eines für seine persönliche Verwendung[43]. Das Kommando über die kaiserlichen Truppen in den Feldzügen hatten unter anderen die Generäle Bandi (gest. 1755)[44], Hadaha und Chao-hui (1708–1764)[45]. Erneut wurde die mongolische Wirtschaft auf das schwerste durch Viehabgaben und Militärdienst belastet. So zog man beispielsweise zwischen den Jahren 1753 und 1757 aus den vier Qalqa-Ayimaγs 150000 Pferde, 221000 Kamele, 22300 Rinder und 469000 Schafe für die Truppen ein[46].

In engem Zusammenhang mit den Ereignissen dieses Kriegs

[41] Bawden (1968) 114.

[42] Iledkel Šastir (1795) Buch 69, 23v–24v, Lamaǰab; Buch 71, 1v–23v, Čebdenǰab.

[43] Pelliot (1921) 255–256; Fuchs (1944a) 106–108 (zu diesen Porträtserien).

[44] Hummel (1964) 15–16.

[45] Hummel (1964) 72–75.

[46] Nasanbalžir (1964).

stand auch der Aufstand des Činggüncab aus dem J̌asaγtu Qan Ayimaγ. Im Jahre 1754 hatte sich der Qoyid Amursana[47] wegen Auseinandersetzungen mit dem dzungarischen Führer Dawači dem Kaiser unterworfen. Mit ihm kamen um 20000 Gefolgsleute. Sie erhielten Weidegründe im Qalqa-Gebiet, und Amursana wurde zum kaiserlichen Prinzen 1. Grades ernannt. Er diente 1755 als Stellvertretender Kommandeur unter General Bandi in der Armee der Nordroute. Dawači wurde besiegt, flüchtete und wurde später ausgeliefert. Im Jahre 1759 starb er dann friedlich in Peking[48]. Amursana aber war unzufrieden mit dem, was die Mandschus ihm boten, unter anderem die Führerschaft über die Qoyid – nicht aber über alle dzungarischen Stämme. Da er kein Geheimnis aus seinen ehrgeizigen Zielen machte, wurde er an den Hof zitiert. Činggüncab war nun mit Amursana befreundet – sie hatten zur gleichen Abteilung im Feldzug gegen Dawači gehört. Darüber hinaus hatten sie bereits zu jener Zeit einen Aufstand gegen die Mandschus geplant und versucht, andere mongolische Fürsten zu gewinnen, darunter Čebdenǰab, einen anderen Sohn Cèrings. Dieser aber hatte die Pläne General Bandi verraten, dem Vorgesetzten Amursanas, woraufhin man die Verschwörer trennte. Činggüncab wurde gegen die aufständischen Uriyangqai am Qan-qatun-Fluß an den oberen Läufen des Ob eingesetzt. Es gelang ihm jedoch, Amursana vor Bandis Verdacht zu warnen. Als Amursana dann von Erinčindorǰi, dem Sohn des Dondubdorǰi und der kaiserlichen Prinzessin K'o-ching und jüngerem Bruder des 2. J̌ebcundamba Qutuqtu, nach Peking eskortiert werden sollte, gelang es ihm zu entkommen. Erinčindorǰi wurde des Verrats beschuldigt, weil er Amursana trotz verschiedener Warnungen nicht besser bewacht habe. Man arretierte ihn und brachte ihn nach Peking, wo er 1756 zum Tode verurteilt wurde, jedoch die kaiserliche Gnade erhielt, sich selbst das Leben nehmen zu dürfen[49]. Zu einem Zusammenschluß zwischen Amursana und Činggüncab kam es jedoch nicht

[47] Hummel (1964) 9–11.
[48] Veit (1970) 206–208.
[49] Iledkel Šastir (1795) Buch 47, 17r–22v, Erinčindorǰi.

mehr. Amursana war im März 1756 von der Armee besiegt worden und zu den Kazak geflohen. Činggüncab wurde danach aus Uriyangqai abberufen und mit 800 Mann zu General Hadaha abkommandiert, um Amursana zu verfolgen. Die Stimmung unter den mongolischen Fürsten war zu jener Zeit rebellisch, vor allem auch wegen der Verurteilung des Erinčindorǰi und des Festhaltens des Qutuqtu in Peking. Als Čingüncab im Sommer 1756 von seinem Posten desertierte und seinen berühmten „Klagebrief“ an den Ch'ien-lung Kaiser schrieb, antwortete ihm dieser sogar mit einer Rechtfertigung seiner Handlungen. Aber Čingüncab wollte die Rebellion. In einer gefälschten Anweisung ließ er die Wachtposten abziehen, und über die Hälfte leistete umgehend Folge. Eine Reihe Fürsten schlossen sich ihm an[50]. Amursana war inzwischen ein zweites Mal besiegt worden, diesmal von General Chao-hui, und zunächst wieder zu den Kazak, dann nach Rußland geflüchtet, wo er im Sommer 1757 an den Pocken starb. Sein Leichnam wurde den Mandschus ausgeliefert[51].

Čingüncabs Aufstand scheiterte daran, daß kein formuliertes Ziel vorhanden war, aber auch keine koordinierte Aktion die Rebellen zusammengebracht hätte. Der Großteil des Adels blieb loyal, und auch der Qutuqtu entschied sich nicht eindeutig für Čingüncab, obwohl von ihm bekannt war, daß er nach seiner Rückkehr aus Peking gegen die Mandschus agitiert hatte. Die Situation wird in folgendem Schreiben des Sangǰayidorǰi, Generalleutnant des Tüsiyetü Qan Ayimaγs, summiert:

“Now if your slave follows orders and takes troops to suppress Chingunjav, it may have the unwelcome result that the Khalkhas as a whole will rally to his support, and it is my humble opinion that this is a matter of grave importance for your Majesty's polity and that it will be a setback, if by fear the Khalkhas are moved to disturbance. My stupid opinion is the following: The only person whom the Khalkhas trust implicitly is the Khutukhtu, and the most advantageous step would be to extend favour towards him and get him to pacify the Khalkhas.”[52]

50 Iledkel Šastir (1795) Buch 63, 18v–36v, Čingüncab.
51 Zlatkin (1958) 310 und 312.
52 Bawden (1968) 120–121.

Der Ch'ien-lung Kaiser handelte rasch und entschlossen. Die Wachtposten und die Relais-Stationen wurden durch loyale Mongolen besetzt und die Dienste aufrechterhalten, der J̌ebcundamba Qutuqtu angewiesen, Loyalität zum Kaiserhaus predigen zu lassen, Čenggünǰab, der Sohn Cėrings, erneut zum Militärgouverneur in Uliyasutai berufen. Als dann 1757 eine Generalversammlung der Qalqa-Bünde einbefohlen wurde, an welcher auch der lČaṅ-skya Qutuqtu aus Peking teilnahm, waren die Qalqa-Fürsten bereit, ihre Schuld zu bekennen und den Treueid zu schwören. Činggüncab hatte es versäumt, rechtzeitig für genügend militärischen Rückhalt zu sorgen und loszuschlagen, während die Mandschus noch unvorbereitet waren. Wie es ihm aber nicht gelang, den mongolischen Adel auf seine Seite zu bringen, konnte er schließlich auch seine eigenen Gefolgsleute nicht halten. Im Januar 1757 wurde er gefangengenommen, nach Peking gebracht und hingerichtet. Mit ihm starben fast alle Mitglieder seiner Familie, mit Ausnahme seines jüngsten Sohnes Bari, der seiner Großmutter Balǰin übergeben wurde[53]. Der Činggüncab-Aufstand war begleitet von lokalen Überfällen und Plünderungen, unter anderem auf chinesische Handelsniederlassungen, aber auch sie erfolgten eher sporadisch als geplant. Die Strafen kamen schnell und drastisch: Hinrichtung oder Zuweisung als Sklave in den Haushalt loyaler Fürsten. Nationalismus, der Wunsch nach Unabhägngkeit und Befreiung vom „mandschurischen Joch" waren zu jener Zeit noch keine Beweggründe für gemeinsames Handeln, wie von manchen Historikern aus der Rückschau gern angenommen wird. Der fatale Individualismus, dem man in der Geschichte der mongolischen Völkerschaften immer wieder begegnet, in der Gefolgschaft wie in der Verweigerung der Gefolgschaft, in Zustimmung wie in Protest, hinderte sie immer wieder, zur Einigkeit und damit zu einem nationalen Bewußtsein zu finden. Wirtschaftlich gesehen wirkte sich die Rebellion ebenfalls sehr nachteilig aus. Dazu kam, daß der vorangegangene Winter 1755/56 schneereich und ungewöhnlich kalt gewesen war, was große Verluste an Vieh zur Folge gehabt

[53] Iledkel Šastir (1795) Buch 63, 36r–v, Činggüncab.

hatte. Zu allem Unglück hatte es ferner eine Pockenepidemie gegeben. Die Politik der Befriedung durch die Mandschus in Qalqa zeigte sich jedoch dann weit weniger hart als in bezug auf die Dzungaren. Der Kaiser gewährte Unterstützung durch Schuldentilgung, während unter Chao-hui jene 1757/58 fast vollzählig zu Tode gebracht wurden. Die wenigen übrigen wurden im Westen und im Gebiet des J̌asaγtu Qan angesiedelt. Von ihrem einst so mächtigen Reich war so gut wie nichts übriggeblieben. In das nahezu entvölkerte Ili siedelte man Čaqar-Familien sowie eine Reihe der 1771/72 von der Wolga zurückgekehrten Torγud an[54]. Grundlegende Änderung in Qalqa erfuhr die Position des J̌ebcundamba Qutuqtu. Die enge verwandtschaftliche Bindung an die führenden Familien hatte sich als gefährlich erwiesen. Eine Situation, in der ganz Qalqa praktisch auf ein Zeichen des Qutuqtu wartete, wie 1756, sollte sich nicht wiederholen dürfen. Der Kaiser verfügte, daß zukünftige Inkarnationen nur in Tibet gefunden werden durften. Das Prestige des J̌ebcundamba blieb jedoch so groß, daß man die achte, aus Tibet stammende Inkarnation 1911 zum Staatsoberhaupt ernannte und ihn in diesem Amt auch nach der Revolution 1921 bis zu seinem Tode bestätigte.

Im Verlauf des 19. Jh. geschah in Qalqa nichts, was von Bedeutung über seine Grenzen hinaus gewesen wäre. Das Land blieb geradezu abgeschnitten von der Außenwelt, bis 1860 in Urga das erste russische Konsulat eingerichtet wurde, in der

[54] Die zehn J̌asaγs der Qaγučin Torγud unter Qo. Orlang waren um das Jahr 1616 wegen der Machtansprüche Batur qung tayiǰis, des Vaters von Galdan, an die Wolga gezogen. Dort jedoch gerieten sie im Laufe der Zeit immer stärker unter russischen Druck, bis man schließlich sogar Einfluß auf die Wahl des Qans zu nehmen beanspruchte. Als Erbfolgestreitigkeiten die Lage noch erschwerten, beschlossen die Torγud-Führer die Flucht. Im Januar 1771 (1772?) brachen sie auf, mit 33000 Familien (169000 Personen), von welchen etwa 88000 völlig erschöpft mit nur wenigem Besitz nach einer Reise von über acht Monaten im Ili-Gebiet eintrafen. Der Ch'ien-lung Kaiser ließ sie mit allem Nötigen versorgen (Vieh, Getreide, Salz, Tee, Kleidung) und in zwei Ayimaγs neu ordnen: vgl. Bergmann (1804/5) I, 141–228; Barkmann (1955); Pelliot (1960) 33–38; Hummel (1964) 784–787, 659–661.

Folge des chinesisch-russischen Grenzvertrages von Aigun 1858[55]. Hatte der Qalqa-Adel im 18. Jh. noch ein gewisses Maß an politisch-militärischer Bedeutung für das Reich, so gilt dies für das 19. Jh. nur mehr noch mit Einschränkungen. Nach wie vor wurden mongolische Truppenkontingente, Pferde und Vieh für Kriege und die Niederwerfung von Aufständen eingezogen[56], aber die zunehmende Sinisierung der Mandschus und die abnehmende Stärke des Reiches nach außen ließ die Politik der Ch'ing gegenüber den Dependentien um so strenger und bürokratischer werden. Charakteristisch für die Mongolen des 19. Jh. ist, wie Bawden es formuliert hat, "the breakdown of a traditional pattern of living under the impact of economic stagnation, and the collapse of a feeling of responsibility for the public welfare on the part of the authority"[57].

Ab dem Jahre 1844 galt die gesetzliche Vorschrift, daß auch die persönlichen Leibeigenen der Fürsten und Tayiǰis ohne J̌asaγ-Würde der Steuer- und Dienstleistungspflicht dem Reich gegenüber unterworfen sein sollten. Was die übrigen Untertanen anlangt, so beinhalteten die Pflichten dem eigenen Bannerherrn gegenüber – neben den bereits geschilderten Reichsdienstpflichten – drei Arten der Forderung: erstens Dienstleistungspflichten; zweitens Steuern auf Erträge; drittens Steuern in Form von Geld, dies als Entwicklung aus den ersten beiden Pflichten. Die von den Untertanen persönlich geleisteten Dienste bestanden in Weidung der Tiere ihres Herrn und damit verbundenen saisonalen Arbeiten wie Zureiten, Melken, Scheren, Filzbereiten etc. Ebenso gehörte das Sammeln von Feuerungsmaterial, Haushaltsarbeiten und Reisebegleitung dazu. So kostete zum Beispiel die Reise des J̌asaγ Duγarcembel vom Sečen Qan Ayimaγ im Jahre 1832 zu den Neujahrsfeierlichkeiten in Peking 5000 Unzen Silber, mit einbezogen sechs Kamellasten Eis aus dem Kerülün für seinen privaten Gebrauch[58]. Was die Steuern auf die Erträge

[55] Weiers (1979b) VII–VIII, 110–121.
[56] Nasanbalžir (1964) 100–103.
[57] Bawden (1968) 147.
[58] Bawden (1968) 102.

anlangte, durften nach den Vorschriften des Li fan yüan beispielsweise nur ein Schaf auf zwanzig im Jahr erhoben werden. Der J̌asaγ Čedendorǰi vom Tüsiyetü Qan Ayimaγ hingegen erhob zu Beginn des 19. Jh. in drei Jahren Steuern im Wert von 6700 Unzen Silber (i. e. 412 Ochsen, 2160 Schafe, 6000 Pfund Butter, 1320 Scheffel Gerste, 9200 Pfund Mehl und anderes mehr). Obendrein zog er 21000 Unzen Silber ein, um seine Schulden bei den chinesischen Handelshäusern zu begleichen. 1815 allerdings mußte er 11200 Unzen illegal gefordertes Silber zurückzahlen[59]. Die Situation war überall nicht anders, und gegen Ende des 19. Jh. schätzte man zum Beispiel das Gesamtvermögen des Kobdo-Distrikts auf etwa nur die Hälfte der Schulden gegenüber den chinesichen Handelshäusern. Im Verlauf des 19. Jh. wurde es auch mehr und mehr üblich, sowohl Steuer- und Dienstpflichten dem Reich wie dem eigenen Bannerherrn gegenüber mit Geld abzulösen oder Ersatzleute gegen Geld zu stellen. Auch in den großen Klosterländereien war die wirtschaftliche Situation ganz ähnlich. Hier waren es die Šabis, die Dienstpflichten ihrem Klosterherrn gegenüber unterworfen waren. „Šabi" bedeutete ursprünglich „Diszipel, Jünger", bezeichnete später aber auch Personen, die zum Grundbesitz eines Qutuqtu gehörten, mit einem ähnlichen Status wie die fürstlichen Leibeigenen, schließlich das ganze Grundeigentum selbst. Die bedeutendste dieser Besitzungen war wohl der „Große Šabi" des J̌ebcundamba Qutuqtu, zu welchem die Grundlagen bereits 1639 durch Schenkungen gelegt wurden. Erst 1723 löste man den „Großen Šabi" aus dem Verband des Tüsiyetü Qan Ayimaγs heraus und unterstellte ihn einem vom Kaiser ernannten Šanzodba[60].

Mehrfach ist von chinesischen Handelshäusern in Qalqa die Rede gewesen. Hatten noch in der Ming-Zeit die Mongolen ihre Tiere und Waren zu den Märkten in China gebracht, so hörten diese Handelsbeziehungen während der Galdan-Feldzüge ganz auf. Chinesische Händler begannen nunmehr, nach Qalqa zu

59 Bawden (1968) 150.
60 Bawden (1968) 106; S. 161–162.

reisen, wo sie sich auf Zentren wie Urga und die mandschurischen Garnisonen Kobdo und Uliyasutai im Laufe der Zeit konzentrierten. Um 1720 begannen die Mandschus mit einer Kontrolle der zunehmend großen Zahl der Händler. Das Li fan yüan gab Lizenzen aus, auf welchen die Dauer des Aufenthalts und die Waren spezifiziert wurden. Obwohl es den Händlern verboten war, feste Gebäude zu errichten oder mongolische Frauen zu heiraten, wurden diese Verbote nicht selten umgangen. In Urga und Kiaqta an der mongolisch-russischen Grenze richtete man Stellen für die Handelsüberwachung ein, sehr begehrt, da außerordentlich profitabel durch Bestechungsgelder. Die Urga-Stelle brachte beispielsweise Ende des 19. Jh. 5000 Unzen Silber im Jahr! Die wirtschaftliche Stärke der chinesischen Handelsstationen in Qalqa gründete sich auf zwei Faktoren. Einmal hatten sie Rückendeckung durch die reichen Stammhäuser in Peking, und da sie auf halb-kooperativer Basis arbeiteten, konnten sie auf den harten Einsatz der Manager in der Mongolei rechnen, die eines Tages ihren kleinen Anteil an dem Unternehmen erlangen konnten. Der andere Faktor war die Abwicklung der Geschäfte selbst. Die Mongolen lieferten saisonale Produkte wie Fleisch, Wolle, Felle. Was sie jedoch brauchten, benötigten sie umgehend und immer wieder: Tee, Tabak, Stoffe, Mehl, ja selbst Dinge wie Sättel, Kochtöpfe, Nadeln etc., die sie früher selbst hergestellt hatten. Die Chinesen liehen nun den Mongolen Geld – als eine Art Bank – und profitierten von den hohen Zinsen. Nominal betrugen diese 3 % im Monat, aber die Schuld durfte nicht länger als drei Jahre ausstehen, zu welcher Zeit die Zinsen den Wert des Kapitals erreicht hätten. Oftmals aber konnten die Schuldner dann weder Zinsen noch etwa das geliehene Kapital zurückzahlen. Die chinesischen Läden zielten darauf ab, Handel und Finanzen eines Banners zu monopolisieren, so daß sie seine „Finanziers" wurden (mo. tunš, von chin. t'ung-shih). In der Praxis bedeutete das die vollständige finanzielle Abhängigkeit eines Banners. Es ist nicht mehr genau festzustellen, wann diese Einrichtung ihren Anfang nahm, aber von der Mitte des 18. Jh. an war sie in ganz Qalqa gebräuchlich und stand wohl auch im Zusammenhang mit den wachsenden Steuer- und Dienstleistungsforderungen. Die tunš-Beziehung war im übrigen durchaus legal; Verhandlungen und Ergebnisse mußten den Bundbehörden gemeldet werden, welche auch die Aufstellungen erhielten[61].

Die zunehmende Verarmung brachte viele Mongolen zur Flucht vor ihren Herren, um so mehr, als auf Nichterfüllung der Abgabepflichten brutale körperliche Strafen standen. Dies führte einmal zur Landstreicherei, wobei die Betroffenen dann von Handlangerdiensten leben mußten. Landstreicherei stand jedoch unter Strafe, und Auslieferung an das Heimatbanner war vorgeschrieben. Viele lebten so als Bettler oder zogen als eine Art beginnendes „städtisches Proletariat" – wenn sie sich der Gefangennahme entziehen konnten – in die festen Siedlungen wie Urga oder die Garnisonen mit ihren angegliederten Handelsniederlassungen. Zum anderen aber führten die immer stärker werdenden sozialen Spannungen zu Bandenbildungen. Ihre Mitglieder kamen aus allen Schichten der mongolischen Bevölkerung, vor allem auch aus dem verarmten Adel. Wo diese „Banden" ausgleichende Gerechtigkeit zu üben suchten, wurden sie im Volke als Robin-Hood-Gestalten oder gleich den edlen Räubern des ›Shui hu ch'uan‹ idealisiert. Die berühmtesten Freischärler, die auch in zahlreichen Liedern besungen wurden, waren Toroi bandi (gest. 1904) und Toγtaqu tayiǰi (gest. 1922)[62]. Gegen Ende des 19. Jh. kam es ferner häufig zur Verweigerung der Heeresfolge und zu Desertionen während der Niederwerfung der Dunganenaufstände 1870. In den Jahren 1880 und 1900 brachen Meutereien in Uliyasutai aus. All dieser Widerstand richtete sich jedoch nicht gegen das System als solches, sondern jeweils nur gegen bestimmte Personen oder Mißstände. Das Ziel war, Unrecht wiedergutzumachen, Schaden zu ersetzen, gegebenenfalls einen neuen Herrn zu erhalten. Als friedliches Mittel zur Erreichung solcher Ziele diente beispielsweise auch die Möglichkeit, Petitionen einzureichen. Davon wurde, vor allem im 19. Jh., häufig – und häufig mit Erfolg – Gebrauch gemacht. Unter anderem

[61] Bawden (1968) 94–100.
[62] Heissig (1972) II, 517–573.

geht aus solchen Petitionen hervor, daß oft nicht allein wirtschaftliche Gegebenheiten Unzufriedenheit bewirkten: die Ordnung wurde ebenso gestört durch frevlerische Handlungen der Fürsten[63].

Die Mißstände fanden aber auch Reformer auf der Seite der Regierenden. Der bemerkenswerteste war wohl der Hebei wang Toγtaqutörü (1797–1887), genannt To wang, der die Schrift verfaßte ›Lehren, welche die Lebenshaltung erklären‹ (1853)[64]. Er regierte als Jasaγ ein Banner im Osten des Sečen Qan Ayimaγs. Er war ein gebildeter Mann, des Mandschurischen, Chinesischen und Tibetischen kundig, der auch China und Tibet bereist hatte. Zu seinen Neuerungen gehörte der Anbau von Getreide, die Herstellung von Textilien, Ziegeln, der Bau von Wassermühlen. To wang ließ Gold schürfen, Salz und Soda gewinnen. Er förderte Jagd und Fischfang sowie das Sammeln von Pilzen und Beeren als Zusatz, um die starke Belastung der Herden als einzige Einkommensquelle zu vermindern. Er unterhielt eine eigene Sänger- und Theatergruppe und gründete eine Schule für die Kinder aller Bevölkerungsschichten seines Banners, in der sie lesen und schreiben lernten. 1864 ließ er dafür ein Lehrbuch der mongolischen Orthographie drucken, das er selbst zusammengestellt hatte. Die Ermahnungen und Regeln für seine Untertanen legte To wang in dem obengenannten Werk in elf Abschnitten in einer prägnanten, kurzgefaßten Prosa dar. Er gab Anweisungen über das richtige Satteln, das Füttern der Karawanentiere, die Weidung der fünf Tierarten, den Bau von Stallungen etc. Seine Fortschrittlichkeit bestand unter anderem darin, wie Bawden es zusammengefaßt hat, "... that he saw the necessity of classifying what knowledge there was and applying it where it was needed"[65].

Was die Verbesserung des täglichen Lebens anging, so empfahl To wang die Tugend der Mäßigung: „Wenn du ohne Beschäftigung herumsitzt, schlafen gehst, wann eben du müde bist

[63] Rasidondug/Veit (1975) Document 42.
[64] Heissig (1972) I, 168.
[65] Bawden (1968) 181.

und so deinen Lebensunterhalt vernachlässigst, dann, wie du nur aufgewacht bist, wieder und wieder Tee trinkst und ißt, was es eben gibt, so wirst du an einem Tage das Essen und Trinken für drei Tage aufessen, die Vorräte für drei Monate werden in einem Monat weg sein."[66]

Den Geistlichen machte er folgenden Vorwurf: „Die Geistlichkeit schätzt den Lebensunterhalt hoch und begehrt nach dem Besitz und dem Vieh der Verheirateten ... Sie nehmen die Religion auf die leichte Schulter, werden zu Dienstsklaven der gewöhnlichen Leute, und man gebraucht sie zu verschiedenen bösen Taten. In anderen Gebieten dressieren Mönche Hunde, fällen Holz, jagen Hasen und derartiges Getier, und Buddhas beschwerliche und harte Gelübde haben sie abgeschnitten und auf Sand und Erde geworfen."[67]

Wie Heissig weiter ausführt[68], verbarg sich hinter To wangs Kritik aber weniger die Sorge um die Reinheit der Lehre als vielmehr das Unbehagen, daß die Lamas mit eigenen Wirtschaften oft Frauen hielten, als Geistliche seinem steuerlichen Zugriff entzogen waren und dabei erhebliche Werte angesammelt hatten. Ein Zehntel der dienstpflichtigen Bevölkerung machte die Zahl der nicht im Kloster lebenden Lamas mit eigenem Hausstand im Jahre 1828 aus. Die im allgemeinen eher negative Beurteilung To wangs, die sich darauf gründet, er habe all diese Anweisungen nur gegeben, um seine Ausbeutung der Bevölkerung erhöhen zu können, wird ihm sicherlich nicht gerecht. Daß er seinerzeit auch von seinen eigenen Leuten abgelehnt wurde, lag daran, daß sie als Untertanen wirtschaftlich bereits bis an die Grenze des Ertragbaren belastet waren und das Konstruktive an den Ideen des To wang nicht erkennen konnten. Sie sahen in den Reformplänen nur neue Methoden für weitere Frondienstleistungen[69]. Der direkte Anlaß für den Widerstand gegen To wang war sein Plan, im Jahre 1837 etwa tausend Lamas aus elf

[66] Heissig (1972) I, 170.
[67] Heissig (1972) I, 171.
[68] Heissig (1972) I, 171.
[69] Heissig (1972) I, 172.

Tempeln seines Bannergebietes in ein neues großes Kloster umzusiedeln. Dieser Plan, mit dem To wang eine Kontrolle sowohl der immer mehr zum Eigenkapital hin tendierenden wirtschaftlichen Entwicklung der Klöster als auch der bei den einzelnen Familien verstreut lebenden Mönche, die sich wenig mehr an die Ordensregeln hielten, zu erreichen versuchte, stieß auf Ablehnung bei Mönchen wie bei der Laienbevölkerung. Die Mönche erkannten, daß damit ihre Privilegien beschnitten und ihre Freiheiten eingeschränkt wurden. Die Laienbevölkerung wiederum wollte sich nicht von den teilweise in den Familien lebenden geweihten Familienmitgliedern trennen, die jeweils ihre religiöse Betreuung gewährleisteten und ihnen einen besonders „frommen" Status gaben. Es kam zu einem fünfjährigen Streit, der zeitweilig bedrohliche Formen eines bewaffneten Aufstandes annahm. Von den im Verlaufe dieser Jahre überreichten Petitionen ist die große, 40 Punkte umfassende des Jahres 1840 an den Bund gerichtete Schrift veröffentlicht[70]. Der mandschurische Amban in Urga entschied schließlich auf Aufgabe der Klosterkonzentration, aber die Rebellen wurden bestraft[71].

Neben der wirtschaftlichen Stagnation und der zunehmenden Verschlechterung der Lebensverhältnisse hatte der Status der mongolischen Völkerschaften unter der Ch'ing-Dynastie auch eine weitgehende außenpolitische Isolation bewirkt. Die einzigen Auslandsbeziehungen Qalqas beschränkten sich auf Handel mit Rußland[72]. Als zwischen den Jahren 1906 und 1911 der alte Kurs der Ch'ing-Dynastie, nämlich die Politik eines politischen Vakuums in den mongolischen Gebieten, einer intensiven chinesischen Kolonisation wich, blieb den Mongolen praktisch nur die Möglichkeit, sich um Hilfe nach Rußland zu wenden. Die Delegation, die sich im August 1911 nach Sankt Petersburg begab, bestand aus dem Generalleutnant des Tüsiyetü Qan Ayimaγs, Fürst Qandudorǰi, dem Großlama Cėringčimid und dem

[70] Rasidondug/Veit (1975) Document 23.

[71] Heissig (1972) I, 169.

[72] Vgl. Das Kapitel ›Die Mongolen: Von der Clanföderation zur Volksrepublik‹.

innermongolischen Herzog Qayisang der Qaračin, welcher sich bereits einige Zeit in Qalqa aufgehalten und gegen die Ch'ing agitiert hatte[73]. Die russische Regierung, die sich durch diese Delegation gewissermaßen zu einer „hic Rhodos, hic salta"-Entscheidung gezwungen sah – wobei diese Entscheidung wiederum weder Japan in Alarm versetzen noch die Situation an der eigenen Grenze gefährden durfte –, beschloß langfristig, eine mongolische absolute Autonomie innerhalb des Ch'ing-Reiches, nicht aber einen unabhängigen mongolischen Staat mit diplomatischen Mitteln zu unterstützen[74]. Der Sturz der Ch'ing-Dynastie, welcher mit der Wu-ch'ang-Rebellion im Oktober 1911 eingeleitet wurde (die Abdankungsurkunde wurde am 12.2.1912 unterzeichnet), änderte jedoch den Verlauf der Ereignisse zunächst. Im Dezember 1911 verließen sowohl Sando, der letzte mandschurische Amban in Urga, als auch der Militärgouverneur von Uliyasutai, in der Einsicht, daß angesichts der Überlegenheit der mongolischen Truppen Widerstand zwecklos sei, mit ihren Leuten unter dem Schutz von Kosakenabteilungen friedlich die ehemalige Äußere Mongolei[75]. Am 30.12.1911 fand die feierliche Einsetzung des 8. J̌ebcundamaba Qutuqtu als Staatsoberhaupt der neuen Autonomen Mongolei statt.

[73] Ewing (1978) 109.
[74] Ewing (1978) 111.
[75] Ewing (1978) 115.

DIE INNERE MONGOLEI 1911 BIS 1939

Von WALTHER HEISSIG

Für das Gebiet der Inneren Mongolei brachte weder der Zusammenbruch des chinesischen Kaiserreichs und die Entmachtung der Mandju-Dynastie 1911 noch die dadurch ermöglichte, vom zaristischen Rußland unterstützte Loslösung und Selbständigkeitserklärung der nördlichen Khalkhamongolei vom 1. XII. 1911 ein Ende der Unruhen und Instabilität, der sich das Gebiet seit mehr als fünfzig Jahren ausgesetzt gesehen hatte.

Die Hoffnung einer Eingliederung der Inneren Mongolei in die von den nördlichen Mongolen erreichte Selbständigkeit unter Loslösung von China erfüllte sich nicht, wenngleich dies zum erklärten Programm der mongolischen Unabhängigkeitsbewegung gehörte. So mancher der aktiven Kämpfer gegen die chinesische Landnahme und Unterwanderung in der Inneren Mongolei, wie Khaisan, ein Kharatsin, der in seinem Heimatland im nordöstlichen Teil der Inneren Mongolei die antichinesische Bewegung geführt hatte, war vor chinesischem Zugriff nach Urgha geflohen; er hatte 1911 in Sankt Petersburg um russische Unterstützung verhandelt und war zu einem hohen Beamten im Innenministerium der Autonomen Mongolei unter dem Bogdo Gegen aufgestiegen[1]. Auch Toγtaqu tayiǰi, der von 1901 an im ostmongolischen Gebiet von seiner Gorlos-Heimat aus mit einer immer zahlreicher werdenden Insurgentengruppe gegen den Verkauf mongolischen Weidelandes und gegen das Räuberbandenunwesen gekämpft hatte, bis er sich, von den Mukdener Behörden gejagt, vor deren Übermacht 1910 nach dem Khalkhagebiet absetzen mußte, spielte dort, zum Herzog und Kommandeur der Leibwache des Bogdo Gegen, des ersten

[1] NAKAMI (1976).

Oberhauptes der Autonomen Mongolei, ernannt, eine politisch wirksame, prorussische Rolle, bis er 1922 nach längerer Krankheit starb[2]. Otai (Wutai), ein Khorstin-Mongole, der 1911, nach der Unabhängigkeitserklärung der Äußeren Mongolei, in seinem Heimatgebiet einen Aufstand gegen die chinesische Oberherrschaft angezettelt hatte, der aber niedergeschlagen wurde, floh ebenfalls nach der Äußeren Mongolei und wurde stellvertretender Minister für Militärangelegenheiten[3]. Die unter der neuen mongolischen Regierung des Bogdo Gegen nach 1911 mehrfach geäußerten und ernstgemeinten Pläne einer Einbeziehung der Inneren Mongolei in die Loslösung von China fanden von zaristisch-russischer Seite keine Unterstützung. Das Zarenreich hatte in verschiedenen, seit 1906 geschlossenen Geheimverträgen mit Japan die Einflußgebiete in der ganzen Mongolei geteilt. So ging auch der Wunsch der südmongolischen Gruppe, an deren Spitze Khaisan stand, nach militärischer Annexion der Inneren Mongolei durch Truppen der Autonomen Mongolei nicht in Erfüllung. Die zu diesem Zweck nach der Inneren Mongolei entsandten mongolischen Truppen mußten auf russischen Wunsch und auch wegen ungenügender Ausbildung[4] nach schlecht geführten Operationen aus dem Innermongolischen Grenzgebiet zurückgezogen werden[5]. Die Innere Mongolei blieb, im Gegensatz zur Nördlichen Autonomen Mongolei, die nun unter der Herrschaft des Bogdo Gegen stand, ein integraler Teil der Republik China, was nach längeren Verhandlungen im Juni 1915 im Vertrag von Khiachta besiegelt wurde[6]. Die innermongolischen Fürsten, ursprünglich in großer Zahl der Loslösung von China gewogen, begannen sich mit der neuen chinesischen Regierung unter Yüan shi kai ins Benehmen zu setzen.

Die neue chinesische Regierung hatte 1911 bereits das Amt für

[2] Nawannamǰil (1946); Edünkesig (1958); Heissig (1972) 539 bis 551; Onon (1976).

[3] Nakami (1976).

[4] Bericht der Deutschen Botschaft Peking an das Auswärtige Amt vom 15. Januar 1914.

[5] Nakami (1976).

[6] Ewing (1980) 66–99.

die Angelegenheiten der Äußeren Mongolei (Γadaγadu mongγol-un törü ǰasaqu yabudal-un yamen), das unter der Mandju-Dynastie für die Politik in den Mongolengebieten Chinas zuständig gewesen war, in das Amt für Mongolisch-Tibetische Angelegenheiten (Mongγol Töbed-ün törü-yi ǰasaqu yabudal-un yamen) umgewandelt, in dem eine Gruppe von Kharatsin-Adligen den Ton angab. Die Verhandlungen über den Rückzug der nach der Inneren Mongolei eingedrungenen außermongolischen Truppen, die teilweise von nach Urgha geflohenen innermongolischen Unabhängigkeitskämpfern angeführt wurden, wurden mit diesen bereits eben von einem dieser Kharatsinfürsten, Gungsannorbu, mit Erfolg geführt. Das Amt für Mongolisch-Tibetische Angelegenheiten entwickelte sich in späteren Jahren zu einem Schrittmacher der chinesischen Kolonisation in den innermongolischen Gebieten[7].

Die neue chinesische Regierung beließ die mongolischen Fürsten in ihren ererbten Rechten und stattete sie wie in der Mandjuzeit mit Apanagen aus. Dieser Schritt mag zum Teil die Haltung dieser Oberschicht der mongolischen Bevölkerung beeinflußt haben.

Für den Großteil der innermongolischen Bevölkerung blieben die Probleme bestehen, wie bereits in der zweiten Hälfte des 19. Jh. Der Verkauf von mongolischem Boden an chinesische Großgrundbesitzer durch die Fürsten, die daraus resultierende Einwanderung chinesischer Siedler in das frühere mongolische Weideland, die dadurch veranlaßte Verdrängung der viehzüchtenden Mongolen in aride Gebiete mit geringem Futter für die Herden, was wieder zur Verarmung der Mongolen führte, zu ihrem sozialen Abstieg und der Veränderung ihrer Lebensformen, bei Annahme des Ackerbaus[8], machte sie dem durch den Eisenbahnbau immer stärker werdenden Zustrom chinesischer Siedler und Landarbeiter unterlegen. Die den Fürsten vom chinesischen Staate zugestandene Erhebung von Steuern und Fronarbeit trug zur Verarmung bei.

[7] Lattimore (1935) 119–121.
[8] Heissig (1943) 175–184.

Von all diesen Mißständen waren bereits im 19. Jh. im Nordosten die in der Mandschurei und Jehol lebenden Mongolen und im Süden die Mongolen des vom Huangho-Knie umschlossenen Ordusgebietes betroffen gewesen. Seit 1861 bis 1910 war es in den ostmongolischen Gebieten von Jehol, bei Khortsin, Kharatsin, Tümet, Naiman, Bagharin und Γorlos zu Aufständen gegen diese Mißstände gekommen[9]. Im Ordusgebiet hatten sich seit 1858 Geheimbünde aus gleichen Ursachen gebildet[10].

Nach 1911 sollten sich in diesen beiden Flanken der Inneren Mongolei erneut Herde politischer Unrast und Unruhe bilden und auch auf die dazwischenliegenden übrigen Teile der Inneren Mongolei ausstrahlen. Von nun an beginnen sich, von dahinterstehenden Machtkonstellationen abhängig und beeinflußt, die sozialen und nationalen Motivationen voneinander zu trennen. Gleich nach der Bildung der Chinesischen Republik erhob sich 1912 bei den Tsakhar im Zusammenhang mit den innermongolischen Autonomiebestrebungen der zweite Regent eines Tsakhar-Banners, Mukden boo (Mo-tung ling), gemeinsam mit seinen zehn Brüdern gegen die Chinesen. Der Aufstand wurde ebenso wie die anderen dieser Zeit von anderen Tsakharfürsten niedergeschlagen, Mukden boo mit seinen zehn Brüdern gefangengenommen und an die Behörden der jungen Chinesischen Republik ausgeliefert. Der T'u-tung von Kalgan ließ alle Brüder mit Ausnahme eines, dem es gelang zu entkommen, hinrichten. Die Tsakharbevölkerung erinnerte sich Mukden boos in zahlreichen Legenden und Liedern und nannte ihn nach einem Helden des chinesischen Heldenromans San Kuo chi, Chang-fei, den „Zweiten Chang-fei“[11], in Anerkennung seines Kampfes.

Das Bargha-Gebiet im Nordosten, an Rußland und die neuentstandene Autonome Mongolei angrenzend, hatte sich 1911 als zu dieser zugehörig und von China unabhängig erklärt. Rußland aber war nicht damit einverstanden, dieses Gebiet, durch das die chinesische, an die Transsibirische Bahn anschließende

[9] Heissig (1972a); Fletcher (1978a) 352–360.

[10] Dylykov (1953); Heissig (1978) 203.

[11] Chang-Pei Hsien Chih, II, 1032.

Bahnlinie führte, von China zu trennen[12], und so blieben die Anschlußwünsche des Bargha-Gebietes an die Äußere Mongolei unerhört, was zu Unruhe und einem besonders virulenten mongolischen Nationalismus in diesem Gebiet nach 1911 führte. Einer von dessen wirksamsten Vertretern war der Daghure Merse (Kuo Ta-fu), 1914 geboren, der sich in den 30er Jahren schließlich nach der Mongolischen Volksrepublik[13] in Sicherheit brachte.

1915 machten sich nach dem Tode des ersten Staatsoberhauptes der Chinesischen Republik, Yüan shih-kai, auch wieder restaurative Tendenzen bemerkbar, die auch auf die östlichen Mongolengebiete übergriffen. Babojab, einer jener vor 1911 nach der Äußeren Mongolei entflohenen Kämpfer für die Loslösung der Mongolei von China, dessen „dreizehn Kompanien" schon seit 1902, von den Mongolen als Freiheitskämpfer, von den Chinesen abwertend als Banditen bezeichnet, in der östlichen Mongolei gegen die chinesischen Einwanderer gekämpft hatten, war als Führer einer der fünf außermongolischen Heeresgruppen 1912 in die Innere Mongolei zurückgekommen. Nun, 1917, hatte er sich auf die Seite derjenigen geschlagen, die das Mandju-Kaiserreich wiederherstellen wollten, und kämpfte nun in Jehol für diese monarchistisch-restaurative Bewegung. Er fiel im Zuge dieser Kampagne bei Linhsi, seine Anhänger wurden zerstreut[14].

Die Politik der chinesischen Zentralregierung schuf stets neue Konfliktstoffe und förderte die schon seit einem Jahrhundert vorhandene Einwanderung in die mongolischen Weidegebiete.

Schon 1915 hatte Yüan shi kai in seiner Politik den Japanern gegenüber diesen einige Rechte zugestanden, die die mongolischen Interessen negativ beeinflußten. Es war dies das Niederlassungsrecht, Bau eigener Häuser, Ackerbau und Bergbaukonzessionen sowie die Eisenbahnrechte im östlichen Teil der Inne-

[12] Lattimore (1935) 119.
[13] Otqonbilig (1981) 385.
[14] Lattimore (1935).

ren Mongolei. Ein 1918 geschlossener chinesisch-japanischer Schutzvertrag stärkte die Position Japans in Nordchina weiter.

Von 1922 an begann der den Nordosten Chinas beherrschende, mit den Japanern eng verbundene Kriegsherr Chang Tso-lin die Erschließung mongolischen Landes für den Ackerbau erneut voranzutreiben. Zu den bisherigen Machtfaktoren, die bis 1911 das Eindringen chinesischer Siedler gefördert und geduldet hatten, nämlich geldgierige Fürsten und der chinesische Staat, traten nun die Kriegsherren (War Lords), die chinesische Kuo-min-tang-Partei und die sich immer stärker bemerkbar machende japanische Expansion. Dieses Vordringen in das mongolische Weideland führte erneut im Osten der Mongolei zu Widerstand und bewaffneter Erhebung. Im Aufstand des Γada meyiren, zwischen 1929–1931 vom Gebiet des Darkhan-Banners der Khorstin ausgehend, fanden antichinesische, nationalistische Motive der Mongolen auch die Unterstützung verarmter Chinesen und Mongolen. Im Darkhan-Banner der Khortsin hatte der Fürst Darkhan Wang 1922 begonnen, die letzten Gebiete des Banners an Chang Tso-lin (1873–1928) zu verkaufen, der das Gebiet als Pferdeweide seiner Armee nutzte und der Siedlung freigab[15]. Die Mongolen des Darkhan-Banners waren, wie schon die meisten anderen Khortsin, seit geraumer Zeit in ihrem größeren Teil zum Ackerbau übergegangen. Der Landverkauf aber machte ihren Bodenbesitz ungültig, löschte ihre Rechte. Sie wurden von ihrem Boden vertrieben. Ihr Land wurde an neue Siedler um teures Geld verkauft. Aus dem Darkhan-Banner-Land wurde der vorwiegend von Chinesen bewohnte Kreis (Hsien) Liao pei[16]. Im Norden, im Bargha-Gebiet, erhob sich inzwischen 1928 die Bevölkerung erneut gegen die auch dort drohende Gefahr der chinesischen Besiedlung, doch kam es zu keinen ernsthaften Kämpfen. Die Unruhe legte sich nach Verhandlungen und Zusicherungen der chinesischen Behörde, die Kolonisation nicht weiterzuführen. Im Frühling 1929 kam es bei den Khortsin im Darkhan-wang-Banner zu Zusammenrottungen von Landver-

[15] Edünkesig (1960).
[16] Lattimore (1935) 133.

triebenen, unter denen auch Angehörige des Adels waren. Ihre Vertreter wurden nach Mukden gesandt, um dort von dem Nachfolger des bei einem Bombenattentat getöteten Generals Chang Tso-lin, dem Marschall Chang Hsüeh-liang, ein Ende der Landerschließung und bessere Lebensbedingungen zu erbitten. Die Verhandlungen zerschlugen sich, da Chang Hsüeh-liang, wie sich später herausstellte, selbst an den Erträgen des Landverkaufs beteiligt war[17]. Einige der Anführer der Mongolen, Γada meyiren, Sengge garbu und Serengnima, wurden in das Gefängnis geworfen, der Landverkauf und die Vertreibung der mongolischen Bevölkerung gingen weiter.

Als im Gebiet von Liao pei huang und Hsi chia-huang weitere Landvermessungen vorgenommen wurden, kam es, wie schon vorher in anderen Gebieten, zum Aufstand. Γada meyiren entsprang dem Gefängnis und sammelte binnen kurzem zweihundert Freiwillige um sich. Diese Kerntruppe bestand sowohl aus Chinesen als auch Mongolen. Die Beweggründe ihres Einsatzes waren nicht allein der Kampf gegen den Landverkauf, sondern auch allgemein Unzufriedenheit und Verzweiflung. Einer von ihnen etwa, einer großen chinesischen Handelsfirma verschuldet, hatte seinen Besitz an diese verloren. Als ihm die Firma auch noch seine 13jährige Tochter wegnahm, erschoß er den Besitzer der Firma und flüchtete zu Γada meyirens Freiwilligen. Ein anderer Freiwilliger kam aus dem benachbarten Gebiet der Dzarut, um ebenfalls Rache an seinen Gläubigern zu nehmen. Den Aufständischen gelang es, zunächst bis in das Frühjahr 1931 die beiden Ufer des Hsi liao-ho bei Tungliao zu besetzen. Ihre Aktivitäten richteten sich vor allem gegen den Besitz des Darkhan Wang und chinesische Handelsfirmen und Geldverleiher. Jene wurden von der Bevölkerung begrüßt und verpflegt. Ihre Tätigkeit hob für die Zeit der Kämpfe die Eintreibung von Steuern und Schulden und Zwangsarbeit auf. Zeitweilig erreichte die Mannschaftsstärke fast 1000 Mann, nachdem Γada meyiren auch acht Kompanien von Banditen eingegliedert hatte. Dies schädigte die Disziplin der Aufständischen. Banditengrup-

[17] Lattimore (1935) 134.

pen gaben sich auch als Teile der Aufständischen aus und plünderten Siedlungen und Städte. Nachdem durch die Kämpfe mit den örtlichen Soldaten des Darkhan Wang die weitere Landerschließung aufgehalten werden konnte, boten im Herbst 1930 die Militärbefehlshaber die in den Städten Tao-nan, Cheng-chia-t'un, Tung-liao, K'ailu liegenden Garnisonen auf und umzingelten Γada meyirens Aufständische.

Im Frühjahr 1931 fiel Γada meyiren, der Rest seiner Freiwilligen zerstreute sich rasch. Der Aufstand des Γada meyiren war der letzte seiner Art und hat sicherlich die weitere Ausbreitung der chinesischen Kolonisierung nach Norden zu etwas verzögern können.

Während in der östlichen Inneren Mongolei und in der Mandschurei die Aufstände und Unruhen auch nach 1911 den Charakter von – aus spontanen Unmutsbezeugungen und Aufbegehren entstandenen – Abwehrbewegungen gegen den Verlust von Boden und Heimat, gegen Zuwanderung Ortsfremder zeigten, verlief die Entwicklung im Süden des mongolischen Gebietes, im Ordusgebiet, anders: zur geplanten und organisierten Aufstandsbewegung mit politischem Hintergrund.

Das Ordusgebiet, in dem sich der erste Geheimbund (Dughuilang), wie schon erwähnt, bereits 1858 gebildet hatte, besaß so schon Voraussetzungen für eine organisierte politische Aktivität. Die moderne innermongolische Geschichtsschreibung teilt diese Entwicklung der Dughuilang-Bewegung im Ordusgebiet in drei Phasen: die der ersten Dughuilang-Gruppe 1858–1891, eine zweite von 1900–1908 – gegen unerfüllbare Dienstleistungen und Steuerforderungen und gegen den Verkauf des Bannerlandes – und schließlich eine dritte Phase von 1911–1929, in der Einflüsse der revolutionären Entwicklung in der Mongolischen Volksrepublik und der Kommunistischen Internationale ihre Wirkung zeigten[18].

Die Ansatzpunkte dieser dritten Phase waren die Korruption der Verwaltung und der Fürsten, Willkür und Ungerechtigkeiten. Den Geist dieser Geheimbünde drückt eine Dichtung des als

[18] Dourungγa (1960) 52.

lamaistischer Wanderarzt umherziehenden Dichters Isidangǰinwangǰil (1854–1907) aus, der auf der Grundlage der buddhistischen Moral zu den Mißständen der Zeit Stellung nahm. Diese ›Goldenen Lehren des Erleuchteten vom Herzogstempel‹, die er zu Beginn des 20. Jh. verfaßt hatte, verbreiteten sich wegen ihrer kritischen Stellungnahme in zahlreichen Abschriften unter der mongolischen Bevölkerung, wurden aber auch in Abschriften von ihrem Verfasser selbst an einzelne hohe Fürsten des Ordusgebietes versandt. Darinnen heißt es programmatisch:

> Ihren Vorteil wahrzunehmen, ist der Oberen Wunsch,
> Für Leute so wie ich, ist viel zu reden wie ein Kitzel,
> Sich zu verbessern, ist der Unteren Tendenz . . .[19]

In einer Resolution eines der Dughuilang-Geheimbünde, mit der Klage gegen die Machenschaften eines Bannerfürsten beim Verkauf des der Allgemeinheit gehörenden Bannerlandes an chinesische Landaufkäufer geführt wurde, heißt es über die anfänglichen Beweggründe der Dughuilang-Bewegung:

> Weil wir Leute alle kein Wasser zum Trinken, kein Land zum Wohnen haben, dies aber nicht zu ertragen vermögen, haben wir den Dughuilang-Bund gegründet und werden den Anordnungen der Fürsten nicht folgen . . .[20]

Die Geheimbünde führten den Namen Dughuilang – „Runde", „Kreis" –, weil Mitgliederlisten und Unterschriften unter Eingaben und Resolutionen kreisförmig angeordnet wurden, um zu verschleiern, wer die Anführer und Initiatoren der Gruppe waren[21].

Auf diese Grundlage aus der Vergangenheit baute die Entwicklung nach 1911 auf. Die Schlüsselfigur dieser neuen Bewegung und Infiltration hieß Öljei ǰirγal (1866–1929). Der Sohn einer Hirtenfamilie arbeitete seit seinem 15. Lebensjahr als Schreiber im Bannerbüro des Üüsin-Banners der Ordus, das

[19] Heissig (1972) II, 383–386.
[20] Čimeddorǰi (1958) 50; Heissig (1972) II, 581.
[21] Abb. bei Heissig (1979) 203.

Čaγdursereng als Bannerfürst leitete. In diesen Jahren seiner Tätigkeit erhielt er Einblick in die Bestechlichkeit und Mißwirtschaft der herrschenden Klasse, die vorgab, die Interessen der Mongolen zu vertreten, und die andererseits von den chinesischen Landaufkäufern bedenkenlos Geld annahm. Als Bannerbeamter wurde er in Geschäften nach Peking geschickt, kam mit Ausländern in Berührung, erweiterte seinen Gesichtskreis, und nach der chinesischen Revolution 1911 schied er aus dem Bannerdienst, schnitt seine Amtshaartracht, seinen Zopf, ab, nannte sich im Anklang an einen Gedanken in Isidangǰinwangǰils Pamphlet „Sinelama" Lama der Neuzeit und widmete sich der Politik. Parallel zum Aufbau der Bannerorganisation wurden Dughuilang-Revolutionsklubs gegründet, die sich den Befehlen der Bannerverwaltung widersetzten, Durchstechereien, Korruption und Willkür anprangerten. Die Behörden reagierten mit Härte. 1913 wurde ein unter Führung von Čaγanbolod und Wangdannima stehender Revolutionsklub ausgehoben, sechs Mitglieder getötet, Wangdannima eingekerkert. Doch die Anklagen gegen den Bannerfürsten Čaγdursereng wurden untersucht. Sinelama nahm mit 60 seiner Anhänger die wegen ihrer Einmischung in Bannerangelegenheiten verhaßte Frau Narangerel des Čaγdursereng gefangen und zwang sie zu öffentlichem Bekennen ihrer Verfehlungen. Das Bekenntnis wurde an höhere Regierungsstellen weitergeleitet. Čaγdursereng wurde darauf seines Amtes enthoben. 1916 wurde die Frau Narangerel von Dughuilang-Mitgliedern gefangengenommen und getötet[22], Anordnungen der Bannerverwaltung wurden nicht befolgt und keine Steuern mehr bezahlt. Als Folge davon wurde die Dughuilangbewegung von dem Oberhaupt des Ordusbundes, Masidelger, mit Waffengewalt unterdrückt, Sinelama in Ketten gelegt und gefangengesetzt. Die Mitglieder des Dughuilang-Klubs wurden mit einer Geldstrafe von 300 Unzen Silber belegt. 1921 gelang dem Sinelama die Flucht. Von einem Mädchen unterstützt, konnte er sich nach Peking durchschlagen, wo er Kontakt mit Wangdannima aufnahm, der schon vorher nach Peking

[22] Čimeddorǰi (1958); Otqonbilig (1981) 391.

geflohen war. Dort kam er in Berührung mit revolutionären Kreisen, die sich aus Schülern der dortigen Tibetisch-Mongolischen Schule und aus Agitatoren zusammensetzten, die aus der Äußeren Mongolei gekommen waren. Als 1924 Nachrichten von der Revolution in der (autonomen) Äußeren Mongolei, die zum Ende der Herrschaft des Bodgo Gegen und zur Bildung der Mongolischen Volksrepublik geführt hatte, kamen, kehrten Sinelama und Wangdannima (1872–1926)[23] nach dem Ordusgebiet zurück.

Die freundschaftliche Haltung, die zu dieser Zeit die chinesische Kuomintang dem Kommunismus gegenüber zeigte, erklärt die Duldung mongolischer revolutionärer Gruppen. 1925 wurde dann in Kalgan (čiγulaltu qaγalγa) ein Kongreß der mongolischen revolutionären Partei abgehalten, auf dem Serengdongrub (Pai-Yün-tu)[24], Merse, Wangdannima und Sinelama auftraten, der Wangdannima und Sinelama mit der Propaganda im Ordusgebiet beauftragte. Ab April 1926 wurde diese Bewegung durch Waffenlieferungen und Instruktoren aus der Mongolischen Volksrepublik unterstützt. Die MVR verband bei diesem Schritt politisch-revolutionäre Ideen mit dem Gedanken der nationalen Einigung.

Sinelama und Wangdannima bewaffneten mit der ersten Waffenlieferung von 500 Gewehren und Uniformen junge Leute aus dem Üüsin- und Dzasakh-Banner, die nach einer Kurzausbildung in ihre Banner zurückkehrten, als Kader einer Armee. Zu diesem Zeitpunkt wurde Wangdannima von Leuten seiner Umgebung vergiftet[25], und Sinelama wurde Kommandeur der als 12. Armee bezeichneten revolutionären Truppe. Unter ihm wurde das Üüsin-Banner mit 19 Parteizellen überzogen, was zu einer Neugliederung der Bannerverwaltung und zur Absetzung und Flucht des bisherigen Banneroberhauptes Tegüsamuγulang und anderer Gegner führte. Inzwischen war es zum Bruch der Kuomintang mit den Kommunisten gekommen, die Abwehr ge-

[23] Seine Biographie bei Otqonbilig (1981) 389–390.
[24] Otqonbilig (1981) 387–388.
[25] Čimeddorǰi (1958); Otqonbilig (1981) 390.

gen diese in der Inneren Mongolei begann. Truppen Chang Tso lins vertrieben 1927 die in einem Hauptquartier in Kalgan tätigen führenden Köpfe Serengdongrub, Merse, Sayinbayar[26], die sich nach dem durch die 12. Armee gesicherten Ordusgebiet flüchteten. Dort war die militärische Macht auf 1 Regiment Infanterie und 2 Reiterregimenter angewachsen, 1928 mit einer zeitweiligen Stärke von 5000 Mann, mit denen sich die chinesischen Regierungstruppen, um nichtkommunistische Mongolen verstärkt, bis 1929 heftige Gefechte unter schweren Verlusten auf beiden Seiten lieferten. Die Truppen des Sinelama zogen sich zeitweise als Guerilla in ihre Wohnsitzgebiete zurück, was eine Unterscheidung von Freund und Feind für die Angreifer erschwerte, wenn nicht unmöglich machte. Der Kern des Widerstandes lag immer im Üüsin-Gebiet, von wo Sinelama mit allen Mitteln versuchte, die katholische Mission zu vernichten[27]. Es kam dann aber zu Meinungsverschiedenheiten. 1928 revoltierten lokale Kommandeure wie Sayinbayar und Serengdongrub gegen Sinelama und suchten Verbindung zu den Regierungstruppen. Im Februar 1929 wurde Sinelama von vertrauten Leuten seiner engsten Umgebung, die sich mit dem Bannerchef der Üüsin, Tegüsamuγulang und den Kuomintang-Truppen verbündet hatten, im Schlaf erschossen[28]. Dies führte zu raschem Verfall des kommunistischen Einflusses im Ordusgebiet.

Im Jahre 1931 wandelte sich das wirtschaftliche Engagement der auf das asiatische Festland seit der Jahrhundertwende eindringenden Japaner in die militärische Besetzung der Mandschurei. Den nationalistischen Gruppen der östlichen Mongolen bot sich dadurch die Möglichkeit, sich zur Durchsetzung autonomistischer Forderungen China gegenüber auf diese dritte Kraft zu stützen. Als 1932 der Marionettenstaat Mandschukuo gegründet wurde, wurde den Mongolen von der Regierung des neugegründeten Staates Unabhängigkeit und Selbstverwaltung zugesichert.

[26] Edünkesig (1958).

[27] Van Hecken (1949) 183.

[28] Čimeddorǰi (1958); Van Hecken (1949) 184; Otqonbilig (1981) 392 hingegen berichtet, Sinelama sei 1929 vergiftet worden.

Die Mongolengebiete im Westen und Nordwesten des neuen Staates wurden in der in drei Verwaltungseinheiten organisierten Hsinganprovinz zusammengefaßt. Nach der Eroberung der Provinz Jehol durch japanische Truppen wurde Jehol als vierte Verwaltungseinheit der Hsinganprovinz eingegliedert. Die neue Mongolenprovinz war autonom. Die weitere chinesische Einwanderung in mongolisches Weideland und mongolischer Bodenbesitz wurden verboten[29], eigene mongolische Armeeeinheiten aufgestellt. Diese Schritte führten zu einer Neuorientierung der gesamten Mongolenpolitik im Raume Chinas. Ein großer Teil der nach Autonomie strebenden wie auch der revolutionären Mongolen schöpfte neue Hoffnung.

Die Entwicklung blieb nicht ohne Auswirkungen auf das Gebiet der eigentlichen Inneren Mongolei, das die chinesische Zentralregierung 1928 auf die Provinzen Ninghsia, Chahar, Suiyuan und Jehol aufgeteilt hatte, um Ansätze einer politischen und kulturellen Autonomiebewegung zu unterbinden. Mit dem aktiven Vordringen der Japaner in der Mandschurei und nach Jehol und der Schaffung der Hsinganprovinz für die östlichen Mongolen geriet die chinesische Regierung in Zugzwang, vor allem aber belebte sich die Tätigkeit der innermongolischen Autonomisten.

Demčuγdongrub, der Fürst des Shilinghol-Gebietes, des in den 30er Jahren einzigen innermongolischen Gebietes, das weitestgehend noch von der chinesischen Kolonisation frei war, wurde zur Schlüsselfigur der weiteren politischen Entwicklung. Seit 1928, der Aufteilung der Inneren Mongolei auf vier chinesische Provinzen, an der Verwaltung der Provinz Chahar beteiligt, hatte der modernen Fragen aufgeschlossene Fürst, kurz Teh wang genannt, starken Zulauf auch der jüngeren, revolutionären Mongolen, die nach der Mongolischen Volksrepublik als Vorbild blickten. Andererseits grenzte der von ihm geführte Shilinghol-Bund im nördlichsten Teil der Provinz Chahar an die westlichste der vier neugegründeten Hsinganprovinzen und war so offen für aus dieser Richtung kommende Gedanken, Ideen und politische Möglichkeiten.

[29] Heissig (1944).

Nach einer von Schaukelpolitik zwischen chinesischen Versprechungen und japanischem, durch militärische Macht unterstütztem Druck erfüllten Periode von fünf Jahren, in denen Teh wang geschickt die nur irgendwie erreichbaren Reste eines Zusammenhangs mit China zu wahren versuchte, wurde 1937 in Suiyuan eine „Autonome Regierung" der Inneren Mongolei aus der Taufe gehoben. Ein Vorstoß von Teilen der japanischen, in der Mandschurei stationierten Kwangtung-Armee bot dafür die notwendige militärische Sicherung. Bis 1939 verstärkte sich der Einfluß der Japaner auf diese Föderation, deren westliche Grenze gegen das von der Kuomintang beherrschte China mit der Grenze zur Provinz Ninghsia zusammenfiel. Bis zum Zusammenbruch der japanischen Front 1945 bestehend, wurde das Gebiet dieses innermongolischen Autonomieversuchs immer mehr zu einem Teilstück der japanischen Front[30].

[30] Über diese letzte Phase liegt ein Rückblick Teh wangs vor, DEMČUΓDONGRUB (1981).

VON DER AUTONOMIE ZUR REVOLUTION UND VOLKSREPUBLIK: QALQA 1911 BIS 1924

Von Veronika Veit

Der Sturz des mandschurischen Kaiserhauses im Jahre 1911 war für die Mongolen des Qalqa-Gebietes – der Äußeren Mongolei der Ch'ing-Verwaltung – gegebener Anlaß, ihre Unabhängigkeit zu erklären. Zum ersten Male seit ihrer mehr als zweihundertjährigen Zugehörigkeit als Dependentie zum chinesischen Reich der mandschurischen Ch'ing-Dynastie mit der Funktion eines Schutzschildes für dessen nördliche Grenzen beschloß damit eine mongolische Völkerschaft, ihr Schicksal erneut selbst in die Hand zu nehmen. Die Voraussetzungen für die Verwirklichung der mongolischen Absichten waren jedoch denkbar ungünstig. Das Jahrzehnt nach 1911, ohnehin eines der bewegtesten der neueren Geschichte, sah die politischen Ereignisse im Fernen Osten bestimmt von den Interessen Japans, Chinas und Rußlands. Eine unabhängige Qalqa-Mongolei, ganz zu schweigen von einem neuen Staat, der alle mongolischen Völkerschaften, welche bis dahin unter mandschurischer Herrschaft gestanden hatten, umfassen sollte, konnte unter den gegebenen Umständen keine uneingeschränkte Unterstützung finden. Unterstützung von außen aber war lebensnotwendig; den Mongolen mangelte es nicht nur an internationaler politischer Erfahrung, sondern auch an allen erforderlichen materiellen Mitteln, um ihr Vorhaben durchzusetzen. Um so mehr ist ihre Eigeninitiative hervorzuheben, ohne die nichts in Bewegung geraten wäre. So aber erreichten die Qalqa nach der chinesisch-russischen Übereinkunft von 1913 und dem Dreiervertrag von Khiakta 1915 zumindest autonomen Status mit dem 8. J̌ebcundamba Qutuqtu als Staatsoberhaupt, wenn auch unter chinesischer Suzeränität. Die Wirren der russischen Revolution von 1917 gaben China jedoch die Gelegenheit, erneut seine Macht in Qalqa geltend zu machen und das Land im Jahre 1919 nunmehr der Republik China einzuverleiben. Es folgte das kurze, blutige Zwischenspiel der Herrschaft Baron von Ungern-Sternbergs zu Beginn des Jahres 1921. Mongolische revolutionäre Gruppen aber, die sich zusammengeschlossen und in Khiakta eine provisorische Regierung gegründet hatten, riefen nunmehr die Rote Armee zu Hilfe. Im Juli 1921 marschierten die siegreichen mongolischen Partisanen dann im Verein mit sowjetischen Truppen in die Hauptstadt Urga ein. Die neue Regierung übernahm Amt und Siegel und blieb zunächst der Form nach eine konstitutionelle Monarchie bis zum Tode des J̌ebcundamba Qutuqtu im Jahre 1924.

Zwei Revolutionen also fanden in den Jahren zwischen 1911 und 1924 in der ehemaligen Äußeren Mongolei statt, beide zunächst und im wesentlichen national begründete Erhebungen mit dem Ziel, das Land von fremder Herrschaft und fremden Truppen zu befreien. Schon vor der formalen Unabhängigkeitserklärung am 29. Dezember 1911 mit der feierlichen Einsetzung des 8. J̌ebcundamba Qutuqtu als Staatsoberhaupt hatten die Reformen der Ch'ing und die Neudefinierung ihrer Politik in den Dependentien seit der Jahrhundertwende begonnen, Unruhe und Widerstand im Qalqa-Gebiet auf einen Höhepunkt zuzutreiben. Das Land sollte zur Kolonisierung für chinesische Siedler freigegeben, chinesische Garnisonstruppen verstärkt werden. Der neue mandschurische Amban in Urga, Sando, im März 1910 von Kuei-hua dorthin versetzt, suchte die neue Sinisierungspolitik mit besonderem Eifer durchzusetzen. Er zog in solchem Maße den Zorn der Bevölkerung auf sich, daß eine wütende Menge ihn bei der Bemühung, eine Auseinandersetzung mit Hilfe der Garnisonstruppen zu schlichten, mit Steinen bewarf[1]. Im Juli 1911 schließlich fanden sich Vertreter der mongolischen Aristokratie und der Geistlichkeit zu zwei geheimen Besprechungen mit dem J̌ebcundamba Qutuqtu zusammen. Sie berie-

[1] Ewing (1980) 25.

ten die neue Lage und beschlossen, die Unabhängigkeit auszurufen, um ihr Land und ihre Religion zu bewahren. Rußland sollte hierzu um Hilfe gebeten werden, und als Delegierte nach St. Petersburg wählte man den Ch'in wang Khanddorž vom Tüsiyetü Qan Ayimaγ, den Da Lama Ceringčimid und den innermongolischen Herzog der Qarčin, Khaisan. Am 15. August trafen sie in St. Petersburg ein mit einem Schreiben an den Zaren, unterzeichnet vom J̌ebcundamba Qutuqtu und den vier Qanen von Qalqa. Die mongolischen Unabhängigkeitspläne kamen für die russische Politik ebenso unerwartet wie ungelegen. Es galt jedoch, ein Konzept zu formulieren, um unliebsame Komplikationen mit den Mongolen – und damit im Grenzgebiet – zu vermeiden. Darüber hinaus: hätte man die Sache auf sich beruhen lassen, wäre der Vereinnahmung des Qalqa-Gebietes durch China kein Einhalt geboten worden; hätte andererseits Rußland unmittelbar zugunsten der Mongolen interveniert, wären umgehende chinesische Gegenmaßnahmen als Folge zu befürchten gewesen. So befürwortete die am 17. August 1911 einberufene Sonderkonferenz für Fernöstliche Angelegenheiten:

"... it would best correspond to our political situation, if the Imperial Government, without taking the responsibility upon itself of giving armed support to the separation of China planned by the Mongols, would step forward as a mediator between them and, through diplomacy, support the aspiration of the Mongols to preserve their distinctiveness without breaking with their suzerain, the Emperor of the Ta Ch'ing dynasty."[2]

Gleichzeitig wurde der russische Gesandte in Peking, Iwan J. Korostovetz, angewiesen, der chinesischen Regierung unmißverständlich klarzumachen, daß die militärischen und zivilen Reformen in Qalqa als feindlicher Akt gegenüber Rußland angesehen würden. Bevor es jedoch zu ernsthaften Konsequenzen auf den regen diplomatischen Notenwechsel zwischen St. Petersburg, Peking und Urga kommen konnte, brach in China am 10. Oktober die Revolution aus. Ermutigt durch die russische Zusage auf Hilfe und die Verstärkung der russischen Truppen in

[2] Ewing (1980) 27.

Urga, erklärten die Mongolen nun offen ihre Unabhängigkeit, mit dem 8. J̌ebcundamba Qutuqtu als neuem Staatsoberhaupt.

Traditionsgemäß wählte er eine Regierungsdevise, welche „Olan-a ergügdegsen" (Der von Vielen Erhobene) lautete. Es könnte dies als Berufung auf die legendäre Vergangenheit der Mongolen, gesehen mit buddhistischen Augen, aufgefaßt werden, denn „Olan-a ergügdegsen" war der Name jenes mythischen ersten indischen Königs, auf welchen die lamaistischen Chronisten des 17. Jh. die Abstammung Činggis Qaγans zurückführten. Subtiler Anspruch hier auf die Legitimation durch Assoziation? – wie Bawden ausführt[3]. Aber nicht allein dies zeigte die Kontinuität der alten Ordnung an: zahlreiche Symbole und Regalia des kaiserlichen China wurden übernommen, der Brauch der Tributüberreichung fortgeführt, das Recht der Ch'ing, Ränge, Titel und Siegel zu verleihen nunmehr vom Qutuqtu in Anspruch genommen. Er war es jetzt, der die Regentschaft der Fürsten in den Bannern bestätigte. Die Prinzipien erblicher Privilegien blieben dabei in Kraft, ebenso Ch'ing-Recht und -Gesetz als Grundlage für die politischen und gesellschaftlichen Gegebenheiten. Als Neuerung in der Administration führte man fünf Ministerien ein, Innen, Außen, Justiz, Finanz und Krieg. Innenminister wurde der bereits genannte Da Lama Ċeringčimid, Außenminister der ebenfalls erwähnte Fürst Khanddorž, Justizminister Namsrai Wang, Finanzminister der Tüsiyetü wang Čagdaržav und Kriegsminister der Dalai ch'in wang Gombosüren. Im Herbst 1912 wurde zusätzlich das Amt des Premierministers eingeführt, in welches man den Sayin Noyan Qan Namnansüren berief[4]. Die neue Regierung mußte sich nun zunächst darum bemühen, eine feste Ausgangsposition zu schaffen. Der erste Schritt hierzu bestand darin, das Land von den verbliebenen chinesisch-mandschurischen Garnisonstruppen in Uliyastai und Kobdo zu befreien. Urga hatte sich als unproblematisch erwiesen. Der Amban Sando wurde aufgefordert, innerhalb von drei Tagen das Land zu verlassen. Mit nur 150 Mann

[3] Bawden (1968) 195–196.
[4] Ewing (1980) 38–40.

rebellischer (Rückstand in der Lohnzahlung!) und schlecht bewaffneter Garnisonstruppen hatte er keine Wahl und sah sich gezwungen zu kapitulieren. Er verblieb im russischen Konsulat bis zu seiner Eskortierung zur Grenze durch russische Truppen[5]. Auch in Uliyasutai kam es nicht zum Kampf. Der letzte mandschurische Militärgouverneur, K'uei Fang, von wütender Volksmenge bedrängt, suchte ebenfalls Zuflucht im dortigen russischen Konsulat und verließ die Stadt zu Beginn des Jahres 1912 mit einer Kosakeneskorte[6]. Kobdo im Nordwesten dagegen bereitete erhebliche Schwierigkeiten, bis es im August 1912 erobert werden konnte. Der mandschurische Resident, Vizemilitärgouverneur P'u-jun, der auf Verstärkung aus Sinkiang hoffte, leistete entschlossen Widerstand. Zu jener Zeit war der turnusmäßige mongolische Generalleutnant beim Gouverneur in Kobdo, der Titularherzog Magsaržav, eine der führenden Persönlichkeiten der Autonomie und späteren Revolution 1921[7]. Er nahm das Schreiben der neuen Regierung in Urga entgegen und überreichte es P'u-jun. Als dieser die Aufforderung zum Abzug strikt ablehnte und die Garnison verstärkte, versuchte Magsaržav zunächst eine friedliche Lösung zu erreichen. Als er jedoch gewarnt wurde, daß man ihn ermorden wolle, verließ er heimlich mit seinem Amtssiegel Kobdo und begab sich nach Urga[8]. Im Mai 1912 beauftragte die Regierung dann Magsaržav und Damdinsüren, der 1911 als Repräsentant der Bargut, die sich der Autonomen Mongolei anschließen wollten, nach Urga gekommen war[9], als „Würdenträger zur Befriedung der Westgrenze". Mit ihnen zogen der Herzog Khaisan und der J̌alhanca Qutuqtu sowie 500 Mann. Unterwegs schlossen sich weitere Truppenkontingente an, darunter solche des früher bereits erwähnten Freischärlers Togtokh Tayiǰi sowie des kalmückischen Lamas Dambijžancan, so daß Ende Juli 1912 etwa 3000

[5] Ewing (1980) 31.
[6] Bawden (1970a) 10–16.
[7] Veit (1974); Onon (1976) 105–142.
[8] Onon (1976) 108–110.
[9] Onon (1976) 77–104.

Mann Kobdo belagerten. Im August wurde die Stadt dann gestürmt, nachdem die Mongolen zuvor die Entsatztruppe aus Sinkiang, vor der sie rechtzeitig gewarnt worden waren, geschlagen hatten[10]. Während des Kampfes um Kobdo, so berichtet noch die vom späteren Marschall Čojbalsan 1942 verfaßte Biographie, soll Magsaržav mit dem herausgeschnittenen Herzen eines Feindes die mongolische Standarte geweiht haben[11]. Interessant ist ferner eine andere Begebenheit: der seinerzeit berühmte westmongolische Sänger Parčin sang zur Anfeuerung der mongolischen Truppen bei der Eroberung Kobdos das bekannte Heldenepos ›Bum Erdeni‹ – während gleichzeitig auf dem Berge nördlich von Kobdo der J̌alhanca Qutuqtu Damdinbazar inmitten zahlreicher Lamas Gebete rezitierte[12]. Nach der Einnahme der Stadt und dem Abzug der Truppen blieben der westmongolische Dörbed Galsangnamžil und der Qalqa Nawangcėring mit nomineller Befehlsgewalt in Kobdo. Magsaržav erhielt den Ehrentitel „Qatan Baγatur" für seine Verdienste, ferner den Rang eines Herzogs (Ulus-un tüsiy-e güng) und wurde zum Stellvertretenden Innenminister sowie Zeremonienmeister ernannt. Damdinsüren erhielt den Ehrentitel eines „Manglai Baγatur" und ebenfalls den Rang eines Herzogs. Auch Dambijžancan wurde vom J̌ebcundamba Qutuqtu für seine Verdienste belohnt. Er war es auch, der in den beiden folgenden Jahren die wirkliche Autorität im Westen verkörperte. Dambijžancan erscheint in der Tat als eine bemerkenswerte Gestalt. Ein kalmückischer Lama von der unteren Wolga aus Astrachan, behauptete er zunächst von sich, ein Enkel des (1757!) verstorbenen Amursana (vgl. das Kapitel ›Qalqa 1691 bis 1911›) zu sein, dann dessen Inkarnation. Noch vor 1911 befand er sich auf diese Weise im Zentrum von

[10] Bawden (1968) 197; Einzelheiten: Onon (1976) 110–116.

[11] Onon (1976) 114; Rinčen (1971) behandelt in seinem Roman ›Strahlen der Morgenröte‹ (Üürijn tuyaa), S. 302–318, ebenfalls die Eroberung Kobdos und beschreibt, dichterisch ausgeschmückt, wie Magsaržav die blutige Zeremonie ausführte. Rinčen zitiert an dieser Stelle (S. 313) eine alte Sülde-Opferhymne, die Heissig übersetzt hat (Heissig [1959 a] 48–50).

[12] Gongor (1964) 104–105; Heissig (1972) I, 384, sowie Abb. 16.

Gerüchten, wonach eine Armee in die Mongolei einmarschieren und die Chinesen vertreiben würde. Dies stand ganz in Einklang mit der Stimmung unter der Bevölkerung, welche die alten Lieder sang, von den Taten Činggüncabs und Amursanas erzählte und auf einen neuen Činggis hoffte[13]. Im Jahre 1914 verhafteten die Russen Dambijžancan – er war ja russischer Untertan –, weil er die schwierigen russisch-chinesischen Verhandlungen, die 1914 liefen und 1915 im Vertrag von Khiakta endeten, in Gefahr zu bringen drohte[14]. Nach der russischen Revolution kehrte Dambijžancan 1918 in die Mongolei zurück. Er muß wiederum großen Zulauf aus der Bevölkerung gefunden haben, aber auf geringere Begeisterung bei der Regierung in Urga gestoßen sein. Diese führte damals diplomatische Verhandlungen mit China, da sie sich von den Wirren der russischen Revolution bedroht fühlte, und die Förderung eines als antichinesisch bekannten Rebellen erschien wenig opportun. So zog Dambijžancan zu einer Oase im Ma-tsung-shan, einem Gebirge an der Grenze der Äußeren Mongolei zu den chinesischen Provinzen Sinkiang und Ninghsia. Dort baute er eine „Räuberburg" und versammelte 300 Soldaten und 500 Zelte mit Bewohnern als Gefolgsleute um sich[15]. Ein zeitgenössischer Beobachter, Navaannamžil, berichtet in seinen autobiographischen Erinnerungen über Dambijžancans damalige Aktivitäten, er habe Reisende getötet und ausgeraubt, Soldaten angeworben und Waffen gehortet[16]. Was Dambijžancan jedoch in den Augen der neuen mongolischen Regierung auch nach 1921 noch so gefährlich erscheinen ließ, war wohl weniger sein Räuberdasein als vielmehr sein offensichtlicher Entschluß, Unabhängigkeit zu bewahren. Die Revolutionsregierung stand erst im Begriff, festen Boden unter den Füßen zu gewinnen, und

13 Bawden (1968) 191–192; zu Dambijžancan allgemein cf. Lattimore (1955) 56–62.

14 Lattimore (1955) 60; Rupen (1964) 74.

15 Lattimore (1955) 56–57; Lattimore (1928) 212–219, veröffentlicht neben einer Beschreibung der genannten Festung auch Photographien.

16 Navaannamžil (1956) 259.

ihre Anerkennung bei allen Teilen der Bevölkerung war bei weitem noch nicht selbstverständlich. So strengte die Regierung unter anderem Prozesse an, in denen Verschwörungen gegen die neue Macht aufgedeckt wurden. Der erste einer Reihe solcher Prozesse fand im Sommer 1922 statt. Unter den Angeklagten befand sich auch der ehemalige Premier- und Außenminister Bodoo. Die Beschuldigung lautete unter anderem, sich in umstürzlerischer Absicht mit Dambijžancan zusammengetan zu haben. Im August wurden die so beschuldigten Verschwörer erschossen[17]. Die neuere mongolische Geschichtsschreibung stellt den Zusammenhang zwischen Dambijžancan und ehemaligen Regierungsmitgliedern mit dem Ziel eines Umsturzes ebenfalls her[18]. Die Frage, welche konkreten Pläne – wenn überhaupt – Dambijžancan dabei selbst verfolgte, kann mangels Quellen kaum mit Sicherheit beantwortet werden. Seine erfolgreich bewiesene Unabhängigkeit und sein Einfluß bedeuteten offensichtlich jedoch Gefahr. So war es vom Standpunkt der mongolischen Revolutionsregierung 1921 eine Notwendigkeit, Dambijžancan zu beseitigen. Lattimore faßt die Situation wie folgt zusammen: "What stands out as characteristic of the political life of Mongolia in the 1920's, however, is the fear that one bold adventurer with 300 troopers at his back and a proved ability to excite old tribal passions and loyalties might be able to change the whole fate of a vast country of some 600 000 square miles with a population of the order of one million."[19] Dem Auftrag Süchbaatars an einen gewissen Nanzad, Dambijžancan zu ermorden, waren im Sommer 1922 bereits andere Versuche vorausgegangen[20]. Erst jener, Dugaržav und Baldandorž waren dann mit Hilfe eines wahren Netzes von Listen erfolgreich[21]. Makabre Einzelheiten der Aktion: sie mußten noch einmal umkehren und der Leiche den Kopf abschlagen, oder niemand hätte sonst geglaubt, daß die „Inkarnation Amursanas“ tatsächlich tot war!

[17] Bawden (1968) 253–254.
[18] Brown/Onon (1976) 191.
[19] Lattimore (1955) 61.
[20] Veit (1971) 199–224.
[21] Veit (1973) 354–360.

Um zum Jahre 1912 zurückzukehren: Hinsichtlich ihrer Position nach außen hoffte die Autonome Regierung auf eine Zusammenführung des Qalqa-Gebietes mit den ehemaligen innermongolischen Gebieten sowie auf internationale Anerkennung für ihren neuen Status. Tatsächlich erklärten im Laufe des Jahres 1912 zahlreiche mongolische Stämme ihren Wunsch, sich dem Autonomen Qalqa anzuschließen: die Bargut von Hulunbuir, die fünf Banner der Tannu-Uriyangqai (heute Tuvinische ASSR), die sieben Banner der Altai-Uriyangqai, 35 der 49 innermongolischen Banner sowie die acht Banner der Čaqar[22]. Eine weitere mongolische Delegation nach St. Petersburg im Jahre 1913 verhandelte über Waffen und Kredit und sollte gleichzeitig Verbindung zu anderen diplomatischen Vertretungen dort aufnehmen, vor allem Frankreich, England, Deutschland[23] und Japan[24]. Die Mongolen erhielten zwar eine Zusage über einen Zwei-Millionen-Rubel-Kredit und Waffenlieferungen, aber all ihre anderen Erwartungen blieben unerfüllt. Die Bemühungen konnten auch nicht weiterführen, da sie weder im Sinne der russischen noch der chinesischen Außenpolitik lagen. Was Rußland anlangte, so begann sich in Europa der kommende Konflikt abzuzeichnen, und im Fernen Osten waren der Regierung die Hände gebunden durch die Geheimverträge mit Japan nach dem Kriege 1904/05, nach welchen die gegenseitigen Interessensphären in Zentralasien aufgeteilt waren. Der damalige russische Außenminister Sasonov definierte die Ziele der Politik des Zarenreiches in der Äußeren Mongolei im Rahmen einer Rede vom 13. April 1912 vor dem russischen Reichstag, der Duma, unter anderem wie folgt: „Angesichts ihrer Geschichte sind die Bewohner der Äußeren Mongolei noch nicht in der Lage, eine eigene unabhängige Regierung zu bilden. Als Nomaden, die jahrhundertelang daran gewöhnt waren, sich der Regierung in Peking zu beugen, verfü-

[22] Ewing (1980) 34.

[23] Zwei Memoranda, eines aus dem Jahre 1913 von Sayin Noyan Qan Namnansüren an den deutschen Botschafter in St. Petersburg und eines aus dem Jahre 1914, behandelt Underdown (1981) 151–240.

[24] Ewing (1980) 50.

gen die Bewohner der Äußeren Mongolei weder über eine militärische noch über eine finanzielle Organisation, noch über politische Führer, ohne die die Gründung eines unabhängigen Staates unmöglich ist. Die Mongolen von China loszureißen, würde daher bedeuten, daß wir selbst uns die schwierige Aufgabe aufbürdeten, für sie mit großen Kosten und viel Arbeit einen Staat zu organisieren. Gleichzeitig aber wäre die Äußere Mongolei in der ständigen Gefahr, von China zurückerobert zu werden, und uns würde die Pflicht zufallen, sie mit Waffengewalt zu verteidigen. Ein vollständiger Bruch zwischen der Äußeren Mongolei und China würde uns vor das Dilemma stellen, entweder die Äußere Mongolei zu besetzen oder aber sie aufzugeben und die Chinesen auf Grund des Rechtes der Eroberer wieder hereinzulassen. Wir haben versucht, diesem Dilemma auszuweichen, und haben uns bereit erklärt, zwischen China und den Mongolen einen Kompromiß zu vermitteln, der, soweit wie möglich, dem Wunsch der Mongolen nach Autonomie und dem Wunsch der Chinesen nach Wiederherstellung ihrer Suzeränität über die Mongolei entsprechen sollte. Der Friede in der Äußeren Mongolei kann nur erhalten werden, wenn sich ihre machtvollen Nachbarn, Rußland und China, über ihre Zukunft einig sind." [25]

China seinerseits wollte und konnte eine Loslösung der mongolischen Gebiete nicht dulden: sie gehörten durch Bündnis, Unterwerfung und Eroberung seit dem Jahrhundert zwischen 1630 und 1765 zum Chinesischen Reich. Präsident Yüan Shih-k'ai wollte Qalqa sogar in eine chinesische Provinz umwandeln. So heißt es in einem Schreiben an den J̌ebcundamba Qutuqtu unter anderem: „Die Mongolei ist für China unentbehrlich. Die Beziehungen zwischen diesen beiden Ländern können denjenigen zwischen einer Tür und einem Zimmer verglichen werden. Wenn die Tür zerbricht, ist das Zimmer in Gefahr." Der Qutuqtu erwiderte, die Situation der Mongolei entspreche der eines zwischen Steinen eingeklemmten Eies. Er schlage vor, Rußland möge zwischen den Mongolen und Chinesen vermitteln [26]. An dem Dreiecksver-

[25] Kindermann (1970) 158–159.
[26] Kindermann (1970) 159; Ewing (1980) 45.

hältnis Rußland – China – Japan scheiterten grundsätzlich auch die mongolischen Bemühungen, die ehemalige Äußere und Innere Mongolei zu einem Staat zusammenzuführen. Ein solcher Schritt lag ohnehin allein in mongolischem Interesse, wobei selbst hier keineswegs allen mongolischen Fürsten daran gelegen war. Vor allem die innermongolischen Fürsten fürchteten, im Schatten der Qalqa zu stehen, sie fürchteten allzu großen russischen Einfluß. Die Republik China hielten sie für schwach, was ihnen eigene Ziele durchzusetzen versprach, und schließlich waren sie ökonomisch stark von China abhängig[27]. Eine Loslösung von China wäre unter den gegebenen Umständen ohnehin nur mit Waffengewalt möglich gewesen; woher hätte eine solche Hilfe kommen sollen? Rußland war bereit, wie wir gesehen haben, eine Autonomie innerhalb der alten Grenzen der Äußeren Mongolei zu unterstützen (und dabei seinen Handel zu verstärken!). In diesem Sinne lauteten dann auch die Ergebnisse des russisch-mongolischen Protokolls vom Oktober 1912, unterzeichnet vom russischen Gesandten Korostovetz in Urga[28], der russisch-chinesischen Übereinkunft vom Oktober 1913[29] und schließlich des Dreiervertrages zwischen Rußland, China und der Autonomen Mongolei, der am 7. Juni 1915 in Khiakta unterzeichnet wurde[30]. Darin anerkannten Rußland und China die Autonomie des Qalqa-Gebietes, aber unter chinesischer Suzeränität. Die Mongolen waren nicht berechtigt, territoriale Fragen selbst zu entscheiden. Qalqa und der Kobdo-Distrikt sollten zur Autonomen Äußeren Mongolei gehören, nicht aber die Innere Mongolei, Bargut, Dariγangγa, der Altai-Distrikt und Uriyangqai. Rußland behielt seine Handelsvorrechte, und China wurde es gestattet, fünf Ambane zu entsenden, nämlich nach Urga, Uliyasutai, Khiakta, Kobdo und Tannu Tuva. Ein Gesandtenaustausch mit Rußland war nicht vorgesehen. Den Mongolen sollte nicht die Möglichkeit gegeben werden, mit anderen Mächten in Verbindung zu treten.

[27] Lattimore (1969) 18, 213.
[28] Korostovetz (1926) 177; Wortlaut: 179–183.
[29] Korostovetz (1926) 272–275; Tang (1959) 328ff.
[30] Korostovetz (1926) 281–286 (Wortlaut).

Die folgenden Jahre brachten dem Autonomen Qalqa-Gebiet einige wenige Erneuerungen. Dazu gehörte die Praktizierung moderner Medizin durch Ärzte in den russischen Konsulaten, veterinärmedizinische Betreuung des Viehbestandes, die Einrichtung einer weiterführenden Schule, die Gründung einer Zeitung (›Nijslel chüreenij medee‹, ›Hauptstadtnachrichten‹). Akkerbau wurde gefördert, wozu die Russen Geräte lieferten, die Kohlenminen von Nalaicha (die noch heute die wichtigsten des Landes sind) eröffnet. Von besonderer Bedeutung schließlich war der Aufbau einer modernen Armee mit Hilfe russischer Instrukteure. In Quǰirbulang, nicht weit von Urga, hatte man zu diesem Zweck eine Rekrutenschule eingerichtet. "This military training ... had the wholly unexpected result of providing a nucleus of trained men, who knew one another from the old days, for the embryo revolutionary army mobilized early 1921", wie Bawden ausführt[31]. Was sich jedoch nicht änderte, wie bereits angedeutet, war die alte gesellschaftliche Ordnung. Das interne Verwaltungssystem der Ch'ing-Dynastie blieb erhalten, ebenso die Erblichkeit der Bannerregentschaft und das System der Zuweisung persönlicher Leibeigener. Von einigen lokalen Erhebungen abgesehen geschah jedoch nichts, was die Situation grundlegend verändert hätte – bis zum Wechsel in der internationalen Lage. Der Erfolg der russischen Diplomatie bei dem Dreiervertrag von Khiakta ging in der Folge der russischen Revolution 1917 zeitweilig wieder verloren. Die Mongolen fühlten durch diesen Umsturz ihre Sicherheit bedroht, und die Regierung des J̌ebcundamba Qutuqtu wandte sich an China um Hilfe. Ch'en I, der chinesische Resident in Urga, überredete die Autonome Regierung, Verstärkungstruppen ins Land bringen zu lassen, deren erste im September 1918 eintraf. Im folgenden Jahr übte Ch'en I Druck auf die Mongolen aus, die Autonomie aufzugeben und Chinas Souveränität anzuerkennen, wofür ihnen die Erhaltung ihrer feudalen Rechte garantiert würde. Bevor eine Entscheidung fallen konnte, marschierte der General Hsü Shucheng im Oktober 1919 mit einer großen Truppenmacht in Urga

[31] Bawden (1968) 201–202.

ein und erzwang so die Aufgabe der Autonomie; das entsprechende Dokument wurde am 16. 11. 1919 unterzeichnet. Die fünf Ministerien wurden aufgelöst, unliebsame Personen verhaftet, darunter Magsaržav, der dann bei von Ungern-Sternbergs Einmarsch befreit wurde, und Damdinsüren, der 1920 krank und mißhandelt im Gefängnis starb. Die Armee wurde entlassen, Waffen und Ausrüstung konfisziert[32]. Unter diesen Bedingungen nun entstanden die ersten mongolischen Widerstandsgruppen, die im Verlauf der folgenden achtzehn Monate im politischen Bereich zur Bildung einer Partei und im militärischen Bereich zur Bildung von Partisaneneinheiten führten. Da zwischen diesen ein unmittelbarer Zusammenhang besteht, sei zunächst die politische Seite kurz erläutert: Der Widerstand organisierte sich in zwei Gruppen nach der Art der traditionellen geheimen mongolischen Duγuilang-Bewegungen, die schon im 19. Jh. in den innermongolischen Gebieten vorwiegend gegen chinesische Landnahmen und Unterdrückung gerichtet waren. Die beiden Qalqa-Gruppen arbeiteten zunächst getrennt voneinander, hatten aber das gleiche Ziel: die Befreiung des Landes von der chinesischen Besatzung und Wiedereinrichtung der mongolischen Autonomie. Sie waren bekannt als die „Konsulhügelgruppe" und die „Osturga-Gruppe"[33], nach dem Orte ihrer Treffen. Erstere wurde von einem klugen und gebildeten Lama, bekannt für seine fortschrittlichen Ideen, namens Dogsomyn Bodoo (1885–1922), jener Bodoo, der später der Verschwörung mit Dambijžancan angeklagt und erschossen wurde, ferner von Khorloogijn Čojbalsan (1895–1953), der mit Hilfe des Leiters der Dolmetscherschule in Urga, eines Buryaten namens Danchinov, zur weiteren Schulbildung nach Irkutsk entsandt worden war, sowie von einem weiteren Lama und Freund von Bodoo, namens Čagdaržav, geleitet. Die Osturga-Gruppe stand unter der Führung von Süchbaatar (1893–1923), Danzan und Dogsom, war rein nationalistisch, rekrutierte sich zum großen Teil aus der mittleren Beamtenschaft der Autonomen Regierung und

[32] Tang (1959) 364–366.
[33] Ewing (1980) 159ff.

der Arme und sah sich dem J̌ebcundamba Qutuqtu und einer von ihm geführten Regierung verpflichtet. Die erste Gruppe jedoch war eindeutig auf Umsturz ausgerichtet und stand von Anfang an in Verbindung mit Anhängern der russischen Revolution in Urga. Man darf nicht vergessen, daß die russische Kolonie in Urga relativ groß war (von anfangs etwa 400 auf etwa 2000 Personen zum gegebenen Zeitpunkt gewachsen), und auch hier, nach 1917, Zarentreue und Befürworter der Revolution einander feindlich gegenüberstanden. Die Revolutionäre gewannen schließlich die Oberhand und bildeten zu Beginn des Jahres 1920 eine Gorodskaya Duma, eine Städtische Duma, in Urga. Im Juli 1919 hatte nämlich eine sowjetische Gegenoffensive in Sibirien begonnen, die siegreich blieb und im März 1920 Irkutsk in ihre Hand brachte. Eine Deklaration an das mongolische Volk und die mongolische Regierung, welche alle zaristischen Verträge mit China und Japan bezüglich der Mongolei für nichtig erklärte und das Recht der Mongolen auf Unabhängigkeit festhielt, muß dem mongolischen Widerstand Mut gemacht haben, sich nunmehr um die dringend benötigte Waffenhilfe an die Rote Armee in Sibirien zu wenden. Dieser erste Versuch mißlang jedoch, weil die strenge Grenzüberwachung durch die Chinesen eine Reise nach Sibirien unmöglich machte. Die Quellen erweisen sich leider als unzulänglich und sogar widersprüchlich – wie nicht selten für den gegebenen Zeitabschnitt –, und so ist nicht ganz klar, wann die ersten Verbindungen der Osturga-Gruppe mit der Konsulhügelgruppe und Vertretern der Uprava der Urgaer Gorodskaya Duma, Sorokovikov und Maslakov, stattgefunden hat, wahrscheinlich aber im März/April 1920[34]. Sorokovikov, der die Aktivitäten der mongolischen Widerstandskämpfer an das Zentralkomitee der Partei in Sibirien berichtet hatte, kehrte mit Instruktionen zurück, „Delegierte der mongolischen Arbeiter“ zu Konsultationen zu entsenden. Der russische Konsul in Troitskosavsk (Russisch Khiakta, auf der anderen Seite der Grenze), Makstinyak, sei entsprechend informiert. Die Mongolen wollten nun einen disziplinierten, wohlorganisierten und zielbewußten Ein-

[34] Ewing (1980) 173.

druck machen: das Ergebnis ihrer Bemühungen war die formale Bildung einer Mongolischen Volkspartei, am 25. Juni 1920. Der wichtigste Punkt der Tagesordnung hierbei war die Annahme des sogenannten Schwurdokuments der Parteirichtlinien (Namyn chümüüsijn dagaž yavach tangargijn bičig), dessen Präambel und erster von insgesamt neun Artikeln wie folgt lauteten:

Although [the people of] Mongolia separated from Manchu-Chinese rule and established an independent autonomous government, the powerholders did nothing for the benefit of the people, but thought only of themselves and the old ways. This continued to the ninth year [1919], when a few ministers and officials [wishing] to destroy the state, insulted and deceived the people and, taking advantage of the unsettled conditions in our neighbour Russia, arbitrarily conspired with Chinese [to abrogate] the rights of the Bogd Khaan government. They deceitfully issued a certificate stating that Outer Mongolians had voluntarily abolished autonomy and then sent it to the central government [of China]. Because this is a departure from the path which has forever been in accord with the hearts of the people, it is important that the members of our party firmly unite in mind and strength to devise suitable and decisive measures–for our people to restore their rights which have been seized by others, to strengthen and protect the affairs of our race, and to improve our own internal government.

The goals of the Outer Mongolian People's Party are: to liquidate the foreign enemy which is hostile to our religion and race; to restore lost rights; to sincerely promote state and religion; to preserve intact our race; to improve and reform sincerely the internal government; to give total attention to the interest of the poor and lowly masses; to preserve forever our internal rights; and to live, neither oppressing nor being oppressed.[35]

Der Leiter der mongolisch-tibetischen Abteilung im Sibirienbüro der Partei, Borisov, riet den Mongolen, nunmehr umgehend eine Delegation nach Sowjetrußland zu entsenden, zuvor sich aber der Unterstützung des Bogdo Gegen zu versichern, damit einer möglichen Opposition von Anfang an der Wind aus den Segeln genommen sei. Wichtig ist hierbei festzuhalten, daß

[35] Ewing (1980) 177–178.

der J̌ebcundamba Qutuqtu auch von den Vertretern der Sowjets nach wie vor als Repräsentant der mongolischen Regierung angesehen wurde und daß lediglich die radikalsten der mongolischen Revolutionäre, Bodoo und Čojbalsan, sich gänzlich hiervon lossagen wollten, sich aber nicht durchsetzten. Die Verbindung zum J̌ebcundamba Qutuqtu seitens der Revolutionäre verlief dann durch die Vermittlung von J̌alhanca und Dilowa Qutuqtu sowie dem Da Lama Puncagdorž, und es heißt, daß der J̌ebcundamba sich erst nach langem Zögern und der Befragung von drei Hofastrologen dazu entschloß, sein Siegel unter das Schreiben mit der formalen Bitte an Sowjetrußland um Waffen und Unterstützung zu setzen. Eine Delegation von sieben mongolischen Revolutionären begab sich dann Ende Juli 1920 nach Rußland[36]. Čagdaržav, Danzan und Losol sollten nach Moskau weiterreisen, Süchbaatar und Čojbalsan in Irkutsk als Verbindungsmänner verbleiben, Bodoo und Dogsom jedoch nach Urga zurückkehren, um die Partei weiter aufzubauen und Partisaneneinheiten zu rekrutieren – dies alles auf Anweisung von Gapon, dem neuen Leiter des Sibbyuro der Partei in Irkutsk. Geld und Waffen sollten sofort nach Abschluß der Verhandlungen nach Urga abgehen. Die Ereignisse nahmen jedoch eine recht dramatische und unerwartete Wendung. Der Generalleutnant Baron von Ungern-Sternberg, ehemaliger Untergebener Semyonovs, der von Chita aus Sibirien östlich des Baikalsees für die Weißgardisten zu halten in Anspruch nahm, marschierte im Oktober 1920 mit einer Truppenmacht von etwa 1000 Mann im Qalqa-Gebiet ein und verwickelte auf diese Weise die Mongolen unmittelbar in die Auseinandersetzung zwischen Weiß und Rot[37]. Er propagierte als Ziel die Befreiung der Mongolen von den Chinesen und die Wiedereinsetzung des J̌ebcundamba Qutuqtu, verfolgte aber in Wirklichkeit eigene ehrgeizige Machtpläne. Von Ungern-Sternbergs Belagerung von Urga zwischen dem 26. Oktober und 7. November 1920 mußte zunächst wegen des entschlossenen Widerstands der chinesischen Truppen und seiner

[36] Ewing (1980) 179ff.
[37] Ewing (1980) 194–201.

eigenen enormen Verluste aufgegeben werden, woraufhin er sich nach Osten in den Sečen Qan Ayimaγ zurückzog. Es kam danach zu schrecklichen Pogromen durch die demoralisierten und seit Monaten ohne Bezahlung verbliebenen chinesischen Soldaten unter der mongolischen Bevölkerung. Der J̌ebcundamba Qutuqtu sowie zahlreiche andere Persönlichkeiten wurden unter Arrest gestellt, die noch im Aufbau befindliche Partei zerschlagen, die Führer verhaftet. Bodoo und Dogsom konnten allerdings entkommen. All dies hätte von Ungern-Sternberg natürlich nicht besser in die Hände spielen können. Am 3./4. Februar 1921 eroberte er Urga mit einer neuen Streitmacht von nunmehr 5000 Mann, die zum Großteil aus Mongolen bestand. Er richtete ein schreckliches Blutbad unter den Chinesen an und setzte die alte Regierung unter dem J̌ebcundamba wieder ein. Die wirkliche Macht behielt der Baron jedoch selbst in der Hand, wobei er offiziell im Hintergrund blieb. Mit ihrem neuen „Befreier“ waren die Mongolen jedoch vom Regen in die Traufe geraten. Sie waren tief schockiert von seiner Brutalität, den zahllosen Verhaftungen, reihenweisen Erschießungen, der Zwangskonskription junger Mongolen, der Konfiszierung von Vieh und Besitz in Vorbereitung auf seinen Marsch gegen Sowjetrußland gegebenen Tages.

Nunmehr war für die Mongolen der Zeitpunkt für dringendes Eingreifen von militärischer Seite gekommen. Danzan und Čagdaržav, die in Moskau zunächst drei Monate von einer Stelle zur anderen weitergereicht, dabei aber wenigstens von Außenminister Čičerin, dem Oberbefehlshaber der Roten Armee Kamenev sowie Lenin selbst empfangen worden waren, ohne greifbares Ergebnis allerdings, erhielten am 10. November 1920 unerwartet die Zusage von Waffenlieferungen. Die Gründe für das lange Zögern der Sowjetregierung, direkt oder auch nur mit Waffenhilfe in der Mongolei einzugreifen, können im wesentlichen auf drei Faktoren zurückgeführt werden: erstens die Schwäche der Roten Armee zur damaligen Zeit allgemein, vor allem nach den bitteren Kämpfen in Polen; zweitens die Präsenz der japanischen Armee im russischen Fernen Osten und die gerade erst mühsam ausgehandelte Zustimmung der Japaner, sich in die Mandschurei zurückzuziehen; drittens schließlich das Bemühen der Sowjetregierung um diplomatische Anerkennung durch China und die Herauslösung dieses Landes aus seinen westlichen Bindungen. Chinas Weigerung jedoch und die Erkenntnis der Verwundbarkeit der mongolischen Gebiete durch weißgardistische Aggression, sozusagen vor der eigenen Haustür, die sich bedrohlich gegen die auf noch schwachen Füßen stehende Sowjetregierung richten konnte, bewirkten dann den Umschwung. Bevor es freilich zu dieser unmittelbaren Bedrohung gekommen war, hatte Lenin in seinem Gespräch mit Danzan und Čagdaržav im November 1920 die Notwendigkeit vor allem des eigenen mongolischen Einsatzes hervorgehoben.

"To their question about his attitude towards their struggle for liberation from the Chinese military, who, on their part, were influenced by the Japanese forces of occupation . . . in the Soviet Far East, Vladimir Ilich replied with a detailed analysis of the military situation in Mongolia. He pointed out Mongolia's role as a buffer country between two struggling worlds, East and West, and noted that the only correct attitude for the toilers of their country to take would be to struggle for their own political and economic independence." [38]

Nach der Veränderung der Lage kehrten Danzan und Čagdaržav nun also zurück mit der Zusage für Waffenlieferungen – aber wieder geschah nichts bis Februar 1921, als von Ungern-Sternberg tatsächlich in Urga fest im Sattel saß. Erst jetzt, am 8. Februar 1921, erging der Befehl an die Fünfte Rote Armee und den Ostsibirischen Militärdistrikt, Einheiten zur Verteidigung von Troitskosavsk an der mongolischen Grenze zu entsenden sowie die formale Zusicherung von Waffenhilfe an die Mongolen weiterzuleiten. Am 16. Februar faßte die Mongolische Volkspartei, die sich nach der Urga-Katastrophe in Khiakta nunmehr neu formierte, den offiziellen Beschluß zur Rekrutierung von Partisaneneinheiten, ein Beschluß, der auch umgehend in die Tat umgesetzt wurde. Süchbaatar und Puncag, alte Kameraden aus Quǰirbulang, waren die Anführer. Mit zwei Flaggen, einer gelben

[38] Ewing (1980) 220.

buddhistischen und einer roten, beide beschriftet „Laßt uns die Macht der Volkspartei fördern!“, brach ein kleiner Trupp von etwa 20 Mann zum Khyaraan-Grenzwachtposten östlich von Khiakta auf. Das Ziel war, die chinesischen Truppen aus Khiakta, wohin sie sich nach der Niederlage durch von Ungern-Sternberg in Urga verschanzt hatten, zu vertreiben und die Befreiung des Landes, mit dieser Basis an der Nordgrenze im Rücken, dann gänzlich zu erreichen. Khyaraan machten sie zum Sammelpunkt der Rekrutierung. Süchbaatar nutzte seine alten Verbindungen aus Quǰirbulang und gewann auch andere wichtige Verbündete, wie den Kommandanten der Grenzwachttruppen jener Region, Damdinsüren, und den Lama Khasbaatar aus dem innermongolischen Gorlos-Banner, einen ehemaligen Mitkämpfer des bereits erwähnten legendären und vielbesungenen Togtokh Tayiǰi. Wie die Rekrutierung bei der Bevölkerung vor sich ging – sie erfolgte häufig nicht so ganz freiwillig oder von großer Begeisterung getragen –, sei an zwei recht kennzeichnenden Beispielen veranschaulicht. Sie sind einer Sammlung von Erinnerungen entnommen, in denen die ehemaligen Partisanen in autobiographischen Skizzen entweder selbst schriftlich oder auf Tonband gesprochen und dann umgesetzt die Ereignisse jener Zeit wiedergegeben haben. Das Material ist bemerkenswert unzensiert zur Veröffentlichung gekommen und bietet ein sehr anschauliches und lebendiges Bild der damaligen Gegebenheiten. So berichtet der Lama Sendengijn Zagd: „1921, als wir uns gerade in dem kleinen Tempel von Uyalga zum Gottesdienst am 14. Tag des Weißen Monats [Mitte/Ende Februar] versammelt hatten, gab man mir Bescheid, daß draußen jemand nach mir verlangte. Als ich hinausging, stand dort Sonomdaš vom Uyalga-Wachtposten mit mehreren Männern. Er nahm mich beiseite, und nachdem wir die übliche Begrüßung gewechselt hatten, ordnete er sogleich an, daß ich mich umgehend bei Galdaa Cendenbalžir einzufinden hätte. Als ich fragte: ‚Warum soll ich denn gehen?‘, antwortete er: ‚Nicht nur du, wir alle gehen. Alle jungen Männer versammeln sich dort.‘ ‚Aber mein Pferd ist dürr, und überhaupt habe ich nur dieses eine weiße Pferd, ich kann nicht gehn‘, sagte ich. ‚Du wirst es schon schaffen mit deinem Gaul‘, sagte er, ‚es bleibt dir gar nichts übrig, als dich anzuschließen.'"[39] Doržijn Davaa berichtet: „Als ich so gegen Ende des fünften Monats [Juni 1921] hörte, daß Truppen im Akhai Beise Banner des J̌asaγtu Qan Ayimaγ mobilisiert wurden, saß ich ohne Beschäftigung in meiner Heimatgegend herum. Ich fragte, ob ich mich anschließen könnte, und so ging ich. Zwei Pferde nahm ich mit, zwei Ziegen und eine Ecke Tee. Über 5000 Mann waren wir, die wir uns da versammelten."[40]

Ende Februar waren es jedoch erst etwa 400 Mann, in vier Brigaden aufgeteilt und angeführt von Puncag, Khasbaatar, Sumiyaa Beise und Damdinsüren, dem später auch die Maschinengewehrabteilung unterstand. Ausrüstung und Verpflegung waren dürftig. In den Worten eines anderen Partisanen: „Zuerst hatten wir ein Schwert auf zehn Mann und ein Gewehr auf 20. Die Soldaten praktizierten mit dem Säbel, indem sie Weiden abschlugen. Obwohl wir einige Gewehre hatten, fehlte es an Munition, und wir konnten nicht feuern. Vorräte, Kleidung und Reittiere mußten wir selbst stellen. Diejenigen, die gar nichts von alledem hatten, wurden von den Leuten ihres Banners ausgerüstet. Wir hatten keine besonderen Quartiere, sondern lebten unter der Bevölkerung verstreut."[41]

Die ersten Engagements der Partisaneneinheiten waren kleine Scharmützel gegen zumeist viel größere Verbände chinesischer Truppen, welche die Mongolen aber mit kluger Taktik und verschiedenen Listen immer wieder für sich entschieden. So kamen sie häufig auch an mehr Waffen und Vorräte. Die versprochenen Lieferungen aus Sowjetrußland ließen immer noch auf sich warten. Währenddessen wurde vom 1. bis 3. März 1921 im grenznahen Troitskosavsk der erste Parteikongreß abgehalten, an welchem neben 26 mongolischen Delegierten, unter Vorsitz von Danzan, auch Komintern-Vertreter teilnahmen. Die Ziele der Partei wurden in zwei Dokumenten festgehalten, der ›Präambel zur Proklamation an die Massen durch die Mongo-

[39] Veit (1971) 202.
[40] Durdatgaluud (1961) 157.
[41] Bawden (1968) 218.

lische Volkspartei‹ und in der Partei-Plattform‹[42]. Von unmittelbarer Bedeutung für den Partisanenkrieg war die Einsetzung eines Kommando-Stabes mit Süchbaatar an der Spitze, ferner Belegsaikhan und Danzan, sowie zwei Russen, die von der Roten Armee benannt wurden. Um den 10. März herum trafen dann auch die ersten Waffenlieferungen über den sonst nicht mehr benutzten Handelsweg durch den kleinen Grenzort Naushki ein. Es ist hier nicht unwichtig, festzuhalten, daß die tatsächlichen Lieferungen während der gesamten Phase des Partisanenkrieges der Mongolen, zuerst gegen die chinesischen Truppen und dann gegen die weißgardistischen Überreste, völlig unbedeutend waren und selbst im Juli 1921, beim siegreichen Einzug in Urga, die bis dahin etwa 700 Mann zählende Partisanenarmee nicht einmal hinreichend ausgestattet werden konnte.

Am 14. März 1921 nun arbeitete der Kommando-Stab der jetzt „Ardyn namyn žuramt cereg“ (Reguläre Armee der Volkspartei) genannten Partisanengruppe einen detaillierten Plan zur Eroberung von Khiakta aus[43]. Es war ein gewagtes Unterfangen, denn die chinesischen Truppen zählten gewiß 2500 Mann oder mehr – die Schätzungen variieren hier – und waren immerhin besser ausgerüstet und trainiert als die Mongolen. Süchbaatar ließ die Partisanen in der Nacht vom 17. März aufmarschieren und ihre Stellungen beziehen. Nasser Schnee war gefallen, es herrschte große Kälte, die Soldaten durften weder sprechen noch Streichhölzer anzünden, noch rauchen, noch etwa schlafen. Um zehn Uhr morgens begann der Angriff vom Nordwesten. Auf das Gerücht, daß sich ein großes Truppenkontingent – 5000 Mann! – aus Mongolen und Weißgardisten der Stadt aus südlicher Richtung nähern sollte, hatte der chinesische Kommandeur Ch'u Ch'i-hsiang die Verteidigung in vorderer Linie vor die Stadt verlegt und Khiakta selbst ohne nennenswerten Schutz gelassen. Der mongolische Überraschungsangriff kam jedoch aus genau entgegengesetzter Richtung. Bis Mittag gehörte das Feld dann auch zunächst den Mongolen, bis die Er-

[42] Ewing (1980) 232ff.
[43] Ewing (1980) 238–243.

schöpfung der Munition und chinesischer Gegenangriff sie zum Rückzug zwang. Die Aufstellung von zwei Kanonen jedoch und Munitionsnachschub – nicht zu vergessen ein völlig demoralisierter und schlecht ausgestatteter Gegner – brachte den Mongolen am Abend Khiakta doch in die Hand. Dieser nahezu unglaubliche Sieg von Süchbaatars kleiner Partisaneneinheit bewirkte in der Folge dann auch den vollständigen Zusammenbruch der chinesischen Machtposition im Qalqa-Gebiet, welches nur 18 Monate vorher noch so uneinnehmbar erschienen war. "This battle for Khiakt", wie Bawden zusammenfaßt, "waged solely by Mongolian partisans relying essentially on their own resources, was a testament to their will and courage."[44]

Die provisorische Volksregierung nahm nun ihren Sitz in Khiakta, das man in Altan bulaγ umbenannt hatte (im Unterschied zum erwähnten Russisch-Khiakta oder Troitskosavsk). Der Partisanenkrieg ging weiter gegen die versprengten Gruppen flüchtender chinesischer Soldaten, die aber keinen ernsthaften Gegner mehr darstellten. Ch'u Ch'i-hsiang, Ch'en I und ein großer Teil der zivilen Einwohner von Khiakta, wie auch Soldaten, flüchteten nach Verchneudinsk, wo sie von den Russen aufgenommen, versorgt und nach China zurückgeschickt wurden. Jetzt stand nur noch die Auseinandersetzung mit Baron von Ungern-Sternberg bevor. Im Mai 1921 wurde Danzan heimlich nach Urga entsandt, um die Lage zu erkunden. Er berichtete, daß der Baron einen Angriff auf Sibirien vorbereite. Ihn und seine Streitmacht endgültig auszuschalten, betrachtete Sowjetrußland im wesentlichen nunmehr als eigene Aufgabe, und so nahm die 35. Brigade der Fünften Roten Armee, 7500 Mann sowie verschiedene kleinere Einheiten, in Troitskosavsk Aufstellung, die mongolischen Partisanen in Altan bulaγ. Kleinere Kampfhandlungen zogen sich bis Mitte Juni hin, aber die Hauptmacht der Roten Armee überquerte erst am 28. Juni 1921 die mongolische Grenze, nachdem von Ungern-Sternberg Troitskosavsk angegriffen hatte und zurückgeschlagen worden war. Am 6. Juli 1921

[44] Bawden (1968) 218.

zogen Einheiten der genannten 35. Brigade mit mongolischen Partisanenverbänden siegreich in Urga ein. Baron von Ungern-Sternberg wurde bei den Rückzugsgefechten von seinen eigenen mongolischen Leuten gefangengenommen, am 15. September in Novosibirsk vor Gericht gestellt und erschossen[45]. Makabre Anekdote am Rande: nach seinem Sieg in Urga im Februar 1921 hatten die Lamas des Klosters Dashisamdanling dacang von Ungern-Sternberg zur Inkarnation des berühmten epischen Helden Geser Khan erklärt, den keine russische und keine chinesische Kugel verletzen könne – nur eine mongolische. Der Baron selbst hatte sich als Verteidiger der Lehre Buddhas und des Throns der mandschurischen Kaiser, Beschützer jenes Glaubens, bezeichnet[46]. Bis zum Ende des Jahres 1921 dauerte der Partisanenkrieg noch an, dann war auch der Westen des Qalqa-Gebietes von den letzten versprengten Anhängern Baron von Ungern-Sternbergs befreit. Man rief eine provisorische revolutionäre Volksregierung aus, deren nominelles Oberhaupt der J̌ebcundamba Qutuqtu bis zu seinem Tode im Mai 1924 blieb. Die Hauptstadt Urga erhielt einen neuen Namen – Ulaanbaatar, „der Rote Held".

Die Befreiung ihres Landes ist den Mongolen also im wesentlichen aus eigener Kraft gelungen. Der Sieg über die Chinesen mit der Eroberung Khiaktas, die Errichtung einer revolutionären Volkspartei und Regierung hatte die Mongolen in der Einschätzung Sowjetrußlands als ernstzunehmende neue Kraft legitimiert, die ihnen freundlich gesonnen war und darum ihrer Unterstützung versichert sein konnte und kann. In einem neuen russisch-chinesischen Abkommen vom 31. Mai 1924 anerkannte die Sowjetunion daher zwar de jure noch die chinesische Suzeränität über das Gebiet der Qalqa, de facto behandelte sie die neue Volksrepublik jedoch wie einen souveränen Staat, was die späteren Abkommen zwischen beiden Staaten deutlich zeigen[47]. Nach dem dritten Parteikongreß im August 1924 und der Verab-

[45] Brown/Onon (1976) 786 n. 159.
[46] Rintchen (1958) 10.
[47] Tang (1959) 381.

schiedung der neuen Verfassung am 26. November 1924[48] wurden die Veränderungen der gesellschaftlichen und politischen Struktur der ehemaligen Äußeren Mongolei dann endgültig eingeleitet. Sie war damit der erste Staat nach der Sowjetunion, in welchem die Ideologie des Marxismus-Leninismus zum Grundsatz der alleinregierenden Staatspartei wurde.

Was den Status der Mongolischen Volksrepublik anlangt, so sicherten 1945 in Yalta die Vereinigten Staaten und Großbritannien der Sowjetunion Unterstützung zu bei der Aufrechterhaltung des Status quo in diesem Gebiet. Die nationalchinesische Regierung des Generals Chiang Kai-shih wurde unter amerikanischen Druck gesetzt und mußte sich in einem Vertrag mit der Sowjetunion im August 1945 der neuen Rechtslage fügen. Eine unter sowjetisch-mongolischer Aufsicht geführte Volksbefragung im Januar 1946 in der Mongolischen Volksrepbulik ergab 98% Zustimmung zur Unabhängigkeit, welche China dann akzeptierte, obwohl es nicht zur Aufnahme diplomatischer Beziehungen kam[49]. Nach dem Sieg Mao Tse-tungs 1949 anerkannte die Volksrepbulik China ihrerseits die Unabhängigkeit der Mongolischen Volksrepublik, und zum ersten Male in der Geschichte der beiden Länder tauschten China und die Mongolische Volksrepublik Botschafter aus[50]. Die nach dem Bruch Chinas mit der Sowjetunion zunächst eingefrorenen chinesisch-mongolischen Beziehungen normalisierten sich dann mit einem erneuten Botschafteraustausch im Jahre 1971. Seit 1961 ist die Mongolische Volksrepublik Mitglied der Vereinten Nationen.

[48] Korostovetz (1926) 344–351 (Wortlaut).
[49] Kindermann (1970) 456ff., 476ff.
[50] Bawden (1968) 382.

ZEITTAFEL

1130–50	Khabul Khan vereint die Mongqol zu einer Stammesgruppe.
um 1167	Geburt Temüǰins.
um 1195	Temüǰin erhält als Herrscher der Mongqol den Titel Khan sowie den Namen Tschinggis.
1206	Auf einem Reichstag am Onon Bestätigung des Khan-Titels für Tschinggis durch innerasiatische Staatsvölker. Die gesamte Föderation nennt sich fürderhin Mongqol, „Mongolen".
1209	Unterwerfung der Uighuren von Khotscho.
1215	Eroberung Pekings.
1218	Ögödei wird zum Nachfolger Tschinggis Khans bestimmt. Beginn der Westfeldzüge. Unterwerfung von Khara Khitai.
1223	Sieg über die Komanen sowie über russische Fürsten an der Kalka.
1227	Unterwerfung der Tanguten. Tod Tschinggis Khans und seines ältesten Sohnes Dschötschi.
1227–29	Regentschaft Toluis.
1229	Ögödei zum Großkhan (mo. *qaγan*) erhoben. Erneuter Westfeldzug unter Leitung des Batu (gegen Persien, die Komanen und Wolgabulgaren).
1230	Beginn des Feldzugs gegen die Chin.
1232	Besetzung Georgiens und Armeniens. Tod Toluis.
1234	Vernichtung der Chin in Nordchina.
1235	Der Reichstag beschließt einen großen Westfeldzug unter erneutem Kommando des Batu. Göden Feudalherr über die Grenzländer Tibets.
1237	Unterwerfung der Komanen und Wolgabulgaren. Vorstöße gegen die chin. Sung.
1238–40	Eroberung russischer Städte und Fürstentümer.

1241	Schlachten bei Liegnitz und am Sajó. Verwüstung Ungarns. Tod des Ögödei.
1242	Die Mongolen an der Adria. Im Frühjahr Rückzug der Mongolen. Schlacht auf dem Peipussee zwischen dem Livländer Orden und Alexander Newskij. Töregene wird Regentin. Tod des Tschaghatai.
1243/44	Alexander Newskij bei Töregene in Karakorum.
1245	Plano Carpini von Innozenz IV. nach Karakorum gesandt. Weitere Gesandtschaft an die Mongolen unter Fr. Ascelinus. Güyük zum Großkhan gewählt.
1246	Plano Carpini erreicht Karakorum. Erhebung Güyüks zum Großkhan.
1247	Göden trifft mit dem Sa-skya Paṇḍita aus Tibet zusammen. Fr. Ascelinus bei Baidschu, dem mongolischen Statthalter des Kaukasus. Rückkehr Plano Carpinis nach Lyon.
1247/48	Batu und Güyük ziehen gegeneinander zu Feld.
1248	Tod des Güyük. Oghul Ghaimysch wird Regentin. Eldschigidei, der neue mongolische Statthalter im Kaukasus, schickt eine Gesandtschaft zu Ludwig IX. nach Zypern. Mongolische Gesandtschaft zu Innozenz IV.
1249	Gesandtschaft Ludwig IX. unter Andreas von Longjumeau bei Oghul Ghaimysch in Mittelasien.
1250	Beginn der Mamluken-Herrschaft in Ägypten.
1251	Möngke wird Großkhan. Khubilai zum Teilherrscher über Nordchina bestellt.
1251/52	Eingliederung Tibets.
1252	Alexander Newskij als Großfürst in Karakorum bestätigt. Fortsetzung der Feldzüge gegen die chin. Sung.
1253	Beginn der Feldzüge gegen Korea. Wilhelm Rubruk reist zu den Mongolen und wird bis nach Karakorum geschickt.
1253/54	Khubilai trifft mit 'Phags-pa Lama zusammen.
1255	Hülegü beginnt mit Eroberungen in Vorderasien. Tod Batus.

1256 Vernichtung der Assassinen durch Hülegü. Sartaq Khan der Goldenen Horde.

1257 Tod Sartaqs. Nach kurzer Herrschaft des Ulagtschi wird Berke Khan der Goldenen Horde. Beginn der Spannungen zwischen Berke und Hülegü. Großer Feldzug gegen die chin. Sung. Arigh Böke zum Kronprinzen ausersehen.

1258 Eroberung Bagdads und Vernichtung der Abbasiden durch Hülegü. Der Kaukasus wird dem Reichsgebiet des Hülegü zugeschlagen. Offene Feindschaft zwischen Hülegü und Berke.

1259 Tod Möngkes.

1260 Hülegü erobert Aleppo und Damaskus. Khubilai ruft sich in Nordchina zum Großkhan aus. Algu baut in Tschaghatai ein neues Machtzentrum auf. Zerfall des mongolischen Großreichs in Teilreiche. Die Mamluken besiegen Hülegü beim „Goliathsquell".

1262 Beginn der Förderung der tibetischen Sa-skya-pa durch Khubilai. Hülegü schickt Gesandte in den Westen.

1264 Arigh Böke ausgeschaltet.

1265 Hülegü, der erste Il-Khan, stirbt.

1266 Tod Arigh Bökes. Genua gründet Kolonie in Kaffa.

1267 Das Il-Khanat unter Abaqa nimmt erneut Beziehungen zum lateinischen Abendland auf.

1269 Der Reichstag am Talas unter Khaidu verschärft die Feindseligkeiten zwischen den Mongolenkhanaten.

1271 Abreise Marco Polos von Venedig nach dem Mongolenkhanat China. Der Dynastiename Yüan wird in China eingeführt.

1273 Beginn regelmäßiger Verbindungen zwischen Sarai und Kairo.

1274 Mongolen auf dem Konzil von Lyon. Erster mongolischer Invasionsversuch Japans.

1279 Unterwerfung der chin. Süd-Sung.

1280 Scheitern der mongolischen Japaninvasion.

1287	Der Il-Khan Arghun schickt Bar Ṣāwmā als mongolischen Gesandten ins lateinische Abendland.
1288/89	Von der mongolischen Gesandtschaft unter Bar Ṣāwmā nachhaltig beeindruckt, nimmt die katholische Chinamission unter Johannes de Monte Corvino ihren Anfang.
1292	Scheitern der Mongolen in Java.
1294	Tod Khubilais.
1295	Das Il-Khanat unter Ghasan endgültig muslimisch und vom Großkhan unabhängig.
1306	Vorherrschaft der Tschaghataiden in Tschaghatai.
1307	Johannes de Monte Corvino zum Erzbischof von Khan Baliq und Patriarchen des Orients ernannt.
1313	Özbeg kommt als letzter bedeutender Mongolenherrscher der Goldenen Horde an die Macht.
1318	Hinrichtung des Rašīd ad-Dīn. Errichtung der Diözese Sulṭānīya.
1323	Friedensschluß zwischen dem Mongolenreich in Iran und dem Reich der Mamluken in Ägypten.
1333	Herrschaftsantritt des Toγon Temür, des letzten mongolischen Großkhans in Yüan-China. Wiedererstarken der chinesischen Macht.
1335	Tod des Abū Saᶜīd und Niedergang der Mongolenmacht in Iran.
1336	Geburt Timurs.
1346/47	Teilung des Khanats Tschaghatai.
1348	Im Siebenstromland entsteht Moghulistan.
1356/57	Eroberung und Zerstörung des Mongolenreichs in Iran durch die Mongolen der Goldenen Horde.
um 1360	Beginn eines fast zwanzigjährigen Bürgerkriegs in der Goldenen Horde und Zurückgehen des mongolischen Machteinflusses.
1368	Ende des Yüan-Khanats und Vertreibung der Mongolen aus China.
1370	Mit Biligtü, alias Uqaγatu, setzt sich die Reihe der mongolischen Großkhane aus der Linie Tolui-Khubilai in Karakorum in der Mongolei fort.

1380	Sieg Dimitrjis II. über den Mongolenkhan Mamai auf dem Schnepfenfeld am Don.
1381/82	Mit Hilfe des Türken Timur gelangt der Mongole Toḫtamysch in der Goldenen Horde an die Macht.
1385	Vertrag von Krewo.
1386	Krakauer Hochzeit.
um 1388	Mit dem Tod des Ilaskoǰa schwindet der mongolische Einfluß in Moghulistan.
1395	Timur besiegt seinen früheren Schützling Toḫtamysch und verwüstet die Goldene Horde.
1399	Toḫtamysch und die Litauer scheitern in der Schlacht an der Vorskla.
1405	Tod Timurs.
1407	Edigü mächtiger Hausmeier in der Goldenen Horde.
1414	Niederlage der westmongolischen Oirad an der Tula in der Mongolei im Kampf mit Ostmongolen und Chinesen.
um 1415	Litauischer und russischer Einfluß bestimmt die Politik der Mongolen in der Goldenen Horde.
1419	Tod Edigüs.
1422–24	Niederlagen der Ostmongolen in Kämpfen mit den Ming-Chinesen.
1438	Gründung des Khanats Kazan. Mongoleneinfälle in Rußland.
1449	Gründung des Khanats Krim durch das Haus Girai. Schlacht bei T'u-mu nordwestlich von Peking und Gefangennahme des Cheng-t'ung Kaisers der Ming, sowie Belagerung Pekings durch den Westmongolen Esen.
1452	Esen westmongolischer Großkhan in der Mongolei.
1470	Batu Möngke Dayan Khan, Restaurator der Tschingisiden-Macht, Großkhan in der Mongolei.
1485	Der Mongolenkhan Šaiḫ Aḥmad festigt in der Goldenen Horde vorübergehend seine Macht.
1502	Mengli Girai von der Krim besiegt Šaiḫ Aḥmad.
1503	Friede zwischen Litauen und Rußland. Ende der Goldenen Horde.

1505	Alexander von Litauen läßt Šaiẖ Aḥmad hinrichten.
1513–49	Geresenǰe Lehensherr von Khalkha.
1542	Sečen ~ Altan Khan gründet das Tümed-Khanat.
1552	Ende des Khanats Kazan in Rußland.
1554	Abadai gründet den Tüsiyetü Khan Aimak in Nord-Khalkha.
1567	Gründung des westmongolischen Altyn Khanats und Beginn seiner Beziehungen zum Khanat Sibir.
1571	Brandschatzung Moskaus durch den Khan Daulat Girai von der Krim.
1578	Altan Khan der Tümed verleiht dem tibetischen Gelugpa-Hierarchen bSod-nams rgya-mcho den Titel Dalai Lama. Weitgreifende Bekehrung der Ostmongolen zum Lamaismus.
1586	Gründung der lamaistischen Klosteranlage Erdeni dzuu.
1604	Herrschaftsantritt des Ligdan Khan der Tsakhar, des letzten mongolischen Großkhans in der Mongolei.
1616	Nurhaci gründet die Dschusen-Mandschu-Dynastie Aisin.
1619–34	Chinesisch-mongolisch-mandschurische Kämpfe um die Vorherrschaft im Osten Zentralasiens.
1626	Tod Nurhacis. Hung Tayiǰi zweiter Herrscher der Dschusen-Mandschu-Dynastie Aisin.
1633	Mit dem Khalkha-Fürsten Šoloi Sečen Khan wird die Bezeichnung Sečen Khan Aimak für Ost-Khalkha begründet.
1634	Tod Ligdan Khans. Ende der Herrscherabfolge der mongolischen Großkhane. Qotoqočin Erdeni Herrscher der westmongolischen Dzungaren.
1636	Hung Tayiǰi gründet die Mandschu-Dynastie Ch'ing. Eingliederung der Südostmongolen in den Mandschustaat. Gusi ~ Gušri Khan westmongolischer Herrscher von Köke naɣur und Zaidam.
1637	Mit der Annahme des Titels J̌asaɣtu Khan durch den Khalkha-Fürsten Subadi wird die Bezeichnung J̌asaɣtu Khan Aimak für West-Khalkha begründet.

1638	Einrichtung des Li-fan Yüan.
1644	Die Mandschu erobern Peking. Beginn der mandschu-chinesischen Dynastie Ch'ing in China (1644–1911).
1650	Beginn der Wirksamkeit der J̌ebcundamba Khutukhtus.
1662	Regierungsantritt des K'ang-hsi Kaisers.
1677	Galdan Herrscher der westmongolischen Dzungaren.
1688–90	Krieg der westmongolischen Dzungaren gegen die Khalkha-Mongolen.
1689	Mandschu-russischer Vertrag von Nertschinsk.
1691	Fürstentag von Dolon nor. Die Khalkha-Mongolen unterstellen sich formell den Mandschu.
1693	Beginn der Wirksamkeit der lČaṅ-skya Khutukhtus.
1696	Feldzug des K'ang-hsi Kaisers gegen Galdan in die Äußere Mongolei.
1697	Tod Galdans. Cėwang arabdan Herrscher der westmongolischen Dzungaren.
1705	Eroberung der tibetischen Hauptstadt Lhasa durch den dzungarmongolischen Khoschod-Khan Lhaǰang.
1718–39	„Drei-Kaiser-Feldzug“ gegen die westmongolischen Dzungaren.
1720	Rückeroberung Lhasas von den Dzungaren durch die Mandschu.
1722	Tod des K'ang-hsi Kaisers.
1724/25	Neugründung des Sayin Noyan Khan Aimak in Süd-Khalkha.
1727	Mandschu-russische Verträge von Burinsk und Kiakhta.
1732	Einfall der Dzungaren in Khalkha.
1739	Grenzfestlegung zwischen den Territorien der Dzungaren und der Khalkha.
1754–59	Zweiter Dzungarenfeldzug.
1755	Amursana Thronprätendent der Dzungaren.
1756/57	Rebellion des Čingüncab der West-Khalkha.
1761	Endgültige Organisation des Li-fan Yüan.
1858	Vertrag von Aigun.

1911	Ende der Ch'ing-Dynastie. Einsetzung des 8. J̌ebcundamba Khutukhtu zum Staatsoberhaupt der Autonomen Mongolei.
1915	Vertrag von Kiakhta.
1919	Panmongolische Bewegung des Semyonov.
1921	Baron von Ungern-Sternberg in Khalkha. Juli: Einmarsch der mongolischen Partisanen und der Sowjettruppen in Urga.
1921–24	Provisorische Revolutionäre Volksregierung in Khalkha.
1923	Tod Süchbaatars.
1924	Tod des 8. und letzten J̌ebcundamba Khutukhtu. Gründung der Mongolischen Volksrepublik in Urga, das in Ulaanbaatar umbenannt wird.
1932	Gründung Mandschukuos mit mongolischen Bevölkerungsanteilen in der Mandschurei.
1936	Beistandspakt zwischen UdSSR und Mongolischer Volksrepublik.
1939	Schlacht am Khalkh-gol zwischen japanisch-mandschukuo und sowjetisch-mongolischen Verbänden.
1945	National-China erkennt die Unabhängigkeit der Mongolischen Volksrepublik an.
1946	Freundschaftsvertrag von Chung-king zwischen National-China und Mongolischer Volksrepublik.
1947	In China Errichtung der Autonomen Region Innere Mongolei.
1960	Freundschafts- und Beistandspakt zwischen Mongolischer Volksrepublik und der Volksrepublik China.
1961	Mongolische Volksrepublik Mitglied der Vereinten Nationen.
1962	Mongolische Volksrepublik Mitglied des COMECON.

LITERATURVERZEICHNIS

Abkürzungen

Abh. d. AdW.	Abhandlungen der Akademie der Wissenschaften.
Abh. d. Rh.-W. AdW.	Abhandlungen der Rheinisch-Westfälischen Akademie der Wissenschaften, Opladen.
AM	Asia Major, Leipzig.
AOH	Acta Orientalia Academiae Scientiarum Hungaricae, Budapest.
BICBAS	Bulletin of the Institute of China Border Area Studies, Taipei.
BSOAS	Bulletin of the School of Oriental and African Studies, London.
CAJ	Central Asiatic Journal, Wiesbaden.
CMR	The Canada-Mongolia Review, Saskatoon.
HJAS	Harvard Journal of Asiatic Studies, Harvard.
HZ	Hėl Zohiol, Ulaanbaatar.
JA	Journal Asiatique, Paris.
JAAS	Journal of Asian and African Studies, Tokyo.
JAH	Journal of Asian History, Wiesbaden.
JRAS	Journal of the Royal Asiatic Society, London.
JSFOu	Journal de la Société Finno-Ougrienne, Helsinki.
MKB	Mongγol Kele Bičig, Köke Qota.
MKǰT	Mongγol Kele ǰokiyal Teüke, Köke Qota.
MS	Monumenta Serica, Peking; St. Augustin.
MSFOu	Mémoires de la Société Finno-Ougrienne, Helsinki.
MTKB	Mongγol Teüke Kele Bičig, Köke Qota.
RO	Rocznik Orientalistyczny, Warschau.
SM	Studia Mongolica, Ulaanbaatar.
ŠUT	Šinžlėh Uhaan Tėhnik, Ulaanbaatar.
TP	T'oung Pao, Leiden.
UAJB	Ural-Altaische Jahrbücher, Wiesbaden.
UAS	Uralic and Altaic Series, The Hague.

ZAS	Zentralasiatische Studien, Bonn.
ZDMG	Zeitschrift der Deutschen Morgenländischen Gesellschaft, Wiesbaden.

AALTO (1950): P. Aalto, "Notes on the Altan Gerel," in: *Studia Orientalia* XIV, Helsinki, S. 1–26.

AALTO (1954a): P. Aalto, "A Second Fragment of the Subhāṣitaratnanidhi in Mongolian Quadratic Script," in: *JSFOu* 57, S. 1–6.

AALTO (1954b): P. Aalto, "Prolegomena to an Edition of the Pañcarakṣā," in: *Studia Orientalia* XIX: 12, Helsinki, S. 7–48.

ABBELOOS/LAMY (1872/77): *Chronicon ecclesiasticum,* éd. J. B. Abbeloos et T. J. Lamy, Bde. I, II[1] et II[2], Paris–Louvain.

ABRAMOWSKI (1976): W. Abramowski, "Die chinesischen Annalen von Ögödei und Güyük – Übersetzung des 2. Kapitels des Yüan-shih," in: *ZAS* 10, S. 117–167.

ABRAMOWSKI (1979): W. Abramowski, "Die chinesischen Annalen des Möngke – Übersetzung des 3. Kapitels des Yüan-shih," in: *ZAS* 13, S. 7–71.

AHMAD (1970): Z. Ahmad, *Sino-Tibetan Relations in the Seventeenth Century,* Roma.

ALEXANDRE (1979): E. Alexandre, "Erdeni-zuu, un monastère du XVI[e] siècle en Mongolie," in: *Études mongoles* 10, Paris, S. 7–34.

ALI-ZADE (1957): *Fazlallāh Rašīd Ad-Dīn, Džāmi[c] At-Tavārīḫ,* Sostavitel' naučno-kritičeskogo teksta na persidskom jazyke Abdul-Kerim Ali Ogly Ali-Zade. Perevod s persidskogo jazyka A. K. Arendsa = Akademija Nauk SSSR, Institut Vostokovedenija, Akademija Nauk Azerbajdžanskoj SSR, Institut Istorii, Baku (behandelt Hülegü bis Ghazan).

ALTANER (1924): B. Altaner, *Die Dominikanermissionen des 13. Jahrhunderts.* Forschungen zur Geschichte der kirchlichen Unionen und der Mohammedaner- und Heidenmission des Mittelalters = Breslauer Studien zur historischen Theologie 3, Habelschwerdt.

ALTANER (1936): B. Altaner, "Sprachkenntnisse und Dolmetscherwesen im missionarischen und diplomatischen Verkehr zwischen Abendland (päpstliche Kurie) und Orient im 13. und 14. Jahrhundert," in: *Zeitschrift für Kirchengeschichte* 55, S. 83–126.

ATLAS (1979): *Atlas Ethnologique et Linguistique de la République Populaire de Mongolie,* Vol. 1 et 2, Académie des Sciences de RPM, Oulan-Bator 1979 (mong.-russ.-franz.), im Westen zugänglich seit Mitte 1981.

AUBIN (1941): H. Aubin, *Die Schlacht auf der Walstatt bei Liegnitz*, Breslau.

BACHMANN (1889): G. Bachmann, *Die Mongolen in Polen, Schlesien, Böhmen und Mähren*. Ein Beitrag zur Geschichte des großen Mongolensturmes im Jahre 1241, Innsbruck.

BADDELEY (1919): J. F. Baddeley, *Russia, Mongolia, China*, 2 Bde., London (Nachdruck: New York o. J.).

BADMA (1957): Badma u. a., "Todu bičig-ün ǰöb bičilge-yin tuqai", in: *MKB* 7, S. 6–14.

BADMAEV (1966): B. B. Badmaev, *Grammatika kalmyckogo jazyka. Morfologija*, Ėlista.

BADR (o. J.): M. T. Badr, *Muġūl Īrān bayna 'l-masīḥīya wa 'l-islām*, Dār al-fikr al-ᶜarabī, Kairo.

BARKMANN (1955): C. D. Barkmann, "The Return of the Torguts," in: *Journal of Oriental Studies* II, 1, Hongkong, S. 89–115.

BARTHEL (1971): H. Barthel, *Land zwischen Taiga und Wüste*, Gotha und Leipzig.

BARTHOLD (1928): W. Barthold, *Turkestan Down to the Mongol Invasion*. E. J. W. Gibb Memorial Series, N. S. Bd. 5, London².

BARTHOLD (1962): W. Barthold, *Zwölf Vorlesungen über die Geschichte der Türken Mittelasiens*, Darmstadt².

BARTOL'D (1898): V. Bartol'd, *Turkestan v ėpohu mongol'skago našestvija*, čast pervaja, teksty, S.-Peterburg (Textsammlung über Turkistan).

BARTOLD (1962 a): V. V. Bartold, *Four Studies on the History of Central Asia*, Vol. I, enthält: "Short History of Turkestan" und "History of the Semirechye," translatet by V. and T. Minorsky, Leiden and New York.

BAWDEN (1955): C. R. Bawden, *The Mongol Chronicle Altan Tobči* = Göttinger Asiatische Forschungen 5, Wiesbaden.

BAWDEN (1960): C. R. Bawden, *Tales of King Vikramaditya and the Thirty-two Wooden Men*, Mongol Text and Translation, New Delhi.

BAWDEN (1961): C. R. Bawden, *The Jebtsundamba Khutukhtus of Urga* = Asiatische Forschungen, Bd. 9, Wiesbaden.

BAWDEN (1963): C. R. Bawden, "The Mongol 'Conversation Song'," in: *UAS* XXIII, Den Haag, S. 75–86.

BAWDEN (1967): C. R. Bawden, "The Tale of Ubasi Khungtaiji of the Mongols," in: *New Orient* 6, S. 60–62.

BAWDEN (1968): C. R. Bawden, *The Modern History of Mongolia* = Asia-Africa Series of Modern Histories, London.

Bawden (1968a): C. R. Bawden, "The Mongol Rebellion of 1756–1757," in: *JAH* 2 : 1, S. 1–31.

Bawden (1970): C. R. Bawden, "Some Portraits of the First Jebtsundamba Qutuγtu," in: *ZAS* 4, S. 183–197.

Bawden (1970a): C. R. Bawden, "A Contemporary Account of the Period of Autonomy," in: *The Mongolia Society Bulletin* IX, 1, S. 10–16.

Bawden (1979): C. R. Bawden, "Injanasi's Novel *Nigen Dabqur Asar,*" in: *Studia Sino-Mongolica,* Festschrift für Herbert Franke, Wiesbaden, S. 197–221.

Bayani (1317/1936): *Ḥāfiẓ-i Abrū . . . Chronique des rois mongols en Iran,* Texte persan édité et traduit par H. Bayani, Bd. I, Texte, Teheran 1317; Bd. II, Traduction et notes, Paris 1936.

Bedjan (1890): *Chronicon Syriacum,* e codd. mss. emendatum ac punctis vocalibus adnotationibusque locupletatum, edidit P. Bedjan, Paris.

Bedjan (1895): *Histoire de Mar-Jabalaha, de trois autres patriarches, d'un prêtre et de deux laïques nestoriens,* éd. texte syr. par P. Bedjan, Paris–Leipzig.

Bedrosian (1979): R. G. Bedrosian, *The Turco-Mongol Invasions and the Lords of Armenia in the 13th–14th Centuries,* Ph. Dissertation (als Faksimile veröffentlicht: University Microfilms International, Ann Arbor, 1984).

Berezin (1853): I. N. Berezin, "Pervoe našestvie mongolov na Russiyu," in: *Žurnal Ministerstva Narodnago Prosveščenija,* čast 79, S. 221–250.

Berezin (1855): I. N. Berezin, "Našestvie Batyja na Russiyu," in: id. wie Berezin (1853), čast 86, S. 79–114.

Berezin (1858–88): I. N. Berezin, *Sbornik letopisej. Istorija Mongolov* = Trudy Vostočnago Otdėlenija Imperatorskago Arheologičeskago Obščestva V, VII, XIII, XV, St. Petersburg 1858, 1861, 1868, 1888.

Bergmann (1804/5): B. Bergmann, *Nomadische Streifereien unter den Kalmüken in den Jahren 1802 und 1803,* 4 Bde., Riga (Nachdruck: Oosterhout, Anthropological Publications, 1969).

Bernardus Guidonis (1723): *Vita Innocentii Papae IV.* = Muratori, Ludovico Antonio, Rerum italicarum scriptores ab anno aerae christianae quingentesimo ad millesimum quingentesimum, Vol. 3 : 1, Milano, S. 589–592.

Bertagaev (1971): T. A. Bertagaev, *Morfologičeskaja struktura slova v mongol'skih jazykah,* Moskva.

BESE (1961): L. Bese, "Remarks on a Western Khalkha Dialect," in: *AOH* 13, S. 277–294.

BETHLENFALVY/SÁRKŐZI (1976): G. Bethlenfalvy and A. Sárkőzi, "Representation of Buddhist Hells in a Tibeto-Mongol Illustrated Blockprint," in: *Altaica Collecta*, Berichte und Vorträge der XVII. Permament International Altaistic Conference 3.–8. Juni 1974 in Bonn/Bad Honnef; Wiesbaden, S. 93–130.

BEZZOLA (1974): G. A. Bezzola, *Die Mongolen in abendländischer Sicht [1220–1270]*. Ein Beitrag zur Frage der Völkerbegegnungen, Bern und München.

BHATTACHARYYA (1980): B. Bhattacharyya, *Buddhist Esoterism*, Delhi.

BIDDER (1980): I. und H. Bidder, *Filzteppiche, ihre Geschichte und Eigenart* = Bibliothek für Kunst- und Antiquitätenfreunde, Bd. 56, Braunschweig.

BINNICK (1979): R. I. Binnick, *Modern Mongolian. A Transformational Syntax*, Toronto–Buffalo–London.

BIRA (1960): Š. Bira, *Mongol'skaja tibetojazyčnaja istoričeskaja literatura*, Ulaanbaatar.

BIRA (1979): Š. Bira, "The Dandin's Kāvyādarsa in Tibet and Mongolia," in: *Indological Studies in the Mongolian Peoples Republic*, Ulanbator.

BLAKE/FRYE (1949): *History of the Nation of the Archers (the Mongols) by Grigor of Akanc[c], Hitherto Ascribed to MaΓak[c]ia the Monk*, the Armenian Text, Edited with an English Translation and Notes by Robert P. Blake and Richard N. Frye, in: *HJAS*, Bd. 12, S. 269 bis 399.

BLOCHET (1911): *Djami el-Tévarikh. Histoire générale du monde par Fadl Allah Rashid ed-Din. Tarikh-i Moubareki Ghazani. Histoire des Mongols*, éditée par E. Blochet, Vol. II contenant l'histoire des empereurs mongols successeurs de Tchinkhiz Khagan, London = E. J. W. Gibb Memorial Series, Old Series, Bd. 18 : 2.

BLOCHET (1922/23): E. Blochet, "La mort de Khaghan Koyouk," in: *Revue de l'Orient Chrétien*, 3e série, Vol. 23, S. 160–171.

BLOCHET (1926–28): E. Blochet, "Deux residents mongols en Chine et en Asie Centrale, de Tchinkhiz Khaghan a Khoubilai," in: *BSOAS* 4, S. 257–268.

BOBROVNIKOV (1849): A. Bobrovnikov, *Grammatika mongol'sko-kalmyckago jazyka*, Kazan'.

BORGHEZIO (1938): G. Borghezio, "Un episodio delle relazioni tra la Santa Sede e i Mongoli (1274)," in: *Istituto di Studi Romani. Atti del IV congresso nazionale di Studi Romani*, Vol. I, Roma, S. 319–331.

Bosshard (1938): W. Bosshard, *Kühles Grasland Mongolei,* Berlin.

Bosson (1969): J. E. Bosson, *A Treasury of Aphoristic Jewels,* The Hague.

Bouterwek (1937): K. Bouterwek, A. Schultz, G. Wegener und H. Rosinski, *Nordasien, Zentral- und Ostasien in Natur, Kultur und Wirtschaft* = F. Klute (Hrsg.), Handbuch der geographischen Wissenschaft, Potsdam.

Boyer (1952): M. Boyer, *Mongol Jewellery* = National Museets Skrifter, Ethnografisk Roekke 5, Kopenhagen.

Boyle (1958): J. A. Boyle, *The History of the World-Conqueror,* Vol. I + II, Manchester.

Boyle (1961): J. A. Boyle, "The Death of the Last ᶜAbbāsid Caliph: a Contemporary Muslim Account," in: *Journal of Semitic Studies* VI/2, S. 145–161.

Boyle (1963): J. A. Boyle, "Kirakos of Ganjak on the Mongols," in: *CAJ* 8, S. 199–214.

Boyle (1963 a): J. A. Boyle, "The Longer Introduction to the 'Zij-i-Ilkhani' of Nasir-Ad-Din Tusi," in: *Journal of Semitic Studies* VIII, S. 244–254.

Boyle (1964): J. A. Boyle, "The Journey of Hetᶜum I, King of Little Armenia, to the Court of the Great Khan Möngke," in: *CAJ* IX, S. 175–189.

Boyle (1965): J. A. Boyle, "A Form of Horse Sacrifice Amongst the 13th- and 14th-Century Mongols," in: *CAJ* 10, S. 145–150.

Boyle (1970): J. A. Boyle, "The Posthumous Title of Batu Khan," in: *Proceedings of the IXth Meeting of the Permanent International Altaistic Conference, Ravello, 26–30. September 1966,* Napoli, S. 67–70.

Boyle (1970 a): J. A. Boyle, "The Burial Place of the Great Khan Ögedei," in: *Acta Orientalia* XXXII, Kopenhagen, S. 45–50.

Boyle (1970 b): J. A. Boyle, "Rashīd al-Dīn and the Franks," in: *CAJ* XIV, S. 62–67.

Boyle (1971): *The Successors of Genghis Khan.* Translated from the Persian of Rashīd al-Dīn by John Andrew Boyle, Persian Heritage Series, New York and London.

Boyle (1971 a): J. A. Boyle, "The Capture of Isfahan by the Mongols," in: *Atti del Convegno Internazionale sul Tema: la Persia nel Medioevo,* Roma, S. 331–336.

Boyle (1971 b): J. A. Boyle, "Ghazan's Letter to Boniface VIII: Where was it Written?," in: *Proceedings of the Twenty-Seventh International Congress of Orientalists,* Wiesbaden, S. 601–602.

Boyle (1973): J. A. Boyle, "The Il-Khans of Persia and the Christian West," in: *History Today* XXIII, 8., S. 554–563.

Boyle (1974): J. A. Boyle, "The Seasonal Residences of the Great Khan Ögedei," in: *Sprache, Geschichte und Kultur der altaischen Völker*, Protokollband der XII. Tagung der Permanent International Altaistic Conference 1969 in Berlin, hrsg. von Georg Hazai und Peter Zieme, Berlin, S. 145–151.

Boyle (1975): J. A. Boyle, „Some Additional Notes on the Mongolian Names in the History of the Nation of the Archers," in: *Research in Altaic Languages*, Budapest, S. 33–42.

Bretschneider (1967): E. Bretschneider, *Mediaeval Researches from Eastern Asiatic Sources*, Vol. I + II, Reprint, New York.

Brincken (1971): A.-D. von den Brincken, "Eine christliche Weltchronik von Qara-Qorum. Wilhelm von Rubruk OFM und der Nestorianismus," in: *Archiv für Kulturgeschichte* 53, S. 1–19.

Brosset (1849): M. F. Brosset, *K^c^art^c^lis c̱hovreba dasabamit^c^gan meac̱hramete saukunemdis*, St. Petersburg.

Brosset (1849–58): M. F. Brosset, *Histoire de la Géorgie depuis l'antiquité jusqu'au XIXe siècle*, 4 Bde., St. Petersburg.

Brosset (1864): M. F. Brosset, *Histoire de la Siounie par Stéphannos Orbélian*, première livraison: Histoire de la Siounie, 1–300, St. Petersburg.

Brosset (1870): J. Brosset, *Deux historiens arméniens.* Kirakos de Gantzag, Oukhtanès d'Ourha, 2 Bde., St. Petersburg.

Brown/Onon (1976): W. A. Brown, U. Onon (Übers.), *History of the Mongolian Peoples Republic* = Harvard East Asian Monographs 65, Cambridge, Mass.–London.

Browne (1911): *The Ta'ríkh-i-Guzída or 'Select History' of Ḥamdu'lláh Mustawfí-i-Qazwíní*, Compiled in A. H. 730 (A. D. 1330), and now Reproduced in Facsimile from a Manuscript Dated A. H. 857 (A. D. 1453) with Introduction by Edward G. Browne, Vol. I, Containing the Text = E. J. W. Gibb Memorial Series, Old Series, Bd. 14 : 1, Leiden–London.

Browne/Nicholson (1914): *The Ta'ríkh-i-Guzída of Ḥamdu'lláh Mustawfí*, Abridged Translation and Indices By Brown and Nicholson = E. J. W. Gibb Memorial Series, Old Series, Bd. 14 : 2, Leiden–London.

Browne (1928): E. G. Browne, *A Literary History of Persia*, Vol. III: *The Tartar Dominion, 1256–1502*, Cambridge.

Browne (1933): L. E. Browne, *The Eclipse of Christianity in Asia*, Cambridge.

BRUNEL (1958): C. Brunel, "David d'Ashby, auteur méconnu des faits des Tartares," in: *Romania* 79, S. 39–46.

BRUNNERT/HAGELSTROM (1911): H. S. Brunnert und V. V. Hagelstrom, *Present Day Political Organization of China,* Revised by N. Th. Kolessoff . . . Translated from the Russian . . . by A. Beltchenko . . . and E. E. Moran . . ., Foochow (auch Ausgabe Shanghai, 1912).

BUDGE (1928): A. E. W. Budge, *The Monks of Ḳûblâi Khân Emperor of China,* London.

BUDGE (1932): E. A. W. Budge, *The Chronography of Gregory Abû 'L-Faraj 1225–1286,* the Son of Aaron, The Hebrew Physician Commonly known as Bar Hebraeus, Being the first Part of his Political History of the World, Translated from the Syriac with an Historical Introduction, Appendixes, and an Index Accompanied by Reproduction of the Syriac Texts in the Bodleian Manuscript 52, Volume I: English Translation. Volume II: Syriac Texts, Oxford and London (Reprinted: APA-Philo Press, Amsterdam, 1976).

ČAGDSURUN (1978): Čagdsurun, "A propos de l'élevage des cinq espèces de bétail chez les Mongols," in: *Studia Mongolica* V : 16, S. 144–167.

CAHEN (1939): C. Cahen, "Les Turcomans de Rûm au moment de l'invasion mongole," in: *Byzantion* XIV, S. 131–139.

CAHEN (1969): C. Cahen, "The Mongols and the Near East," in: K. M. Setton (gen. ed.), *A History of the Crusades,* Vol. 2, R. L. Wolff and H. W. Hazard (eds.), The Later Crusades 1189–1311, Madison, Milwaukee, and London², Kapitel XXI, S. 715–732 + Karte.

CAMMANN (1963): S. Cammann, "Mongol Dwellings with Special Reference to Inner Mongolia," in: *Aspects of Altaic Civilization* = Uralic & Altaic Series, Vol. 23, The Hague, S. 17–22.

ČEREMISOV (1951): K. M. Čeremisov, *Buryat-mongol'sko-russkij slovar',* Moskva.

CĖRĖNDORŽ/DÜGĖRSÜRĖN/GONGOR (1961/69): G. Cėrėndorž, L. Dügėrsürėn, G. Gongor (Hrsg.), *Mongol ardyn žuramt cėrgijn durdatgaluud* [Erinnerungen an die freiwillige mongolische Volksarmee], 2 Bde., Ulaanbaatar.

CĖVĖL (1966): Ja. Cėvėl, *Mongol hėlnij tovč tajlbar tol',* Ulaanbaatar.

CHABOT (1894): J. B. Chabot, "Notes sur les relations du roi Argoun avec l'Occident", in: *Revue de l'Orient Latin* 2, S. 566 bis 629.

CHABOT (1895): J. B. Chabot, *Histoire de Mar Jabalaha III, Patriarche des Nestoriens (1281–1317), et du moine Rabban Çauma, ambassadeur du roi Argoun en Occident (1287),* Paris.

CHAN HOK-LAM (1974): Chan Hok-Lam, "Prolegomena to the Ju-nan i-shih: A Memoir of the Last Chin Court Under the Mongol Siege of 1234," in: *Sung Studies Newsletter* 10, S. 2–19.

CHARMOY (1836): F. B. Charmoy, "Expédition de Timour-i Lènk (Tamerlan) contre Toqtamiche, khan de l'ouloûs de Djoûtchy en 793 de l'hegire ou 1391 de notre ère," in: *Mémoires de l'Académie Imp. des Sciences de St.-Pétersbourg,* VI. série, Sciences politiques, histoire et philologie, tom III, S. 89–505 (Texte und Übersetzungen zum Thema aus persischen, arabischen und türkischen Quellen mit Zusammenfassung, Réimpression: 1975).

CHEN (1966): V. Chen, *Sino-Russian Relations in the Seventeenth Century,* The Hague.

CH'EN (1979): *Chinese Legal Tradition Under the Mongols.* The Code of 1291 as Reconstructed, Paul Heng-chao Ch'en, Princeton.

CH'EN YÜAN (1935): Ch'en Yüan, *Yüan Hsi-yü-jen hua-hua k'ao* [Untersuchungen zur Sinisierung der West- und Zentralasiaten zur Yüan-Zeit], Peking.

CH'EN YÜAN (1966) = englische Übersetzung von CH'EN YÜAN (1935): *Western and Central Asians in China Under the Mongols* = Monumenta Serica Monograph XV, Los Angeles.

CHENEY (1966): G. Cheney, *Culture Change and Revolution in Outer Mongolia,* University of Washington Dissertation.

CHOMONOV (1961/64): M. P. Chomonov (Hrsg.), *Abaj Gėsėr hubun,* I + II, Ulan Udė.

ČIMEDDORǰI (1958): Čimeddorǰi, "Duγuyilang-un ködelgen-ü tuqai [Über die Dughuilang-Bewegung]," in: *MTKB* 23, S. 48–58.

ČIMITDORŽIEV (1974): Š. B. Čimitdoržiev, *Antiman'čžurskaja osvoboditel'naja bor'ba mongol'skogo naroda (XVII–I polovina i seredina XVIII vv.),* (Man'čžurskaja ėkspansija i bor'ba mongolov za svobodu i nezavisimost' rodiny), Ulan-Udė.

CLEAVES (1949): F. W. Cleaves, "The Mongolian Names and Terms in the History of the Nation of the Archers by Grigor of Akanc[c], " in: *HJAS*, Bd. 12, S. 400–443.

CLEAVES (1951): F. W. Cleaves, "A Chancellery Practice of the Mongols in the Thirteenth and Fourteenth Centuries," in: *HJAS* 14, S. 493–526.

CLEAVES (1953): F. W. Cleaves, "The Mongolian Documents in the Musée de Téhéran," in: *HJAS* 16, S. 1–107.

CLEAVES (1982): *The Secret History of the Mongols,* for the First Time

Done into English out of the Original Tongue and Provided with an Exegetical Commentary by Francis Woodman Cleaves, Vol. I (Translation), Cambridge, Mass.–London.

Clunas (1980): A. C. Clunas, "The Preface to Nigen Dabqur Asar and their Chinese Antecedents," in: *ZAS* 14/1, S. 139–194.

Coloo (1964): Ž. Coloo, "Zahčin torguud ajalguuny onclogoos," in: *HZ* 2 : 14, S. 95–117.

Coloo (1965): Ž. Coloo, *Zahčiny aman ajalguu* = *HZ* 1 : 3.

Connell (1969): Ch. W. Connell, *Western Views of the Tartars, 1240–1340,* Ph. Dissertation (als Faksimile veröffentlicht: University Microfilms International, Ann Arbor, 1984).

Consten (1919/20): H. Consten, *Weideplätze der Mongolen.* Im Reiche der Chalcha, 2 Bde., Berlin.

Conze (1957): *Im Zeichen Buddhas. Buddhistische Texte.* Herausgegeben und eingeleitet von Edward Conze unter Mitarbeit von I. B. Horner, D. Snellgrove, A. Waley, Frankfurt a. M.–Hamburg.

Coseriu (1974): E. Coseriu, *Synchronie, Diachronie und Geschichte.* Das Problem des Sprachwandels, München.

Courant (1912): M. Courant, *L'Asie centrale aux XVIIe et XVIIIe siècles. Empire Kalmouk ou Empire Mantchou?,* Lyon–Paris.

Cressey (1932): G. B. Cressey, *Chinese Colonization in Mongolia. A General Survey* = *Pioneer Settlement,* American Geographical Society, Special Publications 14, New York.

Dalai Lama (1962): Dalai Lama, *Mein Leben und mein Volk.* Die Tragödie Tibets, München–Zürich.

Dalai Lama (1968): Dalai Lama, *The Opening of the Wisdom-Eye and the History of the Advancement of Buddhadharma in Tibet,* Bangkok.

Damdinsürüng (1957): Č. Damdinsürüng, *Mongγol-un uran ǰokiyal-un teüke,* Mukden.

Damdinsürüng (1959): Č. Damdinsürüng, *Mongγol uran ǰokiyal-un degeǰi ǰaγun bilig orosibai* = Corpus Scriptorum Mongolorum, Tomus XIV, Ulaγanbaγatur qota.

Damdinsürüng (1962): Č. Damdinsürüng, *Saran kökögen-ü namtar* = Corpus Scriptorum Mongolorum, Tomus XII, Ulaγanbaγatur qota.

Damdinsürėn (1977): Č. Damdinsürėn (Hrsg.), *Mongolyn uran zohiolyn tojm II,* Ulanbator.

Damdinsürėn (1979): Č. Damdinsürėn, *'Ramajana' v Mongolii,* Moskau.

DARDESS (1973): J. W. Dardess, *Conquerors and Confucians. Aspects of Political Change in Late Yüan China,* New York–London.

DARS (1972): S. Dars, "L'architecture mongole ancienne," in: *Études mongoles* 3, Paris, S. 159–223, referiert ŠČEPETIL'NIKOV (1960).

DAVID (1962): K. David, *Im Lande der Bogenschützen,* Berlin.

DAYAL (1975): H. Dayal, *The Boddhisattva Doctrine in Buddhist Sanskrit Literature,* Delhi.

DE FERDINANDY (1958): M. de Ferdinandy, *Tschingis Khan.* Steppenvölker erobern Eurasien, Hamburg.

DEFRÉMERY (1852): *Histoire des Khans Mongols du Turkistan et de la Transoxiane,* Extraite du Habib Essiier de Khondémir, Traduite du Persan et accompagnée de notes par M. C. Defrémery, in: *JA,* 4e série, Vol. 19, S. 58–94, 216–288; Vol. 20, S. 370–406.

DEFRÉMERY/SANGUINETTI (1853–58): *Voyages d'Ibn Batoutah,* Texte arabe, accompagné d'une traduction par C. Defrémery et B. R. Sanguinetti, 4 Bde., Paris (Nachdruck 1949).

DEMČUΓDONGRUB (1981): Demčuγdongrub, "Qaγurmaγ mongγol kiǰaγar-un öbertegen ǰasaqu qolboγatu ǰasaγ-un γaǰar-un bayiγuluγsan ba yadaraγsan [Vermögen und Unvermögen der Selbstverwaltungs-Regierung gegenüber falschen mongolischen Grenzen]," in: *Öbör mongγol-un teüke materiyal* [Innermongolische Geschichtsmaterialien], Bd. V, Kökeqota, S. 1–145.

DEMIÉVILLE (1957): P. Demiéville, "La situation religieuse en Chine au temps de Marco Polo," in: *Oriente Poliano,* S. 193–236.

DE MOYRIAC DE MAILLA (1780): J. M. A. de Moyriac de Mailla, *Histoire générale de la Chine,* IV, Paris.

DE SLANE (1863): M. de Slane, *Ibn Khaldoun, Les Prolégomènes,* Vol. 1–3, Paris 1863–1868 (1934–38^{2}).

DESMAISONS (1970): Petr I. Desmaisons, *Histoire des Mongols et des Tartares* par Aboul-Ghâzi Béhâdour Khân Souverain de Kharezm et historien Djaghataï 1603–1664 A. D. Texte Turc-Oriental, publié d'après le manuscrit du Musée Asiatique de St.-Pétersbourg, collationné sur les manuscrits de Göttingue et de Berlin et sur l'édition de Kazan, 1825, avec une traduction française, des notes critiques des variantes et un index, Reprint: St. Leonards, Amsterdam.

DE TERRA (1931): H. de Terra, "Zum Problem der Austrocknung des westlichen Innerasiens," in: *Zeitschrift der Gesellschaft für Erdkunde,* Berlin.

DOERFER (1964): G. Doerfer, "Klassifikation und Verbreitung der mongolischen Sprachen", in: *Handbuch der Orientalistik* 5 : 2, Leiden, S. 35–50.

Doerfer (1965): G. Doerfer, *Türkische und mongolische Elemente im Neupersischen,* Bd. II, Wiesbaden (insgesamt 4 Bde., 1963–1975).

Doerfer (1965a): G. Doerfer, *Ältere westeuropäische Quellen zur kalmückischen Sprachgeschichte (Witsen 1692 – Zwick 1827)* = Asiatische Forschungen, Bd. 18, Wiesbaden.

Doerfer (1975): G. Doerfer, "Mongolica aus Ardabīl," in: *ZAS* 9, S. 187–263.

D'Ohsson (1852): A. C. M. D'Ohsson, *Histoire des Mongols, depuis Tchinguiz-Khan jusqu'à Timour Bey ou Tamerlane,* 4 Bde., Amsterdam.

Dörrie (1956): H. Dörrie, "Drei Texte zur Geschichte der Ungarn und Mongolen: Die Missionsreisen des Fr. Julianus O. P. ins Uralgebiet (1234/5) und nach Rußland (1237) und der Bericht des Erzbischofs Peter über die Tataren," in: *Nachrichten der Akademie der Wissenschaften in Göttingen,* I., Phil.-hist. Klasse, Nr. 6, S. 125–202.

Dorungγa (1960): Dorungγa, „Duγuilang-un ködelgen-ü daγun-u tobči tanilčaγulγa [Kurze Darstellung der Lieder der Dughuilang-Bewegung]," in: *MKǰT* 1960 : 1, S. 52–56.

Dorzhuren (1978): Y. Dorzhuren, "Museums of Mongolia," in: Field (1978), S. 35–50.

Dulaurier (1858): Éd. Dulaurier, "Les Mongols d'après les historiens arméniens, fragments, traduits sur les textes originaux," in: *Journal Asiatique,* Ve série, Vol. XI, S. 192–255, 426–473, 481–508.

Dulaurier (1860): Titel wie Dulaurier (1858) "..., Extrait de l'histoire universelle de Vartan", in: *Journal Asiatique,* Vol. XVI, S. 273–322.

Durdatgaluud (1961): *Mongol ardyn žuramt cėrgijn durdatgaluud* [Erinnerungen an die freiwillige mongolische Volksarmee], Ulaanbaatar.

Dylykov (1953): S. D. Dylykov, *Demokratičeskoe dviženie mongol'skogo naroda v kitae,* Moskau.

Eberhard (1971): W. Eberhard, *Geschichte Chinas.* Von den Anfängen bis zur Gegenwart, Stuttgart.

Eberhard (1978): W. Eberhard, *China und seine westlichen Nachbarn.* Beiträge zur mittelalterlichen und neueren Geschichte Zentralasiens, Darmstadt.

Edünkesig (1958): Edünkesig, "J̌oriγtu baγatur Toγtaqu-yin tobči namtar-un tuqai sigümǰi [Diskussion über die Kurzbiographie des tapferen Helden Toγtaqu]," in: *MTKB* 1958 : 7, S. 10–19.

Edünkesig (1960): Edünkesig, "Γada meyiren-ü bosulγa-yin tuqai ögülel [Bemerkungen über den Aufstand des Гada meiren]," in: *MKJT* 1960 : 7, S. 56–66.

ELIAS/ROSS (1972): *A History of the Moghuls of Central Asia* Being the Tarikh-i-Rashidi of Mirza Muhammad Haidar, Dughlát. An English Version Edited, with Commentary, Notes, and Map by N. Elias . . . the Translation by E. Denison Ross, New Impression: London and Dublin and New York.

ĖMIN (1864): N. O. Ėmin, *Vseobščaja istorija Vardana Velikago,* Moskau.

EWING (1978): Th. Ewing, "Outer Mongolia in 1911," in: *JAH* 12, 2, S. 101–119.

EWING (1980): Th. E. Ewing, *Between the Hammer and the Anvil? Chinese and Russian Policies in Outer Mongolia 1911–1921,* Bloomington.

FAIRBANK/TENG (1941): J. K. Fairbank und S. Y. Teng, "On the Ch'ing Tributary System," in: *HJAS* VI, S. 135–246.

FALINA (1971): *Rašīd Ad-Dīn Perepiska,* Perevod, vvedenie i kommentarij A. I. Falinoj, Pamjatniki Pis'mennosti Vostoka XVII, Moskva.

FARQUHAR (1957): D. M. Farquhar, "Oirat-Chinese Tribute Relations 1408–1446," in: *Studia Altaica,* Festschrift für Nikolaus Poppe = Ural-Altaische Bibliothek V, Wiesbaden, S. 60–68.

FARQUHAR (1960): D. M. Farquhar, *The Ch'ing Administration of Mongolia up to the 19th Century,* Diss. (unveröffentlicht) Cambridge, Mass.

FARQUHAR (1968): D. M. Farquhar, "The Origin of the Manchus' Mongolian Policy," in: J. K. Fairbank (Ed.), *The Chinese World Order,* Cambridge, Mass., S. 198–205.

FEDDERSEN (1941): M. Feddersen, "Kunst und Kunstgewerbe Ostasiens in den europäischen Reiseberichten der Mongolenzeit," in: *Ostasiatische Zeitschrift,* N. F. 17, Berlin, S. 4–31.

FIELD (1978): H. Field (Hrsg.), *Mongolia Today, a Travellers Guide,* Coconut Grove.

FIEY (1975): J. M. Fiey, *Chrétiens syriaques sus les Mongols (Il-Khanat de Perse, XIIIe – XIVe s.)* = Corpus Scriptorum Christianorum Orientalium, Vol. 362, Subsidia, Tomus 44, Louvain.

FINDEISEN (1957): H. Findeisen, *Schamanentum,* dargestellt am Beispiel der Besessenheitspriester nordeurasiatischer Völker, Stuttgart.

FLETCHER (1978): J. Fletcher, "Ch'ing Inner Asia *c.* 1800," in: J. K. Fairbank (Ed.), *The Cambridge History of China,* Vol. 10, Late Ch'ing, 1800–1911, Part I, S. 35–106.

FLETCHER (1978a): J. Fletcher, "The Heyday of the Ch'ing Order in Mongolia, Sinkiang and Tibet," in: J. K. Fairbank (Ed.), *The Cambridge History of China,* Vol. 10, Late Ch'ing, 1800–1911, Part I, S. 351–408.

FORMAN/RINTSCHEN (1967): W. Forman und B. Rintschen, *Lamaistische Tanzmasken der Erlik-Tsam in der Mongolei,* Leipzig.

FOSCOLO BENEDETTO (1928): Marco Polo, *Il Milione,* prima edizione a cura di Luigi Foscolo Benedetto, Firenze.

FOX (1936): R. Fox, *Genghis Khan,* o. O.

FRANKE (1949): *Geld und Wirtschaft in China unter der Mongolen-Herrschaft.* Beiträge zur Wirtschaftsgeschichte der Yüan-Zeit von Herbert Franke = Das Mongolische Weltreich, Quellen und Forschungen III, Leipzig.

FRANKE (1952a): H. Franke, "Could the Mongol Emperors Read and Write Chinese?", in: *AM* III, S. 28–41.

FRANKE (1956): H. Franke, *Beiträge zur Kulturgeschichte Chinas unter der Mongolenherrschaft. Das Shan-kü sin-hua des Yang Yü* = Abhandlungen für die Kunde des Morgenlandes XXXII, 2, Wiesbaden.

FRANKE (1966): H. Franke, "Sino-Western Contacts Under the Mongol Empire," in: *Journal of the Hong Kong Branch of the Royal Asiatic Society,* Vol. 6, S. 49–72.

FRANKE (1968): H. Franke, "Ein weiteres mongolisches Reisebegleitschreiben aus Čaγatai (14. Jh.)", in: *ZAS* 2, S. 7–14.

FRANKE (1970): H. Franke, "Asien und Europa im Zeitalter des Mongolensturms," in: *Saeculum-Weltgeschichte,* Bd. V, Freiburg–Basel–Wien, S. 1–68, 534–540.

FRANKE (1970a): H. Franke, *Zum Militärstrafrecht im chinesischen Mittelalter* = Bayer. AdW., Phil.-hist. Klasse, Sitzungsberichte Jg. 1970, H. 5, München.

FRANKE (1971): H. Franke, "Die Gesandtschaft des Johann von Marignola im Spiegel der chinesischen Literatur," in: L. Brüll und U. Kemper (Hrsg.), *Asien – Tradition und Fortschritt,* Festschrift für Horst Hammitzsch zu seinem 60. Geburtstag, Wiesbaden, S. 117–134.

FRANKE (1974): H. Franke, "The Yüan Dynasty," in: *Encyclopedia Britannica,* 15th Edition, Vol. 4, S. 341–346.

FRANKE (1977): H. Franke, "Ein mongolischer Freibrief aus dem Jahre 1369," in: *Eurasia Nostratica,* Festschrift für Karl Heinrich Menges, Bd. I, S. 64–71.

FRANKE (1978): H. Franke, *Nordchina am Vorabend der mongolischen*

Eroberungen: Wirtschaft und Gesellschaft unter der Chin-Dynastie (1115–1234) = Abh. d. Rh.-W. AdW., Vorträge, G. 228, Opladen.

FRANKE (1902): O. Franke, *Beschreibung des Jehol-Gebietes in der Provinz Chihli,* Leipzig.

FRANKE (1952): O. Franke, *Geschichte des chinesischen Reiches,* Bde. IV und V, Berlin.

FRAUWALLNER (1956): E. Frauwallner, *Philosophie des Buddhismus* = Texte der indischen Philosophie 2, Berlin.

FUAD (1929): K. M. Fuad, *Influence du chamanisme turco-mongol sur les ordres mystiques musulmans* = Mémoires de l'Institut de Turcologie de l'Université de Stamboul, Nouvelle Série: I., Istanbul, 19 Seiten (Separatdruck).

FUCHS (1944): W. Fuchs, "Galdanica," in: *MS* IX, S. 174–198.

FUCHS (1944a): W. Fuchs, "Die Entwürfe der Schlachtenkupfer der Kienlung- und Taokuang-Zeit (mit Reproduktionen der zehn Taokuang-Kupfer und der Vorlage für die Annam-Stiche)," in: *MS* IX, S. 101–122.

GAADAMBA (1976): Š. Gaadamba, *Nuuč tovčoony Nuucsaas,* Ulanbator.

GABRIEL (1963): A. Gabriel, *Marco Polo in Persien,* Wien.

GABRIEL (1971): A. Gabriel, *Religionsgeographie von Persien,* Wien.

GABRIELI (1961): F. Gabrieli, *I viaggi di Ibn Battuta,* Firenze.

GATTO (1959): L. Gatto, *Il pontificato di Gregorio X (1271–1276)* = Istituto Storico Italiano per il Medio Evo, Studi Storici, Roma, fasc. 28–30.

GEORGI (1776–1780): J. G. Georgi, *Beschreibung aller Nationen des Russischen Reichs, ihrer Lebensart, Religion, Gebräuche, Wohnungen, Kleidung und übrigen Merkwürdigkeiten,* 4 Bde., Petersburg.

GERNET (1959): J. Gernet, *La vie quotidienne en Chine à la veille de l'invasion mongole 1250–1276,* Paris.

GERNET (1979): J. Gernet, *Die chinesische Welt,* Frankfurt a. M.

GIBB (1958/71): H. A. R. Gibb, *The Travels of Ibn Baṭṭūṭa. A. D. 1325–1354,* 3 Bde., Cambridge.

GIBB (1962): H. A. R. Gibb, "Notes sur les voyages d'Ibn Baṭṭūṭa en Asie Mineure et en Russie," in: *Études d'Orientalisme dédiés à la Mémoire de Lévi-Provençal,* Bd. 1, Paris, S. 125–133.

GMELIN (1752): J. G. Gmelin, *Reise durch Sibirien in den Jahren 1733 bis 1743,* 4 Bde., Göttingen.

GOL'MAN (1959/74): *Materialy po istorii russko-mongol'skih otnošenij,* Bd. I 1607–1636, Bd. II 1636–1654., Sbornik dokumentov, sostaviteli M. I. Gol'man, G. I. Slesarčuk, otvetetvennye redaktory I. Ja. Zlatkin, N. V. Ustjugov, Moskau.

GONGOR (1964): D. Gongor, *Hovdyn huraanguj tüüh* [Kurzgefaßte Geschichte Kobdos], Ulan Bator.

GONGOR (1978): D. Gongor, *Halh tovčoon* [Khalkha-Geschichte], II, Ulaanbaatar.

GOODRICH/FANG (1976): L. C. Goodrich und C. Y. Fang (Edts.), *Dictionary of Ming Biography 1368–1644*, 2 Bde., New York and London.

GRAF (1941): A. Graf, "Die Tartaren im Spiegel der byzantinischen Literatur," in: *Jubilee Volume in Honour of Prof. Bernhard Heller*, Budapest, S. 77–85.

GRANÖ (1910): J. G. Granö, "Archäologische Beobachtungen von meiner Reise in Südsibirien und der Nordwestmongolei im Jahre 1909," in: *JSFOu* 28 : 4, 1–67.

GREKOV/IAKOUBOVSKI (1961): B. Grekov – A. Iakoubovski, *La Horde d'Or et la Russie*, Paris.

GRENARD (1935): F. Grenard, *Gengis-Khan*, Paris.

GRØNBECH/KRUEGER (1955): K. Grønbech und J. R. Krueger, *An Introduction to Classical (Literary) Mongolian*, Wiesbaden.

GROUSSET (1941): R. Grousset, *L'empire mongol*, Paris.

GROUSSET (1944): R. Grousset, *Le conquérant du monde*, Paris.

GROUSSET (1970): R. Grousset, *Die Steppenvölker. Attila–Dschingis Khan–Tamerlan*, München.

GUYARD (1883): *Géographie d'Aboulféda*, traduite de l'Arabe en Français par Stanislas Guyard, Bd. II/2, Paris.

GUZMAN (1968): G. G. Guzman, *Simon of Saint-Quentin and the Dominican Mission to the Mongols, 1245–1248*, Ph. Dissertation (als Faksimile veröffentlicht: University Microfilms International, Ann Arbor, 1984).

GUZMAN (1971): G. G. Guzman, "Simon of Saint-Quentin and the Dominican Mission to the Mongol Baiju: A Reappraisal," in: *Speculum* 46, S. 232–249.

GUZMAN (1974): G. G. Guzman, "The Encyclopedist Vincent of Beauvais and his Mongol Extracts from John of Plano Carpini and Simon of Saint-Quentin," in: *Speculum* 49, S. 287–307.

HAENISCH (1929): E. Haenisch, *Altan Gerel*, Leipzig.

HAENISCH (1933): E. Haenisch, "Die letzten Feldzüge Cinggis Han's und sein Tod nach der ostasiatischen Überlieferung," in: *AM* 9, S. 503–552.

Haenisch (1937): E. Haenisch, *Manghol un niuca tobca'an (Yüan-ch'ao pi-shi).* Die Geheime Geschichte der Mongolen, aus der chinesischen Transkription im mongolischen Wortlaut wiederhergestellt, Leipzig.

Haenisch (1941): E. Haenisch, *Die Geheime Geschichte der Mongolen,* Leipzig.

Haenisch (1948) = Haenisch (1941), 2. Auflage.

Haenisch (1954a): E. Haenisch, *Mongolica der Berliner Turfan-Sammlung I.* Ein buddhistisches Druckfragment vom Jahre 1312, Abhandlungen der Deutschen Akademie der Wissenschaften zu Berlin, Klasse für Sprachen, Literatur und Kunst, Jahrgang 1953 Nr. 3, Berlin.

Haenisch (1954b): E. Haenisch, "Kapitel XVII von Jalavāhana aus dem kalmückischen Text des Altan Gerel," in: *Asiatica,* Leipzig, S. 198–213.

Hagemann (1976): E. Hagemann, *Außenhandel der asiatischen Volksdemokratien* (= Deutsches Institut für Wirtschaftsforschung. Gutachten), Berlin.

Hakanchulu/Högjintai: H. Hakanchulu – A. Högjintai, *Comparative Study of Dagur Mongolian, Classical Mongolian and Manchu –* with comparative glossaries of Dagur, classical Mongolian, Manchu, Chinese, English – By Harnod Hakanchulu Alhal Högjintai, o. J., o. O. (= Taipei; Glossar in den jeweiligen Originalschriften, kommentierende Abhandlung in Chinesisch).

Halén (1982): *Memoria Saecularis Sakari Pälsi.* Aufzeichnungen von einer Forschungsreise nach der nördlichen Mongolei im Jahre 1909 nebst Bibliographien, bearbeitet und hrsg. von Harry Halén, Helsinki.

Hambis (1955): Marco Polo, *La description du monde,* Texte intégral en Français moderne avec introduction et notes par Louis Hambis, Paris.

Hambly (1966): *Zentralasien* = Fischer Weltgeschichte, Bd. 16, hrsg. von Gavin Hambly, Frankfurt a. M.

Hammer-Purgstall (1840): J. Freiherr von Hammer-Purgstall, *Geschichte der Goldenen Horde in Kiptschak, das ist: der Mongolen in Rußland,* Pesth.

Hammer-Purgstall (1842/43): J. Freiherr von Hammer-Purgstall, *Geschichte der Ilchane, das ist der Mongolen in Persien,* 2 Bde., Darmstadt (Neudruck: 2 Bde. in 1, 1974).

Hammer-Purgstall (1856): *Kitāb-i mustaṭāb-i Waṣṣāf. Geschichte Waṣṣāfs,* persisch hrsg. und deutsch übersetzt von Hammer-Purgstall, Bd. I, Wien (alles Erschienene).

Hangin (1973): J. G. Hangin, *Köke sudur (The Blue Chronicle),* a Study of the First Mongolian Historical Novel by Injannasi = Asiatische Forschungen, Bd. 38, Wiesbaden.

Hartwig (1966): W. Hartwig, "Ethnographica der Chalcha und Burjaten," in: *Jahrbuch des Museums für Völkerkunde zu Leipzig,* Bd. 22, Berlin, S. 112–188.

Harva (1938): U. Harva, *Die religiösen Vorstellungen der altaischen Völker,* Helsinki.

Haslund-Christensen (1939): H. Haslund-Christensen, *Jabonah,* Leipzig.

Hauer (1926): *Huang-ts'ing K'ai-kuo Fang-lüeh. Die Gründung des mandschurischen Kaiserreiches,* übersetzt und erklärt von Dr. Iur. et Phil. Erich Hauer, Berlin und Leipzig.

Haytonus (1906a): Haytonus (= Hethum), *La flor des Estoires della terre d'Orient* = Recueil des historiens des croisades, éd. Académie des Inscriptions et Belles-Lettres, Documents arméniens, Bd. 2, XXI–CLII, 111–253, Paris.

Haytonus (1906b): Haytonus (= Hethum), *Flos historiarum terre orientis,* ibid. wie Haytonus (1906a), 257–363.

Heissig (1943): W. Heissig, "Beobachtungen über Seßhaftigkeit und Kulturwandel bei den Mongolen des J̌ouda-Čiγulγan," in: *Folklore Studies* II, Peking, S. 175–184.

Heissig (1944): W. Heissig, *Der mongolische Kulturwandel in den Hsingan-Provinzen Mandschukuos* = Asien-Schriftenreihe, Bd. 1, Wien–Peking.

Heissig (1946): W. Heissig, *Bolur erike. "Eine Kette aus Bergkristallen."* Eine mongolische Chronik der Kienlung-Zeit von Rasipungsuγ (1774/75) = Monumenta Serica, Monograph X, Peiping (Fu-jen University).

Heissig (1953–54): W. Heissig, "Neyiči Toyin. Das Leben eines lamaistischen Mönches," in: *Sinologica* 3, S. 1–44; 4, S. 21–38.

Heissig (1954): W. Heissig, *Die Pekinger lamaistischen Blockdrucke in mongolischer Sprache* = Göttinger Asiatische Forschungen, Bd. 2, Wiesbaden.

Heissig/Bawden (1957): W. Heissig, C. R. Bawden (Hrsg.), *Mongγol Borǰigid oboγ-un teüke* (Geschichte des mongolischen Clans der Borǰigid) von Lomi (1732) = Göttinger Asiatische Forschungen, Bd. 9, Wiesbaden.

Heissig (1958): W. Heissig (Hrsg.), *Altan kürdün mingγan gegesütü bičig* (Goldenes Rad mit den tausend Speichen). Eine mongolische Chronik von Siregetü Guosi Dharma (1739), Kopenhagen.

HEISSIG (1959): W. Heissig, *Die Familien- und Kirchengeschichtsschreibung der Mongolen, I. 16.–18. Jahrhundert* = Asiatische Forschungen, Bd. 5, Wiesbaden.

HEISSIG (1959a): W. Heissig, "Mongolisches Schrifttum im Linden-Museum," in: *Tribus* 8, Stuttgart, S. 39–56.

HEISSIG (1961): W. Heissig (Hrsg.), *Erdeni-yin erike.* Mongolische Chronik der lamaistischen Klosterbauten der Mongolei von Isibaldan (1835), Kopenhagen.

HEISSIG (1961 a): W. Heissig unter Mitarbeit von K. Sagaster, *Mongolische Handschriften. Blockdrucke. Landkarten* = Verzeichnis der orientalischen Handschriften in Deutschland, Bd. 1, Wiesbaden.

HEISSIG (1962): W. Heissig (Hrsg.), *Bolur toli,* „Spiegel aus Bergkristall", von J̌imbadorǰi (1834–37), Buch III: Geschichte der Mongolen, Kopenhagen.

HEISSIG (1962a): W. Heissig, *Helden-, Höllenfahrts- und Schelmengeschichten der Mongolen.* Aus dem Mongolischen übersetzt = Manesse Bibliothek der Weltliteratur, Zürich.

HEISSIG (1962b): W. Heissig, *Beiträge zur Übersetzungsgeschichte des mongolischen buddhistischen Kanons* = Abh. d. AdW. Göttingen, phil.-hist. Klasse, 3. Folge, Nr. 50, Göttingen.

HEISSIG (1964): W. Heissig, *Ein Volk sucht seine Geschichte,* Wien–Düsseldorf.

HEISSIG (1965): W. Heissig, *Die Familien- und Kirchengeschichtsschreibung der Mongolen II*: Vier Chroniken des 19. Jh. in Faksimile mit einer Einleitung und Namensregister = Asiatische Forschungen, Bd. 16, Wiesbaden.

HEISSIG (1966): W. Heissig, *Mongolische volksreligiöse und folkloristische Texte.* Aus europäischen Bibliotheken mit einer Einleitung und Glossar herausgegeben = Verzeichnis der orientalischen Handschriften in Deutschland, Suppl.-Bd. 6, Wiesbaden.

HEISSIG (1966a): W. Heissig, *Die mongolische Steininschrift und Manuskriptfragmente aus Olon süme in der Inneren Mongolei,* Abh. d. AdW. Göttingen, phil.-hist. Klasse, 3. Folge, Nr. 63, Göttingen.

HEISSIG (1970): W. Heissig, *Die Religionen der Mongolei,* in: *Die Religionen Tibets und der Mongolei* = Religionen der Menschheit, Bd. 20, Stuttgart, S. 297–427.

HEISSIG (1971): W. Heissig, *Mongolenreise zur spaeten Goethezeit,* Berichte und Bilder des J. Rehmann und A. Thesleff von der russischen Gesandtschaftsreise 1805/06, hrsg. mit einer Einleitung von Walther Heissig = Verzeichnis der orientalischen Handschriften in Deutschland, Suppl.-Bd. 13, Wiesbaden.

Heissig (1972): W. Heissig, *Geschichte der mongolischen Literatur*, 2 Bde., Wiesbaden.

Heissig (1972a): W. Heissig, "Some New Information on Peasant Revolts and People's Uprisings in Eastern (Inner)Mongolia in the 19th Century (1861–1901)," in: *Analecta Mongolica*, Dedicated to the Seventieth Birthday of Professor Owen Lattimore, ed. by John G. Hangin and Urgunge Onon = Publications of the Mongolia Society, Occasional Papers, Nr. 8, Bloomington, S. 77–99.

Heissig (1973): W. Heissig, "Tschingis Khan," in: *Die Großen der Weltgeschichte*, Zürich.

Heissig (1974): W. Heissig, "On the Relations of Nomadism and Literacy in the 14th–17th Century," in: *Role of the Nomadic Peoples in the Civilisation of Central Asia*, Ulaanbaatar 1974, 295–298.

Heissig (1974a): W. Heissig (Hrsg.), *Schriftliche Quellen in Moġolī. 1. Teil: Texte in Faksimile*, Abh. d. Rh.-W. AdW., Bd. 59, Opladen.

Heissig (1975): W. Heissig, "Toyin guosi~ guisi alias Čoγtu guisi: Versuch einer Identifizierung," in: *ZAS* 9, S. 361–446.

Heissig (1976): W. Heissig, *Die mongolischen Handschriftenreste aus Olon Süme, Innere Mongolei (16.–17. Jh.)* = Asiatische Forschungen, Bd. 46, Wiesbaden.

Heissig (1976a): W. Heissig, "Die Čaγadai-'Bilig' und ihre Historizität," in: *Tractata Alataica*, Wiesbaden, S. 277–290.

Heissig (1976b): W. Heissig, "Zwei mutmaßlich mongolische Yüan-Übersetzungen und ihr Nachdruck von 1431," in: *ZAS* 10, S. 7–115.

Heissig (1978): W. Heissig, *Die Mongolen.* Ein Volk sucht seine Geschichte, München (dtv)².

Heissig (1979): W. Heissig, *Die Zeit des letzten mongolischen Großkhans Ligdan (1604–1634)* = Abh. d. Rh.-W. AdW., Vorträge G 235, Opladen.

Heissig (1979a): W. Heissig. "Die Khubilai '*Bilig*' und ihr historischer Hintergrund," in: *Studia Sino-Mongolica*, Festschrift für Herbert Franke, Wiesbaden, S. 181–189.

Heissig (1979b): W. Heissig (Übers.), *Mongolische Epen VIII* = Asiatische Forschungen, Bd. 60, Wiesbaden.

Heissig (1980): W. Heissig, "Reconstructing Old Mongolian Material Culture from Folk-Poetry," in: *Etnografia Polska* XXIV: 1, S. 19–28.

Heissig (1981): W. Heissig, "Dzanglun," in: *Enzyklopädie des Märchens*, Bd. 3 : 4/5, Berlin, S. 963–968.

Heissig (1981a): W. Heissig, *Die Geheime Geschichte der Mongolen. Dschingis Khan, Geser Khan und König Finster – Epen, die Geschichte schrieben*, Düsseldorf.

HELLMANN (1976): M. Hellmann, *Grundzüge der Geschichte Litauens und des litauischen Volkes,* Darmstadt.

HENTHORN (1963): W. E. Henthorn, *Korea – The Mongol Invasions,* Leiden.

HERODOT (1963): Herodot, *Historien,* Tusculum-Ausgabe Griechisch-Deutsch, München.

HERRMANN (1966): A. Herrmann, *An historical Atlas of China,* Edinburgh.

HERRMANN/DOERFER (1975): G. Herrmann und G. Doerfer, "Ein persisch-mongolischer Erlass des Ǧalāyeriden Šeyḫ Oveys," in: *CAJ* 19, S. 1–84 + 4 Tafeln.

HERRMANN/DOERFER (1975a): G. Herrmann und G. Doerfer, "Ein persisch-mongolischer Erlaß aus dem Jahr 725/1325," in: *ZDMG* 125, S. 317–346.

HETAGUROV (1952): L. A. Hetagurov, *Rašid-Ad-Din, Sbornik letopisej,* Tom I/1, Moskau–Leningrad.

HEYD (1858): W. Heyd, "Studien über die Colonien der römischen Kirche, welche die Dominikaner und Franziskaner im 13. und 14. Jahrhundert in den von den Tataren beherrschten Ländern Asiens und Europas gegründet haben," in: *Zeitschrift für historische Theologie,* Gotha, S. 260–324.

HINZ (1951): W. Hinz, "Die persische Inschrift an der Mauer der Manūčehr Moschee zu Ani," in: *ZDMG* 101, S. 241–269.

HOFFMANN (1967): H. Hoffmann, *Symbolik der tibetischen Religionen und des Schamanismus,* Stuttgart.

HOUDAS (1891): *Sirat al sultan Djalal-al-Din Mankobirti,* ed. Octave Houdas = Publications de l'école des langues orientales vivantes, 3e série, Vol. IX, Paris.

HOUDAS (1895): *Histoire du Sultan Djelal ad-Din Mankobirti, Prince du Kharezm,* traduite de l'Arabe par O. Houdas = Publications de l'école des langues orientales vivantes, Vol. X, Paris.

HOWORTH (1876–1927): H. H. Howorth, *History of the Mongols, from the 9th to the 19th Century,* 5 Bde., London.

HSIEH (1966): P. C. Hsieh, *The Government of China (1644–1911),* London.

HUC (1966): R. E. Huc, *Wanderungen durch die Mongolei nach Tibet 1844–1846,* Stuttgart².

HUMMEL (1964): A. W. Hummel (Ed.), *Eminent Chinese of the Ch'ing Period (1644–1912),* Nachdruck: Taipei.

HUMMEL (1967) = HUMMEL (1964), zweiter Nachdruck: Taipei.

HUMMEL (1955): S. Hummel, *Die lamaistische Kunst in der Umwelt von Tibet,* Leipzig.

HUMMEL (1959): S. Hummel, "Die lamaistischen Miniaturen im Linden-Museum," in: *Tribus* 8, Stuttgart, S. 15–37.

HUMMEL (1962): S. Hummel, "Die lamaistischen Kultplastiken im Linden-Museum," in: *Tribus* 11, Stuttgart, S. 15–68.

HUMMEL (1964 a): S. Hummel, "Profane und religiöse Gegenstände aus Tibet und der lamaistischen Umwelt im Linden-Museum," in: *Tribus* 13, Stuttgart, S. 31–138.

HUMMEL (1967a): S. Hummel, "Die lamaistischen Malereien und Bilddrucke im Linden-Museum," in: *Tribus* 16, Stuttgart, S. 35 bis 195.

HUNTINGTON (1935): E. Huntington, "Climate Pulsations," in: *Hyllningsskrift tillägnad Sven Hedin,* Stockholm, S. 571–607.

HUTH (1892–96): *Geschichte des Buddhismus in der Mongolei.* Aus dem Tibetischen des 'Jigs-med nam-mkha' herausgegeben, übersetzt und erläutert von G. Huth, Teil 1–2, Strasbourg.

ḪUWĀNDAMĪR (1333): Ḫuwāndamīr, *Ta'rīḫ ḥabīb as-siyar* [Geschichtswerk 'Freund der Lebensläufe'], 4 Bde., Teheran.

IBN BATTUTA (1974): *Ibn Battuta. Reisen ans Ende der Welt 1325–1353,* hrsg. von H. D. Leicht, Tübingen und Basel.

ILEDKEL ŠASTIR (1795): *J̌arliγ-iyar toγtaγaγsan γadaγadu muǰi-yin mongγol qotong ayimaγ-un wang güng-üd-ün iledkel šastir* [Die auf Kaiserlichen Befehl verfaßten Berichte und Abhandlungen über die Fürsten und Herzöge der mongolischen und turkistanischen Bezirke der Außenprovinzen] = Blockdruck in mandschurischer, mongolischer und chinesischer Sprache, je 120 Hefte, Peking.

ILIŠKINA (1964): I. K. Iliškina (Red.), *Russko-kalmyckij slovar',* Moskva.

INNER MONGOLIA (1957): *Inner Mongolia Today,* Nationalities Publishing House, Peking.

ISONO (1976): F. Isono, "The Mongolian Revolution of 1921," in: *Modern Asian Studies* 10 : 3, S. 375–394.

ISONO (1979): F. Isono, "Soviet Russia and the Mongolian Revolution of 1921," in: *Past and Present* 83, S. 116–140.

JACQUET (1830): E. Jacquet, "Le livre de l'État du Grand Caan, notice sur quelques relations diplomatiques des Mongols de la Chine avec les Papes d'Avignon," in: *Nouveau Journal Asiatique* I, S. 57 bis 72.

Jahn (1938): K. Jahn, "Das iranische Papiergeld. Ein Beitrag zur Kultur- und Wirtschaftsgeschichte Irān's in der Mongolenzeit," in: *Archiv Orientální* X, S. 308–340.

Jahn (1940): *Geschichte Ġāzān-Ḫān's,* aus dem Ta'rīḫ-i Mubārak-i Ġāzānī des Rašīd al-Dīn Faḍlallāh b. ᶜImād al-Daula Abūl-Ḫair herausgegeben nach den Handschriften von Stambul, London, Paris und Wien mit einer Einleitung, kritischem Apparat und Indices von Karl Jahn = E. J. W. Gibb Memorial Series, New Series XIV, London.

Jahn (1957): *Ta'rīḫ-i Mubārak-i-Ġāzānī des Rašīd al-Dīn Faḍl Allāh Abī-l-Ḫair. Geschichte der Ilḫāne Abāġā bis Gaiḫātū (1265–1295),* Textausgabe mit Einleitung, Inhaltsangabe und Indices von Karl Jahn = Central Asiatic Studies, Bd. 2, 's-Gravenhage.

Jahn (1969): K. Jahn, "Wissenschaftliche Kontakte zwischen Iran und China in der Mongolenzeit," in: *Anzeiger der phil.-hist. Klasse der Österreichischen Akademie der Wissenschaften,* 106. Jahrgang, So. 10, S. 199–211.

Jahn (1971): K. Jahn unter sinologischem Beistand von H. Franke, *Die Chinageschichte des Rašīd ad-Dīn,* Übersetzung, Kommentar, Facsimiletafeln, Österreichische Akademie der Wissenschaften, philosophisch-historische Klasse, Denkschriften, 105. Bd., Veröffentlichungen der Kommission für Geschichte Mittelasiens, hrsg. von Robert Göbl, Bd. I, Wien.

Jisl (1960): L. Jisl, *Mongolei, Kunst und Tradition,* Prag.

Joinville (1874): J. de Joinville, *Histoire de Saint Louis,* éd. et trad. par N. de Wailly, Paris.

Kämpfe (1976): H.-R. Kämpfe, *Ñi ma'i 'od zer / Naran-u Gerel. Die Biographie des 2. Pekinger lČaṅ skya-Qutuqtu Rol pa'i rdo rǰe (1717–1786)* = Monumenta Tibetica Historica, Abt. II, Bd. 1, St. Augustin.

Kämpfe (1976 a): H.-R. Kämpfe, "Die Biographie des 3. Pekinger lČaṅ skya-Qutuqtu Ye šes bstan pa'i rgyal mc'an (1787–1846) – Aus der Biographiensammlung Čindamani-yin erikes in Faksimile herausgegeben," 1. Folge, in: *ZAS* 10, S. 225–285.

Kämpfe (1976 b): H.-R. Kämpfe, "Zentralasienkunde als Geschichts- und/oder Sozialwissenschaft," in: *ZAS* 10, S. 385–409.

Kämpfe (1977): vgl. Kämpfe (1976 a), 2. Folge, in: *ZAS* 11, S. 121–131, Textfaksimile S. 132–175.

Kämpfe (1979): H.-R. Kämpfe, "Sayin qubitan-u süsüg-ün terge. Biographie des 1. rǰe bcun dam pa-Qutuqtu Öndür gegen (1635–1723), verfaßt von Ṅag gi dbaṅ po 1839. 1. Folge," in: *ZAS* 13, S. 93–136.

Kämpfe (1981): vgl. Kämpfe (1979), 2. Folge, in: *ZAS* 15, S. 331–347 + Faksimile S. 348–382.

Kämpfe (1983): H.-R. Kämpfe, *Das Asaraγči neretü-yin teüke des Byamba erke daičing alias Šamba ǰasaγ* (Eine mongolische Chronik des 17. Jahrhunderts) = Asiatische Forschungen, Bd. 81, Wiesbaden.

Kämpfer (1969): F. Kämpfer, *Historie vom Zartum Kasan (Kasaner Chronik)*, Graz–Wien–Köln.

Kara (1959): G. Kara, "Notes sur les dialectes oïrat de la Mongolie occidentale," in: *AOH* 8, S. 111–168.

Kara (1967): G. Kara, "Huit chants tchakhars," in: *AOH* 20, S. 75–100.

Kara (1970): G. Kara, *Chants d'un barde Mongol*, Budapest.

Karayannopulos/Weiss (1982): J. Karayannopulos und G. Weiss, *Quellenkunde zur Geschichte von Byzanz (324–1453)* = Schriften zur Geistesgeschichte des östlichen Europa 14, 2 Bde., Wiesbaden.

Kaschewsky (1967): R. Kaschewsky, "Neuere chinesische Aufsätze zur Zentralasienkunde," in: *ZAS* 1, S. 149–162.

Kaschewsky (1971): R. Kaschewsky, *Das Leben des lamaistischen Heiligen Tsongkhapa Blo-bzaṅ-grags-pa (1357–1419)*, dargestellt und erläutert anhand seiner Biographie Quellort allen Glücks =*Asiatische Forschungen*, Bd. 32, Wiesbaden.

Kassette (1971): Bildmaterial in einer Kassette betitelt: *Moderne dekorative angewandte Kunst der Mongolei*, Ulan Bator.

Kassette Moderne (1971): Bildmaterial in einer Kassette betitelt: *Moderne bildende Kunst der Mongolei*, Ulan Bator.

Kassette Volkskunst: Bildmaterial in einer Kassette betitelt: *Mongolisches Volkskunsthandwerk*, o. O., o. J.

Kawerau (1982): P. Kawerau, *Ostkirchengeschichte*, III: *Das Christentum in Europa und Asien im Zeitalter der Kreuzzüge* = Corpus Scriptorum Christianorum Orientalium, Vol. 442, Subsidia, Tomus 65, Lovanii.

Kindermann (1970): G.-K. Kindermann, *Der Ferne Osten*, dtv-Weltgeschichte des 20. Jahrhunderts, Bd. 6, München.

Klaproth (1833): M. J. Klaproth, "Aperçu des entreprises des Mongols en Géorgie et en Arménie dans le XIII siècle," in: *JA*, 2e série, Vol. 12, S. 193–214; 273–305.

Knust (1982): Marco Polo, *Von Venedig nach China. Die größte Reise des 13. Jahrhunderts*, neu herausgegeben und kommentiert von Theodor A. Knust, Tübingen.

Kobayashi/Okamoto (1964): T. Kobayashi und K. Okamoto, *Tsu̱sei jōkaku no kenkyū yakuchū dai issatsu*, Bd. 1, Tokyo.

KOČEŠKOV (1973): N. V. Kočeškov, *Narodnoe iskusstvo Mongolov,* Moskau.

KOLMAŠ (1967): J. Kolmaš, *Tibet and Imperial China,* Canberra.

KÖNIG (1967): *Mongolei.* Erläuterungen zu einer Ausstellung im Museum für Völkerkunde Leipzig, Zusammengestellt von Dr. Wolfgang König, Leipzig.

KOROSTOVETZ (1926): I. J. Korostovetz, *Von Cinggis Khan zur Sowjetrepublik,* Berlin und Leipzig.

KOTWICZ (1915): W. L. Kotwicz, *Opyt grammatiki kalmyckago razgovornago jazyka,* Petrograd (Rževnice u Pragi, 1929²).

KOTWICZ (1950): W. L. Kotwicz, "Les Mongols, promoteurs de l'idée de paix universelle au début du 13e siècle," in: *RO* 16, S. 428–439.

KOTWICZ (1953): W. L. Kotwicz, "La langue mongole parlée par les Ouigours Jaunes près de Kan-tcheou", in: *RO* 16, S. 435–465.

KRADER (1963): L. Krader, *The Social Organization of the Mongol-Turkic Pastoral Nomads,* Den Haag.

KRAUSE (1920): F. E. A. Krause, "Das Mongolische Reich nach der Darstellung des Armeniers Haithon," in: *Festschrift für Friedrich Hirth* = Ostasiatische Zeitschrift 8 (1920), S. 238–267.

KRAUSE (1922): *Cingis Han.* Die Geschichte seines Lebens nach den chinesischen Reichsannalen von Dr. F. E. A. Krause = Heidelberger Akten der Von-Portheim-Stiftung, Sinologie 2, Heidelberg.

KRAWULSKY (1978): *Īrān – Das Reich der Īlḫāne.* Eine topographisch-historische Studie von Dorothea Krawulsky, Beihefte zum Tübinger Atlas des Vorderen Orients, Reihe B (Geisteswissenschaften) Nr. 17, Wiesbaden.

KRUEGER (1975): J. R. Krueger, *The Kalmyk-Mongolian Vocabulary in Stralenberg's Geography of 1730,* Stockholm.

KÜČÜN (1980): Küčün, "'Önöčin küü-yin šastir' -un ǰokiyaγsan čaγ üye-yin tuqai sinčilelde," in: *Mongγol kele udq-a ǰokiyal* 1980 : 2, S. 90–108.

KUZNETSOV (1966): *rGyal rabs gsal ba'i me long* (The Clear Mirror of Royal Genealogies), Tibetan Text in Transliteration with an Introduction in English, Edited by B. I. Kuznetsov, Leiden.

KWANTEN (1974): L. Kwanten, "Chingis Khan's Conquest of Tibet. Myth or Reality?", in: *JAH* 8, S. 1–20.

KWANTEN (1979): L. Kwanten, *Imperial Nomads. A History of Central Asia, 500–1500,* Leicester.

LACKNER (1977): I. Lackner, "Barlaam und Josaphat," in: *Enzyklopädie des Märchens,* Bd. 1 : 5, S. 1243–1252.

LARSON: F. A. Larson, *Die Mongolei,* Berlin o. J.
LATTIMORE (1928): O. Lattimore, *The Desert Road to Turkestan,* London.
LATTIMORE (1932): O. Lattimore, *Chinese Colonisation in Inner Mongolia: its History and Present Development* = Pioneer Settlement, American Geographical Society, Special Publications 14, New York.
LATTIMORE (1935): O. Lattimore, *The Mongols of Manchuria,* London.
LATTIMORE (1941): O. Lattimore, *Mongol Journeys,* London.
LATTIMORE (1951): O. Lattimore, *Inner Asian Frontiers of China* = American Geographical Society, Research Series 21, New York.
LATTIMORE (1955): O. Lattimore, *Nationalism and Revolution in Mongolia,* with a Translation from the Mongol of Sh. Nachukdorji's 'Life of Sukebatur', by O. Lattimore and U. Onon, Leiden.
LATTIMORE (1963): O. Lattimore, *Studies in Frontier History,* Paris.
LATTIMORE (1963a): O. Lattimore, "The Geography of Chingis Khan," in: *The Geographical Journal* 129, S. 1–7.
LATTIMORE (1964): O. Lattimore, *Nomaden und Kommissare. Die Mongolei gestern und heute,* Stuttgart.
LATTIMORE (1965): O. Lattimore, "The Social History of Mongol Nomadism," in: W. G. Beasley/E. G. Pulleyblank (Edts.), *Historians of China and Japan,* London, S. 328–343.
LATTIMORE (1967): = 2. Auflage, Boston, von LATTIMORE (1951).
LATTIMORE (1969) = Nachdruck: New York, von LATTIMORE (1935).
LAUF (1972): D. I. Lauf, *Das Erbe Tibets,* Bern.
LECH (1968): K. Lech, *Das mongolische Weltreich. Al-ᶜUmarī's Darstellung der mongolischen Reiche in seinem Werk Masālik al-abṣār fī mamālik al-amṣār* = Asiatische Forschungen, Bd. 22, Wiesbaden.
LEDYARD (1964): G. Ledyard, "The Mongol Campaigns in Korea and the Dating of the Secret History of the Mongols," in: *CAJ* 9, Nr. I, S. 1–22.
LEE/HO (1968): Sh. E. Lee and W.-K. Ho, *Chinese Art Under the Mongols: The Yüan-Dynasty (1279–1368),* Cleveland.
LEES/HOSAIN/AL-HAI (1864): *The Tabaqát-i Násiri of Aboo 'Omar Minháj al-Dín 'Othmán ibn Siráj al-Dín al-Jawzjani,* ed. by W. Nassau Lees and Mawlawis Khadim Hosain and 'Abd al-Hai, Calcutta.
LEGRAND (1976): J. Legrand, *L'administration dans la domination Sino-Mandchoue en Mongolie Qalq-a,* Version mongole du Lifan Yuan Zeli, Memoires de l'Institute des Hautes Etudes Chinoises, Vol. II, Paris.

LE ROY LADURIE (1967): E. Le Roy Ladurie, *Histoire du climat depuis l'an Mil,* Paris.

LESSING (1935): F. D. Lessing, *Mongolen, Hirten, Priester und Dämonen,* Berlin.

LESSING (1960): F. D. Lessing (General Editor), *Mongolian-English Dictionary,* Berkeley and Los Angeles (spätere Nachdrucke).

LESSING/WAYMAN (1978): F. D. Lessing and A. Wayman, *Introduction to the Buddhist Tantric Systems,* Translated From Mkhas Grub Rje's *Rgyud sde spyiḥi rnam par gźags pa rgyas par brjod,* With Original Text and Annotation, Delhi-Varanasi-Patna².

LE STRANGE (1900): G. Le Strange, "The Story of the Death of the Last Abbasid Caliph, from the Vatican MS. of Ibn-al-Furāt," in: *JRAS,* S. 293–300.

LI (1960): Tieh-Tseng Li, *Tibet Today and Yesterday,* New York².

LIAO (1972): Liao Shu-Hsin, "A Study of the Mongolian Khorchin Dialect," in: *BICBAS* 3, S. 25–95.

LIGETI (1948): L. Ligeti, *Le Subhāṣitaratnanidhi Mongol.* Un Document du moyen Mongol, Partie Ier, le manuscrit tibéto-mongol en reproduction phototypique avec une introduction = Bibliotheca Orientalis Hungarica VI, Budapest.

LIGETI (1962): L. Ligeti, "Un vocabulaire Mongol d'lstanboul," in: *AOH* 14, S. 3–99.

LIGETI (1965): L. Ligeti, "Le lexique mongol de Kirakos de Gandzak," in: *AOH* 18:3, S. 241–297.

LIGETI (1971): L. Ligeti, *Histoire secrète des Mongols* = Monumenta Linguae Mongolicae Collecta I, Budapest.

LIGETI (1973): L. Ligeti, *Trésor des sentences.* Subhāṣitaratnanidhi de Sa-skya paṇḍita. Traduction de Sonom gara = Monumenta Linguae Mongolicae Collecta IV, Budapest.

LIGETI (1974): L. Ligeti, *Histoire secrète des Mongols.* Texte en écriture ouigoure, incorporé dans la Chronique Altan tobči de Blo-Bzaṅ bstan-'jin = Monumenta Linguae Mongolicae Collecta VI, Budapest.

LIGETI (1977): L. Ligeti, *Rapport préliminaire d'un voyage d'exploration fait en Mongolie chinoise 1928–1931,* Nachdruck: Budapest.

LIPKIN (1958): S. Lipkin, *Džangar, Kalmykij narodnyj epos,* Moskau.

LIU CHIN-SHUO (1979): Liu Chin-Shuo, *Arban γurba-arban dolodu γar ǰaγun-u mongγol-un teüke bičilge,* Kökeqota.

LOKESH CHANDRA (1964): *The Golden Annals of Lamaism,* being the Original Tibetan Text of the Hor-chos-ḥbyuṅ of Blo-bzaṅ-rta-mgrin Entitled 'Jam-gliṅ byaṅ-phyogs čhen-po hor gyi rgyal-khams kyi rtogs-pa brǰod-pa'i bstan-bčos čhen-po dpyod-ldan mgu byed ṅo-mchar gser gyi deb-ther, Edited by Lokesh Chandra, New Delhi.

LOMAKINA (1970): I. I. Lomakina, *Izobrazitel'noe iskusstvo socialističeskoj Mongolii*, Ulan Bator.

LOMAKINA (1974): I. I. Lomakina, *Marzan Šarav*, Moskau.

LOMAKINA (1977): I. I. Lomakina, *Ulan Bator*, Leningrad.

LUBSANGJAB (1971): Ch. Lubsangjab, *A Contrastive Analysis of the Morphological Structure of Words in the Mongolian and English Languages*, Moscow.

LUCAS (1962): H. Lucas, *Lamaistische Masken*, Kassel.

LUPPRIAN (1981): K. E. Lupprian, *Die Beziehungen der Päpste zu islamischen und mongolischen Herrschern im 13. Jahrhundert anhand ihres Briefwechsels* = Studi e Testi 291, Citta del Vaticano.

LUVSANCĖRĖN/TÜMĖN (1959): G. Luvsancėrėn und M. Tümėn, "Zahčin ajalguuny aviany züj, ügsijn bürėldėhüünij zarim onclog," in: *ŠUT* 2, S. 62–69.

LUVSANVANDAN (1967): Š. Luvsanvandan, *Orčin cagijn mongol hėlnij bütės*, Ulaanbaatar.

LUVSANŽAV (1970): Č. Luvsanžav, *Oros mongol övörmöc hėllėgijn tol'*, Ulaanbaatar.

MAJDAR (1970): D. Majdar, *Arhitektura i gradostroitel'stvo Mongolii, očerki po istorii*, Moskau.

MANGOLD (1971): G. Mangold, *Das Militärwesen in China unter der Mongolen-Herrschaft* [Diss. Univ. München], Bamberg.

MANI u. a. (1980): Mani/Mören/Nima, "Quγurči Buyannemekü, ba tegün-ü üliger," in: *Mongγol kele udq-a ǰokiyal* 1980, S. 122–131.

MANSI (1780): J. D. Mansi, *Sacrorum Conciliorum amplissima collectio*, Vol. 24, Venezia.

MARCO POLO (1982): *Von Venedig nach China, die größte Reise des 13. Jahrhunderts*, neu herausgegeben und kommentiert von Th. A. Knust, Tübingen 1982[6] = KNUST (1982).

MARTIN (1950): H. D. Martin, *The Rise of Chingis Khan and his Conquest of North China*, Baltimore.

MATTHAEUS PARISIENSIS (1872–83): Matthaeus Parisiensis, *Chronica majora*, ed. H. R. Luard in: Rolls series, Rerum Britannicarum Medii Aevi scriptores 57, 7 Bde., London.

MAYERS (1970): W. F. Mayers, *The Chinese Government.* A Manual of Chinese Titles, Categorically Arranged and Explained, with an Appendix, Nachdruck: Taipei.

MELIK[c]-OHANǰANYAN (1961): K. A. Melik[c]-Ohanǰanyan, Kirakos

Gandzakec^c^i, *Patmut^c^yun Hayoc^c^* (russ. Titel: Kirakos Gandzakeci, *Istorija Armenii*), Yerevan.

MENG SSU-MING (1938): Meng Ssu-Ming, *Yüan-tai she-hui chieh-chi chih-tu* [Das System der sozialen Klassen zur Yüan-Zeit], Peking.

MENG-TA PEI-LU und HEI-TA SHIH-LÜEH (1980): *Meng-Ta Pei-Lu und Hei-Ta Shih-Lüeh.* Chinesische Gesandtenberichte über die frühen Mongolen 1221 und 1237. Nach Vorarbeiten von Erich Haenisch† und Yao Ts'ung-wu † übersetzt und kommentiert von Peter Olbricht und Elisabeth Pinks. Eingeleitet von Werner Banck = Asiatische Forschungen, Bd. 56, Wiesbaden.

MEYVAERT (1980): P. Meyvaert, "An Unknown Letter of Hulagu, Il-Khan of Persia, to King Louis IX of France," in: *Viator* 11, S. 245–259.

MILLER (1958): R. J. Miller, *Monasteries and Culture Change in Inner Mongolia* = Asiatische Forschungen, Bd. 1, Wiesbaden.

MINGANA (1925): A. Mingana, "The Early Spread of Christianity in Central Asia and the Far East," in: *Bulletin of the John Rylands Library* IX, 2, S. 297–371.

MOJSEEVA (1954): *Kazanskaja istorija,* izd. G. N. Mojseeva, Moskau –Leningrad.

MONTELL (1939): G. Montell, "Mongolian Chess and Chessmen," in: *Ethnos* 4:2, Stockholm, S. 81–104.

MONTELL (1954): G. Montell, "Idol Factory of Peking," in: *Ethnos* 19, Stockholm, S. 143–156.

MONTGOMERY (1966): *The History of Yaballaha III Nestorian Patriarch and of his Vicar Bar Sauma Mongol Ambassador to the Frankish Courts at the End of the Thirteenth Century,* Translated from the Syriac and Annotated by James A. Montgomery, Reprint: New York.

MOSES (1977): L. W. Moses, *The Political Role of Mongol Buddhism,* Bloomington.

MOSTAERT (1934): A. Mostaert, "Les noms de clan chez les Ordos," in: *Bulletin of the Catholic University of Peking,* No. 9, S. 21–54.

MOSTAERT (1952): A. Mostaert, *Altan Tobči.* A Brief History of the Mongols by bLo· bzaṅ bsTan· 'jin = Harvard-Yenching Institute, Scripta Mongolica I, Cambridge, Mass.

MOSTAERT/CLEAVES (1952): A. Mostaert et F. W. Cleaves, "Trois documents Mongols des Archives Secrètes Vaticanes," in: HJAS 15, S. 419–506.

MOSTAERT/CLEAVES (1962): A. Mostaert et F. W. Cleaves, *Les lettres de*

1289 et 1305 des ilkhan Aryun et Öljeitü à Philippe le Bel, Cambridge, Mass.

MOULE (1921): A. C. Moule, "A Life of Odoric of Pordenone," in: *TP* 20, S. 275–290.

MOULE/PELLIOT (1938): A. C. Moule and P. Pelliot, *Marco Polo: The Description of the World,* 2. Bde., London.

MÜLLER (1927): J. Müller, "Die Legationen unter Papst Gregor X (1272–76)," in: *Römische Quartalschrift* 27, S. 57–135.

MUNKUEV (1965): N. C. Munkuev, *Kitajskij istočnik o pervyh mongol'skih hanah.* Nadgrobnaja nadpis' na mogile eljuj ču-caja, perevod i issledovanie, Moskva.

MŽIK (1911): *Die Reisen des Arabers Ibn Baṭūṭa durch Indien und China (14. Jahrhundert),* bearbeitet von H. von Mžik = Bibliothek denkwürdiger Reisen, Bd. 5, Hamburg.

NACAGDORŽ (1963): Š. Nacagdorž, *Manžijn ėrhšėėld bajsan üeijn halhyn huraangui tüüh (1691–1911)* [Zusammengefaßte Geschichte der Khalkha der Zeit unter der Mandschuherrschaft (1691 bis 1911)], Ulaanbaatar.

NACAGDORŽ (1981): Š. Nacagdorž, *Mandhaj Cėcėn* (historischer Roman über Manduqai), Ulan Bator.

NAĞĞĀR (1348): Ibn al-Aṯīr, *Kitāb al-kāmil fī 't-ta'rīḫ,* ed. ᶜAbd al-Wahhāb an-Naǧǧār, Bde. I–IX, Kairo.

NAKAMI (1976): T. Nakami, "Khaisan and Udai: Two Southern Mongols under the Boγdo Khans Regime," in: *The Tōyō Gakuhō* 57, Tokyo, S. 125–170.

NASANBALŽIR (1964): C. Nasanbalžir, *Ar mongoloos Manž čin ulsad zalguulž bajsan alba 1691–1911* [Aufwendungen, die man von den Nordmongolen für die mandschurische Ch'ing-Dynastie 1691–1911 hat einbringen lassen], Ulaanbaatar.

NASUNBAYAR (1961): "Dungsiyang kelen-ü temdeglel," in: *SM* 3, S. 53–106.

NAVAANAMŽIL (1956): G. Navaanamžil, *Övgön bičėėčijn ögüülėl* [Erzählung eines alten Schreibers], Ulaanbaatar.

NAWANGNAMǰIL (1946): G. Nawangnamǰil, *J̌oriγtu Baγatur Toγtaqu-yin tobči namtar* [Kurzbiographie des tapferen Helden Toγtaqu], Ulanbator.

NITSCHE (1966): P. Nitsche, *Der Aufstieg Moskaus.* Auszüge aus einer russischen Chronik. *I.* Bis zum Beginn des 15. Jahrhunderts = Slavische Geschichtsschreiber, Bd. IV, Graz–Wien–Köln.

NITSCHE (1967): wie NITSCHE (1966) . . . *II.* Vom Beginn des 15. bis zum Beginn des 16. Jahrhunderts = Slavische Geschichtsschreiber, Bd. V, Graz–Wien–Köln.

NITSCHE (1977): P. Nitsche (Hrsg.), *Die Anfänge des Moskauer Staates,* Darmstadt.

NOMURA (1955): M. Nomura, "On Some Phonological Developments in the Kharachin Dialect," in: *Studia Altaica,* Wiesbaden, S. 132–136.

NOWGORODOWA (1980): E. Nowgorodowa, *Alte Kunst der Mongolei,* Leipzig.

OBRABOTKA (1964): *Hudožestvennaja obrabotka metalla v Burjatii,* Ulan Udė.

OČIROV (1964): U. U. Očirov, *Grammatika kalmyckogo jazyka.* Sintaksis, Ėlista.

OKADA (1979): H. Okada, "Outer Mongolia through the Eyes of Emperor K'ang-hsi," in: *JAAS* 18, S. 1–11.

OKAY (1938): K. OKAY, *Temir, der Eiserne,* Leipzig.

OLBRICHT (1954): P. Olbricht, *Das Postwesen in China unter der Mongolenherrschaft im 13. und 14. Jahrhundert* = Göttinger Asiatische Forschungen, Bd. 1, Wiesbaden.

OLBRICHT/PINKS (1980): *Meng-ta Pei-lu und Hei-ta Shih-lüeh.* Chinesische Gesandtenberichte über die frühen Mongolen 1221 und 1237. Nach Vorarbeiten von Erich Haenisch † und Yao Ts'ung-wu † übersetzt und kommentiert von Peter Olbricht und Elisabeth Pinks. Eingeleitet von Werner Banck = Asiatische Forschungen, Bd. 56, Wiesbaden.

OLSCHKI (1946): L. Olschki, *Guillaume Boucher: A French Artist at the Court of the Khans,* Baltimore.

OLSON (1950–71): E. Olson, *Catalogue of the Tibetan Collection and Other Lamaist Articles in The Newark Museum,* Vols. I–III, New Jersey.

ÖNNERFORS (1967): *Hystoria Tartarorum C. de Bridia Monachi,* edidit et annotationibus instruxit Alf Önnerfors = Kleine Texte für Vorlesungen und Übungen 186, Berlin.

ONON (1976): U. Onon, *Mongolian Heroes of the Twentieth Century,* New York.

OTQONBILIG (1981): Otqonbilig, "Ulus-un dotaγatu-yin nigedüger. qoyaduγar qubisqaltu dayin-u üy-e-yin dotoγatu Mongγol-un arad-un qubisqaltu nam [Die innermongolische revolutionäre Volkspartei in der Zeit des ersten und zweiten revolutionären Kampfes innerhalb des Volkes]," in: *Mongγol teüke-yin tuqai ögülel,* Kökeqota, S. 315–411.

PAL (1969): P. Pal, *The Art of Tibet*, New York.

PALLAS (1771–1776): P. S. Pallas, *Reise durch verschiedene Provinzen des Russischen Reichs*, 3 Bde., Petersburg (Nachdruck: Graz 1967).

PALLAS (1776/1801): P. S. Pallas, *Sammlungen historischer Nachrichten über die mongolischen Völkerschaften*, I/II, St. Petersburg (Nachdruck: Graz 1980).

PALLISEN (1949): N. Pallisen, *Die alte Religion des mongolischen Volkes während der Herrschaft der Tschingisiden*, Diss. (Manuskript) Marburg, Mikrofilm 7/1953 in: Micro-Bibliotheca Anthropos, St. Augustin.

PASCHUTO (1954): W. T. Paschuto, *Alexander Newski und der Kampf des russischen Volkes um seine Unabhängigkeit im 13. Jh.*, Berlin.

PATKANOV (1874): K. P. Patkanov, *Istorija mongolov po armijanskim istočnikam*, vyp. vtoroj, zaključajuščij v sebe izvelečenija iz istorii Kirakosa Gandzakeci, St. Petersburg.

PELLIOT (1921): P. Pelliot, "Les conquêtes de L'Empereur de la Chine," in: *TP* XX, S. 183–274.

PELLIOT (1922–32): P. Pelliot, "Les Mongols et la papauté, documents nouveaux édités, traduits et commentés par M. Paul Pelliot, avec la collaboration de MM. Borghezio, Massé et Tisserant," in: *Revue de l'Orient chrétien*, 3e série 3, Vol. 23, S. 3–30; 4, Vol. 24, S. 225 bis 335; 8, Vol. 28, S. 3–84, Paris.

PELLIOT (1925): P. Pelliot, "Les systèmes d'écriture en usage chez les anciens mongols," in: *AM* 2, S. 284–289.

PELLIOT (1949): P. Pelliot, *Notes sur l'histoire de la Horde d'Or*, Paris.

PELLIOT/HAMBIS (1951): P. Pelliot et L. Hambis, *Histoire des campagnes de Gengis Khan*, Leiden.

PELLIOT (1959–73): P. Pelliot, *Notes on Marco Polo*, I–III, Paris.

PELLIOT (1960): P. Pelliot, *Notes critiques d'histoire kalmouke*, I–II, Paris.

PĖRLĖĖ (1975): Ch. Pėrlėė, *Mongol tümnij garlyg tamgaar hajž sudlah n'* [Untersuchungen über die Handbrandzeichen der mongolischen Stämme], Ulaanbaatar.

PETECH (1962): L. Petech, "Les marchands italiens dans l'empire mongol," in: *JA*, S. 549–574.

PETECH (1966): L. Petech, "Tibet," in: *Handbuch der Orientalistik*, 1. Abt., Bd. 5, 5. Abschn., Leiden–Köln, S. 311–347.

PFITZNER (1930): J. Pfitzner, *Großfürst Witold von Litauen als Staatsmann*, Brünn–Wien.

PJURBEEV (1972): G. C. Pjurbeev, *Glagol'naja frazeologija mongol'skih jazykov*, Moskva.

Plath (1830/31): J. H. Plath, *Die Völker der Mandschurey*, 2 Bde., Göttingen.

Pokrovskij (1913): F. I. Pokrovskij, "Putešestvie v Mongoliju i Kitaj sibirskago kazaka Ivana Petlina v 1618 godu – mnimoe putešestvie atamanov Ivana Petrova i Burnaša Jalyčeva v 1567 g.," in: *Izvestija russkago jazyka i slovesnosti imperatorskago Akademii Nauk*, XVIII/4, S. 257–304.

Pommerening (1968): H. Pommerening, *Der chinesisch-sowjetische Grenzkonflikt*, Chinas Ansprüche auf Sowjetland. Das Erbe der ungleichen Verträge – ein Streit zweier Weltmächte, Olten.

Popov (1847): A. Popov, *Grammatika kalmyckago jazyka*, Kazan'.

Poppe (1926): N. N. Poppe, "Geserica. Untersuchungen der sprachlichen Eigentümlichkeiten der mongolischen Version des Gesserkhan," in: *AM* 3, S. 1–32; 167–193.

Poppe (1941): N. N. Poppe, "Zolotoordynskaja rukopis' na bereste," in: *Sovetskoe Vostokovedenie* II, S. 81–134 + 24 Tafeln.

Poppe (1950): N. N. Poppe, "Stand und Aufgabe der Mongolistik," in: *ZDMG* 100, S. 52–89.

Poppe (1950a): N. N. Poppe, "The Groups *uγa and *üge in Mongol Languages," in: *Studia Orientalia* (fenn.), 14 : 8, S. 1–15.

Poppe (1951): N. N. Poppe, *Khalkha-Mongolische Grammatik*, Wiesbaden.

Poppe (1954): N. N. Poppe, *Grammar of Written Mongolian*, Porta Linguarum Orientalium, Neue Serie I, Wiesbaden.

Poppe (1955): N. N. Poppe, *Introduction to Mongolian Comparative Studies* = MSFOu 110, Helsinki.

Poppe (1957): N. N. Poppe, *The Mongolian Monuments in ḤP^cags-pa Script* = Göttinger Asiatische Forschungen, Bd. 8, Wiesbaden.

Poppe (1957a): N. N. Poppe, "Eine mongolische Fassung der Alexandersage," in: *ZDMG* 107 : 1, S. 105–129.

Poppe (1959): N. N. Poppe, "On the Velar Stops in Intervocalic Position in Mongolian," in: *UAJb* 31, S. 270–273.

Poppe (1960): N. N. Poppe, *Buriat Grammar*, Bloomington, Ind.

Poppe (1964): N. N. Poppe, "The Mongolian Versions of the Vessantarajātaka," in: *Studia Orientalia* 30 : 2, Helsinki, S. 1–92.

Poppe (1970): N. N. Poppe, *Mongolian Language Handbook*, Center for Applied Linguistics, Washington.

Poppe (1971): N. N. Poppe, *Mongol'skij slovar' Mukaddimat al-Adab*, Republished: Westmead.

Poppe (1971a): N. N. Poppe, "Über einige Besonderheiten des Tsongol-Dialektes," in: *ZAS* 5, S. 145–155.

Poppe (1972): N. N. Poppe, "Das mongolische Sprachmaterial einer Leidener Handschrift," Republished in: *Mongolica,* Westmead.

Poppe (1975): N. N. Poppe, *Mongolische Epen IV,* Übersetzung der Sammlung P. Xorloo, Xalx Ardyn Tuul' = Asiatische Forschungen, Bd. 48, Wiesbaden.

Poppe (1976): N. N. Poppe, *Mongolische Epen V,* Übersetzung der Sammlung U. Zagdsüren, Žangaryn Tuul's = Asiatische Forschungen, Bd. 50, Wiesbaden.

Poppe (1980): N. N. Poppe, *Mongolische Epen IX,* die Übersetzung der Sammlung C. Ž. Žamcarano, Proizvedenija Narodnoj Slovesnosti Mongol'skih Plemen I = Asiatische Forschungen, Bd. 65, Wiesbaden.

Pott (1979): P. H. Pott, "Tibet," in: *Kunst der Welt.* Burma, Korea Tibet, Baden-Baden³, S. 151–247.

Pozdneev (1883): A. Pozdneev, *Mongol'skaja letopis' 'ėrdėnijn ėrihė',* St. Petersburg.

Pozdneev (1887): A. Pozdneev, *Očerki byta buddijskih monastyrej i buddijskago duhovenstva v Mongolii,* St. Petersburg.

Pozdneev (1896): A. Pozdneev, *Mongolija i Mongoli,* St. Petersburg.

Pozdneev (1911): A. Pozdneev, *Kalmycko-russkij slovar',* St. Petersburg.

Pozdneyev (1971): A. M. Pozdneyev, *Mongolia and the Mongols* = Uralic & Altaic Series, Vol. 61, Bloomington.

Pozdneyev (1978): A. M. Pozdneyev, *Religion and Ritual in Society: Lamaist Buddhism in Late 19th-Century Mongolia,* edited by John R. Krueger. Translated from the Russian by Alo Raun and Linda Raun = Publications of The Mongolia Society, Inc., Occasional Papers, Nr. 10, Bloomington, Ind.

PSRL (1903): *Istorija o kazanskom carstve (Kazanskij letopisec)* = Polnoe sobranie russkih letopisej, Bd. XIX, Sankt Petersburg.

PSRL (1949): *Moskovskij letopisnyj svod konca XV veka* = Polnoe sobranie russkih letopisej, Bd. XXV, Moskau–Leningrad.

Pürėvžav (1978): S. Pürėvžav, *Mongol dah' šašny huraanguj tüüh* [Zusammengefaßte Geschichte der Religion bei den Mongolen], Ulaanbaatar.

Quatremère (1836): *Histoire des Mongols de la Perse. Écrite en persan par Raschid-Eldin,* publiée, traduite en français, accompagnée de notes et d'un mémoire sur la vie et les ouvrages de l'auteur par M. Quatremère = Collection Orientale, Manuscrits inédits de la Bibliothèque Royale, traduits et publiés par ordre du roi, Paris (behandelt Hülegü 1256–1265).

QAZWINI (1912–37): *The Ta'ríkh-i-Jahán-Gushá of ᶜAlá 'ud-Dín ᶜAṭá Malik-i-Juwainí*, ed. with an Introduction, Notes and Indices from Several Old Mss. by Mírzá Muḥammad Ibn ᶜAbdu 'l-Wahháb-i-Quazwíní, Bd. I–III, London 1912, 1916, 1937 = E. J. W. Gibb Memorial Series, Old Series, Bd. 16:1–3.

RACHEWILTZ (1961): I. de Rachewiltz, *Sino-Mongol Culture Contacts in the XIII Century*. A Study on Yeh-lü Ch'u-ts'ai, Canberra.

RACHEWILTZ (1966): I. de Rachewiltz, "Personnel and Personalities in North China in the Early Mongol Period," in: *Journal of the Economic and Social History of the Orient* 9:I–II, S. 87–144, Leiden.

RACHEWILTZ (1971): I. de Rachewiltz, *Papal Envoys to the Great Khans*, London.

RACHEWILTZ (1971 ff.): I. de Rachewiltz, "The Secret History of the Mongols," Fortsetzungsartikel in: *Papers on Far Eastern History* 4 ff., Canberra.

RADMAEV (1960): Ė. R. Radmaev, "Zametka o congol'skom govore," in: *Trudy burjatskogo kompleksnogo naučno-issledovatel'skogo instituta* 3, Serija vostokovednaja, Ulan-Udė.

RAMSTEDT (1903 a): G. J. Ramstedt, *Über die Konjugation des Khalkha-Mongolischen* = MSFOu 19, Helsinki (Neudruck: Osnabrück 1968).

RAMSTEDT (1903 b): G. J. Ramstedt, *Das Schriftmongolische und die Urgamundart phonetisch verglichen* = JSFOu 21, Helsinki.

RAMSTEDT (1909/1919): G. J. Ramstedt, *Kalmückische Sprachproben. Kalmückische Märchen* = MSFOu 27, 1–2, Helsinki.

RAMSTEDT (1935): G. J. Ramstedt, *Kalmückisches Wörterbuch*, Helsinki.

RAMSTEDT (1978): G. J. Ramstedt, *Seven Journeys Eastward 1898–1912*, Among the Cheremis, Kalmyks, Mongols and in Turkestan and to Afghanistan . . . Translated from the Swedish & Edited by John R. Krueger, The Mongolia Society, Occasional Papers, Nr. 9, Bloomington, Ind.

RASIDONDUG/VEIT (1975): *Petitions of Grievances Submitted by the People*, Translated from the Mongol by Š. Rasidondug in collaboration with V. Veit = Asiatische Forschungen, Bd. 44, Wiesbaden.

RATCHNEVSKY (1937): P. Ratchnevsky, *Un Code des Yuan* par Paul Ratchnevsky = Bibliothèque de l'Institut des Hautes Études chinoises, Vol. IV, Paris.

RATCHNEVSKY (1954): P. Ratchnevsky, "Die mongolischen Großkhane und die buddhistische Kirche," in: *Asiatica* (Festschrift Friedrich Weller), Leipzig, S. 489–504.

RATCHNEVSKY (1965): P. Ratchnevsky, "Šigi-Qutuqu, ein mongolischer Gefolgsmann im 12.–13. Jahrhundert," in: *CAJ* 10, S. 87–120.

RATCHNEVSKY (1983): P. Ratchnevsky, *Činggis-Khan.* Sein Leben und Wirken = Münchener Ostasiatische Studien, Bd. 32, Wiesbaden.

RAVERTY (1881): *Ṭabaḳāt-i Nāṣirī,* General History of the Mohammadan Dynasties of Asia, Including Hindūstān, from A. H. 194 (810 A. D.) to A. H. 658 (1260 A. D.), and the Irruption of the Infidel Mughals Into Islām, by the Maulanā, Minháj-ud-Dín . . ., Translated from Original Persian Manuscripts by Mayor H. G. Raverty = Bibliotheca Indica, 2 Bde., London.

REINAUD/DE SLANE (1840): *Géographie d'Aboulféda,* Texte arabe, publiée par M. Reinaud et De Slane, Paris.

REINAUD (1848): *Géographie d'Aboulféda,* traduite de l'Arabe en Français par Reinaud, Bd. I und II/1, Paris.

REINAUD/DEFRÉMERY (1872–87), *Extrait de la chronique intitulée Kamel-Altevarykh,* traduit par J. T. Reinaud et C. F. Defrémery = Recueil des historiens des croisades, Historiens Orientaux, Bd. I, 189–744; Bd. II, 1–180, Paris.

RÉMUSAT (1824): J. P. A. Rémusat, *Mémoires sur les relations politiques des princes chrétiens et particulièrement des rois de France, avec les empereurs Mongols.* Second Mémoire. Relations diplomatiques des princes chrétiens avec les rois de Perse de la race de Tchinggis, depuis Houlagou, jusqu'au règne d'Abousaïd = Histoire et Mémoires de l'Institut Royal de France, Académie des Inscriptions et Belles-Lettres VII, Paris.

RÉMUSAT (1825/26): J. P. A. Rémusat, *Mélanges asiatiques,* 2 Bde., Paris.

RÉMUSAT (1828): J. P. A. Rémusat, *Nouveaux mélanges asiatiques,* 2 Bde., Paris.

RHC Hist. Or. (1872–1906): *Recueil des Historiens des Croisades.* Historiens Orientaux, Bde. I–V, Paris.

RICHARD (1949): J. Richard, "Le début des relations entre la papauté et les Mongols de Perse," in: *JA* 237, S. 291–297.

RICHARD (1957): J. Richard, "Les missions chez les Mongols aux 13e et 14e siècles," in: *Histoire universelle des missions catholiques* 1, Paris, S. 173–195.

RICHARD (1965): Simon de Saint-Quentin, *Histoire des Tartares,* publiée par Jean Richard, Documents relatifs a l'histoire des croisades, publiés par L'Académie des Inscriptions et Belles-Lettres, VIII, Paris.

RICHARD (1969): J. Richard, "The Mongols and the Franks," in: *JAH* III, 1, S. 45–57.

RICHARD (1970): J. Richard, "Isol de Pisan – un aventurier franc gouverneur d'une province Mongole?", in: *CAJ* 14, S. 186–194.

RICHARD (1979): J. Richard, "Une ambassade Mongole à Paris en 1262," in: *Journal des Savantes,* S. 295–303.

RIFTIN (1982): B. Riftin, "Probleme des Studiums der Biographie von Interpreten der Erzählungen des Bensen Üliger," in: *Fragen der mongolischen Heldendichtung,* Teil II = Asiatische Forschungen, Bd. 73, S. 116–137.

RINČEN: *Mongol ardyn gojol čimgijn hėė ugalz,* o. O., o. J.

RINČEN (1971): B. Rinčen, *Üürijn tuyaa* [Strahlen der Morgenröte], Ulaanbaatar.

RINCHEN (1959): Y. Rinchen, "Four Mongolian Historical Records," in: *Indo-Asian Literatures,* Vol. 11, S. 11–59.

RINTCHEN (1958): B. Rintchen, "En marge du culte de Guesser Khan en Mongolie," in: *JSFOu* 60, S. 3–51.

RISCH (1930): F. Risch, *Johann de Plano Carpini, Geschichte der Mongolen und Reisebericht 1245–1247,* Leipzig.

RISCH (1934): F. Risch, *Wilhelm von Rubruk, Reise zu den Mongolen 1253–1255,* Leipzig.

ROBERG (1973): B. Roberg, "Die Tartaren auf dem 2. Konzil von Lyon 1274," in: *Annuarium Historiae Conciliorum* 5, S. 241–302.

ROCKHILL (1967): W. W. Rockhill, *The Journey of William of Rubruck to the Eastern Parts of the World (1253–55),* Nedeln.

ROERICH (1949): G. N. Roerich, *The Blue Annals,* Part 1, Calcutta.

RÖHRICHT (1891): R. Röhricht, "Zur Korrespondenz der Päpste mit den Sultanen und Mongolenchanen des Morgenlandes im Zeitalter der Kreuzzüge," in: *Theologische Studien und Kritiken,* Gotha, S. 359–369.

ROMASKEVIČ/HETAGUROV/ALI-ZADE (1968): A. A. Romaskevič, L. A. Hetagurov und A. A. Ali-Zade, Fażlallāh Rašīd Ad-Dīn *Džāmi*[c] *At-Tavārīḫ,* Tom I, časť 1, kritičeskij tekst, Moskau.

RÓNA-TAS (1960): A. Róna-Tas, "A Study on the Dariganga Phonology," in: *AOH* 10, S. 1–29.

RÓNA-TAS (1961): A. Róna-Tas, "A Dariganga Vocabulary," in: *AOH* 13, S. 147–174.

RÓNA-TAS (1966): A. Róna-Tas, *Tibeto-Mongolica. The Tibetan Loanwords of Monguor and the Development of the Archaic Tibetan Dialects,* London, The Hague, Paris.

RONAY (1978): G. Ronay, *The Tartar Khan's Englishman,* London.

Rosner (1964): E. Rosner, *Die 'zehn schimpflichen Delikte' im chinesischen Recht der Yüan-Zeit* [Diss. Univ. München], München.
Rudenko (1970): S. I. Rudenko, *Frozen Tombs of Siberia,* London.
Rudnev (1911): A. D. Rudnev, *Materialy po govoram vostočnoj mongolii,* S.-Peterburg.
Rupen (1964): R. Rupen, *Mongols of the Twentieth Century, I and II* = Indiana University Publications, Uralic and Altaic Series, Vol. 37, 1 and 2, The Hague.

Sagaster (1967): K. Sagaster, *Subud Erike. 'Ein Rosenkranz aus Perlen'. Die Biographie des 1. Pekinger lČaṅ skya Khutukhtu Ṅag dbaṅ blo bzaṅ chos ldan* = Asiatische Forschungen, Bd. 20, Wiesbaden.
Sagaster (1976): K. Sagaster, *Die Weiße Geschichte (Čaγan teüke).* Eine mongolische Quelle zur Lehre von den Beiden Ordnungen: Religion und Staat in Tibet und der Mongolei = Asiatische Forschungen, Bd. 41, Wiesbaden.
Sagaster (1978): K. Sagaster, "Der weiße Lotus des Friedens. Eine moderne mongolische Interpretation buddhistischer Symbolik," in: *ZAS* 12, S. 463–541.
Saint-Martin (1819): J. A. Saint-Martin, *Mémoires historiques et géographiques sur l'Arménie,* Bd. II, Paris.
Sapir (1972): E. Sapir, *Die Sprache.* Eine Einführung in das Wesen der Sprache, München 1972².
Sárkőzi (1976): A. Sárkőzi, "A Mongolian Picture Book of Molon Toyin's Descent to Hell," in: *AOH* 30:3, S. 273–308.
Sárkőzi (1978): A. Sárkőzi, "A Thanka from Mongolia," in: *Proceedings of the Csoma de Körös Memorial Symposium,* Budapest, S. 393–402.
Saunders (1969): J. J. Saunders, "Matthew Paris and the Mongols," in: *Essays in Medieval History* presented to Bertie Wilkinson, edited by T. A. Sandquist and M. R. Powicke, Toronto, S. 116–132.
Saunders (1971): J. J. Saunders, *The History of the Mongol Conquests,* London.
Saunders (1977): J. J. Saunders, "The Mongol Defeat at Ain Jalut and the Restoration of the Greek Empire," in: G. W. Rice (ed.), *Muslims & Mongols,* Essays on Medieval Asia by J. J. Saunders, University of Canterbury Publications No. 24, Christchurch, New Zealand.
Sayous (1875): E. Sayous, *L'invasion des Mongols en Hongrie dans les anneés 1241 et 1242,* Paris.
Sazykin (1980): A. G. Sazykin, "Zaja bandidyn orčuulsan 'Čojžid da-

gini tuuž' -ijn on cagijn asuudald," in: *Studia Linguae et Litterarum* (Ulanbator) XIV, S. 150–155.

SCARCIA (1962): G. Scarcia, *Juvaini: Genghiskhan, il conquistadore del mondo,* Milano.

ŠAFĪ^c (1945): *Kitāb-i Mukātibāt-i Rašīdī* ya^cnī risā'ilī kih wazīr-i dānišmand-i ḫuwāǧah-i Rašīd ad-Dīn Faḍl Allāh ṭabīb bapisarān wa ^cummāl wa dūstān wa dīgarān sawāyi īšān niwištih ... ānhārā ǧam^c namūdih ... Muḥammad Šafī^c baiḍāfih-i ḥawāšī wa fahāris ... Lāhūr ... 1364 hiǧrī muṭābiq 1945 masīḥī (*Buch der Briefwechsel des Rašīd,* d. h. die Briefe, die der ehrwürdige Wesir und Gelehrte Rašīd ad-Dīn Faḍl Allāh, der Arzt, an die Söhne, und den Regierungsangestellten, und Freunden und dergleichen anderen geschrieben .. Dieses hat kollektioniert ... Muḥammad Šafī^c unter Hinzufügung von Erläuterungen und Indices ..., Lahore ... 1364 H. entspricht 1945 A. D.).

ŠAGDAROV (1967): L. D. Šagdarov, *Stanovlenie edinyh norm burjatskogo literaturnogo jazyka v sovetskuju ėpohu,* Ulan-Udė.

ŠAGDAROV (1974): L. D. Šagdarov, *Funkcional'no-stilističeskaja differenciacija burjatskogo literaturnogo jazyka,* Ulan-Udė.

ŠARHÜÜ/NACAGDORŽ (1975): Cė. Šarhüü, Š. Nacagdorž, *Huv'sgalyn ömnöh Mongol dah' gazryn harilcaa* [Die Landbesitzverhältnisse in der Mongolei vor der Revolution], Ulan Bator.

ŠASTINA (1957): N. P. Šastina, *Šara tudži, Mongol'skaja letopis' XVII veka,* Moskau–Leningrad.

ŠASTINA (1973): N. P. Šastina (Übers. u. Komm.), *Labsan danzan Altan tobči,* Moskau.

ŠČEPETIL'NIKOV (1960): N. M. Ščepetil'nikov, *Arhitektura Mongolii,* Moskau.

SCHIMMEL (1951): A. Schimmel, *Ibn Chaldun. Ausgewählte Abschnitte aus der Muqaddima,* Tübingen.

SCHLEGEL (1968): D. Schlegel, *Hao Ching (1222–1275), ein chinesischer Berater des Kaisers Kublai Khan,* München.

SCHMIDT (1829): *Geschichte der Ostmongolen und ihres Fürstenhauses, verfaßt von Ssanang Ssetsen Chungtaidschi der Ordus;* aus dem Mongolischen übersetzt und mit dem Originaltexte, nebst Anmerkungen, Erläuterungen und Citaten aus andern unedirten Originalwerken herausgegeben von Isaac Jakob Schmidt, St. Petersburg und Leipzig.

SCHMIDT (1834): I. J. Schmidt, "Die Volksstämme der Mongolen, als Beitrag zur Geschichte dieses Volkes und seines Fürstenhauses," in: *Mémoires de l'Académie de St. Petersbourg* VI, Sér. sc. polit., II, S. 409–477.

SCHMIDT (1839): I. J. Schmidt, *Die Thaten des Vertilgers der zehn Übel in den zehn Gegenden, des verdienstvollen Helden Boγda Geser Chan,* St. Petersburg (Nachdruck: Osnabrück 1966).

SCHUBERT (1963): J. Schubert, *Ritt zum Burchan Chaldun,* Leipzig.

SCHUBERT (1971): J. Schubert, *Paralipomena Mongolica.* Wissenschaftliche Notizen über Land, Leute und Lebensweise in der Mongolischen Volksrepublik von Johannes Schubert, Berlin.

SCHUH (1976): D. Schuh, "Wie ist die Einladung des fünften Karma-pa an den chinesischen Kaiserhof als Fortführung der Tibet-Politik der Mongolen-Khane zu verstehen?", in: *Altaica Collecta,* Wiesbaden, S. 209–244.

SCHUH (1977): D. Schuh, *Erlasse und Sendschreiben mongolischer Herrscher für tibetische Geistliche.* Ein Beitrag zur Kenntnis der Urkunden des tibetischen Mittelalters und ihrer Diplomatik von Dieter Schuh = Monumenta Tibetica Historica, Abteilung III, Bd. 1, St. Augustin.

SCHUH (1981): D. Schuh, *Grundlagen tibetischer Siegelkunde.* Eine Untersuchung über tibetische Siegelaufschriften in 'Phags-pa-Schrift = Monumenta Tibetica Historia, Abteilung III, Bd. 5, St. Augustin.

SCHULEMANN (1958): G. Schulemann, *Geschichte der Dalai Lamas,* Leipzig².

SCHULZE (1979): I. Schulze, *Mongolische Malerei,* Berlin.

SCHURMANN (1956): H. F. Schurmann, *Economic Structure of the Yüan Dynasty.* Translations of Chapters 93 and 94 of the Yüan shih, Cambridge, Mass.

SCHURMANN (1956a): H. F. Schurmann, "Mongolian Tributary Practices of the Thirteenth Century," in: *HJAS* 19, S. 304–389.

SCHWAMMEL (1857): G. Schwammel, *Der Antheil des österreichischen Herzogs Friedrich des Streitbaren an der Abwehr der Mongolen und seine Stellung zu König Béla von Ungarn* = Zeitschrift für österreichische Gymnasien, VIII. Bd., Wien.

SCHWARZ (1982): H. G. Schwarz, "A Script for the Dongxiang," in: *ZAS* 16 (1982), S. 153–164.

SCHWERIN (1937): U. Schwerin, *Die Aufrufe der Päpste zur Befreiung des Heiligen Landes von den Anfängen bis zum Ausgang Innozenz IV.,* Berlin.

ŠIRĖNDĖV/NACAGDORŽ (1966–69): B. Širėndėv, Š. Nacagdorž u. a. (Hrsgg.), *Bügd najramdah Mongol ard ulsyn tüüh* [Geschichte der Mongolischen Volksrepublik], 3 Bde., Ulaanbaatar.

ŠÜGDĖR (1979): C. Šügdėr, *Mongolčuudyn nom hėvlėdeg arga,* Ulanbator.

Serruys (1958): H. Serruys, *Genealogical Tables of the Descendants of Dayan Qan* = Central Asiatic Studies, Monograph Series III, 's-Gravenhage.

Serruys (1967): H. Serruys, *Sino-Mongol Relations During the Ming II: The Tribute System in China and Diplomatic Missions (1400–1600)* = Mélanges chinois et Bouddhiques, Vol. 14, Bruxelles.

Serruys (1975): H. Serruys, *Sino-Mongol Relations During the Ming III: Trade Relations, The Horse Fairs (1400–1600)* = Mélanges chinois et Bouddhiques, Vol. 17, Bruxelles.

Shakabpa (1967): W. D. Shakabpa, *Tibet – A Political History*, New Haven–London.

Sinor (1952): D. Sinor, "Un voyageur du 13e siècle: le dominicain Julien de Hongrie," in: *BSOAS* 14, S. 589–602.

Sinor (1956): D. Sinor, "Les relations entre Mongols et l'Europe jusqu'à la mort d'Arghoun et de Bela IV," in: *Cahiers d'Histoire Mondiale* 3, S. 39–62.

Skačkov (1977): P. E. Skačkov, *Očerki istorii russkogo kitaevedenija*, Moskau.

Skrine/Ross (1899): F. H. Skrine und E. D. Ross, *The Heart of Asia. History of Russian Turkestan and Central Asian Khanats from the Earliest Times*, London.

Skul'ptura (1971): *Burjatskaja derevjannaja skul'ptura*, Ulan-Udė.

Smedt/Mostaert (1933): A. de Smedt et A. Mostaert, *Le dialecte Monguor parlé par les Mongols du Kansou occidental, IIIe Partie: Dictionnaire Monguor-Français*, Peiping.

Smedt/Mostaert (1964): A. de Smedt et A. Mostaert, *Le dialecte Monguor parlé par les Mongols du Kansou occidental, IIe Partie: Grammaire*, Reproduction photomécanique, Indiana University Publications, Uralic and Altaic Series, Vol. 30, The Hague–London–Paris.

Smirnova (1952): O. I. Smirnova, *Rašid-Ad-Din, Sbornik letopisej*, Tom I/2, Moskau–Leningrad.

Snellgrove/Richardson (1968): D. Snellgrove and H. Richardson, *A Cultural History of Tibet*, New York.

Soktoeva/Habarova (1976): I. I. Soktoeva und M. V. Habarova, *Hudožniki Burjatii*, Leningrad.

Soranzo (1930): G. Soranzo, *Il papato, l'Europa cristiana e i Tartari. Un secolo di penetrazione occidentale in Asia*, Publicazioni della Università Cattolica del Sacro Cuore, Serie quinta, Scienze storiche 12, Milano.

Spies (1965): O. Spies, "Ein unbenutzter Bericht über die Mongolen in Bagdad," in: *Der Islam*, Bd. 40, S. 97–112.

SPULER (1938): B. Spuler, "Die Mongolen und das Christentum," in: *Internationale Kirchliche Zeitschrift* 28, S. 156–175.

SPULER (1957): B. Spuler, "La situation de l'Iran à l'époche de Marco Polo," in: *Oriente Poliano,* Roma, S. 121–154.

SPULER (1961): B. Spuler, *Les Mongols dans l'histoire,* Bibliothèque Historique, Paris.

SPULER (1965): B. Spuler, *Die Goldene Horde. Die Mongolen in Rußland 1223–1502,* Wiesbaden[2].

SPULER (1968): B. Spuler, *Die Mongolen in Iran. Politik, Verwaltung und Kultur der Ilchanzeit 1220–1350,* Berlin[3].

SPULER (1968a): B. Spuler, *Geschichte der Mongolen.* Nach östlichen und europäischen Zeugnissen des 13. und 14. Jahrhunderts, Zürich.

SPULER (1977): B. Spuler, "Die Goldene Horde und Rußlands Schicksal," in: *Die Anfänge des Moskauer Staates* (hrsg. P. Nitsche), Darmstadt, S. 361–378.

STARK (1936): F. Stark, *The Valleys of Assassins,* London.

STARY (1974): G. Stary, *I primi rapporti tra Russia e Cina,* documenti e testimonianze, Napoli.

STEIN (1972): R. A. Stein, *Tibetan Civilization,* Stanford.

STRAHLENBERG (1730): *Das nord- und ostliche Theil von Europa und Asia . . . in einer historisch-geographischen Beschreibung der alten und neuern Zeiten . . . nebst einer . . . Tabula Polyglotta . . . und einem kalmuckischen Vocabulario . . .* zusammengebracht und ausgefertigt von Philipp Johann von Strahlenberg. Stockholm, in Verlegung des Autoris.

STRAKOSCH-GRASSMANN (1893): G. Strakosch-Grassmann, *Der Einfall der Mongolen in Mitteleuropa in den Jahren 1241 und 1242,* Innsbruck.

STRANGE (1905): G. Le Strange, *The Lands of the Eastern Caliphate. Mesopotamia, Persia, and Central Asia from the Moslem Conquest to the Time of Timur,* Cambridge.

STRASMANN (1968): *Konrad Steckels deutsche Übertragung der Reise nach China des Odorico de Pordenone,* kritisch herausgegeben von Gilbert Strasmann = Texte des späten Mittelalters und der frühen Neuzeit, Heft 20, Berlin.

STREET (1963): J. C. Street, *Khalkha Structure,* Indiana University Publications, Uralic and Altaic Series, Vol. 24, The Hague.

SU K'E-K'UAN (1958): Su K'e-K'uan, *Meng-ku Han chün yü Han wen-hua yen-chiu* [Untersuchungen zum chinesischen Militär und zur chinesischen Kultur unter den Mongolen], Taipei.

SYKES (1921): P. Sykes, *A History of Persia,* 2 Bde., London.

SZERB (1980): J. Szerb, "Glosses on the œuvre of bla-ma 'Phags-pa: On the activity of Sa-skya Paṇḍita," in: *Tibetan Studies in Honour of Hugh Richardson,* Warminster, S. 290–300.

SZERB (1980a): J. Szerb, "Glosses on the œuvre of bla-ma 'Phags-pa: II. Some notes on the events of the years 1251–1254," in: *AOH* XXXIV, S. 263–285.

SZU-MA CH'IEN (1963): Szu-ma Ch'ien, *Shih-chi,* Ausgabe in 10 Heften, Shanghai.

TANG (1959): P. S. H. Tang, *Russian and Soviet Policy in Manchuria and Outer Mongolia 1911–1931,* Durham, North Carolina.

TAUBE (1942): A. v. Taube, "Die Schlacht auf dem Eise des Peipus," in: *Jomsburg* 6, S. 57–64.

TAYLOR (1969): R. Taylor, "Yüan Origins of the Wei-so System," in: Ch. O. Hucker (Ed.), *Chinese Government in Ming Times,* New York–London, S. 23–40.

TENIŠEV/TODAEVA (1966): E. Tenišev und B. H. Todaeva, *Jazyk želtyh ujgurov,* Moskva.

TENIŠEV (1976): E. Tenišev, "Mongolische Entlehnungen in der Sprache der 'Šir-a Uighuren'," in: *Tractata Altaica,* Wiesbaden, S. 633–640.

THIEL (1962): P. Joseph Thiel S. V. D., "Der Streit der Buddhisten und Taoisten zur Mongolenzeit," in: *Monumenta Serica* 20, S. 1 bis 81.

TIESENHAUSEN (1884): W. Tiesenhausen, *Sbornik materialov otnosjaščihsja k istorii zolotoj ordy,* Bd. 1, St. Petersburg.

TISSERANT (1946): Card. E. Tisserant, "Une lettre de l'Ilkhan de Perse Abaga, adressée en 1268 au Pape Clément IV," in: *Muséon* LIX, S. 547–556.

TODAEVA (1959): B. H. Todaeva, "Über die Sprache der Tung-hsiang," in: *AOH* 9, S. 273–310.

TODAEVA (1960): B. H. Todaeva, "Materialy po fol'kloru sin'czyanskih mongolov," in: *Tjurko-mongol'skoe jazykoznanie i fol'kloristika,* Moskva.

TODAEVA (1960a): B. H. Todaeva, *Mongol'skie jazyki i dialekty kitaja,* Moskva.

TODAEVA (1961): B. H. Todaeva, *Dunsijanskij jazyk,* Moskva.

TODAEVA (1963): B. H. Todaeva, "Einige Besonderheiten in der Paoan-Sprache," in: *AOH* 16, S. 175–197.

TODAEVA (1964): B. H. Todaeva, *Baoan'skij jazyk,* Moskva.

Todaeva (1973): B. H. Todaeva, *Mongorskij jazyk.* Issledovanie, teksty, slovar', Moskva.

Todaeva (1981): B. H. Todaeva, *Jazyk mongolov vnutrennej mongolii.* Materialy i slovar', Moskva.

Togan (1973): J. Togan, *The Chapter on Annual Grants in the Yüan-shih,* Cambridge, Mass.

Tomaschek (1877): W. Tomaschek, "Centralasiatische Studien. I. Sogdiana," in: *Sitzungsber. d. phil.-hist. Class. d. Kais. AdW. Wien* 87, Wien, S. 67–184.

Tornberg (1867–74): Ibn al-Aṯīr, *Chronicon, quod perfectissimum inscribitur,* edidit C. J. Tornberg, Bde. I–XIV. Leiden; Neudruck: Beirut 1965.

Trauzettel (1967): R. Trauzettel, "Ou-yang Hsiu's Essays über die legitime Thronnachfolge," in: *Sinologica* IX, 3/4, S. 236–258.

Tsering (1978): P. Tsering, "rÑiṅ-ma-pa Lamas am Yüan-Kaiserhof," in: *Proceedings of the Csoma de Kőrös Memorial Symposium,* S. 511–540.

Tucci (1949): G. Tucci, *Tibetan Painted Scrolls,* Roma.

Tucci (1970): G. Tucci, "Die Religionen Tibets," in: *Die Religionen Tibets und der Mongolei* = Religionen der Menschheit, Bd. 20, S. 5–291, Stuttgart.

Tucci (1971): G. Tucci, *Deb t'er dmar po gsar ma.* Tibetan Chronicles by bSod nams grags pa, Vol. I, Roma.

Ulanov (1960): A. I. Ulanov (Hrsg.), *Abai Geser,* Ulan Udė.

Underdown (1981): M. Underdown, "Aspects of Mongolian History, 1901–1915," in: *ZAS* 15, S. 151–240.

Urunbayev (1972): Sharaf ud-Din ᶜAli Yazdi, *Zafar-Nama,* Prepared for the Press with a Preface, Textual Comments and Indices by A. Urunbayev, Tashkent.

Vajda (1968): L. Vajda, *Untersuchungen zur Geschichte der Hirtenkulturen,* Wiesbaden.

Vanduj (1962): Ė. Vanduj, "Dörvödijn aman ajalguuny zarim onclogoos," in: *HZ* 2:3, S. 1–37.

Vanduj (1965): Ė. Vanduj, *Dörvöd aman ajalguu,* Ulaanbaatar.

Van Hecken (1949): J. van Hecken, *Les Missions chez les Mongols aux temps modernes,* Peiping 1949.

Vardan Vardapet (1862): Vardanay Vardapeti, *Hawakᶜumn patmutᶜean* = Textausgabe der Mechitharisten von S. Lazzaro, XI + 184, Venezia.

VEIT (1970): V. Veit, "Die in Deutschland befindlichen Porträts der von Ch'ien-lung 1754–55 unterworfenen Ölötenfürsten," in: *ZAS* 4, S. 199–237.

VEIT (1971): V. Veit, "Sendegijn Zagd, Reminiscences of a Mongol Soldier," in: *ZAS* 5, S. 199–224.

VEIT (1973): V. Veit, "Die Ermordung Dambijžancans," in: *Serta Tibeto-Mongolica,* Wiesbaden, S. 351–363.

VEIT (1974): V. Veit, *Arad-un Qatan Baγatur Maγsurǰab (1878–1927).* Eine Untersuchung über das Leben und die Bedeutung eines mongolischen Generals (unveröffentlichte Dissertation), Bonn.

VEIT (1976): V. Veit, "Die Regierungsperiode Ch'ien-lung (1736–1796) in der Darstellung der mongolischen Chronik Bolur toli (1834–1837)," in: *ZAS* 10, S. 169–223.

VEIT (1980): V. Veit, "Die Verabschiedung des Aoba der Horcin nach dem Neujahrsbesuch bei Abahai 1631," in: *Heilen und Schenken,* Wiesbaden, S. 133–138.

VEIT (1983): V. Veit, "Das Testament des Sečen Qan Šoloi (1577–1652)," in: *Documenta Barbarorum,* Wiesbaden, S. 405–411.

VERHOVSKIJ (1960): *Rašid-Ad-Din, Sbornik letopisej,* Tom II, Moskau–Leningrad.

VERNADSKY (1953): G. Vernadsky, *The Mongols and Russia,* Princeton, N. J.

VESELOVSKIJ (1917): N. I. Veselovskij, "Zamětki po istorii Zolotoj Ordy. I. Zolotoordynskij Han Dyuden' i carevič Dyuden'. II. Zolotoordynskij Han Tohta (1291–1313 gg.) i carevič Toktomir," in: *Izvestija Otd. russk. jazyka i slovesnosti Imp. Akad. Nauk* XXI/1, S. 1–15; 348ff.

VESELOVSKIJ (1922): N. I. Veselovskij, "Han iz temnikov Zolotoj Ordy. Nogaj i ego vremja," in: *Zapiski Rossijsk. Akad. Nauk,* Reihe 8, Bd. 13, Abhandl. 6, Petrograd.

VIETZE (1969): H.-P. Vietze, *Lehrbuch der mongolischen Sprache,* Leipzig.

VIETZE (1981): *Wörterbuch Deutsch-Mongolisch* von Prof. Dr. sc. Hans-Peter Vietze, Leipzig.

VINCENTIUS BELLOVACENSIS (1473 ~ 1624): Speculi Maioris, Vincentii Burgundi Praesulis Bellovacensis Ordinis Praedicatorum . . . tomus quartus, qui *Speculum Historiale* inscribitur, Dowaai . . . (vgl. auch: Vincencius Bellovacensis [Vinzenz von Beauvais], *Speculum Historiale,* Vol. 4, Straßburg [J. Mentelin] 1473).

VJATKINA (1969): K. V. Vjatkina, *Očerki kul'tury i byta Burjat,* Leningrad.

VLADIMIRCOV (1921): B. Ja. Vladimircov, *Mongol'skij sbornik razkazov iz Pañcatantra,* Petrograd.
VLADIMIRCOV (1923): B. Ja. Vladimircov, *Mongolo-ojratskij geroičeskij epos,* Petersburg–Moskau.
VLADIMIRCOV (1926): B. Ja. Vladimircov, *Obrazcy mongol'skoj narodnoj slovesnosti (severo-zapadnaja Mongolija),* Leningrad.
VLADIMIRCOV (1930): B. Ja. Vladimircov, *The Life of Chingis-Khan,* London.
VLADIMIRCOV (1948): B. Ja. Vladimircov, *Le régime social des Mongols.* Le féodalisme nomade, Paris.
VLADIMIRCOV (1958): B. Ja. Vladimircov, *Volšebnyj mertvec,* Moskau².
VOEGELIN (1940/41): E. Voegelin, "The Mongol Orders of Submission to European Powers, 1245–1253," in: *Byzantion* 15, S. 378–413.

WAILLY (1874) vgl. JOINVILLE (1874).
WALKER (1939): C. C. Walker, *Jenghis Khan,* o. O.
WALN (1936): N. Waln, *Sommer in der Mongolei,* Berlin.
WAṢṢĀF (1852/53): Waṣṣāf, *Kitāb-i mustaṭāb-i Waṣṣāf,* Steindruck in 5 Bänden nebst einem persischen Wörterverzeichnis, Bombay.
WAYMAN (1973): A. Wayman, *The Buddhist Tantras.* Light on Indo-Tibetan Esotericism, London.
WAYMAN (1978): A. Wayman, *Calming the Mind and Discerning the Real,* New York.
WEIDNER (1982): M. S. Weidner, *Painting and Patronage at the Mongol Court of China, 1260–1368,* Dissertation, Berkeley.
WEIERS (1967): M. Weiers, "Die Entwicklung der mongolischen Schriften," in: *Studium Generale,* Jg. 20, Heft 8, S. 470–479.
WEIERS (1967a): M. Weiers, "Mongolische Reisebegleitschreiben aus Čaγatai," in: *ZAS* 1, S. 7–54.
WEIERS (1968): M. Weiers, "Mongolische Arbeiten auf dem Gebiet der mongolischen Sprachforschung 1957–1968," in: *ZAS* 2, S. 307 bis 367.
WEIERS (1969): M. Weiers, *Untersuchungen zu einer historischen Grammatik des präklassischen Schriftmongolisch* = Asiatische Forschungen, Bd. 28, Wiesbaden.
WEIERS (1970): M. Weiers, "Zur Frage des Verhältnisses des Altmongolischen zum Mittelmongolischen," in: *Mongolian Studies,* Budapest, S. 581–590.
WEIERS (1970a): M. Weiers, "Zu den langen Vokalen in der Moghol-Sprache," in: *ZAS* 4, S. 467–473.

Weiers (1971): M. Weiers, "Das Moghol-Vokabular von W. R. H. Merk," in: *ZAS* 5, S. 157–189.

Weiers (1972): M. Weiers, "Bericht über Sammeltätigkeit in Taiwan," in: *ZAS* 6, S. 585–601.

Weiers (1972 a): M. Weiers, *Die Sprache der Moghol der Provinz Herat in Afghanistan (Sprachmaterial. Grammatik. Wortliste),* Abh. d. Rh.-W. AdW., Bd. 49, Opladen.

Weiers (1972 b): M. Weiers, "Ein arabisch-mongolischer Wörterspiegel aus der Biblioteca Corsini in Rom," in: *ZAS* 6, S. 7–61.

Weiers (1973): M. Weiers, "Eine fünfsprachige Wörtersammlung aus dem Gebiet der Moghol von Herat in Afghanistan," in: *ZAS* 7, S. 503–523.

Weiers (1974): M. Weiers, "Grundzüge der Sprache der Moghol von Afghanistan," in: Supplement II *XVIII. Deutscher Orientalistentag* vom 1. bis 5. Oktober 1972 in Lübeck, Vorträge hrsg. von Wolfgang Voigt, Wiesbaden, S. 567–571.

Weiers (1974 a): M. Weiers, "Beispiele für Sprachmischung in der geschriebenen Moghol-Sprache und deren Bezug auf Forschungsziele in der Altaistik," in: *Altaica Collecta,* Wiesbaden, S. 361–368.

Weiers (1975): M. Weiers, "Zwei mandschurische und mongolische Schreiben des Sure Han aus dem Jahre 1635," in: *ZAS* 9, S. 447–477.

Weiers (1975 a): M. Weiers, *Schriftliche Quellen in Moġolī. 2. Teil: Bearbeitung der Texte* = Abh. d. Rh.-W. AdW., Bd. 59, Opladen.

Weiers (1976): M. Weiers, "Ein Schreiben südostmongolischer Stammesfürsten an den Mandschuherrscher Sure Han aus dem Jahre 1636," in: *Tractata Altaica,* Wiesbaden, S. 755–766.

Weiers (1976 a): M. Weiers, "Zum Nominativ *i des altaischen Personalpronomens der 3. Person Singular," in: *ZAS* 10, S. 431–437.

Weiers (1976 b): M. Weiers, "Hypotaktische Modellsprachen und parataktische Replikasprachen – ein Beitrag zur Linguistik des sprachlichen Kontakts," in: *ZAS* 10, S. 411–429.

Weiers (1977): M. Weiers, "Typen verbaler Personendifferenzierung im Mongolischen," in: *CAJ* 21, S. 295–325.

Weiers (1977 a): M. Weiers, *Schriftliche Quellen in Moġolī. 3. Teil: Poesie der Mogholen* = Abh. d. Rh.-W. AdW., Bd. 62, Opladen.

Weiers (1977 b): M. Weiers, "Prinzipien für Notation und Notierung im Wörterbuch einer Mischsprache," in: *ZAS* 11, S. 389–409.

Weiers (1978): M. Weiers, "Bemerkungen zur Phonetik der dagurischen Mundart von Butha," in: *ZDMG* 128, S. 125–160.

Weiers (1978 a): M. Weiers, "Voraussetzungen für Sprachwandel bei Sprachen im Kontakt," in: *CAJ* 22, S. 286–319.

WEIERS (1978b): M. Weiers, "Münzaufschriften auf Münzen mongolischer Il-Khane aus dem Iran," in: *CMR* IV:1, S. 41–62.

WEIERS (1979): M. Weiers, "Mandschu-mongolische Strafgesetze aus dem Jahre 1631 und deren Stellung in der Gesetzgebung der Mongolen," in: *ZAS* 13, S. 137–190.

WEIERS (1979a): M. Weiers, "Die Kuang-ning Affäre, Beginn des Zerwürfnisses zwischen den mongolischen Tsakhar und den Mandschuren," in: *ZAS* 13, S. 73–91.

WEIERS (1979b): M. Weiers (Hrsg.), *Die Verträge zwischen Rußland und China 1689–1881.* Faksimile der 1889 in Sankt Petersburg erschienenen Sammlung mit den Vertragstexten in russischer, lateinischer und französischer sowie chinesischer, mandschurischer und mongolischer Sprache, hrsg. und eingeleitet von Michael Weiers, Bonn.

WEIERS (1980): M. Weiers, "Specimina mandschurischer Archivalien aus der K'ang-hsi Zeit," in: *ZAS* 14/1, S. 7–40.

WEIERS (1981): M. Weiers, "Gesetzliche Regelungen für den Außenhandel und für auswärtige Beziehungen der Mongolen unter Kangxi zwischen 1664 und 1680," in: *ZAS* 15, S. 27–49.

WEIERS (1982): M. Weiers, "Der russisch-chinesische Vertrag von Burinsk vom Jahre 1727," in: *Florilegia Manjurica* = Asiatische Forschungen, Bd. 80, S. 186–204.

WEIERS (1983): M. Weiers, "Aus der Poesie der Mogholen," in: *AOH* 36, S. 563–574.

WEIERS (1983a): M. Weiers, *Zu mongolischen und mandschurischen Akten und Schriftstücken des 17. bis 20. Jahrhunderts* = Archiv für zentralasiatische Geschichtsforschung, St. Augustin, Heft 3.

WEIERS (1983b): M. Weiers, "Der Mandschu-Khortsin Bund von 1626," in: *Documenta Barbarorum,* Wiesbaden, S. 412–435.

WHYMANT (1926): A. N. J. Whymant, "Mongolian Proverbs. A Study in Kalmuck Colloquial," in: *JRAS* 1926, S. 257–286.

WICKENS (1960): G. M. Wickens, "Nāṣir ad-Dīn Ṭūsī on the Fall of Baghdad," in: Akten Orient. Kongr. Moskau, Bd. II, S. 52ff.

WICKENS (1962): G. M. Wickens, "Nasir ad-Din Tusi on the Fall of Baghdad: A Further Study. Appendix: Barhebraeus on the Fall of Baghdad," in: *Journal of Semitic Studies* 7, S. 23–35.

WIESNER (1973): J. Wiesner, *Die Kultur der frühen Reitervölker* = Studienausgaben zur Kulturgeschichte, Frankfurt a. M.

WINOGRADOWA/NIKOLAJEWA (1980): N. Winogradowa und N. Nikolajewa, "Die Kunst der Mongolei," in: *Die Kunst des Fernen Ostens,* Dresden, S. 330–352.

WITSEN (1692): *Noord- en Oost-Tartarye,* ... in't Licht gegeven door Nicolaes Witsen, T'Amsterdam.

WU (1974): P. R. Wu, *The Fall of Baghdad and the Mongol Rule in al-ᶜIraq, 1258–1335,* Ph. Dissertation Univ. of Utah (als Faksimile veröffentlicht: University Microfilms International, Ann Arbor, 1984).

WYLIE (1977): T. V. Wylie, "The First Mongol Conquest of Tibet Reinterpreted," in: *HJAS* 37, S. 103–133.

WYLIE (1984): T. V. Wylie, "Khubilai Khagan's first viceroy of Tibet," in: *Tibetan Studies Commemorating the 200th Anniversary of the Birth of Alexander Csoma de Kőrös*, Vol. 2, Budapest, S. 391–404.

WYNGAERT (1929): *Itinera et relationes Fratrum Minorum saeculi XIII et XIV,* collegit, ad fidem codicum redegit et adnotavit P. Anastasius van den Wyngaert O. F. M. = Sinica Franciscana, Volumen I, Ad Claras Aquas (Quaracchi-Firenze), Apud Collegium S. Bonaventurae.

YULE (1966): *Cathay and the Way Thither,* Being a Collection of Medieval Notices of China, Translated and Edited by Colonel Sir Henry Yule, IV Vol. in 2 Bänden, Reprint: Taipei.

YULE/CORDIER (1975): *The Book of Ser Marco Polo the Venetian, Concerning the Kingdoms and Marvels of the East,* Translated and Edited, with Extensive Critical and Explanatory Notes, References, Appendices and Full Indexes, Preceded by an Analytical and Historical Introduction, by H. Yule and H. Cordier, III Vol. in 2 Bänden, Reprint: St. Helier, Amsterdam.

ZAMBAUR (1976): E. de Zambaur, *Manuel de genealogie et chronologie pour l'histoire de l'Islam,* Neudruck: Osnabrück.

ZLATKIN (1958): Ja. Zlatkin, "Russkie arhivnye materialy ob Amursane," in: *Filologija i Istorija Mongol'skih Narodov* (Festschrift für B. Ja. Vladimircov), Moskau, S. 289–313.

ZLATKIN (1964): I. Ja. Zlatkin, *Istorija džungarskogo hanstva (1635–1758),* Moskva.

ZWICK (1851): H. A. Zwick, *Grammatik der west-mongolischen, das ist Oirat oder kalmückischen Sprache,* Königsfeld.

ZWICK (1853): H. A. Zwick, *Das Handwörterbuch der west-mongolischen Sprache,* Donaueschingen.

ŽAM'JAN (1970): G. Žam'jan, "Oboznačenie dolgih glasnyh v ojratskom-jasnom pis'me," in: *Narody Azii i Afriki* 5, S. 150–152.

REGISTER

Nachstehendes Register versteht sich nicht nur als ein reiner Nachweisindex, sondern es will wenigstens für die wichtigsten Persönlichkeiten und Begriffe sowie für die Ortsangaben sowohl die Hauptdaten als auch zusätzliche Informationen bereitstellen.

Auf eine Vereinheitlichung der Schreibweisen verzichtet das Register absichtlich, um den Abweichungen in den einzelnen Beiträgen Rechnung zu tragen. In der mongolistischen Fachliteratur finden sich ähnlich wie in den Beiträgen dieses Bandes nicht selten Transliterationen, Transkriptionen (vielfach sogar in deutschen Texten nach englischem Vorbild) und eingebürgerte Schreibweisen nebeneinander gebraucht, so daß das Register mit seinem Verfahren, die verschiedenen Schreibweisen nebeneinanderzustellen bzw. sie durch Querverweise aufeinander zu beziehen, für eine Lektüre weiterführender Literatur vielleicht klärende Hinweise geben kann.

Überwiegend bedingt sind die voneinander abweichenden Schreibweisen durch die Quellenlage, d. h. durch die Vielsprachigkeit der herangezogenen Quellen mit ihren jeweils eigenen Schriftsystemen (z. B. arabisches und mehrere mongolische) und vielfach nicht festgelegten Orthographien, für die bei Transliteration bzw. Transkription wieder jeweils eigene Regeln gelten.

Um die für den Nichtfachmann wohl mitunter verwirrenden Divergenzen etwas überschaubar zu machen, führt folgende Tabelle die einschlägigen Umschrift-Entsprechungen sowie die Sonderwerte auf, wobei die letzte Spalte die in den Beiträgen auch verwendete entsprechende deutsche Orthographie und die mit ihr verbundene annähernde Aussprache der Schriftwerte angibt.

ayi		ai
c		ts
č	ch	tsch
ḍ		d
ḏ	(engl. th in this)	
ė		e
ġ	(Zäpfchen-r)	

γ	gh			g
ḥ, ḫ	h		kh	ch (dt. ch in acht)
ǰ	ğ	dž	j	dsch
ṅ	ṇ			ng
oyi				oi
q	kh			ch (dt. ch in acht)
ṣ				s
š	ś	sḣ		sch
ṯ	(engl. th in thing)			
ṭ				t
ž				dsch
ẓ	z			s (weich)
zh				dsch ~ sch (wie in: Journal)

Bei einzelnen häufig aufscheinenden Namen oder Begriffen verweist das Register nur auf die Stellen, wo sich dazu in den Beiträgen erläuternde Angaben oder Definitionen finden. Das weitere Auftreten wird mit „et saepe" erledigt. Zu den Persönlichkeiten, für die im Register lediglich Seitennachweise erscheinen, finden sich jeweils an den Stellen, auf die verwiesen wird, nähere Angaben.

Auflösung einiger Abkürzungen

ar. = arabisch
ASSR = Autonome Sozialistische Sowjetrepublik
chin. = chinesisch
ma. = mandschurisch
mo. = mongolisch
MVR = Mongolische Volksrepublik
russ. = russisch
Sk. = Sanskrit
SSR = Sozialistische Sowjetrepublik
tib. = tibetisch
tü. = türkisch
VR China = Volksrepublik China

Abadai ~ Abadai Khan (1554–87), Tüsiyetü Khan, erster Herrscher der Nord Khalkha: 78. 91. 137. 168. 510
Abaγa ~ Abagha, südostmong. Stamm u. dessen Dialekt: 46. 64. 390. 398–99. 402. 414. 417. 419
Abaγanar, südostmong. Stamm: 390. 402. 414. 417. 419. 427
Abahai, von Europäern gebrauchter Name für Hung Tayiǰi: 394. 444

Abaqa, zweiter Il-Khan (1265–82): 21. 62. 64. 293. 307–18. 325. 330. 337. 348. 351–53. 507
Abbasiden, Dynastie der Kalifen von Bagdad (750–1258): 301. 507
Abrū, vgl. Ḥāfiẓ-i Abrū
Abū 'l-Ġāzī (geb. 1603), (Bahādur) Khan von Chiwa (1643–65), türk-tschaghataischer Historiker: 347
Abū Saᶜīd (geb. 1305), neunter Mongolenherrscher in Iran (1317–1335): 338–43. 508
Abunai, jüngerer Bruder des Erke qongγor eǰe, 1641–49 Prinz bei den Tsakhar (gest. 1675): 400–401. 435
Ača amtatai, Ort in der Mongolei: 443
Acht Weiße Zelte des Tschinggis Khan: 384
Ačitu gelung (mo. *ačitu* + tib. *dge-sloṅ*, gespr. *gelong*), Rangbezeichnung des höchsten lamaist. Geistlichen mit allumfassender Observanz: 409
Afghanistan: 53. 68. 214. 300. 303
Aγbarǰi J̌inong, Bruder des Großkhans Toγto Buqa (gest. nach 1452): 385–87
Aginsk, lamaist. Kloster bei Chita (1810 erbaut): 122
Ägypten: 18. 59. 65. 300. 304. 306. 314. 329–31. 333. 340. 348–49. 351–53. 356. 359–60. 363. 368–69. 372. 506. 508
Aḫlāṭ (Ḫilāṭ), Hauptstadt Großarmeniens am Vansee zur Mongolenzeit, heute türk. Siedlung Ahlat: 322
Aḥmad = Tegüder: 313–15. 317. 327. 329–30. 337. 353
Aḥmad, Sohn des Kütschük Meḥmed, Herrscher der Goldenen Horde (1465–81): 373–75
Ahmed (Aḥmad), Muslim aus Banākaṯ am Syr-darja, Finanzminister unter Khubilai (gest. 1282): 238
Aibek, Schybaniden-Khan (Ende 15. Jh.): 374
Aigun, Garnisons- u. Grenzstadt am rechten Amurufer: 176. 459. 511
ᶜAin Ǧālūt, Örtlichkeit in Palästina: 304–06. 349
Aiyubiden, ägyptisch-syrisches Herrschergeschlecht kurdischen Ursprungs (1171–1250): 304. 348
Akkon, seit 2. vorchr. Jhtsd. bezeugt, 13. Jh. n. Chr. wichtiger Levantehafen der Kreuzfahrer: 61. 310
Aksu, Oasen- u. Karawanenstadt im Tarimbecken (Südfuß d. T'ien-shan): 297
ᶜAlā ad-Dīn Muḥammad (ᶜAla-ad-din Muhammad), Ḫwārizm-Šah aus der Linie Anūštigin (1200–20): 188
Ala-Kul ~ Alaköl ~ Alasee, abflußloser Salzsee östl. d. Balchaschsees: 204. 347

Ala-Qamaq, Ort im Kungei- oder Ala-tau-Gebirge: 203–04
Alamut, Hauptfeste der Assassinen in Nordpersien: 211
Alan-γoa ~ Alan die Schöne, mythische Stammutter der Mongolen: 166. 344
Alanen, iran. Steppenvolk, von Byzanz christianisiert, Teile als Leibgarde für d. mo. Großkhane nach Fernost deportiert: 262. 345
Alaschan ~ Alashan ~ Alašan, Landschaft u. Gebirge in der Inneren Mongolei sowie Name eines danach benannten mo. Banners: 93. 174. 190. 402. 414. 418–19
albatu: 448
Alču bolud: 388. 390
Aleppo, seit d. Altertum bestehende Stadt in Nordsyrien: 211. 301. 303–04. 330–51. 507
Alexander Jaroslawitsch von Nowgorod, russ. Großfürst (1252–63): 198. 200. 202. 208. 506
Alexander Newskij, vgl. Alexander Jaroslawitsch
Alexander von Litauen (geb. 1461), seit 1492 Großfürst von Litauen, 1501 König von Polen (gest. 1506): 375–77. 510
Alexander IV., Papst (1254–61): 304. 350
Alexandr Michailowitsch von Tveŕ, russ. Fürst, 1324/25–1327 Großfürst (gest. 1339): 358
Algu, mo. Herrscher in Tschaghatai (1260–64/66?): 213. 292–93. 296. 507
Almalyq, Stadt zwischen T'ien-shan u. Balchaschsee, Regierungssitz des Tschaghatai: 295
Alt-Sarai, vgl. Sarai
Altai ~ Altai-Gebirge, Russ. Altai u. Mo. Altai (Gobi-A., Ektag-A.), Gebirgszüge in Innerasien: 414. 448–49. 491
Altai-Uriyangqai, westmong. Stamm im Altai: 489
Altan beyiǰi: 387
Altan bulaγ, vgl. Kiakhta: 502
Altan Khan ~ Qan (= Sayin Gegen Khan, 1507–83), Gründer des Tümed Khanats: 17. 77–80. 90–92. 168–69. 171. 391–93. 510
Altan Qan, vgl. Šoloi ubasi qung tayiǰi
Altan qatun: 385
Altyn Khanat, in NO-Kobdo gegr. westmong. Khanat, vgl. Šoloi ubasi qung tayiǰi u. Lubcang tayiǰi Erinčin: 510
Ambakhai Khan (gest. 1160/61), dritter Khan der Mongolen: 29
Amban (ma.) „Großwürdenträger", hoher kaiserlicher Verwaltungsbeamter der Ch'ing-Zeit: saepe
Amin dural (geb. 1536), vierter Sohn des Geresenǰe und erster

Herrscher der Ost-Khalkha (später seit 1633 Khanat Sečen Khan): 403
Amitābha, Buddha des „unermeßlichen Lichtes", der für die Gläubigen die Hindernisse der Erleuchtung hinwegräumt: 137. 247
Amu-darja, Fluß in Mittelasien (Oxus): 189. 303. 347
Amur, Fluß in Ostasien: saepe
Amursana, Anführer der Khoyid und Thronprätendent der Dzungaren (1755–57): 455–56. 486–88. 511
Amurskij, Graf Nikolaj Nikolajevitsch Muravëv (1809–81), 1847–61 russ. Generalgouverneur von Ostsibirien: 175
Ana dara: 443
Anatolien: 210. 300. 303. 317
Anagni, Stadt in d. ital. Prov. Frosinone, im 12./13. Jh. häufiger Aufenthaltsort der Päpste: 350
Ananda (gest. 1307), Sohn des dritten Khubilai-Sohnes Mangghala, Prinz von An-hsi und Ch'in: 120. 236
Andreas von Florenz, Minorit u. Mongolenmissionar: 312
Andreas von Longjumeau (gest. 1270), Dominikaner u. französ. Gesandter zu den Mongolen: 205. 208–09. 506
Andreas von Perugia (gest. 1326), Minorit u. Mongolenmissionar in China: 319
Andronikos II. Palaiologos, byzantinischer Kaiser (1282–1328; gest. 1332): 335. 355–56
Anfossi, vgl. Thomas Anfossi
An-hui ~ Anhui, Prov. im östl. Mittelchina: 226. 250
Aniko, nepalischer Bronzegießer in Khubilais Diensten: 131
Annam, histor. Kaiserreich in Indochina, Gebiet seit 1950 zu Vietnam: 207. 228
Antalya, um 150 v. Chr. als Attalaia gegr., heute tü. Provinzhauptstadt an d. Südküste Anatoliens: 303
Antiochien, 1098–1268 christl. Fürstentum mit d. Hauptstadt Antiochia (heute tü. Antakya) am Orontes: 21. 304. 309
Antonius von Parma, Minorit u. Mongolenmissionar: 312
Anūširwān Khan, 1344–55 mo. Thronprätendent in Iran: 343
Aoqan, südostmong. Stamm: 390. 399. 401–02. 414. 417. 419
Aq Kerman, im 15. Jh. Stadt mit genues. Festung (Moncastro) u. Hauptstapelplatz für Getreide, heute Belgorod Dnestrovskij, Hafenstadt in d. Ukrain. SSR: 377
Ara bolud ~ Arabolud: 388. 390
Arabdan, Neffe u. Nachfolger des Galdan (vgl. Ċewang arabdan): 410
Aragón ~ Aragonien, histor. Landschaft im nordöstl. Spanien: 310–11

Aralsee: 303. 345
Arani: 409
Arbunai: 409
Arghun ~ Arγun, vierter Il-Khan (1284–91): 5. 21. 62. 294. 314–23. 325. 330. 336. 338. 353. 508
Arghun, mo. Statthalter in Ḫurāsān (gest. 1278): 325
Arigh Böke ~ Ariγ buγa, jüngster Bruder des Möngke Khagan u. zum Großkhan designierter Prinz in Karakorum (gest. 1266): 212–13. 222. 225. 292. 302. 346. 507
Armenien: 21. 195. 310. 319. 335. 505
Arnold von Köln, Minorit u. erster deutscher Mongolenmissionar in China (1303/1304 nach China): 319
Arpā Khan, 1335/36 mo. Thronprätendent in Iran: 343
Arran, Landschaft am Kaukasus zwischen Kur u. Aras, östl. d. Goktscha-(Sewan-)Sees: 211
Aru qorčin ~ Aru-Qorčin ~ Khortschin, südostmong. Stamm u. dessen Dialekt: 46. 67. 390. 399–402. 414. 417. 419
Arsu bolud: 388. 390
Aruγtai, Häuptling u. Heerführer der Ostmongolen (gest. 1434): 383
Ascelinus, vgl. Fra Ascelinus
Aserbaidschan: 211. 300. 343. 363. 368
Asiqai darqan: 403
Aśoka, Maurya-Kaiser in Nordindien (272–234 v. Chr.), Förderer der Ausbreitung des Buddhismus durch Mission: 187
Assassinen, muslim. Geheimbund (gegr. um 1081): 211. 301. 507
Astrachan, d. alte A. (ital.-genues. Citracano) 1395 v. Timur zerst., um 1485 unabh. Khanat A., seit 1554 russ., heute Gebietshauptstadt A. in d. Russ. SFSR im Wolgadelta: 122. 348. 369. 377. 486
Asud, südostmong. Stamm (Nachfahren der Asut): 390
Asut, mo. Bezeichnung der byzantin.-christl. Alanen des 13./14. Jh. in Fernost (vgl. ihren Namen *Osseten*): 262
Attila (gest. 453), seit 445 Alleinherrscher über die westhunnischen Stämme in Ungarn: 150
Äußere Mongolei: 173–74 et saepe
Avalokiteśvara, vgl. Chenresi: 110
Avignon, Hauptstadt d. französ. Dép. Vaucluse (Provence), 1309 (mit Clemens V.) bis 1376 Residenz der Päpste: 25. 282. 335
ayimaγ (mo.) „Aimak“, urspr. „Stamm“, bei den Westmong. bis 19. Jh., bei den Ostmong. bis 1691 eine stamm- u. territorial-familiengebundene Gruppierung, nach 1691 neben den „Bannern“ u.

bes. nach 1725 in Khalkha eine territoriale Verwaltungseinheit, in MVR bis heute bestehend: 166 et saepe
Ayurbarwada (geb. 1285), jüngerer Bruder des Hai-shan, als Buyantu Khan Großkhan in China (1311–20): 235–39
Ayusi guosi, mo. Übersetzer (16./17. Jh.): 79

Babočab: 470
Babu, Sečen Qan, Herrscher der Ost-Khalkha (1652–85): 407
Bagharin ~ Baγarin ~ Barin, südostmong. Stamm u. dessen Dialekt: 46. 67. 92. 230. 390. 399. 401–02. 414. 417. 419. 430. 470
baγatur ~ *batur* (mo.) „Held", oft Bestandteil mo. Titel
Baγatur ~ Batur qung tayiǰi, vgl. Qotoqočin Erdeni . . .
Bagdad, 762–1258 Hauptstadt des abbasid. Reiches, heute Hauptstadt des Iraq: 19. 211–12. 303. 316. 325. 346. 507
Baghdād Khatun, Tochter des Tschoban, 1328 Gemahlin des Abū Saᶜīd (1335 ertränkt): 341–42
Baibars, Mamluken-Sultan von Ägypten (1260–77): 304–05. 310–11. 351–53
Baidschu, mo. Statthalter im Kaukasus bis 1247/48: 60. 204. 506
Baidu, sechster Il-Khan (25. März–5. Oktober 1295): 324–26
Baikalsee: 185. 413. 496
Balch ~ Balkh, Ruinen des alten Baktra mit dem heut. Ort Wazīrābād in N-Afghanistan: 189. 303
Baldandorž: 488
Balǰin: 457
bal-pu darchan (tib.-mo.): 132
Bāmyān, Hauptort d. Prov. B. in Zentralafghanistan: 356
Bandi 454–55
Banner (mo. *qosiγun*), urspr. Militärabteilung unbestimmter Größe, für die Ostmong. seit 1691 Militär- u. Verwaltungseinheit, geführt von einem Regierenden Erbprinzen. Nach 1728 mehrere Banner in einem Bund ~ Liga zusammengefaßt: 402. 416 et saepe
Bao'an, Name e. Ortes in d. VR China mit gleichnam. mo. Bevölkerung sowie deren Sprache: 54. 55. 68. 120
Baqai: 452
Bar Hebraeus, Yuhanna Gregorius Abū 'l-Farağ Bar ᶜIbraya (1225/6–1286), syrisch-nestor. Gelehrter: 20
Bar Ṣāumā, Bruder des Bar Hebraeus: 21
Bar Ṣāwmā ~ Rabban Bar Ṣāwmā, vgl. Rabban Ṣāwmā
Baraq, Machthaber u. Herrscher der Goldenen Horde (1422–27): 371–72

Barghagebiet ~ Bargha-Gebiet ~ Bargu-Gebiet, Steppenhochland westl. d. Großen Chingan in d. Autonomen Region Innere Mongolei: 80. 470–72
Bargut, mo. Stamm in NO-Khalkha u. Qulunbuir: 485. 489. 491
Bari: 457
Barin, vgl. Bagharin
Barsu bolud (Sayin alaγ): 388. 390–91
Bartholomäus, Dominikanerbischof von Maragha (erwähnt für 1320): 342
Batu ~ Batu Khan (geb. 1207), zweitältester Sohn des Dschötschi u. Teilherrscher in Qyptschaq (1229–55): 59. 61. 119. 195. 198–99. 202–06. 208–09. 211–12. 214. 345–48. 350–51. 367. 505–06
Batu möngke Dayan Sečen Khan ~ Batu möngke Dayan Qaγan ~ Batu möngke ~ Dayan Khan ~ Dayan qaγan ~ Dayan (geb. um 1464), Restaurator der Tschinggisiden-Macht, Großkhan in d. Mongolei (1470–1543): 78. 167. 180. 380. 386–91. 395. 403. 414. 435. 509
Batula Čingsang, vgl. Čoros Batula Čingsang
Batur qung tayiǰi, vgl. Qotoqočin Erdeni . . .
Bayaγud, südostmong. Stamm: 390
Bayan = Bayan von den Merkid (gest. 1340), mo. Yüan-Heerführer unter Hai-shan, später Gouverneur von Ho-nan, 1335–40 Kanzler: 235–36. 245–48
Bayan = Bayan Tschingsan von den Bagharin (1236–95), hoher mo. Beamter u. Heerführer unter Khubilai: 225–26. 230
Bayan möngke, Vater des Batu möngke Dayan Sečen Khan, Großkhan in der Mongolei (1467–70): 387
Bayandara, Herrscher in West-Khalkha (gest. um 1580): 407
Bayanhot, Ort in d. Autonomen Region Innere Mongolei: 122
Bayit, westmongol. Stamm: 43
Beitzu-Tempel: 122
Bela IV. (geb. 1206), König von Ungarn (1235–70): 195
Belegsaikhan: 501
Benedikt XII., Papst (1334–42): 282. 350
Benedikt von Polen, Frater aus Breslau, Dolmetscher u. Begleiter des Plano Carpini: 25. 59. 119
Berdi Beg, Herrscher der Goldenen Horde (1357–59): 344. 364
Berke ~ Berke Khan, Herrscher der Goldenen Horde (1257–67): 64. 206. 211–12. 346–52. 507
Bernard(us) Gui(donis), Dominikaner, Inquisitor u. Chronist, Bischof von Lodève (gest. 1331): 205

Bigirsen Tayisi: 386
Biidüriy-e naγur, Versammlungsort u. Bund (Liga) in Khalkha: 446
Biligtü (alias Uqaγatu), Großkhan in der Mongolei (1370–78): 508
Bishbalik (tü. Beš-Balyq „Fünfstadt"), histor. Hauptstadt d. westl. Uiguren, 840–1270 chin. Pei-t'ing, auch Name für das gesamte Uiguren-Gebiet, heute Ruinen nahe Ku-cheng-tze im NO von Urumtschi (VR China): 381
Bisignano, ital. Ort in Kalabrien: 282
Blauer See, vgl. Köke naγur; Ch'ing-hai
Blo-bzaṅ chul-khrims (1740–1810), mo. Biograph, schrieb tib.: 104
Böbei: 452
bod ~ *boda* (mo.), Zähleinheitsmaß für Tiere: 449
Bodhisattva (Sk.) „Erleuchtungswesen", jeder, dessen „Sein" (sattva) „erleuchtet" (bodhi) ist: 97–8. 111. 118–19. 137. 139
Bodi alaγ (geb. 1504), Großkhan in der Mongolei (1543–47): 389–91
Bodoo (1885–1922), mo. Freiheitskämpfer, Premier u. Außenminister d. mo. Volksregierung von 1921: 488. 493. 496–97
Bogdo Gegen (mo.) „Heiliger Erleuchteter", Ehrenname der J̌ebcundamba Khutukhtus: 135. 138–39. 467–68. 477. 495
boγul (mo.): 448
Boγurči ~ Bo'orču, Heerführer Tschinggis Khans, Zehntausendschaftsführer des Westens: 186
Bohemund VI., Normannenherrscher von Antiochia-Tripolis (1252–1275): 304
Böke, angeblicher Bruder des Tschinggis Khan: 390
Bolod Temür, Tatarenfürst der Goldenen Horde (um 1366): 365
Bolod Temür (gest. 1365), Mongole aus d. Stamm der Saldschighut, Regionalmachthaber in Nordchina u. Kanzler: 254
Bonifaz VIII., Papst (1294–1303): 330–31. 335
Borisov: 495
Borǰigid, Stammsippe des Tschinggis Khan u. Bezeichnung für alle Angehörigen d. Linie: 77. 165–68. 183. 380. 385–86. 391. 395. 401. 407. 435. 437
Börte, die erste der vier (nach Rašīd ad-Dīn der fünf) Hauptfrauen d. Tschinggis Khan: 184. 384
Börte činua, mythischer Ahne d. Tschinggis Khan: 184
Botoγar süme, Kloster in d. Inneren Mongolei: 427
Boucher, vgl. Wilhelm Boucher
Brahma: 118
Breslau, 1017 Wortizlawa, 12. Jh. dt. Einwanderung, heute poln. Stadt Wrocław: 195

Bridia, C. de, Minorit u. Verfasser einer „Hystoria Tartarorum“ (geschrieben 1247): 25
'Bri-khuṅ, 1167 gegr. tib. Großkloster u. gleichnam. Sekte (Schule): 288
Buchara ~ Buḫārā, histor. Hauptstadt u. Stadtstaat, heute Oasenstadt in d. Usbek. SSR: 189. 292. 297. 368
Buda, ehem. ungar. Stadt am recht. Donauufer: 195
Buddha, Titel v. Personen, die wissend sind durch das Eins-geworden-Sein mit den höchsten Gegenständen d. Wissens. Der Gründer d. Buddhismus, Siddhārtha Gautama (geb. um 563 v. Chr.), wurde ein Buddha, weswegen sich der Titel, bes. als Buddha Śākyamuni od. Śākyamuni Buddha, oft auf ihn bezieht: 75. 88. 93. 95. 97. 99–100. 137. 218
Buddhapālita, Schüler d. Nāgārjuna: 96
bulaγ (mo.) „Quelle“, oft in Ortsnamen
Bulgan, Fluß u. Verwaltungszentrum im SW d. MVR: 203
Bulgar, Hauptstadt d. Wolgabulgaren: 195. 369
Bulgaren: 353–55
Bulgarien: 359
Buluγan = Bulughan Khatun, Hauptfrau d. Temür (Öldscheitü): 236
Bund ~ Liga (mo. *čiγulγan*), 1728 eingeführte größte milit. u. admin. Einheit während d. Ch'ing-Zeit, in d. Inneren Mongolei bis 1948 gültig: 417. 446 et saepe
Bundar: 406
Buqa, ilkhanischer Gesandter: 317
Buqun: 385
Burāq, tschaghataischer Prinz, Vasall (od. Mitregent?) d. Khaidu (gest. um 1270/71): 293
Bürgütei-Berge, Höhenzug im Hėntij-(Kentei-)Gebirge, N d. MVR: 453
Burinsk, Ort am Buura-Fluß, nahe d. russ.-mo. Grenze: 449. 453. 511
Burma: 228
Burni, Sohn d. Abunai, Prinz bei d. Tsakhar (1669–75): 401. 435
Buryatisch: 51–2. 67
Busawa, Selbstbezeichnung der Don-Kalmücken: 44. 66
Busayid = Abū Saᶜīd: 338
Buscarello de Gisolf, genues. Gesandter in ilkhanischen Diensten: 320–21. 331
Buyantu Khan, vgl. Ayurbarwada
Byamba erke daičing, Khalkha-Adliger u. Historiograph (gest. 1707): 186

Byams-čhen čhos-rǰe, Schüler des Tsongkhapa: 105
Byaṅ-čhub rgyal-mchan (gest. 1373), Begründer der Macht d. Hauses Phag-mo gru-pa in Zentraltibet: 288
Byzanz: 59. 65. 335. 348. 351. 353. 359

Čaγanbolod: 476
Čaγan segül, Ort in d. Äußeren Mongolei: 452
Čaγan suburγan, Stupa in d. Inneren Mongolei: 92
Čaγan Temür (gest. 1361), Türk-Naiman, General: 254
Čaγadai ~ Čaγatai, vgl. Tschaghatai
Čaγdaržav: 493. 496–98
Čaγdursereng: 476
Cak li (tib.), kleine Kultbilder: 140. 143. 145
lČaṅ-skya Qutuqtu ~ Khutukhtu, Titel d. Großlamen u. geistigen lamaist. Oberhäupter der Mongolen d. Inneren Mongolei mit Sitz in Peking (beginnend 1693): 9. 17. 105. 421–25. 427–28. 457. 511
Čaqar, vgl. Tsakhar
Čaqundorǰi, Tüsiyetü Qan, 1655–91 Herrscher d. Nord-Khalkha (gest. 1698): 173. 405–10. 437–38. 440
Carpini, vgl. Plano Carpini
Čebden: 452
Čebdenǰab: 453–55
Čečen: 408
Čečerlig, Versammlungsort u. Bund (Liga) in Khalkha, seit 1931 Zentrum d. Arhangaj-Aimak (MVR): 446
Čedendorǰi: 460
Čenggün, J̌asaγtu Qan, Herrscher d. West-Khalkha (1670–86): 408–409
Čenggünǰab: 453. 457
Cėring, u. a. 1725 Organisator d. Sayin-Noyan-Khanats in Khalkha (gest. 1750): 451–53. 455. 457
Cėringčimid: 465
Čeringdondub: 451–52
Cėwang arabdan (geb. 1643), Herrscher d. Dzungaren (1697–1727): 393. 439. 443. 451. 511
Cėwangǰab, J̌asaγtu Qan (1691–1732): 453–54
Chabarov, Erofej Pavlovitsch, russ. Kaufmann u. Unternehmer in Sibirien, Eroberer v. Teilen des Amurtals in den Jahren 1649–52: 436
Chahar, vgl. Tsakhar
Chal-pa Kun-dga' rdo-rǰe, tib. Annalist (14. Jh.): 16
Cham ~ Tscham (tib.) „Tanz“: 105. 112–13. 116. 128. 142–43

Champa, histor. Staat des Cham-Volkes in Zentral- u. Südvietnam: 228
Chang-fei: 470
Chang Hsüeh-liang: 473
Chang Tso-lin: 472–73. 478
Chang Shih-ch'eng (1321–67), chin. Salzschmuggler u. Rebell: 253
Ch'ang-sha, Hauptstadt d. chin. Prov. Hu-nan: 226
Chao Hsien (geb. 1270), siebter Kaiser d. Süd-Sung (1274–76), bekannt als Ying-kuo kung: 226
Chao-hui: 454. 456. 458
Chekiang, chin. Küstenprov. an u. südl. d. Hang-chou-Bucht: 226. 253
Chen-chiang, Stadt in d. chin. Prov. Chiang-su am unteren Jangtsekiang: 232
Cheng-chia-t'un: 474
Ch'eng-tsung, Tempelname d. Großkhan Temür (Öldscheitü): 235
Cheng-t'ung, erster Regierungsname d. chin. Ming-Kaisers Chu Ch'i-chen (geb. 1427, reg. unter diesem Namen 1436–50): 384. 509
Ch'en I: 492. 502
Chenresi (geschr. tib. spyan-ras-gzigs, Sk. Avalokiteśvara „der mit [mitleidig liebenden] Augen Sehende"), ein viel verehrter Bodhisattva, Schirmherr d. tib. lamaist. Kirche, verkörpert sich im Dalai Lama: 139–40
Chia-ch'ing, chin. Regierungsname d. mandschu-chin. Kaiser Yung-yen (1796–1820): 429. 448
Chia Ssu-tao (1213–75), Kanzler d. Süd-Sung: 223–24
Chiang-che = Chiang-hsi, Prov. in SO-China: 274
Chiang Kai-shih (1887–1974), chin. General, seit 1938 Generalissimus, Staatspräsident der Republik China (Taiwan) 1949–74: 504
Chien-k'ang, früherer Name von Nanking: 226
Ch'ien-lung ~ Kienlung, chin. Regierungsname des mandschu-chin. Kaisers Hung-li (1736–95): 81. 93. 106. 139. 424. 437. 447. 454. 456–58
Chih-ku, Fluß südöstl. von Ta-tu: 249
Chin, vgl. Kin u. J̌určen
Ch'in wang (chin.), Titel eines Kaiserlichen Prinzen 1. Ranges zur Ch'ing-Zeit: 424. 447. 483
China: 11. 12. 59. 62–64. 155. 165. 169. 171. 183. 186–87. 213–14. 217–82 et saepe
Ch'ing ~ Ta Ch'ing, chin. Dynastiename für das chin. Reich unter mandschurischer Fremdherrschaft (1644–1911), bei den Mandschu seit 1636 in Gebrauch: 380. 401 et saepe

Ch'ing-hai „Grünes Meer", chin. Name für d. See Köke naγur u. die WSW-Provinz bis zur Grenze Tibets: 391. 400. 405. 411. 414
Chingan ~ Hsingan ~ Hinggan ~ Khingan, Gebirgszug d. Inneren Mongolei u. d. Mandschurei: 392. 398 et saepe
Chita ~ Tschita, erstm. 1653 als Ingodinskoe Simove erw., seit 1851 Stadt, heute Gebietshauptstadt und Gebiet d. Russ. SFSR in Transbaikalien: 122. 496
Chorassan, Prov. in Nordostpersien: 189. 296. 306. 309. 312. 317. 322. 324–25. 336. 341–43. 351. 360. 363
Čhos- ~ Čᶜos-kyi 'od-zer (Wende 13./14. Jh.), Übers. u. Verf. buddhist. Schriften in mo. Sprache: 3. 105
Chosrau I. Anoscharwan, Sassaniden-Herrscher (531–79): 313
Ch'u Ch'i-hsiang: 501–02
Chu Hsi (1130–1200), chin. Philosoph u. Polyhistor: 238
Chu Yüan-chang (1328–98), ab 1368 erster Kaiser d. chin. Ming-Dynastie: 253–55
Ch'üan-chou, chin. Handelshafen an d. Küste d. Prov. Fukien: 281
Ch'üan Heng (2. Hälfte 13. Jh.), chin. Historiograph: 12
Ch'ung-tê, chin. Regierungsname des Hung Tayiǰi, gültig 1636–44: 401. 410
Chung-king, Stadt in d. chin. Prov. Ssu-ch'uan, im 2. Weltkrieg vorübergehend Regierungssitz: 512
Chung-tu (chin.) „Zentral-Hauptstadt", von den Kin 1153 eingef. Name für Peking, seit 5. Sept. 1264 unt. den Mong. offizieller Name für Peking: 188
Chwarezm ~ Chwaresm ~ Chwarizm (ar. Ḫuwārizm ~ Ḫwārizm), histor. Reich der Chwarezm-Schahs (vier Dynastien ca. 990–1231) sowie geogr. deren Reichsgebiete in Mittelasien u. Iran: 188–89. 193. 256. 367
Čibden: 385
Čičerin: 497
čiγulγan-u daruγa (mo.) „Liga-Administrator": 420
Čin vang ~ wang = Ch'in wang: 424. 447
Čing Tayiǰi: 388. 390
Činggis Qaγan, vgl. Tschinggis Khan
Činggüncab, Aufständischer aus West-Khalkha: 9. 455–57. 487. 511
Clemens IV., Papst (1265–68): 62. 308–09
Clemens V., Papst (1305–14): 205. 335
Čo. mergen: 408–09
Coelestin IV., Papst (1241): 200

Cogcin (mo. *čoγčin* < tib. *tshogs-čhen*), größte Versammlungshalle im Tempelbezirk: 138
Čoγtu Tayiǰi: 400
Čojbalsan (1895–1952), mo. Revolutionär, seit 1930 mehrfach Minister, seit 1936 Marschall, 1939–52 Erster ZK-Sekretär u. Ministerpräsident d. MVR: 486. 493. 496
Čonγur (gest. 1322), Sohn d. Toghtogha (gest. 1297), des Gründers einer qyptschaq-tü. Linie in China: 236
Čoros, mo. Klanname nach Čoros Batula Čingsang, gebraucht von d. Fürsten d. westmong. Stämme Dörbed u. Qoyid, oft bezogen auf den Bund der Dzungaren bzw. alle Westmongolen: 380
Čoros Batula Čingsang ~ Batula Čingsang, Führer d. Oirad (gest. 1416?): 381–83
Čorosbai temür čingsang: 386
Čultim lodoi, mo. Übersetzer (16./17. Jh.): 80
Cuṇḍa, Schüler des Buddha: 105

Da Lama Cėringčimid: 483–84
Daghuren ~ Daguren, mo. Völkerschaft in d. Mandschurei u. in Sinkiang: 69. 471
Dagurisch: 51–2. 56–7. 69
Daidu, vgl. Ta-tu
Dalai ch'in wang Gombosüren: 484
Dalai Lama (mo.-tib.) „weltumfassender Lama", Titel erstmals vom Ostmongolenfürsten Altan Khan 1578 d. 3. Dalai Lama bSod-nams rgya-mcho aus d. Gelugpa-Schule verliehen. (Der 1. D. L. dGe-'dun grub-pa 1391–1475 u. d. 2. D. L. dGe-'dun rgya-mcho 1476–1542 wurden erst danach posthum erkannt.) Bisher (Stand: 1986) 15 Inkarnationen d. D. L., jewls. angesehen als irdische Manifestation d. Avalokiteśvara (tib. Chenresi). Als polit. u. relig. Oberhaupt d. tib. Lamaismus bis 1959 Regierungssitz in Lhasa: 90. 91. 93. 103. 112. 122. 133. 138. 168. 173. 184. 393. 400. 408–09. 421. 429. 437. 510
Daldai: 452
Daldan köndülen: 407
Damaskus, erstm. erw. um 1450 v. Chr., 13./14. Jh. wichtiger muslim. Stützpunkt, heute Hauptstadt Syriens: 211. 301. 303–04. 330. 507
Dambajav Khambo Lama, Präsident d. ABCP: 121
Dambi-Ölöt, westmong. Stamm: 43
Dambijžancan (gest. 1922), kalmückischer Freischärler in Khalkha: 485–88. 493

Damdinsüren (1871–1920): 485–86. 493
Damdinsüren, Grenzwachtkommandant von Kiran: 499–500
Danchinov: 493
Dandaron: 122
Dandin, ind. Schriftsteller (Ende 7. Jh.): 73
Danǰila, Neffe d. Galdan, J̌asaγ d. Oiraten unter K'ang-hsi (1705–08): 442
Danǰin lama: 406–07
Danǰinrabǰai (1803–56), mo. Lyriker: 82. 83
Danǰindorǰi: 452
Danzan (hinger. 1924), mo. Widerstandskämpfer, Oberbefehlshaber d. Armee (1923), bis 1924 Premier: 493. 496–98. 500–02
Darayisun, Großkhan in d. Mongolei (1547–57): 391–92
Dariγanγa ~ Dariganga, Region u. Dialekt d. D.-Mongolen in d. Südost-Gobi, heute D.-Sum im Südteil d. Sühbaatar-Aimak (MVR) sowie ebd. gleichnam. Ort: 67. 145. 449. 491
Darkhan Wang: 472–74
Darqan mKhan-po, mo. Biograph (19. Jh.): 105
Darqan noyan: 406
Daulat Berdi, Machthaber d. Goldenen Horde (1420–24): 371–72
Daulat Girai, Tatarenkhan auf der Krim (1551–77): 510
David, nestor. Gesandter d. Mongolen: 60
David von Ashby, engl. Dominikaner, päpstl. Gesandter u. 1260–74 Beobachter im Il-Khanat: 305. 311
Dawači, 1753–55 Herrscher d. Dzungaren (gest. 1759): 455
Dayan ~ Dayan Qaγan, vgl. Batu möngke . . .
Dayigüng dayun sikü guosi ~ Daigüng dayun güsi, mo. Übersetzer (16./17. Jh.): 79. 80
Dayisun Qaγan, vgl. Toγto Buqa
Degdekei: 410
Degedü erdemtü, mo. „mit hohen Wirkungskräften ausgestattet": 401
Dehẖwāraqān, Ort im O d. Urmiasees (Iran): 337
Delbeg, Toluiden-Großkhan in d. Mongolei (1411–15): 383
Demčuγdongrub: 479
Denḥā II., Katholikos (1265–81): 318
Despina Khatun, vgl. Maria, Tochter . . . Michael VIII.
Deutschland: 489
Dhāraṇī: 102
Dharmapala, älterer Bruder d. Temür (Öldscheitü) u. Vater d. Hai-shan Külüg. Posthum mit d. Herrschertitel Shun-tsung versehen: 235

Dilowa Qutuqtu: 496
Dilšād Khatun, Nichte der Baghdād Khatun, Nebenfrau d. Abū Saᶜīd: 343
Dimašq Ḫūǧa, Sohn des Tschoban (gest. 1327): 341–42
Dimitrij Groznoe-oko („Droh-Auge“) = Dimitrij Michajlowitsch, Fürst von Tveŕ, 1322 Großfürst (gest. 1324/25): 358
Dimitrij II., Iwanowitsch Donskoj, Fürst u. Großfürst v. Moskau (1359–89): 366. 509
Dionysios von Tabris, syrisch-jakobitischer Bischof: 320–21
Diyanči-Lama: 100
Dnjepr, Fluß in Südrußland: 190. 347
Dodo, 15. Sohn d. Nurhaci u. mandschurischer Prinz (1614–49): 406
Dogsom: 493. 496–97
Dolonor ~ Dolonnor ~ Dolon-noor (mo.: „Sieben Seen“), Örtlichkeit mit einer 1700–06 erbauten Klosteranlage (chin. Lama miao) sowie Region innerhalb d. Bogens d. Šandu-gol-Flusses (Innere Mongolei): 93. 106. 144. 225. 402. 410. 415–16. 418. 422–25. 427. 439. 511
Don, Fluß in Mittelrußland: 355. 366. 509
Dondubdorǰi, Urenkel d. Tüsiyetü Qan Gömbo u. Vater d. 2. J̌ebcundamba Qutuqtu: 168. 455
Dongxiang, mo. Minderheit in d. VR China u. deren Sprache: 55. 56. 68. 120
Doquz Khatun, Gemahlin d. Il-Khan Hülegü (gest. 1265): 305. 320
Dörbed, südostmong. Stamm: 390. 398. 401–02. 414. 417. 419
Dörbed ~ Dörböt, westmong. Stamm: 43. 44. 380. 486
Dörben Keüked, südostmong. Stamm: 390. 399. 401–02. 414. 418–19
Dorǰiǰab: 410
Dorǰi meyiren (1878–1943), mo. Üge-Dichter: 83
Doržijn Davaa: 500
Dschani Beg, Bruder d. Özbeg, Herrscher d. Goldenen Horde (1342–1357): 343–44. 361–62. 364. 368
Dscharut, südostmong. Dialekt: 46. 67
Dschaya ~ Jaya Pandita (1599–1662), Oberlama d. Dzungarei: 42. 79
Dschelāl ad-Dīn, Herrscher d. Goldenen Horde (1412): 370–71
Dschötschi, ältester Sohn Tschinggis Khans (um 1180–1227): 194–95. 208. 212. 215. 293. 345. 352. 505
Dschurdschen, vgl. J̌určen
Dschusen, vgl. J̌určen
Dsungaren, vgl. *J̌egün γar*

Dsungarei, Landschaft in NW-China zwisch. mo. Altai u. östl. T'ienshan (vgl. *J̌egün γar*): 42–3. 230. 414 et saepe
Duγarcembel: 459
Dugaržav: 488
Dughlat, kaschgarischer Familienklan: 297
duγuyilang (mo.), Dughuilang-Bewegung: 177. 432. 474–76. 493
Dunganen (chin. Hui), vermutl. Nachkommen d. Uighuren mit muslim. Bekenntnis, heute ca. 4,3 Mill. völlig sinisierte D. in d. Autonomen Region Ninghsia-Hui, Prov. Kansu (VR China): 462
Duwa, Herrscher in Tschaghatai (reg. 1282–1306): 294–95. 297. 334
Dzanggar (J̌angγar), mo. Epengestalt: 75
Dzarut, vgl. J̌arud
Dzungaren, vgl. *J̌egün γar*

Edigü, mo. Emir aus d. Goldenen Horde unter Timur (um 1391), Hausmeier in d. Goldenen Horde (1395–1419): 368. 370–71. 509
Edmund, engl. Prinz, Titularkönig v. Sizilien (1255–58, gest. 1296): 310
Edschei, Bruder d. Il-Khan Abaqa: 309
Edsine Torgud, Name eines Banners der westmong. Torgud am Edsingol (Fluß) in d. südwestl. Gobi: 174. 402
Eduard, engl. Prinz (geb. 1239), als Eduard I. König v. England (1272–1307): 310. 312. 318. 320–22. 331
Eduard II., engl. König (1307–27): 335
Eirene, Tochter d. byzantin. Kaisers Michael VIII. Palaiologos: 353
El Temür, Yüan-Heerführer kiptschakischer Herkunft unter Hai-shan Külüg, seit 1325 hohe Regierungsposten, „Kanzler zur Rechten" unter Tuγ Temür (gest. 1334): 235. 242–48
Elbeg Nigülesügči ~ Elbeg Qaγan ~ Elbeg, Toluiden-Großkhan in d. Mongolei (1392–1399/1401?): 381–83
Eldschigidei, seit 1247/48 mo. Statthalter im Kaukasus (gest. 1251): 60. 204. 207. 506
Elias, Kaplan im Il-Khanat: 320
Eliye naγaču: 387
Emil, vgl. Imīl
Engküd, Stammesabteilung d. Tümed: 386
England: 311–12. 319. 489
Erdeni dzuu ~ ǰoo ~ ǰuu, 1586 in d. Nähe d. alten Karakorum gegr. lamaist. Klosteranlage: 91. 106. 135–37. 452. 454. 510
Erdyneev, Khambo Lama: 122
Er-e boγda (mo.) „der Mannhafte, Herrscherliche Heilige", Epithet Tschinggis Khans: 384

Ergene Khatun = Orqina ~Orghana Khatun bei Rašīd ad-Dīn, Tochter d. Törelči Küregen d. Oirat, Regentin in Tschaghatai (1252–61): 291–92
Erinčindorǰi: 424. 455–56
Erke qongγor eǰe (1622–41), Sohn d. Ligdan Khan: 400–01
Ese qambu, tangutischer General: 190
Esen, westmong. Oiratenherrscher (1440–52) u. oiratischer Großkhan in d. Mongolei (1452–55): 90. 384–87. 435. 509
Esen Buqa, Herrscher in Tschaghatai (1309–18): 295–96
Euphrosyne (geb. um 1260), Tochter d. byzantin. Kaisers Michael VIII. Palaiologos: 353

Fan-ch'eng, chin. Feste bei Hsiang-yang am Nordufer d. Han-Flusses, Prov. Hu-pei: 225
Fang Kuo-chen (1319/20–74), chin. Pirat (bes. 1348–56), ab 1356/57 zu Wasser u. zu Land legitimiert: 250. 252
Fars, iran. Prov., das histor. Farsistan: 211. 341
Fāṭima Khatun, Kupplerin in Karakorum (gest. 1246/47): 199
Fiyanggô (1645–1701), ma. General unt. K'ang-hsi: 442–43
Flügel (mo. *γar* „Hand"), urspr. milit. Terminus für Heeresflügel, dann für d. zwei Verwaltungseinheiten der Tümen: 389 et saepe
Fr[ater]. Julianus, ungar. Dominikaner u. Missionar (Reisen 1234/35 u. 1237): 59
Fra Ascelinus, Dominikaner aus d. Lombardei, Gesandter, Aufenthalt bei d. Mongolen im Jahre 1247: 60. 204. 506
Frankreich: 310. 319. 489
Franz von Perugia, Dominikaner, erster Erzbischof von Sulṭānīya: 342
Friedrich II., Kaiser (1212–50): 200. 309
Fu-ch'üan (1653–1703), Bruder des K'ang-hsi Kaisers: 439
Fukien, chin. Prov. an d. Südküste gegenüb. Taiwan: 226
Fulin, Enkel d. Nurhaci, unter d. chin. Regierungsnamen Shun-chih erster Mandschukaiser in China (1644–61): 171
Funinggan: 451
Furdan: 451–52

Gaadan Khambo Lama (geb. 1923), Oberhaupt d. Buddhisten d. MVR: 121
Γada meyiren: 472–74
Ǧaġatū, von Süden in d. Urmia-See mündend. Fluß, heute Zarrīna Rūd?: 307–08

Gaikhatu, fünfter Il-Khan (1292–95): 21. 322–25. 333
Ǧalāl ad-Dīn Mankubirtī, Sohn des letzten Ḫwārizm-Šāh u. letzter Sultan von Ḫwārizm (1220–31): 23. 189
Galdan (1632–97), Herrscher der Westmongolen: 169. 173. 384. 393. 407–10. 416. 423. 436–40. 442–43. 451. 458. 460. 511
Galdan (Tayiǰi), Khalkha-Adeliger, mo. Historiograph, schrieb um 1860: 9
Galdan čering, Sohn d. Cėwang arabdan, Herrscher d. Dzungaren (1727–45): 451. 453
Galdan siregetü: 409
dGa'-ldan, berühmtes Kloster in Zentraltibet: 90
Galdandorǰi: 438
Galitsch, Stadt am Dnjestr: 195
Galsangnamǰil: 486
Ǧamāl Qaršī, Historiker aus Mittelasien (schrieb um 1305): 295
Gamala (1871–1932), mo. Dichter: 83
Gandschur-Tempel: 122
Gangdan thekchenling (= Gandan theg-čhen ling), Kloster in Ulaanbaatar: 121
Gapon: 496
Gascogne, histor. Landschaft in SW-Frankreich, 1154 mit England verbunden, 1254 französ. Lehenshoheit: 319
Ǧazīrat Ibn [c]Umar, Bezirk im Zweistromland: 305
Ġazna, heute Ġaznī, Hauptstadt d. Prov. Ġ. im SO v. Zentralafghanistan: 356
gegen (mo.) „Erleuchteter": 428
dGe-lugs-pa, vgl. Gelugpa
Gelugpa (tib. dGe-lugs-pa) „ein Vortrefflicher, Tugendhafter", Name d. Angehörigen einer v. Tsongkhapa 1409 gegr. Sekte (Schule) sowie Name d. Schule selbst (sog. Gelbmützen-Sekte): 90 et saepe
Gendün (1820–82), mo. Üge-Dichter: 83
Genua, ital. Handelsrepublik: 320. 352. 507
Georgien: 22. 195. 310. 335. 356. 505
ger (mo.) „Zelt": 450
Gerardus Albuini, Minorit, Mongolenmissionar in China (gest. 1313): 319
Gerebolud: 388. 390
Geresenǰe ~ Geresenǰe ǰalayir qung tayiǰi (geb. 1489), elfter Sohn d. Dayan Qaγan, erster Lehensherr von Khalkha (1513–49): 48. 168. 388. 390. 403. 407. 435. 437. 510
Geretü Tayiǰi: 388

Gerhard von Prato, Minorit, Mongolenmissionar: 312
Gesar ~ Geser, mo. Epengestalt: 75. 115–16. 503
Ghasan ~ Ghazan, siebter Mongolenherrscher in Iran (1295–1304): 120. 302. 306. 322. 324–33. 336–37. 356. 508
Ğihān Tīmūr Khan, 1339–41 ilkhanischer Thronprätendent: 343
Gīlān, Landschaft in Iran, Prov. G. u. Prov. O-Aserbaidschan: 336
Gintaisi: 396
Giovanni dal Piano del Carpine, vgl. Plano Carpini
Ġiyās ad-Dīn Kurt, seit 1315/16 Kurtidenherrscher v. Herat (gest. 1329): 342
gobi (mo.) „Halbwüste“, Gesamtbezeichnung d. aus vielen flachen Einzelbecken (mo. *tala*) gebildeten zentralasiat. Sandwüsten- (im SW) u. Steppenlandschaft (im O) zwischen Großem Chingan im O, Nan-shan u. Huang-ho-Knie im S, Pe-shan im W und Changaj-Geb. im N: saepe
Godan ~ Göden (gest. kurz nach 1251), zweiter Sohn d. Ögödei, seit 1235 Feudalherr über d. Grenzländer Tibets, Protektor d. Saskya Paṇḍita: 15. 89. 283–86. 505–06
gol ~ *γol* (mo.) „Fluß“
Goldene Horde: 211. 347 et saepe
Golsan Zhimba Gonchilev (geb. 1898), Oberer d. Klosters Aginsk: 122
Gömbo, vgl. Gömbodorǰi
Gömbodorǰi (geb. 1594), Tüsiyetü Qan d. Nord-Khalkha (1636–55): 168. 393. 404–06. 437
Gomboǰab: 421
Gorlos ~ Ghorlos ~ Γorlos, südostmong. Stamm u. dessen Dialekt: 46. 67. 390. 398. 401–02. 414. 417. 419. 431. 467. 470. 499
Gregor IX., Papst (1227–41): 200
Gregor X., Papst (1271–76): 310–12
Grigor von Akner (2. Hälfte 13. Jh.), armenischer Historiograph: 22
Große Horde: 373 et saepe
Große (chinesische) Mauer: 149. 174. 187 et saepe
Großes Chingan-Gebirge, vgl. Chingan
Guhyasamāja: 100. 103. 110
Günbilig mergen: 391
Gungsannorbu: 469
Gurtum: 100
Gürüsiki mergen noyan: 407
Gusi Qan, Fürst d. Khoschod, Herrscher v. Köke naγur u. Zaidam (1636–56): 408. 510

Ǧuwainī, ᶜAlā ad-Dīn ᶜAṭā Malik (1226–83), persischer Historiker: 18–19. 22
Güyük, mo. Großkhan (1246–48): 59. 119–20. 129. 195. 199. 201–205. 214. 277. 280. 291. 325. 506
Ǧuzǧānī, Abū ᶜUmar Minhāǧ ad-Dīn ᶜUṯmān Ibn Sirāǧ ad-Dīn, ghaznavidischer Historiograph, schrieb um 1260: 20

Hadaha: 454. 456
Hadrian V., Papst (1276): 312
Hadschi Girai (geb. 1419), erster Tatarenkhan d. Hauses Girai auf d. Krim (1449–66): 373
Ḥāfiẓ-i Abrū (gest. 1430), persischer Geograph u. Historiker: 20
Ḥāǧǧī Khatun, Tochter d. ᶜAlī Pādšāh, Mutter d. Abū Saᶜīd: 338
Hailar ~ Chailar, heute Hulun, Stadt in d. Autonomen Region Innere Mongolei, VR China: 122
Hai-nan, Insel vor d. Südküste Chinas: 239. 241
Hai-shan (dies die eigentlich korrekte Form) ~ Khaišan ~ Qaishan ~ Qaišan Külüg (geb. 1281), Großkhan in China (1307–11): 3. 72. 235–37. 244
Hamadan, das antike Ekbatana, Stadt in Iran: 313. 325
Ḥamd Allāh Mustaufī al-Qazwīnī (ca. 1281–ca. 1345?), persischer Geograph u. Historiker: 20
Hami, Oasenstadt d. Autonomen Region Sinkiang der Uighuren (VR China) im O d. Tarim-Beckens: 381. 384
Han, chin. Name zweier Dynastien in China: westl. Han (206 v. Chr.–8 n. Chr.); östl. Han (25–220 n. Chr.): 84. 128. 256. 382
Han, Fluß in China: 225
Han-jen: 256–57. 260–63
Hang-chou, gegr. 606 n. Chr., im 13. Jh. Hauptstadt d. Süd-Sung: 222. 226
Hao Ching (1222–75), chin. Berater u. Gesandter Khubilais: 222–23. 226
Ḫarbandah = Öldscheitü: 320. 332–33. 335
Harbin, Stadt in d. Mandschurei, Hauptstadt d. chin. Prov. Hei-lung-chiang: 431
Ḥasan ~ Ḥasan Ibn Ḥusain, Emir, erster Mann (bis 1327) der Baghdād Khatun, als „Großer Ḥasan“ 1336–56 ilkhanischer Thronprätendent: 341–43
Haytonus = Hethum, armenischer Fürst, Prämonstratenser-Prior bei Poitiers u. histor. Gewährsmann (lebte Ende 13./Anf. 14. Jh.): 25

Hebei wang (ma.-chin.), Titel für einen Prinzen mit Sitz im Staatsrat: 463
Heinrich II. von Portugal, König von Zypern u. (nur nominell) Jerusalem (1285–1325): 330
Heinrich III., König von England (1216–72): 200
Helena, Mutter Konstantins des Großen (gest. um 336): 305
Herat, Gründung Alexanders d. Großen, heute Hauptstadt d. Prov. H. in Afghanistan: 68. 189. 211. 336. 342
Hethum I., König von Kleinarmenien (1226–69): 208 (vgl. jedoch Haytonus)
Hevajra: 110
Ḥims, Stadt in Syrien am Orontes (das antike Emesa): 306
Hīnayāna (Sk.) „kleines Fahrzeug [sc. zur Erlösung]“, buddhistische Schule, Hauptziel: individuelle Selbsterlösung im Nirvāṇa: 95
Ho-nan, chin. Prov. im S d. „Großen Ebene“: 245. 247
Honorius IV., Papst (1285–87): 318
Ho-pei, chin. Prov. (1421–1928 Chili), N-Teil d. „Großen Ebene“: 232. 255. 263. 271
Hsi chia: 473
Hsi-hsia, chin. Name d. Tanguten: 187
Hsi-liao-ho, Fluß d. Inneren Mongolei: 473
Hsiang-yang, chin. Stadt am Han-Fluß, Prov. Hu-pei: 225
Hsiao-chuang (1613–88), Nebenfrau d. Hung Tayiǰi (seit 1625): 394
Hsiao-tuan (1599–1649), Khortsin-Prinzessin, Gemahlin (seit 1614) d. Hung Tayiǰi: 401
Hsiao-wen = Kao-tsu Hsiao-wen-ti, T'o-pa Herrscher d. nördl. Wei-Dynastie (471–99): 217
Hsin-chiang = Sinkiang: 451
Hsingan ~ Hsingan-Gebirge, vgl. Chingan
Hsinganprovinz: 479
Hsiung-nu ~ Hsiungnu ~ Hiung-nu, Verbände ostasiat. Nomaden, 3./2. Jh. v. Chr. Großreich am Orchon: 150. 160. 186. 382
Hsü Shu-cheng: 492
Hsü T'ing, chin. Beamter (1. Hälfte 13. Jh.): 12
Hsüan-fu, Stadt in Nordchina: 171. 399
Huai, Fluß in d. „Großen Ebene“ N-Chinas: 223. 250. 263. 271
Huai-Gebiet ~ Region, Landschaft im N d. chin. Prov. Chiang-su, benannt nach d. Huai-Fluß: 252–54
Huang-ho (chin.) „Gelber Fluß“, zweitgrößter Strom Chinas: 249–250. 263. 271. 273. 389. 418. 427. 470
Ḫudābandah = Öldscheitü: 332

Ḫuğand, seit 8. Jh. n. Chr. erw. Stadt an d. Seidenstraße, heute Leninabad am Syr-darja, N d. Tadschik. SSR: 291
Hülegü ~ Hülägü ~ Hulagu (geb. 1218), erster Il-Khan (1260–65): 19. 21–2. 64. 119. 206–08. 210–12. 215. 230. 301–03. 305–08. 311. 316–17. 320. 328. 330. 337. 346–49. 506–07
Hulunbuir, vgl. Qulunbuir: 122. 489
Hu-nan, chin. Prov. im S d. mittl. Jangtsekiang: 226. 247
Hung-chin, chin. Geheimgesellschaft: 250
Hung Tayiǰi (geb. 1592), zweiter Herrscher der ma. Aisin-Dynastie (1626–36), erster Herrscher d. ma. Dynastie Ch'ing (1636–43): 394. 399–401. 404. 410. 510
Hung-wu, Regierungsname d. chin. Ming-Kaisers Chu Yüan-chang (1368–87): 90
Hunnen, innerasiat. Nomadenverbände: 21. 150
Hu-pei, chin. Prov. am mittl. Jangtsekiang u. unteren Hangkiang: 225
Ḫurāsān, vgl. Chorassan
Ḫuwārizm, vgl. Chwarezm

Ibn al-Aṯīr (1160–1233), arabischer Historiker: 22
Ibn Baṭṭūṭa, Abū ᶜAbd Allāh Muḥammad (1304–77), arabischer Reisender aus Tanger: 23
Ibn Ḫaldūn (1332–1406), arabischer Historiker: 151
Ibrahim: 389
ᶜiddat (ar.): 342
idekü qota (mo.): 396
Ignaz IV. Nimrud, jakobitischer Gegenpatriarch: 321
Il-Khan: 212. 302 et saepe
Il-Khanat: 212. 302 et saepe
Ilaskhodscha ~ Ilaskoǰa, Herrscher in Moghulistan (1363–1388?): 297. 509
Ili, Hauptfluß d. Siebenstromlandes in Zentralasien: 347. 458
Imam (ar. *imām* „Führer, Leiter“), in der Sunna der Vorbeter beim rituellen Gebet, in der Šīᶜa der von Gott inspirierte erbliche Leiter der islamischen Gemeinde aus der Linie ᶜAlī ∞ Fāṭima: 337
Imīl ~ Emil, Ort u. Fluß in d. Dzungarei: 204. 408
Indien: 112. 131. 189. 218. 281
Inǰanasi (1837–92), mo. Romancier: 84
Innere Mongolei: 173–74. 413 et saepe
Innozenz IV., Papst (1243–54): 59. 60. 200. 280. 350. 506
Innozenz V., Papst (1276): 312

Iran: 206. 214. 290. 293–94. 300–02. 326. 329. 333. 337–40. 344. 346. 348. 351. 508
Iraq: 206. 300; persischer Iraq, Gebiet in Iran, etwa das histor. Medien mit d. heutigen Städten Teheran, Isfahan u. Arak: 211
Irinjibal (1327–32), 1332 für 53 Tage Großkhan in China: 246
Irinǰindorǰi = Gaikhatu: 323
Irkutsk, 1661 als Wehrsiedlung gegr., seit 1686 Stadt u. Umschlagsplatz d. russ. Handels mit d. Mongolei u. China, heute Gebietshauptstadt d. Russ. SFSR in Ostsibirien: 177–78. 493–94. 496
Irtysch, linker Nebenfluß d. Ob (entspr. im mo. Altai): 347
ᶜĪsā, nestorian. Gesandter u. Dolmetscher d. Khubilai: 317
Isaak, christl. Sekretär d. Gouverneurs v. Bagdad: 308
Isibaldan, lamaist. Mönch u. Kirchengeschichtsschreiber, schrieb um 1835: 9
Isidangǰinwangǰil (1854–1907), mo. Dichter u. Arzt: 83. 475–76
Isisambuu (1847–1907), mo. Üge-Dichter: 83
Ismaᶜīl Abū 'l-Fidā (1273–1331), arabischer Geograph u. Historiker: 23
Isolo aus Pisa, Gesandter unter Arghun: 320
Ivolga, lamaist. Kloster bei Ulan Ude: 122
Iwan III. = Iwan Wasilewitsch, gen. der Große (geb. 1440), Großfürst von Moskau (1462–1505): 373–77
Iwan IV. = Iwan Wasilewitsch Groznyj („der Dräuende ~ Schreckliche", geb. 1530), Großfürst u. Zar v. Rußland (1533–84): 378

Jaime Alarich von Perpignan, päpstl. Legat: 309
Jakob I., der Eroberer, König von Aragonien (1213–76): 310
Jakob II., König von Aragonien (1291–1327): 330
Jakobus Vassalli, georgischer Gesandter in ilkhanischen Diensten: 312
Jalta, Stadt auf d. Krim: 504
Japan: 176. 227. 466. 468. 472. 481. 489. 491. 494. 507
Java: 227. 508
Jaya Pandita, vgl. Dschaya . . .
Jean de Joinville (1225–1317), französ. Historiograph: 205. 208
Jehol, Ort des 1701 erbauten Sommerpalastes von K'ang-hsi u. Stadt d. ehem. Prov. Jehol, heute Stadt Cheng-te, VR China: 174. 255. 447. 470. 479
Jerusalem: 200. 318. 320. 330
Johannes, armenischer Presbyter, angebl. Gesandter des Sartaq: 350
Johannes, Ungar, angebl. Gesandter des Hülegü: 307
Johannes de Monte Corvino (1246/47–1328), Minorit, Mongolenmis-

sionar in Armenien, Georgien, Persien u. China, Erzbischof von Khan Baliq u. lateinischer Patriarch des Orients: 120. 281. 319. 508
Johannes de (von) Marignola ~ Johannes Marignolli aus Florenz (um 1285–1356), Minorit, 1338–53 päpstl. Legat nach Asien (bis China) u. Chronist, Bischof von Bisignano: 25. 280. 282. 319
Johann(es) de (von) Plano Carpini, vgl. Plano Carpini
Johannes von St. Agatha, Minorit, Mongolenmissionar: 312
Johannes Vassalli, georgischer Gesandter in ilkhanischen Diensten: 312
Johannes XXI., Papst (1276–77): 312
Johannes XXII., Papst (1316–34): 340. 342. 350
Joinville, vgl. Jean de Joinville
Juan-juan, zentralasiat. Königreich (402–554 n. Chr.) im N d. heutigen MVR: 186
Julianus, vgl. Fr. Julianus
Jungho (chin. Yung-ho), urspr. Palast in Peking, 1732 in einen lamaist. Tempel umgewandelt: 144
Jurij Danilowitsch von Moskau, 1303 russ. Fürst, 1317 Großfürst (gest. 1324): 357–58

J̌aǰi bulaγ, Ort in der Inneren Mongolei: 406
J̌alal-ad-din, vgl. Ǧalāl ad-Dīn Mankubirtī
ǰalan (ma.-mo.), bei den Ostmongolen 1691 entspr. d. mandschur. Verwaltung eingeführte mittl. Verwaltungseinheit: „Abteilung"; „Regiment": 417 et saepe
J̌alayid, südostmong. Stamm: 390. 398. 401–02. 414. 417. 419
J̌alhanca ~ J̌alhanca Qutuqtu ~ J̌alhanca Qutuqtu Damdinbazar (gest. 1923), höchster kirchl. Würdenträger aus d. Šabi-Distrikt im J̌asaγtu Qan Ayimaγ (West-Khalkha): 485–86. 496
ǰam (mo.) „Route": 403
J̌amuqa, zunächst Schwurfreund, dann Erzrivale Tschinggis Khans (gest. 1204/05): 185
J̌arud ~ Dzarut, südostmong. Stamm: 390. 399. 401–02. 414. 417. 419. 473
J̌asaγ (mo.) „Regent; Verwalter": 407. 418. 446 et saepe
J̌asaγtu Qan (mo.) „Khan mit [dem Rang eines] J̌asaγ", Titel mo. Khane in West-Khalkha u. Name für deren Ayimaγ (seit Wende 16./17. Jh. od. seit 1637): 437 et saepe
J̌ebcundamba ~ rJ̌e-bcun dam-pa Khutukhtu ~ Qutuqtu, Titel der Inkarnationsreihe d. acht lamaist. geistl. Oberhäupter d. Mongolen der Äußeren Mongolei mit Sitz in Urga (1650–1924 wirkend): 9. 93–4. 106. 138–39. 168–69. 173. 177–78. 393. 405. 409. 415–16.

421–22. 424. 437–38. 455–58. 460. 466. 481–84. 486. 489. 492. 494. 496–97. 503. 511–12
J̌ebe, Heerführer Tschinggis Khans (gest. 1224 od. 1234?): 186. 189
J̌egün γar (mo.) „Linker Flügel", gesprochen: *dsuun gar*, davon: Dzungar ~ Dzungaren ~ Dsungaren, im 17./18. Jh. (1634/35–1758) Bund d. vier westmong. Stämme Dörbed, Khoyid, Khoschod und Torgod: 380 et saepe
J̌elme, Gefährte u. Tausendschaftsführer Tschinggis Khans: 186
J̌erim, vgl. J̌irim . . .
'J̌igs-med rig-pa'i rdo-rǰe, tib. Mönch u. Historiograph (schrieb um 1819): 17
J̌imbadorǰi, Abt eines Klosters im Urad-Gebiet u. Historiograph, schrieb um 1835: 9
J̌imisken qatun: 388
J̌ingim < chin. Chen-chin (1243–86), Sohn d. Khubilai u. seit 1273 Kronprinz, Vater d. Temür (Öldscheitü), Dharmapala u. Kammala: 234
J̌inong < chin. *cheng wang* „Regierungs-, Verwaltungs-Prinz", urspr. Ehrentitel, dann u. a. Titel für Stellvertreter von Khanen bei der Verwaltung von „Flügeln" (mo. *γar*), in Ordos speziell Titel für die mit d. Tschinggis-Khan-Kult beauftragten Darkhad-Fürsten: 386. 389 et saepe
J̌irim-Liga ~ J̌erim-Bund, seit 1728 Verwaltungsdistrikt d. Inneren Mongolei, benannt nach dem J̌irim (Dschirim ~ Dsirim), ein Wüstenfluß d. SO-Gobi nördl. des Sili: 402. 417. 419
J̌obta batur: 408
J̌odba: 410
J̌oo uda, vgl. J̌uu uda . . .
J̌osotu-Liga ~ J̌osutu-Bund, seit 1728 Verwaltungsdistrikt der Südostmongolen in d. Mandschurei: 402. 417
J̌určen ~ J̌ürčen ~ Jurchen ~ Dschurdschen ~ J̌ürčid (chin. Chin ~ Kin), tungusisches Volk u. Herrscherdynastie über N-China (1115–1234), 13.–16. Jh. als Dschusen (~ Jusen) im N u. NO d. Mandschurei lebend. 1616–36 neue Dynastie Aisin, 1636 Dynastie Ch'ing und ab 1635 offiz. Volksname Mandschu, 1644–1911 unter letzteren beiden Namen Fremddynastie über China: 171. 187. 231–232. 256–58. 260. 262. 264–65. 267. 272. 384
J̌ürčidei, Kampfgenosse Tschinggis Khans: 186
J̌uu uda-Liga ~ J̌oo uda-Bund, seit 1728 Verwaltungsdistrikt im O d. Inneren Mongolei: 402. 417
J̌uun modun, Ort in d. Äußeren Mongolei: 443

Kabul, Hauptstadt v. Afghanistan: 303
Kaffa = Theodosia auf d. Krim, genues. Handelszentrum, 1308 u. 1344 von Mongolen zerstört, 1474 von Osmanen erobert, seit 1783 als Feodosia russ.: 352. 357. 507
K'ai-feng, Stadt in d. chin. Prov. Ho-nan: 252
K'ailu: 474
K'ai-p'ing-fu, 1256 gegr. Sommerresidenz d. Khubilai in N-China, am 16. Juni 1263 in Shang-tu umbenannt: 213. 292. 303
Kairo: 65. 314. 331. 352. 369. 507
K'ai-yüan, Distrikt u. Stadt in N-China: 170
Kālacakra: 99. 110
Kalgan „Torweg", seit 1632 Handelsplatz, Grenzort an d. Großen Mauer zwisch. mo. u. chin. Territorium: 131. 432–33. 470. 477–478
Kalka, Fluß in Südrußland, heute Kalec: 190. 505
Kalmücken: 27. 43–4. 66. 122
Kalmückisch: 43–4. 52. 66
Kambodscha: 228
Kamenec, 1196 erstm. erwähnt, Stadt im Tal des Smotritsch, heute zur Ukrain. SSR gehörig: 195
Kamenev: 497
Kammala (1263–1302), ältester Sohn d. J̌ingim, Vater d. Yesün Temür: 240. 326
Kandschur ~ Kandjur (tib. *bKa-'gyur* „das übersetzte [Buddha-] Wort"), tibetischsprachige kanonische lamaist. Schriftensammlung, festgelegt 1308, 100 bzw. 107 Bde. in 6 Abteilungen mit 1055 Einzeltexten: 78–9. 81–2. 92–3. 101–02
K'ang-hsi ~ Kanghsi, chin. Regierungsname d. mandschu-chin. Kaisers Hsüan-yeh (1662–1722): 81. 93. 106. 159. 172–74. 394. 402. 407. 415. 421. 423. 437. 439–40. 443. 448. 450–52. 511
Kansu, nordwestlichste Prov. Chinas: 187. 243
Kanton, Hauptstadt d. chin. Prov. Kuang-tung: 226
Kapetinger, französ. Konigsgeschlecht (987–1328 in direkter Linie herrschend): 330
Kara čerik, südostmong. Stamm: 401
Karakitai, Restdynastie d. Kitan in Turkestan (1124–1218): 189. 505
Karakorum ~ Qaraqorum ~ Qara-Qorum, um 1220 von Tschinggis Khan zur mo. Hauptstadt erhoben, bis 1259 Hauptstadt d. mo. Großreiches, nach 1368 bis Anf. 15. Jh. vorübergeh. erneut mo. Hauptstadt, danach Verfall, heute Ruinenstadt nordwestl. d. Klosteranlage Erdeni dzuu am Orchon (MVR): 18–9. 59–61. 89. 119–

120. 128–30. 137. 198–99. 201–03. 206. 209–10. 212–13. 225. 230. 233. 236. 266. 268. 292. 302. 391. 506. 508
Karatschi: 303
Karl I. von Anjou, König von Neapel (1265–85): 309. 317
Karma-pa, eine auf den Chos-'dsin dge-'phel Dus-gsum mkhyen-pa (1110–93) zurückgehende lamaist. Schule (Sekte): 89 et saepe
Karma pakši (1205–83), höchster Geistlicher d. tib. tantrischen Karma-pa Schule: 286
Kaschgar, Stadt im westl. Tarimbecken: 297
Kasimir III., der Große (geb. 1310), (Piasten-)König von Polen (1333–1370): 363–64
Kasimir IV., Jagiellończyk („der Jagiellone", geb. 1427), 1440 Großfürst von Litauen, 1447 König von Polen (gest. 1492): 373–76
Kaspisches Meer ~ Kaspisee: 189. 303. 336. 345. 348. 413–14
Katholikos, Patriarchentitel u. a. d. syr.-orth. u. d. nestorian. Kirche: 21 et saepe
Kaukasus: 60–1. 189. 204. 211–12. 303. 306. 309. 336. 339. 346–49. 354. 356. 359–60. 363–64. 368–69. 506–07
Kazak = Kasachen („Abgesonderte"), Türkvolk Mittelasiens, 17. Jh. v. Kirgisen abgesondert, heute Kasach. SSR u. seit 1955 Regional-Autonomie in Sinkiang (VR China): 456
Kazan, sagenhafte Gründung im 12. Jh., 1438–87 unabhängiges Khanat, 1487–1521 russ. Protektorat, 1521–52 türkisch, 1552 russ., heute Hauptstadt d. Tatar. ASSR an d. Wolga: 372–73. 509–10
Kebek, Herrscher in Tschaghatai (1318–26): 295–96. 360
Kentei, Gebirge u. Aimak (Hėntij) in d. MVR: 384
Kereyid ~ Kereit ~ Keraiten, histor. türk.-mong. Volk, Nestorianer, 1203 von Tschinggis Khan unterworfen: 119. 184–85. 267. 278
Keriye qoǰigir: 388
Kersen čilaγu, Ort in d. Äußeren Mongolei: 452. 454
Kerulen ~ Kerülen ~ Kerülün, Fluß in d. Äußeren Mongolei: 165. 184. 193. 206. 381. 403. 440. 442. 452. 459
Kerülen bars qota, Versammlungsort u. Bund (Liga) in Khalkha, heute Hėrlėn-sum im Hėntij Aimak (MVR): 446
Kesigbatu (1848–1916), mo. Dichter d. Ordos: 83
Kešig – Kešigten: 262
Kesigten ~ Keschigten, südostmong. Stamm u. dessen Dialekt: 46. 67. 390. 399. 402. 414. 417. 419
Khabul ~ Qabul Khan (ca. 1130–1150), zweiter Mongolenkhan, Großvater d. Temüǰin, vereint erstmals die Mongolen lose: 29. 183. 505

Khabutu Khasar ~ Dschotschi (J̌oči) Khasar ~ Khasar ~ Qasar, drittjüngster Bruder Tschinggis Khans (gest. kurz nach 1218): 380. 390
Khadan, sechster Sohn des Ögödei (aus dessen Verbindung mit d. Konkubine Erkene): 195
Khaghan ~ Khagan ~ Kha'an ~ Qaγan: 194. 391 et saepe
Khaidu ~ Qaidu, Enkel d. Ögödei u. Machthaber in Tschaghatai (gest. um 1303): 222. 226. 230–31. 234–35. 293–94. 298. 317. 322. 351. 507
Khaidu Khan (2. Hälfte 11. Jh.), erster Khan d. Mongolen: 29. 32
Khaisan: 467–68. 483. 485
Khaišan Külüg, vgl. Hai-shan
Khalkh-gol, vgl. Qalqa
Khalkha ~ Qalqa, seit 1543 Benennung west-, zentralost- u. südostmong. Stämme etwa im Gebiet d. heutigen MVR sowie ihrer Weidegründe und Sprache: 9. 10. 47–50. 67. 74–5. 78–9. 93. 159. 168. 172–75. 177–78. 180. 389–93. 398–400. 402–07. 414–15. 417–19. 423. 435. 437–41. 443–55. 457–61. 465–67. 481–83. 486. 489–93. 496. 502–03. 510–12
Khan ~ Qan: 194. 391 et saepe
Khan Baliq, vgl. Qan-balyq
Khanat Qyptschaq ~ Kiptschak: 211. 347 et saepe
Khanddorž: 483–84
Khara Hülegü, Enkel d. Tschaghatai (gest. 1252): 291
Khara Khitai, vgl. Karakitai
Khara Khodscha = Khara Khotscho, histor. Ort ca. 45 km östl. von Turfan (Name vor d. Mongolenzeit vgl. Khotscho): 295
Kharatsin, vgl. Qaračin
Khartschin-Tümet, südostmong. Dialekt: 46. 67
Khasbaatar: 499–500
Khiakta ~ Khiachta, vgl. Kiakhta
Khodscha, Sohn d. Oghul Ghaimysch: 205
Khokhtschin ~ Kökeǰin Khatun, Witwe d. J̌ingim, 1294 Regentin in China: 326
Khori-Dialekt: 51. 67/68
Khortschin ~ Khortsin ~ Qorčin, südostmong. Stamm u. dessen Dialekt: 46. 67. 172. 390. 394. 398–99. 401–02. 414. 417. 419. 453. 468. 470. 472
Khoschod ~ Qošod, westmong. Stamm mit Fürsten aus d. Linie d. Khabutu Khasar: 380. 405. 511
Khoton: 120
Khotscho ~ Qočo, Königreich d. West-Uighuren (860–1209) sowie

Oase u. Ort im Tarim-Gebiet (südl. Ausläufer d. T'ien-shan): 187. 505
Khoyid ~ Khoid, vgl. Qoyid
Khubilai ~ Kubilai ~ Qubilai (geb. 1215), mo. Großkhan in China (1260–94): 4. 6. 14–5. 21. 63–4. 72. 89. 90. 119–20. 131–32. 144. 194. 206. 212–13. 218. 220–23. 225–27. 230–34. 236. 239. 247. 257. 262. 265–67. 269. 273–74. 277. 285–88. 292–93. 296. 302–03. 306. 308. 312. 314. 317–19. 321. 323. 325–26. 346. 379–80. 384. 422. 506–08
Khubilgan: 100
Khududu, zweiter Sohn d. Tolui: 196
Khutschid (= Qaγučid), südostmong. Stamm u. dessen Dialekt: 46. 67
Khutukhtai Khatun, Haremsdame d. Abū Saᶜīd: 341
Khutukhtu, vgl. J̌ebcundamba Khutukhtu
Khutula Khan (1161–?), vierter Khan d. Mongolen: 29
Khyaraan, Grenzort in d. Äußeren Mongolei (im Vertrag v. Kiakhta vom 12. Okt. 1727 als Kiran): 499
Kiakhta ~ Kiachta ~ Kiaqta, 1727 als russ.-chin. Grenzhandelsplatz an einem gleichnam. Bach gegr., 1921 in Altan bulaγ umbenannt, heute Grenzort A. b. in d. MVR: 136. 178. 450. 461. 468. 481–82. 487. 491–92. 498–99. 501–03. 511–12
Kiew, 860 erstm. erwähnt, ehem. Hauptstadt d. Kiewer Ruś, heute Hauptstadt d. Ukrain. SSR: 195. 365. 371. 373
Kilügedei baγatur, nicht-histor. Gefolgsmann Tschinggis Khans: 190
Kin ~ Chin, chin. Name d. J̌určen-Dynastie in N-China (1115–1234): 70. 187–88. 195–96. 220. 231. 256. 258. 274. 279. 505
Kiptschak-Steppen, Wolga-Don-Dnjestr-Gebiet, bewohnt im 13./14. Jh. von d. tü. Kiptschakern (vgl. Komanen): 190
Kiptschak-Türken ~ Kiptschak(er), vgl. Komanen: 190. 242
Kirakos von Gandzak (1201–72), armenischer Historiker: 21
Kirgisen, seit d. frühen Mittelalter bekannt. Türkvolk Mittelasiens: 186
Kitan (chin. Liao), nicht-chin. Herrscherdynastie über N-China (907–1125) u. deren Bevölkerung sowie deren Nachfahren: 187–89. 256. 260. 264
Kitbuqa, Naiman-Prinz, Heerführer unter Hülegü (gest. 1260): 303–304
Kobdo, Fluß u. Region in W-Khalkha; 1731 Stadt K. gegr., seit 1931 Aimak Kobdo (Howd) mit d. Zentrum Žargalant: 136. 174. 176. 439. 449. 452. 460–61. 484–86. 491
K'o-ching: 455

Köde'ü-Aral, Versammlungsort am Kerülen: 193. 206
Köke Khota ~ Köke qota (chin. Kuei-hua), ehem. Residenz- u. Tempelstadt d. Altan Khan d. Tümed (von ihm 1560 gegr.), heute Hauptstadt d. Autonomen Region Innere Mongolei, VR China: 79. 91. 123. 174. 389. 391. 400. 402. 418–19. 427. 432. 482
Köke naγur (mo.) „Blauer See" (chin. Ch'ing-hai), See in NW-China: 172. 400. 414. 510
Köke naγur- ~ Kokonor-Gebiet, Region WSW d. gleichnam. Sees in NW-China an d. Grenze zu Tibet: 283. 414. 424
Kökeǰin Khatun, vgl. Khokhtschin
Kolomna, 1177 erstm. erwähnte Stadt d. russ. Fürstentums Rjazań, kam 1301 zum Fürstentum Moskau: 195
Komanen ~ Kumanen, histor. Türkvolk, Eigenbezeichnung Kiptschak, slaw. als Polowzer, dt. im Mittelalter als Falwen ~ Valben bez., 12./13. Jh. größte Ausdehnung d. nicht zentral geführten K.-Verbände von Donau u. Karpaten bis Irtysch u. Balchasch-See: 190. 195. 345. 505
Köndülen toyin Damba: 407
Konfuzius (ca. 551–ca. 479 v. Chr.), chin. Philosoph: 237
Konstantin d. Große, röm. Kaiser (306–37): 305
Konstantinopel, seit 395 n. Chr. Hauptstadt d. Oström.-Byzantin. Reiches: 209
Korea(ner): 196. 207. 227–28. 256. 261–62. 506
Korostovetz: 483. 491
Kötschö, vierter Sohn d. Ögödei (gest. 1236): 196
Krakau, 965/66 erstm. erwähnt, 1138–1241 Sitz d. Seniors d. poln. Teilfürsten, seit 1320 Haupt- u. Krönungsstadt Polens (seit 1386 Polen-Litauens): 195. 369
Krasnoyarsk, 1628 als Festung Krasnyj ~ Krasnyj yar gegr., heute Gauhauptstadt und Region d. Russ. SFSR am Jenissej: 403
Krewo, Vereinbarungsort d. erst. lit.-poln. Union (1385), heute Ort in d. Weißruss. SSR, Gebiet Molodetschno: 369. 509
Krim, Halbinsel im N d. Schwarzen Meers, 13.–15. Jh. unter Kiptschak, Mongolen u. Genuesen, 1449–1783 Krimkhanat des Hauses Girai, danach russ.: 352. 369. 372–78. 509–10
Ktesiphon, antike Stadt am linken Tigrisufer: 313
Kuang-ning, Stadt in N-China: 170. 396
Kuang-tung, südlichste Prov. Chinas: 226. 228. 247
Kubera, ind. Gott d. Reichtums u. der im Himalaja bewachten Schätze: 116. 139
K'uei-chang ko, 1329 eingerichtete chin. Akademie: 245

K'uei Fang: 485
Kuei-hua, chin. Name für Köke Khota (vgl. ebd.)
Kuei-lin, Stadt im heutigen Autonomen Gebiet Kuang-hsi-chuang, VR China: 226
Kukunorien, vgl. Köke-naγur-Gebiet
Kulikovo pole (russ.) „Schnepfenfeld": 366. 375
Külüg, vgl. Khaišan Külüg
Kumanen, vgl. Komanen
Kun-dga' rgyal-mchan = Sa-skya Paṇḍita
Kun dga 'od zer mañjusiri bandida, mo. Übersetzer (16./17. Jh.): 79
Kuo-min-tang ~ Kuomintang, chin. „Nationalpartei", 1912 aus d. „Schwurbrüderschaft" Sun Ya-tsen's hervorgegangen. Seit 1926 K.-Regierung in ganz China: 472. 477–78. 480
Kur ~ Kura, größter Fluß Transkaukasiens (grusin. Mtkwari): 338. 343
Kurdistan, das von Kurden besiedelte Gebiet in Vorderasien: 317
Küriyen belčiger, Weidegrund am Dzak-Fluß, ein rechter Zufluß d. Baidrag-gol (im N des heutigen Bajanhongor-Aimak, MVR): 409
Küsei qatun: 388
Kütschük Meḥmed, Thronprätendent d. Goldenen Horde (ca. 1435–1465): 372–73

Labrang (tib.), Residenz eines hohen Lamas innerhalb einer Tempelanlage: 136
Lama < tib. *bla-ma* „Geistlicher", speziell des tib. u. mo. Buddhismus: 87. 100 et saepe
Lamaismus, tib. u. mo. Form d. Buddhismus: 87–8. 100 et saepe
Lamaǰab: 453–54
Layiqur, J̌asaγtu Qan, Herrscher in West-Khalkha (gest. 1637): 403
Lemberg (russ. Lwow), gegr. um 1270, seit 1349 poln., 1939–41 u. seit 1944 Gebietshauptstadt in d. Ukrain. SSR: 372
Lenin: 497–98
Levante, die Küstenländer Kleinasiens, Syriens u. Ägyptens: 304. 311. 330
Lhaǰang, Khan der Khoschod (1703–17): 511
Lhamo, lamaist. Göttin: 139
Lhasa, Hauptstadt Tibets: 138. 451. 511
Li An-ch'üan (chin. Hsiang-tsung), König der Tanguten (1206–11): 187
Li fan yüan, chin. Bezeichng. d. 1638 von Hung Tayiǰi eingerichteten Amtes „Ministerium, das die auswärtigen Provinzen verwaltet". Das

Amt, 1761 endgültig organisiert, war während d. Ch'ing-Zeit zuständig für Mongolen, Tibeter, Uiguren u. Russen: 7. 172–73. 176. 409–10. 415. 420–23. 445–46. 460–61. 510
Li-fan-yüan tsê-li: 421. 444
Liang-chou, Stadt an d. Seidenstraße in d. chin. Prov. Kansu: 284–85
Liao, chin. Name d. Kitan, 907–1125 Herrscherdynastie über N-China: 187. 189. 279
Liao, Steppenfluß d. südl. Mandschurei, mündet in d. Golf von Liaotung: 392
Liao pei: 472–73
Liaotung, ehem. chin. Prov., heute Prov. Liaoning: 170. 389. 393
Liegnitz, 1139 Burg, bis Mitte 13. Jh. Hauptort in Niederschlesien: 195. 200. 345. 506
Liga (mo. *čiγulγan*), vgl. Bund: 417
Ligdan ~ Liγdan Khan (1592–1634), seit 1604 Herrscher d. Tsakhar u. traditionell letzter mo. Großkhan: 78. 92. 171–72. 380. 393. 395–400. 435. 510
Lin-an, vgl. Hang-chou: 222. 226
Linga: 113
Lingxia, Name eines Kreises in d. chin. Prov. Kansu: 54
Litauen, Mitte 13. Jh. Bildung d. Großfürstentums L., seit 1316 Entstehen d. lit. Großreichs, seit 1385 Polen-L.: 352. 359. 361–63. 365. 370–72. 375–77. 509–10
Li-tsung, chin. Kaiser d. Süd-Sung (1224–64): 238
Liu Ping-chung (1216–74), chin. Berater d. Khubilai: 233. 379
Lo, Fluß in China: 263
Lodève, französ. Stadt im Dépt. Hérault (Languedoc): 205
Lomi (geb. um 1675), mo. Bannergeneral u. Historiograph: 8
London: 320. 331
Losol: 496
Lubcang tayiǰi Erinčin, um 1658–82 letzter Herrscher d. westmong. Altyn-Khanats (gest. 1691): 408
Lubcanggömbo arabdan: 408. 410
Lublin, 13./14. Jh. poln. Burg mit Suburbium, heute Hauptstadt d. poln. Woiwodschaft L.: 363
Lubsandanǰin (Mitte 17. Jh.), Historiograph: 77
Ludwig IX., der Heilige, König von Frankreich (1226–70): 60–1. 200. 204–05. 208–10. 307. 309. 506
lugs gñis (tib.): 422
Luristan, ehem. pers. Prov. in W-Iran, heute General-Gouvernement: 317. 325

Lüttich: 310
Lykien, antike Landschaft in SW-Kleinasien: 303
Lyon, Stadt des 13. (26. Juni bis 17. Juli 1245) und des 14. (7. Mai bis 17. Juli 1274) Allgemeinen Konzils sowie 1244–1250 Residenz Papst Innozenz' IV.: 201. 310–11. 506–07

Macao, portugies. Überseeprov. u. ihre Hauptstadt, 1557 von China an Portugal abgetreten: 226
Maffeo Polo: 281
Magsaržav (1878–1927), mo. General: 485–86. 493
Mahākāla: 104. 106. 110. 113. 139
Mahāsammata, mythischer ind. König: 184
Mahāyāna (Sk.) „großes Fahrzeug [sc. der Erlösung]", weit verbreitete buddhist. Schule u. a. in Tibet u. d. Mongolei. Hauptziel: Verzicht auf individuelle Erlösung im Nirvāṇa, um als Bodhisattva der gesamten Menschheit zur Erlösung zu verhelfen: 95–8. 103. 137
Maḥmūd, muslim. Name d. Čoros Batula čingsang: 381
Maḥmūd Yalawatsch, mo. Statthalter in Transoxanien u. später Gouverneur von Peking, Angehöriger d. Se-mu-jen (gest. 1254): 291
Maidari, mo. Name des Maitreya: 139
Maitreya (Sk.), Name des zukünftigen (fünften) Buddha, der erneut den Weg zum Nirvāṇa weisen wird: 131. 139. 247
Majdar, Damdinyavyn, Politbüro-Mitglied d. Zentralkomitees d. MVR, u. a. 1959 u. 1968 Vorsitzender d. Staatlichen Architektur-Komitees: 146
Makata (geb. 1625), Mandschu-Prinzessin, 1636–41 Gemahlin d. Erke qongγor eǰe, 1645–63 Gemahlin d. Abunai: 401
Makstinyak: 494
Malik al-Muẓaffar Quṭuz, Mamluken-Sultan von Ägypten (1259–60): 304
al-Malik an-Nāṣir, Mamluken-Sultan von Ägypten (1293–1341): 329. 333. 359
al-Malik aẓ-Ẓāhir, vgl. Baibars
Mamai, Tataren-Emir in d. Goldenen Horde (um 1380): 366. 509
Mamluken: 304. 348 et saepe
Maṇḍala (Sk.) „mystischer Kreis", ein kreisrundes, das Weltall symbolisierendes Diagramm, das relig. Erfahrungen darstellt, die geistige Zusammenhänge versinnbildlichen. Durch Meditation über ein Maṇḍala soll die Einheit mit dem All erreicht werden: 111. 138
Mandschu ~ Mandschus ~ Mandschuren, seit 1635 offizieller Volks-

name (ma. *manju*) der tungusischen Dschusen ~ J̌určen, 1644–1911 Fremdherrscher über China: 93–4. 134. 150 et saepe
Mandschukuo: 478. 512
Mandschurei, nach d. Territorium d. Mandschu(ren) benanntes Gebiet Nordchinas: saepe
Manduγul (auch: Manduquli), Großkhan in d. Mongolei (1463/66?–1467): 385–86
Mandulai aγulqu: 389
Manduqai qatun (geb. um 1448), Witwe d. Manduγul u. Gemahlin d. Batu möngke: 386–87/8
Manfred, Sohn Kaiser Friedrichs II., König von Sizilien (1258–66): 309
Manggultai Beile (1587–1633), dschusenischer (= ma.) Großwürdenträger: 399
Mangyschlak: 303
Mañjuśrī: 110
Mantra (Sk.), magische Formel od. Anrufung im tantrischen Buddhismus: 104. 132
Man-tzu: 257
Manžushir, mo. Architekt von Erdeni dzuu: 138
Mao Tse-tung (1893–1976), 1949–76 Vorsitzender d. Kommunistischen Partei Chinas, 1954–58 Staatspräsident d. VR China: 504
Mao-tun ~ Maodun (209–174 v. Chr.), Fürst d. Hsiung-nu: 150. 160
Mar-körgis (auch: Maqa kürkis), Großkhan in d. Mongolei (1454–63/1466?): 385
Mār Yaḇallāhā ~ Mar Jabalaha III., Katholikos (1281–1317): 21. 119. 314. 318. 321. 328. 332
Maragha, Stadt in iran. Aserbaidschan: 306. 342
Marco Polo (um 1254–1324), venezianischer Kaufmann u. Reisender, zeitweilig Se-mu-Agent unter Khubilai: 25. 63. 129. 131. 197. 209. 233. 259. 280–81. 507
Marcus, nestorian. Gesandter d. Mongolen: 60
Maria, Schwester d. byzantin. Kaisers Andronikos II. Palaiologos u. Gemahlin d. iran. Mongolenherrschers Öldscheitü: 335
Maria, Tochter d. byzantin. Kaisers Andronikos II. Palaiologos u. Gemahlin d. Herrschers d. Goldenen Horde Toḫtu: 356
Maria, Tochter d. byzantin. Kaisers Michael VIII. Palaiologos u. Gemahlin d. Il-Khan Abaqa: 307–08
Māridīn, Stadt im SO Anatoliens, heute Hauptstadt Mardin d. gleichnam. tü. Prov.: 329
Markos der Önggüte, seit 1281 Katholikos, vgl. Mār Yaḇallāhā III.: 314. 318

Marzan Šarav (1869–1939), mo. Maler u. Begründer d. zeitgenöss. mo. Kunst: 147
Maschhad, iran. Stadt in Ḫurāsān: 199. 342
Masidelger: 476
Maska, ma. General unter K'ang-hsi (gest. 1704): 443
Maslakov: 494
Mas^{c}ūd Beg, mo. Statthalter in Transoxanien, Sohn d. Maḥmūd Yalawatsch (gest. 1289): 291–92. 294
Matthaeus Paris(iensis), engl. Chronist (ca. 1199–1259): 60
Matthäus von Arezzo, Minorit, Mongolenmissionar: 312
Ma-tsung-shan: 487
Meng-ku lü-li: 444
Mengli ~ Mengli Girai, Sohn d. Hadschi (Ḥāǧǧī) Girai, Tatarenkhan auf d. Krim (1466–76 u. 1479–1514): 374–77. 509
Menglik, ilkhanischer Gesandter: 317
Mergen Diyanči Lama (ca. 1735–ca. 1780), relig. Schriftsteller d. Urad-Mongolen: 9. 104
Mergen Gegen = Mergen Diyanči Lama
Mergen noyan: 406
Merkid, histor. Stammesgruppe südl. d. Baikal-Sees, durch Kriege in den Jahren 1204/05, 1208 u. 1217 von Tschinggis Khan vernichtet bzw. annektiert: 185. 235
Merse (Kuo Ta-fu): 471. 477–78
Merw, im 11. u. erste Hälfte 12. Jh. Hauptstadt d. Seldschukenreiches, 1222 v. Mongolen zerstört, im 16. u. 17./18. Jh. zeitweilig zu Persien, heute archäolog. Schutzgebiet in d. Turkmen. SSR: 189
Miao, Gruppe von Völkern u. Stämmen in S-China u. Hinterindien: 251
Michael VIII. Palaiologos, byzantin. Mitherrscher in Nicaea (1258–1261), byzantin. Kaiser in Konstantinopel (1261–82): 307. 351. 353
Michail Alexandrowitsch, Fürst von Tveŕ (1366–72 u. 1383–99), Großfürst von Tveŕ (1372–83): 366
Michail Jaroslawitsch von Tveŕ, erster russ. Großfürst „der gesamten Ruś" (1305–18): 357–58
Milaraspa ~ Milarepa (1040–1123), tib. Eremit, Poet u. Sänger: 80. 113
Ming, chin. Dynastiename (gültig 1368–1644): 169 et saepe
Mingɣan, Name einer Kaiserlichen Weide: 402
Minggat, westmong. Stamm: 43
Mittelasien, die Territorien der Turkmen., Usbek., Kirgis., Tadschik. u. südl. Kasach. SSR. Vor der Grenzziehung von 1924/25 mit Turkestan identisch: saepe

Möge Khatun, Nebenfrau d. Ögödei: 199
Moghol ~ Moġol, mo. Völkerschaft u. deren Sprache in Afghanistan: 52. 68
Mogholi ~ Moġolī: 36. 53. 68 (vgl. Moghol)
Moghulistan: 297. 508–09
Molon Qaγan, vgl. Tögüs
Möngke ~ Möngke Khagan (geb. 1208), mo. Großkhan (1251–59): 61. 128–30. 165. 192. 195. 205–12. 215. 221–22. 277. 280. 286. 291–292. 301–02. 346–47. 379–80. 506–07
Möngke Temür (gest. 1282), Bruder u. Heerführer d. Il-Khan Abaqa: 313
Möngke Temür, Herrscher der Goldenen Horde (1267–80): 65. 293. 296. 309. 351–54
Mongγol ~ Mangqol, in d. chin. T'ang-Annalen d. 7.–9. Jh. als Meng-wa ~ Meng-wu, 1084 in d. chin. Liao-Annalen als Meng-ku erwähnte Stammesgruppen. Ende 12. Jh. unter Tschinggis Khan endgültig zusammengebrachte Konföderation, weiterhin als M.- „Mongolen" auftretend: 183–84 et saepe (vgl. auch Vorwort, XIV–XVI)
Mongolen, vgl. Mongγol
Mongolische Volksrepublik = MVR: 504. 512 et saepe
Monguor ~ Monguol: 53. 54. 68
Moomingγan, vgl. Muumingγan
Moskau, 1147 erstm. erwähnt, 13./14. Jh. russ. Fürstentum: 195. 365. 368. 370–78. 496–97. 510
Mossul, wichtiger Handelsplatz mit Festung für arab. Lokaldynastien, heute Hauptstadt d. Prov. M. in N-Iraq: 304
Mubāraq Schāh, ältester Sohn d. Khara Hülegü u. d. Ergene Khatun, Prinz od. Herrscher in Tschaghatai (1264–67?): 293. 296
Mūġān-Steppe, trock. Schwemmlandniederung zwischen Kura u. Aras (Aserbaidschan. SSR) und Talyschgebirge u. Kaspisee (Iran): 333
Muḥammad an-Nasawī (gest. nach 1241), arabischer Historiker: 23
Muḥammad Ibn Ǧuzayy al-Kalbī, schrieb 1354 den Bericht des Ibn Baṭṭūṭa nieder: 23
Muḥammad Khan, 1336–38 ilkhanischer Thronprätendent: 343
Mukden, ehem. Hauptstadt der Mandschu, heute Stadt Shen-yang, VR China: 106. 174. 401. 473
Mukden boo (Mo-tung ling): 470
Muqali ~ Muquli, Heerführer Tschinggis Khans, Zehntausendschaftsführer des Ostens (gest. 1223): 188
Muravev, vgl. Amurskij

Murteza, Sohn d. Aḥmad, Herrscher (1481–85) und Mitregent (1487–1499) in d. Goldenen Horde: 375
Mūsā Khan, 1336/37 ilkhanischer Thronprätendent: 343
Muumingγan, südostmong. Stamm u. dessen Dialekt: 46. 67. 390. 399. 402. 414. 418–19
MVR = Mongolische Volksrepublik, vgl. dort

Ṅag dbaṅ blo bzaṅ čhos ldan (geb. 1642), erster Pekinger lČaṅ-skya Qutuqtu (1693–1714): 421
Nāgārjuna, Gründer d. erst. philos. Schule des Mahāyāna-Buddhismus (Mādhyamika Schule, um 200 n. Chr.): 96. 103
Naiman ~ Nayiman, südostmong. Stamm u. dessen Dialekt: 46. 67. 390. 399. 401–02. 414. 417. 419. 470 (vgl. jedoch unter Nayiman)
Nakhu, Sohn der Oghul Ghaimysch: 205
Nalaicha, Industriestadt in d. MVR südöstl. von Ulaanbaatar: 492
Namǰal: 440
Namsrai Wang: 484
Nan-jen: 257. 261
Nanking, 1368 auf älteren Vorgängern angelegt, 1368–1421 u. 1928–1945 Hauptstadt Chinas: 253
Nanzad: 488
Narangerel: 476
an-Nasawī, vgl. Muḥammad an-Nasawī
Nāṣir ad-Dīn Ṭūsī (1201–74): 64. 306
Naurūz, Verwaltungsbeamter u. Heerführer, Berater d. Il-Khan Ghasan (gest. 1297): 325–26. 329
Naushki: 501
Navaannamǰil (1882–1954), mo. Verwaltungsbeamter u. Schriftsteller: 487
Navarra, Königreich (1000–35) u. histor. Landschaft beiderseits d. westl. Pyrenäen, 1234 an Thibaut v. d. Champagne, 1284 an die Kapetinger: 309–10
Nawangcėring: 486
Nayantai: 420. 446
Nayiman ~ Naiman, histor. türk.-mo. Stamm bzw. Volk, 1204 von Tschinggis Khan vernichtet bzw. annektiert: 29. 36. 119. 184–85. 254
Nepal: 131
Nerčinsk ~ Nertschinsk, Stadt in Transbaikalien (UdSSR), an den Flüssen Nertscha u. Schilka: 439. 511
Neu-Sarai, vgl. Sarai

Newa, Fluß in Rußland: 198
Neiči, Fürst d. Ǯarud: 399
Neyiči Toyin (1557–1653), mo. lamaist. Mönch, Missionar d. Ostmongolen: 91. 105
Nicolo Polo: 281
Nikolaus Falcon: 25
Nikolaus III., Papst (1277–80): 312. 319
Nikolaus IV., Papst (1288–92): 5. 281. 294. 319–21. 333
Ninghsia ~ Ning-Hsia, ehem. chin. Prov. u. Stadt, heute Autonomes Gebiet N.-Hui, seit 1954 d. Prov. Kansu angegliedert: 127. 174. 479–80. 487
rÑiṅ-ma-pa, mit Padmasambhava verbundene lamaist. Schule (Sekte): 89 et saepe
Nirvāṇa: 94–5. 98
Nischapur, Stadt in NO-Iran: 189
Nischnij Nowgorod, 1221 als Grenzfestung errichtet, seit 1350 Stadt N. Zentrum d. gleichnam. Fürstentums, seit 1932 als Gorkij Gebietshauptstadt in d. Russ. SFSR: 366
Nogaier: 355. 374
Noqai, Dschötschiden-Prinz u. Heerführer d. Goldenen Horde (gest. 1299): 352–56
Norbu bisireltü, Ǯasaγtu Qan, Herrscher d. West-Khalkha (1650–57): 407–08
Northampton: 335
Novosibirsk (bis 1903 Gusevka, 1903–25 Novonikolaevsk), gegr. 1893, größte Stadt Sibiriens und deren Gebiet: 503
Nowgorod, um 860 von den Warägern eingenommen, im 12./13. Jh. Handelszentrum d. Kaufmannsrepublik N., heute Gebietshauptstadt in d. Russ. SFSR: 198. 345. 358
Nunuqu: 403
Nurhaci (geb. 1559), seit 1583 einflußreicher Befehlshaber d. tungusischen Dschusen, 1616–1626 Khan u. erster Herrscher d. Dschusen-Dynastie Aisin, legte d. Grund für d. spätere Mandschudynastie Ch'ing in China: 171–72. 394–97. 438. 444. 510

Ob, aus den Quellflüssen Katun u. Bija (entspringen im Altai) vereinigter Hauptstrom Westsibiriens: 455
Obo (mo.), urspr. Steinhaufen als Wegmarken bes. auf Paßübergängen, dann errichtet als Kultmale, in die Stangen mit Wimpeln od. Schulterblätterknochen gesteckt wurden: 112. 117. 122
O-chou = der Ort Wu-ch'ang, Prov. Hu-pei: 222

Očir bolud ~ Očirbolud: 338. 390
Očirtu Qan: 408. 410
Odo von Châteauroux, päpstl. Legat u. Kardinal-Bischof von Tusculum 1244–73: 205
Odorico de Pordenone ~ Odoricus von Pordenone (ca. 1275–1331), Minorit, Missionsreisender: 25. 281. 319
Ögelen, Mutter d. Tschinggis Khan: 183
Oghul Ghaimysch, Regentin (1248–51): 204–06. 209. 214. 291. 506
Ögödei ~ Ögedei (1186–1241), dritter Sohn d. Tschinggis Khan, seit 1229 Großkhan: 19. 71. 129. 188. 193–99. 203–04. 206. 208. 214–215. 222. 230. 253. 277. 290–91. 293–95. 297–98. 505–06
Oγtorγoi dalai, Jaya paṇḍita, vgl. Dschaya Pandita
Oirad ~ Oyirad, westmong. Stammesverband (Oiraten): 27. 42. 74. 167. 172. 186. 380–88. 391. 509
Oka, rechter Nebenfluß d. Wolga: 374
Olan-a ergügdegsen (mo.): 484
Öldscheitü ~ Öljeitü, achter Mongolenherrscher in Iran (1304–16): 5. 19. 120. 295. 320–22. 332–33. 335–38. 356–57. 359
Öldscheitü Sultan, Hudābandah Muḥammad, vgl. Öldscheitü
Olgerd (litau. Algirdas), Großfürst von Litauen (1345–77): 362
Öljei badaraγsan (mo.) „Glück hat sich ausgebreitet“, Name eines Klosters in d. Inneren Mongolei: 104
Öljei ǰirγal: 475
Öljei Temür (auch Bunyasiri genannt), Großkhan in d. Mongolei (1408–11): 383
Öljeitü (Temür), vgl. Temür (Öldscheitü)
Öljeyitü γoo-a beyiǰi, legend. Schwiegertochter d. Elbeg: 382
Olon süme, Ruinenstätte in d. Inneren Mongolei: 91. 129
Ölöten, westmong. Stammesverband: 42
Olqonoγud, Klan d. Mutter d. Tschinggis Khan: 183
Ombo erdeni: 405. 407
Öndür Gegen (1635–1723), Titel des 1. J̌ebcundamba Khutukhtu (eingesetzt 1650), Sohn d. Gömbodorǰi: 137–38. 393. 437
Onggod: 114–15
Önggüt, histor. türk.-mo. Volk nestorian. Bekenntnisses außerhalb d. nordöstl. Huang-ho-Bogens: 119. 278. 318
Ongniγud ~ Ongniyut, südostmong. Stamm u. dessen Dialekt: 46. 67. 390. 399. 401–02. 414. 417. 419
Onon, Fluß in d. Äußeren Mongolei: 184. 186. 206. 381. 383. 505
Ooba, Häuptling d. Khortsin-Mongolen (gest. 1632): 398. 401

Orbelian, Stephanos (ca. 1255–1304), armenischer Metropolit von Sīs u. Chronist: 22. 305
Orchon, vgl. Orkhon
Orda, ältester Sohn d. Dschötschi (aus d. Verbindung mit seiner Hauptfrau Sorghan von d. Qonggirad), Herrscher d. „Weißen Horde" in Westsibirien (1227–81): 195. 345. 347. 367
Ordos ~ Ordus, mo. Stamm u. dessen Dialekt sowie dessen Gebiet in d. Inneren Mongolei im Huang-ho-Bogen: 46. 47. 67. 79. 384. 389–391. 398. 400. 402. 414. 418–19. 433. 470. 474–78
Orkhon ~ Orchon ~ Orqon, Fluß in d. Äußeren Mongolei: 137. 165. 235. 452
Oroči sigüsi: 388
Öröngö-Fluß: 203
Orvieto, mittelital. Stadt, seit 1157 eng mit d. Päpsten verbunden: 307
Osmanen, Staatsvolk des aus einem Grenzfürstentum d. Seldschukenreiches hervorgegangenen tü. Osmanischen Reiches (ca. 1300–1923): 359. 363
Ostmongolen: 380 et saepe
Otai: 468
Otoγ (mo.) „Zeltlager; Stamm", Verwaltungsterminus sowie Bezeichnung mo. Stammesföderationen im 16./17. Jh.: 166 et saepe
Otrar, Stadt u. Festung am Syr-darja: 188–89
Otschigin = Temüge Otschigin, jüngster Bruder Tschinggis Khans (gest. nach 1246): 199
Ou-yang Hsiu (1007–72), chin. Historiker d. Sung: 217
Oxus = Amu-darja: 347
Özbeg ~ Özbeg Khan, Herrscher d. Goldenen Horde (1313–41): 296. 338–39. 350. 357–63. 508

dPa'-bo gCugs-lag phreṅ-ba (1504–66), tib. Historiograph: 16
Padmasambhava, ind. Lehrer d. Buddhismus in Tibet (8. Jh.): 80. 137
pai-lien (chin.), Sekte u. Geheimgesellschaft: 247
Palästina: 209. 300. 304. 306. 310. 318. 331. 335. 349
Pağai (1902–60), mo. Epensänger: 82
Paṇçhen ~ Paṇ čhen ~ Pančen ~ Pantschen Lama (Sk.-tib.) „Großer Lehrer Lama", vom 5. Dalai Lama (1617–82) initiierter Titel für d. lamaist. Inkarnationen d. Buddha Amitābha, Sitz in Tashilumpo als geistige Führer im Lamaismus: 103–04. 123. 393. 408. 421. 424–25
Paquette aus Metz: 210
Parčin (1855–1924), mo. Sänger d. Dörbed aus d. Kobdo-Distrikt: 486

Paris: 210. 319
Parvan, histor. Örtlichkeit am Zugang z. Salang-Paß, heute gleichnam. Prov. in Ost-Zentralafghanistan (nördl. von Kabul): 189
Pei-ho, Fluß d. nordchin. Tiefebene mit Stichkanal nach Peking: 249
Peipussee, drittgrößter See Europas an d. Grenze d. Estn. SSR zur Russ. SFSR: 198. 506
Pei-tzu-miao, Klosterort in d. Inneren Mongolei: 427
Peking, schon vorchr. Siedl., zur Mong.-Zeit oft gleichgesetzt mit d. Neugründung (1272) Ta-tu (mo. Daidu) nordöstl. v. Peking, heute Hauptstadt d. VR China: 7. 8. 20. 94. 103. 105. 131. 144. 171–73. 176. 213. 220–22. 225. 233. 243. 268. 274. 281. 317–18. 326. 384. 388. 406. 408. 413. 415. 418. 421–24. 433. 439–40. 443. 446–47. 455–57. 459. 461. 476. 483. 505. 509. 511
P'eng Ta-ya (gest. um 1250), chin. Beamter: 12
Peregrinus von Castello, Minorit, Mongolenmissionar in China (gest. 1322): 319
Peter d. Große = Petr (I.) Alekseevitsch (geb. 1672), seit 1682/89 Zar, seit 1721 Kaiser von Rußland (gest. 1725): 378
'Phags-pa ~ Phags-pa ~ ḥP^{c}ags-pa Lama (1235–80), Neffe d. Sa-skya Paṇḍita u. dessen Nachfolger: 3. 14–5. 30. 72. 89. 90. 131. 277. 285–87. 422. 506
Philipp IV., der Schöne, König von Frankreich (1285–1314): 5. 295. 318. 320. 334–35
Phyag-na rdo-rǰe (1239–67), jüngerer Bruder d. 'Phags-pa Lama: 285
Pisa, im Mittelalter ital. Handelsrepublik: 320. 332
Pius XII., Papst (1939–58): 123
Plano Carpini ~ Pian del Carpini (um 1182–1252), Minorit, päpstl. Gesandter u. Diplomat, Erzbischof von Antivari: 25. 59. 61. 113. 119. 129. 197. 200–01. 209. 280. 506
Pleskau, 903 erstm. erwähnt, im 13. Jh. zu Nowgorod gehörig, heute als Pskow Gebietshauptstadt in d. Russ. SFSR: 358
Podolien, histor. Landschaft d. westl. Ukraine: 365. 372–73
Polen: 195. 345. 352–53. 359. 361–65. 369–70. 497
Polen-Litauen, seit 1385 Staatenunion: 369. 374–75
Polo, Marco, vgl. Marco Polo
Poyarkov, Vasilij Danilovitsch, Leiter d. russ. Amurexpedition i. d. J. 1643–46: 436
P'u-jun: 485
Puncag: 498. 500
Puncagdorž (Da Lama Puncagdorž): 496

Qabutu Qasar, vgl. Khabutu Khasar
Qaγan, vgl. Khaghan
Qaγučid, südostmong. Stamm: 390. 399. 402. 414. 417. 419
Qaγurčaγ Tayiǰi: 387
Qaidu, vgl. Khaidu
Qaiṣārīya (Kayseri), zur Mongolenzeit wicht. Militärstützpunkt d. Il-Khane (April 1277 für 7 Tage mamlukisch), heute Hauptstadt d. tü. Prov. K. in Inneranatolien: 311
Qaishan ~ Qaišan, vgl. Hai-shan
Qal^c^at ar-Rūm, Befestigungsanlage am Euphrat: 323
Qalqa ~ Qalq-a, vgl. Khalkha
Qalqa ~ Khalkh-gol, vom Großen-Chingan-Gebirge nach W verlauf. Fluß, mündet in d. Buir-See: 389. 512
qamǰilγa (mo.): 425. 448
Qan, vgl. Khan
Qan aγula, Versammlungsort u. Bund (Liga) in Khalkha: 446
Qan-balyq ~ Qanbalyq ~ Khan Baliq, nach Rašīd ad-Dīn nicht-chin. (= tü.) Name für die am 5. September 1264 in Chung-tu umbenannte Stadt Yen-ching. Später v. Europäern gebrauchter Name für Ta-tu: 225. 233. 281. 342. 508
Qan-qatun, Fluß im Altai-Gebirge: 455
Qandudorǰi: 465
Qangγai, Verwaltungsbezirk *(sum)* im heutigen Arhangaj-Aimak d. MVR sowie dortiger Gebirgszug: 403
Qangγalbayiqu: 396
Qangli, tü. Stamm, im 13. Jh. östl. d. Ural u. nördl. d. Aral-See: 236. 262
Qara Qypčaġai: 338
Qaračin = Kharatsin, südostmong. Stamm: 390. 398. 401–02. 414. 417. 419. 466–67. 469–70
Qaraqorum ~ Qara-Qorum, vgl. Karakorum
Qarčin ~ Khartsin, südostmong. Stamm: 172. 483
Qarqučuγ dügüreng temür qung tayiǰi, legendärer Sohn d. Elbeg: 382
Qasar, vgl. Khabutu Khasar
Qatanqai: 403
Qayisang = Khaisan: 466
Qilāwūn, al-Manṣūr Saif ad-Dīn, Mamluken-Sultan von Ägypten (1279–90): 314. 353
Qinghai = Ch'ing-hai: 54. 68
Qo. Orlang: 458
Qočo, vgl. Khotscho

Qonggirad, südostmong. Stamm: 184. 390
Qorčin, vgl. Khortschin
Qorlad, ostmong. Stamm: 385
Qoshila (1300–29), ältester Sohn d. Hai-shan, reg. vom 27. Febr. bis 30. Aug. 1329 als Großkhan in d. Steppe: 237. 239. 241–44. 246
Qošod, vgl. Khoschod
Qošoi čin vang ~ wang < ma.-chin. *hošo-i ch'in-wang* „Erbprinz ersten Ranges der [kaiserlichen rechten] Seite", ein Titel vom ma.-chin. Kaiser u. a. für mo. Adlige verliehen: 420. 448
Qotoqočin Erdeni baγatur ~ batur qung tayiǰi, Herrscher d. Dzungaren (1634–53/65?): 405. 408. 436. 458. 510
qoyar yosun (mo.): 422
Qoyid ~ Khoyid, westmong. Stamm: 380. 455
Qubilai, vgl. Khubilai
qubilγan (mo.) „Inkarnation, Wiedergeburt": 428
Quǰirbulang ~ Qužirbulang (mo.) „Salzsenke", Örtlichkeit nahe Urga: 492. 498–99
Qulan, die zweite der vier (nach Rašīd ad-Dīn der fünf) Hauptfrauen d. Tschinggis Khan: 384
Quliči Sandaγ (1825–60), mo. Üge-Dichter: 83
Qulunbuir ~ Hulunbuir, 1734 gegr. u. nach d. beiden Seen Qulun u. Buir benannter Ort sowie gleichnam. Region bzw. Liga im Barghagebiet: 122. 389. 391. 489
Qum-singgir, histor. Ort am Bulgan-Fluß: 203
qung tayiǰi < chin. *huang-t'ai-tzu* „herrscherlicher Thronerbe", e. Ehrentitel für *tayiǰi* (mo. Adlige): saepe
Qutuγ sigüsi: 387
Qutuqtai sečen qung tayiǰi (1540–86), Ordos-Fürst: 6
qutuqtu (mo.) „mit Heil, mit Segen versehen", häufig auch separat als Titel verwendet für lamaist. Geistliche: 428 et saepe
Quuqai Dayuu, legendärer Oirate unter Elbeg: 382
Qypčaġai, histor. Ort in NW-Iran: 338
Qyptschaq, vgl. Khanat Qyptschaq u. Kiptschak-Steppen, Kiptschak-Türken
Qyptschaqer, vgl. Kiptschak-Türken

Rabban Ṣāwmā, nestorian. Mönch, Lehrer d. Önggüten Markos u. ilkhanischer Gesandter (gest. 1294): 21. 318–19. 508
Raṅ-byuṅ rdo- rǰe (1284–1339), dritter Karma-pa-Hierarch: 16
Ra's al-^{c}Ain, im 13. Jh. ilkhanische Stadt im Grenzgebiet nach Syrien: 329

Rašīd ad-Dīn ~ Rashid ad Din (1247–1318), Arzt u. Enzyklopädist, Erster Minister im Il-Khanat unter Ghasan, Öldscheitü u. Abū Saᶜīd: 5. 19–20. 71. 162. 206. 325. 337–39. 508
Rasipungsuγ, mo. Kompilator u. Historiograph (schrieb 1774/75): 9
Rayy (Reyy), Stadt in N-Iran: 325. 332
Ricardus, Dolmetscher in ilkhanischen Diensten: 311
Rieti, Stadt in Mittelitalien, seit 1198 beim Kirchenstaat u. oft Aufenthalts- u. Zufluchtsort d. Päpste: 294
Rin-čhen rdo-rǰe, vgl. Irinǰindorǰi
Rjazań, 1096 erstm. erwähnte Residenzstadt R. an d. Oka, 50 km südöstl. d. heutigen Rjasan: 195
Rjurikowitschi, russ. Herrscherlinie, die ihren Ursprung v. Rjurik (reg. um 865 in Nowgorod) herleitet: 358
Rol-pa'i rdo-rǰe (1340–83), vierter Karma-pa-Hierarch: 16
Rol-pa'i rdo-rǰe, zweiter Pekinger lČań-skya Qutuqtu (1717–86): 422. 425
Rom: 318–21
Rostow, russ. Stadt am Nerosee, erstm. 862 erwähnt: 195
Rubruk, vgl. Wilhelm Rubruk
Rūm-Sultane, Zweig d. tü. Seltschük = Seldschuken, herrschten von 1070 bis zur mo. Unterwerfung in Ostanatolien: 211. 311
Russen: 129. 136. 198. 349. 357. 361. 365–66. 370. 376. 403–04. 416. 436. 438–39. 487. 492. 501–02
Rußland: 198–99. 345. 357–59. 362. 366–68. 370–72. 377. 403–05. 408. 416. 436–37. 445. 449. 456. 465. 467. 470. 481. 483. 489–91. 496. 509–10

Sabadin: 320–21
Saᶜd ad-Daulat, Arzt, Finanzminister u. oberster Wesir unter Arghun (gest. 1291): 316. 322
Ṣadr ad-Dīn, Wesir u. Finanzminister unter Gaikhatu (gest. 1298): 324
Sajó, rechter Nebenfluß d. Theiß: 195. 200. 506
Sakarya, Fluß im westl. Inneranatolien: 303
Salomon, ilkhanischer Gesandter: 310
Samarkand ~ Samarqand, eine d. ältesten Städte Mittelasiens (329 v. Chr. erstm. erw.), kurz vor d. Mongoleneinfall unter tü. Herrschaft, 1369 Hauptstadt Timurs, 1500 usbekisch, 1868 russ., 1924–1930 Hauptstadt, heute Gebietshauptstadt d. Usbek. SSR: 189. 208. 210. 292. 297. 301. 368
Samur Günǰi, Tochter d. Elbeg, Gemahlin d. Batula Čingsang u. Mutter d. Toγon d. Oirad: 383–84

Saṃvara: 110
Sanang ~ Sagang Sečen, mo. Historiograph (Mitte 17. Jh.): 7. 78
Sandaghu, christl. mo. Prinz unter Hülegü: 305
Sando: 466. 482. 484
Sangǰayidorǰi: 454. 456
Sankt . . ., vgl. St.
Santa, obsolete Selbstbezeichnung d. Dongxiang: 55
Sarai, Name d. zwei Hauptstädte d. Goldenen Horde: (1) Alt-Sarai von Batu gegr. vor 1254 (Salitrener Siedlung) und (2) Neu-Sarai als Sarai-Berke wohl schon vor Berke gegr., unter Özbeg zwisch. 1320 u. 1332 zur neuen Hauptstadt erhoben (Carever Siedlung): 64. 198–199. 201–03. 293. 348. 350. 352. 358. 364. 368–70. 372. 507
Sārasvatī: 110
Sartaq, Sohn d. Batu, 1256/57 Khan d. Goldenen Horde: 61. 203. 209. 211. 346. 350. 507
Sarūǧī, Prinz, Bruder d. Doquz Khatun: 320
Sa-skya(-pa), 1073 gegr. tib. Großkloster im SW von Lhasa u. gleichnam. Sekte (Schule) sowie tib. Fürstenhaus: 88–90. 131. 284–88. 507
Sa-skya ~ Saskya Paṇḍita (1182–1251), Oberhaupt d. tib. Sa-skya-pa-Sekte: 3. 4. 15. 88–9. 131. 284–86. 506
Sasonov: 489
Sātī Beg, 1338/39 ilkhanische Thronprätendentin: 343
Sayin alaγ: 388
Sayinbayar: 478
Sayin Noyan (mo.) „trefflicher Edler", Ende 16. Jh. Titel mo. Khane, seit 1724/25 Name e. Ayimaγs in Khalkha (zwischen dem J̌asaγtu-Qan- u. dem Tüsiyetü-Qan-Gebiet) u. seit 1766 erneut Titel für dessen Herrscher: 437. 453 et saepe
Sayin Noyan Qan Namnansüren: 484. 489
Sayyid Aḥmad, Thronprätendent d. Goldenen Horde (ca. 1433–65): 372–73
Schadi Beg, Herrscher d. Goldenen Horde (1400–07): 370
Schara Uiguren, tü.-mo. Minderheit in d. VR China u. deren Sprache: 56. 69
Schatt al-Arab: 303
Schigi Khutukhu, seit 1206 oberster Richter d. Mongolen (gest. zw. 1260 u. 1264): 196
Schilinhot, Ort in d. Inneren Mongolei: 122
Schirwan, histor. Khanat u. heute Landschaft nördl. d. unt. Kur im Gebiet d. Aserbaidschan. SSR: 211

Schnepfenfeld (russ. Kulikovo pole): 366. 509
Schwarzes Meer: 303. 377
Schyban, Bruder d. Batu, Herrscher im Ili-Oxus-Gebiet. Mit der Linie d. Sch. verwandte Fürsten gründeten später eigene Khanate, z. B. Ibāq (1481–93) im Irtysch-Tobol-Becken das Khanat Sibir, das von den Russen 1582 besiegt und bis 1598 annektiert wurde. Südl. angrenzend 1428–57 unter Abū 'l-Ḫair (gest. 1468) das sog. Usbekische Khanat, aus dem das Reich der Kasachen hervorging: 345. 347
Sečen ǰinong Qongqui: 407
Sečen Qan (mo.) „weiser Khan", Titel mo. Khane in Ost-Khalkha u. Name für deren Khanat bzw. Ayimaγ (seit 1633): 437 et saepe
Sečen Qan Šoloi (geb. 1577), erster Sečen Qan, Herrscher d. Ost-Khalkha (1633–52): 168. 172. 404–06. 510
Sechs Zehntausendschaften: 414
Selengge, Fluß in d. Äußeren Mongolei u. in Transbaikalien, mündet in d. Baikalsee: 403
Selenginsk, 1679 an d. Selengge errichtete russ. Feste, heute Novoselenginsk: 405
Se-mu(-jen), soziale Klasse im Yüan-Khanat China. Ihre Angehörigen standen als hohe nicht-chin. u. nicht-mo. Verwaltungsbeamte in mo. Diensten: 63. 242. 244–45. 247. 251. 256–58. 260. 270–71
Semyonov, Kosaken-Ataman, Führer d. Weißgardisten in Transbaikalien, 1919 Initiator einer panmongolischen Bewegung: 496. 512
Sendegijn Zagd (geb. 1888), mo. Partisan unter Süchbaatar: 499
Sengge, Herrscher d. Dzungaren (1653/65?–71) u. Vater des Ċewang arabdan: 408
Sengge garbu: 473
Seng-ko-lin-ch'in (= mo. Sengge Rinčin): 453
Senggüm, Sohn d. Toγril wang: 185
Ser Rustichello von Pisa, Kompilator u. Neudichter von Ritterromanen, schrieb 1298 den Bericht d. Marco Polo nieder: 25
Serben: 354
Serbien: 359
Serengdongrub (Pai-yün-tu): 477–78
Serengnima: 473
Sewindsch: 338
Shansi, Prov. in N-China: 252
Shan-tung, Prov. u. Halbinsel an d. chin. Ostküste: 250. 255. 263. 271
Shang-tu, seit 16. Juni 1263 Ehrenname d. Sommerresidenz K'ai-p'ing-fu: 222. 225. 236. 241. 243–44. 255. 268. 282
Shensi, chin. Prov. in NW-China: 232. 243. 249. 252

Shidebala (geb. 1303), Sohn d. Ayurbarwada, Großkhan in China (1320–23): 237. 239–40
Shih-tsu, chin. Tempelname d. Khubilai: 234. 379
Shilinghol, vgl. Silingɣol
Shui-hu ch'uan, nach 1368 entstandener chin. Roman, zugeschr. dem Lo Kuan-chung od. dem Shih Nai-an: 176. 462
Shun-chih, chin. Regierungsname d. ersten mandschu-chinesischen Kaisers Fulin, gültig 1644–61: 406
Sibbyuro, russ.: „Sibirienbüro": 496
Sibir, Khanat Sibir, vgl. unter Schyban: 510
Sibirien: 494. 496. 501
Siboo: 451–52
Sidon, alte phönik. Hafenstadt, 1240–91 im Besitz d. Kreuzfahrer, heute Mittelmeerhafen Saida in S-Libanon: 304
Siebenstromland, nach der Existenz von sieben Hauptflüssen (kasachisch: *ǧety su* „sieben Flüsse") benannte Abdachungsebene südl. d. Balchasch-Sees: 297. 508
Siker taiqo: 387
Silingɣol-Bund ~ Sili-yin-ɣoul-Liga ~ Gebiet von Silingɣol, seit 1728 Verwaltungsdistrikt d. Inneren Mongolei, benannt nach dem Sili, einem Wüstenfluß, der im SW d. Großen Chingan in d. südl. Gobi versickert: 389. 402. 417. 419. 479
Simeon = Semjon Iwanowitsch der Stolze, Großfürst von Moskau (1341–51): 362
Simon de Saint-Quentin, französ. Dominikaner am Hofe Ludwig IX., Begleiter d. Fra Ascelinus zu d. Mongolen (1245–48), Verfasser einer Historia Tartarorum (im *speculum majus*, Abt. *speculum historiale*): 25
Sinelama: 476–78
Sinkiang, heutiges „Autonomes Gebiet Sinkiang der Uiguren" im W d. VR China (chin. Hsin-chiang „Neues Grenzland"): 69. 75. 411. 485–87
Sinope, tü. Sinop, tü. Hafen- u. Provinzhauptstadt am Schwarzen Meer: 303
Siregetü guosi čorǰi, mo. Übersetzer (16./17. Jh.): 79. 80
Sīs, histor. Hauptstadt Kleinarmeniens, heute tü. Ort Kozan: 311. 329. 331. 333
Sissak, histor. Landschaft, heute Bezirk Sisian in der Armen. SSR: 22
Sīstān, histor. Kulturlandschaft im heut. Iran (Prov. S. und Belutschistan) u. in SW-Afghanistan (Prov. Nimruz): 325
Sizilien: 311

bSod-nams rgya-mcho (1543–88), Kirchenfürst d. tib. Gelugpa-Schule, seit 1578 dritter Dalai Lama: 90. 510
Soghdier, iranisches Volk in Mittelasien: 29
Soldaia, latein. Bezeichnung d. histor. Handels- und Hafenstadt Surdāq ~ Suġdāq ~ Sūdāq auf d. Krim, 1223 erstm. u. 1239 endgültig v. Mongolen erobert: 209
Sonomgara, lamaist. Mönch u. Übersetzer (wirkte im 14. Jh.): 72
Sonqor al-Aschkar, mamlukischer Statthalter in Syrien: 313
Sorkhokhtani Beki, Gemahlin d. Tolui, Mutter von Möngke, Khubilai, Hülegü u. Arigh Böke: 205
Sorokovikov: 494
Sorson: 385
Ssu-ch'uan, Prov. in SO-China: 228. 243. 247
Ssu-ma Kuang (1019–86), chin. Historiker: 238
St. Petersburg, Name d. ehem. Hauptstadt d. zaristischen Rußland bis 1914 (1914–24 Petrograd), heute Leningrad: 175–77. 465. 467. 483. 489
Stūpa (Sk.), urspr. Begräbnishügel, dann buddhist. Sakralbau, in d. Mongolei ein Kultmal, in das Amulette u. hl. Schriften eingemauert wurden, auch kleine Stupen aus Bronze als Kultgegenstände u. bei Zeremonien gebraucht: 107. 136 et saepe
Su-chou, Stadt in d. chin. Prov. Chiang-su am Jangtsekiang-Delta: 247
Subadi, (erster?) J̌asaγtu Qan, Herrscher d. West-Khalkha (1637–50): 168. 510
Sübegedei ~ Sube'etei ~ Sübedei, mo. General u. Heerführer (gest. 1248): 186. 189. 195–96
Süchbaatar (1893–1923), mo. Freiheitskämpfer u. Kriegsminister: 488. 493. 496. 498–99. 501–02. 512
Suche Bator = Süchbaatar: 146
Suǧās, Fluß u. Ort in NW-Iran: 338
Sui-yüan ~ Suiyuan, Stadt (1736 gegr.) u. Distrikt in d. Inneren Mongolei: 174. 479–80
Süke aldaqu, Ort in d. Äußeren Mongolei: 452
Sulaimān Khan, 1339–44 ilkhanischer Thronprätendent: 343
Sülde: 115–16
Sulṭānīya ~ Sulṭāniyah, ilkhanische Hauptstadt: 336–38. 342. 357. 508
Sumiyaa Beise: 500
Sum-pa mkhan-po (1704–76), mo. Historiker, schrieb tib.: 104
sumun (mo.) „Pfeil(schaft)", bei d. Ostmongolen bis Mitte 17. Jh. viel-

fach noch größte, nach 1691 kleinste Verwaltungseinheit. Heute in d. MVR Verwaltungseinheit *sum*: 174. 417 et saepe
Sung, chin. Dynastie u. deren Reich (nördl. Sung 960–1127; südl. Sung 1127–1279): 84. 187. 196. 198–99. 207–08. 213. 221–23. 225–26. 252. 257. 261. 263–64. 267–68. 272. 274. 279. 505–07
Sung-chu-szu, Kloster in Peking, Winterresidenz d. lČaṅ-skya Qutuqtu: 424
Sünid, südostmong. Stamm u. dessen Dialekt: 46. 67. 390. 399. 402. 406. 414. 417. 419. 438
Sunna (ar.) „Herkommen, Brauch", d. h. Überlieferung über Leben u. Aussprüche d. Propheten Muḥammad, an die sich die sunnitischen Muslime als Richtschnur des Handelns halten: 336
Sunniten, Anhänger der Sunna: 360
Sure Han: 401
Susdal, erstm. 1024 erwähnt, Stadt S. bis 1238 zum russ. Fürstentum Wladimir-Susdal gehörig, Februar 1238 von d. Mongolen erobert: 59
Sutai, Gemahlin d. Ligdan aus Yehe, tümed-mongolischer Herkunft: 396
Sutai Qatun (mo.) „Allererhabendste Herrscherin": 384
Sūtra: 95
Sutu boγda (mo.) „Allererhabendster Heiliger", ein Hoheitstitel d. Tschinggis Khan: 384
Syr-darja, Fluß in Mittelasien (Jaxartes): 297
Syrien: 206. 300. 303–04. 306. 313–14. 318. 320–21. 330–31. 335. 348

šabi, šabinar (mo.): 109. 425–26. 460
Šabin, Name eines Passes im Sajanischen Gebirge: 453
Šaγdar: 430
Šāhī, Berg u. Halbinsel am Urmiasee: 337
Šaiḫ Aḥmad, Herrscher d. Goldenen Horde (1485–1502; gest. 1505): 375–77. 509–10
Šaǰin: 401
Śākyamuni ~ Shakyamuni (Sk.) „der Weise der Śākya", bes. Beiname des zu Buddha gewordenen Siddhārtha Gautama (vgl. Buddha): 93. 131. 139
Šams ad-Dīn Ǧuwainī, Erster Minister im Il-Khanat unter Aḥmad, Wesir unter Arghun (gest. 1284): 315
Šangdu, Name einer Kaiserlichen Weide: 402
Šanzodba = tib. *p'yag-mdzod-pa* „Vermögensverwalter": 460
Šar-a, J̌asaγtu Qan, Herrscher d. West-Khalkha (1686–88): 408–10

Šara süm-e: 106
Śāstra: 95
Šīᶜa (ar.) „Partei“, muslimische Richtung, deren Anhänger, die Šīᶜiten, nur die auf die Nachkommen des ᶜAlī und der Fāṭima zurückgehende Überlieferung sowie die diese Überlieferung als Richtschnur übermittelnden Imame anerkennen: 337
Šīrāz, Hauptstadt d. iran. Prov. Fars: 331
Šoloi, vgl. Sečen Qan Šoloi
Šoloi ubasi qung tayiǰi (1567–1620/23?), unter dem Titel Altan ~ Altyn Qan Gründer des westmongolischen Altyn-Khanats mit den Zentren Ubsa- und Kirgis-nor (NO-Kobdo): 403. 406. 408

Ta Ch'ing, vgl. Ch'ing
Tabris, seit 4. Jh. n. Chr. bekannter Ort, Hauptstadt verschiedener Mongolenkhane, heute Hauptstadt d. iran. Prov. Ost-Aserbaidschan: 211. 303. 317. 320–21. 324–26. 328. 332. 337. 342. 344. 364
Tāǧ ad-Dīn ᶜAlīšāh, Erster Minister im Il-Khanat unt. Öldscheitü u. Abū Saᶜīd (gest. 1324): 337–39
Taġai, Tatarenfürst der Goldenen Horde (um 1365): 365
Taghatschar, ilkhanischer Emir (gest. 1296): 322. 325
Taidschigut, altmongol. Stamm: 74
Taiqa ~ Taiq-a, Kloster am gleichnam. See in d. Inneren Mongolei (NW von Peking): 425
ṭalāq (ar.): 342
Talas, Wüstenfluß (Wüste Mujun-Kum) in d. Kirgis. u. Kasach. SSR: 294. 507
Ta-li, chin. Name eines histor. Staates mit dem histor. Königreich Nan-chao in d. heut. chin. Prov. Yün-nan: 228
Tamači: 260–61. 263–65
Tamir, am gleichnamigen Bach 1733 gegründete mo. Residenzstadt im Changaj-Gebirge, Äußere Mongolei: 453
T'ang, chin. Dynastie (618–906): 84. 271
Tandschur ~ Tandjur (tib. *bsTan-'gyur* „die übersetzte [Buddha-] Lehre“), tibetischsprachige kanonische lamaist. Schriftensammlung, festgelegt 1308, 225 Bände, enthaltend Kommentare zum Kandschur sowie wissenschaftliche u. magische Abhandlungen: 79. 81. 93. 101–03
Tanguten (chin. Hsi-hsia), Angehörige eines histor. Staates im Kökenaγur-Gebiet (881–1227): 187–88. 190. 262. 505
Tannu Tuva, ehem. mo.-tü. Gebiet Uriyangqai, benannt nach dem

Tannu-Gebirge u. den tü. Tuwa ~ Tuwinern (Sojonen), heute Tuvin. ASSR: 122. 489. 491
Tannu-Uriyangqai, mo. Stamm in d. heut. Tuvinischen ASSR: 489
Tantra: 98–103
Tao-kuang, chin. Regierungsname d. mandschu-chin. Kaisers Min-ning (1821–50): 429. 448
Tao-nan: 474
T'ao Tsung-i (um 1320–1402), chin. Kompilator: 12
Tārā (tib. *dol-ma*), die Göttin der Gnade. Als Weiße u. Grüne Tārā im lamaist. Pantheon die chin. u. nepalische Gemahlin des tib. Königs Sroṅtsan Gampo (630–98), den sie zum Buddhismus bekehrten, symbolisierend: 110. 137–39
Tāranātha (geb. 1575), tib. Lama u. Historiker, Vertreter der Jo-naṅ-pa-Schule: 93
Tarbaγatai, Gebirgszug (in d. UdSSR) sowie von Westmongolen u. Daguren bewohntes Gebiet zwischen d. Seen Ala-köl u. Ajar-(Telli-)nor im NW der Autonomen Region Sinkiang der Uiguren, VR China: 404
Tarmaschirin, Herrscher in Tschaghatai (1326–34): 296. 341
Tashilumpo ~ Taschilhunpo (tib. bKra-šis-lhun-po), 1447–53 in der Nähe von Schigatse in Zentraltibet erbautes Kloster, später Sitz des Paṇçhen Lama: 408
Tatar(en), Stammesföderation, erstm. erwähnt in alttü. Orchon-Inschrift 731/32 u. 842 in chin. Brief als Ta-ta. Im 12. Jh. Vormachtstellung der T. in der Steppe, dann von Tschinggis Khan 1202 besiegt. Nach 1206 bei d. Mongolen Sammelbezeichnung für die ihnen angeschlossenen Türkvölker, im Abendland als „Tataren ~ Tartaren" Name für die Mongolen: 58. 184–85. 357–78 passim
Tatatunga, uigurischer Sekretär der Naiman: 3. 29
Tathāgata (Sk.), im Mahāyāna als Titel Buddhas gebraucht: „Einer, der das volle So-sein erlangt hat"; „einer, der eins ist mit dem Absoluten": 102
Ta-tu (mo. Daidu), von 1267–72 neu erbaute Verwaltungsstadt Khubilais, am 4. März 1272 als Hauptstadt des Yüan-Khanats Ta-tu benannt: 225. 236. 243. 249. 254. 282
Ta-t'ung, Stadt u. Distrikt in N-China (Prov. Shansi), 4./5. Jh. Hauptstadt d. nördl. Wei-Dynastie, später Handels- u. Garnisonsplatz gegenüber d. Mongolei: 171. 381. 392. 399
Tayičiγud, vgl. Taidschigut: 184–85
tayiǰi < chin. *t'ai-tzu* „Thronfolger", Bezeichnung mo. Adliger als Nachkommen Tschinggis Khans u. seiner Brüder: 166 et saepe

Tayisi, „Bannerführer“ (als Titel): 166 et saepe
Tebaldo (auch: Tedaldo ~ Tedoldo) Visconti, Archidiakon von Lüttich, 1271–76 Papst Gregor X.: 310
Tegüder, dritter Il-Khan (1282–84), meist genannt Aḥmad: 313. 338
Tegüsamuγulang: 477–78
Teh wang: 479–80
Telebogha, Herrscher d. Goldenen Horde (1287–91): 353–54
Temüder (gest. 1322), Finanzminister uigurischer Abstammung in China (Se-mu-jen) unter Ayurbarwada: 238–41. 244
Temüǰin, persönlicher Name Tschinggis Khans: 70. 183. 505
Temür (Öldscheitü, geb. 1265), Enkel d. Khubilai, Großkhan in China (1294–1307): 3. 234–36. 326. 333–34
Temür Qutlugh, Herrscher d. Goldenen Horde (1391 und 1395–1400): 368–70
Tenggis: 406
Terek, Fluß im Kaukasus: 348. 360. 369
Thanka (tib.), (Kult-)Bilder von Gottheiten, oft auch Maṇḍalas darstellend, mit Seidenvorhängen verdeckbar: 98. 108. 134. 139–40. 145
Theobald II., König von Navarra (1253–70) = Theobald (Thibaut) V. von der Champagne: 309
Theodosia: 352 (vgl. Kaffa)
Thomas Anfossi, genuesischer Gesandter in ilkhanischen Diensten: 317
Tiao-yü shan, Berglandschaft nahe Ho-chou in d. chin. Prov. Anhui: 208
Tibet: 14–16. 88–90. 93–4. 104. 112. 123. 126. 130–33. 136. 140. 142–44. 184. 187. 218. 277. 283–88. 391. 393. 400. 415. 421. 423–424. 429. 433. 445. 451. 463. 505–06
Tibetische Schule: 421
T’ien-ts’ung, chin. Regierungsname d. Hung Tayiǰi, gültig 1627–36: 401
Timotheus I., nestor. Patriarch (780–823): 308
Timur (1336–1405), tü. Eroberer aus Transoxanien (pers. Timur-i lang > Tamerlan): 27. 150. 297. 367–70. 508–09
Timurtasch, Sohn des Tschoban, mo. Statthalter in Kleinasien (gest. 1328 im ägyptischen Exil): 340–41
Tini Beg, Sohn d. Özbeg (gest. 1341/42): 361
To wang (= Toγtaqutörü): 463–65
Togan, vgl. Toγon
Toghai Tīmūr Khan, 1337–51 ilkhanischer Thronprätendent: 343
Toghtogha = Toḫtu ~ Tuqṭā: 334. 354

Toγon, Sohn d. Batula Čingsang, Führer der Oirad (1416?–40): 90. 383–84
Toγon Tayisi = Toγon: 384
Toγon ~ Toγan Temür (1320–70), letzter mo. Großkhan (de jure u. de facto jedoch nur Teilherrscher) in Yüan-China (1333–68): 12. 14. 17. 244. 246. 248. 253. 255. 381–82. 508
Toγril wang, Khan d. Kereyid: 185
Toγtaqu tayiǰi = Togtokh Tayiǰi: 462. 467
Toγtaqutörü: 463
Toγto (gest. 1327), Türke aus dem Qangli-Stamm, Gefolgsmann u. hoher Beamter (Se-mu-jen) des Hai-shan Külüg: 236
Toγto (gest. 1356), Mongole aus dem Merkid-Stamm, Neffe des Bayan von den Merkid, 1340–44 u. 1349–55 „Kanzler zur Rechten" unter Toγon Temür: 248–52
Toγto Buqa (auch Dayisung Qaγan genannt), Großkhan in d. Mongolei (1438–52): 383–87
Togtokh Tayiǰi (1863–1922), Gorlos-Adliger, seit 1911 Kommandeur der Leibwache des Bogdo Gegen: 485. 499
Tögüs (= Molon Qaγan), Toluiden-Großkhan in d. Mongolei (1452–1454): 385
Toḫtamysch, Herrscher d. Goldenen Horde (1377–95, gest. 1406/07): 367–71. 509
Toḫtu ~ Toghtogha, Herrscher d. Goldenen Horde (1291–1312): 334. 354–57
Tokyo: 176
Tolui (um 1190–1232), Mongolenprinz, jüngster Sohn des Tschinggis Khan, 1227–29 Regent: 165–66. 189. 193–96. 203. 205–06. 208. 212. 215. 230. 291. 294. 380. 401. 505. 508
Tongren, Name eines Kreises in d. chin. Prov. Ch'ing-hai: 54. 68
Töregene, Gemahlin d. Ögödei, Regentin (1242–46): 198–99. 202–203. 214. 291. 506
Torgot ~ Torgud ~ Torγud, westmong. Stamm: 43–4. 380. 405. 458
Toroi bandi: 462
Töröltü: 388
Törü bolud: 388–89
Toyin guosi, mo. Übersetzer (16./17. Jh.): 79. 80
Transoxanien, die Ländereien zwischen Amu- u. Syr-darja: 189. 194. 213–14. 291–92. 294. 296–97. 336. 338. 367
Traù, ital. für Trogir: 195
Trogir, als Tragurion im 3. Jh. v. Chr. gegr., 1241 ungarisch, heute jugoslaw. Stadt an der Adria: 195

Troitskosavsk, russ. Grenzort an d. Grenze zur Äußeren Mongolei, 1934 in Kiakhta umbenannt, heute Stadt Kiakhta in d. Buryat. ASSR: 494. 498. 500. 502
Tsa tsa (tib.), kleine Tontafeln mit relig. Bildnissen: 142–43. 145
Tsakhar ~ Čaqar ~ Chahar, südostmong. Völkerschaft sowie deren Sprache u. Territorium: 46. 67. 92. 104–05. 172. 174. 225. 389–90. 392–95. 398–404. 414. 418–19. 433. 458. 470. 479. 489. 510
Tschaghatai ~ Čaγadai ~ Čaγatai, zweitältester Sohn Tschinggis Khans (gest. 1242); Name des dem Tschaghatai u. seinem Clan gehörigen Territoriums = Khanat Tschaghatai (Transoxanien u. Siebenstromland): 71. 194. 206. 213–14. 222. 235. 237. 242. 290–99. 309. 317. 322. 333. 341. 351. 360. 506–08
Tscham, vgl. Čham
Tschapar, Herrscher in Tschaghatai (gest. um 1306): 294–95. 334
Tschernigow, 907 erstm. erwähnt, 1024–36 Hauptstadt d. Fürstentums T., 1239 von d. Mongolen zerstört, 14. Jh. litauisch, seit 1654 russ., heute Gebietshauptstadt in d. Ukrain. SSR: 373
Tschinggis Khan ~ Činggis Qaγan ~ Činggis Khan ~ Dschingis Khan (1167?–1227), endgültiger Einiger u. um 1195 Herrscher über d. Mongolen, 1206 Herrscher über Staatsvölker Innerasiens u. Initiator der mo. Expansion: 3. 15. 19. 30. 70–1. 73–4. 77–8. 88–9. 116. 119. 127–29. 131. 151. 162–67. 180. 183–90. 192–95. 198–99. 203. 206. 208. 210. 222. 230. 256. 262. 267. 290–91. 296. 317. 334. 345. 365. 371. 379–80. 384. 390–92. 400. 415. 431. 435–36. 484. 487. 505
Tschinkhai (geb. um 1167), Minister u. Kanzler der Mongolen, kereitischer od. uigurischer Herkunft, seit 1231 zuständig für d. Angelegenheiten d. westl. Länder (gest. 1251/52): 205
Tschoban (gest. 1327), ilkhanischer General, seit 1307 Emir, seit 1316 Oberbefehlshaber: 338–42
Tsê li (chin.): 444
Tsongkhapa (1357–1419), tib. Reformator u. Gründer der sog. Gelbmützen-Sekte (Schule): 90. 96–8. 102. 104–05. 139
Tsongol, buryatmongolischer Stamm u. dessen Dialekt: 51. 68
Tudā Möngke, Herrscher d. Goldenen Horde (1280–87): 353
Tuγ Temür (geb. 1304), jüngerer Sohn d. Hai-shan, 16. Oktober 1328–26. Februar 1329 u. 8. September 1329–2. September 1332 Großkhan in China: 237. 239. 241–46
Tughlukh Temür (geb. 1329/30), Herrscher in Moghulistan (1348–1363): 297
Tula, rechter Nebenfluß d. Orkhon: 383. 403. 443. 509

Tulunbeg, qyptschaqische Prinzessin, seit 1320 Gemahlin d. al-Malik an Nāṣir: 359
Tümed ~ Tümet, südostmong. Stamm: 78–9. 168. 174. 386. 389–93. 398. 401–02. 414. 417–19. 427. 433. 470. 510
Tümen (mo.) „zehntausend; Zehntausendschaft", im 13. Jh. Terminus für eine militärische Einheit, später eine Verwaltungseinheit: 166. 389 et saepe
Tümengken, erster Sayin Noyan Qan, Herrscher in NW-Khalkha (16. Jh.): 400. 407. 452
T'u-mu, Poststation nahe dem Heiligtum Huai-lai, unmittelbar jenseits der Großen Mauer im NW von Peking: 384. 509
T'ung-chou, östl. Vorort von Peking am Pei-ho: 249
Tungliao ~ Tung-liao: 473–74
t'ung-shih (chin.): 461
Tunis, im 13. Jh. das Großgebiet um die heutige gleichnam. Hauptstadt Tunesiens: 310
tunš (chin.-mo.): 461–62
Tuqṭā = Toḫtu
Turfan, Oase, Stadt u. ehem. Staat im NO des Tarim-Beckens, Sinkiang (VR China): 72. 391
Turin: 311
Türkei: 300
Türken, in ihrer frühesten Zeit als Ost- u. Westtürken seit ca. 540 n. Chr. bis ca. 760 in Zentralasien lebendes Staatsvolk (sog. Kök-Türken), Vorfahren bes. d. heutigen Osttürken: 186
Turkestan ~ Turkistan: 130. 189. 194. 214. 445 (vgl. Mittelasien)
Turuqai tabunang: 405
Ṭūs, Stadt bei Maschhad in Chorassan: 306
Tüsiyetü Qan (mo.) „Khan mit der [zuverlässigen] Stütze", Titel mo. Khane der sog. Nord-Khalkha u. Name für deren Ayimaɣ zwischen Sayin-Noyan- u. Sečen-Qan-Gebiet (rückwirkend seit 1554; seit 1656 östl. Flügel d. Khalkha): 168. 437 et saepe
Tüsiyetü Qan Gömbodorǰi, vgl. Gömbodorǰi
Tüsiyetü wang Čagdaržav: 484
Tuvinische ASSR, vgl. Tannu Tuva: 380. 489
Tuwiner, vgl. Tannu Tuva: 122
Tveŕ ~ Tweŕ, 1208/09 erstm. erwähnt, 13./14. Jh. russ. Fürstentum u. Stadt nordwestl. von Moskau, heute Kalinin: 195. 357–58
Tyrus, das antike phönikische Ṣōr, 1124–1291 in den Händen der Kreuzfahrer, heute Mittelmeerhafen Tyr ~ Sur im S-Libanon: 304

Učirad, südostmong. Stamm: 390
Üden čöl, Ort in d. Äußeren Mongolei: 452
Ūǧān, von Ghasan wiedererbaute u. zur zweiten Hauptstadt des Il-Khanats erklärte Stadt im SO von Tabris, heute Ruinen im N von Ḥāǧī Āqā: 332
Ügeči Qasaɣa, Bruder des Ordos-Führers Čoros Batula Čingsang (14./15. Jh.): 381
Ugueto, ital. Dolmetscher in ilkhanischen Diensten: 317
Uighuren ~ Uiguren, Türkvolk u. deren Nachfahren: (1) Uighurisches Reich 744 n. Chr.–848; (2) Uighuren von Kan-chou ca. 900–1028; (3) Uighuren von Khotscho 860–1209: 29. 187. 233. 505
Üǰümüčin ~ Üdsümütsin, südostmong. Stamm u. dessen Dialekt: 46. 67. 390. 399. 402. 414. 417. 419
Ulaanbaatar, vgl. Urga
Ulagtschi, Khan d. Goldenen Horde (gest. 1257): 211. 346
Ulan Bator, vgl. Urga
Ulan budung (mo.) „Rote Hügel", Hügelregion in Jehol: 439–40
Ulančab ~ Ulanǰab ~ Ulanǰab-Bund ~ Ulaɣan-čab-Liga ~ Ulan-Tsab, nach einem roten (mo. *ulan* ~ *ulaɣan*), langgestreckten u. zerklüfteten Inselberg (mo. *čab*) in d. Inneren Mongolei benannter Verwaltungsdistrikt bzw. dessen mo. Bevölkerung u. deren Dialekte (seit 1728): 67. 123. 389. 402. 418–19
Ulan Ude, vgl. Verchneudinsk: 122
Uliyasutai ~ Uljasutai ~ Uliasutai ~ Uliyastai, Stadt zwischen Kobdo u. Urga, seit 1931 angeschlossen dem Zentrum Žavhlant (J̌ibqalantu), Zavhan-Aimak (MVR): 136. 173. 176. 449. 453. 457. 461–462. 466. 484–85. 491
Ulugh Meḥmed, Herrscher d. Goldenen Horde (1419–24 und 1427–1437/38), Khan von Kazan (1438–67): 371–72
Ulus (mo.), Stammesgruppierung innerhalb eines bestimmten Territoriums, gesehen vom Standpunkt des Herrschers aus. Im 13./14. Jh. Staatsvolk eines Teilreichs bzw. das Teilreich selber: 166 et saepe
Ulus bolud: 388–89
al-ᶜUmarī, Šihāb ad-Dīn Abū 'l-ᶜAbbās Aḥmad ibn Yaḥyā ibn Faḍl Allāh (1301–49), arabischer Gelehrter aus Damaskus: 23
Ümekei, Sečen Qan, Herrscher d. Ost-Khalkha (1688–91): 440
Ungarn: 195. 210. 353. 361. 506
Ungern-Sternberg, Baron von, 1920/21 weißrussischer Leutnant in d. Mongolei: 178. 482. 493. 496–99. 502–03. 512
Uqaɣatu, vgl. Biligtü

Urad ~ Urat, südostmong. Stamm u. dessen Dialekt: 46. 67. 390. 401–02. 414. 418–19

Urban IV., Papst (1261–64): 307

Urga ~ Urγa ~ Urgha, von Europäern beibehaltener (vermittels des Russischen korrumpierter) Name für eine 1639/40 mit der Errichtung eines herrschaftlichen Gebäudes für einen hohen Geistlichen (= mo. *örgöö*) entstandene und so bis 1706 genannte Örtlichkeit, die von d. Mongolen 1706–78 *yeke küriye* „Großkloster", 1778–1911 *yeke küriye qota* „Großkloster-Stadt", 1911–21 *neyislel küriye* „Hauptstadt-Kloster" und seit 1924 *ulaanbaatar* „Roter Held" genannt wurde bzw. wird, heutige Hauptstadt d. MVR; Ulan Bator ~ Ulaanbaatar: 106. 135–36. 144–45. 173. 176. 178. 421. 424. 437. 443. 449. 457. 461–62. 465–67. 469. 482–85. 487. 491–94. 496–99. 501–03. 512

Urgentsch, Stadt am unteren Amu-darja, ehem. Hauptstadt d. Chwarezm-Reichs: 256

Uriyangkha, westmong. Stamm in d. Dzungarei: 43

Uriyangqai, west- sowie ostmong. Stamm u. deren Gebiet: 159. 414. 455–56. 491

Uriyangqan, ostmong. Stamm: 387. 389–90

Urmiasee, früherer Name des Rezaiyesees in d. iran. Prov. Aserbaidschan: 337

Uruk Khatun, Mutter des Öldscheitü: 320. 322. 332

Urus Khan, Tatarenkhan aus der Weißen Horde, um 1375/76 Machthaber in Sarai: 367

Ušanadari Khan, mo. literarische Gestalt: 80

Üüsin-Banner ~ Gebiet (Ordos): 475. 477–78

Uzbaq ~ Usbeken: 361

Vaiśravaṇa, Gott der Reichen u. Schützer des Nordens: 116

Vajradhāra (Sk.), nach der Gelugpa-Schule Inhabe(r) der höchsten Erleuchtungsstufe: 137

Vajrapāṇi: 110. 112

Vardan Vardapet (gest. 1271), armenischer Gelehrter: 21–2

Vasilij = Vasilij II. Vasilevitsch Tëmny „der Dunkle, Blinde", Großfürst von Moskau (1425–62): 372

Vassalli, vgl. Jakobus u. Johannes ~

Venedig, im 13./14. Jh. ital. Handelsrepublik: 310. 320. 507

Verchneudinsk, 1666 gegr., seit 1689 gleichnam. Festung, seit 1923 Hauptstadt d. Buryatischen ASSR, 1934 in Ulan Ude umbenannt: 502

Vier Oyirad: 414 et saepe
Vilioni, venezianische Kaufmannsfamilie: 310
Vincentius Bellovacensis = Vinzenz von Beauvais (um 1194–1262), französ. Dominikaner am Hof Ludwigs IX., Kompilator des vierteiligen enzyklopädischen *Speculum:* 25. 280
Viṣṇu: 118
Viterbo, Stadt in Mittelitalien, 1257–81 ständige Residenz der Päpste: 309. 312. 350
Vorskla, linker Nebenfluß d. Dnjepr, Gebiet Poltawa, Ukrain. SSR: 370. 509

wang (chin.) „Prinz", oft Bestandteil von Titeln
Wang Xueming, Francis: 123
Wangdannima: 476–77
Wangǰaldorǰi, vierter Tüsiyetü Qan von Khalkha (gest. 1731): 159
Wangšuγ, J̌asaγtu Qan, Herrscher d. West-Khalkha (1657–62): 408–409. 437
Wan-li, Regierungsname des chin. Ming Kaisers Chu I-chün (1573–1620): 407
Waṣṣāf, ᶜAbd Allāh Ibn Faḍl Allāh aš-Šīrāzī (1264/65–?), Steuereinnehmer für d. Mongolen u. Historiograph, berichtet in seinem Werk über d. Zeit von 1257 bis 1328: 19. 20
Wesihun erdemungge, ma. „mit hohen Wirkungskräften ausgestattet": 401
Westmongolen: 380 et saepe
Wilhelm Boucher, Goldschmied, Bildhauer u. Architekt aus Paris, unter Möngke in Karakorum tätig: 129–30. 210
Wilhelm Rubruk ~ Rubruck (ca. 1220–93), flämischer Minorit, Mongolenmissionar: 25. 61. 120. 128–30. 209–10. 280. 506
Wilhelm von Ada, Dominikaner, zweiter Erzbischof von Sulṭānīya: 342
Wilhelm von Agen, Patriarch von Jerusalem u. päpstl. Legat (1262–1270): 307
Witold (poln. Witowt, litau. Vytautas, geb. 1350), Großfürst von Polen-Litauen (1392–1430): 369–72
Wladimir, 1108 gegr., 12./13. Jh. Hauptstadt d. russ. Fürstentums W.-Susdal: 195
Wolga: 71. 198. 209. 347. 405. 411. 458. 486
Wolgabulgaren, histor. türksprachiges Volk, Staatswesen seit d. 10. Jh. bis 1237 an d. mittleren Wolga: 195. 505
Wolhynien, histor. Landschaft in d. Ukraine: 370. 373

Wu-ch'ang, chin. Ort am Yang-tzu-Fluß, Prov. Hu-pei: 177. 222. 225. 466
Wudanchao, Klosteranlage in d. Ulančab-Liga, Innere Mongolei: 123

Yaḇallāhā, Metropolit von Nordchina: 314 (als Katholikos vgl. Mār Yaḇallāhā)
Yalta = Jalta
Yalu, koreanisch-chin. Grenzfluß: 171
Yama (Sk.) „Bändiger", in ind. Mythologie Todesgott u. Richter der Toten: 104. 139
Yamāntaka: 104. 110
Yanfu-Tempel: 122
Yang-chou, Handelsstadt am Jangtsekiang: 233. 281
Yang-tzu, Fluß in China = Jangtsekiang: 222–23. 225–26. 232–33. 249. 254. 263. 271
Yang Yü (1285–1361), chin. Historiograph: 12
Yarlyk ~ *yarlyq* (tü.-mo.) „Dekret, Befehlsschreiben; Beglaubigungsurkunde": 198. 328. 339
Ye šes bstan pa'i rgyal mchan, dritter lČaṅ-skya Qutuqtu (1787–1846): 425
Yeh-lü Ch'u-ts'ai (1189–1243), seit 1218 Sekretär Tschinggis Khans, unter Ögödei Leiter der Zentralkanzlei u. Verwaltungschef von Nordchina: 196. 231. 266–67
Yehe, eine tungusisch-mo. Mischnation sowie histor. (bis 1619) Stadtstaat von Yehe, heute Ort Ye-ho ch'an nördl. von Mukden: 396
Yeke-J̌oo-Tempel: 123
Yeke-ǰuu-Liga ~ Yeke-ǰoo-Bund (mo. *yeke ǰuu* „großer Tempel"), Verwaltungsdistrikt der sieben Ordos-Banner (seit 1728): 402. 418–419
Yeke qabartu J̌önggen: 386
Yen-ching, 1012 von den Kitan eingeführter Name für Peking, das seit 938 ihre südl. Hauptstadt war. 1264 von d. Mongolen in Chung-tu umbenannt: 222. 225
Yen-hsin: 451
Yenissej, Fluß in Sibirien: 380
Yesügei, vgl. Yisügei . . .
Yesügen = Yisügen, jüngere Schwester der Yesüi, eine d. Gemahlinnen d. Tschinggis Khan: 384
Yesüi = Yisüi, die dritte der vier (nach Rašīd ad-Dīn der fünf) Hauptfrauen d. Tschinggis Khan: 384
Yesün Temür (geb. 1293), Großkhan in China (1323–28): 240–44

Yidam: 99. 104
Yin-jeng (1674–1725), zweiter Sohn d. K'ang-hsi Kaisers u. bis 1712 Kronprinz: 440
Yin-t'i: 451
Yisügei baγatur ~ Yesügei, Vater d. Tschinggis Khan: 70. 183–84
Yisüngge, Neffe Tschinggis Khans: 3
Yon-tan rgya-mc^{c}o, vierter Dalai Lama (1589–1617): 392
Yü Chi (1271–1348), chin. Literat u. Beamter: 244
Yüan (chin.) „Uranfang", chin. Name d. Mongolen-Dynastie in China (1280–1368 gültig): 84. 89. 132–33. 165. 214. 220. 268 et saepe
Yüan Shih-k'ai (1859–1916), chin. General u. Staatsmann, 1912–16 erster Präsident der Republik China: 468. 471. 490
Yün-nan ~ Yünnan, südwestlichste Prov. Chinas: 228. 237. 243
Yung-cheng, chin. Regierungsname d. mandschu-chin. Kaisers Yin-chen (1723–35): 106. 424. 437
Yung-lo, Regierungsname d. chin. Ming Kaisers Chu Ti (geb. 1360, reg. 1403–25): 90. 105. 382–83
Yüngsiyebü, ostmong. Stamm: 385. 387. 389–90. 414
Yung-ting, Fluß in d. chin. Prov. Shensi: 249

Zaidam, abflußlose Beckenlandschaft NO-Tibets (chin. Prov. Ch'ing-hai): 510
Zakhtschin, westmong. Stamm: 43
Zanabazar, Künstlername des Öndür Gegen: 137
Zanǧān, Ort zwischen Tabris u. Qazwin, Iran: 336
Zentralasien, in Unterscheidung zu Mittelasien (Turkestan), die landschaftlich nicht einheitlichen Hochländer, die im N von den südsibirischen Randgebirgen, im O vom Großen-Chingan-Gebirge, den Regionen des mittleren Huang-ho und den tib.-chin. Grenzgebirgen, im S vom Karakorum und Transhimalaja und im W vom Pamir und T'ien-shan umgrenzt werden: saepe
Zhampal Dorzhi Gomboyev: 122
Zhao Puchu: 123
Zolo di Anastasio = Isolo aus Pisa: 320. 333
Zypern: 60–1. 204. 330. 506

ZU DEN AUTOREN

WALTHER HEISSIG, Prof. emeritus Dr. phil., von 1964 bis 1982 Direktor des Seminars für Sprach- und Kulturwissenschaft Zentralasiens, Universität Bonn; Hauptforschungsgebiete mongolische Literatur und Geschichte, Folklore und Volksreligion.

HANS-RAINER KÄMPFE, Prof. Dr., Seminar für Sprach- und Kulturwissenschaft Zentralasiens, Universität Bonn; Vertreter für die Fachrichtungen mongolische, tibetische und mandschurische Philologie.

RUDOLF KASCHEWSKY, Dr., Akademischer Oberrat am Seminar für Sprach- und Kulturwissenschaft Zentralasiens, Universität Bonn; Arbeitsgebiete: tibetomongolischer Buddhismus; zentralasiatische Epen; vergleichende Religionswissenschaft.

VERONIKA RONGE, Dr., Seminar für Sprach- und Kulturwissenschaft Zentralasiens, Sonderforschungsbereich 12 'Zentralasien', Universität Bonn. Mitarbeiter am Projekt C2 'Typologie der materiellen Kultur Tibets und der Mongolei'.

DIETER SCHUH, Professor für Tibetologie an der Universität Bonn; Forschungsschwerpunkte: 1. Geschichte Tibets und Mittelasiens mit besonderer Berücksichtigung der historischen Hilfswissenschaften. 2. Literaturgeschichte.

ROLF TRAUZETTEL, Prof. Dr., Direktor des Sinologischen Seminars, Universität Bonn; Forschungsschwerpunkte: mittelalterliche und frühneuzeitliche Geschichte Chinas, Kulturanthropologie und Philosophie des chinesischen Mittelalters. Mitglied des Sonderforschungsbereichs 'Zentralasien' der Deutschen Forschungsgemeinschaft.

Veronika Veit, Privatdozent Dr. phil., Seminar für Sprach- und Kulturwissenschaft Zentralasiens, Universität Bonn; Vertreter für die Fachrichtung Mongolistik (Geschichte der Mongolen, mongolische Epik, mongolisches Brauchtum).

Michael Weiers, Prof. Dr., Seminar für Sprach- und Kulturwissenschaft Zentralasiens, Universität Bonn; Vertreter für die Fachrichtungen Mongolistik, Turkologie und Mandschu-Tungusologie in sprachwissenschaftlicher (Altaistik) und philologischer Ausrichtung sowie für Geschichte Zentralasiens.

Technische Ausführung der Karten: Dr. Edmund M. Wolfram, Institut für Angewandte Zoologie, Universität Bonn.

ABBILDUNGSVERZEICHNIS

Zum Beitrag 'Die Religion der Mongolen'

Abb. 1: Burjätischer Lama [Fotosammlung SFB 12 (Proj. C 2) B 397 (Berlin)].

Abb. 2: Der erste rǰe-bcun dam-pa Qutuγtu (Bildnis im Kunstmuseum Ulanbator).

Abb. 3: Tempelinneres [L. Jisl, Umění starého mongolska, Praha 1961, Abb. 74].

Abb. 4: 'Neuer' Maidaritempel [L. Jisl, Umění starého mongolska, Abb. 31].

Abb. 5: Schamanin [Original im Übersee-Museum, Bremen (Inv.-Nr. A 15447-7); vgl. J. Muth: „Die Tracht einer solonischen Schamanin im Übersee-Museum Bremen", in: *Veröffentlichungen aus dem Übersee-Museum zu Bremen,* Reihe B, Bd. 2, Heft 2 (1969)].

Zum Beitrag 'Kunst und Kunstgewerbe bei den Mongolen'

Abb. 6: Aus Silber getriebene Seitengehänge, zur mongolischen Frauentracht aus dem Chahar-Gebiet gehörend [Boyer (1952), Abb. 113].

Abb. 6a: 'Hornmotiv' als Dekorelement [Majdar (1970), 105].

Abb. 6b: Chinesisches Shou-Zeichen [Olson (1950), Bd. 1, Abb. S. 40].

Abb. 6c: Verschiedene Swastika- und Mäandermuster [Majdar (1970), 106].

Abb. 6d: Gelochte Münze, Fledermaus, Drache – allesamt aus dem chinesischen Emblemschatz übernommene Dekorvarianten [Olson (1950), Bd. 1, Abb. S. 36, 45, 41].

Abb. 6e: 'Jui'-Ornament in zwei verschiedenen Abwandlungen [Majdar (1970), 109 + Olson (1950), Bd. 1, Abb. S. 34].

Abb. 7a: Schematischer Plan der Stadt Karakorum mit verschiedenen Kultstätten, z. B. einer christlichen Kirche (oben rechts). Die eigentlichen 'Bewohner' lebten jedoch außerhalb der Stadtmauern in Jurten [Majdar (1970), 135].

Abb. 7b: Brunnen des französischen Meisters Boucher im Hof zur Audienzhalle Möngke Khans in Karakorum. Nach Pierre Bergeron: Voyages faits principalement en Asie, The Hague 1735. Aus unbekannten Gründen ließ der Illustrator die Löwen am Fuße des als Baum konzipierten Brunnens weg und ersetzte sie durch Schalen [Majdar (1970), 96].

Abb. 8: Von links: Donnerkeil (vajra), dann die 'acht Glückszeichen' (Rad der Lehre, Muschel, Schirm, Banner, Lotosblüte, Vase, Fische, unendlicher Knoten) und das Emblem von Sonne und Mond [Olson (1950), Bd. 1, Abb. S. 31–33, 37].

Abb. 9a (obere Hälfte): Entwicklung der Tempelformen in der Mongolei:
(1) Wohnjurte, (2) erweiterte Versammlungsjurte, (3) Jurte mit holzverstärkten Seitenwänden, (4)–(5) Jurten mit abgesetztem Holzdach, z. T. mit Metallplatten verkleidet und mit Zieraten aus getriebenem und vergoldetem Metall geschmückt, (6) Mischform, die sich aus den Vorbildern eines tibetischen Nomadenzeltes (mittlere Partie) und einer mongolischen Jurte (Fundament und konische Spitze) herleitet [Ščepetil'nikov (1960), 72].

Abb. 9a (untere Hälfte): Darstellung der drei Mischstile in der Bauweise der mongolischen Tempel:
(1) chinesisches Vorbild, (2) mongolisches Vorbild, (3) tibetisches Vorbild – sowie ihre verschiedenen, in der Mongolei vorkommenden Derivate [Ščepetil'nikov (1960), 83].

Abb. 9b: Plan der Klosteranlagen von Erdeni-dzuu: die Tempelkomplexe sind um einen See gruppiert; sie zeigen die verschiedenen und üblichen Baustile: der linke Tempel ist in chinesischem Stil, die rechten Gebäude sind in tibetischem Stil und weitere sakrale Bauten in diversen Mischstilen aufgeführt. Jeder Tempelkomplex ist von schützenden Mauern umgeben, vorgelagerte Höfe führen zum Hauptgebäude hin. Die gesamte Anlage umgibt eine Mauer, in die 108 Stupas eingepaßt sind [Majdar (1970), 79].

Abb. 9c: Plan eines mongolischen Klosters:
(1) Haupttempel, (2) Seitentempel oder Wohnung des Chutuktu, (3) Signalturm, (4) Hauptweg, (5) Innere Tore, (6) Speicher, (7) Diensträume, (8) Jurten der höheren Lamas, (9) Jurten der niederen Lamas, (10) Tor und Vorhalle, (11) Nebenturm [HUMMEL (1955), Abb. 12].

Abb. 9d: Ansicht des Klosters Da Kure (18. Jh.):
Im Vordergrund links der in Holzbauweise ausgeführte, jurtenförmige Versammlungsraum mit Kuppeldach. Hinten rechts steht der Tempel, in chinesisch-tibetischem Mischstil errichtet. Vorne rechts ist der einfache Holzturm zu sehen, von welchem aus zur Versammlung gerufen wird [ŠČEPETIL'NIKOV (1960), 103].

Abb. 10a: Statue der grünen Tara aus der Werkstatt Zanabazars (17. Jh.), vergoldete Bronzelegierung. Die Volksüberlieferung berichtet, daß der Künstler der Figur die Gesichtszüge seiner verstorbenen Frau gab. Ihr zum Andenken schuf er insgesamt 21 Statuen der grünen Tara [LOMAKINA (1977), 70].

Abb. 10b: Ratnasambhava, einer der fünf Tathagata-Bodhisattvas aus der Werkstatt Zanabazars (17. Jh.). Er sitzt in Sattva-Sitzhaltung und führt mit der rechten Hand die 'Geste des Gebens des Besten' und mit der linken Hand die 'Geste des Gleichmuts, der Meditation' aus [LOMAKINA (1977), 92].

Abb. 11: Avalokiteśvara auf einer Miniaturmalerei. Die Kanne in der rechten Hand war ursprünglich Attribut des Maitreya (zukünftiger Buddha) und wurde erst während der T'ang-Zeit (7.–9. Jh.) dem Avalokiteśvara beigegeben. Auch die Sonnenscheibe als Attribut geht nicht auf die tibetische Tradition zurück; dort wird die Gottheit üblicherweise mit einem Rosenkranz und einer Lotosblüte dargestellt [HUMMEL (1967), 69].

Abb. 12: Vier Cakli. Mit Pinsel und Tusche auf einheimisches Papier gemalt, leicht koloriert. Von links oben:
(1) rote btsan-Gottheit mit Lanze;
(2) weißer srin-po-Dämon mit zwei abgenagten Armen in den Händen;
(3) weißer König mit Siegesbanner in der rechten und Juwel in der linken Hand;
(4) gelber dmu-Dämon, Fangschlinge in der Linken, Schwert in der Rechten haltend [HUMMEL (1967), 87].

Abb. 13a: Gott des Reichtums und Wohlstandes (Vaiśravana). Mehrfarbig bemalte, getriebene Kupferstatue. Hält das Siegesbanner in der rechten und einen Juwelen speienden Mungo in der linken Hand. Die Figur und vor allem der Schneelöwe als Reittier scheinen fast wie eine Karikatur des tibetischen Vorbildes [Pal (1969), 108 u. 154].

Abb. 13b: Kleine Tonfigur (Tsa tsa) des Tsongkhapa, Begründer der reformierten Schule des tibetischen Buddhismus, die auch in der Mongolei ausschlaggebend wurde. Seine Attribute sind Buch und Schwert, die Hände werden in der 'Geste des Dharmarades' erhoben [Jisl (1960), Abb. 75].

Abb. 14a: Mit Korallen inkrustierte, sehr schwere Maske des Lcam sring. Die feurigen Augenbrauen und lodernden Dreiecke an den Mundwinkeln sowie die Schädelkrone sind aus getriebenem, vergoldetem Kupferblech. Die Augen scheinen aus Glas oder Email, die Totenköpfchen aus Elfenbein gearbeitet zu sein [Lomakina (1977), 93].

Abb. 14b: Kleine Kultfigur des 7. Bogdo gegen aus Urga (Papiermaché), polychrom bemalt. Der Lama hält die Rechte in der 'Geste der Lehrverkündigung' und faßt mit der Linken eine Lebenswasser-Vase [Hummel, Tribus 2 u. 3 (1952 u. 1953): Die Lamaistischen Kultplastiken im Linden-Museum, 15–68, S. 52, Abb. 15 (Tafel VII)].

Abb. 14c: Ein Satz Schachfiguren aus der Provinz Chahar (Innere Mongolei). Hier sind die Figuren der 'roten Seite' zu sehen, es gibt dazu die Gegenspieler der 'grünen Seite' [Montell (1939), Abb. 3].

Abb. 14d: Kopfputz für verheiratete Frauen (Hobokshar Banner, Chahar). Die wichtigsten Dekorelemente dieses Kopfschmuckes sind Korallen-, aber auch Türkisperlen, außerdem mit Filigran besetzte und applizierte Metallplatten aus Silberblech getrieben, die zusätzlich mit gefaßten Steinen geschmückt sind [Boyer (1952), Abb. 35].

Abb. 14e: Kleine, 36 cm hohe Holzfigur eines Cham-Tänzers, der die Maske des Totengottes Yama trägt; polychrom bemalt. Die Figur stammt aus der Sammlung des Mongoleireisenden Hans Leder [Sammlung der Von-Portheim-Stiftung, Völkerkunde-Museum Heidelberg, Inv.-Nr. 33462].

Abb. 15: Trinkschale aus Holz gedrechselt; mit getriebenem und ziseliertem Silberblech verkleidet [Jisl (1960), Abb. 67].

Abb. 16: Holzschale mit der Darstellung eines Drachens (1965) von D. Gewschechu (geb. 1917). – Diese Art, die Trinkschalen zu beschnitzen, kennt man in der alten Mongolei nicht. In früheren Zeiten überzog man die gedrechselten Schalen höchstens mit einem mehr oder minder üppig getriebenen Silberstreifen und Innenfutter [Kassette (1971), Abb. 4].

Abb. 17: Plastik von L. Daschdeleg (geb. 1927): 'Stutenmilch' (1968). – Ein traditionelles Element der mongolischen Gastfreundschaft, nämlich das Offerieren von frischer oder gegorener Stutenmilch mit großer Ehrerbietung und Höflichkeit, ist hier in modernes Material – Ton – und abstrahierte Form künstlerisch umgesetzt [Kassette (1971), Abb. 39].

Abb. 18: Pferdekopfgeige (1968) von B. Sanshashaw (geb. 1920). – Dieses altüberkommene Saiteninstrument wird von den Mongolen ganz besonders zur Begleitung der Heldensänger und -gesänge herangezogen. Hier ist eine moderne Nachempfindung zu sehen: sie zeichnet sich durch überprägnanten Naturalismus in der Darstellung des Pferdekopfes aus. Die alten Instrumente weisen zumeist stilisierte, wenn nicht gar abstrakte Darstellungsweisen des Pferdeköpfchens auf. Als modernste Zugabe finden sich das Nationalsymbol der Äußeren Mongolei (Sojombo) und eine Inschrift unterhalb des Tierkopfes [Kassette (1971), Abb. 2].

Abb. 19: Gemälde mit dem Titel 'Zusammentreffen mit Lenin' (1967) von A. Sengezochio (geb. 1917), Gouache (150 × 90 cm). – Dargestellt ist die historische Begegnung des Revolutionärs Suche Bator mit Lenin in Moskau. Die mongolische Delegation erscheint in traditionellen Trachten und mit den altüberlieferten Willkommensgaben: weiße Glücksschleife und Trinkschale, gefüllt mit Kumys [Kassette Moderne (1971), Abb. 12].

Abb. 20: Malerei mit dem Motto 'Studenten in der Gobi' (1962) von L. Namheizeren (geb. 1913), Öl auf Leinwand (180 × 125 cm). – Auf diesem Bild werden sowohl die tätige Arbeit der Intellektuellen auf dem Lande verherrlicht als auch die schöpferische Kraft, die sie dabei entwickeln können: Wasser wurde ergraben und tränkt nun den von der Wüstenhitze zerrissenen Boden [Kassette Moderne (1971), Abb. 9].

Abb. 21: Holzplastik 'Der Grauschimmel' (1962) von S. Senge (geb. 1924). – Dies Bildnis stellt das den mongolischen Hirten wohlbekannte Motiv der Verfolgung ihrer Pferdeherden durch Wölfe dar. Das kleine Kunstwerk zeichnet sich durch genaue Naturbeobachtung aus: das Pferd verteidigt sich äußerst wirksam selbst mit den Hufen, die Wölfe lassen bereits von ihm ab [Kassette Moderne (1971), Abb. 6].

Abb. 22: Holzschnitzerei: 'Tumbashi – Symbol des Friedens und der Freundschaft' (1968); von L. Dorsh (geb. 1911). – Das Erzählmotiv der buddhistischen Literatur über die 'Vier einträchtigen Freunde' (Vogel, Hase, Affe, Elefant) wird üblicherweise so dargestellt, daß die Tiere – ähnlich den 'Bremer Stadtmusikanten' – übereinandersitzen, um eine Frucht von dem hohen Baum zu pflücken. – Der Künstler hat die Gruppe hier getrennt und jedes Tier einzeln handeln lassen. Der das Medaillon umgebende Rankenkranz wirkt zu 'barock' und stilistisch nicht ganz passend [Kassette Moderne (1971), Abb. 17].

Abb. 23: 'Portrait des Künstlers Marzan Šarav' (1962) von A. Sengezochio (geb. 1917). Gouache (85 × 70 cm). – Der in der Mongolei beliebte Maler wird in traditioneller Tracht bei seiner Arbeit dargestellt. Seine Leinwand ist auf überlieferte Art und Weise in einen Holzrahmen gespannt, er selbst sitzt mit gekreuzten Beinen auf dem Fell eines Wildtieres. Rechter Hand steht ein kleines Schränkchen mit einem Behälter voll selbst angefertigter Pinsel und verschiedener Farbreibschälchen. Vor ihm ist ein niederes Tischchen aufgebaut, auf diesem stehen Tee und Kumys in Schalen. Das gesamte Ensemble der Umgebung des Künstlers verweist auf seinen wohlbekannten Traditionalismus [Kassette Moderne (1971), Abb. 11].

Abb. 24: Detail aus einer größeren Malerei, die das Leben der mongolischen Hirten illustriert, von Marzan Šarav. – Zu sehen ist die Herstellung von Filz: Zerrupfte und gelockerte Schafwolle wird auf einer soliden Unterlage in der gewünschten Größe, Form und Dichte ausgebreitet. Der Mann im Vordergrund besprengt diese Lage mit Wasser, das er einem Holzeimer entnimmmt. Vier Männer rollen nun die Wollauflage samt ihrer Unterlage um einen starken Stab oder Pflock. Das Paket wird anschließend verschnürt und von zwei Pferden oder von Hand hin- und hergerollt, so daß sich das Wollvlies zu einer dick gewalkten Filzdecke verbindet [Lomakina (1974), 95].

ABBILDUNGEN

Abb. 1 Burjätischer Lama

Abb. 2 Der erste rǰe-bcun dam-pa Qutuγtu

Abb. 3 Tempelinneres

Abb. 4 'Neuer' Maidaritempel

Abb. 5 Schamanin

Abb. 6a 'Hornmotiv'

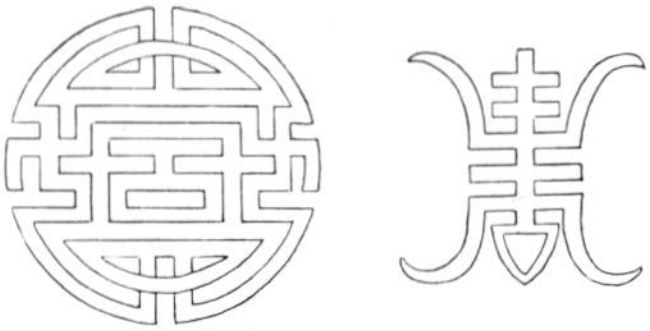

Abb. 6b Shou-Zeichen

Abb. 6 Seitengehänge

Abb. 6c Swastika- und Mäandermuster

Abb. 6d Gelochte Münze,
Fledermaus, Drache

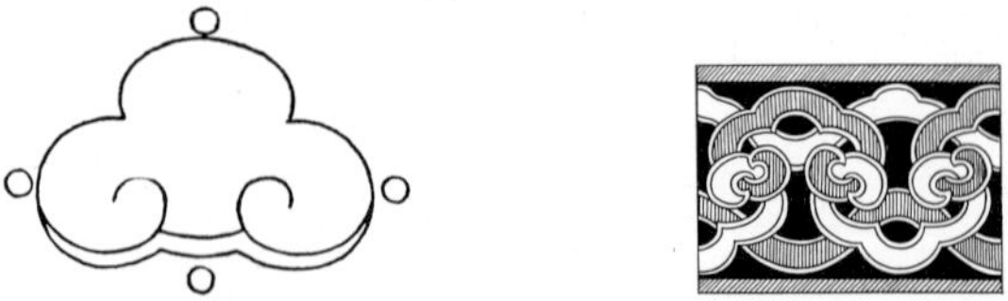

Abb. 6e 'Jui'-Ornament in zwei verschiedenen Abwandlungen

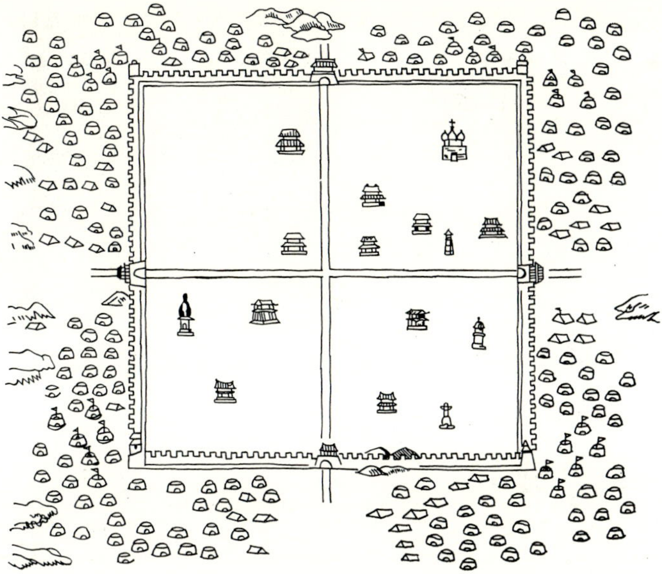

Abb. 7a Plan der Stadt Karakorum

Abb. 7b Brunnen im Hof zur Audienzhalle Möngke Khans in Karakorum

Abb. 8 Donnerkeil; Rad der Lehre, Muschel, Schirm, Banner, Lotosblüte, Vase, Fische, unendlicher Knoten; Emblem von Sonne und Mond

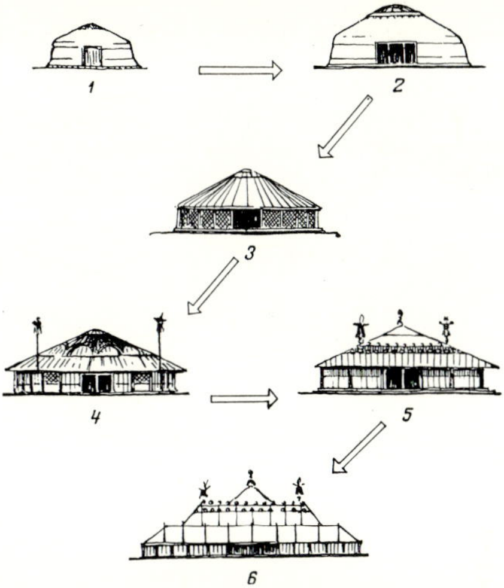

Abb. 9a (obere Hälfte): Entwicklung der Tempelformen in der Mongolei (Ziffernerklärung im Abbildungsverzeichnis)

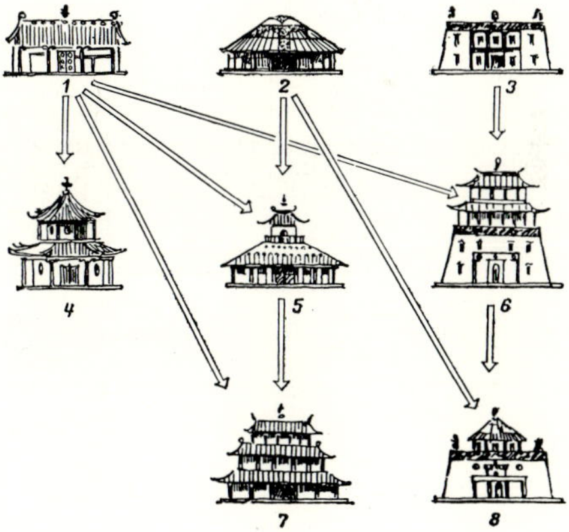

Abb. 9a (untere Hälfte): Darstellung der drei Mischstile in der Bauweise der mongolischen Tempel (Ziffernerklärung im Abbildungsverzeichnis)

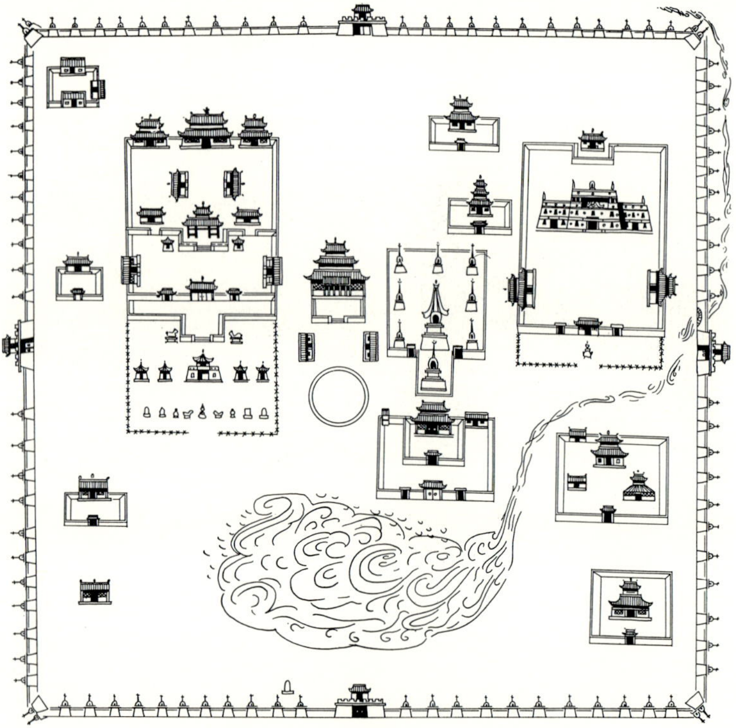

Abb. 9 b Plan der Klosteranlagen von Erdeni-dzuu

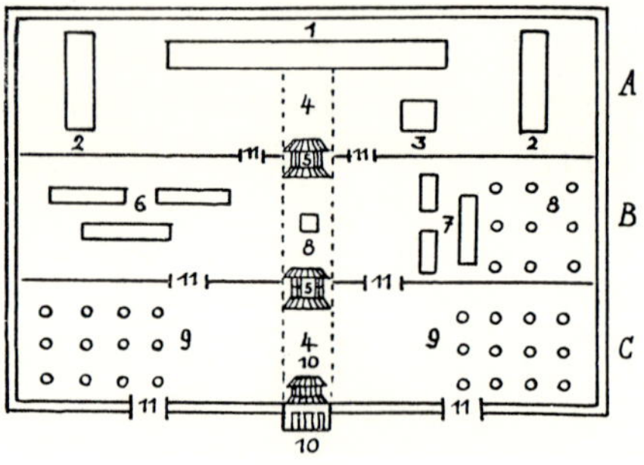

Abb. 9 c Plan eines mongolischen Klosters
(Ziffernerklärung im Abbildungsverzeichnis)

Abb. 9d Ansicht des Klosters Da Kure (18. Jh.)

Abb. 10a Statue der grünen Tara

Abb. 10b Ratnasambhava

Abb. 11 Avalokiteśvara auf einer Miniaturmalerei

Abb. 12 Vier Cak li (Ziffernerklärung im Abbildungsverzeichnis)

Abb. 13 a Gott des Reichtums und Wohlstandes

Abb. 13b Kleine Tonfigur des Tsongkhapa

Abb. 14a Maske des Lcam sring

Abb. 14b Kleine Kultfigur des 7. Bogdo gegen

Abb. 14c Ein Satz Schachfiguren
(Figuren der 'roten Seite')

Abb. 14 d Kopfputz
für verheiratete Frauen

Abb. 14 e Holzfigur
eines Cham-Tänzers

Abb. 15 Trinkschale aus Holz

Abb. 16 Holzschale mit der Darstellung eines Drachens (1965)
von D. Gewschechu

Abb. 17 Plastik von L. Daschdeleg: 'Stutenmilch' (1968)

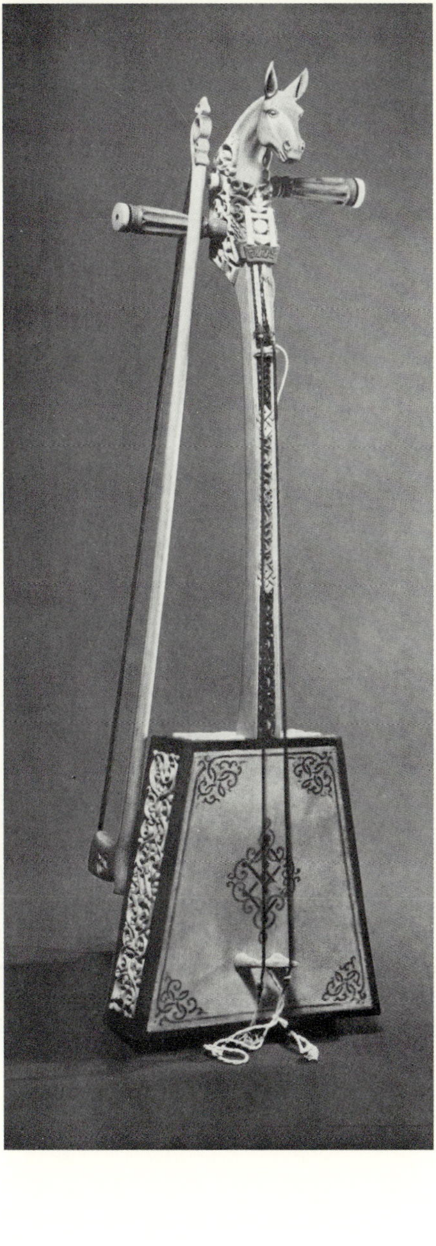

Abb. 18 Pferdekopfgeige (1968) von B. Sanshashaw

Abb. 19 Gemälde mit dem Titel 'Zusammentreffen mit Lenin' (1967) von A. Sengezochio

Abb. 20 Malerei mit dem Motto 'Studenten in der Gobi' (1962) von L. Namheizeren

Abb. 21 Holzplastik ‘Der Grauschimmel’ (1962) von S. Senge

Abb. 22 Holzschnitzerei: 'Tumbashi – Symbol des Friedens und der Freundschaft' (1968) von L. Dorsh

Abb. 23 'Portrait des Künstlers Marzan Šarav' (1962) von A. Sengezochio

Abb. 24 Detail aus einer größeren Malerei, die das Leben mongolischer Hirten illustriert, von Marzan Šarav

Abkürzungen von VÖLKER-, STAMMES-, STAATENNAMEN, Ortschaften, *GEWÄS*

I	ABAGHA	X	TSAKHAR	JQ	ǏASAGHTU QAN	∴	Kara
II	AOQAN	XI	TÜMED	KA	KUNGEI-ALA-TAU	Ki	Kiak
III	ARU-QORČIN	XII	ÜJÜMÜČIN	KH	KHORTSIN	Kr	Kirar
IV	BARIN	XIII	KESIGTEN	MO	MONGUOR	Se	Seler
V	DARIGANGA	XIV	KHARATSIN	NQ	SAYIN NOYAN QAN	Ta	Ta-t'
VI	DÖRBEN KEÜKED	XV	DAGUREN	SQ	SEČEN QAN	Tr	Troit
VII	GORLOS	XVI	TORGOT	TQ	TÜSIYETÜ QAN	Ts	Tsits
VIII	ǏALAYID	BA	BAO'AN	Hs	Hsi-ning	*AK*	*ALA-K*
IX	ǏARUD	DX	DONGXIANG	Je	Jehol	*BN*	*BUIR-*